„Die Wunde Lenz"
J. M. R. Lenz
Leben, Werk und Rezeption

Publikationen zur
Zeitschrift für Germanistik
Neue Folge

Band 7

PETER LANG
Bern · Berlin · Bruxelles · Frankfurt/M. · New York · Oxford · Wien

„Die Wunde Lenz"

J. M. R. Lenz
Leben, Werk und Rezeption

Herausgeben von

Inge Stephan
Hans-Gerd Winter

PETER LANG

Bern · Berlin · Bruxelles · Frankfurt/M. · New York · Oxford · Wien

Bibliografische Information Der Deutschen Bibliothek
Die Deutsche Bibliothek verzeichnet diese Publikation in der Deutschen
Nationalbibliografie; detaillierte bibliografische Daten sind im Internet über
‹http://dnb.ddb.de› abrufbar.

Herausgegeben von der
Philosophischen Fakultät II / Germanistische Institute
der Humboldt-Universität zu Berlin

Redaktion:
Prof. Dr. Horst Wenzel
(Geschäftsführender Herausgeber)
Dr. Brigitte Peters
http: www2.hu-berlin.de/inside/literatur
Satz: Yvonne Dietl

Sitz:
Mosse-Zentrum, Schützenstr. 21, Zi: 321
Tel.: (030) 209 39 609 – Fax: (030) 209 39 630

Redaktionsschluß: 31. 10. 2002

Bezugsmöglichkeiten und Inseratenverwaltung:
Peter Lang AG
Europäischer Verlag der Wissenschaften
Moosstrasse 1
CH - 2542 Pieterlen
Tel.: (032) 376 17 17 – Fax: (032) 376 17 27

ISBN 3-03910-050-5

© Peter Lang AG, Europäischer Verlag der Wissenschaften, Bern 2003
Hochfeldstrasse 32, Postfach 746, CH-3000 Bern 9
info@peterlang.com, www.peterlang.com, www.peterlang.net

Printed in Germany

INHALTSVERZEICHNIS

„Es ist wahr und wird bleiben, mögen auch Jahrhunderte über meinen armen Schädel verachtungsvoll hinwegschreiten", schreibt Jakob Michael Reinhold Lenz an Herder anläßlich der Übersendung seines Dramas *Die Soldaten*.[1] In dieser Formulierung stecken die Erfahrung des Autors, im literarischen Feld der eigenen Zeit nicht wirklich anerkannt zu sein, und zugleich das trotzige Aufbegehren dagegen, welches zu der Selbststilisierung als ein Genie führt, dessen Wert darin liegt, erst in ferner Zukunft verstanden zu werden. Bekanntlich ist Lenz' umfangreiches Werk in der Forschung lange vernachlässigt worden. Dies betrifft nicht nur die abwertenden Urteile über Autor und Werk, sondern vor allem auch die unzulängliche Edition des Werkes. Es gibt keine historisch-kritische Ausgabe; wichtige Teile des Werkes sind nicht oder unzulänglich in Leseausgaben ediert; bei nicht allen Texten, die als von Lenz ausgegeben werden, ist seine Autorschaft sicher.

Inzwischen hat sich die Forschung zu dem Sturm-und-Drang-Autor Jakob Michael Reinhold Lenz enorm verbreitet. Offensichtlich ist sein Werk ein Forschungsgegenstand, über den es sich lohnt zu arbeiten. Mit z. T. unterschiedlichen Begründungen ist in Lenz' Texten eine Modernität erkannt worden, die ihn aus seinem Umfeld heraushebt, wenngleich die historische Intertextualität und die Einbindung in zeitgenössische Diskurse ein wichtiger Forschungsgegenstand bleiben. Neben Studien zu einzelnen Werken und Erweiterungen des übergreifenden Lenz-Bildes sind verstärkt bisher unbekannte oder unveröffentlichte Texte dieses Autors publiziert worden. Ferner gibt es erste ernsthafte Bemühungen um eine historisch-kritische Edition von Einzeltexten, Werkteilen bzw. des Gesamtwerkes.[2]

Philologisch und editorisch korrekte Texte und gegebenenfalls auch die Präsentation der Werkgenese sind bekanntlich unabdingbare Voraussetzungen für die Deutung und kritische Würdigung des Autors. Den

---

1 Lenz an Herder am 23. 7. 1775. In: Jakob Michael Reinhold Lenz. Werke und Schriften, hrsg. v. Sigrid Damm, Bd. 3, Leipzig 1987, S. 329.

2 Immerhin gibt es inzwischen eine Ausgabe, die die Erstdrucke von Lenz' Werken versammelt, ausgenommen die Drucke in Zeitschriften: Jakob Michael Reinhold Lenz. Werke in 12 Bdn., Faksimiles der Erstausgaben seiner zu Lebzeiten selbständig erschienenen Texte, hrsg. v. Christoph Weiß, St. Ingbert 2001.

Stand wichtiger editorischer Bemühungen zu dokumentieren, bildet den
ersten Schwerpunkt dieses Bandes. Die vier Beiträge von Christoph
Weiß, Gesa Weinert, Heribert Tommek und Gert Vonhoff belegen die
Notwendigkeit editorischer Bemühungen wie auch die Schwierigkeiten,
die sich ihnen entgegenstellen. Christoph Weiß berichtet über sein abgeschlossenes DFG-Projekt einer Verfilmung sämtlicher Handschriften
(als Voraussetzung für eine spätere Edition), über die Schwierigkeiten
ihrer Auswertung, die Probleme der Zuordnung weiterer Texte zu Lenz
und an Beispielen über die editorischen Fehlentscheidungen der Vergangenheit. Gesa Weinert thematisiert ihre kurz vor dem Abschluß stehende
verdienstvolle Edition der Gedichte Lenz', die noch unbekannte Texte,
neue Lesarten und Fassungen enthalten wird, und beschreibt ihr editori-
sches Konzept. Heribert Tommek setzt den Plan einer Edition der Moskauer Schriften in Beziehung zu einer (notwendigen) Neubewertung der
Rolle Lenz' in Moskau. Gert Vonhoff erörtert die Struktur und die möglichen Vorteile einer digitalen Gesamtausgabe.

Einen weiteren Schwerpunkt des Bandes bilden die Biographie des
Autors und die geistigen Einflüsse. Heinrich Bosses Beitrag enthält neue
Fakten und Hintergrundinformationen zu Lenz' Zeit in Königsberg.
James Gibbons denkt mit den *Lettres à Maurepas* Lenz' Pläne zu einer
Militärreform mit denen zu einer Landwirtschaftsreform zusammen, er
kann damit bisher unbekannte Aspekte von Lenz' Projekten in Weimar
belegen. Hans-Ulrich Wagner fragt nach dem Verhältnis des „Genies"
Lenz zum Geld angesichts seiner permanenten Geldnot. Gerhard Bauer
versucht den eigentümlichen Habitus Lenz' in Konfrontation mit Merck
und Kaufmann zu bestimmen. Den wichtigen Einfluß Hamanns auf
Lenz sieht Hans Graubner in einer „Anthropologie der Fehlbarkeit" und
in einer theologischen Interpretation der Sexualität. Nach dem wichtigen
Einfluß von Plautus auf das Werk fragen Angela Sittel und David Hill –
am Beispiel der *Aussteuer* bzw. als übergreifendes Vorbild für die Dra-
menpraxis.

Einen dritten Schwerpunkt bilden neue Interpretationen einzelner
Texte oder Genres. Die Spezifika von Lenz' Lyrik verdeutlicht Inge
Stephan u. a. an der eigentümlich „modernen" Spaltung zwischen dem
handelnden und leidenden Ich der Gedichte und dem lyrischen Ich als
Beobachter. Zwei Beiträge gelten der Prosa. *Zerbin* wird von Roland
Krebs mit Marmontels Genre der „moralischen Erzählung" und mit
Helvetius' materialistischem Menschenbild konfrontiert. Hans-Gerd
Winter untersucht den *Landprediger* als „Erinnerungstext" an eine Aufklä-
rungspraxis, die in Geltung und Reichweite als obsolet gilt. Den Dramen
sind ebenfalls zwei Beiträge gewidmet. Gert Sautermeisters Interpreta-

tion wertet die bisher eher vernachlässigte Komödie *Die Freunde machen den Philosophen* auf. Günter Niggl geht erneut der Frage nach „Ständebild und Ständekritik" nach.

Einen breiten Raum nimmt der Schwerpunkt Freundschaft/Liebe/ Sexualität ein – ein Bereich, der in der Forschung schon länger intensiv diskutiert wird. Martin Kagel belegt Lenz' kritische Rezeption des zeitgenössischen Modells der Freundschaft. Christine Künzel zeigt Korrespondenzen und Widersprüche zwischen den zeitgenössischen juristischen und literarischen Diskursen über sexuelle Gewalt auf. Claudia Benthien untersucht die auffällig weit entwickelte Körpersprache in Lenz' Texten. Brita Hempel beschreibt die widersprüchlichen Motivationen, aus denen heraus Lenz in seinem Soldatenprojekt rigide Vorschriften entwickelt, um das „sittliche" Handeln der Beteiligten zu erzwingen. Johannes F. Lehmann ordnet den Diskurs über Freundschaft und Liebe in den übergreifenden über Glückseligkeit ein und fragt nach Lenz' Abweichungen gegenüber dem diesbezüglichen aufklärerischen Diskurs.

Aspekte der Lenz-Rezeption bilden einen letzten Schwerpunkt. Heidrun Markert untersucht die Rolle Jégor von Sivers' als Lenz-Forscher. Ariane Martin zeigt auf, daß es schon sehr früh ein affirmatives Bild des „modernen" Lenz gegeben hat und fragt nach der ungebrochenen Attraktivität des Dichters als Leidenden und als säkularisierte Christusfigur. Der Beitrag der amerikanischen Germanistin Helga Madland faßt die Perspektiven ihrer weit zurückreichenden Bemühungen um Lenz zusammen und akzentuiert ihren persönlichen Abschied von der Forschung. Jan Knopf konfrontiert am Beispiel des *Hofmeisters* und seiner Bearbeitung Lenz und Brecht. Der Beitrag des israelischen Theaterwissenschaftlers Gad Kaynar beschreibt die sehr spezifischen Bedingungen und Intentionen einer Aufführung der *Soldaten* an der Universität Tel Aviv. Einen Beitrag zur länderspezifischen Lenz-Rezeption liefert Ken-Ichi Sato mit seinem Vortrag über Lenz in Japan.

Charakteristisch für den augenblicklichen Zustand der Lenz-Edition, aber auch ein Indiz für das deutliche Fortschreiten der Forschung ist, daß in mehreren Beiträgen mit unbekannten Textversionen oder mit bisher unbekannten bzw. nicht edierten Texten argumentiert wird – z. B. bezüglich des bekannten Gedichtes *An das Herz* (vgl. den Beitrag von Gesa Weinert) und der Projekte *Lettres à Maurepas* (vgl. den Beitrag von James Gibbons) und *Loix des femmes soldats* (vgl. den Beitrag von Brita Hempel). – Der Anhang des Bandes enthält eine von Gesa Weinert verfaßte Aufstellung der umfangreichen und weit verzweigten Lenziana in der Bibliotheka Jagiellónska in Kraków – wertvoll für jeden, der dort recherchieren möchte – sowie die Adresse der Lenz-Website, die Christoph Weiß eingerichtet hat und die Kontaktadresse zur Lenz/Storm and Stress Society. Eine Auswahlbibliographie zu Autor und Werk dient der weiteren Orientierung.

Der Band *Die Wunde Lenz* versammelt die Beiträge zu einer Tagung, die vom 23. bis 25. Mai 2002 aus Anlaß des 210. Todestages Lenz' im Berliner Brecht-Haus stattgefunden hat. Inge Stephan und Hans-Gerd Winter haben bereits 1992 – im 200. Todesjahr – eine internationale Tagung in Hamburg veranstaltet. Deren Beiträge sind unter dem Titel ‹*Unaufhörlich Lenz gelesen...*›. *Studien zu Leben und Werk von J. M. R. Lenz* erschienen.[3]

Zitiert dieser Titel Franz Kafka,[4] knüpft der vorliegende Band an eine Formulierung Heiner Müllers an. Dieser beschreibt in *Die Wunde Woyzeck* Büchners Drama als ein „schnelles Gewitter, das aus einer anderen Zeit kommt, Lenz im Gepäck, den erloschenen Blitz aus Livland".[5] Der Titel *Die Wunde Lenz* wurde gewählt, weil er die Faszination, aber auch die Momente der Verstörung signalisiert, die von einer Lektüre der Texte Lenz' immer noch ausgehen, den Sog, der auch Kafka „unaufhörlich Lenz" lesen ließ. Bereits die Tagung fand unter diesem Titel statt, so daß die Bereitschaft zu den einzelnen Beiträgen, vor allem auch ihre Struktur durch die Assoziationen, die diese Formulierung auslöst, beeinflußt sein können. Wenn die Metapher der Wunde auf die Biographie des Autors bezogen wird, zielt sie auf Verletzung und Krankheit. Lenz würde damit als säkularisierte Leidensfigur erscheinen – eine Zuschreibung, für die es bereits eine weit zurückreichende Tradition gibt (vgl. den Beitrag von Ariane Martin). Die Erfahrungen von Zerstörung und Entwertung des Subjekts in der Moderne lassen uns immer noch offen sein für diese Tradition. Allerdings besteht dabei die Gefahr, ein sehr verkürztes Bild von Autor und Werk zu entwerfen. Auf die Texte und Projekte bezogen, verweist „die Wunde Lenz" auf die „Ansätze", „die nicht zur Wirkung gebrachten Unternehmungen",[6] das eigentümlich „Offene" seiner Entwürfe. Lenz ist in seinen besten Texten von der zeitgenössischen Autonomieästhetik weit entfernt. Nicht zufällig ist die Körpersprache bei ihm weit entwickelt (vgl. den Beitrag von Claudia Benthien), nehmen doch

---

3   „Unaufhörlich Lenz gelesen...". Studien zu Leben und Werk von J. M. R. Lenz, Stuttgart, Weimar 1994.

4   Tagebucheintrag Franz Kafkas am 21. 8. 1912. In: Gesammelte Werke, hrsg. v. Max Brod, Bd. 4, Frankfurt a. M., New York 1954, S. 285.

5   Heiner Müller: Die Wunde Woyzeck. In: Heiner Müller Material, Texte und Kommentar, hrsg. Frank Hörnigk, Leipzig 1989, S. 115.

6   Heiner Müller in: Gesammelte Irrtümer, Interviews und Gespräche, Frankfurt a. M. 1986, S. 25.

alle Werke und Vorhaben mehr oder weniger sein „halbes Dasein mit".[7] Tiefe Menschenliebe kann darin verbunden sein mit einer Neigung zu Phantasien massiven Zwangs und Selbst-Zwangs. Die Metapher der Wunde deutet auch Lenz' Ästhetik des Fragmentarischen und Widersprüchlichen an, die einerseits tief in den Ambivalenzen der Diskurse des 18. Jahrhunderts verankert ist, andererseits aber schon auf die Moderne vorausweist. Wie konsequent Lenz z. B. in den zeitgenössischen Diskursen über Aufklärung, Freundschaft, Liebe, Literatur, Theater zu nicht auflösbaren Ambivalenzen vorstößt, wird in den Beiträgen des Bandes ebenso deutlich wie seine Ästhetik des Bruchs, der Ironie, des inneren Widerspruchs.

Eine Tagung und ein Tagungsband wie der vorliegende sind ohne die Unterstützung von den verschiedensten Seiten nicht denkbar. Gedankt sei zunächst dem Institut für deutsche Literatur an der Humboldt-Universität zu Berlin, vor allem aber der Deutschen Forschungsgemeinschaft, die durch die Bereitstellung von Räumen und finanziellen Mitteln die Tagung überhaupt erst ermöglicht haben. Dank geht auch an Dr. Therese Hörnigk vom Brecht-Haus in Berlin für ihre großzügige Gastfreundschaft. Sabine Imhof hat die Veranstaltung von der ersten Planung bis zur erfolgreichen Durchführung mit großem Engagement organisatorisch betreut. Julia Freytag, die einige Jahre zuvor als Gustchen in einer bemerkenswerten *Hofmeister*-Aufführung in Berlin bereits erste Erfahrungen mit dem Autor sammeln konnte,[8] hat sie dabei zusammen mit Nicola Gaedicke, Johanna Urzedowski sowie Grit Horn unterstützt. Der Tagungsband selbst hätte ohne den unermüdlichen Einsatz von Dr. Brigitte Peters, der Redakteurin der *Zeitschrift für Germanistik*, und die Mithilfe von Dr. Heidrun Markert, Yvonne Dietl sowie Janika Gelinek weder in der Schnelligkeit noch in der Sorgfalt vorgelegt werden können. Ihnen allen sei noch einmal ausdrücklich und herzlich gedankt. Für die Vermittlung des Titelbildes und die Abdruckrechte danken wir Christoph Weiß und der Stiftung Weimarer Klassik.[9]

Mit der Tagung haben sich die beiden Herausgeber – und dies sei an dieser Stelle nicht verschwiegen – auch einen langgehegten persönlichen Wunsch erfüllt. Anknüpfend an eine mehr als zwanzigjährige freundschaftliche Zusammenarbeit auf verschiedenen Gebieten, sind sie zu

---

7 Vgl. Anm. 1.
8 Produktion der Studiobühne der Freien Universität Berlin. Im Theaterdoc, Moabit 1996 (Regie: Götz Zuber-Goos).
9 Vgl. das Lenz-Porträt auf der 1. Umschlagseite. Die Radierung (um 1775) stammt von Georg Friedrich Schmoll (nachgew. 1754-1785 Zürich), Inventar-Nr.: KGr/02164.

dem Autor zurückgekehrt, der sie ursprünglich zusammengeführt hat.[10] Statt sich gegenseitig mit in wieder in Mode gekommenen Festschriften zu feiern, haben sie sich entschlossen, diese „Festschrift" gemeinsam einem Autor zu widmen, der ihrer Meinung nach kein „vorübergehendes Meteor" ist, sondern zu den „Sternen" gehört, die nach Brechts Notiz über *Das Werk der kleineren Genien* einen festen Platz am Literaturhimmel haben.[11]

Inge Stephan und Hans-Gerd Winter
Berlin/Hamburg im Oktober 2002

---

10 Inge Stephan, Hans-Gerd Winter (Hrsg.): „Ein vorübergehendes Meteor"? J. M. R. Lenz und seine Rezeption in Deutschland, Stuttgart 1984.
11 Bertolt Brecht: Aufsätze zur Literatur 1934-1946. Werke, Bd. 19, S. 465: „Man versteht nichts von der Literatur, wenn man nur die ganz Großen gelten läßt. Ein Himmel nur mit Sternen erster Größe ist kein Himmel. Man mag bei Lenz nicht finden, was man bei Goethe findet, aber man findet auch bei Goethe nicht, was bei Lenz."

CHRISTOPH WEISS

Zu den Vorbereitungen einer Lenz-Gesamtausgabe: Wiederentdeckte und unbekannte Handschriften

Von den vielfältigen Aspekten der Vorbereitungen für eine historisch-kritische Ausgabe der Werke und des Briefwechsels von Jacob Michael Reinhold Lenz kann in diesem Rahmen naturgemäß nur unvollständig berichtet werden.[1] Mein Beitrag konzentriert sich daher darauf – ohne hier nochmals auf die vielfach beschriebene Notwendigkeit einer Lenz-Gesamtausgabe einzugehen[2] –, die wichtigste, wenn auch zunächst vielleicht triviale Frage ins Blickfeld zu rücken: Welche Texte sind auf welcher Grundlage in eine solche Edition überhaupt aufzunehmen? Oder anders gefragt: Wie ist die Überlieferung und mithin das Textcorpus für eine Lenz-Edition beschaffen? An den zur Beantwortung dieser Frage notwendigen grundlegenden Forschungen hat es bislang gefehlt. So weist etwa der einzige personalbibliographische Versuch zu Lenz aus dem Jahr 1971 nur ein Drittel der heute bekannten Handschriften nach.[3] Daher mußte die Aufmerksamkeit zunächst der Erstellung entsprechender Repertorien gelten, insbesondere für den Bereich der Lenz-Handschriften, auf die ich – nach einem kurzen Blick auf die Drucküber-lieferung – mit einer Reihe von Beispielen wiederentdeckter bzw. unbe-kannter Autographen etwas ausführlicher eingehen werde.

---

1 Die Vortragsform wurde weitgehend beibehalten. – Ich danke den folgenden Institu-tionen für die Genehmigung zur Abbildung der in ihrem Besitz befindlichen Hand-schriften: Lettische Akademische Bibliothek Riga (*Abb. 1*), Archiv der Berlin-Brandenburgischen Akademie der Wissenschaften (*Abb. 2*), Bibliotheca Bodmeriana Cologny/Genève (*Abb. 3*), Biblioteka Jagiellońska Kraków (*Abb. 5*), Zentralbibliothek Zürich (*Abb. 6*), Goethe-Museum Düsseldorf (*Abb. 7*), Universitätsbibliothek Frei-burg/Br. (*Abb. 8*).

2 Vgl. zuletzt noch einmal die Rezension von Inge Stephan zu: Jacob Michael Reinhold Lenz: Werke in zwölf Bänden [...]. In: Z. f. Germ. 2/2002, S. 419–421.

3 David Price Benseler: J. M. R. Lenz. An indexed bibliography with an introduction on the history of the manuscripts and editions. Phil. Diss., University of Oregon, 1971. – Es fehlen u. a. die seinerzeit nicht bekannten Bestände in Kraków sowie die seither in den Autographenhandel gelangten Manuskripte (z. B. die beiden bedeutenden, vom Düsseldorfer Goethe-Museum angekauften Handschriften „Belinde und der Tod" sowie die „Briefe über die Moralität der Leiden des jungen Werthers").

I.

Bei der gedruckten Überlieferung, die für eine Lenz-Edition zu berück-
sichtigen ist, handelt es sich ganz überwiegend um Texte, die zu Lebzeiten von Lenz erschienen sind. Nur in vergleichsweise wenigen Fällen
müssen postume Drucke, deren Handschriften verschollen sind, als
Textgrundlage herangezogen werden: Ich nenne als zwei prominente
Beispiele den 1797 in Schillers *Horen* erschienenen *Waldbruder* und den
1845 von Blum herausgegebenen *Verwundeten Bräutigam.*[4]
    Die zeitgenössisch veröffentlichten Werke teilen sich in die ihrem
Umfang nach größere Gruppe der selbständig und die kleinere Gruppe
der unselbständig publizierten Texte. In Buch- oder Broschürenform,
jedenfalls selbständig, sind zwischen 1769 und 1787 siebzehn Texte von
Lenz gedruckt worden (achtzehn sind es, wenn man die 1776 gedruckten
und sogleich wieder vernichteten *Wolken* hinzurechnet, von denen sich
bislang weder ein Exemplar des Drucks noch ein Manuskript auffinden
ließen). Diese Werke sind – mit Ausnahme des Kant-Gedichts[5] und der
Pleschtschejew-Übersetzung[6] – seit vergangenem Jahr in einer Faksimi-
leausgabe zugänglich,[7] und im Zusammenhang dieser Edition wurde
auch eine Übersicht der noch erhaltenen Exemplare erstellt. Bekanntlich
sind von einigen Lenz-Erstausgaben überhaupt nur zwei oder drei Exemplare nachgewiesen, etwa von den *Landplagen*, den *Meinungen eines
Layen* oder den *Philosophischen Vorlesungen für empfindsame Seelen*, was als
Basis für druckanalytische Arbeiten und zur Kollationierung außerordentlich unbefriedigend ist. Auch wenn die entsprechenden Nachforschungen recht umfassend betrieben worden sind, so ist hier eine fortge-
setzte Suche (und etwas Glück) notwendig, um weitere Exemplare zu
ermitteln.

---

4   Der Waldbruder, ein Pendant zu Werthers Leiden, von dem verstorbenen Dichter
    Lenz. In: Die Horen, Jg. 3 (1797), 4. Stück, S. 85–102, u. 5. Stück, S. 1–30. – Der
    verwundete Bräutigam. Von Jacob Michael Reinhold Lenz. Im Manuscript aufgefun-
    den u. hrsg. v. K. L. Blum, Berlin 1845.
5   Eine Reproduktion des 1770 bei Kanter in Königsberg gedruckten Gedichts findet
    sich im Band zur Jenaer Lenz-Ausstellung: „Ich aber werde dunkel sein". Ein Buch
    zur Ausstellung Jakob Michael Reinhold Lenz, hrsg. v. W. Albrecht, U. Kaufmann,
    H. Stadeler, Jena 1996, S. VII–X.
6   Vgl. den Faksimiledruck der Ausgabe Moskau 1787, m. e. Nachw. hrsg. v. M. Luserke,
    Ch. Weiß, Hildesheim u. a. 1992.
7   Jacob Michael Reinhold Lenz: Werke in zwölf Bänden. Faksimiles der Erstausgaben
    seiner zu Lebzeiten selbständig erschienenen Texte, hrsg. v. Ch. Weiß, St. Ingbert
    2001.

Gleichwohl ist die Sammlung und Sichtung dieser selbständigen Drucke weitgehend abgeschlossen; dies gilt – mit einer Einschränkung – auch für die in mehr als zwanzig verschiedenen Zeitschriften, Almanachen und anderen zeitgenössischen Publikationen verstreut veröffentlichten Lenz-Texte, angefangen bei den *Gelehrten Beyträgen zu den Rigischen Anzeigen aufs Jahr 1766* bis zu den beiden Mitauer Zeitschriften Anfang der 1780er Jahre. Wie bei den selbständig erschienenen Werken ist auch bei den in Zeitschriften publizierten Lenz-Texten die Doppeldruck- bzw. Auflagen-Frage zu beachten, zum Beispiel bei Boies *Deutschem Museum* oder besonders interessant bei Jacobis *Iris*.

Die eben erwähnte Einschränkung bezieht sich auf die wie immer heikle Zuschreibungsfrage, die sich aus der keineswegs Lenz-spezifischen anonymen Publikationsweise ergibt. Die Lenz zu verschiedenen Zeiten zugeschriebenen Texte lassen sich in drei Kategorien sortieren: Unproblematisch sind die beiden Gruppen jener Texte, die bei eingehender Prüfung aufgrund textexterner Indizien für Lenz sicher ausgeschlossen bzw. ihm sicher zugeschrieben werden können. Wie ist nun jedoch mit der dritten Gruppe von Texten zu verfahren, bei denen Lenz' Autorschaft zwar mit Gründen zu vermuten, aber zweifelhaft ist? Betroffen sind davon z. B. einige Artikel in den *Frankfurter gelehrten Anzeigen* oder einige Texte in der Zeitschrift *Für Leser und Leserinnen* und im *Liefländischen Magazin der Lektüre*. Betrachtet man etwa die beiden zuletzt genannten Zeitschriften, so wird der dort erschienene *Empfindsamste aller Romane*[8] inzwischen mehr oder weniger stillschweigend als gesicherter Lenz-Text behandelt, gelegentlich mit Hinweis auf eine Handschrift in Kraków, die dort freilich nicht existiert.[9] Nun geben gewiß das Publikationsumfeld sowie einige textinterne Beobachtungen Anlaß, den *Empfindsamsten aller Romane* für Lenz zu reklamieren. Zweifelhaft bleibt seine Autorschaft dennoch.

Dies gilt, um ein Beispiel nun aus dem Bereich der Handschriften zu wählen, wo sich bei der heterographen Überlieferung ebenfalls manche Zuschreibungsfrage stellt, auch für die sog. ,Sesenheimer Lieder'. Der Elan, Heinrich Kruses Niederbronner Notate aus dem Jahr 1835 in Goethe- und Lenz-Gedichte zu scheiden, ist nach den teils erbitterten Kon-

---

8   Empfindsamster aller Romane, / oder / Lehrreiche und angenehme / Lektüre fürs Frauenzimmer / von L**. In: Für Leser und Leserinnen Heft 13, Juni 1781, S. 3–45.

9   Vgl. Hans-Gerd Winter: „Denken heißt nicht vertauben." Lenz als Kritiker der Aufklärung, in: D. Hill (Hrsg.): Jakob Michael Reinhold Lenz. Studien zum Gesamtwerk, Opladen 1994, S. 81–96, hier S. 95, Anm. 14; ders.: J. M. R. Lenz as Adherent and Critic of Enlightenment in: „Zerbin; or, Modern Philosophy" and „The Most Sentimental of All Novels", in: Impure Reason. Dialectic of Enlightenment in Germany, ed. W. D. Wilson, R. C. Holub, Detroit 1993, S. 443–464, hier S. 453.

troversen vor 100 Jahren fast ganz zum Erliegen gekommen,[10] und seither gilt es als ausgemacht, daß zweieinhalb Gedichte im ‚Sesenheimer
Liederheft' von Lenz stammen. Zweifel an dieser Einteilung sind aber
hier gleichfalls angezeigt.

Auch wenn sich im Laufe der Arbeit an der Edition die eine oder andere Zuschreibungsfrage vielleicht noch klären läßt, so werden als Konsequenz der geschilderten Situation doch in jede der fünf Abteilungen
der Lenz-Ausgabe – Dramen, Gedichte, Prosa, Theoretische Schriften
und selbst beim Briefwechsel – Texte aus der eben skizzierten Kategorie
aufzunehmen sein. Auf welche Weise dies sinnvoll zu geschehen hat,
bedarf noch der gründlichen Prüfung gerade in Anbetracht der sehr
unterschiedlich gelagerten Fälle.

II.

Wesentlich komplexer als die gedruckt vorliegende Überlieferung der
Lenz-Texte stellt sich deren handschriftliche Überlieferung dar. Zu den
Handschriften sei vorweg zum einen bemerkt, daß es beinahe an ein
Wunder grenzt, wie sich gegen die Gesetze der Wahrscheinlichkeit eine
erstaunlich große Zahl von Autographen aus dem relativ kurzen und
doch absolut chaotischen Schriftstellerleben und -nachleben von Lenz
bis heute erhalten hat. Man vergleiche dazu etwa die Einbußen an Les-
sing-Handschriften oder den Verlust des Hamann-Nachlasses. Zum
anderen sei bei dieser Gelegenheit wenigstens mit einem Satz daran erinnert, wem es zu verdanken ist, daß wir Lenz' Handschriften heute noch
lesen und studieren können, nämlich in erster Linie fünf Literatur- und
Lenz-Enthusiasten, Sammlern und Germanisten aus dem 19. Jahrhundert: Georg Friedrich Dumpf, Karl Petersen, Jegór von Sivers, Wendelin
von Maltzahn und Karl Weinhold.

Die für eine Lenz-Edition relevante autographe und – in kleinem
Umfang – heterographe Überlieferung wird nach augenblicklichem
Kenntnisstand an rund 30 Standorten in acht verschiedenen Ländern
aufbewahrt. Der mit Abstand größte Bestand befindet sich in Kraków
(Biblioteka Jagiellońska), wobei ich die dortigen textkritisch irrevalenten

10 Vgl. bes. Edward Schröder: Die Sesenheimer Gedichte von Goethe und Lenz mit
    einem Excurs über Lenzens lyrischen Nachlaß. In: Nachrichten von der Königl. Ge-
    sellschaft der Wissenschaften zu Göttingen. Philologisch-historische Klasse, Jg. 1905,
    Heft 1, S. 51–115; Th.[eodor] Maurer: Die Sesenheimer Lieder. Eine kritische Studie,
    Straßburg 1907; Edward Schröder: Sesenheimer Studien. In: Jahrbuch der Goethe-
    Gesellschaft 6 (1919), S. 82–107.

Abschriften (ca. 3000 Seiten) nicht mitzähle. Dem Umfang nach folgen sodann Berlin (Staatsbibliothek Preußischer Kulturbesitz) und Riga (Lettische Akademische Bibliothek, Historisches Staatsarchiv) sowie – wiederum mit etwas Abstand – Weimar (Goethe- und Schillerarchiv, Thüringisches Hauptstaatsarchiv, Goethe-Nationalmuseum), Zürich (Zentralbibliothek), Basel (Staatsarchiv) und das Düsseldorfer Goethe-Museum.

Sämtliche Handschriften sind im Rahmen eines von der Deutschen Forschungsgemeinschaft geförderten Projekts auf hochwertigem Material erstmals komplett verfilmt worden. Dies war zum einen aus konservatorischen Rücksichten dringend geboten, weshalb z. B. die Nachlaß-Bände der Berliner Staatsbibliothek aufgebunden wurden, wodurch sich nun auch die Manuskriptzusammenhänge genau bestimmen lassen. Zum anderen wird die Lenz-Edition durchgehend Faksimiles der Autographen enthalten, was im übrigen die Handschriften in Zukunft am besten schützen wird. Und zum dritten erlaubt es die Qualität der Aufnahmen, die arbeits- und zeitintensive Zuordnung und Beschreibung (wie auch die Transkription) der Handschriften weitgehend so vorzubereiten, daß die notwendigen Bibliotheks- und Archivaufenthalte sich in überschaubarem Rahmen halten lassen.

Bevor ich versuche, anhand einiger ausgewählter neu- bzw. wiederentdeckter Handschriften einen Eindruck von den Möglichkeiten und Notwendigkeiten entsprechender Forschungen als Voraussetzung einer Lenz-Edition zu vermitteln, will ich sehr nachdrücklich darauf hinweisen, daß die Novitäten sich aus den bekannten, aber bislang nicht oder nur zum Teil unzureichend edierten Handschriften ergeben. Hierzu ein – mehr oder weniger beliebiges – Beispiel aus den Lenziana der Akademischen Bibliothek in Riga.

In ihrer Ausgabe des Lenz-Briefwechsels drucken Freye und Stammler unter Nr. 202 einen Brief von Goethes Diener Philipp Seidel an Lenz, der in den Sommer 1776, die Zeit von Lenz' Aufenthalt in Berka, zu datieren ist.[11] Goethe läßt Grüße nach Berka bestellen, schickt zwei Flaschen Wein und drei Zitronen, ermuntert Lenz zum Zeichnen und so weiter. Dieses Schreiben ist von Freye und Stammler zuverlässig mitgeteilt, und auch die Skizze zu Lenz' Antwort auf der Rückseite ist von ihnen wiedergegeben.[12] Hingegen erfahren wir nicht, was sich auf dieser

---

11 Briefe von und an J. M. R. Lenz, gesammelt u. hrsg. v. K. Freye, W. Stammler, 2 Bde., Leipzig 1918, Bd. 2, S. 12 f. (fortan zitiert: Freye/Stammler mit Angabe der Briefnummer).

12 Freye/Stammler, Nr. 203.

Rückseite noch befindet (*Abb. 1*).[13] Dort stehen außer dem Briefentwurf
weitere Notate von Lenz, von denen zwei miteinander zusammenhängende besonderes Interesse verdienen. Unten rechts lesen wir:

> Milton war nun auch einmal
> gefallen, Newton lag auf
> dem Bauch als ob er noch in einer
> Berechnung der Geschwindigkeit der
> Centralkraft begriffen wäre
> und Locke schien sehr nachdenklich
> im Koth zu sitzen wie er wol
> zu dieser Begegnung
> könne gekommen seyn

Es handelt sich bei diesen Zeilen um einen Entwurf zum burlesken Höhepunkt in der Lenz-Erzählung *Die Fee Urganda*: Pandolfo, der Prinzen-
erzieher am Hofe der Königin Miranda, verteidigt sich gegen die erotischen Zudringlichkeiten der Fee Urganda, indem er mit Statuen – unter
anderem eben jenen von Milton, Newton und Locke – nach ihr wirft.
Das Manuskript dieser zuerst von Tieck gedruckten Erzählung[14] liegt in
Kraków, und bislang hat man den Text eher in die nachweimarische Zeit
datieren wollen. Daß er seiner Entstehung und vor allem ursprünglichen
Konzeption nach vielmehr in die Zeit des Aufenthalts in Weimar und
Berka 1776 fällt, bestätigt auf überraschende Weise neben dem Briefkon-
text nun auch ein Blick in die linke Spalte des Rigaer Blattes. Auch hierbei handelt es sich um einen Entwurf zur *Fee Urganda*, in dem jedoch
‚Klarnamen' genannt sind: Es steht nicht ein Pandolfo im Zentrum des
Geschehens, sondern Goethes ‚Urfreund' Karl Ludwig von Knebel, der
als Erzieher des Prinzen Constantin nach Weimar gekommen war. Knebel befindet sich hier auf der Flucht vor der Fee und wirft die Statuen
zum Fenster hinaus; auch der Name der Herzogin Anna Amalia (alias
Königin Miranda) wird in der ersten Zeile des Entwurfs von Lenz genannt.

Alle aus diesen Entwürfen resultierenden interpretatorischen Bemerkungen müssen hier unterbleiben, ebenso die naheliegenden biographischen Spekulationen bis hin zu noch einer ‚Eseley'-Hypothese. Das Beispiel soll im vorliegenden Kontext zum einen lediglich verdeutlichen,
daß die eigentlichen Entdeckungen in den bekannten Beständen zu machen sind. Zum anderen mag das Beispiel erhellen, wie wichtig ange-

---

13 Lettische Akademische Bibliothek, Riga: Ms. 1113, F. 25, V. 33, Nr. 6; 1 Bl. (16,7 x
     19,6 cm); abgebildet ist die verso-Seite.
14 Gesammelte Schriften von J. M. R. Lenz, hrsg. v. Ludwig Tieck, 3 Bde., Berlin 1828,
     Bd. 3, S. 285–293.

sichts der fehlenden Vorarbeiten und der spezifischen Handschriften-
überlieferung für alle Fragen der Zuordnung, Datierung etc. ein detailliertes Verzeichnis der Lenz-Manuskripte ist.

Bei dieser Gelegenheit sei darauf hingewiesen, daß aufgrund von
Lenz' Arbeitsweise, aber auch als Resultat der Manuskriptüberlieferung,
die zu einem Text gehörenden Autographen gelegentlich auf unterschiedliche Standorte verteilt sind. Dies gilt zum Beispiel für zwei der
ohnehin schwierigeren Teile der Lenz-Edition, für das Drama *Catharina
von Siena*[15] und für die größtenteils noch ungedruckten Schriften zur
Militär- und Sozialreform.[16] Deren Hauptteile liegen zwar in Kraków,
einzelne, nicht immer leicht zu identifizierende Blätter finden sich aber
auch in Riga. Erst wenn diese ausgesprochen heterogenen Fragmente
erkannt, klassifiziert und genetisch eingeordnet sind, ist an eine Edition
zu denken. Und sinnvollerweise wird die Lenz-Ausgabe daher auch nicht
mit diesen schwierigen Texten beginnen, sondern mit solchen Werken,
deren Überlieferungs- und Textsituation weniger komplex ist, um im
Laufe der editorischen Arbeit die Erfahrungen besonders im Umgang
mit Lenz' Handschriften zu vertiefen.

III.

Ich komme nun zu einigen Beispielen verloren geglaubter oder bisher
unbekannter Handschriften, die bei den Vorbereitungen für die Edition
ans Licht gekommen sind und die mir geeignet scheinen, einen unmittel-
bar-konkreten Eindruck der entsprechenden Arbeiten und Ergebnisse zu
geben.

Am Beginn des kurzen Rundblicks steht die Berlin-Brandenburgische
Akademie der Wissenschaften, deren Archiv die Autographensammlung
von Karl Weinhold aufbewahrt, die nach dessen Tod zunächst in den
Besitz der Berliner „Litteraturarchiv-Gesellschaft" gelangt war. Weinholds Sammlung enthält zahlreiche Stücke mit Lenz-Bezügen der unter-
schiedlichsten Art, vor allem jedoch drei Autographen aus Lenz' Brief-

---

15 Dazu neuerdings Anneliese Meuser: J. M. R. Lenz: „Catharina von Siena". Eine
    Studie. Phil. Diss., University of Auckland (New Zealand), 1998.
16 Vgl. David Hill: Die Arbeiten von Lenz zu den Soldatenehen. Ein Bericht über die
    Krakauer Handschriften. In: I. Stephan, H.-G. Winter (Hrsg.): „Unaufhörlich Lenz
    gelesen…". Studien zu Leben und Werk von J. M. R. Lenz, Stuttgart, Weimar 1994,
    S. 118–137; ders.: J. M. R. Lenz' „Avantpropos" zu den „Soldatenehen". In: Lenz-
    Jahrbuch 5(1995), S. 7–21.

wechsel: Neben einem Billet von Luise von Göchhausen an Lenz[17] findet sich ein an diesen gerichteter Doppelbrief von Johann Daniel Salzmann und Johann Gottfried Röderer (*Abb. 2*)[18]; es ist dies der erste von insgesamt nur drei überlieferten Briefen des Aktuarius Salzmann, Lenzens väterlichem Straßburger Freund. Wie diese beiden Handschriften, so ist auch ein Brief von Lenz an Johann Georg Zimmermann[19] in Weinholds eigener Sammlung verblieben und deshalb nicht auf den bekannten Umwegen nach Kraków gelangt.

Noch ein weiterer Brief aus Weinholds Besitz verdient unsere Aufmerksamkeit: In einem Schreiben vom 23. November 1815 zieht Karl Petersen eine Bilanz der gemeinsam mit Georg Friedrich Dumpf betriebenen Suche nach Lenz-Handschriften.[20] „Ich gebe Dir nun das Verzeichniß des ganzen Nachlasses", schreibt Petersen und führt sodann die einzelnen Handschriften auf. Als erste Texte nennt er „Die Freunde machen den Philosophen. Lustspiel", „Der Engländer. Dramat. Phantasie" sowie „Albin [!] oder d. neuere Philosophie. Erzählung" und bemerkt zu letzterem ausdrücklich, daß dieser unter dem Titel „Zerbin etc. im Deut. Museum" erschienen sei. Diese drei wichtigen Manuskripte – wichtig besonders in Anbetracht der zuweilen weitreichenden Differenzen zwischen Lenz' Handschriften und den zeitgenössischen Drucken – sind verschollen, was insofern auffällig ist, als alle weiteren von Petersen auf den beiden nächsten Briefseiten genannten Autographen, beginnend mit *Catharina von Siena*, sich erhalten haben.

Zur umfassenden Klärung der Überlieferung sind solche Mitteilungen außerordentlich hilfreich, weil sie unter anderem zur Aufhellung der gelegentlich dunklen Pfade der Manuskriptwanderung beitragen und über die Rekonstruktion von Provenienzen auch Hinweise auf den Verbleib von Autographen liefern können. In diesem Zusammenhang gibt auch die Auswertung älterer Auktionskataloge manchen Aufschluß über den Weg einer Handschrift, wofür zwei Beispiele genannt seien.

In den einschlägigen Katalogen wurde seit Mitte des 19. Jahrhunderts mehrfach ein sonst nicht näher bezeichnetes ‚sechsstrophiges Gedicht von Lenz' angeboten, dessen Spur sich durch verschiedene Auktionen bis ins Jahr 1936 verfolgen läßt, als in Wien Stefan Zweigs berühmte

17 Archiv der Berlin-Brandenburgischen Akademie der Wissenschaften, Berlin: Slg. Weinhold, Nr. 422. – Gedruckt bei Freye/Stammler, Nr. 168 (nach einer Abschrift).
18 Ebenda: Slg. Weinhold, Nr. 1179; 1 Bl. (13,0 x 18,5 cm); abgebildet sind recto- und verso-Seite. – Gedruckt bei Freye/Stammler, Nr. 153 (nach einer Abschrift).
19 Ebenda: Slg. Weinhold, Nr. 792. – Gedruckt bei Freye/Stammler, Nr. 130.
20 Ebenda: Slg. Weinhold, Nr. 1037.

Autographensammlung versteigert wurde.[21] Von dort aus gelangte das Blatt, bei dem es sich um die mittleren sechs Strophen von Lenz' Gedicht *Eduard Allwills erstes geistliches Lied* handelt, in die Schweiz und befindet sich heute in der Bibliotheca Bodmeriana (*Abb. 3*).[22]

Auch ein Stammbuchblatt von Lenz vom Juni 1776 hat einen ähnlichen Weg durch die Auktionshäuser genommen; es taucht zuletzt 1921 bei einer Versteigerung von Henrici in Berlin auf, und sein Verbleib ist seither unbekannt. Da verkäufliche Lenz-Autographen zu dieser Zeit schon längst zu den größten Seltenheiten zählten, hatte die Firma Henrici jedoch ihren Katalog mit einer entsprechenden Reproduktion geschmückt, so daß wir dadurch nun gleichwohl über eine gute Textgrundlage verfügen (*Abb. 4*).[23]

Schwieriger als die Inspektion der Auktionskataloge[24] gestaltet sich aus naheliegenden Gründen die Suche nach Lenz-Autographen in privatem Besitz. Hier sind den Nachforschungen häufig enge Grenzen gesetzt, und oft genug sind die Ergebnisse ganz dem Zufall geschuldet. Daß aber auch auf diesem Feld entsprechende Anstrengungen lohnend sind, mag zum einen Lenz' Brief an Johann Heinrich Merck vom 14. März 1776 belegen, der sich über mehr als zwei Jahrhunderte in Familienbesitz erhalten hat;[25] zum anderen aber vor allem ein reizvolles Blatt, das sich in französischem Privatbesitz befindet: Es handelt sich um

---

21 Das Blatt wurde zuerst bei einer Auktion von Adolf in Berlin (10. 11. 1856, Kat.-Nr. 534) angeboten; im Katalog 9 von Hinterberger in Wien (Repräsentative Original-Handschriften. Eine berühmte Autographen-Sammlung [d. i. Slg. Zweig], 1. Teil, 1936) ist das Gedicht unter Nr. 70 aufgeführt.

22 Fondation Martin Bodmer/Bibliotheca Bodmeriana, Cologny/Genève: Slg. Stefan Zweig; 1 Bl. (15,8 x 10,5 cm); abgebildet sind recto- und verso-Seite. – Ein zu diesem Autograph gehörendes Blatt mit den beiden letzten Strophen des Gedichts befindet sich in der Berliner Staatsbibliothek (Nachlaß J. M. R. Lenz, Bd. 2, Bl. 20), wo auch eine weitere, vollständige Gedichthandschrift vorhanden ist (Nachlaß J. M. R. Lenz, Bd. 2, Bl. 18–19).

23 Im Auktionskalalog 73 von Henrici (Versteigerung der Autographen-Sammlung Kilian von Steiner, 17./18. 10. 1921) unter Nr. 378 angeboten; das Faksimile in „Originalgrösse" ebenda, S. 71 (Seitenformat: 15,5 x 22,0 cm); die Abbildung ist der in der Zentralkartei der Autographen (SBPK, Berlin) aufgestellten Exemplar entnommen. – Gedruckt bei Freye/Stammler, Nr. 183 (nach einer Abschrift).

24 Die wegen des Fehlens kompletter Katalogreihen allerdings ebenfalls nicht unproblematisch ist. Die Auswertung der Auktionskataloge durch die Berliner Zentralkartei der Autographen, deren Bestände ich dankbar benutzt habe, wurde leider nicht weitergeführt. Für freundliche Unterstützung bei den Recherchen danke ich besonders Herrn Klaus Mecklenburg (J. A. Stargardt, Berlin) und Dr. Nicolai Riedel (Deutsches Literaturarchiv, Marbach).

25 Gedruckt bei Freye/Stammler, Nr. 129 (nach dem Erstdruck von 1838). – Ulrike Leuschner (Merck-Forschungsstelle, Darmstadt) sei herzlich bedankt.

ein Bleistift-Portrait von Lenz (vermutlich um ein Selbstporträt), das
dieser mit den folgenden Zeilen auf der Rückseite 1779 seinem Freund
Ramond de Carbonnières geschenkt hat[26]:

À Ramond.

De vieil ami ci voistu la Semblance;
Amour a dit ne le connaitre plus,
Mais de Ses traiteé jadis au coeur recus
L'ami Saitmieux Garder la Souvenance.

                             J. M.
           12. Juil. 79.

Ich kehre noch einmal zurück zu denjenigen Lenz-Autographen, die sich
in den Beständen öffentlicher Institutionen finden lassen. Als Folge des
Zweiten Weltkriegs sind nicht nur die bekannten 26 Konvolute mit Lenziana aus der ehemaligen preußischen Staatsbibliothek nach Kraków
gelangt, sondern auch zahlreiche, von der Lenz-Forschung bislang über-
sehene Lenz-Handschriften aus der Berliner „Sammlung Autographa".
Darunter befinden sich insbesondere die verloren geglaubten 17 Briefe
von Lenz an Heinrich Christian Boie, womit zugleich eine autographe
Textgrundlage für das *Pygmalion*-Gedicht von Lenz vorliegt, das er Boie
in seinem Brief vom 9. April 1777 geschickt hatte. Ebenfalls als Teil der
„Sammlung Autographa" ist auch das von Goethes Frankfurter Jugendfreund Jacob Ludwig Passavant angefertigte und zuletzt von Karl Freye
(1913) benutzte Heft mit Gedichtabschriften wieder aufgetaucht, wodurch wir unter anderem für Lenz' bedeutendes Gedicht *An den Geist*
zumindest wieder über eine zeitgenössische Abschrift verfügen
(*Abb. 5*).[27]

    Wie das ‚Passavant-Heft' zählt auch folgendes Beispiel zum Bereich
der für die Lenz-Edition relevanten heterographen Überlieferung. Bekanntlich gehört der Nachlaß Johann Caspar Lavaters in der Zentralbibliothek Zürich zu den umfangsreichsten und ergiebigsten Fundorten für
Lenziana der verschiedensten Art. Zugleich ist der Lavater-Nachlaß

---

26 Eine Reproduktion des von Matthias Luserke aufgefundenen und mir zur Mitteilung
    freundlich überlassenen Blattes wird demnächst im „Lenz-Jahrbuch" erscheinen. –
    Die Lesung des Wortes „traiteé" in Zeile 4 ist unsicher; wahrscheinlich ist „traits", al-
    so (Gesichts-)Züge, gemeint. – Die Fortsetzung der Unterschrift in Zeile 6 ist durch
    die Rahmung des Blattes verdeckt. – Vgl. C. Girdlestone: Louis-François Ramond
    (1755-1827), Paris 1968, S. 64.
27 Biblioteka Jagiellońska, Kraków: Slg. Autographa; abgebildet ist Bl. 9v des ‚Passavant-
    Heftes' (14,5 x 22,6 cm) mit dem Gedichtanfang „O Geist Geist der du in mir tobst".
    – Siehe dazu Karl Freye (Ungedrucktes zu Lenzens Gedichten. In: Goethe-Jahrbuch
    34 [1913], S. 3–12), der das Heft von Max Morris erhalten hatte.

insbesondere für den Bereich der Korrespondenz nicht leicht zu über-
schauen, da in unterschiedlichen Nachlaßteilen neben Originalbriefen
auch Briefabschriften sowie diverse Exzerpte aus Originalen wie Abschriften vorliegen. In zwei dieser Exzerptheftchen, die von unbekannter
zeitgenössischer Hand angelegt wurden, finden sich jedoch auch bisher
ungedruckte Auszüge aus Briefen von Lenz an Lavater, für die sonst
keine Textzeugen bekannt sind. Bei der Mehrzahl dieser undatierten
Briefexzerpte geht es um Lenz' Liebe zu Henriette von Waldner und die
damit zusammenhängende ‚Portrait-Affaire‘, so daß manche der Auszüge
auch dem *Waldbruder* entnommen sein könnten oder dorthin hätten
Eingang finden können (*Abb. 6*):[28]

> Bester L. es ist die Gräfin Waldner, Tochter des
> Presidenten der Ritterschaft im Sündgau u: Elsaß eine
> der inigsten Freündinen der Prinzeßin von Würtenberg
> in Mümpelgard, an welchem Hoff sie sich den vorigen
> Somer aufgehalten u: den nächst komenden wieder
> hingehen wird. Du darfst nur einen Brf: an sie machen,
> u: mir schiken, ich kene einen hießige Freündin von ihr die
> sie sondiert hat, du wirst große Freüde damit machen u: die
> Silhouette mit einer Antwort sogleich erhalten, die dir schme=
> ken wird. […]

Die Exempelreihe sei mit zwei Texten aus der Lyrik von Lenz beschlos-
sen. Im Düsseldorfer Goethe-Museum befindet sich eine bisher über-
gangene Handschrift von Lenz' Kochberg-Gedicht *So soll ich dich verlassen
liebes Zimmer* mit den vielzitierten Schlußversen: „Ich aber werde dunkel
seyn / Und gehe meinen Weg allein" (*Abb. 7*).[29] Von Interesse sind an
dieser Gedichthandschrift zum einen die Varianten gegenüber dem bekannten Autograph im Berliner Nachlaß und zum anderen die Paratexte
auf der vierten Seite des Doppelblatts. Von Lenz' Hand steht dort mit
Tinte die Bemerkung: „den letzten Tag in Kochberg in dem Zimmer der
Frau v. Stein gemacht; niemand als ihr selber vorzulesen." Des weiteren
finden sich dort zwei im Original verblaßte, bislang nicht zweifelsfrei
entzifferte und zugeordnete Bleistiftnotate, die jedoch sehr wahrscheinlich von Goethe, dem Lenz das Gedicht übergeben hatte, und von Charlotte von Stein, die das Gedicht von Goethe erhielt, stammen.

---

28 Zentralbibliothek Zürich: FA Lav. Ms. 594.12 (1 u. 2); abgebildet ist Bl. 4r des Ex-
    zerpthefts 1 (11,6 x 18,4 cm). Dieser Seite ist auch der abgedruckte Auszug ent-
    nommen, bei dem es sich um eine Antwort auf Lavaters Brief vom 24. 1. 1776
    (Freye/Stammler, Nr. 101) handeln könnte.
29 Goethe-Museum, Düsseldorf: NW 1647/1979; abgebildet ist die erste Seite des
    Doppelblatts (18,5 x 22,0 cm).

Das letzte Beispiel gehört zum Nachlaß Johann Georg Jacobis in der Freiburger Universitätsbibliothek (*Abb. 8*).[30] Diese bislang unbekannte Handschrift von Lenz' Gedicht *An Wieland*, das unter dem Titel *Epistel eines Einsiedlers an Wieland* zunächst in Boies *Deutschem Museum* erschienen war und dann von Jacobi in der *Iris* abgedruckt wurde, ist mir unter allen aufgeführten Beispielen insofern das wichtigste, als sie ganz besonders dazu angetan ist, das kritische editorische Bewußtsein zu schärfen. Es ist dies, so weit ich sehe, die einzige uns überlieferte, von einem Redaktor für einen zeitgenössischen Druck bearbeitete Lenz-Handschrift, und wir können an ihr im Detail studieren, wie sich ein Lenz-Text vom Manuskript über die redaktionelle Bearbeitung zum Druck hin verändert hat. Im vorliegenden Fall hat Jacobi neben anderen redaktionellen Eingriffen das – wie so häufig bei Lenz – fast interpunktionsfreie Gedicht um einige Dutzend Satzzeichen vermehrt.

Ausgangspunkt des Beitrags war die Frage, wie die Überlieferung und mithin das Textcorpus für eine Lenz-Edition beschaffen ist, und der kurze Rundgang durch die ‚Lenz-Archive' konnte, wie ich hoffe, wenigstens ansatzweise die zentrale Bedeutung veranschaulichen, die der Klärung dieser Frage vor allem für den Bereich der handschriftlichen Überlieferung als Voraussetzung einer Lenz-Edition zukommt. Die hierzu notwendigen Arbeiten sind weit vorangeschritten, und demnächst wird ein Repertorium der Lenz-Handschriften vorliegen als wichtigste Basis für einen seriösen und detaillierten Editionsplan. Aus meinen Ausführungen dürfte auch deutlich geworden sein, daß eine historisch-kritische Lenz-Edition weder ‚schnell' zu haben sein wird noch „eine lesefreundliche Ausgabe für alle" sein kann.[31] Freilich wird die Ausgabe auch weder ein „Wissenschaftsmonstrum"[32] noch dauert ihre Realisierung bis zu „einem der nächsten runden Jubiläen [d. i. 2042]", wie unlängst befürchtet.[33]

---

30 Universitätsbibliothek Freiburg/Br.: Nachlaß Johann Georg Jacobi, VI A; abgebildet ist die erste Seite des Doppelblatts (20,7 x 32,5 cm).

31 Rüdiger Scholz: Eine längst fällige historisch-kritische Gesamtausgabe: Jakob Michael Reinhold Lenz. In: Jahrbuch der Deutschen Schillergesellschaft 34(1990), S. 195–229, hier S. 226; vgl. auch S. 195, Anm. 1. Diese freundlich-optimistische Einschätzung geht von falschen Voraussetzungen aus und resultiert aus der Unkenntnis der handschriftlichen Überlieferung.

32 Ebenda, S. 226 (was auch immer damit gemeint sein mag).

33 Stephan (wie Anm. 2), S. 421.

(*Abb. 1*)

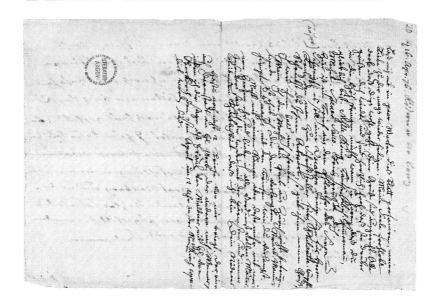

(*Abb. 2*)

(Abb. 3)

III. Goethe, Schiller und ihr Kreis. 71

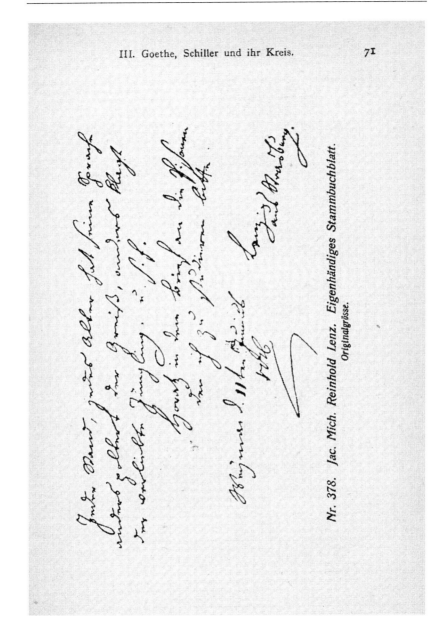

Nr. 378. Jac. Mich. Reinhold Lenz. Eigenhändiges Stammbuchblatt.
Originalgrösse.

(Abb. 4)

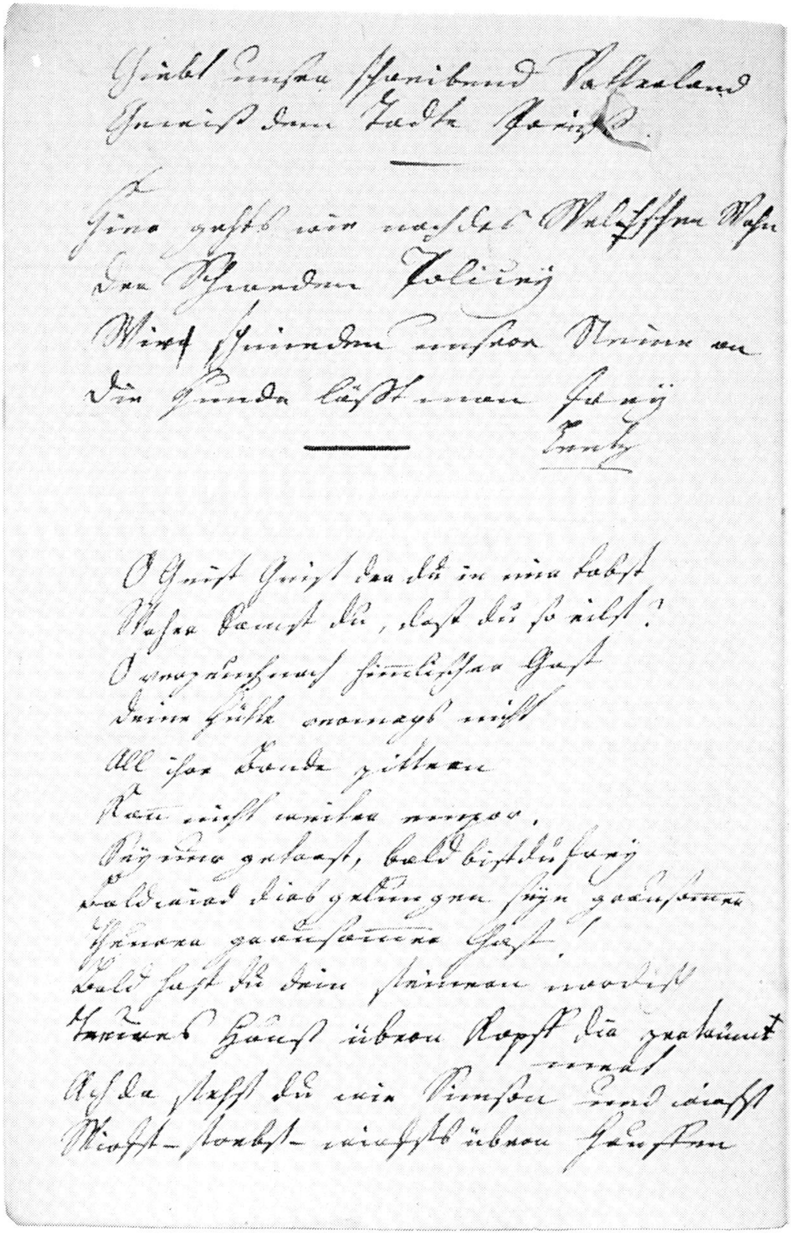

(*Abb. 5*)

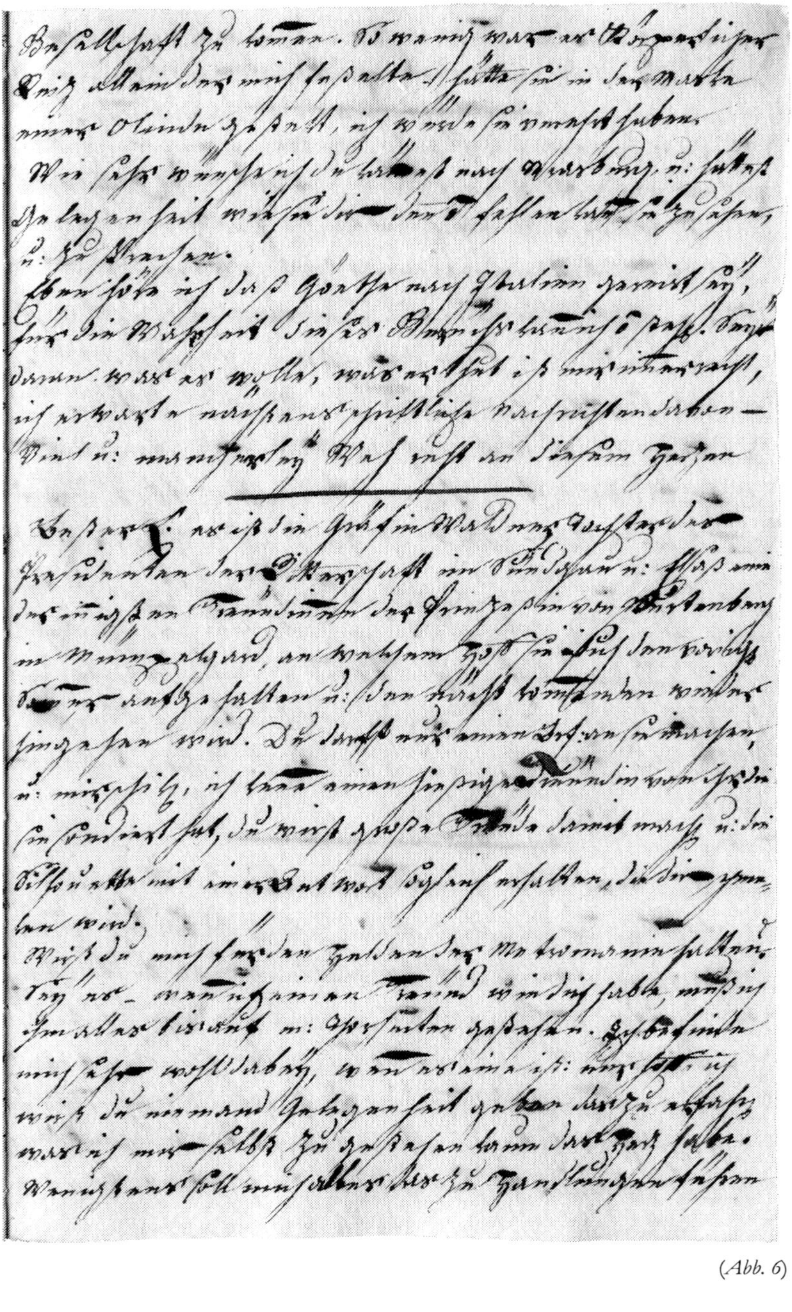

(*Abb. 6*)

(*Abb. 7*)

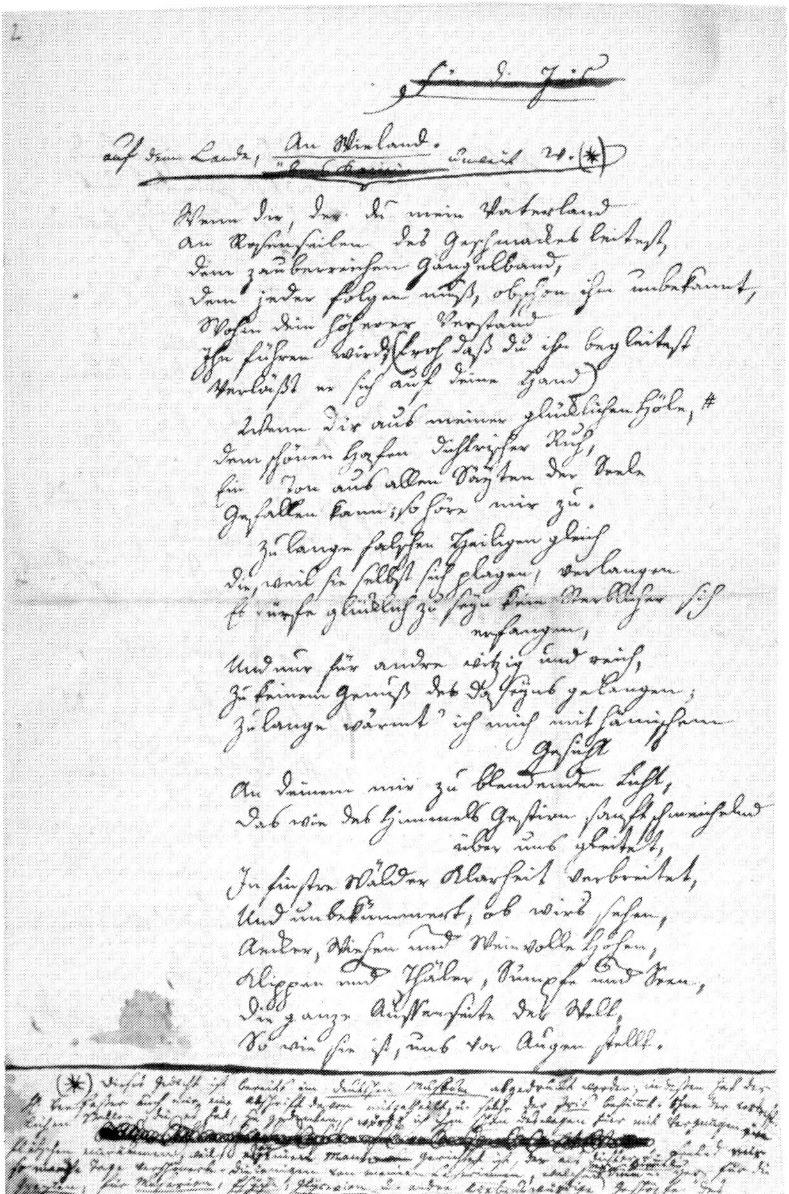

(*Abb. 8*)

„Mässige meine Flammen um sie singen zu können"
Über die historisch-kritische Edition sämtlicher Werke in Versen von J. M. R. Lenz

In Kürze wird die erste umfassende historisch-kritische Lenz-Edition erscheinen. Im folgenden werden zuerst allgemeine Informationen zum Textcorpus und zur Überlieferungslage gegeben, sodann am Beispiel vom *Lied zum teutschen Tanz* Fragen der Datierung und der Darstellung der Textgenese erörtert. Zudem werden exemplarisch die Möglichkeiten einer von der in der Edition mitgeteilten Textgenese ausgehenden Gedichtinterpretation gezeigt und abschließend die editorischen Konsequenzen und Editionsmethoden der Ausgabe skizziert.

Textcorpus

Zum ersten Mal wird eine Ausgabe erscheinen, die Werke Jacob Michael Reinhold Lenz'[1] „historisch-kritisch" ediert und das kühne Attribut *sämtlich* im Titel führt, also zumindest für einen Werkteil alle überlieferten Quellen verläßlich und vollständig präsentiert.[2] Sämtliche Verse von

---

1 Auf die Frage, ob man Lenz' ersten Vornamen, der im Familienkreis auch sein Rufname war, mit einem „c" oder „k" schreibt, geben die eigenhändigen Belege von Lenz keine eindeutige Antwort. Seine Briefe signierte er meist mit „J. M. R. Lenz" oder „Lenz". Lediglich ein Dutzend Schriftstücke ist erhalten, in denen Lenz seinen ersten Vornamen ausschreibt; mehrheitlich schreibt er „Jacob", doch zweimal auch „Jakob". Eindeutigkeit bietet hingegen der Taufeintrag im Kirchbuch von Seßwegen. Lenz' Vater Christian David, der seinen Sohn selbst taufte, trug in das Kirchbuch den Taufnamen „Jacob Michael Reinhold" ein. Über das Kirchbuch, das ich vor kurzem aufgefunden habe (bislang waren nur Abschriften aus dem 19. Jahrhundert bekannt), werde ich demnächst ausführlicher berichten. Der Forschungsaufenthalt in Lettland und Estland erfolgte mit Unterstützung eines DAAD Doktorandenstipendiums im Rahmen des gemeinsamen HSP III von Bund und Ländern.

2 Es sei auf ein immer noch aktuelles Plädoyer für eine historisch-kritische Ausgabe verwiesen, dessen Forderungen und Argumente in zahlreichen nachfolgenden Forschungsbeiträgen wiederholt aufgegriffen wurden: Rüdiger Scholz: Eine längst fällige historisch-kritische Gesamtausgabe: Jakob Michael Reinhold Lenz, in: Jahrbuch der deutschen Schillergesellschaft 34 (1990), S. 195–229; vgl. auch: Gert Vonhoff: Unnö-

Lenz werden ediert, d. h. über die Lyrik im engeren Sinne hinaus werden
Casualcarmina, Verserzählungen, Verssatiren und Versgespräche, neben
den Einzelgedichten alle Verseinlagen in Dramen, Erzählungen und
Briefen, außer den deutschsprachigen auch sämtliche fremdsprachigen
Verse mitgeteilt. Dies vorausgeschickt, werde ich im folgenden nicht
durchgängig die exakte Bezeichnung „historisch-kritische Edition sämtlicher Werke in Versen" verwenden, sondern verkürzt von der „Gedichtausgabe" oder von den „Gedichten" sprechen.

Karl Weinhold edierte 1891 in der ersten und bis heute umfangreichsten Gedichtsammlung 110 Gedichte.[3] Alle bisherigen Lenz-Ausgaben
bieten in der Abteilung Lyrik allenfalls 100, die meisten noch weniger.[4]
Wenn man gründlich sucht, kann man jedoch weit mehr als 200 Werke
in Versen zusammentragen, die von Lenz verfaßt sind oder von ihm
verfaßt sein können.[5]

Die erste und größte editorische Herausforderung bei einer Lenz-
Edition ist das Auffinden der Quellen. Es ist bekannt, daß Lenz' Nachlaß in zahlreichen Archiven und Bibliotheken über ganz Europa und
darüber hinaus verstreut liegt; doch gilt die breite Streuung nur für die
Gedichte. Ähnlich weit verstreut wie diese sind lediglich seine Briefe,

---

tiger Perfektionismus oder doch mehr? Gründe für historisch-kritische Ausgaben, in:
Ebenda, S. 419–423.

3   Gedichte von J. M. R. Lenz. Mit Benutzung des Nachlaßes Wendelins von Maltzahn
hrsg. v. K. Weinhold, Berlin 1891. In den Anm., S. 324–328, stehen ein zusätzliches
Gedicht und einige Verse aus drei bzw. vier weiteren Gedichten.

4   Blei wiederholt fast alle Gedichte Weinholds und bietet 108; weitere umfangreiche
Sammlungen in den Ausgaben von Sauer (68+2), Lewy (94), Oesterheld (97 Texte,
die Zahl der Gedichte ist erheblich niedriger, da oftmals nicht vollständige Gedichte,
sondern mehrere Ausschnitte aus einem Gedicht gedruckt werden), Titel/Haug
(66+12), Damm (98). Jakob Michael Reinhold Lenz: Gesammelte Schriften, hrsg. v.
F. Blei, 5 Bde., München, Leipzig 1909–1913, Bd. 1; Stürmer und Dränger. Zweiter
Teil. Lenz und Wagner, hrsg. v. A Sauer, Berlin, Stuttgart [1883]; Gesammelte Schrif-
ten von Jacob Mich. Reinhold Lenz, hrsg. v. E. Lewy, 4 Bde., Berlin 1909 (auch als
Nachdruck Leipzig 1917), Bd. 2; Jakob Mich. Reinhold Lenz: Ausgewählte Gedichte,
hrsg. v. E. Oesterheld. Leipzig 1909; Jakob Michael Reinhold Lenz: Werke und
Schriften, hrsg. v. B. Titel, H. Haug, 2 Bde., Stuttgart 1966–67 (in Bd. 1 stehen „Die
Landplagen" und 65 Gedichte, in Bd. 2 wird auf 12 weitere, in Dramen enthaltene
Gedichte hingewiesen); Werke und Briefe, 3 Bde., hrsg. v. S. Damm, Leipzig, Mün-
chen 1987, Bd. 3.

5   Daß die in Anm. 4 angegebenen Lenz-Ausgaben weitere in Dramen, Erzählungen
und Briefen enthaltene Gedichte bieten, ändert nichts an der Tatsache, daß in keiner
sämtliche bis dato bekannten Gedichte ediert wurden oder die Zahl aller in einer Ausgabe enthaltenen Gedichte in die Nähe von 200 gekommen wäre.

aber das liegt in der Natur der Textsorte „Brief".[6] Die frühesten und die letzten Zeugnisse von Lenz sind Gedichte; aus allen Phasen seines Lebens sind Verse erhalten; von keiner anderen Textsorte sind so viele Einzelwerke überliefert. Vor allem für die Dichtung in Versen, wo jede Silbe, sogar jeder Buchstabe zählt, ist eine zuverlässige Textgrundlage unerläßlich. Die Erforschung der Verssprache, die Bestimmung und Analyse ihrer metrischen und lyrischen Formen, war auf der Basis der bisherigen, unzuverlässigen Ausgaben unmöglich. Nach gründlicher Sichtung sämtlicher Nachlaßteile ist nach meiner Einschätzung die historisch-kritische Edition des Werkteils Gedichte nicht nur die dringendste und aufwendigste, sondern auch die lohnendste und spannendste Aufgabe, weil es hier am meisten zu entdecken gibt.

Überlieferungslage

Etwa 170 Werke in Versen werde ich edieren, von denen Lenz zweifelsfrei oder zumindest höchstwahrscheinlich der Verfasser ist.[7] Für die meisten Gedichte liegt nur eine einzige textkritisch relevante Quelle vor – ein Druck, eine Abschrift[8] oder eine Handschrift[9]. Allein für knapp ein Viertel der Texte liegt mehr als eine Quelle vor; für die Mehrzahl dieses Viertels sind zwei Textzeugen erhalten. Nur sechs Gedichte sind in mehreren Quellen überliefert (wobei nicht alle Drucke zu Lebzeiten textkri-

6   Auch wenn sie im einzelnen korrektur- und ergänzungsbedürftig ist, so ist die Briefausgabe dennoch weitaus verläßlicher als alle bisherigen Werkausgaben: Briefe von und an J. M. R. Lenz. Gesammelt u. hrsg. v. K. Freye, W. Stammler, 2 Bde., Leipzig 1918 (auch als Nachdruck Bern 1969).

7   Die Zahl der Gedichte ist von der Zählweise abhängig und variiert, je nachdem ob man bei den selbständig publizierten Werken („Die Landplagen", „Eloge de feu Monsieur **nd", „Petrarch") den gesamten Band als einen Text oder die enthaltenen Teile sowie die Anhänge und Fragmente jeweils einzeln zählt. Ich zähle die Teile und „Bücher" eines Gedichtes nicht einzeln, wohl aber unterschiedliche Einheiten wie die Fragmente im Anhang der „Landplagen". Verschiedene Quellen und Fassungen werden nicht einzeln, sondern als ein Gedicht gezählt. Texte mit zweifelhafter Verfasserschaft rechne ich nicht zu den Lenz-Gedichten. Zur Zeit der Abfassung dieses Beitrags ist die Edition noch nicht endgültig abgeschlossen. Sämtliche in diesem Beitrag angegebenen Zahlen sind vorläufig und können sich aufgrund neuer Erkenntnisse im einzelnen ändern und von denen in der endgültig abgeschlossenen Edition geringfügig abweichen.

8   Die Bezeichnung „Abschrift" wird grundsätzlich als editionswissenschaftlicher Terminus mit der Bedeutung „handschriftlich, jedoch nicht vom Autor, sondern von fremder Hand geschrieben" verwendet.

9   Als „Handschrift" werden ausschließlich eigenhändig von Lenz geschriebene Manuskripte bezeichnet.

tisch relevant sind): Die beiden Epigramme (*Der*) *Archiplagiarius* und *Poetische Ma(h)lerei* wurden je dreimal zu Lebzeiten gedruckt. Vier Gedichte sind jeweils sowohl in einer Handschrift als auch in Drucken zu Lebzeiten überliefert: (1.) *An mein Herz/ Unser Herz/ An das Herz*, (2.) *Der Wasserzoll/ Denkma(h)l der Freundschaft*, (3.) *Pygmalion* und (4.) *An Wieland/ Epistel eines Einsiedlers an Wieland.*[10] Für zwei Gedichte ist jeweils ein Dutzend Quellen relevant: *Eduard Allwills erstes geistliches Lied* und *Nur der bleibende Himmel kennt/ Trost*[11] sind in mehreren handschriftlichen Fassungen überliefert, textkritisch relevant sind für beide auch die Abschriften im *Tiefurter Journal.*[12]

Ungefähr ein Drittel aller Gedichte ist nur als Druck überliefert. Von den z. T. nur noch in wenigen Exemplaren erhaltenen Drucken habe ich so viele Originalexemplare wie möglich observiert und konnte – erstmalig in der Lenz-Forschung – einige satzabweichende, sogar ganz neu gesetzte Drucke nachweisen, z. B. in den beiden einzigen noch vorhandenen Exemplaren der *Landplagen*. In dem Exemplar, das sich in der Nationalbibliothek in Prag befindet, steht an einer Stelle „Fuch"; an der gleichen Stelle liest man im Exemplar der Hamburger Staats- und Universitätsbibliothek die korrigierte Form „Fluch".[13]

Von der Zeitschrift *Iris* wurden die ersten vier Bände (Erstdruck 1774-75) im Jahre 1775 neu gesetzt und nachgedruckt. Innerhalb des Nachdrucks gibt es wiederum voneinander abweichende Exemplare, so daß in der *Iris* von dem Gedicht *Freundin aus der Wolke* drei voneinander abweichende Druckfassungen nachweisbar sind. Im Erstdruck steht das Gedicht auf Seite 72, trägt den Titel „Freundin aus der Wolke.", hat in Vers 11 „ietzt" und ist unterzeichnet mit „P." (im Druckfehlerverzeichnis korrigiert zu „L."). In den Nachdrucken steht das Gedicht auf Seite 49, trägt den Titel „Freundinn aus der Wolke." hat in Vers 11 „itzt" und ist unterzeichnet mit „C." Innerhalb der Nachdrucke steht in einigen

10 Die Handschrift von „Pygmalion" gilt seit dem 2. Weltkrieg als verschollen, die Existenz der Handschrift der „Epistel eines Einsiedlers" war bislang unbekannt.

11 Der Titel „Trost" ist nicht von Lenz, sondern von fremder Hand überliefert.

12 Das „Tiefurter Journal" ist eine literarische Zeitschrift, die in Abschriften am Weimarer Hof 1781–84 herausgegeben wurde. Es lassen sich noch 9 Exemplare aus der Zeit nachweisen sowie ein erst 1870 aus Originalhandschriften der Verfasser zusammengestelltes synthetisches Exemplar. Außerdem sind Einzelhefte und textkritisch nicht relevante Abschriften aus dem 19. Jahrhundert überliefert. Dem ersten Druck des „Tiefurter Journals" liegen 5 Exemplare zugrunde: Das Journal von Tiefurt, m. e. Einl. v. B. Suphan hrsg. v. E. v. d. Hellen, Weimar 1892.

13 [Jacob Michael Reinhold Lenz:] Die Landplagen, ein Gedicht in Sechs Büchern: nebst einem Anhang einiger Fragmente, Königsberg 1769, S. 109, Vers 87 im II. angehängten Fragment, Schreiben Tankreds an Reinald. Prag/NB, Sign.: 9 H 2231; Hamburg/SUB Carl von Ossietzky, Sign.: A/9268.

Exemplaren in Vers 7 „Denn", in anderen Exemplaren ist die Stelle korrigiert zu „Den". Die drei abweichenden Druckfassungen von *Freundin aus der Wolke* haben alle drei denselben bibliographischen Nachweis: „*Iris*. Des vierten Bandes erstes Stück. Julius 1775."[14] Des weiteren erschien unter dem Titel *Des Herrn Jacobi Allerley* 1777 eine Anthologie, in der einzelne Texte aus den ersten vier Bänden der *Iris*, darunter auch *Freundin aus der Wolke,* nachgedruckt sind.[15]

Die einzigen zu Lenz' Lebzeiten selbständig erschienenen Werke in Versen[16] sind zugleich die umfangreichsten: *Die Landplagen*[17], *Menalk und Mopsus*[18], *Eloge de feu Monsieur **nd*[19] und *Petrarch*[20]. Die *Flüchtigen Aufsäzze* enthalten drei weitere Gedichte[21]; 30 wurden in literarischen Zeitschriften, Musenalmanachen und Anthologien publiziert; auch 20 Verseinlagen in Dramen und Erzählungen waren bereits veröffentlicht. Doch von den heute noch erhaltenen Gedichten waren 70 Prozent zu Lenzens Lebzeiten nicht gedruckt. Nur ganz wenige Gedichte sind in einer einzigen textrelevanten Abschrift – d. h. von fremder Hand – überliefert; einige

---

14 In der „Iris" stehen auch einige Erstdrucke von Goethe-Gedichten. In den bisherigen Goethe-Ausgaben wird oft nur vermeintlich nach dem Erstdruck, tatsächlich aber nach einem der Nachdrucke der „Iris" ediert. Da es keine historisch-kritische Edition von Goethes Gedichten gibt, ist die Existenz der abweichenden Drucke selbst Goethe-Kennern nicht bekannt. So wird z. B. in der Ausstellung im Frankfurter Goethe-Museum der 2. Bd. der „Iris" gezeigt, aufgeschlagen ist Goethes „Lied, das ein selbst gemahltes Band begleitete" (S. 46) und „Mayfest" (S. 47). Das ausgestellte Exemplar ist jedoch nicht, wie dort angegeben, der Erstdruck der beiden Gedichte, sondern ein Nachdruck. Im Erstdruck stehen die Gedichte auf S. 73–77. Auch Goethe besaß in Weimar von der „Iris" keinen Erstdruck, sondern einen Nachdruck. Als er diesen für spätere Werkausgaben zugrunde legte, autorisierte er gleichsam nachträglich zahlreiche Fehler aus dem „Iris"-Nachdruck.

15 Des Herrn Jacobi Allerley, Frankfurt, Leipzig 1777, S. 242.

16 Vgl. Jacob Michael Reinhold Lenz: Werke, 12 Bde., Faksimile der Erstausgaben seiner zu Lebzeiten selbständig erschienenen Texte, hrsg. v. Ch. Weiß, St. Ingbert 2001. Die Ausgabe kann die historisch-kritische Edition weiterer Werke nicht ersetzen, denn man wird z. B. über Druckabweichungen („Die Landplagen", „Der Hofmeister") nicht informiert. Nach meinen Recherchen fehlen außerdem 35 Rezensionen.

17 Vgl. Anm. 13.

18 [Jacob Michael Reinhold Lenz:] Menalk und Mopsus. Eine Ekloge nach der fünften Ekloge Virgils, Frankfurt, Leipzig 1775.

19 [Jacob Michael Reinhold Lenz:] Eloge de feu Monsieur **nd. Ecrivain très célèbre en Poésie et en Prose. Dédié au beau Sexe de l'Allemagne, Hanau 1775.

20 [Jacob Michael Reinhold Lenz:] Petrarch. Ein Gedicht aus seinen Liedern gezogen, Winterthur 1776.

21 [Jacob Michael Reinhold Lenz:] Flüchtige Aufsäzze von Lenz, hrsg. v. Kayser, Zürich, Winterthur 1776. „Göttin, Freude! dein Gesicht"(S. 41), „Matz Höcker. Schulmeister in B.. im St...l."(S. 42–54), „Aus einem Neujahrswunsch aus dem Stegreif. Aufs Jahr 1776" (S. 80–85).

stehen im wieder aufgefundenen sog. *Passavantheft*.[22] Doch das Sammeln und Verzeichnen textkritisch relevanter oder scheinbar relevanter Quellen – inklusive des Wiederauffindens verschollener Handschriften und Abschriften sowie der Entdeckung völlig unbekannter Handschriften – ist nur der Anfang; die weitere, entscheidende Aufgabe ist die textkritische Sichtung für eine Edition. So ist im *Passavantheft* das Gedicht *Ueber die Stelle einer Vorrede* zwar mit „Lentz" unterzeichnet[23] und wurde in den bisherigen Ausgaben als Gedicht von Lenz gedruckt,[24] ist aber nicht von ihm, sondern nachweislich von Philipp Christoph Kayser verfaßt.[25]

Unter den Gedichten, für die Lenz als Verfasser galt oder heute noch gilt, erwiesen sich bei näherer Prüfung 40 als entweder nachweislich falsche oder zumindest äußerst fragwürdige Zuschreibungen. Zudem gibt es noch zwei Gedichtsammlungen von Wilhelm Arent[26] und Paul Theodor Falck[27], die aber schon seit längerem als unecht gelten. Selbst

22 Kraków/Biblioteka Jagiellońska, Sammlung Autographa, Lenz Nr. 8 (14 Bl.).
23 Ebenda, Bl. 9r-9v, hier Bl. 9v.
24 Erstdruck in: Ungedrucktes zu Lenzens Gedichten. Mitgeteilt v. Karl Freye. In: Goethe-Jahrbuch 34(1913), S. 3–12, hier S. 10. Nach dem Erstdruck abgedruckt bei Titel/Haug (wie Anm. 4), Bd. 1, S. 192, und S. Damm (wie Anm. 4), Bd. 3, S. 161. Seit der Mitteilung von Freye (1913) gilt das „Passavantheft" als verschollen. – In einer kürzlich publizierten Dissertation, in der das im „Passavantheft" enthaltene Gedicht „O Geist Geist der du in mir tobst" (Druckfassung u. d. T. „An den Geist") „exemplarisch" interpretiert wird, stützt sich der Verfasser nicht auf das Passavantheft, sondern wählt als Grundlage einen kontaminierten Text, so daß die Analyse mit allen Interpretationsvorschlägen von vornherein unwissenschaftlich ist, und nicht erst im nachhinein mit dem Nachweis des „Passavantheftes" gänzlich unbrauchbar wird. Johannes Schnurr: Begehren und lyrische Potentialität. Eine Untersuchung des „Konkupiscenz"-Begriffs in J. M. R. Lenz' „Philosophischen Vorlesungen für empfindsame Seelen" in Hinsicht auf seine Lyrik. Exemplarisch vorgenommen an dem Gedicht „An den Geist", Würzburg 2001.
25 Philipp Christoph Kayser schickte das Gedicht „Für Klingern" in einem Brief an Ernst Christian Friedrich Adam Schleiermacher (vermutlich im Herbst 1775), in: Klinger in der Sturm- und Drangperiode, dargest. v. M[ax] Rieger, mit vielen Briefen, Darmstadt 1880, Brief Nr. LIX, S. 429–431, hier S. 430 f. Als Gedicht von Kayser auch nachgewiesen in: C. A. H. Burckhardt: Goethe und der Komponist Ph. Chr. Kayser, Leipzig 1879, S. 76 f., und in: Grundrisz zur Geschichte der deutschen Dichtung aus den Quellen von Karl Goedeke, zweite ganz neu bearb. Aufl., fortgef. v. Edmund Goetze, 4. Bd., Erste Abteilung, Dresden 1891, Nr. 27, S. 357.
26 Lyrisches aus dem Nachlass, aufgefunden v. Karl Ludwig [Wilhelm Arent], Berlin 1884. Die vermeintlich nicht bekannten Lenz-Gedichte sind von Wilhelm Arent.
27 Der lyrische Lenz-Nachlaß Jerzembskys. Zugleich eine Zurückweisung des Prof. Edward Schröderschen Angriffs, hrsg. v. P. Th. Falck, Leipzig [1909]. Das seinerzeit heftig umstrittene Buch ist nie erschienen; im Falck-Nachlaß in Tallinn/Ajaloomuuseum befindet sich jedoch ein von Falck redigierter Druck (61,1,22, Bl. 1-80 u. 61,3,3, Bl. 49-63). Wie Franz Blei, dem ein Vorabdruck vorlag, richtig feststellte (wie Anm. 4, Bd. 1, S. 513-515), bietet Falck neben einem Gedicht von Johann Friedrich Hahn nur

eigenhändig von Lenz überlieferte Gedichte bürgen noch nicht für ihn als Verfasser. In Lenzens *Blaetter der Erinnerung* bilden Notizen, Berechnungen, Exzerpte aus Werken anderer Autoren und eigene Entwürfe ein schwer entwirrbares Durcheinander. Für einige von Lenz' Hand überlieferte Verse können andere Autoren als Verfasser nachgewiesen werden. Die englischsprachigen Verse z. B., die er auf einem dieser Blätter zwischen allerlei anderen Bemerkungen notierte, exzerpierte Lenz aus Alexander Popes *An Epistle from Mr. Pope, to Dr. Arbuthnot* (V. 197-214, 315 f., 330 f., 392-405), *Epilogue to the Satires* (I, V. 123-126) und *The First Epistle of the First Book of Horace to Lord Bolingbroke* (V. 27-35).[28] Manche Stammbucheinträge sind keine selbst verfaßtenVerse, sondern – nicht gekennzeichnete – Zitate, einmal z. B. aus Goethes *Erwin und Elmire*.[29]

Weit mehr als die Hälfte der von Lenz verfaßten Gedichte sind in seinen Handschriften überliefert, davon 14 in mehreren eigenhändigen Fassungen. Namentlich möchte ich wenigstens auf drei bislang nicht bekannte Mehrfachüberlieferungen hinweisen: Von *So soll ich dich verlassen liebes Zimmer* gibt es nicht nur eine Lenz-Handschrift in Berlin (Staatsbibliothek), sondern auch eine weitere in Düsseldorf (Goethe-Museum). Von *Eduard Allwill* liegen nicht nur zwei Fassungen in Berlin; ein weiteres Fragment befindet sich in Cologny bei Genf (Bibliotheca Bodmeriana), textkritisch relevant sind auch die Abschriften im sog. *Tiefurter Journal*. – Auch von *Was ist Satyre?* existiert nicht nur die eine überarbeitete

drei Gedichte, die keine Variationen von bekannten Lenz-Gedichten sind. Ob diese Umdichtungen von Falck stammen oder ob Falck sie von jemandem bekommen und leichtgläubig für von Lenz stammende, spätere Fassungen gehalten hat, ist unerheblich für die Feststellung, daß die Gedichte nicht von Lenz selbst verfaßt sind. Im Falck-Nachlaß liegen jedoch tatsächlich Original-Handschriften von Lenz; neben drei bekannten, jedoch z. Z. als verschollen geltenden Briefen (61,1,17, Bl. 85: Freye/Stammler Nr. 99, Bd. 1, S. 165 f.; 61,1,23, Bl. 36: Freye/Stammler Nr. 197, Bd. 2, S. 10 f.; 61,1,23, Bl. 37–39: Freye/Stammler Nr. 157, Bd. 1, S. 234–236) befinden sich dort zwei eigenhändig von Lenz geschriebene Gedichte (61,1,22, Bl. 82r–83v, „Die Kuckuck mit dem Ehstandsleben" gedruckt bei Blei, Bd. 1, S. 514). Falck plante, diese Handschrift von Lenz in seiner Gedichtausgabe zu faksimilieren; sie sollte für die Echtheit aller aus „Jerzembskys Lenz-Schatz" edierten Gedichte bürgen.

28 Handschrift: Kraków/BJ, Lenziana 2, Blaetter der Erinnerung. Zu Pope vgl. auch: Ebenda, Lenziana 2, Nr. 18.
29 Mit vollen Athemzügen, Zürich, 1. 9. [1777], Eintrag in das Stammbuch der Familie Clavel de Brenles. Handschrift: Zürich/Zentralbibliothek, Ms. Z II 639, Nr. 15. Lenz zitiert – mit einigen Varianten – 8 Verse aus Goethes „Erwin und Elmire ein Schauspiel mit Gesang", Erstdruck in: Iris. Des Zweyten Bandes drittes Stück. März 1775, S. 161–224, hier S. 207 f.; Lenz' Eintrag in: Werner H. Preuß: „Lenzens Eseley": „Der Tod der Dido". In: Goethe-Jahrbuch 106 (1989), S. 53–90, hier S. 73.

Handschrift in Berlin, sondern auch eine eigenhändige Reinschrift in Kraków, nach der noch nie gedruckt worden ist.[30]

Mit einer Anfrage an die Jagiellonen-Bibliothek konnte man bis vor kurzem nicht herausfinden, welche Lenziana sich in Kraków befinden. Ich habe in den letzten Jahren erst im Laufe mehrwöchiger Aufenthalte die Lenziana erstmalig detailliert verzeichnet und dieses Verzeichnis der Bibliothek für die Bearbeitung von Anfragen und den Benutzern vor Ort zur Verfügung gestellt.[31] Original-Handschriften von Lenz befinden sich in Kraków nicht nur in der *Sammlung Lenziana*, sondern auch in anderen Berlinika: In der *Sammlung Autographa* liegt nicht nur das bereits erwähnte *Passavantheft*, sondern auch – innerhalb der Briefe von Lenz an Boie – das Gedicht *Pygmalion;* in der *Sammlung Varnhagen* befindet sich u. a. die Handschrift von *Shakespears Geist/ ein Monologe;* all dies galt als seit dem Zweiten Weltkrieg verschollen.

Textkritisch relevante Handschriften, Abschriften und Drucke findet und erforscht man – auch wenn das offenkundig der Praxis einiger Editoren anderer Ausgaben und Projekte widerspricht – in Archiven und Bibliotheken. Verschollenes oder unbekanntes textkritisch relevantes Material findet man nicht – zumindest nicht allein – durch Nachdenken oder per Ferndiagnose am heimischen Schreibtisch, auch nicht durch briefliche Anfragen an Archive. (Obwohl man da manchmal Glück haben kann.) Der Arbeitsplatz eines Editors ist das Archiv; das Arbeitsmaterial sind nicht Kopien, Mikrofilme, Dias oder Scans, sondern Originalhandschriften und Originaldrucke. Kein technisches Hilfsmittel kann die Autopsie der Originale ersetzen, daher habe ich sämtliche textkritisch relevanten Quellen vor Ort im Original eingesehen und geprüft. Ich war in den Archiven und Bibliotheken von Tallinn, Tartu, Riga, Kraków, Prag, Basel, Zürich, Cologny-Genève, Berlin, Weimar, Leipzig, Halle, Hamburg, Hannover, Düsseldorf, Köln, Bonn, Mainz, Frankfurt a. M., Marbach, Freiburg – und habe noch weitere auf dem Plan.

Erstmals gedruckte Gedichte

Das Interesse an einer neuen historisch-kritischen Edition gilt vermutlich nicht nur wieder aufgefundenen Handschriften oder alternativen Fas-

---

30 Einige Varianten aus der Reinschrift sind bekannt, sie stehen im kontaminierten Text von Tieck: Gesammelte Schriften von J. M. R. Lenz, hrsg. v L. Tieck, 3 Bde., Berlin 1828, Bd. 3, S. 294–298.
31 Vgl. den Druck des Verzeichnisses im vorliegenden Band. Für die Möglichkeit des Abdrucks danke ich Inge Stephan und Hans-Gerd Winter.

sungen, sondern vor allem den Texten, die zuvor überhaupt nicht bekannt waren; in dieser Ausgabe also den erstmals gedruckten Gedichten. Zum ersten Mal mitgeteilt werden einige Stammbucheinträge und Widmungen (von denen manche bislang nicht bekannt waren, weil sie sich in Privatbesitz befinden). Auch die umfangreichen Gedichte aus Lenz' Moskauer Zeit, die bisherige Editoren als verwirrte, unsinnige Reimereien abgetan und deshalb nicht gedruckt haben,[32] werden jetzt vollständig zugänglich. Etwa 10% der Gedichte sind bislang völlig unbekannt und werden zum ersten Mal gedruckt. Außer diesen unbekannten Gedichten, die mit Sicherheit von Lenz verfaßt sind, gibt es noch einzelne, die zwar von Lenz' Hand überliefert sind, aber in der Rubrik „Zweifelhaftes" mitgeteilt werden, da nicht völlig auszuschließen ist, daß Lenz die Verse nur exzerpiert und nicht selbst verfaßt hat.

Um unbekannte Gedichte zu finden, muß man nicht weit reisen oder an versteckten Orten suchen. Prüfen muß man auch das – vermeintlich – „längst Erschlossene" und „längst Bekannte" und kann dabei Erstaunliches entdecken. Ein Beispiel: Auf einem Doppelblatt stehen zwei handschriftliche Fassungen des Gedichtes, das unter dem Titel *Trost* bekannt ist. Auf Seite 1 beginnt ein längerer, stark überarbeiteter Entwurf in Bleistift, auf Seite 3 steht eine kürzere Fassung in Tinte. Aus dem Bleistiftentwurf sind bisher nur einzelne Varianten bekannt; vollständig ist er bisher nicht ediert. Doch auf diesem Blatt gibt es außer dem vollständigen ersten Entwurf noch mehr Unbekanntes zu entdecken. Denn die überarbeiteten Verse auf Seite 2 sind nicht, wie man meinen könnte, die Fortsetzung des Entwurfs von Seite 1. Vielmehr stehen inmitten der beiden Fassungen Verse, die nicht zu den beiden Entwürfen gehören. Diese Verse (Seite 2) bilden in der letzten Bearbeitungsstufe ein anderes, in sich schlüssiges, unbekanntes Gedicht:

> Ach sie blüht die stille Freude
> Nur verborgenen Dornen zum Kleide
> Wird von ferne nur gezeigt
> Sinkt und welkt eh man sie erreicht
> Doch ists göttliches Gefühl
> Ihr zu bluthen vor dem Ziel
> Eng umfangenen Sclaven allein
> Seys erlaubt ohne Herrn zu seyn

32 Bis heute sind die von Weinhold (wie Anm. 3, S. 324–328) erwähnten, aber des Druckes nicht würdig befundenen Gedichte nicht ediert. Weinhold nennt z. B. „Herrn Börner" eine „unsinnige Reimerei" (S. 324) und urteilt über „Es mag um diese Gruft die junge Freude klagen": „Dieses ist noch verwirrter." (S. 325).

Dieses Gedicht ist hier erstmalig gedruckt; „entdeckt" habe ich es im
Lenz-Nachlaß der Staatsbibliothek Berlin, dem bekanntesten, am leichte-
sten zugänglichen und am gründlichsten erforschten Nachlaßteil.[33] Dennoch: Die eigentlichen Überraschungen und Entdeckungen, die die historisch-kritische Edition bereithält, betreffen nicht unbekannte Werke,
sondern Gedichte, von denen man annehmen mußte, daß man sie längst
kennt. Ich möchte meine Editionsmethoden und -prinzipien am Beispiel
eines Gedichts vorstellen, das zu den bekanntesten und am häufigsten
gedruckten Lenz-Gedichten gehört. Es ist das *Lied zum teutschen Tanz*.

Lied zum teutschen Tanz

Überlieferung. Wie die meisten Gedichte ist das *Lied zum teutschen Tanz* in
nur einer einzigen eigenhändigen Handschrift überliefert und wurde —
wie die Mehrzahl seiner Gedichte — zu Lebzeiten nicht gedruckt. Die
Handschrift befindet sich im Lenz-Nachlaß der Berliner Staatsbibliothek.[34]
    Datierung. Den terminus ante quem für die Entstehungszeit können
sowohl überlieferte Äußerungen von Lenz oder einem Zeitgenossen als
auch der Zeitpunkt der Publikation zu Lebzeiten geben. Da weder eine
Äußerung noch ein Druck zu Lebzeiten vorliegt, scheint es schwierig, die
Zeit zu bestimmen, in der Lenz das *Lied* geschrieben hat. Alle bisherigen
Datierungsversuche waren Mutmaßungen anhand biographischer, thematischer, motivischer, sprachlicher oder stilistischer Kriterien.[35] Nie-

33 Berlin, Staatsbibliothek zu Berlin – Preußischer Kulturbesitz, Nachlaß J. M. R. Lenz,
    Bd. 2, Nr. 27, Bl. 34v. Nachdrücklich sei bemerkt, daß der Nachweis einer Hand-
    schrift aus dem Nachlaß in Berlin allein in dieser Weise richtig ist, und nicht, wie sich
    falsch eingebürgert hat, mit der Nummer aus dem Auktionskatalog Cohn. Verwiesen
    werden sollte nicht auf eine Nummer eines Auktionskataloges, sondern auf die Fund-
    stelle der Handschrift, d. h. eine Signatur in einem Nachlaß. Das ist in diesem Fall die
    fortlaufende Nummer in einem der drei Bände, mit fortlaufender Numerierung der
    Texte und der im Jahre 2001 vorgenommenen Foliierung. Vgl.: Katalog einer werth-
    vollen Autographen-Sammlung aus dem Besitze der verstorbenen Herren Wendelin
    von Maltzahn, Hans Reimer und anderer. Deutsche Dichter und Schriftsteller von
    Gottsched bis zur Gegenwart. Versteigerung zu Berlin, 27. und 28. Februar 1890,
    Berlin (Albert Cohn) 1890; hier wird „Ach sie blüht die stille Freude" als Entwurf zu
    „Nur der bleibende Himmel" beschrieben (S. 33, unter Nr. 211).
34 Berlin/SBB-PK, Nachlaß J. M. R. Lenz, Bd. 2, Nr. 29, Bl. 40r.
35 Auch der oft wiederholte Hinweis, Lenz habe erst 1776 in Weimar unter Wielands
    Einfluß die Schreibung „teutsch" verwendet, ist unzutreffend und daher für die Da-
    tierung nicht beweiskräftig. Vgl. z. B. S. Damm (wie Anm. 4, Bd. 3, S. 807), die im
    selben Band ihrer Ausgabe auf S. 247 den widerlegenden Beleg von 1767 hätte finden

mand hat hingegen die materielle Beschaffenheit der Handschrift untersucht. Doch sie allein gibt einen verläßlichen Hinweis auf die Zeit der Niederschrift; denn im Papier ist ein Teil eines Wasserzeichens mit gekröntem Posthornwappen, daran angehängter „4" und den Buchstaben „IGW" erkennbar. Das Papier stammt demnach aus der Oberweimarer Papiermühle.[36] Folglich hat Lenz mit größter Wahrscheinlichkeit das *Lied zum teutschen Tanz* während seines Aufenthalts in Weimar (und Umgebung) zu Papier gebracht, also frühestens im April 1776.

Indem man das Papier analysiert und dessen Herkunft lokalisiert, kann man die Mehrzahl der Handschriften – und zwar nicht nur der Gedichte, sondern von allen Handschriften – immerhin so weit datieren, daß der terminus post quem für die Niederschrift angegeben werden kann. Dafür noch ein weiteres Beispiel: Auf der Handschrift des Gedichts *Aufschrift eines Pallastes* vermerkte Georg Friedrich Dumpf, ein Lenz-Forscher aus dem 19. Jahrhundert: „Vor 1776 geschrieben".[37] Hätte Dumpf oder ein anderer Editor das Papier gegen das Licht gehalten, hätte er das Wasserzeichen mit der Jahreszahl 1787 gesehen und erkannt, daß Lenz das Blatt niemals vor 1776, sondern frühestens 1787 beschreiben konnte.

Editionsgeschichte. Erst 99 Jahre nach Lenz' Tod wurde das *Lied zum teutschen Tanz* zum ersten Mal gedruckt. Karl Weinhold edierte es 1891 nach der einen bis heute erhaltenen Handschrift.

---

können. Ihr Irrtum wird übernommen von Gert Vonhoff: Subjektkonstitution in der Lyrik von J. M. R. Lenz, Frankfurt a. M. u. a. 1990, S. 308, Anm. 531, u. Mathias Bertram: Lenz als Lyriker. Zum Weltverhältnis und zur Struktur seiner lyrischen Selbstreflexionen, St. Ingbert 1994, S. 246. Lenz schreibt bereits im Brief an seine Eltern, „Tarwast den 9ten November 1767": „Auf den Sonntag wird der Bruder teutsch predigen." (Handschrift: Latvijas Akadēmiskā bibliotēka Rīga, Nachlaß J. M. R. Lenz, Ms 1113, 25. fonds, 31. vienība, Nr. 3. – Druck: Freye/Stammler Nr. 4, Bd. 1, S. 6 f., hier S. 7.) Lenz' Vater schreibt grundsätzlich „teutsch" und unterscheidet bei seinen kirchlichen Amtshandlungen – wie bei den Deutschen im Baltikum zu seiner Zeit üblich – „Teutsche" und „Unteutsche". Da er zeitweise seinen Sohn Jacob unterrichtete und, wie die Akten im Historischen Staatsarchiv Riga belegen, als Schreiber für seine Amtsgeschäfte einsetzte, verwendete dieser schon in seiner Jugendzeit die Schreibweise „teutsch".

36 Vgl. die Abbildung in: Gerhard Buchmann: Geschichte der Papiermacher zu Oberweimar, Weimar 1936, S. 142. Für diesen Nachweis und für weiterführende Hinweise zum Thema Wasserzeichen danke ich Eva Ziesche (Staatsbibliothek Berlin); für grundlegende Informationen möchte ich mich bedanken bei Frieder Schmidt und Andrea Lothe (Papierhistorische Sammlungen des Deutschen Buch- und Schriftmuseums der Deutschen Bücherei Leipzig).

37 Berlin/SBB-PK, Nachlaß J. M. R. Lenz, Bd. 2, Nr. 17, Bl. 21.

Erstdruck bei Weinhold (1891)
L i e d   z u m   t e u t s c h e n   T a n z .

O Angst! tausendfach Leben!
O Muth, den Busen geschwellt,
Zu taumeln, zu wirbeln, zu schweben,
Als giengs so fort aus der Welt!
Kürzer die Brust
Athmet in Lust.
Alles verschwunden,
Was uns gebunden.
Frey wie der Wind,
Götter wir sind![38]

Zahlreiche nachfolgende Editoren überprüften die Handschrift und
druckten das *Lied* stets als Gedicht in 10 Versen, doch boten sie immer
wieder abweichende Lesungen und teilten in ihren Anmerkungen mal
diese, mal jene Varianten mit; manche Editoren sprachen gar von verschiedenen „Fassungen".[39] 99 Jahre nach dem Erstdruck überrascht
1990 Gert Vonhoff mit der Feststellung, daß in der Handschrift außer
den traditionell gedruckten 10 Versen drei weitere ungestrichene Verse
stehen und edierte das Gedicht in 13 Versen.[40] Vonhoff erhebt den Anspruch, „zum ersten Mal den vollständigen Text der Handschrift als
edierten Text zugänglich"[41] zu machen, außerdem verzeichnete er die Varianten erstmalig in einem textkritischen Apparat.[42]

Edierter Text bei Vonhoff (1990)
L i e d   z u m   t e u t s c h e n   T a n z

O Angst! o tausendfach Leben
O Muth den Busen geschwellt
Zu taumeln zu wirbeln zu schweben
Als giengs so fort aus der Welt
Kürzer die Brust
Athmet die Lust
Alles verschwunden
Was uns gebunden
Frey wie der Wind
Götter wir sind

---

38 Weinhold (wie Anm. 3), S. 120 f..
39 Lewy (wie Anm. 3), Bd. 2, S. V.
40 Gert Vonhoff (wie Anm. 35), S. 228.
41 Ebenda, S. 309, dort Anm. 534, Kursiv. v. Vonhoff.
42 Ebenda, S. 257.

Freyer als Wind
Ach wir nun sind
Ach wir Götter thun was uns gefällt[43]

Doch auch diese edierte Fassung blieb nur eine unter vielen, die in dieser Form von niemandem ohne erneute editorische Eingriffe übernommen wurde. Nachfolgende Drucke haben entweder in Anlehnung an Vonhoff 13 Verse, modernisieren aber die Schreibungen,[44] oder übernehmen Vonhoffs Lesungen, bieten aber nur 10 Verse.[45]

Für den Leser bleibt rätselhaft, wie es bei den Drucken zu den mitunter stark abweichenden Lesungen und unterschiedlichen Druckfassungen kommen kann, wenn doch allen Drucken ein und dieselbe Vorlage zugrunde liegt. Steht in Vers 1 ein zweites „o"? In Vers 6 „in" oder „die"? Hat das Gedicht 10 oder 13 Verse? Nach nur flüchtiger Suche habe ich 26 verschiedene Drucke gefunden – wahrscheinlich gibt es noch viel mehr –, aber keinen konnte man je an der einen, allen zugrunde liegenden Handschrift überprüfen, die hier zum ersten Mal faksimiliert wird (*vgl. Abb. 1*).

Ob als Fassung in 10 oder 13 Versen, ob mit textkritischem Apparat oder ohne: Keiner der bisherigen Drucke wird der überlieferten Handschrift auch nur annähernd gerecht. Alle Editoren bieten fehlerhafte und unvollständige Lesungen, verschweigen die zahlreichen Mehrdeutigkeiten sowie die damit verbundenen editorischen Probleme und geben vom *Lied zum teutschen Tanz* einen edierten Text, der über die zugrundeliegende Vorlage keinerlei Vorstellung vermittelt. Sie präsentieren wegen der endgültigen Zuordnung von Varianten und der Statuierung nicht vorhandener Eindeutigkeit der Textfolge nur eine einzige von zahlreichen möglichen Lesungen und letzten „Fassungen" bzw. Textstufen.

---

43   Ebenda, S. 228.
44   Jakob Michael Reinhold Lenz: Werke, hrsg. v. F. Voit, Stuttgart 1992, S. 361.
45   Bertram (wie Anm. 35), S. 206. Beim Druck des Gedichts steht bei Bertram in Vers 2: „Mut", nicht wie bei Vonhoff: „Muth". In seiner Interpretation zitiert Bertram den Vers jedoch in der Schreibung „Muth" (S. 207).

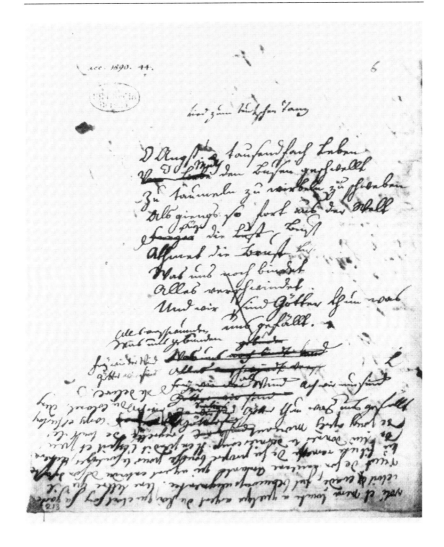

(*Abb. 1*) Faksimile der Handschrift: *Lied zum teutschen Tanz;* Handschrift: Staatsbibliothek
zu Berlin – Preußischer Kulturbesitz, Nachlaß J. M. R. Lenz, Bd. 2, Nr. 17, Bl. 21r.

In einer historisch-kritischen Ausgabe hingegen muß eine Editions-
form gefunden werden, die dem überlieferten Material gerecht wird. Bei
der Edition einer Handschrift ist der erste Schritt die diplomatische Umschrift, d. h. eine zeilen- und zeichengetreue Wiedergabe. In einem zweiten Schritt werden in dieser Handschrift die Verse vom zwischenzeitlich
gegenläufig geschriebenen französischen Prosatext, einer Soldatenanek-
dote, getrennt.

Diplomatische Umschrift der Handschrift

Lied zum teutschen Tanz

O Angst! o tausendfach Leben
O Muth
~~Von Liebe~~ den Busen geschwellt

Zu taumeln zu wirbeln zu schweben

Als giengs so fort aus der Welt
Kürzer
~~Freyer~~ die ~~Lust~~ Brust

Athmet die ~~Brust~~ Lust

Was uns noch bindet

Alles verschwindet

Und wir sind Götter thun was

uns gefällt
Alles verschwunden

Was uns gebunden
~~gebunden~~
~~Was uns noch bindt band~~
Frey wie der Wind
~~Alles verschwindt versch~~   L
Götter wir sind   als
Frey ~~wie der~~ Wind
er   Ach wir nun sind
~~Götter wir sind~~
~~Seelig~~
Ach wir ~~Ja wir~~ sind Götter thun was uns gefällt
~~Frey wie der~~
er   ~~Götter sind~~

~~Ja wir sind~~

Textgenese. Nicht nur auf den ersten Blick ist Lenz' Handschrift vom *Lied zum teutschen Tanz* ein unübersichtliches Wirrwarr; im Gegenteil, je gründlicher man sie untersucht, desto zahlreicher werden die Vieldeutigkeiten, und desto mehr mögliche Lesungen tun sich auf. Es sind mehrere Bearbeitungsstufen erkennbar, doch ihre Anzahl ist nicht exakt zu beziffern. Die Chronologie der einzelnen Varianten kann nicht in jedem Fall eindeutig bestimmt werden. Es ist nicht einmal durchweg zu erkennen, ob eine Variante Textersetzung oder Textergänzung ist. Einige Textstellen können sowohl als gestrichen als auch als nicht gestrichen – oder gar als zu streichende – verstanden werden. Man kann an mehreren Stellen keine endgültige Aussage darüber machen, welche Varianten zu welchem Vers gehören und welcher Text in welcher Reihenfolge zu lesen ist: Umfang und Textfolge der letzten Bearbeitungsstufe bleiben uneindeutig; der Gedichtentwurf liegt in keiner eindeutigen letzten Textstufe vor. Man kann aber ganz eindeutig eine erste Textstufe erkennen.

Erste Textstufe der Handschrift

O Angst! o tausendfach Leben
Von Liebe den Busen geschwellt
Zu taumeln zu wirbeln zu schweben
Als giengs so fort aus der Welt
Freyer die Lust
Athmet die Brust
Was uns noch bindet
Alles verschwindet
Und wir sind Götter thun was uns gefällt.

L

Lenz schrieb zunächst 9 Verse, die keinen Titel hatten. Nur diese 9 zuerst geschriebenen Verse bilden die einzige, eindeutig erkennbare Textstufe, die man in einem konstituierten Text edieren kann. Die erste Textstufe ist ein vorläufig abgeschlossenes Gedicht; sie ist eine Reinschrift ohne Korrekturen und endet mit einem Schlußpunkt. Außerdem sind diese 9 Verse – was bisher niemand bemerkt hat – mit einem „L" signiert. Vermutlich war die erste Textstufe als Vorlage für einen Druck gedacht.

Ausblick: Nutzen der historisch-kritischen Edition – Ansätze zu einer von der Textgenese ausgehenden Gedichtinterpretation

Wenn man die Überarbeitungen, die Lenz nach Niederschrift der ersten Textstufe in der Handschrift vom *Lied vom teutschen Tanz* vorgenommen hat, analysiert, erkennt man, daß Lenz, nachdem er den ursprünglichen, aus der metrischen Bindung ausbrechenden Schlußvers verworfen hatte, einen anderen Gedichtschluß in zwei metrisch gebundenen, gereimten Versen formulierte; dann aber nach mehrfacher Bearbeitung das Gedicht nicht abschloß, weil er sich für keine der beiden konkurrierenden Schlußformulierungen, die er jeweils in mehreren Varianten immer wieder aufgreift, endgültig entscheiden konnte. Die konkurrierenden Schlußformulierungen – „Und wir sind Götter thun was uns gefällt." und „Frey wie der Wind/ Götter wir sind" – akzentuieren die im Gedicht beschworene Freiheit ganz unterschiedlich und enthalten die beiden wichtigsten Ideen nicht nur von Lenz, sondern des Sturm und Drangs in nuce: Hier konkurriert unter der Voraussetzung des Gottseins das Handlungskonzept mit dem Naturkonzept um die Vorherrschaft, obwohl es ausdrücklich um Freiheit, also um die Abschaffung von Herrschaft geht. Das *Lied zum teutschen Tanz* ist somit nicht nur antizipierte und utopische Darstellung freihandelnder, selbständiger Menschen, sondern gleichzeitig auch realistische Abbildung ihrer tatsächlichen Entscheidungsunsicherheit und Handlungsunfähigkeit, ist gleichzeitig Fiktion und Mimesis.

Wenn man das *Lied* nicht als Entwurf mit konkurrierenden Varianten dokumentiert, sondern als Gedicht in einer letzten Textstufe edieren wollte, kann man nur eins von mehreren möglichen Editorkonstrukten präsentieren, bietet aber keinen Text von Lenz. Eine konstituierte letzte Fassung verkürzt Lenz' Entwurf auf eine der beiden konkurrierenden Konzepte und eliminiert den vom Autor nicht gelösten Konflikt, streicht die Entscheidungs- und Handlungshemmungen, die im Gedichtentwurf überliefert sind. In der jüngeren Lenzforschung ist das *Lied zum teutschen Tanz* wiederholt als ein für Lenz singuläres, gelungenes und im doppelten Sinne „vollendetes" Gedicht gepriesen worden.[46] Diese Deutungen beziehen sich auf edierte Fassungen des Gedichts, sind jedoch für den tatsächlich überlieferten Entwurf von Lenz unhaltbar. Das *Lied* ist kein „vollendetes", d. h. zu Ende geführtes, abgeschlossenes Gedicht, sondern ein handschriftliches und gedankliches Fragment, das verschiedene Möglichkeiten aufweist, ohne sich auf eine festzulegen.[47] In seiner ästhe-

46 Z. B. Friedrich Voit: Nachwort (wie Anm. 44), S. 596: „In der bruchlosen Einheit von Form, Rhythmus und Inhalt ist dieses kleine Liedchen eines seiner vollkommensten Gedichte." Vgl. auch die nächste Anm.

47 Unzutreffend sind daher Formulierungen wie diese: „Die wiedergegebene Fassung ist das *Ergebnis* einer Überarbeitung." (Titel/Haug, wie Anm. 4, Bd. 1, S. 596.) „Wir drucken hier die *Endfassung* einer Lenzschen Überarbeitung." (Damm, wie Anm. 4, Bd. 3, S. 807.) Bertram behauptet, Lenz habe das „Lied zum teutschen Tanz" in Weimar „vollendet" (wie Anm. 35, S. 205) und lobt vielfach „die *gültige* gestalterische

tischen Qualität ist das *Lied zum teutschen Tanz* m. E. nicht dennoch, sondern gerade deshalb „vollendet", d. h. ein herausragender, großartiger Entwurf. Allein die „offene Form" des Entwurfs ist ein Zeugnis für das Stürmen und Drängen nach Freiheit, von dem die Verse sprechen, und für das Lenz in der überlieferten Handschrift weder einen endgültigen Ausdruck noch eine letzte lyrische Form findet.

Editorische Konsequenzen

Lenz notierte einmal: „mässige meine Flammen um sie singen zu können, aber nicht so daß mein Herz diese süsse Empfindung verliert".[48] Er will, daß die Intensität des Erlebens und Empfindens erhalten bleibt, aber gebändigt, kommunizierbar, singbar, d. h. in lyrischer Form mitteilbar wird. Einige der erhaltenen Handschriften sind eindrucksvolle Beispiele für sein Ringen um Mäßigung, für seine Suche nach metrischer Bindung und lyrischer Form. Da zahlreiche Gedichtentwürfe nicht zu einer letzten, endgültigen Fassung entwickelt sind, muß man dieser Überlieferungslage gerecht werden, darf als Editor nicht eine letzte Fassung oder ein abgeschlossenes Gedicht bieten, wo es der Autor selbst nicht vorgibt; muß vielmehr die Entwürfe in ihrer fragmentarischen Gestalt und die Vielschichtigkeit des Entstehungsprozesses dokumentieren.

In der *historisch-kritischen Edition sämtlicher Werke in Versen* werden alle erhaltenen Handschriften der Gedichte faksimiliert und in diplomatischer Umschrift wiedergegeben. Zudem werden eine lineare Darstellung und – sofern es die Textgenese erlaubt – konstituierte Texte erkennbarer Textstufen geboten. Die Anzahl und Formen der Präsentation wird für jeden Textzeugen neu bedacht und entschieden; in jedem Fall wird in den editorischen Bemerkungen Rechenschaft über die Darstellungsform abgelegt.[49] Die Faksimiles der Handschriften machen erstmals alle Edi-

---

Leistung" (S. 216). In seiner Interpretation betont Bertram, daß Lenz „mit dem ‚Lied zum teutschen Tanz' auch ein Gedicht *fertigstellte*, das die Überwindung all dessen ins Bild setzt, was ihn […] sonst zu quälen pflegte." (S. 205). Hervorh. G. W.

48 Nach der Handschrift: Kraków/BJ, Lenziana 3, innerhalb der Entwürfe zum Drama „Die Kleinen" notiert, vermutlich nicht zu den dramatischen Entwürfen gehörend.

49 Z. B. wird beim „Lied zum teutschen Tanz" zuerst die Handschrift faksimiliert, dann die diplomatische Umschrift gegeben und schließlich die erste Textstufe als konstituierter Text geboten. Bei dieser Handschrift ist eine lineare Darstellung, in der die Varianten in ihrer Chronologie verzeichnet werden, ebenso unmöglich herzustellen wie ein konstituierter Text, der die letzte Textstufe darstellt. Bei dem anderen oben vorgestellten Gedicht, „Ach sie blüht die stille Freude", wird zuerst die Handschrift faksimiliert, dann eine diplomatische Umschrift und schließlich ein konstituierter Text der

torentscheidungen transparent: nachvollziehbar, überprüfbar und kriti-
sierbar. Nicht nur die in der historisch-kritischen Edition zum ersten Mal
publizierten Gedichte, sondern vor allem die authentische Wiedergabe
der vermeintlich bekannten Texte werden das Bild, das wir von Lenz
haben, nicht im einzelnen ergänzen, sondern grundlegend verändern.

letzten Textstufe geboten. Anders als beim „Lied" wurde in „Ach sie blüht die stille
Freude" keine erste Fassung überarbeitet: Hier wurden die Korrekturen schon während der ersten Niederschrift vorgenommen. Eine erste Textstufe gibt es also nicht.
Wie beim „Lied" ist nicht bei allen Varianten rekonstruierbar, in welcher Reihenfolge
sie entstanden; eine Wiedergabe in linearer Darstellung ist auch hier nicht möglich.

Nachtrag: Bei der Fassung „So soll ich dich verlassen", die im Düsseldorfer Goethe-
Museum aufbewahrt wird, handelt es sich nicht, wie auf S. 41 angegeben, um eine
Lenz-Handschrift, sondern um eine Abschrift.

Wie geht man mit den Moskauer Schriften von Lenz um? Skizze eines Editionsprojektes und eines literatursoziologischen Kommentars

Die Ausgangssituation einer wissenschaftlichen Gesamtausgabe der Moskauer Schriften von J. M. R. Lenz ist vorbelastet wie kaum eine andere. Es wäre eine eigene Untersuchung wert, warum die Forschung es mehr mit Büchner als mit Lenz gehalten hat, als sie sich mit dem Abschlußbild der *Lenz*-Erzählung arrangierte. Man entließ Lenz in die russische Terra incognita und in den Wahnsinn, erklärte sich nicht mehr zuständig für den ‚rastlosen Projektemacher‘ und fand insgeheim Gefallen an der Überlieferung, wonach der Dichter einsam, krank, verarmt und fast unbekleidet auf einer Moskauer Straße starb.[1]

I. Der bisherige Umgang mit den Moskauer Schriften und ihre Bedeutung für die Literaturwissenschaft

Lange herrschte in der Forschung die Einschätzung vor, daß der Nachlaß aus den letzten zehn Lebensjahren der „Krankheitsphase“ des Dichters zuzuordnen sei und letztlich nur einen „pathologischen“ (Schiller) oder kuriosen Wert besitze. Dies lag zunächst an der Unkenntnis oder dem Desinteresse der germanistischen Literaturwissenschaft an den gesellschaftlichen und literarischen Zuständen in Rußland. Zweitens hatten das vernichtende Verdikt Goethes über Lenz als ein „vorübergehendes Meteor“ (*Dichtung und Wahrheit*, 10. Buch) und das von Büchners *Lenz*-Erzählung geprägte Bild eines am eigenen Ich und an der Welt gescheiterten Dichters eine nachhaltige Wirkung. Daß aufgrund dieser Stigmatisierung und Mystifizierung kein gesteigertes Interesse einsetzte, wie etwa im Falle Hölderlins, ist merkwürdig, dürfte aber nicht zuletzt an

---

1 Diese keineswegs belegte und eindeutige Tatsache geht auf eine Feuilleton-Nachricht in der „Rigischen Zeitung“ aus dem Jahr 1863 (Nr. 134) v. Dr. J. K. Völkel, Lektor für deutsche Sprache und Literatur an der Universität Moskau, zurück. Völkel bezieht sich u. a. auf Aussagen des Universitätsbuchhändlers Christian Rüdiger. Vgl. SIVERS (1879, 97–99).

den Texten selbst liegen, die sich quer zum Literatur- und Dichterbegriff
der bisherigen Rezeption stellen.

Schon der erste, der die Handschriften sammelte, der praktische Arzt
Dr. Dumpf aus Livland (1777–1849), pathologisierte die erhaltenen Dokumente: So versah er etwa das Gedicht *Auf das kleine Kraut Reinefarth an
die Rosengesellschaft* (etwa 1788–90) mit der Bemerkung: „Auch in Moskau
geschrieben, als die Fackel niedergebrannt war", womit er freilich die
geistigen Fähigkeiten von Lenz meinte. Alle folgenden Herausgeber,
denen die Handschriften vorlagen oder die in diese hätten Einblick
nehmen können, ob es sich nun um WEINHOLD (1884, 1891), ROSA-
NOW (1909), BLEI (1909–1913), FREYE und STAMMLER (1918) oder
DAMM (1992) handelt, kommen in dem Urteil überein, daß die Veröffentlichung einiger, wenn nicht gar des überwiegenden Teils der Moskauer Lenziana dem Dichter nicht *würdig* gewesen sei.[2]

Die Lenz-Forschung der späten 1960er bis Anfang der 90er Jahre interessierte sich gerade für das ‚Pathologische' im Werk des Dichters als
Ausdruck eines Leidens an der Gesellschaft. Jedoch fragte niemand
ernsthaft nach der letzten russischen Zeit: Die Grenze des Erfrag- und
Sagbaren war mit dem Abschlußbild der *Lenz*-Novelle Büchners vorge-
zeichnet, das den apathischen Dichter in eine ewig zerrissene Welt gen
Nordost entließ. Dem entsprach realiter, daß die Moskauer Handschriften als verschollen oder in Riga und Kraków als unzugänglich galten.

Mit der politischen Öffnung des Ostens setzte auch ein neues Interesse für den späten Lenz ein. Die vereinzelte Auseinandersetzung mit
den Moskauer Schriften ab den 90er Jahren war vor allem editionsphilologischer Art; niemand sprach mehr leichtfertig von „pathologischen
Dokumenten", statt dessen strebte man philologische Zuverlässigkeit an.
Es handelt sich um die Editionen von DAUM (1996), MEINZER (1996)
und MARTIN/VERING (2000), ferner um die Erstveröffentlichung der
Abgezwungene[n] Selbstvertheidigung von WEISS (1992). Weiß stellt resümierend eine spezifische „Mischung von verifizierbaren historischen Realien
und subjektiver Fehleinschätzung" fest, die es erschwere, Lenz' späte
Texte und Briefe angemessen zu beurteilen. In der *Abgezwungenen Selbstvertheidigung* falle einerseits ein ungeheurer Rechtfertigungsdruck auf,
andererseits eine gedrängte Textstruktur, in der sich die verschiedenen

---

2   Das folgende Urteil Rosanows sei exemplarisch angeführt, da man es auf alle Text-
    sorten bezogen sinngemäß bei den genannten Herausgebern wie auch bei denen wie-
    derfindet, die sich nicht selbst ernsthaft mit den Handschriften auseinandersetzten:
    „In diesen dramatisierten Abhandlungen [Czarlot qui pleure; Ueber Delikatesse der
    Empfindung], ist aber zuviel Krankhaftes und Pathologisches enthalten, als daß wir
    sie einer ernstlichen Betrachtung unterziehen sollten." (ROSANOW 1909, 438)

Themen ineinander schieben (WEISS 1992, 20f.). Die genannten Beobachtungen – Mischung von verifizierbaren historischen Realien und
subjektiver Fehleinschätzung, Rechtfertigungsdruck, gedrängte Textstruktur – treffen für den gesamten Moskauer Nachlaß mehr oder weniger zu. Ihnen sollte man weiter nachgehen, um über die bisherige Einordnung der Texte unter dem Kennzeichen des Einzigartig-Kuriosen
hinauszugelangen.

Gerade der Erschließung des überlieferten Materials kommt eine besondere Bedeutung und Herausforderung für die Literaturwissenschaft
zu, da es größtenteils nicht mehr dem engeren Bereich der schönen Literatur zuzuordnen ist und von heteronomen Anforderungen bestimmt zu
sein scheint, zugleich jedoch eindeutig die ,Handschrift' Lenzens trägt:
Die Schriften zur Erziehung des Adels, die historiographischen und
wirtschaftshistorischen Studien und die technischen Projekte spiegeln
zum einen den nicht zu übergehenden historischen Entstehungszusammenhang im sich modernisierenden absolutistischen Rußland z. Z. der
Französischen Revolution wider. Sie erlauben einmalige Einblicke in die
in dieser Zeit entstehenden Privatinitiativen des gebildeten russischen
Adels als Ursprung der russischen Intelligenzija. Zum anderen sind sie
spezifische Dokumente eines literarisch vor allem in der bürgerlichen
Vereinskultur Straßburgs reüssierenden Schriftstellers, der von einem
gewissen autonomen Selbstverständnis geprägt ist und mit diesem
Selbstverständnis in den soziokulturellen fremden russischen Raum gerät.

Es ist nun keineswegs so, daß Lenz in Moskau isoliert lebte. Wie
schon vorher in Livland, Königsberg, Straßburg und Weimar vermochte
er Kontakte zu wichtigen kulturellen und politischen Kreisen aufzubau-
en. Diese Kreise erstreckten sich über die deutsche Gemeinde der Reformierten Kirche in Moskau rund um den Pastor Salomon Brunner[3]
(der mit Hamann, Lavater und Herder bekannt war), die Moskauer Universität (deren Kurator der Dichter Michail M. Cheraskov war) u. a.
Erziehungseinrichtungen (vor allem das Pensionat der Mme Exter, die
Schwägerin des Historikers Müller) sowie über Freimaurerlogen (die sich
insbesondere für Lenz' Kontakte zu Lavater in Zürich interessiert haben
dürften[4]) und die wichtigsten, kulturell und verlegerisch aktiven Zirkel
gebildeter Adliger rund um Nikolaj Ivanovič Novikovs „Typographische
Gesellschaft".[5]

3 Vgl. AMBURGER (1998, 275).
4 Vgl. GÜNDEL (1996), LEHMANN-CARLI (1991), MC ARTHUR (1968; 1970).
5 Vgl. KRASNOBAEV (1977; 1979).

Wichtige, direkte Adressaten der Briefe waren etwa Gerhard Friedrich *Müller* (1705–1783; Historiker, Direktor des Archivs des Ministeri-
ums für Äußere Angelegenheiten, Staatsrat), in dessen Haus Lenz bis zu
seinem Tod wohnte; Johann Friedrich *Hartknoch* (1740–1789; mit dem
Lenz im Namen der „Typographischen Gesellschaft" zwecks Zusammenarbeit im Jahr 1787 korrespondierte) und Graf Friedrich *von Anhalt*
(† 1794; Generaladjutant der Kaiserin, Generaldirektor des adligen
Landkadettenkorps in St. Petersburg), den Lenz persönlich kennenlernte.
Zwei Briefe (vermutlich aus den Jahren 1788, 1789, vgl. DAMM, 1992,
Bd. 3, 654–660; TOMMEK 2002b), in denen zahlreiche Projekte skizziert
werden, zeugen davon, daß der Graf für den Schriftsteller einer der
Hauptadressaten seines Engagements war.

Darüber hinaus besteht kein Zweifel daran, daß Lenz mit folgenden,
das kulturelle und z. T. politische Leben jener Zeit prägenden Personen
in einem direkten Kontakt stand: mit Johann Georg *Schwarz* (1751–1784;
Kollegien-Assessor, Professor der Philosophie, Dichtung und Rhetorik,
zusammen mit Novikov Gründer und Leiter der Freimaurerloge „Har-
monia" und wichtigster Verbindungsmann zu den Rosenkreuzern in
Berlin),[6] mit Nikolai Ivanovič *Novikov* (1744–1818; Schriftsteller, Verleger, Leiter der „Typographischen Gesellschaft"; Freimaurer und eine der
wichtigsten Figuren bei der Entstehung eines sich von Hof und Kirche
lösenden russischen literarischen Feldes),[7] mit Nikolai Michailovič *Karamzin* (1766–1826, dem Lenz Shakespeare-Kenntnisse vermittelte und
dem er eine Liste literarischer Persönlichkeiten zusammenstellte, die
Karamzin auf seiner Bildungsreise durch Europa [1789] besuchte),[8] Michail Matvejevič *Cheraskov* (1733–1807; Kurator an der Moskauer Universität, Dichter des russischen Klassizismus, dessen *Rossijade* Lenz z. T.
übersetzte),[9] Sergej Ivanovič *Pleščeev* (1752–1802, Geheimer Rat, Günst-
ling des Thronfolgers Paul I., Generalmajor der Marine, dessen *Uebersicht
des Russischen Reichs* Lenz übersetzte (1787 in Moskau verlegt und in Leipzig erschienen, vgl. LUSERKE/WEISS 1992), Alexej Michailovič *Kutusov*
(1749–1797, Schriftsteller, Mitglied der „Typographischen Gesellschaft",
wichtiger Freimaurer, der zusammen mit Pleščeev Paul I. auf seiner Eu-
ropareise begleitete) und mit anderen hochrangigen und vermögenden
adligen Freimaurern und Kunstmäzenen (wie z. B. der einflußreiche
Mäzen Fürst Nikolaj Nikitič Trubeckoj).

---

6   Vgl. von RAUCH (1979), RYU (1973), ROSANOW (1909, 419-425).
7   Vgl. MC ARTHUR (1968, 1970).
8   Vgl. ROTHE (1961) und ROSANOW (1909, 425–440).
9   Vgl. THIERGEN (1970).

An Ivan Ivanovič *Beckoj* (1704–1795; in Staatsdiensten, vor allem zuständig für die Bildungsreformen in den 1760er und 70er Jahren; Leiter der Kadettenanstalt in St. Petersburg; Präsident der Akademie der Künste) orientierte sich Lenz tendenziell bei seinen Vorstellungen zur Reform des Erziehungswesens. So ist die *Rechenschaft*-Schrift – eines der frühesten Dokumente des Moskauer Nachlasses (Ende 1785/Anfang 1786; vgl. TOMMEK 2002a) – Ausdruck des optimistischen Engagements, den Lehrplan zur Erziehung des adligen Nachwuchses mitzubestimmen. Auffällig ist die – an Beckojs Reformvorstellungen aus den 1760ern anschließende – Verlagerung von militärischen zu zivilen Lehrinhalten. Lenz versteht adlige Erziehungseinrichtungen wie die der Mme Exter als einen ersten Baustein zur Errichtung einer „Republik der Gelehrten", in der „kein Despotismus, ja auch nicht einmal der Schein desselben hervorblicken [darf], er vergiftet sonst die heilsamsten Entwürfe an der Wurzel und läßt den Neid und die Schadenfreude triumfiren!" (*Rechenschaft*-Schrift, in: TOMMEK 2002a). In diesem Dokument läßt sich eine spezifische Verkennung des Intellektuellen Lenz aufzeigen, da z. Z. seiner Ausarbeitung die Kaiserin ganz andere Vorstellungen einer (rationalistischen) Schulreform im Land verfolgte (die Einführung der „Normalschule" 1785 hauptsächlich aus administrativen Gründen).[10]

Schließlich konnte Lenz offensichtlich auch einen Kontakt zum Leiter des Kollegiums für Auswärtige Angelegenheiten herstellen, zum Grafen Nikita Ivanovič *Panin* (1718–1783). Panin war während der ersten Regierungsphase Katharinas II. der Erzieher des Thronfolgers Paul I. und der zentrale Berater der Zarin sowohl in der Außenpolitik (Eintreten für das sog. Nordische System), als auch innenpolitisch (er favorisierte eine gesetzlich und institutionell kontrollierte zaristische Herrschaft und trat für den Ausbau und die Verbesserung der Infrastruktur und des Binnenhandels ein). Er war darüber hinaus die entscheidende Integrationsfigur für die intellektuellen Kreise des „jungen Hofes" Pauls I. (sog. Panin-Gruppe), die mit schwindendem Einfluß Panins auf die Regierung der Zarin sich zunehmend in Opposition zur kriegerischen und imperialen Expansionspolitik in den 1770er und 80er Jahren setzten.[11] Panins Entlassung aus den Regierungsgeschäften und sein Umzug nach Moskau 1781 spielten auch bei Lenz' Weggang von St. Petersburg nach Moskau eine Rolle.[12] Es ist festzustellen, daß sich die Reformprojekte Lenzens

---

10 Vgl. OKENFUSS (1979).
11 Vgl. RANSEL (1975).
12 Vgl. Lenz' Brief an seinen Vater aus St. Petersburg v. 2. 6. 1781: „Man rät mir hier von allen Seiten nach Moskau zu reisen, teils um die Sprache, teils um Herrschaften kennen zu lernen, besonders da Graf Panin jetzt dort ist, bei dem unser Vetter *Lenz*

tendentiell an den gesellschaftspolitischen Vorstellungen Panins und seiner Anhänger aus den 60er und 70er Jahren orientierten,[13] die in den 80er Jahren vom offiziellen Regierungskurs der Autokratin weitgehend für obsolet erklärt waren, worin eine Hauptursache für die spezifische Selbstverkennung seines Engagements liegt.

Zwischen den Anhängern Panins und den Moskauer Freimaurern gab es viele Überschneidungen und Verbindungen, so daß sich von einer tendenziellen Verlagerung dieser Kreise sprechen läßt: von einer relativen Nähe zu den Regierungskreisen (1760er – Mitte der 70er Jahre) an den Rand des höfischen Machtfeldes (1780er Jahre bis zur Thronübernahme Pauls I., 1796), wo der Bereich des kulturellen privaten Engagements von Adligen entstand, die sich in Logen, Gesellschaften und später in Salons organisierten. In den Rahmen dieser Verlagerung ins Vereinswesen gehören Lenzens Moskauer Schriften.

Das sich im Moskauer Nachlaß dokumentierende, soziohistorisch lokalisierbare (symbolische) Engagement in den Bereichen der Erziehung, der Wirtschaft und der Historiographie ist einerseits von einem laufbahnspezifischen ‚Glauben‘ an einen ‚aufgeklärten Absolutismus‘ und von einer habituellen Verkennung der objektiven Handlungsmöglichkeiten des Intellektuellen in der russischen Autokratie in den 1780er Jahren geprägt. Andererseits lassen sich ab 1788 zunehmend Abwehrreaktionen des Dichters gegenüber heteronomen Vereinnahmungen feststellen, die sich in einer Verteidigung der Eigenrechte der Dichtung äußert (*Was ist Satyre?*, vgl. VONHOFF, 1990, 249–255; *Brief vom Erziehungswesen an einen Hofmeister*, TOMMEK, 2002a). Lenz greift dabei auf habituelle Strategien zurück,[14] die vor allem auf seine Straßburger soziliterarischen Erfah-

---

aus Cüstrin Leibarzt ist. […] Ich bin dem Grafen schon bekannt; darf aber gleich am Anfange nich [sic] *Gage* fodern." (DAMM 1992, Bd. III, 631)

13 Als Beispiel für Lenz' Orientierung an Panin sei etwa sein Interesse am Ausbau der Flußverbindungen in Rußland zur Verbesserung des Handels über die baltischen Häfen genannt. Ein direktes Vorbild, wenn nicht gar der eigentliche Adressat für den „Lettre adressée à quelques officiers de la commission hydraulique de la communication d'eau" (vgl. DAUM 1996) war der Generalgouverneur von Novgorod und Tver' der Panin-Anhänger Jakob Sievers, der seit 1773 Direktor des Amts für Wasserwege und für alle Belange der Flußverbindungen zwischen dem oberen Volga und dem Ladoga-Kanal verantwortlich war (vgl. JONES 1984). Die Bedeutung Panins für Lenz kommt auch darin zum Ausdruck, daß der Dichter die Gegend des gräflichen Wohnsitzes in einem Vorort Moskaus mit dem Steintal im Elsaß als Vorbild für eine florierende physiokratische Wirtschaft vergleicht (vgl. MARTIN/VERING 2000).

14 Ich beziehe mich hier auf Bourdieus analytischen Habitus-Begriff: „Der Habitus als ein System von – implizit oder explizit durch Lernen erworbenen – Dispositionen, funktionierend als ein System von Generierungsschemata, generiert Strategien, die den objektiven Interessen ihrer Urheber entsprechen können, ohne ausdrücklich auf

rungen zurückgehen, und radikalisiert sie (so vor allem in der Verweigerung und Resistenz gegenüber einer Fremdbestimmung der Dichtung durch Satire und hermetische Sprache). Es ist diese Spannung zwischen dem Engagement am symbolischen Aufbau des (russischen) Staates und der Verweigerung und Behauptung der Eigenrechte der Dichtung und des Intellektuellen als Sprachrohr der ‚menschlichen Natur‘, die die Bedeutung des Moskauer Nachlasses ausmacht.

II. *Manuskript- und Werkgeschichte,*[15] *Handschriftenbeschreibung, Textbestand*

Der Nachlaß von Lenz ist weit verstreut und befindet sich heute vor allem in Berlin, Kraków und Riga. Die meisten Lenziana gelangten nach 1792 an den livländischen Arzt Dumpf, der ein Freund der Familie Lenz war. 1820 trat Ludwig Tieck an Dumpf heran, der ihm einen großen Teil seines Materials überließ, so daß die Ausgabe Tiecks, soweit sie Unveröffentlichtes enthält, weitgehend auf diesem basiert. Die Ausgabe in drei Bänden von 1828 ist allerdings in den Texten sehr ungenau und vor allem unvollständig. Dumpf hatte nur einige Notizen, Briefe und Erstpublikationen behalten. Sie wurden nach seinem Tod auktioniert. Ein Teil dieser Notizen und Briefe gelangte an Jégor von Sivers, der sie publizieren wollte, aber vorher starb. Diese Materialien liegen heute in der Handschriften- und Rara-Abteilung der Akademischen Bibliothek Lettlands in Riga (vorher: Fundamentala Biblioteka). Von den Moskauer Briefen von und an Lenz sind hier 11 (von 23) aufbewahrt.

Tiecks Unterlagen erhielt nach seinem Tod sein Biograph Rudolf Köpke, der sie wiederum an Sivers weitergab, danach gelangten sie an den Germanisten Karl Weinhold und nach dessen Tod in die Königliche Bibliothek in Berlin. Weinholds Editionen (WEINHOLD 1884, 1891) sind die ersten philologisch sorgfältigen und zuverlässigen Ausgaben. 1901 beschrieb Erich Schmidt die Manuskripte der Sammlung Sivers-Weinhold der Berliner Königlichen Bibliothek und veröffentlichte einen Teil als „Lenziana“. Ein anderer Teil der Berliner Bestände stammt von Wendelin Freiherr von Maltzahn, der schon 1845 Gedichte, Erzählungen

---

diesen Zweck ausgerichtet zu sein." (BOURDIEU 1998, 118) „Die Handlungstheorie, die ich (mit dem Begriff Habitus) vorschlage, besagt letzten Endes, daß die meisten Handlungen der Menschen etwas ganz anderes als die Intention zum Prinzip haben, nämlich erworbene Dispositionen, die dafür verantwortlich sind, daß man das Handeln als zweckgerichtet interpretieren kann und muß, ohne deshalb von einer bewußten Zweckgerichtetheit als dem Prinzip dieses Handelns ausgehen zu können." (S. 168).

15 Vgl. WINTER (2000, 19–25).

und Essays zu sammeln begann und erfolglos eine Publikation plante. Matjer N. Rosanow, Privatdozent in Moskau, veröffentlichte 1901 in russischer, 1909 in deutscher Sprache seine Lenz-Biographie, die im Anhang Materialien aus der Rigaer Bibliothek und der Königlichen Bibliothek Berlin enthält. Franz Bleis fünfbändige Ausgabe (1909–1913) war bis zum Erscheinen der Ausgabe Sigrid Damms die vollständigste, jedoch geht sie selten auf zuverlässige Quellen zurück. Jégor von Sivers' Plan einer Briefausgabe wurde partiell 1894 von Fritz WALDMANN mit seinem *Lenz in Briefen* verwirklicht. Karl FREYE und Wolfgang STAMMLER veröffentlichten dann 1918 eine Briefausgabe mit vollständigen Texten, die auch an den Manuskripten überprüft sind. Leider kürzten die Editoren manche Moskauer Briefe, die ihnen „unsinnig" vorkamen.

Im Zweiten Weltkrieg wurde die Sammlung Maltzahn von Berlin nach Tübingen ausgelagert – sie bildet jetzt den Bestand der Lenz-Handschriften in der Staatsbibliothek Berlin (Stiftung preußischer Kulturbesitz). Für die Edition der Moskauer Schriften werden hier nur wenige Autographen aufbewahrt.[16] Die Sivers-Weinholdsche Sammlung gelangte dagegen nach Kraków (Biblioteka Jagiellońska), wo sie sich noch heute befindet, und umfaßt den größten Teil des Moskauer Nachlasses. (Vgl. im „Anhang" dieses Buches die Auflistung von Gesa Weinert.) Diese Manuskripte galten lange Zeit als verschollen bis sie Sigrid Damm wieder ausfindig machte, ohne sie jedoch näher zu untersuchen. Folglich fehlen sie auch komplett in ihrer Ausgabe.

Wie schon erwähnt, erfolgten in den 90er Jahren vereinzelte Veröffentlichungen der Moskauer Handschriften. Neben der angeführten Veröffentlichung von WEISS (1992) handelt es sich um folgende Editionen: Zum ersten die faksimilisierte und transkribierte Herausgabe des *Lettre adressée à quelques officiers de la commision* [sic] *hydraulique de la communication d'eau* von Inka DAUM (1996), die vor allem durch den Gestus des kuriosen, mit eindrucksvollen Zeichnungen versehenen Fundstückes auffällt, das Lenz' praktisch-technisches Interesse an einer besseren Wasserversorgung Moskaus zum Wohle des Handels, der Handwerker, aber auch zur Verbesserung der Gesundheit der Bevölkerung dokumentiert. Leider unterlaufen dieser Publikation einige grobe Transkriptionsfehler. Ferner fehlt eine Einordnung des Dokumentes in den soziohistorischen Entstehungszusammenhang.

Zum zweiten legte Elke MEINZER eine Neuausgabe von *Ueber Delikatesse der Empfindung* vor (1996), die den von Lenz offensichtlich zur Ver-

---

16 Es handelt sich um die Gedichte „Aufschrift eines Pallastes" (Wasserzeichen 1787), „Was ist Satyre?" (Wasserzeichen 1788) und den kurzen Dialog „Czarlot qui pleure" (Ende 1788).

öffentlichung gedachten dialogisierten Text gegenüber der Ausgabe von
Blei und TIECK (1828) nun weitgehend verläßlich wiedergibt, mit einem
umfangreichen Stellenkommentar ausstattet und den Text einer intensiven Deutung unterzieht. Es handelt sich hier um einen der wenigen
fiktiven Texte aus der späten Moskauer Zeit (nach 1787), der durch die
verdichtete Verwendung von Tropen, literarischen Anspielungen und
Assoziationsketten hermetisch anmutet. Meinzer deutet diese komplexe
Textur in einem ersten Schritt hinsichtlich der vielfältigen Diskurse der
Aufklärung über Sprache und Kommunikation. In einem zweiten Schritt
versucht sie die „Qualität des Textes" zu bestimmen, indem sie „die
formale Textgestaltung" im Zusammenhang mit den „Phantasiestruktu-
ren des Autors" untersucht (Kapitelüberschriften). Ihre Interpretation
bietet einen ersten Zugang zu diesem schwierigen Text, der jedoch weiterhin als Kuriosum und letztlich pathologisches Dokument einer gescheiterten Kommunikation erscheint (ohne daß der konkrete, soziohi-
storische Raum dieser Kommunikation deutlich würde).

Schließlich ist die verdienstvolle Wiedergabe der stark beschädigten
Handschrift *Vergleichung der Gegend um das Landhaus des Grafen mit dem
berühmten Steinthal* von MARTIN und VERING zu nennen, die zusammen
mit den ausführlichen Stellenerläuterungen deutlich macht, daß Lenz'
Aufenthalt bei Oberlin nicht nur im Zusammenhang mit seiner Krankheit zu sehen ist (Lenz selbst spricht in der Moskauer Aufzeichnung von
einem „hitzigen Fieber" bzw. von einem „fievre maligne" [vgl. Z. 140,
236 bei MARTIN u. VERING]), sondern vor allem auch im Zusammenhang mit seinem detaillierten Interesse an praktischen Reformen. Das
Modell einer Landreform vermittels kleinerer (Pfarr-)Ämter, in denen
tatkräftige und gebildete Geistliche als vorbildliche Persönlichkeiten
innerhalb ihrer Gemeinden wirken, indem sie Bildung, Seelenheil und
materiellen Wohlstand der (bäuerlichen) Bevölkerung innerhalb einer
Ökonomie des ‚ganzen Hauses' befördern, versuchte Lenz auch in Rußland anzuwenden.[17] Hier läßt sich eine weitere spezifische, aus dem fran-
zösisch-deutsch-russischen Kulturtransfer zu erklärende Verkennung des
Schriftstellers beobachten, da den Priestern in Rußland diese Wirkräume

---

17 In diesen Zusammenhang gehören weitere, bislang unveröffentlichte Notizen zur
„Erziehung der Landleute in denen Dörfern des Falkenwaldes […] durch Lehrer aus
denen Seminarien" (nur eine halbe und nicht, wie MARTIN u. VERING, S. 632,
Anm. 70 behaupten, 11 Seiten in Folio), zum „Unterscheid zwischen regularer und
säkularer Geistlichkeit in Katholischen Ländern" (zwei Seiten in Folio) und zu den
„Emphiteusen der Aebte der geistlichen Stifte von Großrußland und die ihnen aus
denselben zustehenden Einkünfte" (2,5 Seiten in Folio).

(vor allem was die Erziehung und Belehrung der Bevölkerung angeht) weit weniger offenstanden als in den protestantischen Ländern.

Insgesamt umfaßt der Moskauer Nachlaß ein Konvolut von ca. 320 Handschriftenseiten (= ca. 440 DS), davon ca. 270 DS bislang unveröffentlicht. Dazu kommen 27 Abbildungen. Größtenteils handelt es sich um Folio-Bögen (= 4 beschriftete Seiten, jeweils meistens 22,5 x 33 cm; z. T. verschnitten). Etwa zwei Drittel der Manuskripte weisen identifizierbare Wasserzeichen auf – manchmal jedoch ohne Jahreszahl.

Der allgemeine Manuskriptbefund ist folgender: Die Handschriften sind eng, jedoch flüssig und weitgehend lesbar mit Tinte geschrieben.[18] Auffällig ist, daß Durchstreichungen, Korrekturen, Notizen etc. eher selten sind (die meisten Korrekturen finden sich bei den Gedichten und den Aufzeichnungen aus Čulkovs Handelsgeschichte), woraus sich schließen läßt, daß es sich beim erhaltenen Bestand größtenteils um Reinschriften handelt. Besonders die an eine ‚offizielle‘ Adresse gerichteten Schriften (wie z. B. *Auf des Grafen Peter Borissowitsch Scheremetjeff vorgeschlagene Monument* oder *Propositions de paix*) sind sehr ordentlich geschrieben. Da nur wenige Schmier- und Notizzettel erhalten sind, scheint Lenz selbst schon eine Auswahl dessen, was er aufbewahren wollte, getroffen zu haben.

Der überwiegende Teil ist auf deutsch geschrieben. Mehrere Schriften – besonders aus den letzten 3 Jahren (1789–1792) – sind auf französisch, wenige auch auf russisch verfaßt (ca. 15 DS), was in den meisten Fällen ein Indiz für einen direkten Adressaten ist. Man kann davon ausgehen, daß die Schriften zwar für konkrete Personen geschrieben wurden, diese jedoch kaum erreicht haben. In der Regel handelt es sich um Projekte, die wahrscheinlich nur wenige Leser im engeren (Freimaurer-) Kreis wahrnahmen. Trotzdem bleibt festzuhalten, daß Lenz seine Schriften stets für einen Leserkreis schrieb – an zwei, drei Stellen spricht er direkt von „meinem Leser“. In einem zahlenmäßigen Überblick, gegliedert nach den herausragenden Gattungsmerkmalen und Themenzusammenhängen, stellt sich die handschriftliche Gesamtüberlieferung folgendermaßen dar:

---

18 Die Schrift einiger Manuskripte und Briefe war schon zu Zeiten der Ausgabe von FREYE und STAMMLER sehr stark verblichen. Auch zwei, drei Passagen, die mit Bleistift geschrieben wurden, sind kaum mehr lesbar. Probleme bereitet die Schreibweise einiger russischer Namen und Orte, die aber in den meisten Fällen durch z. T. umständliche Recherchen identifiziert werden konnten. Einige Manuskripte weisen Abrisse (z. B. „Der Stundenplan. Eine Farce und Roman“), Vermoderungen (z. B. sehr stark die „Vergleichung der Gegend“) oder Tintenflecke auf.

Briefe: 23 Briefe (21 Briefe von Lenz, 1 Stammbucheintrag von Lenz, 1 Brief an Lenz von Lavater) auf ca. 71 Handschriftenseiten, davon 8 Briefe bislang nur unvollständig veröffentlicht.

Lyrik: 17 Gedichte, Versdichtungen auf 41 Handschriftenseiten, davon 9 Gedichte (= 32 DS) nicht oder nur unvollständig veröffentlicht.

Drama: 4 dramatische Fragmente auf 10 Handschriftenseiten, davon 3 Fragmente (= 16 DS) unveröffentlicht.

Erzählende Prosa: eine Erzählung; ein aus verschiedenen Dialogen und Abhandlungen bestehender, fragmentarischer Roman; ein Erzählfragment auf insgesamt 46 Handschriftenseiten, davon die Erzählung und das Erzählfragment (= 8 DS) unveröffentlicht.

Gesellschaftspolitische Schriften und Studien:

a) zur Erziehung: drei Abhandlungen (eine davon auf französisch) auf 19 Handschriftenseiten (= 19 DS), alle unveröffentlicht;

b) zur politischen und wirtschaftlichen Geschichte Rußlands: drei umfangreiche Studien und ein kleineres Fragment auf 50 Handschriftenseiten (= 99 DS), alle unveröffentlicht;

c) zur Verbesserung des Handels und der Erziehung durch Geistliche: ein Vergleich (auf deutsch und französisch), ein Plan, eine Abhandlung und verschiedene Notizen auf ca. 12 Handschriftenseiten (= 18 DS), alle außer dem Vergleich unveröffentlicht;

d) technische Projekte: drei Abhandlungen auf französisch (davon viele mit Zeichnungen) auf 20 Handschriftenseiten; zwei Abhandlungen (= 16 DS + Abbildungen) unveröffentlicht.

Schriften zur Kultur und Literatur: eine Ankündigung einer literarischen Gesellschaft (deutsch und russisch), vier Abhandlungen (eine auf deutsch, zwei auf französisch, eine auf russisch verfaßt), drei fragmentarische Studien, ein fiktionaler Brief, ein Fragment auf 34 Handschriftenseiten (= ca. 45 DS), alle bislang unveröffentlicht.

Sonstige Schriftstücke: eine „Selbstvertheidigung" auf 8 Handschriftenseiten (= 11 DS), eine Wörterstudientabelle und 5 Federstrichzeichnungen.

Schon anhand dieser Übersicht über die Zusammensetzung des Nachlasses wird deutlich, daß die vermeintlich außerliterarischen, sozialreformerischen Schriften und Studien überwiegen. Trotzdem hat sich Lenz nie ganz von der Dichtung abgewendet – im Gegenteil offenbart der Nachlaß der letzten drei Jahre eine intensivere Widmung. Davon zeugen die aus der Zeit ab 1788/89 stammenden Dramenfragmente, Prosaerzählungen und Schriften zur Gründung einer literarisch-philanthropischen Gesellschaft, zur Kulturentwicklung, zu den *Belles lettres* im allgemeinen und zur eigenen Dichtung im besonderen (so z. B. im *Brief vom Erziehungswesen an einen Hofmeister,* in dem Lenz seine Absicht im *Hofmeister* und die Goethes im *Werther,* der in Rußland in den 1780er Jahren erstmals und besonders stark rezipiert wurde, verteidigt; vgl. TOMMEK 2002a).

3. Lösungsansätze

1. Text. Hauptaufgabe des Editionsteils ist es, die historischen Texte in
ihrer ursprünglichen, d. h. unverfälschten Gestalt zu präsentieren. Daher
lautet das erste Gebot schlicht, daß man das schriftlich Überlieferte *gelten*
lassen muß. Das Vertrauen auf das Geschriebene erweist beim vorliegenden Material in den meisten Fällen nicht dessen ‚Unsinnigkeit', sondern
das fehlerhafte Lesen oder Mißverstehen des Rezipienten. Die Handschriften sind zunächst dem Leser überlegen (wenn es etwa um russische
Bezeichnungen, um Wortspiele, intertextuelle, geistes- und sozialge-
schichtliche Anspielungen etc. geht). Die Edition wird sich daher an den
Grundsätzen einer getreuen Wiedergabe orientieren: Orthographie und
Interpunktion bleiben unverändert (auch wenn sie fehlerhaft sind, wie
vor allem in den französischen Texten, oder wenn sie innerhalb eines
Textes variieren), ebenso die für Lenz typischen Unterstreichungen. Die
Herausgebereingriffe beschränken sich auf Ergänzungen und Hinweise
bezüglich schlechter, unsicherer oder unlesbarer Buchstaben oder verloren gegangener Textpartien (durch Abrisse, Vermoderung etc.). In den
Fußnoten werden nur direkte Unstimmigkeiten (z. B. fehlende Anmerkung, ungewöhnlicher oder ungeklärter Textanschluß etc.) vermerkt. Im
Kommentarband informiert ein lemmatisiertes Verzeichnis über die
insgesamt wenigen Textvarianten. Die räumliche Aufteilung der Texte
(Anordnung der Anmerkungen am Seitenrand, der Absätze, der Zeichnungen, der Spaltenunterteilungen etc.) wird entweder analog reproduziert oder in einem Herausgebereingriff angegeben. Alle Zeichnungen
werden in einer Faksimile-Abbildung an der entsprechenden Textstelle
auf einer eigenen Seite mit den transkribierten Beschriftungen darunter
wiedergegeben.

    2. Kommentar. Die Hauptaufgabe des Kommentars besteht darin, das
Verständnis der im Editionsteil vorgelegten historischen Texte heute zu
ermöglichen, d. h. die zeitliche, kulturelle und geistige Distanz zu über-
brücken. Diese Überbrückung erfolgt paradoxerweise gerade dadurch,
daß diese Distanz, die Historizität der Texte und die Verständnisproble-
me des heutigen Lesers bewußt gemacht werden. Die Texte sind aus den
Bedingungen ihrer Zeit zu verstehen, so daß durch den idealen Kommentar das Wissen und die Beweggründe des Autors rekonstruiert, der
Verstehenshorizont seiner Zeit aufgezeigt, und der heutige Leser ‚Zeit-
genosse' des Autors werden kann.[19]

---

19 Vgl. RICKLEFS (1993), WOESLER (1999).

Chronologie-, Gattungs- und inhaltliche Ordnungs-Kriterien sind für diesen Nachlaß besonders erforderlich und müssen (u. U. mit dem Mut zum Vorläufigen) erarbeitet werden. Die Datierung ist aufgrund fehlender Angaben, mangelnder Kenntnis der sozial- und geistesgeschichtlichen Kontexte und der Entwicklung der geistigen Beschäftigung von Lenz schwierig. Im Laufe der Recherchen hat sich aber abgezeichnet, daß fast alle Dokumente aus den letzten fünf Lebensjahren (1787–1792) stammen. Folgende Entstehungsphasen lassen sich biographisch und thematisch grob unterscheiden:

Nachdem die Bemühungen, eine geeignete Anstellung in Riga und St. Petersburg zu finden, gescheitert waren, faßte Lenz den Entschluß, nach Moskau zu gehen, wo er Ende September/Anfang Oktober 1781 bei dem renommierten Historiker Gerhard Friedrich Müller unterkam. Durch dessen Vermittlung konnte er in der dem Waisenhaus angeschlossenen Pension für adlige Kinder als Aufseher arbeiten. Die *Rechenschaftsschrift*, die sich auf Ende 1785 datieren läßt, stellt einen Höhepunkt des Erziehungsengagements dar, das bis 1786 für Lenz von Bedeutung war. Die Beendigung der Anstellung bei der Pension der Mme. Exter und der Wechsel der Unterkunft stehen wahrscheinlich im Zusammenhang mit der Einführung der „Normalschule" im Russischen Reich.

1786–1788 unterhielt Lenz intensive Kontakte zur „Typographischen Gesellschaft" rund um Novikov, bei dem er auch Unterkunft fand. Diese Zeit war zunächst von der Übersetzung der *Uebersicht über das Russische Reich* von Sergei Plešceev geprägt, die 1787 von Christian Rüdiger in Moskau verlegt wurde. Von dieser Arbeit sind keinerlei handschriftliche Spuren überliefert. Schließlich fällt in diese Zeit die Auseinandersetzung mit historiographischen Quellen und die schriftliche Ausarbeitung dieser Studien (Geschichtsstudien über Peter I., *Aus dem ersten Teil der alten diplomatischen Bibliothek des Herrn von Nowikoff*), die wohl schon im Hause Müllers in den ersten Moskauer Jahren begannen.

Ab 1788/89–1792 wird im handschriftlichen Nachlaß zunehmend eine Kritik der ‚Entstellung' der Menschennatur thematisiert, verbunden mit einer Hin- oder besser gesagt Rückwendung zur Farce und Satire (so z. B. in *Ueber Delikatesse der Empfindung*). In diesem Zusammenhang taucht auch die Verteidigung der Freiheit des Dichters, eine extreme Kritik an der ästhetizistisch-klassizistischen Sprache der Adligen und ‚Kunstvirtuosen' und ein bewußt ‚unsinniger', sich dem direkten Verständnis verweigernder Sprachgebrauch auf (so z. B. im Gedicht *Auf das kleine Kraut Reinefarth an die Rosengesellschaft* [das als Rauschmittel und Volksarznei verwendende Rainfarn], oder der demonstrative Gebrauch einer ‚rotwelschen' oder närrischen Sprache in *Epitre de Sancho Pajay à son*

Maître en Küttelversen). Programmatisch für diese Neuausrichtung bzw. Radikalisierung des literarischen Habitus ist das Gedicht *Was ist Satyre?* Darin wird die Satire als Instrument des Dichters („Klinge") zur Verteidigung des Menschen gegen seine Erniedrigung bestimmt. Indem sie auf die tagtägliche ‚Verzerrung' der menschlichen Gesellschaft mit den Mitteln der vorsätzlichen Lüge und Verzerrung reagiert, verteidigt sie auch das Eigenrecht der Dichtung gegenüber heteronomen Vereinnahmungen (vgl. Verse 14–17, 44 in VONHOFF 1990, 249 f.).

Das Hauptproblem, dem sich die Edition der Moskauer Schriften stellen muß, besteht darin, auch einem mit der Sprache, Literatur und Mentalität des 18. Jahrhunderts vertrauten Leser hermeneutische Zugänge zu den komplexen und sich oft einem unmittelbaren Verständnis verweigernden Texten aufzuzeigen. Die geplante Ausgabe will sich daher nicht mit einer philologisch getreuen Wiedergabe (die freilich das unerläßliche Fundament darstellt) zufriedengeben, sondern einen ausführlichen Stellenkommentar bereitstellen, der die komplexen russischen sozial- und geistesgeschichtlichen Bezüge so weit wie möglich klärt. Neben den differenzierten soziohistorischen Kontexten werden sich bestimmte Motiv- und Anspielungskomplexe abzeichnen, auf die Lenz immer wieder zurückgreift (z. B. das Motiv des russisch-tatarischen Antagonismus und der Tradierung barbarischer Gewalt in der Sprache, vgl. TOMMEK 2002b). Ein Glossar mit den wichtigsten Themenfeldern wird eine Übersicht über die enorme Assoziationsarbeit des Dichters geben, die nahezu sämtliche Schriften – sowohl die Dichtung im engeren Sinne, als auch die außerliterarischen Studien und Projekte – in Beziehung zueinander setzt. Der dadurch sich abzeichnende Kosmos der Beziehungen wird als Niederschlag eines zeitgenössischen freimaurerisch- und philanthropisch-umfassenden Denkens erkennbar.[20] Das Glossar wird daher einen wichtigen Grundstock für den Vollkommentar bilden. Dazu wird ein umfangreiches Personenregister deutlich machen, daß Lenz keineswegs ein isoliertes Leben in Moskau führte, sondern – wie schon in Straßburg oder Weimar – über die freimaurerischen und philanthropischen Kreise Novikovs an Diskussionen zentraler geistiger und sozialer Fragen Rußlands teilnahm.

Über den Stellenkommentar hinaus umfaßt die geplante wissenschaftliche Ausgabe einen Vollkommentar, der hermeneutische Zugänge

---

20 Vgl. die Ankündigung einer Vorlesung des Freimaurers Claude[s] in der neu zu eröffnenden literarischen Gesellschaft in Moskau in der Schrift „Propositions de paix. ou projet d'ouverture d'une Assemblée litteraire à Moscou": „[...] il parlera de l'optique, du rapport qu'il y-a entre la structure de notre corps et celle des édifices publics et des maisons particulières." Vgl. ROSANOW (1909, 420 f.).

anbietet, da die Schriften des Autors innerhalb des sozial- und geistesgeschichtlichen Kontextes eine besondere Position einnehmen. Die zu
entschlüsselnde ‚Einzigartigkeit' hängt wesentlich damit zusammen, daß
der Autor mit seiner vielfältigen literarischen und gesellschaftlichen So-
zialisation (Erfahrungen aus Livland, Straßburg, Weimar, der Schweiz
etc.) in den geographisch, politisch und geistig-kulturell andersartigen
Moskauer Raum geriet. Als verarmter und unbekannter bürgerlicher
Dichter war er Außenseiter – dagegen war er aufgrund seiner Vertraut-
heit mit verschiedenen westeuropäischen geistigen Milieus, literarischen
Werken und Traditionen, aufgrund seiner Bekanntschaften mit literarischen Persönlichkeiten und seiner Kenntnisse des bürgerlichen Vereins-
wesens für die gebildeten adligen Kreise rund um die „Typographische
Gesellschaft" eine interessante Bezugsperson, wie besonders im Falle
Karamzins deutlich wird. Der Kommentator wird also diesem Kulturtransfer innerhalb der Spannung zwischen inneren Dispositionen und
objektiven Strukturen des neuen Moskauer Raums Rechnung tragen.

*3. Konzeptuelle Vorüberlegungen für den Vollkommentar (in einer absteigenden
Linie skizziert).* Die bisherige Rezeption hat die sozialreformerischen
Texte und historiographischen Studien aus dem eigentlichen Zuständig-
keitsbereich der Literaturwissenschaft aussortiert und die überlieferten
Verskompositionen, Dramenfragmente und Prosastücke als vergebliche
Versuche eines geistig ‚verbrannten' Dichters, der zu keiner Form mehr
findet, verurteilt. Aus der Perspektive geschlossener literarischer Formen
haben wir es durchaus mit ‚mißlungenen' oder ‚gescheiterten' Werken zu
tun. Will man einen adäquaten Zugang zum Nachlaß finden und seine
Bedeutung bestimmen, so muß auf andere Begriffe der literarischen
Produktion und Form zurückgegriffen werden.

Um die Trennung zwischen dem „Dichter" und dem „Projektemacher" überwinden und den *gesamten* Nachlaß als Produkt einer raum- und
zeitspezifischen literarischen Arbeit verstehen zu können, wird nicht von
einem statischen, gar klassischen, sondern von einem historisch-
dynamischen Literaturbegriff ausgegangen, wie ihn etwa Jurij Tynjanov
erarbeitet hat.[21] Sowohl Tynjanovs Begriff der literarischen Reihe und
ihrer Evolution, als auch Bourdieus Konzept des literarischen Feldes als
Kräftefeld der sozialen und symbolischen Beziehungen[22] gehen von
einer sich historisch entwickelnden, relativ autonomen Eigendynamik
aus, die aber in einem funktionalen und materiellen Austausch (Tynjanov) sowie in einem Herrschaftsverhältnis (Bourdieu) zum Außerliterarischen steht.

21 Vgl. TYNJANOV (1924, 1927).
22 Vgl. BOURDIEU (1999).

Im Zentrum dieses historisch-dynamischen Literaturbegriffes steht
die Durchsetzung des durch seine Differenzqualität erkennbaren „literarischen Faktums", indem es als gleichwertiger ‚Ersatz' für die automati-
sierten und in den Modus des Veralteten verabschiedeten Verfahren und
Formen anerkannt wird. Diese Logik des Wandels läßt sich als eine
„Kulturökonomie des Tauschs" (GROYS 1992) auffassen, bei der die
„Wertgrenze zwischen kulturellem Archiv und profanem Raum" durch
eine permanente Valorisierung bzw. Profanisierung erfolgt (Kapitelüber-
schrift). Obwohl Groys den kulturellen Prozeß nicht wie Tynjanov und
Bourdieu als Konfliktgeschichte faßt, in der die Beerbung durch Ver-
drängung erfolgt, ergänzen sich doch die Konzepte: Innovation und
Dynamik des relativ autonomen literarischen Prozesses werden als
„Umwertung der Werte" (Groys), als geregelte Auseinandersetzung um
die legitime Definition des Literarischen auf dem „Markt der symbolischen Güter" (Bourdieu) und als Wechsel der Funktionen der Formen
wie auch als Modifikation der Formen selbst (Tynjanov) verstanden. Der
relativen Autonomie des kulturellen Archivs, der literarischen Reihe oder
des literarischen Feldes wird dadurch Rechnung getragen, daß die spezifische historische Dynamik und Ökonomie des kulturellen Wechsels
sowohl innerliterarisch, d. h. selbstreferentiell, als auch im Verhältnis
zum Außerliterarischen nachzuweisen ist.

Vor dem Hintergrund dieser werte-, funktions- und herrschaftsdy-
namischen Konzepte läßt sich das Wechselverhältnis und der ‚Materialaustausch' zwischen den literarischen und außerliterarischen Schriften
des Lenzschen Nachlasses differenzierter als Modifikation von Konstruktionsprinzipien bestimmen. Nimmt man Pierre Bourdieus Habitus-
Konzept als erworbenes und zur ‚zweiten Natur' gewordenes Klassifika-
tionsmuster eines laufbahn- und positionsspezifischen sozialen Sinnes
hinzu, so läßt sich die Hinwendung des Dichters zum Außerliterarischen
als eine Bewältigungsstrategie angesichts innerliterarischer (Automatisie-
rung und Abstumpfung des ‚Schwärmerischen' und der Überbietungs-
strategien des Sturm-und-Drang) und außerliterarischer Krisen (Entwertung, ausbleibende Anerkennung der bisherigen literarischen Praxis,
Verarmung) verstehen.

Aufgrund des von Bourdieu analysierten, auf Herrschaftsverhältnisse
zurückzuführenden Trägheitsmomentes der habituellen Wahrnehmungs-
und Urteilsweisen läßt sich auch in den außerliterarischen Konstruktio-
nen die ‚Handschrift' Lenzens erkennen (so z. B. in der Rückführung
machtpolitischer und wirtschaftlicher Konflikte in *Aus dem ersten Teil der
alten diplomatischen Bibliothek des Herrn von Nowikoff* auf „Mißverständnisse"
und „Entstellungen" naher sozialer Verhältnisse und deren „natürlichen

Empfindungshaushalt", die als elementares Konstruktionsprinzip die gesamte, in den Anfängen von der „Empfindsamkeit" geprägte Dichtung Lenzens bestimmt; vgl. TOMMEK 2002a).

Auch für den im Nachlaß zu beobachtenden ‚Materialaustausch' durch Lenz' Überschreitung des spezifisch Literarischen läßt sich eine innerliterarische Funktion feststellen. Es muß geprüft werden, inwiefern sie sich als eine Radikalisierung der „offenen Form" in Richtung einer modernen Montagetechnik bestimmen läßt. Es sei hier nur ein Verfahrensbeispiel angeführt, das bislang unter dem Verdikt des Pathologischen in seiner ‚Differenzqualität', d. h. in seiner Bedeutung für moderne Konstruktionsprinzipien, noch nicht wahrgenommen wurde. Es läßt sich mit Jürgen Links Begriff der Literatur als „elaborierter Interdiskurs" beschreiben.[23] Die Fähigkeit des literarischen Symbols, die verschiedenen Spezialdiskurse zu reintegrieren, taucht bei Lenz im Zusammenhang mit seiner enormen Assoziationsarbeit auf. Die Integration der verschiedenen Diskurse äußert sich z. B. im Symbol des *Rades*, das in Form einer technischen Zeichnung als konkrete Konstruktion eines „Tret-" oder „Schaufelrad[es]" zur Vertiefung des Kreml-Grabens auftritt, damit die Wasserversorgung in Moskau und damit die Bedingungen für die Hygiene, das Handwerk, den Handel und die Küchen verbessert werden (vgl. *Lettre adressée à quelques officiers de la commission hydraulique de la communication d'eau*; DAUM 1996, 106). Zum anderen wird das Motiv und die Zeichnung des „Tretrades" auch im dramatischen Dialog *Der Stundenplan* (bislang unveröffentlicht) unvermittelt eingeführt. Die montageartige Zusammenführung des Stundenplan-Motivs, der Zeichnung des Rades und schließlich des Motivs des Essens verwirrt nicht nur den Leser, sondern auch die Dialogfigur Balisteff, der sich mit Katapulteff über die geeignete Schulform für ihre Kinder austauscht (die Namen sind geradezu sprechend für das Aufeinanderprallende und Konstruierte ihres Dialoges).[24]

Lenz führt hier Partikel verschiedener Diskurse der Erziehung, der technischen Konstruktion, des Handels, der wirtschaftlichen Produktion

---

23 Vgl. LINK (1988).
24 Vgl. folgende Szene:
   Balisteff Wie sollen wir ihnen den lächerlichen Stundenplan aus dem Kopf bringen? wir fragen keiner [sic] nach ihrer Stundeneintheilung und Klassification.
   Katapulteff Sehen Sie das ist ein Tretrad und darnach wird Essen gekocht. Der Stundenplan ist der Küchenzettel: kein Stundenplan – so bekommen sie auch nichts in den Magen.
   Balisteff Daß sie verdammt würden mit ihrem Stundenplan, was hat das für Zusammenhang mit dem Magen, oder mit den feinern und liebenswürdigern Sitten und den aufblühenden Talenten und gefallenden Fähigkeiten ihrer Zöglinge? – (Bislang unveröffentlicht.)

und der elementaren Versorgung des Menschen zusammen, deren Ausdifferenzierung er in seinen Studien selbst verfolgt. Die Reintegration funktioniert über das zentrale Motiv der *Maschine*[25] als Instrument sowohl des technischen Fortschritts als auch der ‚Entstellung‘ der menschlichen Natur (vgl. TOMMEK 2002a, Kap. „Lenz’ wütende Reaktionen“, in dem das Motiv des ‚Drehens‘ untersucht wird, an das sich eine weitere komplexe Motivkette anschließt). Kommentiert werden müssen diese Motivketten sowohl in Hinsicht auf das frühere literarische Werk (hier ist ein wichtiger Referenztext *Über Götz von Berlichingen* aus der Straßburger Zeit mit seiner bekannten Beschreibung der Gesellschaft als Maschine), als auch hinsichtlich der neuen sozioliterarischen Situation des Autors, der im Rahmen der philanthrophisch-freimaurerischen und gelehrten Kreisen durch seine Studien und Projekte einerseits die bürgerliche Arbeitsteilung anstrebt und sich verschiedene Spezialdiskurse aneignet (z. B. bei seinen Čulkov-Studien den speziellen wirtschaftshistorischen und juridischen Diskurs), andererseits als ‚Fürsprecher der menschlichen Natur‘ die universalen und inneren Zusammenhänge sucht und die ‚göttliche Ordnung der Natur‘ verteidigt.

Nach dem dynamisierten Literaturbegriff sollte sich der Kommentar auch über das grundsätzliche Verhältnis zwischen den Produzenten symbolischer Werte und der Konstitution des (modernen) Staates Rechenschaft ablegen, das sich im Zeitalter des ‚aufgeklärten Absolutismus‘ als eine spezifische *Komplizenschaft* begreifen läßt. Die Grundlage der Konstitution des modernen Staates und der Komplizenschaft der symbolischen Produzenten wird zunächst mit Norbert Elias‘ Modell der *Aufrechterhaltung des Herrschaftsmonopols durch Herrschaftsteilung* verstanden.[26] Die Hauptthese Elias’ lautet, daß der absolute Herrscher mit zunehmender Ausdifferenzierung seines Herrschaftsbereiches sein Monopol nur durch eine spezifische Herrschaftsteilung und -balance aufrecht erhalten kann, die sich zu einem zunehmend vergesellschafteten, funktionsteiligen Apparat (dem bürgerlichen Staat) entwickelt.

Für Bourdieu geht nun die Konstruktion des Staates Hand in Hand mit der Konstruktion des „Feldes der Macht“. Er übernimmt Webers Bestimmung des Staates als ein Feld der Auseinandersetzungen um das Monopol legitimer Gewaltanwendung, erweitert sie aber, indem er dem Staat nicht nur das Monopol der physischen, sondern vor allem auch der

---

25 Vgl. zu diesem Motiv LINK (1983, 19 f.).
26 Vgl. ELIAS (1976), bes. 2. Bd., 143–159: 2. Teil: Zur Soziogenese des Staates. Kap. III: Über den Monopolmechanismus, und BOURDIEU (1993, 1997, 1998, 50, 100 f.).

symbolischen Gewalt zuordnet.[27] Dieses Monopol, das er auch als „Meta-" bzw. als „staatliches Kapital" bezeichnet, beinhaltet eine historisch erworbene, umfassende Macht über die verschiedenen Kapitalien und über die Bestimmung ihres Verhältnisses zueinander. Erworben wird diese durch „Kapitalkonzentrationen", mit denen eine Vereinigung der verschiedenen Felder einhergeht.[28] So ist Lenz' Auseinandersetzung mit Čulkovs Handelsgeschichte ein Beispiel für die (vermittelte) Teilnahme des Gelehrten an der Kodifizierung und Vereinheitlichung der staatlichen Regulierung der wirtschaftlichen Aktivitäten in Rußland.

Da der moderne Staat sich als abstraktes, säkulares Herrschaftsprinzip und nicht mehr als Herrschaft von Gottes Gnaden definiert, bedurften die staatlichen Vereinigungsbestrebungen einer relativ unabhängigen symbolischen Legitimation,[29] wie sich in Rußland seit Peter I. und besonders während der ersten Hälfte der Herrschaft Katharinas II. beobachten läßt (vgl. SCHARF 1998). Durch diesen Legitimationsbedarf entstanden neue Handlungsräume für ,professionelle' Produzenten symbolischer Werte und Werke zunächst in kirchlichen und staatlichen Bildungsinstitutionen, schließlich entstanden auch in den Räumen *privater* (wirtschaftlicher und kultureller) Initiativen – in gradueller Komplizenschaft bzw. Abgrenzung zum Staat –, in denen sich Lenz und die verschiedenen philanthropischen und freimaurerischen (adligen) Akteure bewegten. Der Kommentar wird daher Lenz' Moskauer Schriften innerhalb einer „Spannung zwischen nationalen Identitätsbildungs- und litera-

---

27 BOURDIEU (1998, 50): „Tatsächlich ist die Entstehung des Staats nicht vom Prozeß der Vereinigung der verschiedenen sozialen – ökonomischen, kulturellen (bzw. mit Bildung befaßten), politischen usw. – Felder zu trennen, der mit der fortschreitenden Errichtung des staatlichen Monopols auf die legitime physische und *symbolische* Gewalt Hand in Hand geht."

28 Ebenda, 100 f.: „Der Staat ist das Ergebnis eines Prozesses der Konzentration verschiedener Kapitalsorten, Kapital der physischen Gewalt bzw. der Mittel zur Ausübung dieser Gewalt (Armee, Polizei), ökonomisches Kapital, kulturelles oder, besser, informationelles Kapital, symbolisches Kapital, eine Konzentration, die an sich schon den Staat zum Besitzer einer Art Metakapital macht, das ihm Macht über die anderen Kapitalsorten und ihre Besitzer verleiht. Die Konzentration der verschiedenen Kapitalsorten (die Hand in Hand geht mit der Konstruktion der entsprechenden Felder) führt nämlich zur *Entstehung* eines spezifischen staatlichen Kapitals im eigentlichen Sinne, das es dem Staat erlaubt, Macht über die verschiedenen Felder und über die verschiedenen besonderen Kapitalsorten auszuüben, vor allem über ihre jeweiligen Wechselkurse (und damit zugleich über die Kräfteverhältnisse zwischen ihren Besitzern)."

29 Vgl. JURT (1999, 32), der hier auf Ausführungen Bourdieus in dessen „Méditations pascaliennes" (Paris 1997) zurückgreift.

rischen Autonomisierungsprozessen" (vgl. JURT 1998, 86) problematisieren.

Vor dem Hintergrund der Bestimmung des Feldverhältnisses als Machtverhältnis kann die Rekonstruktion der historisch möglichen und relevanten Diskurse erfolgen (z. B. der Waräger-Frage als Frage nach dem Ursprung der ersten Herrscher in Rußland; der Novgorod-Diskussion als Frage nach der einheitlichen, autokratischen Herrschaft vs. städtische Eigenständigkeit; der Frage nach dem russisch-tatarischen Ursprung und der kulturellen Orientierung Rußlands; der Verbesserung des Binnenhandels und Ausbau der ‚nördlichen' Beziehungen vs. südliche Expansion und Export; der Satire-Diskussion etc., vgl. TOMMEK 2002a). Ein allgemeiner Befund lautet, wie oben schon angeführt, daß Lenz Diskurse und Debatten aufgreift, die vor allem in der ersten Regierungsphase der Zarin relevant waren und die durch ihre ‚Deplazierung' in den späten 80er Jahren eine politische Brisanz erhalten. Ein Beispiel für diese Brisanz ist die Problematisierung der gesellschaftlichen Funktion der Satire um 1788/89, die die Zarin in den späten 1760er Jahren selbst öffentlich initiierte, um Leute wie Novikov für sich zu gewinnen und den Bereich der in Rußland neu entstandenen, zumeist satirischen Publizistik zu kontrollieren. Als nun die Zarin ab 1788/89 zunehmend den privaten Initiativen und insbesondere Novikov und den Freimaurern mißtraute, ihre Druckerzeugnisse zum Teil zensieren ließ, schließlich Novikov die weitere Nutzung der Universitätsdruckerpressen verweigerte, fällt bei Lenz ein zunehmendes Interesse für die gesellschaftliche Funktion der Satire und der Verantwortung des Dichters auf, womit er nicht nur an die öffentliche Diskussion aus den 60ern, sondern auch an seine eigene literarische Praxis aus Straßburger Zeiten anschließt (Auseinandersetzung mit Aristophanes, Plautus, Bestimmung der Komödie etc.).

Vor dem Hintergrund der möglichen und relevanten Diskurse jener Zeit in Moskau müssen die Ansprüche und die Stoßrichtung des Engagements des Dichters (seiner spezifischen sozioliterarischen ‚Energie') herausgearbeitet werden. Denn die Dokumente lassen sich hinsichtlich des jeweiligen ‚Intensivitätsgrades' im Glauben an einen aufgeklärten Absolutismus, d. h. hinsichtlich der jeweiligen Nachdrücklichkeit des Engagements für den symbolischen Aufbau des russischen Staats bestimmen. So steht die *Rechenschaft*-Schrift für das direkte optimistische Engagement zur Verbesserung der Erziehung des Adels im Sinne einer „Republik der Gelehrten". Danach verlagert sich das patriotische Engagement auf historiographische Studien (Peter I.-Studie, Studie alter historischer Urkunden im *Nowikoff*-Text) und auf die Übersetzung des klassizistischen Nationalepos', Cheraskovs *Rossijada* (1786–1788). Schließlich konzentriert sich Lenz zunehmend auf wirtschaftliche Studien und Projekte. Zugleich fällt spätestens ab 1788/89 eine hermetische Verdichtung in fiktionalen, zumeist dramatisch-satirischen Texten auf, die sich als ein Rückzug aus dem direkten Engagement und als eine Verteidigung des Eigenrechts der Dichtung gegen direkte Applikationen und heteronome Einflüsse deuten läßt.

Diese Einteilung dient der Orientierung und Markierung von Tendenzen. Sie ist offen für Gleichzeitigkeiten, d.h. für habituelle ‚Verwerfungen' der Intensität und der Ausrichtung des ‚Glaubens' des intellektuellen Schriftstellers an einen Handlungsraum innerhalb eines ‚aufgeklärten Absolutismus'.

Nachdem die jeweilige Ausrichtung der sozialen ‚Energie' von Lenz problematisiert ist, können die textimmanenten Motivketten und Verdichtungen erörtert werden, so wie sie das Glossar in einer Übersicht darstellt. Darüber hinaus gilt es, die Kontinuität wie auch die Umformung der Weltsicht und Beurteilung des Autors innerhalb der Entwicklung des gesamten literarischen Werkes zu bestimmen. Besonderes Augenmerk fällt auf Lenz' Gebrauch der Sprache, auf bewußte Sprachreflexionen und auf literarische Formmischungen. So schlagen sich die oben angeführten Strategien der hermetischen Sprache und der vorsätzlich verzerrten Darstellung (programmatisch formuliert in *Was ist Satyre?*, praktiziert z. B. in *Ueber Delikatesse der Empfindung*), verbunden mit extremen Vorbehalten gegen eine exaltierte ästhetische (Salon-) Sprache und gegen eine selbstgefällige, geistlose Imitation eines griechisch-kleinasiatischen Klassizimus der Adligen, in komplexen Motivketten und Verdichtungen nieder, die für den (heutigen) Leser oft schwer zu verstehen sind (vgl. TOMMEK 2002b). Dort, wo der Autor unbestimmt bleiben wollte, sollte der Kommentator nicht Eindeutigkeit anstreben (Unterscheidung zwischen ‚primärer' und ‚sekundärer' Dunkelheit eines Textes; nur die letztere muß der Kommentator beheben).[30] Andererseits müssen konkrete Verständnisschwierigkeiten und ungelöste Forschungsprobleme benannt werden.

---

30 Vgl. WOESLER (1999, 20). Lenz war ‚das Dunkle' seiner Äußerungen bewußt: „Es ist schwürig, mit meinen Geschwistern Briefwechsel zu führen, denn da ein Prof. in Giessen mir die Ehre erwiesen mich mit dem Romanschreiber – der aber in andern Aemtern dabei steht – Hn. Göthe in eine Liste zu setzen, so suchen und finden sie in allen meinen Briefen nichts als unverständliche Worte Poësie und Roman." (Lenz an den Baron Stiernhielm, Moskau, 14. 1. 1792, in getreuer Umschrift, vgl. DAMM [1992, Bd. III, 683]).

Vor dem Hintergrund dieser heuristisch in absteigender Linie skizzierten Konzeption des Vollkommentars, dem es um verstehende Zugänge zu den überlieferten Dokumenten geht, wird das ‚Pathologische‘ und Idiosynkratische als durch und durch historisch gesättigt erkennbar. Als spezifisches Produkt einer individuellen und kollektiven Laufbahn hat es eine Richtung und eine spezifische Dynamik, die mit objektiven, soziohistorischen Strukturen und Entwicklungen zusammenhängen. Der individuelle ‚pathologische Fall Lenz‘ wird nun lesbar vor dem Hintergrund einer spezifischen Verkennung und Mystifizierung des Habitus eines ‚freien‘ Schriftstellers im Herrschaftsfeld eines ‚aufgeklärten Absolutismus‘.[31]

Literaturangaben

AMBURGER, E. (1998): Die Pastoren der evangelischen Kirchen Rußlands vom Ende des 16. Jahrhunderts bis 1937. Ein biographisches Lexikon, Lüneburg.

ARTHUR, G. H. MC (1968): The Novikov Circle in Moscow 1779–1792. Phil. Diss., Rochester University New York.

– (1970): Catherine II and the Masonic Circle of N.I. Novikov. In: Canadian Slavic Studies, IV,3 (Fall), S. 529–546.

BLEI, F. (Hrsg.) (1909–1913): Jakob Michael Reinhold Lenz. Gesammelte Schriften, 5 Bde., München, Leipzig.

BOURDIEU, P. (1993b): Esprits d'État. Genèse et structure du champ bureaucratique. In: Actes de la recherche en sciences sociales, 96/97, mars, S. 49–62.

– (1997b): De la maison du roi à la raison d'État. In: Actes de la recherche de sciences sociales, 118, Juin (Genèse de l'État Moderne), S. 55–68.

– (1998): Praktische Vernunft. Zur Theorie des Handelns, Frankfurt a. M.

– (1999): Die Regeln der Kunst, Frankfurt a. M.

DAMM, S. (Hrsg.) (1992): Jakob Michael Reinhold Lenz. Werke und Briefe in 3 Bdn., Frankfurt a. M., Leipzig.

DAUM, I. (Hrsg.) (1996): Lettre adressée à quelques officiers de la commision [sic] hydraulique de la communication d'eau. In: „Ich aber werde dunkel sein“. Ein Buch zur Ausstellung J. M. R. Lenz, hrsg. v. U. Kaufmann u. a., Jena, S. 92–108.

ELIAS, N. (1976): Über den Prozeß der Zivilisation, 2 Bde., Frankfurt a. M.

FREYE, K., W. STAMMLER (Hrsg.) (1918): Briefe von und an J. M. R. Lenz, 2 Bde., Leipzig.

GÜNDEL, V. (1996): Jakob Michael Reinhold Lenz' Mitgliedschaft in der Moskauer Freimaurerloge „Zu den drei Fahnen“. In: Lenz-Jahrbuch 6 (1996), S. 62–74.

GROYS, B. (1992): Über das Neue. Versuch einer Kulturökonomie, München, Wien.

JONES, R. E. (1984): Getting the Goods to St. Petersburg: Water Transport from the Interior 1703–1811. In: Slavic Review 43, S. 413–433.

JURT, J. (1998): Das Konzept des literarischen Feldes und die Internationalisierung der Literatur. In: Kulturelle Grenzziehungen im Spiegel der Literaturen. Nationalismus, Regionalismus, Fundamentalismus; hrsg. v. H. Turk u. a., Göttingen, S. 84–103.

---

31 Die zweibändige (Text und Kommentar) Ausgabe „Lenz in Moskau“ soll vor. Ende 2004/Anfang 2005 erscheinen.

– (1999): L'histoire sociale de la littérature et la question de l'autonomie. In: Regards sociologiques. Sur le fonctionnement du champ intellectuel. 1. Le champ littéraire. Directeur de Publication: Christian de Montlibert, Nr. 17–18, Strasbourg, S. 29–44.

KRASNOBAEV, B. I. (1977): Die Bedeutung der Moskauer Universitätstypographie unter Novikov für die Kulturverbindungen Russlands mit anderen europäischen Ländern (1779–1789). In: Buch- und Verlagswesen im 18. und 19. Jahrhundert, hrsg. v. H. G. Göpfert u. a., Berlin, S. 217–234.

– (1979): Eine Gesellschaft gelehrter Freunde am Ende des 18. Jahrhunderts. Družeskoe učenoe obščestvo. In: Beförderer der Aufklärung in Mittel- und Osteuropa. Freimaurer, Gesellschaften, Clubs, hrsg. v. É. H. Balázs u. a., Berlin, S. 257–270.

LEHMANN-CARLI (1991): Karamzins Lavater-Rezeption. Zur Genesis einer Strömung in der russischen Aufklärung. In: Zeitschrift für Slawistik 36 Jg., H. 4, S. 505–517.

LINK, J. (1983): Fronten in der Kollektivsymbolik der Goethezeit, grob skizziert. In: KultuRRevolution Nr. 3 (Juni), S. 16–20.

– (1988): Literaturanalyse als Interdiskursanalyse. Am Beispiel des Ursprungs literarischer Symbolik in der Kollektivsymbolik. In: J. Fohrmann, H. Müller (Hrsg.): Diskurstheorien und Literaturwissenschaft, Frankfurt a. M., S. 284–307.

LUSERKE, M., CH. WEISS (Hrsg.) (1992): Sergei Pleschtschejew: Uebersicht des Russischen Reichs nach seiner gegenwärtigen neu eingerichteten Verfassung, aus d. Russ. übers. v. J. M. R. Lenz, Hildesheim u. a.

MARTIN, A., E.-M. VERING (2000): Erinnerungen an das Steintal. Notizen von J. M. R. Lenz aus den letzten Lebensjahren. In: Georg Büchner Jahrbuch 9 (1995–99), S. 617–636.

MEINZER, E. (Hrsg.) (1996): J. M. R. Lenz: Ueber die Delikatesse der Empfindung, eine späte Prosaschrift von Jakob Michael Reinhold Lenz, St. Ingbert.

OKENFUSS, M. (1979): Education and Empire: School Reform in Enlightened Russia. In: Jahrbücher zur Geschichte Osteuropas, Bd. 27, S. 41–68.

RANSEL, D. L. (1975): The Politics of Catherinian Russia. The Panin Party, New Haven, London.

RAUCH, G. VON (1979): Johann Georg Schwarz und die Freimaurer in Moskau. In: Beförderer der Aufklärung in Mittel- und Osteuropa. Freimaurer, Gesellschaften, Clubs, hrsg. v. É. H. Balázs u.a., Berlin, S. 212–224.

RICKLEFS, U. (1993): Zur Systematik historisch-kritischer Ausgaben. In: editio. Jahrbuch für Editionswissenschaft, hrsg. v. B. Plachta, W. Woesler (Nr. 7), Tübingen, S. 1–22.

ROSANOW, M. N. (1909): J. M. R. Lenz. Der Dichter der Sturm- und Drangperiode. Sein Leben und seine Werke, Leipzig.

ROTHE, H. (1961): Karamzinstudien I. In: Zeitschrift für slavische Philologie, Bd. 29, S. 272–306.

RYU, IN-HO L. (1973): Moscow Freemasons and the Rosicrucian Order. A Study in Organization and Control. In: J. G. Garrad (Hrsg.): The Eighteenth Century in Russia, Oxford, S. 198–232.

SCHARF, C. (1998): Tradition – Usurpation – Legitimation. Das herrscherliche Selbstverständnis Katharinas II. In: E. Hübner u.a. (Hrsg.): Russland zur Zeit Katharinas II. Absolutismus – Aufklärung – Pragmatismus, Köln u. a., S. 41–101.

SIVERS, J. VON (1879): Jacob Michael Reinhold Lenz. Vier Beiträge zu seiner Biographie und zur Literaturgeschichte seiner Zeit, Riga.

THIERGEN, P. (1970): Studien zu M. M. Cheraskovs Versepos „Rossijade". Materialien und Beobachtungen, Bonn.

TIECK, L. (Hrsg.) (1828): Gesammelte Schriften von J. M. R. Lenz, 3. Bde., Berlin.

TOMMEK, H. (2002a): J. M. R. Lenz. Sozioanalyse einer literarischen Laufbahn, Heidelberg 2002 (zugl. Diss. Phil. der Freien Universität Berlin, 2000).

– (2002b): Lenz und das Tatarische. Skizze einer großen Konstruktion aufgrund einiger
    bislang ungedruckter Briefstellen aus Moskau. In: Lessing-Yearbook XXXIV.
TYNJANOV, J. (1924, 1927): Das literarische Faktum (1924); Über die literarische Evoluti-
    on (1927). In: J. Striedter (Hrsg.): Russischer Formalismus. Texte zur allgemeinen Li-
    teraturtheorie und zur Theorie der Prosa, München 1969, S. 393–431, 433–461.
VONHOFF, G. (1990): Subjektkonstitution in der Lyrik von J. M. R. Lenz. Mit einer Aus-
    wahl neu herausgegebener Gedichte, Frankfurt a. M. u. a.
WALDMANN, F. (1894): Lenz in Briefen, Zürich.
WEINHOLD, K. (Hrsg.) (1884): Jakob Michael Reinhold Lenz. Dramatischer Nachlaß von
    J. M. R. Lenz. Zum ersten Male hrsg. u. eingel. v. K. Weinhold, Frankfurt a. M.
– (1891): Gedichte. Mit Benutzung des Nachlaßes Wendelins von Maltzahn, Berlin.
WEISS, CH. (1992): „Abgezwungene Selbstvertheidigung". Ein bislang unveröffentlichter
    Text von J.M.R. Lenz aus seinem letzten Lebensjahr. In: Lenz-Jahrbuch, Bd. 2, S. 7–
    41.
WINTER, H.-G. (2000): J. M. R. Lenz, Stuttgart, Weimar.
WOESLER, W. (1999): Zu den Aufgaben des heutigen Kommentars. In: editio. Internatio-
    nales Jahrbuch für Editionswissenschaft, hrsg. v. B. Plachta, W. Woesler (Nr. 13), Tü-
    bingen, S. 18–35.

Das Profil einer möglichen digitalen historisch-kritischen Gesamtausgabe der Werke von J. M. R. Lenz

Seit Erscheinen der dreibändigen kommentierten Leseausgabe der *Werke und Briefe*, herausgegeben von Sigrid Damm im Jahre 1987, oder vielleicht doch schon seit der Veröffentlichung der zweibändigen Auswahlausgabe *Werke und Schriften* von Britta Titel und Hellmut Haug zwanzig Jahre zuvor, dokumentiert sich das wissenschaftliche Interesse an Jakob Michael Reinhold Lenz in einer ganzen Reihe von Teil- und Einzelausgaben sowie Abdrucken von Texten im *Lenz-Jahrbuch*, von denen ich hier nur die von Friedrich Voit 1992 bei Reclam publizierte Auswahlausgabe und Christoph Weiß' Faksimiles der Erstausgaben vom letzten Jahr nennen möchte.[1] Sie alle verfolgen unterschiedliche Ziele, von der Erschließung bislang unbekannter Texte bis hin zum konservatorischen Bemühen, wo die Erstdrucke zu zerfallen drohen und dementsprechend nur noch schwer zugänglich sind. Wenn darum die Berliner Tagung das Nachdenken über die Edition der Werke und Briefe dieses Autors an den Anfang stellt und damit als einen Schwerpunkt ausweist, kann das nur heißen: Es ist an der Zeit, über eine historisch-kritische Gesamtausgabe nachzudenken.

Historisch-kritische Gesamtausgaben galten lange Zeit, und vielleicht nicht zu Unrecht, als ein Begräbnis erster Klasse für den Autor, der mit ihnen ‚beehrt' wurde. Daß dies nicht der Fall sein muß, zeigen Diskussionen, die von den Tagungen der Gemeinschaft germanistischer Editoren und einer Reihe editionsphilologischer Publikationen und Handbücher ausgehen. Besonders deutlich wird dies dort, wo das Aufgabenfeld der historisch-kritischen Edition über die textkritische Präsentation von Texten und Varianten hinaus erweitert wurde. Mit der geschichtlichen Kommentierung der Texte wurden jenseits der Bestandssicherung wichtige Vorarbeiten für das Verstehen der Werke und ihre fortdauernde Wirkung zum zweiten Aufgabenschwerpunkt dieses Editionstyps. Ein Blick in die lange Geschichte der *Schiller-Nationalausgabe* kann sehr gut

---

1 Jakob Michael Reinhold Lenz: Werke, hrsg. v. F. Voit, Stuttgart 1992; Jacob Michael Reinhold Lenz: Werke, zwölf Bde., Faksimiles der Erstausgaben seiner zu Lebzeiten selbständig erschienenen Texte, hrsg. v. Ch. Weiß, St. Ingbert 2001.

verdeutlichen, was mit dieser Ausdifferenzierung des Kommentars gemeint ist.[2] Im Bereich der Textdarbietung ist mit dem Prinzip, den historischen Erstdruck zur Textgrundlage zu nehmen und ihn behutsam textkritisch durchzusehen, ebenfalls ein neuer Standard herausgebildet
worden. Der Erstdruck bezeichnet in der Regel den Schnittpunkt von
Produktion und Rezeption und somit den Anfangspunkt der Werkge-
schichte. Beide hier angesprochenen Aspekte machen die historisch-
kritische Ausgabe – wie Herbert Kraft es ausführt – zu einem „Ort einer
dialektischen Verbindung des historischen und des kritischen Interesses
an Texten. […] Historizität entsteht durch das Bewußtsein von Vergangenheit, Kritik ist das Bewußtsein von Zukunft. Und immer geschieht
beides unter den Bedingungen und aus dem Interesse der Gegenwart."
Oder kurz: „Die Kritik des Historischen ist das Potential der Tradierung."[3] Die historisch-kritische Ausgabe selbst ist also nicht jenseits ihrer
eigenen Geschichtlichkeit zu sehen, sondern eröffnet vielmehr das Feld
der kritischen Auseinandersetzung mit Tradiertem. Ein neues Bewußtsein für die Möglichkeiten historisch-kritische Ausgaben ist entstanden,
dem eine mögliche Ausgabe der Werke und Briefe von Lenz Rechnung
tragen muß.

Mit der von Karl Eibl, Fotis Jannidis und Marianne Willems erstellten
Edition *Der junge Goethe in seiner Zeit*[4] ist – unabhängig von der Diskussion
um historisch-kritische Ausgaben – eine neue Stufe in der Darstellung
von Texten und Kontexten erreicht worden. Diese Ausgabe nutzt den
traditionellen Druck ebenso wie die Möglichkeiten, welche die moderne
digitale Technik bietet: Sie erschien darum als ‚Hybrid'-Ausgabe, mit
einem Druckteil und einer CD-ROM. Die *Kommentierte digitale Gesamtausgabe* von *Gutzkows Werken und Briefen*, deren Eröffnungsband im Herbst
2001 erschienen ist,[5] folgt diesem Typus der intermedialen editionsphilo-
logischen Darbietung, geht allerdings noch einen Schritt weiter: Alle

---

2   Vgl. die Bände 5, 11, 12 und 5N der SNA (Schillers Werke. Nationalausgabe, Bd. 5:
      Kabale und Liebe. Kleine Dramen, hrsg. v. Heinz Otto Burger, Walter Höllerer,
      Weimar 1957; Bd. 11: Demetrius, hrsg. v. Herbert Kraft, Weimar 1971; Bd. 12: Dra-
      matische Fragmente, in Zusammenarb. m. Klaus Harro Hilzinger, Karl-Heinz Hucke
      hrsg. v. Herbert Kraft, Weimar 1982; Bd. 5: Neue Ausgabe: Kabale und Liebe. Seme-
      le. Der versöhnte Menschenfeind. Körners Vormittag, hrsg. v. Herbert Kraft, Claudia
      Pilling, Gert Vonhoff in Zusammenarb. m. Grit Dommes, Diana Schilling, Weimar
      2000).
3   Herbert Kraft (Hrsg.): Editionsphilologie. Zweite, neubearb. u. erw. Ausgabe m.
      Beiträgen v. Diana Schilling, Gert Vonhoff, Frankfurt a. M. 2001, S. 11.
4   Karl Eibl, Fotis Jannidis, Marianne Willems (Hrsg.): Der junge Goethe in seiner Zeit,
      Frankfurt a. M. 1998.
5   Gert Vonhoff, Martina Lauster (Hrsg.): Gutzkows Werke und Briefe, komm. digitale
      Gesamtausgabe, Eröffnungsband, Münster 2001.

Texte und Materialien erscheinen zunächst auf einer Website des internationalen Editionsprojektes, die an der University of Exeter gepflegt wird.[6] Zum ersten Mal wird eine größere Ausgabe damit als wirkliche „work in progress" erfahrbar. Änderungen und Korrekturen werden, nicht zuletzt auf Anregung der Benutzer, laufend eingearbeitet. Der Aufbau der Ausgabe läßt sich, was etwa chronologische Fragestellungen betrifft, jederzeit korrigieren. Die Daten können zudem auf unterschiedliche Art und Weise abgerufen werden, so daß eine im Aufbau multiple Ausgabe entsteht, die es dem Benutzer überläßt, ob er das Gesamtwerk chronologisch nach Veröffentlichungsdaten, unter Genre-Gesichtspunkten oder auf andere Aspekte hin dargestellt wissen will.

Wenn wir diese Aspekte auf eine mögliche digitale Lenz-Ausgabe hin durchdenken, werden deren Vorteile schnell sichtbar. Der multiple Aufbau (*vgl. Abb. 1*) ermöglicht es, die Texte in einer ersten Zugangsform gattungsmäßig anzuordnen. Alternativ dazu läßt sich eine chronologische Darstellung nach Entstehungszeiten denken (*vgl. Abb. 2*), die einen anderen Einblick in das Oeuvre gewährt als jene Darstellung, die der oft zufälligen und mit erheblichen Verzögerungen ausgestatteten Chronologie der Erstdrucke folgt. Schließlich läßt sich eine alphabetische Sortierung nach Werktiteln für die Benutzer erstellen, die sich einen eigenen Weg durch das Gesamtwerk bahnen wollen. In die chronologische Darstellung nach Entstehungszeiten kann im Internet, falls erforderlich, jederzeit eingegriffen werden. Das wird vor allen Dingen bei der Lyrik notwendig werden, wo eine genaue Datierung sehr häufig heute noch gar nicht vorgenommen werden kann oder zumindest unsicher ist.[7] Der Zuwachs an Erkenntnis (und an Texten, wenn wir an die wieder zugänglich werdenden Archivmaterialien denken), der mit einem großen Editionsprojekt einhergeht, ermöglicht hier immer wieder den korrigierenden Eingriff, wo traditionelle Ausgaben lange Zeit gar nichts zur Verfügung stellen können und später, nach ihrer Publikation, mit ärgerlichen Fehlern belastet bleiben, die dann bestenfalls in Anhängen berichtigt werden können. Unsicherheit läßt sich im digitalen Medium dokumentieren, wo traditionelle Ausgaben eine Scheinsicherheit kreieren, die Zweifelhaftes zu oft einfach verwischt. Unsicherheit läßt sich im Internet in Form von Frageforen produktiv in den Prozeß der Entstehung der Ausgabe zurückbinden, indem Benutzer zur Mitarbeit offener Fragen aufgefordert werden können.

---

6   Vgl. http://www.gutzkow.de.
7   Vgl. Gert Vonhoff: Subjektkonstitution in der Lyrik von J. M. R. Lenz. Mit einer Auswahl neu herausgegebener Gedichte, Frankfurt a. M. 1990, S. 15 f. Zu den Fortschritten auf diesem Gebiet vgl. den Beitrag von Gesa Weinert im vorliegenden Band.

Es scheint mir sehr gewinnbringend, eine Chronologie der Entstehung der Texte von Lenz, und nicht allein seiner Lyrik, an die Orte der Entstehung anzubinden (*vgl. Abb. 2*). Lenz hat, wie ich Anfang der 90er Jahre für die Lyrik zu zeigen versucht habe, stets sehr stark auf das literarische und kulturelle Umfeld reagiert und, wie jeder Lenzforscher weiß, an Orten gelebt, deren historischer Entwicklungsstand sich sehr gut mit dem Begriff der ,Ungleichzeitigkeit' beschreiben läßt. Eine Reihe neuerer Arbeiten, so auch die von Georg-Michael Schulz veröffentlichte Monographie, gehen in besonderer Weise auf diese ortsbezogenen Produktionsbedingungen ein.[8]

Am Beispiel der Gedichte heißt das: Im baltischen Dorpat und vom Herbst 1768 bis zum Frühjahr 1771 in Königsberg bestimmten pietistisches und frühaufklärerisches Denken Lenzens frühe Lyrik. Straßburg, diese seit 1681 unter französischer Herrschaft stehende, einstmals freie Reichs-, dann Garnisonsstadt, die Stadt mit dem doppelten Einfluß von deutscher und französischer Kultur eröffnete andere Horizonte. Die anakreontische Tändelei gehörte hierzu ebenso wie die petrarkistische Schwermut oder der seit den frühen 70er Jahren neu entstandene Sturm und Drang. Die vielen von April 1771 bis März 1776 geschriebenen Gedichte von Lenz reagieren auf diese neuen Produktionsbedingungen nicht nur mit Nachahmung, sondern mit kritischer Aufnahme. Entsprechend gilt dies auch für die Texte, die entstanden, als Lenz sich im Frühjahr 1776 in der ,dörflichen Residenzstadt' Weimar mit ihrem Musenhof Anna Amalias und ihrem kraftgenialisch sich gebärdenden Herzog, im Sommer dann in Berka und im Herbst schließlich in Kochberg bei Frau von Stein aufhielt. Im Gegensatz zu den Erfahrungen als ,Bürger bei Hofe' wurde Lenz im kleinen badischen Amtsstädtchen Emmendingen und bei seinen Schweizaufenthalten, in Winterthur und Zürich vor allem, mit bürgerlichem Selbstbewußtsein konfrontiert. War Lenz im Herbst 1777 noch Zeuge von „bürgerlichen Unruhen in Zürich",[9] fand er sich, nachdem er im Juni 1779 nach Riga zurückgeholt worden war, in ganz andere Kontexte versetzt. 1780 und 1781 im zaristischen St. Petersburg und ab Herbst 1781 dann in Moskau war die Aufklärung des Adels in einem autokratisch verwalteten und von Leibeigenschaft bestimmten Land noch immer die prägende emanzipatorische Erfahrung. Anders als fast drei Jahrzehnte früher in den deutschen Staaten, wo die bürgerliche Moralisierungsstrategie die Standesschranken abschaffen sollte, war das Projekt der Aufklärung in Rußland ein ,Kunst'-Produkt ohne eigentliche

---

8   Georg-Michael Schulz: Jacob Michael Reinhold Lenz, Stuttgart 2001, S. 11–67.
9   Vgl. Lenz' Brief an Sarasin v. 28. 9. 1777 (Briefe von und an J. M. R. Lenz. Gesammelt u. hrsg. v. K. Freye, W. Stammler, Bd. 2, Leipzig 1918, S. 105).

soziale Basis.[10] Die Editionen, die die Kontexte nur unzureichend be-
rücksichtigten, interpretierten die Brüche im lyrischen Werk von Lenz als
Ausdruck seiner zunehmenden psychischen und physischen Instabilität.
Sie mißdeuteten die späten, in Rußland entstandenen Gedichte gar als
Belege für den regressiven Bewußtseinszustand des Autors: „Geschrieben in Moskau", notierte Dumpf auf einen Foliobogen mit Handschriften von Lenz, „etwa um 1787, schon zu einer Zeit sinkender Kraft, vielleicht schon versunkener".[11] Eine historisch-kritische Ausgabe wird
Material liefern müssen, damit diese und andere Beurteilungen korrigiert
werden können.

Die Kontextbezogenheit von Lenz' literarischer Produktionsweise
läßt sich besonders gut im Internet darstellen, wo bekanntlich der Raum
– anders als in gedruckten Ausgaben – schier unerschöpflich ist und wo
durch Verknüpfungstechniken und über den variablen Bildschirmaufbau
differenzierte Darstellungsmodi zur Verfügung stehen. Allerdings ist hier
zu beachten, daß die Variabilität, wird sie nicht reglementiert, schnell zu
einer Unübersichtlichkeit, ja dem Verlust jeglicher Orientierung führen
kann, wenn immer neue Fenster immer weiter spezifizierte Inhalte auf
den Bildschirm bringen. Die Gutzkow-Edition geht aus diesem Grunde
sehr sparsam mit den Möglichkeiten der EDV um und bietet den festen
Rahmen eines dreigeteilten Bildschirms (Inhaltsverzeichnisebene, Text-
ebene, Kommentarebene). Für eine mögliche Lenz-Edition könnte diese
Einteilung des Bildschirms aufgrund der Tatsache, daß Texte und deren
Kontexte dargestellt werden sollen, modifiziert werden. Insgesamt drei
Ebenen von Inhaltsverzeichnissen links und oberhalb vom Haupttext-
fenster (*vgl. Abb. 3*) ermöglichen die Navigation innerhalb der Ausgabe,
wobei farbliche Markierungen (in rot) jeweils bewußt halten, was der
Benutzer im Hauptfenster gerade sieht. Der obere Teil der linken Spalte
zeigt die Grundfunktionen der Ausgabe. Je nach Auswahl in diesem
Bereich, finden sich im unteren Teil der Spalte die weiteren Auswahl-
möglichkeiten. Wird in diesem Fenster z. B. ein Text von Lenz ausgesucht, so erscheint er in der dritten Inhaltsverzeichnisebene oberhalb des

10 Vgl. Igor von Glasenapp: Staat, Gesellschaft und Opposition in Rußland im Zeitalter
    Katharinas der Großen, Diss. München 1964, S. 5 f., 8–14, 49–55; Manfred Hilder-
    meier: Bürgertum und Stadt in Russland 1760–1870. Rechtliche Lage und soziale
    Struktur, Köln, Wien 1986, S. 1–4; Peter Hoffmann: Entwicklungswege und Alterna-
    tiven politischen Denkens und politischen Kampfes in Rußland in der zweiten Hälfte
    des 18. Jahrhunderts, in: Gesellschaft und Kultur Rußlands in der 2. Hälfte des
    18. Jahrhunderts. Teil 1: Soziale Bewegungen, Gesellschaftspolitik und Ideologie,
    hrsg. v. E. Donnert, Halle/S. 1982, S. 50–61.
11 Handschrift der Biblioteka Jagiellońska der Uniwersytet Jagielloński Kraków, Lenz-
    Nachlaß (ehemaliger Bestand der Preußischen Staatsbibliothek Berlin).

Haupttextbereichs, wo man sich den Text jeweils anschauen kann. Neben einer Text- und einer Text-und-Apparat-Darstellung (*vgl. Abb. 3, 5*)
lassen sich, abhängig von der Überlieferungs- und Kommentierungslage,
zusätzlich Fassungsparallelisierungen (*vgl. Abb. 6*), Handschriftenfaksimi-
ledarstellungen, literarische Quellen und Folien (*vgl. Abb. 7, 8*) anwählen.
Wo eine ‚zusammenschauende' Darstellung optisch sinnvoll erscheint,
wie beim *Lied zum teutschen Tanz* (*Abb. 9*), bietet die Auswahl „Text, Varianten und Handschrift" eine Möglichkeit. Der Vorteil der dritten Ebene
des Inhaltsverzeichnisses besteht darin, sehr individuell auf sinnvolle
Darstellungsmöglichkeiten jedes einzelnen Textes reagieren zu können,
ohne gleichzeitig die für eine historisch-kritische Ausgabe notwendige
Übersichtlichkeit aufgeben zu müssen. Alle Texte werden, neben der
internetspezifischen Darstellung (als html-Datei), zusätzlich in einer vom
Ausgabemedium unabhängigen Form angeboten (als pdf-Datei). Dies
sorgt dafür, daß auch im Internet eine wissenschaftlich zitierfähige Fassung bereitgestellt wird, deren Zeilenfall nicht von der Fenstergröße
beeinflußt wird (*vgl. Abb. 4*). Daß diese Darbietungsform zugleich das
bessere Druckbild aufweist, ist ein angenehmer Nebeneffekt. Eine mögliche, die Internetedition begleitende Buchausgabe der Texte würde
– wie es im Editionsprojekt Karl Gutzkow geschieht – diese pdf-aufbe-
reiteten Daten als Basis haben.

Das traditionell mit 1777 datierte Gedicht *Ausfluß des Herzens*, für dessen frühere Datierung (1774/75) ich 1990 Anhaltspunkte gesammelt
habe,[12] liegt in einer bisher als nicht mehr nachweisbar geglaubten Abschrift fremder Hand vor, einem vermutlich aus dem Besitz von Passavant stammenden Heft, dessen Inhalt Karl Freye 1913 in einem Aufsatz
veröffentlichte.[13] 1990 konstituierte ich den Text auf der Grundlage
dieser Veröffentlichung (h) mit den Schreibungen „wen" (V. 17, 18) und
„himlische" (V. 24), wo andere Schreibungen desselben Drucks –
„dann" (V. 19) und „Himmel" (V. 17) – nahelegten, daß der verloren
geglaubte Überlieferungsträger einen Verdoppelungsstrich enthalten
haben könnte oder die Abschrift an diesen Stellen selbst schon einen im
Original befindlichen Strich über dem ‚n' oder ‚m' nicht übernommen
hatte. Textkritische Eingriffe vorzunehmen hätte hier bedeutet, den
Blick für die Überlieferungslage (Abschriften fremder Hand; deren Abdruck) zu verwischen. Das konservatorische Vorgehen indes dokumen-

12 Gert Vonhoff (wie Anm. 7), S. 86–89. Georg-Michael Schulz stimmt dieser Frühda-
   tierung für ein anderes Gedicht aus dieser Gruppe ausdrücklich zu; vgl. Schulz (wie
   Anm. 8), S. 212, 216.
13 Karl Freye: Ungedrucktes zu Lenzens Gedichten. In: Goethe-Jahrbuch 34(1913),
   S. 10-12.

tiert den Überlieferungszustand des Erhaltenen, auch in seiner vermeintlichen Unzulänglichkeit. Ein Vergleich mit der parallel abgedruckten Journaldruckfassung J aus der *Urania für Kopf und Herz* aus dem Jahre 1793[14] klärte leicht darüber auf, was an den fraglichen Stellen gemeint ist. Die Darstellung der Gedichtfassungen im Internet würde h und J auch als parallelisierte Texte bieten (*vgl. Abb. 6*); beide Texte erscheinen hier in einem gesonderten Fenster, das leicht auf die Gesamtgröße des Bildschirms vergrößert werden kann. Wie sinnvoll ein Medium ist, das Änderungen ermöglicht, wird an diesem Beispiel schnell sichtbar. Christoph Weiß teilte auf der Tagung, die dem vorliegenden Band zugrunde liegt, mit, daß das verloren geglaubte Heft mit Abschriften fremder Hand wieder aufgefunden worden ist, so daß notwendige Änderungen in der im Internet veröffentlichten Fassungen vorgenommen werden könnten.

Wo die Internetedition den Anspielungshorizont des Gedichts durch die Bereitstellung von Gedichten anderer Autoren skizziert, ist es leicht möglich, ähnlich erscheinende Textpassagen und damit die literarische Evolution zu erfassen. Lenz' Werke, die häufig kontrafaktischen Charakter haben, erschließen sich so in ihrer Besonderheit. Jedoch kann und sollte die Internetedition Vergleichsmaterialien nicht uferlos bereitstellen. Die Leistung des Literarhistorikers, die ja nicht unwesentlich in der Herstellung von Bezügen besteht, mußte dahin münden, spezifische Links in der Edition anzubieten. Wo der Benutzer sich mit einer auf diese Weise formulierten Aussage auseinandersetzen kann, hat er die Möglichkeit zu widersprechen, was dann – die Möglichkeiten der Änderung im Medium ausschöpfend – zur Modifizierung der Ausgabe führen kann. Für das Gedicht *Ausfluß des Herzens* ist so Klopstocks Gedicht *An Gott* (1748 in einer ersten Fassung, 1771 in der Darmstädter Odenausausgabe dem Straßburger Kreis bekannt, *vgl. Abb. 7*) auf jeden Fall sinnvoll zu präsentieren, könnte es doch entstehungsgeschichtlich durchaus eine Quelle (Vorlage) von Lenz' Ode sein. Das Gleiche läßt sich für Gottlieb von Leons Gedicht *An Gott* aus dem Jahre 1778 (*vgl. Abb. 8*) sicherlich nicht sagen. Doch demonstriert Leons Gedicht stellvertretend für viele andere, was als eher traditionelle Form dieses Sujets auch Ende der 70er Jahre noch zu erwarten war. Leons Gedicht hilft so, das Innovationspotential von einem eher traditionell ausgerichteten Gedicht von Lenz zu bestimmen,[15] was von besonderer Bedeutung für das Verständnis des zeitgenössischen Drucks 1793 in der *Urania* ist.

---

14 Zwei Gedichte von dem seeligen Lenz. In: [Johann L.] Ewald (Hrsg.): Urania für Kopf und Herz, Hannover 1793, S. 45–50.

15 Für eine Interpretation des Gedichtes „Ausfluß des Herzens" vgl. G. Vonhoff (wie Anm. 7), S. 93–96.

Mit dem *Lied zum teutschen Tanz* aus Lenz' Weimarer Zeit lassen sich mediale Vorzüge anderer Art demonstrieren. Das Gedicht ist handschriftlich überliefert und zumeist in einer verkürzten und entstellenden Form gedruckt worden. Wo die Edition die Handschrift als Graphik zur Verfügung stellt, die beliebig vergrößert werden kann (*vgl. Abb. 9, 10*), erlaubt sie dem Benutzer, selbst zu entscheiden, ob das Gedicht nicht nur zusätzliche Verse hat, sondern, wie Gesa Weinert es im vorliegenden Band zeigt, sogar als Fragment zu edieren ist.

Wichtig bei all diesen Darstellungen ist es, einen übersichtlichen, möglichst logischen und relativ stabilen Aufbau der Website anzubieten. Neue Fenster sollten nur dann geöffnet werden, wenn etwas auf dem begrenzten Raum des Hauptpräsentationsfensters nicht sinnvoll angezeigt werden kann (z. B. Fassungsparallelisierungen, *Abb. 6*) oder wenn Materialien zu sehen sind, die nicht von Lenz stammen (Texte anderer Autoren, *Abb. 7*). Voraussetzung dafür, die Möglichkeiten des Mediums sinnvoll einsetzen zu können, ist, daß ein mediales Chaos, hervorgerufen durch Dutzende von sich öffnenden Fenstern oder allzu buntem Layout, vermieden werden muß.

Ein Bildteil der Edition kann nicht allein die Kontexte sinnlich veranschaulichen, er hilft zugleich, auch den Laien an die wissenschaftliche Ausgabe heranzuführen. Überlieferte Konterfeis von Lenz lassen ein Bild vom Autor entstehen; zeitgenössische Abbildungen der Orte, an denen er lebte und schrieb, schaffen ein Kolorit, das zum Verständnis der so unterschiedlichen Werke beiträgt (*vgl. Abb. 12, 13*). Und wo – wie im Fall des Gedichtes *Ach soll soviele Trefflichkeit* – der Text zusammen mit einer eigenhändigen Zeichnung von Lenz überliefert ist, stellt sich vielleicht erneut die Frage, was das Werk sei, die sechs Verse oder die Gesamtheit aus Bleistiftzeichnung, Reinschrift und handschriftlichem Eintrag auf der Rückseite (*vgl. Abb. 11*).

Diese Frage, was denn genau als Werk anzusetzen sei, stellt sich auch anhand der *Sesenheimer Lieder*, die als Sammlung von Gedichten zweier Autoren, Goethe und Lenz, in bisherigen Werkausgaben stets in ihre Bestandteile zerlegt worden ist. Literarhistorisch bedeutsam sind diese Lieder aus den frühen 70er Jahren als ein Gesamtes. Neben einer analysierenden und zuschreibenden Darstellung einzelner Gedichte böte die Internetausgabe den Raum, die Texte zum Liederbuch zusammenzustellen – für alle jene Benutzer, die weniger daran interessiert sind, was denn nun genau von wem stamme, sondern die eher ästhetische Objekte verstehen wollen.[16]

16 Vgl. zur Edition ästhetischer Objekte auch Gert Vonhoff: Kontextualisierung als Notwendigkeit. Die Edition ‚ästhetischer Objekte' am Beispiel der Lyrik von Jacob

Die zuletzt genannten Punkte sind sicherlich auch mit herkömmlichen Ausgaben zu bewerkstelligen. Doch dürfte der Kostenfaktor in all diesen Punkten sehr zugunsten der internetbasierten Edition sein. Die historisch-kritische Edition in das digitale Zeitalter zu holen, scheint mir nicht nur deshalb ein sinnvoller Weg. Wie für alle wissenschaftlichen Editionen gilt auch für die digitale Edition, höchste Präzisions- und Prüfmaßstäbe anzulegen. Doch Genauigkeit war stets eine Stärke der Philologie. Das Editionsprojekt Karl Gutzkow hat gezeigt, daß Philologen sich mit vertretbarem Aufwand auch das erforderliche technische Wissen aneignen können. Beides zusammen sollte Mut machen, die digitale historisch-kritische Gesamtausgabe der Werke und Briefe von J. M. R. Lenz zu beginnen.

Ich hoffe, einige Anregungen dieses Beitrages fallen auf fruchtbaren Boden bei denjenigen, die mit der Vorbereitung von Ausgaben dieses Autors beschäftigt sind. Die im Abbildungsteil bereitgestellten Screenshots sind Teil einer für diese Demonstration vorbereiteten Website, die über die Internetseiten der University of Exeter abgerufen werden kann.[17] Es ist zur Zeit vom Autor dieser Seiten nicht beabsichtigt, über diese Arbeiten hinaus eine Lenz-Ausgabe zu beginnen. Im Rahmen des Editionsprojektes Karl Gutzkow wird potentiellen Interessenten vielmehr Hilfe und Rat angeboten, die sich aus den überaus positiven Erfahrungen derjenigen speisen, die seit 1997 in Sachen Gutzkow zusammenarbeiten. Das Editionsprojekt Karl Gutzkow hat mehr als 20 Wissenschaftler unterschiedlicher Fachgebiete aus vier Ländern und mehr als 12 unterschiedlichen Universitäten in der täglichen Arbeit einer Edition zusammengeführt, ein Modell, das mir in Austausch, Effizienz und gegenseitiger Hilfe nachahmenswert scheint.

Michael Reinhold Lenz. In: H. T. M. van Vliet (Hrsg.): Produktion und Kontext. Beiträge der Internationalen Fachtagung der Arbeitsgemeinschaft für germanistische Edition im Constantijn Huygens Instituut, Den Haag, 4.–7. März 1998, Tübingen 1999, S. 145–154, bes. S. 151 f. – Gesa Weinert kündigte auf der Tagung für ihre Ausgabe der Gedichte ebenfalls eine vollständige Edition des Sesenheimer Liederbuches an.

17 Anzuwählen ist die folgende Web-Adresse: http://www.exeter.ac.uk/~gvonhoff/ HKALenz/LenzHKA0.htm.

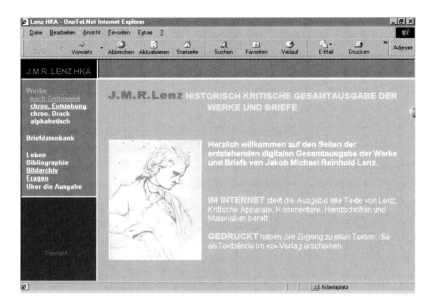

(Abb. 1)

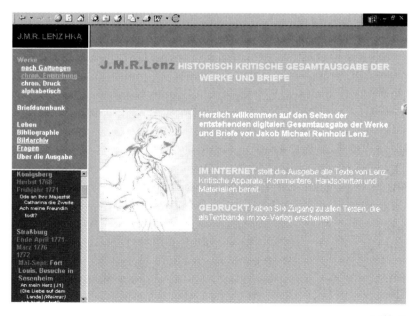

(Abb. 2)

(Abb. 3)

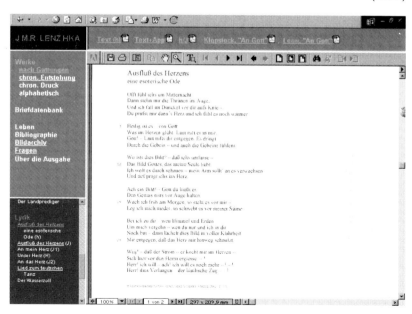

(Abb. 4)

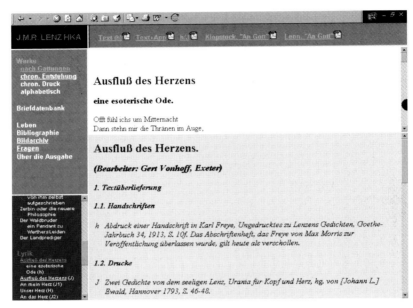

(Abb. 5)

(Abb. 6)

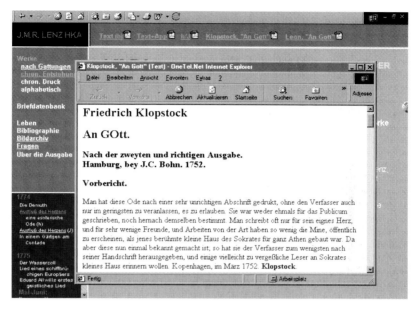

(Abb. 7)

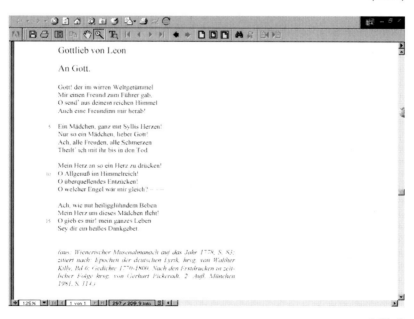

(Abb. 8)

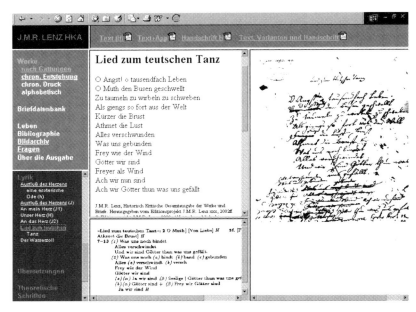

(Abb. 9)

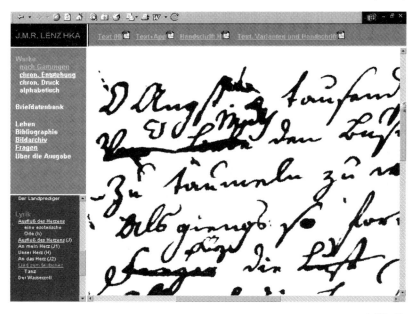

(Abb. 10)

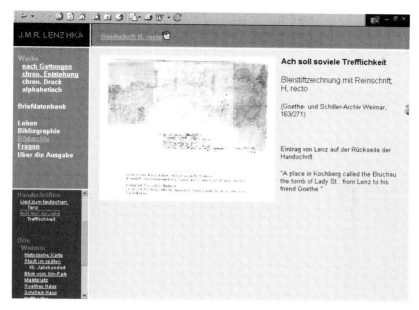

(*Abb. 11*)

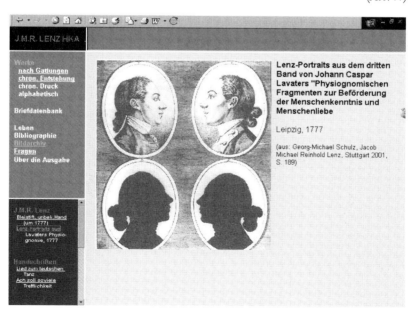

(*Abb. 12*)

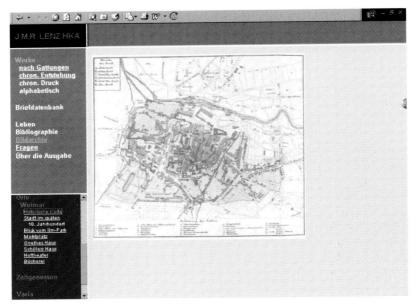

(*Abb. 13*)

„Gemählde eines Erschlagenen" und „Lied eines schiffbrüchigen Europäers"
Konstruktion und Dekonstruktion des lyrischen Ichs bei J. M. R. Lenz

I.

Als Lyriker fristet Lenz ein Schattendasein in der Wahrnehmung von Lesern und Leserinnen, aber auch die Forschung hat seinen Gedichten bislang wenig Aufmerksamkeit entgegengebracht. Dabei hat es nicht an Versuchen gefehlt, Lenz auch als Lyriker zu ‚entdecken'. Anstöße dazu gingen oft von ‚Außenseitern' der Zunft aus, was dem Autor manchmal eher geschadet als genützt hat. Wilhelm Arent, ein Lyriker, der sich nicht nur als Nachfolger von Lenz, sondern als seine „Reinkarnation"[1] fühlte, ging in seiner Identifikation mit dem verehrten Dichter so weit, daß er „Lyrisches aus dem Nachlaß von Lenz" herausgab und dabei unbekannte Texte präsentierte, die sich alle als Fälschungen aus Arents Feder herausstellten. Seinem „alter ego Lenz" erwies Arent damit einen zweifelhaften Dienst – zumindest in der Wissenschaft. So mancher Forscher, der auf die Fälschung hereingefallen war, sah sich düpiert und übertrug – psychologisch nur allzu verständlich – die erlittene Kränkung auf den Autor, der damit – hundert Jahre nach seinem Tod – erneut zum Spielball konkurrierender Eitelkeiten wurde. Auf der anderen Seite hatte Arents Engagement für Lenz auch positive Seiten: Im Kontext der Bemühungen um Lenz anläßlich seines hundertjährigen Todestages kam es zur ersten Edition seiner Gedichte durch Karl Weinhold (1891), der 1884 bereits den *Dramatischen Nachlaß von Lenz* herausgegeben hatte. Auch wenn diese Edition zunächst wenig Auswirkungen auf die Forschung hatte, so machte sie doch die junge Generation der Naturalisten auf den Autor aufmerksam. Diese Aufmerksamkeit richtete sich jedoch vor allem auf den Dramatiker, kaum auf den Lyriker: Lenz wurde zum

---

1 So eine Formulierung Max Halbes, der in seiner Autobiographie berichtet, wie er von Arent auf Lenz aufmerksam gemacht wurde. Vgl. I. Stephan, H.-G. Winter (Hrsg.): „Ein vorübergehendes Meteor"? J. M. R. Lenz und seine Rezeption in Deutschland, Stuttgart 1984, S. 113.

„Ahnherr[n] des Naturalismus".[2] Der zeitliche Abstand zwischen dem
Sturm und Drang des 18. Jahrhunderts und dem Naturalismus des späten 19. Jahrhunderts schrumpfte für Max Halbe in seinem Aufsatz zum
hundertjährigen Todestag von Lenz (1892) zur Bedeutungslosigkeit zusammen, wenn er die dramatischen Figuren von Lenz als ‚Zeitgenossen'
reklamierte:

> Der Atem einer vergangenen Welt weht uns entgegen, so wunderlich fremd uns und
> so wunderlich bekannt zugleich. Und wir stehen vor diesen Bildern in einer tiefen,
> feierlichen Stille um uns, und schauen und lauschen, und allgemach werden die Men-
> schen vor uns lebendig und treten aus ihrem Rahmen. Wir sehen sie sich herzen und
> sich hassen, sich verführen und sich verderben, sich schlagen und sich vertragen, und
> wir greifen uns an unsere Köpfe: Bist *du* das nicht? Sind *wir* das nicht, die dort agie-
> ren? Und mit einem Male wird uns Erlebnis, daß Raum und Zeit nur Anschauungs-
> formen und hundert und tausend Jahre werden uns wie der Tag, der gestern vergan-
> gen ist.[3]

In der Nachfolge hat es nicht an Versuchen gefehlt, auch das lyrische
Vermächtnis von Lenz in seiner wissenschaftlichen und poetischen Bedeutung zu erschließen. Dabei erwies und erweist es sich jedoch als ent-
scheidendes Handicap, daß es eine historisch-kritische Ausgabe von
Lenzens Werken bis heute nicht gibt. Die von Christoph Weiß 2001
herausgegebene zwölfbändige Werkausgabe, die Faksimiles der Erstausgaben aller zu Lenz' Lebzeiten erschienenen Texte bietet, präsentiert
Lenz vor allem als Dramatiker und Prosaschriftsteller – von Lenz' zahlreichen Gedichten ist nur sein lyrisches Debüt *Die Landplagen. Ein Gedicht
in Sechs Büchern* gedruckt (1769) und daher in die Faksimile-Ausgabe aufgenommen worden.[4] Immerhin findet sich im Anhang der *Landplagen* das
Jugendgedicht *Gemählde eines Erschlagenen*, auf dessen sozial-historische
Bedeutung Heribert Tommek jüngst in dankenswerter Weise aufmerksam gemacht hat.[5]
  Die Verstreutheit des lyrischen Werkes und dessen schwierige Zu-
gänglichkeit sowie vor allem das Fehlen gesicherter Textgrundlagen für

2 Vgl. das Kapitel „Die jammervollste aller Literaturleichen". Lenz-Rezeption im Naturalismus und Expressionismus. In: Stephan/Winter (wie Anm. 1), S. 112–118.
3 Max Halbe: Der Dramatiker Reinhold Lenz. Zu seinem hundertjährigen Todestage.
   In: Die Gesellschaft 8(1892)1, S. 568–582, hier S. 571. Zu Halbe und der Rezeption
   im Naturalismus vgl. die Habilitationsschrift von Ariane Martin: Die kranke Jugend.
   J. M. R. Lenz und Goethes „Werther" in der Rezeption des Sturm und Drang bis zum
   Naturalismus, Würzburg 2002.
4 Christoph Weiß (Hrsg.): J. M. R. Lenz: Werke in 12 Bänden, Faksimiles der Erstausgaben seiner zu Lebzeiten selbständig erschienenen Texte, St. Ingbert 2001.
5 Heribert Tommek: J. M. R. Lenz. Sozioanalyse einer literarischen Laufbahn, Heidelberg 2002.

eine große Anzahl der Gedichte ist aber – trotz der editorischen Anstrengungen von Tieck (1828), Weinholdt (1891), Blei (1909 ff.), Titel/
Haug (1966), Damm (1987) und Vonhoff (1990), dem wir eine Auswahl
kritisch herausgegebener Gedichte verdanken, und trotz der interpreta-
rischen Bemühungen von Dwenger (1961), Vonhoff (1990), Bertram
(1992) und Schnur (2001) – nur ein Grund, warum auf Lenz' Rang als
Lyriker vereinzelt zwar immer wieder hingewiesen worden ist, eine be-
friedigende Gesamtinterpretation seines lyrischen Werkes aber bis heute
aussteht.[6]

Eine solche Würdigung kann und will natürlich auch dieser Beitrag
nicht leisten – das wäre schon allein wegen der ebenfalls fehlenden historisch kritischen Edition der Lyrik, die in Vorbereitung ist, im höchsten
Maße fahrlässig.[7] Wohl aber möchte er den Blick – am Beispiel zweier
ausgewählter Gedichte – auf einige Besonderheiten von Lenzens Lyrik
lenken, die unter anderem mit dazu beigetragen haben, daß seine Gedichte als „Gegenbilder"[8] zur herrschenden Lyrik seiner Zeit bis heute
keinen Eingang in den Kanon der Literaturgeschichte gefunden haben
bzw. – so die These – auch nicht finden können.

Die These, daß Lenz auch als Lyriker den Anspruch auf Individualität
und Emanzipation nur im „Ausdruck des Scheiterns"[9] formuliert hat, ist
dabei nicht neu, sie gewinnt jedoch, wenn man sie aus der autobiogra-
phischen Lesart befreit und in Hinsicht auf aktuelle Kanon- und Gender-
Debatten schärft, eine neue Brisanz. Wenn es stimmt, daß Lenz als Autor im Kreis der Stürmer und Dränger die ‚weibliche Position' besetzt
hat bzw. in diese hineingedrängt worden ist,[10] so muß eine solche Posi-

---

6 Das schließt inspirierende Einzelinterpretationen nicht aus, wie z. B. die von Hans-
   Gerd Winter: J. M. R. Lenz as Adherent and Critic of Enlightenment in „Zerbin or
   Modern Philosophie" and „The Most Sentimental of All Novels". In: Impure Reason.
   Dialectic of Enlightenment in Germany, hrsg. v. W. D. Wilson, R. C. Holub, Detroit
   1993, S. 443–464; Gert Sautermeister: „Unsre Begier wie eine elastische Feder beständig gespannt." Der „Geschlechtertrieb" in Lenzens Theorie, Lyrik und Dramatik. In:
   Etudes Germanique (SH) 52(1997)1, S. 79–98. Vgl. zum Stand der Forschung: Hans-
   Gerd Winter: J. M. R. Lenz, 2., überarb. u. aktual. Aufl., Stuttgart, Weimar 2000.
7 Die von Gesa Weinert vorbereitete historisch-kritische Edition wird diese Grundlage
   herstellen. Vgl. zum Stand der Edition den Beitrag von Gesa Weinert in diesem Band.
8 Gert Vonhoff: Subjektkonstitution in der Lyrik von J. M. R. Lenz. Mit einer Auswahl
   neu herausgegebener Gedichte, Frankfurt a. M. 1990, S. 105.
9 Ebenda, S. 106.
10 Vgl. Inge Stephan: Geniekult und Männerbund. Zur Ausgrenzung des ‚Weiblichen' in
   der Sturm- und Drangbewegung. In: Text und Kritik, Bd. 146: J. M. R. Lenz, München 2000, S. 46–54. Vgl. auch H.-G. Winter: „Pfui doch mit den großen Männern".
   Männliche Kommunikationsstrukturen in Dramen von J. M. R. Lenz. In: Ebenda,
   S. 106.

tionierung auch Konsequenzen für seine lyrische Produktion gehabt
haben – und zwar gerade in Hinsicht auf die Gedichte, in denen Lenz
gegen die lyrische Tradition rebelliert und nach einer ‚eigenen Stimme'
im Kontext der Sturm-und-Drang-Bewegung sucht.

II.

Henning Boëtius, wie Wilhelm Arent hundert Jahre zuvor, ebenfalls ein
‚Außenseiter' der Zunft bzw. ein zum ‚Außenseiter' gemachter und sich
selbst zum ‚Außenseiter' stilisierender Literaturwissenschaftler, hat in
seinem Buch *Der verlorene Lenz* (1985) mit Emphase auf solche Texte des
Autors aufmerksam gemacht, die von der Forschung bis dahin in ihrer
Bedeutung übersehen oder als Dokumente der Krankheit kurzerhand
beiseite geschoben worden sind. Neben einigen Prosastücken hat Boëtius auch Gedichte in sein Buch aufgenommen, das eine merkwürdige
Mischung aus (auto-)biographischem Essay mit eingestreuten Textdo-
kumenten und vehementer Streitschrift gegen das „verdammte Philister-
geschmeiß" ist, als deren gemeinsame Opfer Boëtius und Lenz als ‚Brüder im Geiste' erscheinen.[11] Zu Recht weist Vonhoff auf die

11 Henning Boëtius: Der verlorene Lenz. Auf der Suche nach dem inneren Kontinent,
    Frankfurt a. M. 1985. Diese Stoßrichtung geht aus den Zeilen „Es ist das verdammte
    Philistergeschmeiß mit seinem Lob oder Tadel, das mich so klein macht" hervor, das
    dem Buch als Motto vorangestellt ist. Der antiakademische Affekt von Boëtius wird
    auch deutlich aus dem satirisch gemeinten „Brief eines lebenden Germanisten aus
    dem Diesseits an den toten Dichter" (S. 11–13), der mit einem ironischen Stoßseufzer
    von Lenz aus dem Jenseits kommentiert wird. Dem Lenz-Buch vorangegangen war
    „Der andere Brentano" (1984), in dem Boëtius als ehemaliger Redaktionsleiter der hi-
    storisch-kritischen Brentano-Ausgabe mit der Zunft abrechnet und ein Bild des Au-
    tors entwarf, das viele Züge des „verlorenen Lenz" trägt. In der Folgezeit ist Boëtius
    mit einer Reihe von weiteren Dichter-Biographien hervorgetreten und hat pünktlich
    zum Goethe-Jahr die Novelle „Tod in Weimar" (1999) veröffentlicht. Zuletzt er-
    schien von ihm „Der Lesereiser" (2001) als „Logbuch" einer Lesereise durch deut-
    sche Buchhandlungen, das auf jenes „Logbuch" zurückverweist, das Boëtius an den
    Anfang seines Lenz-Buches (S. 6–10) stellt. Als ‚Geburtshelfer' zur Autorschaft diente
    Lenz auch Sigrid Damm, die nach der Werkausgabe und Biographien über Lenz
    (1985), Cornelia Goethe (1987) und Christiane Vulpius (1998) schließlich den Weg in
    die Belletristik fand. Zuletzt erschien von ihr „Tage- und Nächtebücher aus Lap-
    pland" (2002), in dem sich ebenfalls eine Reihe von Lenz-Anklängen findet. Die
    Übergänge zwischen Wissenschaft und Belletristik im Falle der Lenz-Rezeption wären
    ein eigenes interessantes Kapitel für eine zukünftige Untersuchung. Zum Verhältnis
    von Autoren zu Lenz vgl.: Lyrische Lenz-Porträts. In: A. Meier (Hrsg.): J. M. R. Lenz.
    Vom Sturm und Drang zur Moderne, Heidelberg 2001, S. 113–139.

„historischen Verkürzungen"[12] hin, die ein solcher auf Identifikation mit dem „verlorenen Lenz" beruhender Deutungsansatz mit sich bringt, und dessen Gefahren, wie im Falle von Arents emphatischer Lenz-Aneignung so deutlich auf der Hand liegen. Der Vorwurf des „Dilettantentums"[13], den Vonhoff gegenüber Boëtius erhebt, zielt m. E. jedoch ins Leere, da Boëtius – ganz anders als sein ‚Vorläufer im Geiste' Arent – als ehemaliger Insider die Spielregeln des Wissenschaftsdiskurses sehr genau kennt, mit seinem Buch jedoch gerade diese zu unterlaufen sucht. Mit seiner zwischen Dichtung und Wissenschaft changierenden Streitschrift für Lenz bewegt sich Boëtius bewußt in einem Zwischenbereich, was sich als Vor- und Nachteil zugleich erweist. Der Nachteil liegt auf der Hand. Die These von Lenz als einem „Nomaden", der als „Seefahrer zu Lande"[14] „auf der Suche nach dem inneren Kontinent"[15] – so der Untertitel des Buches – gewesen sei, bildet zwar einen interessanten metaphorischen Ausgangspunkt, von dem aus sich die Lebensgeschichte von Lenz einfühlsam erzählen läßt, die Texte, die zur Unterstützung dieser These abgedruckt werden, stehen aber weitgehend unkommentiert – wie erratische Blöcke – im „Logbuch des seefahrenden Lenz".[16] Unfreiwillig arbeitet Boëtius damit einer biographischen Lesart zu, in der die interpretatorischen Vorzeichen nur ‚verrückt' sind: Nicht Lenz ist wahnsinnig, „sondern die Zeit, in der er lebte".[17] Auf der anderen Seite macht Boëtius auf Texte von Lenz aufmerksam, u. a. auch auf einige von Lenzens Gedichten, die gerade, weil sie im einzelnen nicht interpretiert werden, wie irritierende Fremdkörper wirken und nach einer Deutung verlangen, die über die biographische hinaus geht. Wie hoch der Anregungswert von Boëtius' unkonventioneller Textzusammenstellung und seiner en passant eingestreuten Interpretationsthesen ist, zeigt nicht zuletzt Vonhoffs Untersuchung zur *Subjektkonstitution in der Lyrik von J. M. R. Lenz* (1990), die sich – trotz deutlicher Abgrenzung – an der Grundthese von Boëtius abarbeitet, die lautet: „Alles, was Lenz schreibt, läuft auf den Vorwurf der Deformation des Ichs durch die Verhältnisse

---

12 Vonhoff (wie Anm. 8), S. 14.
13 Ebenda.
14 Boëtius (wie Anm. 11), S. 5.
15 Ebenda.
16 Ebenda, S. 6-10.
17 Ebenda. Im Klappentext wird das Anliegen von Boëtius folgendermaßen zusammengefaßt: „Vorwort und Kommentierung versuchen, neues Licht auf den Autor zu werfen: Die These vom wahnsinnigen Lenz ist anfechtbar. Man könnte eher sagen, nicht Lenz ist verrückt geworden, sondern die Zeit, in der er lebte."

hinaus".[18] Seinen eigenen Ansatz formuliert Vonhoff demgegenüber folgendermaßen:

> Ziel der vorliegenden Monographie ist es nun, die von Henning Boëtius zunächst pauschal formulierte These literarhistorisch, und das heißt philologisch, zu präzisieren und zum Ausgangspunkt von Interpretationen zu machen, die das jeweils einzelne Gedicht als Zusammenhang von intra- und extratextuellen Strukturen begreifen. Allein die Beschäftigung mit dem einzelnen literarischen Werk vermag seinem Kunstcharakter gerecht zu werden, denn nur die Wahrnehmung des Kunstwerkes als Besonderes gegenüber dem Allgemeinen, das von den gesellschaftlichen Verhältnissen vereinnahmt ist, kann dem Rezipienten das kritische Potential von Kunst erschließen. Der Präzision bedarf schon, was Boëtius „Deformation des Ichs durch die Verhältnisse" nennt.[19]

III.

Wenn im folgenden versucht wird, die beiden divergierenden Thesen Boëtius' und Vonhoffs interpretatorisch zusammenzubringen, so ist das nicht Ausdruck eines problematischen Harmonisierungsstrebens, sondern – neben dem Respekt vor der Leistung eines ‚Außenseiters' und der Hochachtung vor dem interpretatorischen Können eines ‚Insiders' – die Überzeugung, daß erst die beiden Thesen zusammen die besondere poetische Verfahrensweise von Lenz als Lyriker erschließen können. Zeigen möchte ich das an zwei Gedichten, auf die Boëtius – durch deren markante Positionierung – die Forschung erst wieder aufmerksam gemacht hat und die Vonhoff ebenfalls als bedeutsame lyrische Zeugnisse wertet und als „Problematisierung frühempfindsamer Gemeinschaftsutopie"[20] bzw. als „Gegenbilder zur Subjektkonstitution im Sturm und Drang"[21] interpretiert. Es sind dies die Gedichte *Gemählde eines Erschlagenen*, das sich im Anhang der *Landplagen* (1769) findet, mit denen Lenz als Lyriker debütierte, und das *Lied eines schiffbrüchigen Europäers*, das 1776 veröffentlicht wurde, zu einem Zeitpunkt, da die dichterische Karriere von Lenz durch den Bruch mit Goethe und dem alten Kreis der Stürmer und Dränger nach wenigen produktiven Jahren beendet zu sein schien. Sie markieren damit in gewisser Weise einen Anfangs- und Endpunkt innerhalb der zu Lebzeiten veröffentlichten lyrischen Produktion und

---

18 Ebenda, S. 169.
19 Vonhoff (wie Anm. 8), S. 15.
20 Ebenda, S. 105.
21 Ebenda, vgl. S. 185. Angesichts der Kürze des Gedichts wird auf einen Einzelnachweis der zitierten Passagen verzichtet.

erlauben einen Einblick in die Entwicklung, die Lenz in nur binnen weniger Jahre durchlief.[22]

Gemählde eines Erschlagenen.

Blutige Lokken fallen von eingesunkenen Wangen;
Furchtbar, zwischen Hülfe rufend geöfneten, schwarzen
Lippen laufen zwey Reihen scheußlicher Zähne, so ragen
Dürre Beine aus Gräbern hervor: die gefalteten Hände
Dekket Blässe, die unter zersplitterten Nägeln zum Blau wird:
Denn im einsamen schrekkenden Walde hat er sich ängstlich
Mit verlarvten Mördern gerungen: es hallten die Wipfel
Von seinem bangen Rufen und dem mördrischen Murmeln
Seiner Gegner; bald erlagen die Kräfte des Kämpfers,
Schlaffe Arme strekt' er vergeblich, die tödtlichen Aexte
Von seinem Haupt abzuhalten; sie, die sonst schüchterne Vögel
Aus den gefällten Bäumen verscheuchten, spalteten izo
Grausam die Gehirnsprüzzende Scheitel des sterbenden Mannes,
Dessen Seele ungern vom röchelnden Busen empor stieg. –
Streifende Jäger fanden den zerzerreten Körper
In dem See von eigenem Blut, aus welchem die Gräßgen
Ihre beflekten Spizzen scheu erhoben: sie brachten
Ihn der untröstbaren Wittwe, die sein dunkeles Auge
Noch zu bedauren schien: noch sichtbar war auf der Wange
Der sonst freundliche Zug, auf der verunstalteten Stirne
Die kenntbare Runzel, die oft ein ahndender Kummer
In melancholischen Stunden drauf pflanzte. –

Lied eines schiffbrüchigen Europäers,

auf einer wüsten Insel, von der man von Zeit zu Zeit Rauch aufsteigen
sehen, aber wegen einer heftigen Brandung nicht zu Hülfe kommen
konnte. Diese Insel schien Capitain Wallis als er vorbey segelte,
ein völlig unwirthbarer Felsen.

Wenn ichs noch bedenke –
Auf der langen Seereis' – überall –
Wo die Luft so feucht war, gab sie Wein
Auf Madera, an dem frohen Cap –
Wo sie scharf war, wuchsen Cokusnüsse –
Wo es kalt war, flözte sie uns Holz zu.
Riesen sahen wir, wie David,
Und bezwungen sie mit kleinen Steinchen;

---

22 Beide Gedichte befinden sich bei Vonhoff (wie Anm. 8): „Gemählde eines Erschlagenen", S. 185, „Lied eines schiffbrüchigen Europäers", S. 222.

Wilde Teufel sahen wir, sie sangen
Uns die kauderwelschen Friedenslieder
Daß wir ihrer Gutheit lachten –
Ach! wolthätige Natur!
Siehl dieß lezte Scheitchen Holz
Leg ich auf – Sein Rauch verschwindet
In die Luft – und Niemand meldet sich – –
Allbedenkende Natur!
Hast du mich vergessen?

Diese beiden Gedichte sind nicht ausgewählt worden, weil sie für die lyrische Produktion von Lenz repräsentativ wären – das hieße die Vielfalt der lyrischen Ausdrucksweisen entscheidend zu verkürzen –, sondern weil das lyrische Ich hier in einer sehr ungewöhnlichen Weise vom Autor ins Spiel gebracht wird: Im *Gemählde eines Erschlagenen* ist es nur indirekt als Beobachter zu erschließen, im *Lied eines schiffbrüchigen Europäers* ist es nur scheinbar anwesend – in eben jenem Lied des gescheiterten Seefahrers, das gleichsam als ‚Flaschenpost‘ seine Leser erreicht. In Wahrheit hat sich das lyrische Ich so weit zurückgezogen, daß seine Position kaum noch greifbar ist. Gemeinsamkeiten zwischen den beiden Gedichten lassen sich aber auch auf thematischer Ebene konstatieren. Hier wie dort geht es um Gewalt. Im *Gemählde eines Erschlagenen* wird sie einem Mann angetan, der als Opfer heimtückischer Mörder erscheint, im *Lied eines schiffbrüchigen Europäers* werden wir mit einem Täter konfrontiert, der sich seiner früheren Gewalttaten noch im nachhinein brüstet und keinerlei Reue oder Schuldgefühle erkennen läßt.

Eng verbunden ist die Gewaltproblematik mit der Erfahrung von Einsamkeit und Angst, die aus beiden Gedichten spricht: Im *Gemählde* ist ein namenlos bleibender Mann „im einsamen schrekkenden Walde" allein und schutzlos seinen „verlarvten Mördern" ausgeliefert, seine Hilferufe verhallen ungehört. Ungehört bleibt auch das Lied, das der schiffbrüchige Europäer auf seiner „wüsten Insel" singt.[23] Wegen der „heftigen Brandung" können ihm vorüberfahrende Schiffe „nicht zu Hülfe" kommen. Sein letztes, verzweifeltes Rauchzeichen, das er mit dem „lezte[n] Scheitchen Holz" setzt, wird nicht wahrgenommen: „Niemand

23 Das Bild der „wüsten Insel" findet sich – dort jedoch in anderer Bewertung – auch in der Rezension „Briefe über die Moralität der Leiden des Jungen Werthers". In: S. Damm (Hrsg.): J. M. R. Lenz: Werke und Briefe in drei Bänden, Bd. 2, München 1987, S. 684 (fortan zitiert: WuB, II, 684). Zusammen mit dem Verweis auf Kolumbus in den „Anmerkungen übers Theater" (WuB, II, 648) gehört es zu dem ‚kolonialen Komplex‘, der sich durch das Gesamtwerk zieht und in dem Drama „Der neue Menoza oder Geschichte des cumbanischen Prinzen Tandi" seinen satirischen Höhepunkt findet.

meldet sich". In der erweiterten Überschrift heißt es lakonisch: „Diese Insel schien Capitain Wallis als er vorbey segelte, ein völlig unwirthbarer Felsen." Der Tod des „schiffbrüchigen Europäers" ist also nur eine Frage der Zeit, und es gehört nicht viel Phantasie dazu, sich auszumalen, daß auch sein Tod gräßlich sein wird. Im Vergleich zum *Gemählde* wird die Einsamkeit des Protagonisten im *Lied* noch gesteigert: Hier gibt es keine „untröstbare Wittwe", die den Leichnam ihres Mannes entgegennehmen würde. Doch auch aus diesem anrührenden Schlußtableau erwächst keine Hoffnung: Es fehlen die Kinder, die die väterliche Linie fortsetzen und seinen Tod rächen könnten.

In beiden Gedichten sind die Protagonisten ihrem Tod also hilflos ausgeliefert und erfahren keine Rettung durch andere Menschen. Auch die Natur, deren mütterliche Qualitäten von den Stürmern und Drängern so häufig beschworen wird, bietet keinerlei Schutz. Sie ist bloße Kulisse im Todeskampf der Protagonisten. „Allbedenkende Natur! / Hast du mich vergessen?" – sind die letzten überlieferten Worte des schiffbrüchigen Europäers. Im *Gemählde eines Erschlagenen* ist die Natur nicht einmal mehr Adressat der Hilferufe, sondern nur stummer Zeuge der Mordszene: Die Baumwipfel werfen die „bangen Rufe" des Opfers als Echo nur zurück, die Vögel sind „schüchtern" und die „Gräßgen" erheben „scheu" die vom Blut des Toten „beflekten Spizzen". Auch Gott als rettender oder strafender Vater ist in den Gedichten abwesend, was vor allem in *Gemählde* besonders auffällt, weil der Erschlagene mit seinen „blutigen Lokken" und seinen „zersplitterten Nägeln" deutliche Christus-Assoziationen hervorruft. Im *Lied* halten „wilde Teufel" die Stelle Gottes besetzt, auf deren „kauderwelsche Friedenslieder" die Eroberer nur mit Hohn und Spott reagieren.

Die Einsamkeit und die Ausgeliefertheit der Protagonisten in den beiden Gedichten ist also total: Eine familiale Einbindung fehlt sowohl auf der persönlichen wie auf der religiösen Ebene. In beiden Gedichten treffen wir auf Einzelgänger, deren Sterben in aller Drastik ,ausgemalt' bzw. in grotesker Weise in ,Szene gesetzt' wird.

Dabei bleiben die Gründe für den Tod der Helden merkwürdig vage.[24] Der Erschlagene im *Gemählde* scheint ein Opfer von Waldarbeitern zu sein, die soziale Dimension eines Herr-Knecht-Verhältnisses ist in

---

24 Das Skandalon eines Textes, das sich einstellt, wenn die Ursachen für ein Geschehen unaufgeklärt bleiben, hat Lenz in den „Anmerkungen übers Theater" (WuB, II, 652) folgendermaßen formuliert: „Wir aber hassen solche Handlungen, von denen wir die Ursache nicht einsehen, und nehmen keinen Teil dran." In Hinsicht auf die Lyrik läßt sich sagen, daß gerade der Verzicht auf „eine gewisse Psychologie" (ebenda) die Aufmerksamkeit provoziert.

dem „ahndenden Kummer", der sich in „melancholischen Stunden"
bereits in die Züge des noch Lebenden eingepflanzt hat, aber nur so
schwach angedeutet, daß über die Ursachen der Melancholie und die
Mordgründe nur spekuliert werden kann. Deutlicher ist die sozialkriti-
sche Dimension im *Lied*. Der „schiffbrüchige Europäer" verrät sich in
seinem Erinnerungsmonolog unfreiwillig als ein Wüstling, der auf seinen
Reisen bedenkenlos die Natur und die Wilden ausgebeutet hat, so daß
sein Tod auf der „wüsten Insel" eine gerechte Strafe für seine Verbrechen in der Vergangenheit zu sein scheint. Eine solche moralisierende
Lesart läuft aber ins Leere, da im Gedicht die moralische Instanz, z. B. in
Form eines strafenden Gottes, fehlt – es sei denn, man erklärt die „all
bedenkende Natur" zur Rächerin. Die Unsicherheit, wie die Protagonisten eigentlich einzuschätzen sind – als unschuldiges Opfer oder als
gewissenloser Täter –, hängt nicht zuletzt mit der poetischen Form zusammen, die der Autor gewählt hat.

Anknüpfend an die *Laokoon*-Debatte über die Darstellbarkeit des
Häßlichen und das Verhältnis der Künste zueinander, setzt Lenz im
Gemählde ganz auf die bildliche Kraft der Sprache. In vierzehn mehr oder
minder regelmäßigen Hexametern entwirft er ein barock anmutendes
Gemälde, aus dem jedoch die Vorgeschichte und die möglichen Ursachen für die Tat getilgt sind. Im zweiten, kürzeren Teil des Gedichts, das
aus acht Versen besteht, verwandelt sich das Tableau in eine Heimho-
lung in zwei Akten: Zunächst wird die Leiche von „streifenden Jägern"
aufgefunden und dann der „untröstbaren Wittwe" überbracht. Das
„dunkele Auge des Erschlagenen" und der „freundliche Zug" und die
„kenntbare Runzel", die auf Wange und Stirn des Toten noch sichtbar
sind, verweisen auf die besondere Bedeutung, die dem Sehen als privile-
gierter Sinn des Menschen in dem Gedicht zukommt.

Im *Lied*, das deutlich von der Lektüre zeitgenössischer Reiseberichte
und Eroberungsdiskurse geprägt ist, spielt dagegen das Hören eine entscheidende Rolle. Auch hier ist der Titel Programm: Statt eines Gemäl-
des wird ein achtzehn Verse umfassendes Lied, das in unregelmäßigen
drei- bis fünfhebigen Trochäen angeordnet ist, präsentiert. Wie dem
Gemählde die Schönheit, so fehlt dem *Lied* der Wohlklang. Die „kauderwelschen Friedenslieder", an die sich der schiffbrüchige Europäer erinnert, haben die Herzen der Eroberer ebensowenig erweicht wie das Lied,
das der schiffbrüchige Europäer auf seinem „völlig unwirthbaren Felsen"
vor sich hin singt, je die Ohren möglicher Retter erreichen wird. Es
bleibt dem Dichter vorbehalten, das garstige Lied des Wüstlings zu über-
liefern und das gräßliche Gemälde des „zerzerrten Körpers" in der Sprache zu fixieren.

Sowohl vom Thema wie von der Form her sind beide Gedichte klar in den zeitgenössischen Kontext eingebunden. Mit dem *Gemählde* partizipiert Lenz nicht nur an dem ästhetischen Diskurs über das Verhältnis der Künste zueinander und an der Debatte über die Darstellbarkeit des Häßlichen in der Kunst, sondern zugleich an den theologischen Auseinandersetzungen über die Sinnhaftigkeit des Todes und die Strafbarkeit von Verbrechen im Zeichen einer sich säkularisierenden Welt. Mit dem *Lied* reagiert Lenz auf die zahlreichen Reiseberichte seiner Zeit, die vom finalen Wettlauf der Entdecker und Eroberer um die Vermessung und Aufteilung der Welt künden, und thematisiert die ‚Nachtseiten' eines sich absolut setzenden aufklärerischen Fortschritts- und Optimismus-Denkens, das sich an keine religiösen und humanitären Werte mehr bindet.

Das Maß der Desillusionierung, das aus beiden Gedichten spricht — hinsichtlich der Religion wie der Aufklärung —, ist jedoch so offensichtlich, daß die beiden Gedichte in die herrschenden Diskurse kaum noch integrierbar sind. Das gilt auch für das Männlichkeitsbild, das die Gedichte vermitteln: Statt heroischer Selbsthelferfiguren treffen wir im *Gemählde* auf einen ängstlichen Melancholiker und im *Lied* auf einen uneinsichtigen, sich selbst bemitleidenden Wüstling. Auch wenn ein solches Männerbild durchaus Parallelen in der Literatur der Stürmer und Dränger hat, so erstaunt doch auch hier die Kompromißlosigkeit, mit der der Autor seine Helden entwirft, und die Kälte, mit der er ihren Tod registriert und zugleich inszeniert. Die lyrische Form — im *Gemählde* liefert der Autor mit seiner Bildbeschreibung den Rahmen für das mörderische Geschehen gleich mit, im *Lied* greift er auf eine Form zurück, in der die Isolation und Verzweiflung des Schiffbrüchigen einen farcenhaften Ausdruck finden — schafft Distanz zwischen dem Autor und seinen Figuren, die ganz offensichtlich keine Identifikations-, sondern Demonstrationsfiguren für Erfahrungen sind, die Lenz mit seinen Zeitgenossen zwar teilt, die von ihm aber mit einer solchen Härte ästhetisch umgesetzt werden, daß seine Texte die zeitgenössische Rezeption überfordern und sich erst spätere Generationen in ihnen wiedererkannt und an das Schreibkonzept von Lenz angeknüpft haben. Der Hinweis von Boëtius auf Rimbauds Gedicht *Le Dormeur du Val* und Heyms *Der Schläfer im Walde* ist deshalb keine unzulässige Enthistorisierung, sondern macht auf Traditionslinien aufmerksam, die von Lenz in die Moderne gehen.[25] In Hinsicht auf das *Lied eines schiffbrüchigen Europäers* ist hier auch auf Brechts Gedicht *Von des Cortez Leuten* zu verweisen, das sich erstmals in der *Hauspostille* (1926) findet und dessen Protagonisten, ebenso wie der

---

25 Vgl. Boëtius (wie Anm. 11), S. 38 f.

schiffbrüchige Europäer Lenz' dem Typus des dumpfen Eroberers entsprechen, der seinem eigenen Untergang mit Unverständnis begegnet.

IV.

Die beiden Gedichte sind also in doppelter Hinsicht interessant: als zeit-
geschichtliche Dokumente und als Beispiele eines lyrischen Sprechens,
das in die Moderne weist.[26] Interessant sind sie aber auch in Hinsicht
darauf, was in den gegenwärtigen Debatten unter dem Stichwort „Gen-
der-Trouble" diskutiert wird: Sie entwerfen keine auf Identifikation ange-
legten Heldenfiguren, sondern vermitteln – wie auch die Dramen und
Prosa Lenz' – ein brüchiges Bild von Männlichkeit. Sie zeigen die Männer als Opfer und Täter und unterlaufen damit einen Geschlechterdis-
kurs, der Macht und Gewalt ausschließlich an das männliche Geschlecht
koppelt. Eine solche Sicht auf Männlichkeit hat Konsequenzen für das
Verhältnis des Autors zu seinen Figuren: Diese sind auch für ihn keine
Identifikationsangebote, es kommt zur Spaltung zwischen dem handelnden oder leidenden Subjekt des Gedichts und dem lyrischen Ich, das sich
ganz auf die Position des Beobachters, Beschreibers und Arrangeurs
zurückzieht. Besonders eindrucksvoll ist das an dem Gedicht *Lied eines
schiffbrüchigen Europäers* zu studieren, in dem durch die formale Dreiteilung
zwischen Überschrift, eingeschobenem Kommentar und Lied ein absur-
des Szenario entsteht, das mehr an ein Dramolett oder Drehbuch denn
an ein Gedicht erinnert. Fließend sind die Übergänge zwischen den Gattungen auch in dem *Gemählde*-Gedicht, das eine Bildbeschreibung in
Hexametern ist. Der Autor fungiert hier als Gedächtnis eines Verbrechens, dessen Aufklärung er schuldig bleibt. Auch in dem *Lied* ist er nur
Aufzeichner einer Rede, die sich selbst denunziert. Er scheint aus der
Vogelperspektive auf ein Geschehen zu blicken, an dem er keinen Anteil
nimmt. Der Vergleich zum Kameraauge drängt sich geradezu auf, wenn
man an die zoomhaften Bewegungen der Annäherung, des Schärferstel-
lens und der Abwendung denkt, die den beiden Gedichten ihre ganz

---

26 In seiner expressiven Bildlichkeit (vgl. vor allem das Eingangsbild der „zwei Reihen
    scheußlicher Zähne", die wie „dürre Beine aus Gräbern" hervorragen) verweist das
    Gedicht auf die lyrische Sprache zu Beginn des 20. Jahrhunderts und zugleich zurück
    auf die der Barockzeit, deren Gemeinsamkeiten Walter Benjamin in seinem Trauer-
    spielbuch hervorgehoben hat. Vgl. W. Benjamin: Ursprung des deutschen Trauer-
    spiels, Frankfurt a. M. 2000 (1. Aufl. 1928). Auch das „Lied eines schiffbrüchigen Eu-
    ropäers" nimmt eine vermittelnde Position ein. Es liest sich wie eine Vorwegnahme
    postkolonialer Diskurse und zugleich als eine Erinnerung an die Eroberungs- und
    Kolonialpolitik der Frühen Neuzeit.

spezifische Dynamik verleihen. Nichts ist also irreführender als von „Erlebnislyrik" zu sprechen, wie dies die ältere Forschung getan hat. Zumindest in den beiden behandelten Gedichten konstituiert sich Lenz nicht als lyrisches Subjekt in seinen Figuren, sondern er positioniert sich als Autor, der den Untergang der von ihm konstruierten Subjekte ohne erkennbare Anteilnahme beobachtet und in *Bild* und *Lied* festhält. Damit werden auch die Gedichte von Lenz zu Dokumenten von quälenden und unverstandenen Erfahrungen, deren Bedeutung jede Zeit für sich neu entziffern muß.

„Andern Leuten Brillen zu schleifen, wodurch sie sehen können"
„Der Landprediger", gelesen als ambivalenter Erinnerungstext

Lenz' Erzählung *Der Landprediger* entsteht 1777 in Emmendingen während seines Aufenthaltes bei Goethes Schwager Schlosser. Es handelt sich um eine für den Autor schwierige Lebensphase. Nach der Verbannung aus Weimar fehlt ihm eine Perspektive. Im folgenden soll von dieser biographischen Situation abgesehen werden. Es geht allein um den Text. Ausgeklammert werden soll auch die offene Frage, ob der Aufbau der Erzählung von Lenz so intendiert war, wie er uns vorliegt. Bekanntlich erschien *Der Landprediger* zuerst im April-, Mai- und Juni-Heft des *Deutsche[n] Museum[s]*.[1] Sigrid Damm vermutet, daß der Druck, zumindest des ersten Teils, noch vor dem Abschluß der Arbeit erfolgte.[2] Lenz rügt in einem Brief an den Verleger Heinrich Christian Boie vom 9. April 1777 die „Zerstückelung des Landpredigers" als „nicht die angenehmste Neuigkeit". Am 26. Mai kritisiert Lenz noch einmal die Aufteilung der Erzählung:

> natürlich ists daß drei Viertel von dem Eindruck des Ganzen verloren gehen. Wär es möglich noch die zwo Hälften zu verbinden, würden Sie sehr wohltun denn wenn ich die Strahlen eines Brennspiegels auseinanderwerfe, kann kein Flämmlein erfolgen.[3]

Zu diesem Zeitpunkt ist der Anhang noch nicht erschienen, der, nach Hartmut Dedert, den „formalen Gesamtaufbau" der Erzählung zerreißt.[4] Möglicherweise ist die Nachstellung dieses „Anhangs" also eine Folge der verlegerischen Praxis, was Dederts Kritik, aber auch seinem Versuch, eine Absicht hinter der Nachstellung zu finden, zum Teil den Boden

---

1   Deutsches Museum 3 (1777), S. 289–307, 409–439, 567–574.
2   Sigrid Damm (Hrsg.): Jakob Michael Reinhold Lenz: Werke und Briefe in 3 Bdn., Leipzig 1987, Bd. 2, S. 874 (fortan zit.: WuB, II, 874).
3   Ebenda, III, 527, 530.
4   Hartmut Dedert: Die Erzählung im Sturm und Drang. Studien zur Prosa des 18. Jahrhunderts, Stuttgart 1990, S. 94.

entziehen würde. Wir gehen im folgenden von dem Zustand des Textes
aus, in dem er publiziert wurde.

Lenz' Erzählungen sind generell in der Forschung weit weniger beachtet
worden als seine Dramen. Dabei sind jene kaum weniger perspektiven-
reich und ambivalent. Von John Osborne[5] bis Georg-Michael Schulz[6]
gilt der aufgeklärte Pfarrer der Erzählung als ein Wunschbild des Autors.
Entsprechend wurde er für das Bild von Lenz als eines sozialkritischen
Realisten beansprucht, das lange Zeit vorherrschte. Für Ottomar Rudolf
zum Beispiel ist Mannheim ein „Geistlicher der Zukunft" und „idealer
Reformator".[7] Werner Hermann Preuß bewertet den Text insgesamt als
Lenz' „bedeutendstes nationalpädagogisches Werk". In ihm werde „offen die Abschaffung von Despotie über eine politische Ökonomie in
Regie der Bürger projektiert".[8] Vorsichtiger und abgewogener ist Dederts Interpretation, die den Text „in die Tradition aufklärerischer Land-
erzählungen" stellt.[9] Hieran kann Jürgen Stötzer anschließen, der auf die
ideologischen Einflüsse von Physiokratismus, Agrarreform und Philan-
thropismus verweist.[10] Ihrer Verarbeitung geht noch detaillierter Stefan
Pautler nach, der außerdem in Mannheims Praxis eine Stellungnahme
zum aktuellen Streit zwischen Johann Joachim Spalding und Johann
Gottfried Herder über die Predigerreform erkennen will. Pautler kann
unter anderem damit die in der Forschung weit überwiegende Meinung
untermauern, es handele sich beim *Landprediger* um „fiktionale ‚Projektemacherei'".[11] Klaus Scherpe wertet die Erzählung als Beleg für seine
Kritik, Lenz habe im Gegensatz zu Goethe soziale Reformprogrammatik
und ästhetische Authentizität nicht miteinander zu vermitteln gewußt.
Entsprechend bleibe der reformorientierte Entwurf von Mannheims
Lebenspraxis frei von Konflikten, was einen Mangel an ästhetischer
Qualität beinhalte.[12] Diese These verweist auf die Notwendigkeit, den

---

5 John Osborne: The Postponed Idyll. Two Moral Tales by J. M. R. Lenz. In: Neophilologus 59 (1975), S. 68–83.
6 Georg Michael Schulz: J. M. R. Lenz, Stuttgart 2001, S. 165–174.
7 Ottomar Rudolf: J. M. R. Lenz. Moralist und Aufklärer, Bad Homburg u. a. 1979,
   S. 236.
8 Werner H. Preuß: Selbstkastration oder Zeugung neuer Kreatur. Zum Problem der
   moralischen Freiheit im Leben und Werk von J. M. R. Lenz, Bonn 1983, S. 96.
9 Dedert (wie Anm. 4), S. 61.
10 Jürgen Stötzer: Das vom Pathos der Zerrissenheit geprägte Subjekt. Eigenwert und
    Stellung der epischen Texte im Gesamtwerk von Jakob Michael Reinhold Lenz,
    Frankfurt a. M. 1992.
11 Stefan Pautler: Jakob Michael Reinhold Lenz. Pietistische Weltdeutung und bürgerli-
    che Sozialreform im Sturm und Drang, Gütersloh 1999, S. 441.
12 Klaus R. Scherpe: Dichterische Erkenntnis und ‚Projektemacherei'. Widersprüche im
    Werk von J. M. R. Lenz. In: Goethejahrbuch 94 (1977), S. 206–235, hier S. 211.

Aufbau und die Erzählstruktur des Werkes genauer zu untersuchen. Karin Wurst stellt zu Recht in der Erzählung eine äußerst widersprüchliche Beziehung zwischen „artistic vision" und „social reform" heraus, der Text produziere „moments of instability", die eine lineare Lesart destruierten.[13] Daß der Erzähler eher ironisch distanziert mit seinem Protagonisten umgeht, wurde in der Forschung, die sich vorwiegend an der Beziehung zwischen Mannheim und seinem Autor abgearbeitet hat, meist nicht erkannt. Eine Ausnahme bildet John Osborne, der eine „self-parody" annimmt. Stötzer spricht mit Bezug auf die Haltung des Erzählers von einer „ironischen Modifizierung des ursprünglichen Sinnes" der geschilderten Lebenspraxis.[14]

Im folgenden soll es primär nicht um die im Text formulierten sozialreformerischen Bestrebungen gehen. Statt dessen wird von der These ausgegangen, daß der Auszug aus einer Lebensbeschreibung, als die die Erzählung fingiert ist, als ein Erinnerungstext gelesen werden kann. Rekonstruiert werden das Erbe der Eltern und ihre vorbildliche Lebenspraxis. Das primäre Medium des Gedenkens ist der Erzähler, nicht der Sohn, dessen Praxis des Gedenkens gleichwohl einbezogen wird. Zusätzlich zur Frage nach dem Umgang mit dem Erbe soll untersucht werden, ob Johannes Mannheim wirklich als eine Identifikationsfigur für den Leser aufgebaut ist, wovon in der Forschung meist ausgegangen wird. Somit geht es auch um die Widersprüche, die zwischen Mannheims Lebenspraxis und der Lebenseinstellung des Sohnes bestehen.

Lenz läßt wie in der Erzählung *Zerbin* und viele Autoren seiner Zeit den Erzähler sich als einen „Geschichtsschreiber" definieren. Dieser nimmt eine Quelle, eine Lebensbeschreibung Johannes Mannheims, welche dessen Sohn verfaßt hat, zur Grundlage, um aus ihr seine „kurze Erzählung"[15] zusammenzuziehen. Diese Fiktion beinhaltet eine massiv verkürzende Bearbeitung, denn die Quelle besteht aus „zwei Bänden groß 8 *vo*" (456). Damit stellt sich die Frage, wie der Erzähler die Lebensgeschichte zusammenfaßt, gliedert und akzentuiert. Es liegt nahe, daß er als ein Außenstehender das Leben Mannheims aus einer distanzierteren Perspektive sieht als der Sohn. Es ist also die Haltung des Erzählers zur erzählten Geschichte zu untersuchen und die Art, wie er diese arrangiert.

---

13 Karin Wurst: Contradictory Concepts? The Artist as Reformer. J. M. R. Lenz's ‚Der Landprediger'. In: A. Deihton (Hrsg.): Order from Confusion. Essays presented to Edward McInnes on the Occasion of his Sixtieth Birthday, Hull 1995, S. 28–53.

14 Stötzer (wie Anm. 10), S. 139.

15 J. M. R. Lenz: Der Landprediger. In: WuB, II, 413–463, hier 456. Im folgenden wird aus „Der Landprediger" mit Seitenzahl im Text zitiert.

Zunächst knüpft er an das pragmatische, kausalpsychologische Er-
zählmuster an, das Lenz auch im *Zerbin* verwendet hatte. Als Geschichtsschreiber will er nicht nur die äußere, sondern vor allem auch die innere
Geschichte Mannheims erzählen: Es geht um dessen psychische und
intellektuelle Entwicklung, wobei er sich bewußt ist, daß „in der Knospe
des menschlichen Lebens [...] jeder Keim, jedes Fäserchen oft von un-
endlichen Folgen bei seiner Entwickelung werden kann". (414) Entsprechend nimmt er sich das Recht heraus, sich in die innere Verfassung
Mannheims hineinzuversetzen und aus dessen Perspektive heraus kausalpsychologisch Gefühle und Überlegungen zu schildern. Dabei wird
deutlich, daß er Mannheims Leben nicht nur nacherzählt, sondern diese
Figur partiell neu erfindet; sonst wäre ein derartiger Bericht unmöglich.
Lenz nutzt die Vorteile, die ein erzählendes Werk zur Darstellung eines
individuellen Bildungsganges gewährt, nämlich Zeit und Raum für dieses
„Werden" einer Figur zu haben, was auch die zeitgenössische avantgardistische Poetik herausstellt.[16] Andererseits fällt die deutliche Distanz
auf, die der Erzähler zu seinem Helden hält. Obwohl der Landprediger
den Mittelpunkt der Erzählung bildet, wird die Identifikation des Lesers
mit seiner Geschichte immer wieder durchbrochen durch Erzählerrä-
sonnements, die meist ironisch-kritische Distanzierungen beinhalten.
Dies zeigt sich schon im ersten Satz:

> Ich will die Geschichte eines Menschen erzählen, der sich wohl unter allen möglichen
> Dingen dieses zuletzt vorstellte, auf den Flügeln der Dichtkunst unter die Gestirne ge-
> tragen zu werden. (413)

Zunächst einmal ist Mannheim ohnehin eine erfundene Figur. Wie anders als „auf den Flügeln der Dichtkunst" kann sie von Erzähler und
Leser zum Leben erweckt werden und damit ihre fiktive Lebenszeit
überdauern? Und wenn Mannheim sich dieses wirklich nicht vorstellen
konnte – seine Aversion gegen das Dichten wird im folgenden noch
thematisiert –, dann hat er, als längst Verstorbener, auch keinen Einfluß
darauf. Insgesamt macht der Erzähler hier schon deutlich, daß er mit
seiner Erzählung gegen das Selbstverständnis Mannheims verstoßen
könnte. Der erste Satz gibt der Geschichte eine Zielrichtung vor und
rückt eine Thematik in den Vordergrund, die im Lebenslauf Mannheims
gegenüber seinem beruflichen Erfolg und seiner imponierenden Praxis
des aufgeklärten Landpredigers scheinbar eine untergeordnete Rolle
spielt.

---

16 Vgl. z. B. Friedrich von Blanckenburgs zwei Jahre vor der Erzählung publizierten
    „Versuch über den Roman".

Der Erzähler ist überhaupt bestrebt, als eine eigene Figur in seiner Erzählgegenwart wahrgenommen zu werden. Nicht zufällig besetzt sein „Ich" das erste Wort der Erzählung. Die erzählte Geschichte liegt gegenüber dem Erzählvorgang in der Vergangenheit. Entsprechend kann der Erzähler seine Rolle als konstituierende Instanz nutzen, mit der erzählten Figur ein Spiel zu treiben, das zwischen Annäherung und Distanz schwankt. Nicht zufällig stellt er in erläuternden Anmerkungen, wie der über die „Amenuensis" der Professoren, seine eigene Bildung und Weltkenntnis heraus (vgl. 416). Außerdem neigt er zu verallgemeinernden Überlegungen wie z. B. über „das Rauhe, Herbe und Ungenießbare des Adelsstolzes" und über den „Stolz" und „Trotz" der „niederen Stände", wobei er hier für eine gegenseitige Rücksichtnahme plädiert:

> Wenn jeder Teil dem andern *voraus hinlegte*, was ihm gehört, würde jeder Teil auch seinerseits sich zu bescheiden wissen, nicht mehr zu fodern und lieber aus Großmut etwas von seinen Rechten fahren zu lassen, die ihm der andre aus eben dieser Großmut mit Zinsen wieder bezahlte. (432)

Eine Identifikation des Erzählers mit seinem Helden drückt die Bemerkung über die „glückliche Simplizität der Empfindungen unsers Lieblings" (415) aus. Häufig bringt sich der Erzähler ins Spiel als derjenige, der die Geschichte arrangiert und damit auch zentrale Ereignisse in Mannheims Leben wie z. B. die Hochzeit überspringen kann (vgl. 429). Andere Ereignisse, wie die unwahrscheinlich schnelle Erringung einer Predigerstelle unterstreicht, und bekräftigt der Erzähler hingegen, indem er mit Hinweis auf seine Quelle und auf die besonderen intellektuellen Qualitäten seines Helden die Vermutung des Lesers abweist, hier könnte es sich um ein Ereignis handeln, das nur in einem Roman möglich sei (422).

Auf den wichtigsten Zug des Erzählers, seine ironische Distanz zum Helden, aber auch zu den anderen Figuren der Erzählung, sei genauer eingegangen. Sein ironischer Abstand ergibt sich aus einer Position der deutlichen Überlegenheit heraus. Zum Beispiel verwickelt er seinen Helden bei der Schilderung von dessen Überlegungen und Empfindungen oft in innere Widersprüche, die den Leser zum Abstandnehmen zwingen. Schon beim erwähnten Verweis auf die „glückliche Simplizität der Empfindungen" Mannheims, der auf eine Haltung zielt, die als Wunschvorstellung Lenz' gilt, „nämlich sein eigenes Glück zum verjüngten Maßstabe" für das Glück anderer zu machen, stutzt der Leser anschließend über die ironische Übertreibung. Daß Gott leidet, wenn wir sündigen, ist noch nachzuvollziehen, nicht aber „daß er auferstünde und gen Himmel führe, wenn wir andere glücklich machten". Der Gottessohn ist ja schon gen

Himmel gefahren. Das Wunder der Erlösung durch ihn ist bereits verkündet. Der Erzähler schildert seinen Helden zudem vorzugsweise in
Situationen, wo dieser sich lächerlich macht. In der Beziehung zu Luzilla
wird seine unglückliche Entscheidung, die Liebe aus der Ferne ihrem
Gegenstand zu verschweigen, auf eine so überzogene Weise geschildert,
daß sich das Mitleid des Lesers mit dem Verlassenen in Grenzen hält.
Als Mannheim von Luzilla gedemütigt wird, malt der Erzähler geradezu
genüßlich ihre Intimitäten mit einem Dritten aus, bei denen der gehörnte
Liebhaber nur stört. Deutlich ironisch wird auch die inszenierte
Schwärmerei geschildert, mit der Mannheim um Albertine wirbt, wo
jener doch aus durchaus pragmatischen und ökonomischen Gründen auf
Brautschau gegangen ist. Ironisch ins Unangemessene und Lächerliche
gezogen ist Mannheims Niederfallen in den Schnee vor der allzu heftig
umworbenen Albertine während einer Schlittenfahrt. In der Beziehung
zum „kameralistischen Landpfarrer" verniedlicht der Erzähler Mannheim gönnerhaft zum „jungen Altklugen" (415). Gleiches gilt für die
Auseinandersetzung mit dessen Wunsch, aus Ruhmsucht Romanautor zu
werden. Daß es sich bei der Autorschaft um „den schlimmsten Sauer-
teig" handeln soll, „der seit Adams Fall im menschlichen Herzen gegärt
hat", dürfte übertrieben sein. Zumindest paßt dieser Kommentar nicht
wirklich zu Mannheims Verhalten, dem eine existentielle Grundierung
des Schreibbedürfnisses, die für Lenz prägend ist, im Grunde fehlt. Festzuhalten ist allerdings, daß die ironische Distanz des Erzählers in den
thematisch zentralen Passagen über die Grundeinstellungen und die
Tätigkeit des aufgeklärten Landpfarrers zurücktritt. Sie wird aber wieder
sichtbar bei der Schilderung der Traktate, die Mannheim nach seinem
Ableben seinem Sohn mitgeben will. Wenn der Erzähler aus diesen referiert, daß die „Festigkeit" der Deutschen von ihrem „rauhen Klima" und
dem „Bier" komme, diese seit „dem häufigen Gebrauch des warmen
Wassers, besonders des Kaffees" aber „sehr abgenommen" habe, spielt
dies auf den zeitgenössischen Diskurs über Natur und Zivilisation und
über geographische Lebensbedingungen an, aber in einer ironisch zuge-
spitzten Banalisierung. Als ironischer Widerspruch wirkt auch, daß der
Erzähler Mannheim den offensichtlich von Rousseau geprägten Grundsatz teilen läßt, „daß alles, was aus dem Menschen wird, aus ihm selber
kommen muß", er aber seinen Sohn durchaus im Gegensatz zu dieser
Pädagogik als einen reinen Buchgelehrten erzieht, der seine Erfahrungen
im Studierzimmer des Vaters machen soll. Robert Hot im „Engländer"
gereicht die frühe Orientierung aufs Intellektuelle und Gelehrte zum

Unglück, er beklagt am Anfang des Stückes „über nichts als Büchern"
„ohne Haar auf dem Kinn wie ein Greis gelebt" zu haben.[17] Johannes II.
dagegen steigt in ironischem Kontrast zu Hot und zu seinem Vater zu
einem „der ersten Köpfe des Jahrhunderts" auf (452) und wird in den
„Freiherrenstand" erhoben (452). Zweifel an der Unwahrscheinlichkeit
eines solchen Schicksals läßt der Erzähler nicht zu. Die ironische
Grundhaltung des Erzählers prägt auch sein Verhältnis zu den meisten
anderen Figuren, so zur „schönen Beutelstrickerin" Luzilla, die z. B., als
sie vom Land in die Stadt kommt, „das Subjekt mit dem Prädikat ver-
wechseln lernte" (419), oder zu Albertine in ihrer Empfindsamkeit und
ihrer Kaffee- und Schreibsucht. Mit Situationskomik verbindet sich die
Ironie in der Schilderung der Einladung beim Herrn des Dorfes. Das
Mittagessen bei ihm bildet in der Entlarvung des Adelsstolzes ein kleines
Kabinettstück eines Kampfes um Platz und Position, was natürlich von
den Beteiligten nicht offen eingestanden werden kann. Zugleich ergibt
sich ein ironischer Kontrast zu der auf Versöhnung zwischen den Ständen gerichteten Grundhaltung des Erzählers. An dieser Stelle wird offensichtlich das überlegene Urteil des Erzählers selber in Frage gestellt und
damit der Leser zu eigener Stellungnahme aufgerufen.

Die Distanz zur erzählten Geschichte und ihren Figuren verbindet
der Erzähler mit einem häufigen Ansprechen des Lesers. Aus diesem
Kontakt gewinnt er zusätzliche Eigenständigkeit. Immer wieder ist von
„wir" und „uns" die Rede, von „unserem Johannes" (416), „unseren
Gefühlen" (417). Aus dem Leserappell gewinnt der Erzähler auch ko-
misch-ironische Effekte, so, wenn er erst aus Mannheims Perspektive ein
„häßliches Gespenst in dem runden, gepuderten Haar, mit seidenem
Mantel an ihrem Metier – wo sein Beutel geklöpfelt war – –" vorstellt
und dann fortfährt: „ich muß meinen Lesern diese Erscheinung erklären.
Es war ein junger Stadtpfarrer, der sich in Luzillen verliebt..." (420).
Hier wie an anderen Stellen setzt der Erzähler effektvoll das Stilmittel
der Aposiopese ein, das Lenz auch in anderen Texten verwendet. Es
aktiviert die Phantasie des Lesers, der das Verschwiegene aus dem Zusammenhang rekonstruieren muß. Gelegentlich appelliert der Erzähler
an das Einverständnis der Leser mit seinem Erzählverhalten: „man erlas-
se mir die Beschreibung der Hochzeit" (428), „vielleicht wird es einige
meiner Leser interessieren..." (439), „wir setzen mit Fleiß diese lange
Stelle [...] her, um unsern Lesern ein Pröbchen" zu geben.

Halten wir fest: Der Erzähler ist, so sehr er sich als Geschichtsschreiber gibt, der sein Wissen aus zu überprüfenden Quellen habe, als allwis-

---

17 WuB, I, 318.

sender gekennzeichnet. Seine deutliche Präsenz beinhaltet eine Distanznahme zum erzählten Vorgang, der sich der Leser kaum entziehen kann.
Sie verweist den Leser auf sein eigenes Vermögen zur Reflexion des
Dargestellten. Dadurch wird auch die „Macht des überzeugungskräftigen
Beispiels als einem zentralen Medium der Lehre", auf das die Erzählung
nach Dedert baut,[18] zumindest eingeschränkt. Es sei nicht bestritten, daß
Lenz auf das zeitgenössische Genre der Exempelerzählung rekurriert.
Auch in der Erzählung selbst werden ja – etwa bei der Kirchenvisitation
– Exempelgeschichten erzählt. Zugleich aber läßt Lenz den Erzähler
dieses Genre wie schon in *Zerbin* spielerisch-distanziert handhaben.
Wenn aus der Geschichte etwas gelernt werden soll, ist dieses offensichtlich nicht nur aus dem erzählten Vorgang, sondern auch aus dem Erzählvorgang selbst zu erschließen.

Einen reflektierenden Leser setzt auch die Art voraus, wie der Erzähler die Geschichte arrangiert. Sie besteht aus drei Teilen, zunächst der
Lebensbeschreibung des Vaters, die den Hauptteil darstellt. Es folgt die
Darstellung der Gedenkfeierlichkeiten, die sein Sohn alle drei Jahre ausrichtet. Daran schließt als „Anhang" die „Beschreibung einer Kirchenvisitation" an, die in einem Brief Mannheims enthalten ist, der in der Lebensbeschreibung „nur in einer Note angeführt worden" (457). Die
erzählte Lebensgeschichte verleugnet nicht ihre deutliche Straffung und
Akzentuierung. Die Kindheit wird nur kurz gestreift, um dann mit der
Abwendung des Sohnes von der Orthodoxie des Vaters dessen Entscheidung für eine eigenständige Welt- und Lebensanschauung vorzuführen. Die unglückliche Beziehung zu Luzilla und die Werbung um
Albertine werden in detaillierteren Episoden ausgeführt, die Ankunft im
Dorf und seine berufliche Tätigkeit summarisch zusammengefaßt. Der
zweite Teil schildert zunächst detailgenau die Ankunft Mannheims und
seiner Frau im Dorf und die Einladung beim Herrn des Dorfes. Es
schließen sich die Episoden über das Abgewöhnen des Rauchens und
des Kaffees, über den Verzicht aufs Romanschreiben und – nach der
eingeschobenen Zusammenfassung von Mannheims hinterlassenen
Traktaten – der Verwarnung Albertines wegen ihrer empfindsamen Gedichte an. Das Heranwachsen und die Erziehung des Sohnes werden nur
sehr knapp geschildert, der erwachsene Sohn begleitet danach – schon
als Freiherr – den Sterbeprozeß der Eltern. Es folgt die Schilderung der
ihr gewidmeten Gedenkfeierlichkeiten. Man sieht, die Erzählung zeigt
nur Ausschnitte aus Mannheims Leben; sie ist stark episodisch gestaltet –
mit wenigen zusammenfassenden Passagen. Diese Struktur steht in ei

---

18 Dedert (wie Anm. 4), S. 91.

nem Spannungsverhältnis zum pragmatischen Anspruch des Erzählers, Mannheims Leben genau kausalpsychologisch zu verfolgen.

Ein weit größeres Problem für den Leser bildet die Zuordnung der drei Teile der Erzählung. Mannheim ist zum Zeitpunkt des Erzählens schon lange tot. Die Vorführung der „Geschichte des Lebens und der Taten Johannes Mannheims, Pfarrers zu Großendingen" gilt einer Person, über deren Leben und Zielsetzungen und Antriebe die Zeit bereits hinweggegangen ist. Nicht zuletzt deshalb kann der Erzähler sich selbst so in den Vordergrund rücken. Die erzählte Geschichte endet mit den Gedenkveranstaltungen, die seit Mannheims Tod regelmäßig alle drei Jahre stattfinden. Die Lebensbeschreibung als Hauptquelle der Erzählung ist Teil des vom Sohn initiierten Gedenkens, Medium und Forum seines Funktionsgedächtnisses. Wie Fest und Lebensbeschreibung als Ausdruck des Totengedenkens auch der *fama*, der Selbstinszenierung des Sohnes dienen, muß die Erzählung insgesamt als Medium und Forum dieses Gedenkens gesehen werden. Bevor darauf einzugehen ist, sollen zunächst die Gedenkfeierlichkeiten, das „Johannisfest zu Adlersburg" näher betrachtet werden. Einer Interpretation, die den *Landprediger* als „bedeutendstes nationalpädagogisches Werk" des Autors wertet,[19] muß dieses Fest erhebliche Schwierigkeiten bereiten. Meist wird es entsprechend gar nicht betrachtet.[20]

Als Inszenierung des Sohnes drückt es dessen soziale und ideologische Selbstpositionierung, die von ihm beanspruchte Identität aus. Der Nachkomme des aufgeklärten Pfarrers hat eine steile Karriere hinter sich, die ihn in die „Geschäfte des Hofes" verwickelt und ihm letztlich die Erhebung in den Adelsstand eingetragen hat. Offensichtlich ist er dabei sehr reich geworden – der Verweis auf das Geld spielt bei Lenz bekanntlich immer eine zentrale Rolle[21] –, so daß er sich alle drei Jahre eine äußerst aufwendige Gedenkinszenierung leisten kann, die weniger mit bürgerlichen als mit höfischen Festen zu tun hat. Schon Dedert ist in diesem Zusammenhang die enorme Bauwut des Sohnes aufgefallen:[22] eine Kapelle zum „Erbbegräbnis" der Eltern, ein neues Landhaus zum eigenen Wohnen, ein „Gasthaus" „mit den geräumigsten Zimmern" für die „berühmtesten Gelehrten, nicht allein seines Landes, sondern auch der benachbarten Provinzen" für eine achttägige Einladung und Bewirtung, ein „von Tannen und Wacholderstrauch erbauter Saal auf dem

---

19 Preuß (wie Anm. 8), S. 96.
20 Oder man sieht in der Festbeschreibung einen „Bruch in der Konzeption" der Erzählung (so Schulz, wie Anm. 6, S. 174).
21 Vgl. den Beitrag von Hans-Ulrich Wagner in diesem Band.
22 Dedert spricht von „ungezügelter Bau-Euphorie" (wie Anm. 4, S. 86).

Hofe" für die Festmahlzeiten, zwei „Gerüste" für die Zuschauer, möglicherweise ein zweiter „Gasthof" für diese. Hinzu kommen Gartenanla-
gen und „ein schönes Gehölz". Dem zweckgerichtet kalkulierenden
ökonomischen Denken des Vaters muß eine solche Verschwendung zum
Zweck der Repräsentation diametral widersprechen. Er repräsentierte
sich nicht in Bauten, ihm fehlten dazu wohl auch die finanziellen Mittel.
Sein Medium der Repräsentation und Selbstpräsentation war der vernünftige Diskurs.

Betrachtet man die beiden Prozessionen und die weiteren Festlichkei-
ten, so nehmen sie zwar in ihrer inszenierten Empfindsamkeit eine Seite
des Vaters auf, zentral ist aber gerade der Charakter höfischer Repräsentation, der sich in ihnen ausdrückt. Trauer wird ausgestellt und kann als
„Gesamtkunstwerk" (Dedert)[23] genossen werden. Auf die „Tränenfröh-
lichkeit", die die Prozessionen bei den Beteiligten und bei den Zuschauern auslösen sollen, folgt entsprechend eine „fürstliche" Bewirtung. Und
die „schönsten Mädchen", „die reizendsten Schönheiten des Landes"
sind für die zweite Prozession gerade gut genug. Es geht um die Steigerung ins Unermeßliche, die zugleich den Zuschauer beeindrucken soll.
Natürlich fehlen nicht Musik, „Illuminationen", Vorführungen auf dem
Wasser und eine spektakuläre „Abfeurung von sechs Kanonen" als „Si-
gnal zur Ruhe". Wie der Erzähler ausdrücklich mehrfach betont, bedarf
ein derartiger Aufwand monatelanger Vorbereitung. Vorab wird alles bis
ins Kleinste festgelegt. Spontaneität ist offensichtlich unerwünscht. Diejenigen, die die Spielregeln verletzen, z. B. Männer, die die Zuschauertri-
bünen bei der Mädchenprozession verlassen wollen, werden durch eine
„Wache mit scharfgeladenem Gewehr bedroht". (455) Zwar fallen während der Schäferspiele – auch dies ein typisch höfisches Genre – „alle
Erinnerungen des Standes" weg, doch bei den Zuschauern wird streng
auf diesen geachtet, und ihre Bewirtung erfolgt differenziert nach der
Standeszugehörigkeit. Der Sohn erreicht sein Ziel, daß sich aufgrund
dieser Art des Totengedenkens sein Ruhm und Ansehen im Lande weit
verbreiten. So hat er keine Schwierigkeiten, in monatelangen Reisen
vorher „Priesterinnen zu dieser Feierlichkeit einzuwerben, welches diese
sich für eine große Ehre schätzen, weil dadurch der Ruf ihrer Schönheit
einen merklichen Zuwachs erhielt" (456).

Die Bezeichnung „Priesterinnen" weist auf die kultisch-zeremoniellen
Elemente des Festes, die sich mit den höfisch-repräsentativen verbinden.
Sie gipfeln bei der ersten Prozession im Gebet um die Fürbitte und den
Schutz der Eltern, das Johannes Sekundus mit „zerstreuten Haaren" und

---

23 Dedert (wie Anm. 4), S. 87.

„ungeschminkten Worten" verrichtet. Dieser Auftritt und auch die Prozessionen sind offensichtlich Teil einer Inszenierung, die der Sakralisierung des Elternpaars dient. Die Eltern werden zum Kunstwerk, vor ihren rosengeschmückten Büsten wird „eine Schäferkantate abgesungen" (455). Sakralisierung und Ästhetisierung setzen die Tötung ihres Objekts voraus; nur so kann es seiner Zeitlichkeit entkommen. Das Erbe der Eltern löst sich in der Tat auf Grund dieser Art des „Gedenkens" in der festlichen Präsentation auf. Deren Glanz und Ordnung sind entgegen den Intentionen bürgerlicher Aufklärung Ausdruck von Macht und ständischer Hierarchie. Johannes Secundus präsentiert mit dem Fest vorrangig seinen Status und sozialen Aufstieg, der die Leistung des Vaters, der es nur zum Landpfarrer brachte, weit in den Schatten stellt.

Dieser Prozeß der Auslöschung der Eltern setzt bereits vor dem Fest ein. Schon zu ihren Lebzeiten läßt Johannes Sekundus „Büsten dieses unvergleichlichen Paars aus Marmor" „von einem der ersten Künstler des Landes [...] verfertigen", die „unverbesserlich" ausfallen (453). Das Besondere, Spezifische der elterlichen Lebenspraxis wird durch die künstlerische Darstellung ins Allgemeine und Ideale erhoben: Sie werden zum „unvergleichlichen Paar". Diese Ikonisierung stellt zugleich eine Inbesitznahme dar, die auch eine Wertzuweisung beinhaltet. Der Sohn kann sich sicher sein, daß das, was er jetzt besitzt, den höchsten Wert hat. Kein Wunder, daß er diese Büsten später an die Türe der Grabkapelle für die Eltern stellt. Auch für die Grabkapelle selbst gilt, daß die Lebenspraxis der Eltern in die Kategorie von Wert und Besitz übersetzt und zum Medium sozialer Distinktion wird.

Zu dieser Entmachtung und Funktionalisierung der Eltern trägt auch der Erzähler bei. Wie schon Dedert bemerkt hat,[24] spielt das gemeinsame Sterben der Eltern in seiner idealisierten Harmonie auf den Mythos von Philemon und Baucis an:

> Er [der Sohn] fand sie wirklich mit den heitersten Gesichtern einander gegenüber liegen und sich von Zeit zu Zeit noch mit den Händen winken und Küsse zuwerfen. Ihre Krankheit schien mehr die Ruhe zweier ermatteter Pilger, die beide unter der Last, die sie trugen, auf einem Wege niedergefallen... (453)

Der intertextuelle Verweis auf den Mythos betont das Artifizielle, Arrangierte dieser Szene. In ihrem vorbildlichen Sterben werden die Eltern ausgestellt, sie qualifizieren sich endgültig zum „unvergleichlichen Paar". Zugleich wird mit der rechtzeitigen Heimkehr des Sohnes noch einmal

24 Ebenda, S. 86.

eine Familienharmonie inszeniert, die im Grunde brüchig ist – ein typisches Motiv in Lenz' Texten.

Das Gedenken positioniert die Geschichte Mannheims in einer deutlichen Entfernung zur Erzählgegenwart. Wenn der Erzähler auf der Lebensbeschreibung aufbaut, die der Sohn publizieren läßt, nutzt er eine Quelle, die allein schon auf Grund ihrer Aufmachung mit „Bildnissen", „schönem Papier" und „sauberen Lettern" wie das Fest dem Repräsentationsbedürfnis Johannes Sekundus' entspricht. Die Distanz, die der Erzähler zu seiner Hauptfigur einhält, ergibt sich mit aus diesem Sachverhalt. Auch ihm muß das bürgerlich-aufklärerische Erbe Mannheims, mit dem sich Hoffnungen auf eine Veränderung der Gesellschaft und eine bessere Zukunft verbanden, antiquiert erscheinen. Allerdings unternimmt er die Anstrengung, es noch einmal zu beschwören. Dieses Unternehmen erweist sich als Vergegenwärtigung einer Situation, die – wenn man von der geschilderten Struktur des Festes und von der Vita Johannes Sekundus' ausgeht – von sozialer Stagnation, d. h. einer Festigung der Ständehierarchie geprägt ist.

Auf die Festbeschreibung folgt der „Anhang". Die Zusammenfassung des Briefes über die Kirchenvisitation als formalen Bruch zu werten, weil die Lebensgeschichte mit der Schilderung des Nachruhms abgeschlossen sei, erscheint mir nicht unbedingt plausibel.[25] Die Wiedergabe des Briefes kann einen Versuch darstellen, in der Textchronologie nach der machtvollen Auslöschung des väterlichen Erbes, an der auch der Erzähler teil hat, die Erinnerung an dieses partiell zu retten, indem ihr das letzte Wort gelassen wird. Die Briefauszüge belegen noch einmal die Fähigkeit des Vaters, durch die Rationalität des Arguments, durch Beredsamkeit und Exempelerzählung seiner aufgeklärten praktischen Theologie Anerkennung durch die kirchliche Autorität zu verschaffen. Besonders überzeugend vergegenständlicht sich das kämpferisch Bezwingende der Rede Mannheims in den über zwanzig Zeilen hinweggehenden „wenn"-Sätzen unmittelbar vor Schluß, die den „Spezial" „den Hut" nehmen lassen, bevor der Redner überhaupt zum Hauptsatz kommt (463). Hier wird noch einmal sehr deutlich, wie der in der Hierarchie Unterlegene zum Überlegenen werden kann – wie schon in der Konfrontation mit den adligen Besitzern des Dorfes. Der Aufklärungsoptimismus, den der Sohn destruiert hatte, wird also noch einmal als siegreich und zukunftsträchtig beschworen. Daß der Erzähler diesen Brief ans Ende seiner Ausführungen stellt, zeigt, daß er sich nicht endgültig

---

25 Dedert sieht in der Zerstörung der „chronologischen" Struktur der Erzählung auch die Zerstörung ihrer „ästhetischen Struktur" (wie Anm. 4, S. 94). Schulz (wie Anm. 6, S. 168) ordnet den „Anhang" sogar in die vorausgegangene Lebensgeschichte ein.

entscheiden kann und will. Einerseits ist in sein Erzählen eine Distanz zum Erbe Mannheims eingeschrieben, die sich auch in der ironischen Perspektive auf ihn ausdrückt, andererseits bleibt ein Element der Identifikation mit dem Aufklärungsoptimismus erhalten. Der Bruch der formalen Geschlossenheit, der sich im Hintanstellen des Briefes ausdrückt, kann als ein gezieltes Offenhalten gewertet werden, vielleicht um die Versteinerung der sozialen Verhältnisse, die im Fest zum Ausdruck kommt, nicht endgültig zu ratifizieren.[26]

Allerdings muß auch gefragt werden, ob es nicht Verbindungen zwischen der gegensätzlichen Lebenspraxis von Vater und Sohn gibt. Immerhin hat der Vater den Sohn erzogen. Er trug durch seine stark den Intellekt fordernde und fördernde Erziehung dazu bei, daß dieser zu einem Gelehrten wurde, der aber offensichtlich auch die Fähigkeit besitzt, den bürgerlichen Raum seiner Herkunft zu transzendieren, die Spielregeln der höfischen Welt intellektuell zu erfassen und für sich zu nutzen. Wenn man so will, macht der Autor Lenz Johannes Sekundus zu einem Über-Goethe, der noch viel erfolgreicher ist als der real existierende ehemalige Freund und Geheime Rat.[27] Untersucht man die Aufklärungspraxis Mannheims genauer, stellt man fest, es handelt sich um eine Aufklärung von oben, die die Bauern eher als Objekt der Fürsorge, denn als zu emanzipierende Personen betrachtet.[28] Die Reichweite seines Aufklärungsprojektes wird dadurch eingeschränkt, daß er sich selbst als Lehrenden sieht, die Bauern als zu Belehrende. Daß diese vielleicht auch wichtige Erfahrungen machen, die in sein Projekt einzubeziehen wären, kommt Mannheim nicht in den Sinn. Als ein typischer bürgerlicher Intellektueller bevorzugt er den Vortrag und das didaktische Gespräch:

> Er lehrte sie ihre Pflichten gegen ihre Herrschaft, gegen ihre Kinder, gegen sie selbst. Er wies ihnen, wie sie durch eine ordentliche Haushaltung sich den Druck der Abgaben erleichtern könnten [...]. Er erzählte ihnen, wie es in andern Ländern wäre. (423)

26 Die Lebensgeschichte des Vaters war so möglich, wenn auch – aus Sicht des Erzählers – die Zweifel überwiegen, ob sie zum Zeitpunkt des Erzählens noch möglich wäre (vgl. Dedert [wie Anm. 4], S. 94 f.).

27 Sicher drückt sich in der Figur Johannes Secundus' auch die Faszination des Autors für Karriere und sozialen Aufstieg aus, die ihm selber nicht vergönnt sind – dies vermutet Schulz (wie Anm. 6, S. 174); allerdings zeigt Lenz auch sehr klar den Preis: die Abkehr von den Prinzipien der Aufklärung.

28 Dies erscheint m. E. in der Erzählung selbst schon als Kritik – jedenfalls wenn man die untergründigen Bezüge zwischen der Aufklärungspraxis des Vaters und der von höfischer Mentalität geprägten Praxis des Sohnes im Blick hat.

Er nimmt auch die Rolle des vernünftigen Schiedsrichters ein:

> Sie [die Bauern] mußten ihm alle ihre Klagen über einander, alle ihre Bedenklichkeiten
> über diese und jene neue Einführung, alle Hindernisse ihres Güterbaues vortragen,
> und er beantwortete sie ihnen, entweder sogleich, oder er nahm sie bis auf den fol-
> genden Sonntag in Überlegung, mittlerweile er sich in Büchern oder durch Korre-
> spondenzen mit andern Landwirten darüber Rats erholte. (424)

„Sein Urteil andern Menschen aufbinden zu wollen, war nie sein Fall
gewesen", heißt es von Mannheim (443). Dies gilt allerdings nur gegenüber der gelehrten Welt, d. h. unter seinesgleichen, nicht gegenüber sozial unter ihm Stehenden, die erst zum vernünftigen Diskurs angeleitet
werden müssen. Mannheims Verhalten konstituiert einen deutlichen
Abstand zwischen dem Subjekt und den Objekten der Aufklärung. Dies
zeigt sich auch darin, daß die reale Lebenswelt der Bauern, die im
18. Jahrhundert auch die Leibeigenschaft einschließt, in der Erzählung
kaum zur Sprache kommt.[29] Unter anderem deshalb muß es auch dem
Leser als schwer erklärbar erscheinen, daß Mannheim so schnell „ein
kleines Landgut" aufbauen kann, mit dem er dann auch noch „reich"
wird – wie allgemein die problemlose Durchsetzung der Reformen erstaunt (424).[30] Eher kommt zum Ausdruck, daß der Pfarrer sich sehr
genau an der Hierarchie im Dorf orientiert. Als er mit seiner Frau ins
Dorf kommt, erwarten ihn „der Schulz mit entblößtem Haupte, nebst
einigen der Angesehensten aus der Gemeine" (429); nach der Abend-
mahlzeit lassen sich beide wie Adlige von der Dorfgemeinschaft durch
eine „Prozession" und eine „förmliche Serenade" empfangen. Diese
Praxis weist auf das Fest des Gedenkens voraus. Eingeladen werden sie
am nächsten Abend von dem „Assoziierten" (dem Geschäftspartner des
Pfarrers), der ein „wackerer Bürger" ist, „dessen Haushaltung gewiß mit
so vielem Geschmack eingerichtet war, als die Haushaltung des wohlhä-
bigsten Kaufmanns in der Stadt" (436). Die Gesinnung der Bauern hingegen, die als „rauhe Kerle" geschildert werden, wird zu Biederkeit und
Natürlichkeit stilisiert, was eine Idealisierung des unteren Standes beinhaltet. Zugleich allerdings kann sich der Bürger davon durch den höheren Grad an Zivilisiertheit abheben. Der soziale Abstand drückt sich
auch in den Vergnügungen des „glücklichen Hauses" aus:

29 Allerdings wird in der überarbeiteten Fassung, die in Kraków liegt, etwas mehr auf die
    Lage der Bauern eingegangen (vgl. die von Damm mitgeteilte Fassung, in: WuB, II,
    876).
30 Vgl. Wurst (wie Anm. 13), S. 38: „The ease and speed with which the reforms take
    hold without any infusion of outside capital as well as omissions of differing interests,
    exaggerations, and contradictions *turn on* the master discouse destabilizing and qualify-
    ing it."

bald [ward] eine allgemeine Verkleidung in Bauren und Bäuerinnen vorgenommen, die denn zur Heumachenszeit auf den Wiesen von Johannes Mannheim *et Compagnie* die nötigen Arbeiten meisterlich verrichteten, im Grünen ihre kalte Milch aßen und dergleichen. (442)

Wenn sich Johannes und Albertine bei der Ernte „unter Schnitter und Schnitterinnen" mischen, ist dies nicht Alltag, sondern „Vergnügen" (442). Zusammenfassend heißt es von Mannheim: „Ein König hätte nicht inniger geehrt werden können, als er es von seinen Bauern ward." (424) In der Tat ist Mannheim ein König im Kleinen, ein Aufklärungskönig, der seine „Herrschaft" der Rationalität verdankt, mit der er alle Bereiche des Lebens durchdringt. Damit ist er, nicht der „gnädige Herr", der wirkliche Herrscher über das Dorf. Fazit: Die soziale Hierarchie auf dem Dorf wird durch Mannheims Aufklärungspraxis keineswegs aufgehoben. Entsprechend zeichnet sich Mannheims Herrschaft auch durch Praktiken aus, die als Disziplinierung und Überwachung bezeichnet werden müssen.[31] Dazu zählt vor allem das von ihm eingerichtete „geheime Tribunal", zu dem jeder Bauer mit seinen Klagen über den anderen kommen kann. Die Frage ist, ob es nicht der üblen Nachrede Tor und Tür öffnet. Auf jeden Fall etabliert es eine Art polizeilicher Gewalt außerhalb von Grundherrschaft und Gericht.

Gegenüber dem Adel kompensiert der Pfarrer seine soziale Unterlegenheit durch „Beredsamkeit und Weltkenntniß". Sein selbstbewußtes Auftreten ist um so höher einzuschätzen, als die meisten Pfarrer auf dem Lande durch den zuständigen Grundherrn eingesetzt werden und von ihm abhängig bleiben – was Lenz an Läuffers Vater im *Hofmeister* darstellt. Offensichtlich vermittelt Mannheim zwischen den Interessen des Standesherrn und der Bauern, wenn der Erstere mit ihm „im Handel wegen einer seiner Zehenden stund, mit deren Einfoderung er, weil er die Kniffe der Bauren nicht kannte, viele Mühe hatte" (431). Dies verweist auf die sehr prekäre Zwischenstellung des Pfarrers zwischen den Ständen, die zumindest grundsätzlich auch ein Bündnis mit dem Herrn nicht ausschließt. Wenn Mannheim seine Informiertheit über mögliche Maßnahmen des Landesherrn im Gespräch anführt, um den Edelmann in die Schranken zu weisen, belegt dies seinen Glauben an reformerische Maßnahmen von oben, an einen Interessenausgleich zwischen den Fi-

---

31 Auf diese Disziplinierungstendenzen in Lenz' sozial-utopischen Entwürfen hat zuerst Maria E. Müller aufmerksam gemacht:. Die Wunschwelt des Tantalus. Kritische Bemerkungen zu sozial-utopischen Entwürfen im Werk von J. M. R. Lenz. In: Literatur für Leser 3/1984, S. 148–161.

nanzinteressen des Hofes und der Bauern. Seine aufgeklärte Praxis ist
also durchaus eingebunden in die bestehende soziale Hierarchie.

Mannheims Mittel, seine Position zu erringen und zu behaupten, ist
seine Rationalität. Diese Orientierung an den Verstandesfähigkeiten hat
da ihre Schattenseite, wo offensichtlich andere menschliche Fähigkeiten
gefordert sind. Dies gilt vor allem für seinen Umgang mit dem anderen
Geschlecht. So verliert er Luzilla schon deshalb, weil er sich ihr nie wirklich erklärt hat. Ferner fällt die Art auf, wie er um Albertine wirbt. Der
„König" sucht durchaus mit Berechnung nach einer „Königin" (424). Er
denkt an eine der Töchter des Amtmannes, „dem er seine ersten Kenntnisse der Wirtschaft zu danken hatte". Konfrontiert mit den „Augen der
jüngsten der Töchter" versagt seine Vernunft. „Seine Unruhe war unaus-
sprechlich, denn hier einen Korb zu bekommen, schien ihm unter allen
Schicksalen, die er überstanden, das unerträglichste." Deutlich wird hier,
daß die Orientierung an der Vernunft eine ungeheure Anstrengung und
Selbstdisziplinierung voraussetzt, die zusammenbrechen kann, wenn die
eigene gefühlsmäßige Betroffenheit eingestanden werden muß. Mannheim gelangt nicht zu der inneren Haltung, die sein Autor in *Über die
Natur unsers Geistes* als Voraussetzung für eine wirkliche „Festigkeit" des
Menschen ansieht:

> Denken heißt nicht vertauben – es heißt, seine unangenehmen Empfindungen mit al-
> ler ihrer Gewalt wüten lassen und Stärke genug in sich fühlen, die Natur dieser
> Empfindungen zu untersuchen und *sich so* über sie hinauszusetzen.[32]

Bei Mannheim hingegen bedrohen „die entgegengesetzten Bewegungen"
immer wieder „seinen ganzen Nervenbau" (427). Heilung kann in einem
solchen Zustand nur von außen kommen. Entsprechend findet Mannheim seine Fassung erst wieder, als der Amtmann seine Zustimmung zur
Heirat seiner Tochter Albertine ausspricht.

So überrascht Mannheims harte Haltung nicht, als er auf Grund der
poetischen Ader seiner jungen Frau mit empfindsamer Schwärmerei
konfrontiert wird. Er selbst hatte in einem Akt männlich-vernünftiger
Selbstbezwingung vom Wunsch, Romanschreiber zu werden, Abstand
genommen. Wenngleich der Erzähler die „verborgne Radix Ruhmsucht"
als dessen Motiv hervorhebt (444), so fällt doch auf, wie sehr Mannheim
das Bedürfnis, etwas nicht unmittelbar Nützliches zu schreiben, das
Phantasie und Empfindungen ausschweifen lassen würde, unter ein moralisches Verdikt stellen muß, um es abwehren zu können. Er sieht es als
eine Versuchung des Teufels an. Entsprechend radikal muß diese aus

---

32 J. M. R. Lenz: Über die Nähe unseres Geistes. In: WuB, II, 621.

seinem Dasein verbannt werden: „wer unter euch sich untersteht, mir
von dem Roman auch nur mit einer Silbe wieder zu erwähnen, den erklä-
re ich für den allertödlichsten Feind, den ich in meinem Leben gehabt
habe" (445). Um so mehr wird Mannheim getroffen von der durch inszenierte Empfindsamkeit ausgelösten Sucht Albertines, Gedichte zu
schreiben. Da hier vernünftiges Argumentieren nicht hilft, führt er seine
Frau in „eine der furchtbarsten und wildesten" Gegenden im Gebirge
auf einen Felsen. In der Ehe der Mannheims herrscht die Arbeitsteilung,
daß der Mann für sein „Amt" und die „wirtschaftlichen Angelegenheiten" zuständig ist, die Frau aber für das Haus. Um so massiver wirkt die
plötzliche Entgrenzung des Raumes auf die Frau. Der Gang ins wilde
Gebirge, die Besteigung eines Felsens – dem Manne mögliche, ja selbst-
verständliche Unternehmen – sind entsprechend für Albertine eine
schlimme körperliche und seelische Strapaze. Der Appell an ihre „gespannte Einbildungskraft" kann daher nicht wie bei Rousseau zu einer
Spiegelung und Transzendierung der eigenen Empfindung in der erha-
benen Bergwelt führen. Auch deshalb nicht, weil Mannheim noch einen
Schritt weiter geht: Gezielt setzt er seine Frau der Gefahr aus, vom Fels
hinunterzustürzen. „Albertine sah hinab und fühlte den Tod unter ihren
Füßen." (449) Mannheim fordert sie sogar zum Sturz auf. Was wie eine
gezielt eingesetzte Morddrohung Mannheims aussieht – das entsetzte
Lieschen nennt ihn daher einen „Barbar" (450) –, ist – wie die Unter-
drückung der eigenen Schreibsucht – geprägt von der rigiden Ausgrenzung auch von Teilen des eigenen Selbst. Mannheim muß eine exzessive
Phantasie fürchten, die seine Identität bedrohen könnte. Entsprechend
formuliert er in forcierter Übertreibung ein Dichterbild, in dem die poetische Qualität des Werkes nur durch einen Opfertod beglaubigt werden
kann. Wie Sappho solle Albertine ihr Leben einsetzen, um als Dichterin
anerkannt zu werden.

Insofern verwundert nicht, daß Mannheim seinem Sohn eine einseitig
intellektuelle Erziehung angedeihen läßt. Seine antrainierte Rationalität
hilft diesem, sich in bestehende soziale Verhältnisse einzupassen und
aufzusteigen. Eine Einübung in die Wahrnehmung von authentischen
Gefühlen, auch wenn diese heftig sind, die Lenz in *Über die Natur unsers
Geistes* fordert, findet nicht statt. Entsprechend überwältigt ihn der
Schmerz beim Tod seiner Eltern:

> Er lief wie ein Verzweifelter durch alle Zimmer, wo er seine Kindheit zugebracht, rief
> ihre Namen den leeren, öden Wänden des Hauses, allen Bäumen, Felsen und Gebir-
> gen umher in lauter tränender Wehklage vergeblich zu. (453)

Diese Trauer enthält in ihrer Übersteigerung freilich von vornherein auch ein Moment der Inszenierung und Selbstinszenierung. Den alle drei Jahre wiederholten Trauerfeierlichkeiten haftet, wie dargestellt, ohnehin die Kühle der Kalkulation an – auch da, wo Gefühle in den Zuschauern angesprochen werden sollen. Es wird also deutlich, daß der Verstand zu verschiedenen Zwecken eingesetzt werden kann: für die Durchsetzung des richtigen Arguments mit dem Ziel einer durch Vernunft geprägten Gesellschaft oder für eine Reproduktion überkommener Herrschaftsstrukturen. Zusätzlich macht die Geschichte auch die sehr engen Grenzen deutlich, innerhalb derer bürgerlich-gelehrte Rationalität praktiziert werden kann.

Auf Grund dieser Ambivalenzen wird die ironisch-distanzierte Haltung des Erzählers ebenso plausibel wie das Anhängen des Briefes über die Kirchenvisitation. Dem Erzähler fehlt der ungebrochene Aufklärungsoptimismus, er stellt die Defizite des aufgeklärten Landpfarrers heraus, hält aber auch Distanz zum rational geprägten Repräsentationsstreben des Sohnes. So sehr der Erzähler offensichtlich auf einen Ausgleich zwischen den Ständen bedacht ist, kann seine Erzählung die Widersprüche zwischen den Verhaltensweisen und Mentalitäten nicht auflösen. Man muß nicht so weit gehen wie Dedert, der dem präzisen Registrator des Festes eine melancholische Haltung unterstellt.[33] Die Distanz des intellektuellen Beobachters und Geschichtsschreibers zu den Einstellungen und Handlungen, an die er erinnern will, ist aber bitter nötig, um die enormen Widersprüche überhaupt präsentieren zu können, die letztlich Widersprüche der zeitgenössischen Realität darstellen.

Johannes Mannheim liebäugelt mit der „Autorschaft – andern Leuten Brillen zu schleifen, wodurch sie sehen können, ohne welche ihnen tausend Sachen verborgen blieben" (443). Der Erzähler distanziert sich davon, zumindest soweit es sich nicht um Abhandlungen über praktische Angelegenheiten handelt. Der Erzähler setzt sich mit seinem Erinnerungstext über das Schreibverbot hinweg. Er wird zum „Autor" und muß dabei nicht wie Sappho einen Opfertod sterben. Und ihm gelingt es, beim Leser das Sensorium für die Wahrnehmung von Widersprüchen zu verstärken – ohne allerdings eine nachvollziehbare Perspektive zu ihrer Lösung angeben zu wollen und zu können. Bedenkt man, welche zeitgenössischen Wünsche und Utopien mit dem Projekt des aufgeklärten Landpfarrers und einer „aufgeklärten" Religionspraxis verbunden waren – auch bei Lenz – so signalisiert die Ausweglosigkeit, in die der Autor das Erinnern des Erzählers geraten läßt, eine massive Verstörung.

---

33 Dedert (wie Anm. 4), S. 88.

Ihr korrespondiert die offene, unfertig wirkende Gestalt des Textes. Der
Autor hat sich mit seiner offenen Verwundung nach dem Scheitern u. a.
des Weimarer Projektes in den Text hineingeschrieben; vergegenwärtigt
wird das Scheitern von Wünschen und Projekten. Die „bürgerlich-
beschränkte Tüchtigkeit" Mannheims und seiner Frau, in der sich auch
die Wahrnehmung der Amtmanntätigkeit des aufgeklärten Schlossers
und seiner Eheführung spiegeln, wird ironisch destruiert, es bleibt aber
ein Rest an Faszination für das Projekt der Bauernaufklärung. Die Ausweglosigkeit liegt gerade darin, daß *Der Landprediger*, wie häufig bei Lenz,
beides zugleich ist, „Beschwörungsformel" des Autors „sich selbst gegenüber" und distanzierende bittere Kritik. Ein Schreiben in einem der-
artigen Schwebezustand ist von ganz anderer Art, als es Mannheim und
seine Frau betreiben, es wird angetrieben durch eine Existenzbedrohung.
Entsprechend operiert es mit „zerstörischer Kraft"[34] am Abgrund ent-
lang und entwickelt eine Sogwirkung in ihn hinein – im Gegensatz zu
Albertines harmlosem Schreiben, das sie nach Drohung ihres Eheman-
nes leichthin aufgeben kann.

---

34 Sigrid Damm in: WuB, III, 748.

ROLAND KREBS

„In Marmontels Manier, aber wie ich hoffe nicht mit seinem Pinsel"
„Zerbin" als „moralische Erzählung"

Im Dezember 1775 schickte Lenz das Manuskript seiner Erzählung *Zerbin* in „fünf Bogen, sehr kompreß geschrieben" an den Mitherausgeber des *Deutschen Museums* Heinrich Christian Boie; notgedrungen geschäftstüchtig verwies er auf den besonderen Wert des zugesandten literarischen Produkts:

> Ich habe noch etwas für Sie Boje! Daß ich aber unter zehn Dukaten bare Bezahlung nicht herausgeben kann. Es ist eine Erzählung in Marmontels Manier, aber wie ich hoffe nicht mit seinem Pinsel.[1]

Im nächsten Brief vom Ende des Monats versuchte er dann, Boie zusätzlich unter Druck zu setzen: „Ich habe mehr als einen, der mir zehn Dukaten dafür gibt" (III, 358). Der bewährte kaufmännische Trick erwies sich anscheinend als wirksam, denn schon am 10. Januar kam die Meldung aus Göttingen, daß die finanziellen Forderungen Lenz' erfüllt werden sollten („Aber, um des Himmels willen, Freund, lassen Sie sich nicht merken, was ich Ihnen schicke", III, 364). Der Herausgeber findet tatsächlich die Erzählung „vortrefflicher, als ich noch eine in unsrer Sprache kenne", ein Urteil, das er in einem Brief an Bürger wiederholt,[2] und er rückt sie sofort in die beiden nächsten Nummern seiner Zeitschrift ein. Er hofft sogar, daß Lenz es nicht dabei bewenden lassen und ihm noch andere Erzählungen in der Art des *Zerbin* anbieten werde (III, 365).

Lenz' Rechnung war also aufgegangen. Er hatte die Beliebtheit einer erzählerischen Kurzform, die sich besonders gut für die Publikation in einer anspruchsvollen literarischen Zeitschrift eignete, sowie die internationale Reputation Marmontels als Erfinder der „moralischen Erzählung" ausgenutzt; gleichzeitig aber war es ihm auch gelungen, auf die eigene Originalität und seinen Ehrgeiz, der Gattung einen neuen Inhalt

1 Sigrid Damm (Hrsg.): Jakob Michael Reinhold Lenz: Briefe und Gedichte, Bd. 3: Briefe, S. 358 (fortan zitiert nach dieser Ausgabe mit Band- und Seitenzahl).
2 Brief v. 3. 1. 1776. In: P. Müller (Hrsg.): Lenz im Urteil dreier Jahrhunderte, Bd. 1, Bern u. a. 1995, S. 164.

und einen neuen Ton zu geben, aufmerksam zu machen. Er stützte sich zwar auf eine literarische Autorität, arbeitete aber gleichzeitig an seiner Selbstprofilierung.

Aber wie ist die feine Nuancierung zwischen „Manier" und „Pinsel" eigentlich zu verstehen? Mit der „Manier" verwendet Lenz einen der Malerei entnommenen Fachausdruck, der die Eigenart in der Komposition, der Zeichnung und der Farbe eines Künstlers definiert und bezeichnet damit die Besonderheit von Marmontels Erzählstil und darüber hinaus die epische Gattung, die er erneuert und in gewissem Sinn erfunden hat. Mit dem „Pinsel" ist nicht die technische Ausführung gemeint,[3] sondern der Geist des Werks selbst, seine Ausrichtung und die intendierte Wirkung auf den Leser.

Die Bezugnahme auf Marmontel ist deshalb vor allem als ein Hinweis auf ein beliebtes Modell von Erzählung zu sehen, von dem Lenz lediglich einige sehr allgemeine Züge wieder aufnimmt, das er aber grundlegend verändert, ja geradezu auf den Kopf stellt. Zusätzlich gibt Marmontels Vorbild Lenz die Möglichkeit, Stellung zu beziehen gegen eine literarische Praxis, die er in seinem Antipoden Wieland verkörpert sieht. In dem Kontext der Polemik gegen Wieland benutzt er in der Tat das gleiche Bild. So behauptet er in einem Brief an Sophie La Roche von Wieland, sein Pinsel sei viel zu grob, um „so feine moralische Schattierungen" wie sie in dem *Fräulein von Sternheim* zu finden sind, anzubringen. (III, 320) Er sei auch unfähig gewesen, die „Reize der Seele" seiner Freundin zu malen; dazu hätte es eines ganz anderen Pinsels bedurft (III, 321). Auch hier geht es nicht einfach um eine eventuelle Unzulänglichkeit bei der literarischen Ausführung, vielmehr um die ganze Lebensphilosophie des Autors Wieland. *Zerbin* zeugt deswegen auch von Lenz' grundsätzlicher Opposition gegenüber Wieland, wie sie sich zur Zeit der Niederschrift und der Publikationsversuche der *Wolken* obsessionell in den Briefen ausdrückt, insbesondere in den an Sophie La Roche im Sommer 1775, kurz vor der Niederschrift *Zerbins*. Lenz wiederholt darin mit unerbittlicher Härte, daß seine Gegnerschaft weder den Menschen noch den Poeten Wieland betrifft, sondern allein den Philosophen (III, 326), den „Sokrates" (III, 333), mit dem allerdings er sich nie versöhnen will und kann.[4]

---

3   So Karin A. Wurst: „Von der Unmöglichkeit die Quadratur des Zirkels zu finden". Lenz' narrative Strategien in „Zerbin oder die neuere Philosophie". In: Lenz-Jahrbuch 3 (1993), S. 64–86, hier S. 67.

4   „Unsere Feindschaft ist so ewig als die Feindschaft des Wassers und Feuers, des Tods und des Lebens, des Himmels und der Hölle." Brief an Johann Kaspar Lavater (III, 341).

Der unversöhnliche Gegensatz bezieht sich in erster Linie auf das Bild des Menschen und die Möglichkeit seiner sittlichen Perfektibilität, die Wieland, Lenz zufolge, grundsätzlich in Frage stellt.[5] Diese skeptische Haltung, die Wielands Schriften durchtränkt, ist die wahre Wurzel ihrer unsittlichen Wirkung, weil sie die natürliche Tendenz des Menschen, sich passiv der Sinnlichkeit hinzugeben, verstärkt und seine sittliche Autonomie in Frage stellt.

Indem er hofft, nichts mit Marmontels „Pinsel" gemein zu haben, distanziert sich Lenz zusätzlich von Wielands Werk und dessen Wirkung. Die Verwandtschaft dieser beiden Autoren war übrigens nicht nur von Lenz bemerkt worden. Schon beim Erscheinen der *Komischen Erzählungen* Wielands wurde 1765 in einer Rezension der *Allgemeine[n] Deutsche[n] Bibliothek* unter den Vorgängern Wielands neben La Fontaine und Crébillon auch Marmontel namentlich erwähnt.[6] Der Hinweis auf den Herausgeber des *Mercure de France* dürfte wohl von Boie als eine Anspielung auf den Herausgeber des *Teutsche[n] Merkur* verstanden worden sein. Doch dieser Seitenhieb auf Wieland[7] soll hier nicht den Blick auf Lenz' Verhältnis zu Marmontel verstellen.

Marmontels Stellung im französischen literarischen Felde und die Resonanz seiner „moralischen Erzählungen" in Deutschland mußten Lenz' Interesse erwecken. Jean-François Marmontel (1733–1799) gehörte als Schützling Voltaires und als Mitarbeiter der Enzyklopädie zur „philosophischen Partei". Die Verurteilung seines Romans *Belisaire* durch die theologische Fakultät der Sorbonne wurde so zum Anlaß einer europaweiten Polemik. Sie endete mit einem klaren Sieg der „philosophes", da der französische Hof die Theologen desavouierte. Marmontel machte dann Karriere: Er trat die Nachfolge seines Freundes d'Alembert an der Spitze der Académie Française an und wurde Hof-Historiograph. Diese Laufbahn versinnbildlicht den Triumphzug der „neueren Philosophie" in Frankreich und die institutionelle Anerkennung ihrer Hauptvertreter, wenn sie, wie es der Fall bei Marmontel war, darauf Acht gaben, nicht anzuecken und ständig gemäßigte Positionen einzunehmen. Auch der

---

5   „Er glaubt, den Menschen einen Dienst zu erweisen, wenn er ihnen begreiflich macht, ihre Kräfte seien keiner Erhöhung fähig. Und wer läßt sich das nicht gern einbilden, und beharrt gern auf dem Sinnlichen, zu dem er die meiste Gravitation fühlt." An Sophie La Roche (III, 326).

6   Gotthold Otto Schmid: Marmontel. Seine „Moralischen Erzählungen" und die deutsche Literatur, Straßburg 1935, S. 116. Cf. ADB 1,II, 215-221.

7   Zur moraltheologisch motivierten Wirkungsästhetik bei Lenz, die ebenfalls seiner Wieland-Kritik zugrunde liegt, wird Susanne Lenz-Michaud sich in Kürze detailliert äußern, in ihrer von mir betreuten Dissertation mit dem Arbeitstitel: La Voie de la vertu. Théologie morale et narration chez JMR Lenz.

Inhalt von Marmontels „moralischen Erzählungen" entsprach weitgehend den Erwartungen der Zeitgenossen.[8]

Marmontel publizierte die erste seiner moralischen Erzählungen 1755
im *Mercure de France*, wo auch die folgenden erschienen. Die erste Sammlung in Buchform erschien dann 1761 und umfaßte 18 Erzählungen.
Diese Zahl stieg 1765 auf 22; die Sammlung erlebte dann zahlreiche
Neuauflagen.

Marmontel erklärte in der Vorrede, es gehe ihm darum, die Sitten der
Gesellschaft und die natürlichen Gefühle zu schildern, was schon die
Bezeichnung „contes moraux" rechtfertigte. Seine Erzählungen befassen
sich mit der Moral, insofern sie das sittliche Verhalten zeitgenössischer
Typen in einer einfachen Handlung schildern. Die Nähe zur Komödie
wurde mit Recht von Marmontel selbst betont. Die deklarierte Absicht
des Verfassers, die Laster zu bekämpfen, indem er sie lächerlich machte
oder ihre unglücklichen Folgen aufzeigte, um auf diese Weise zur Besserung der Sitten beizutragen, entspricht in der Tat völlig der Komödien-
theorie der Zeit. So ist nicht verwunderlich, daß zahlreiche Erzählungen
in Frankreich wie in Deutschland dramatisiert wurden.

Die „contes moraux" treten also für die Sittlichkeit ein, aber eine Sittlichkeit ohne Strenge, immer in Einklang mit den herrschenden Normen
der Gesellschaft. Das weise Maßhalten sorgt allein für ein glückliches
und friedliches Leben, der wohltemperierte Genuß wird gestattet, der
goldene Mittelweg empfohlen. Die bürgerlichen Tugenden Fleiß, Spar-
samkeit, Genügsamkeit immer wieder gepriesen, ungezügelte Leidenschaft, Liederlichkeit, Sinnlichkeit, Eitelkeit hingegen führen direkt ins
Verderben. Eine vernünftige eudämonistische Moral beherrscht das
Ganze. Freundschaft und Wohltätigkeit sind immer wieder gepriesene
Werte. Die Tugend allein gewährt ein glückliches Leben, was die verirrten Gestalten immer wieder einsehen müssen. Das Beispiel der weiblichen Tugend oder die vernünftigen Überlegungen und Handlungen eines
Vaters genügen oft, sie wieder in die richtige Bahn zu lenken. Mehrere
Erzählungen enden so mit einer moralischen Besserung, indem das ein-
geschläferte sittliche Gefühl des Verirrten wieder erwacht. Nachahmung
und Nacheiferung im Guten erhöhen das allgemeine Wohl, sichern das
Glück aller, was die Erzählungen verdeutlichen und auch als Wirkung
bezwecken. Das versöhnliche Ende ist üblich, und stets herrscht die
sentimentale Stimmung.

Aber Marmontel vergißt auch nicht das Vergnügen seiner Leser und
expliziert in seinen *Elements de Littérature* die Theorie der Gattung: „rien

---

8   John Renwick: Jean-François Marmontel (1723–1799). Dix études, Paris 2001.

ne le dispense d'être amusant, rien ne l'empêche d'être utile, – il n'est parfait qu'autant qu'il est à la fois plaisant et moral – il s'avilit s'il est obscène".[9] Das Gebot des docere et delectare, verbunden mit der Darstellung der zeitgenössischen Sitten, das Marmontel verkündet, ist eigentlich die große Neuerung, die er in die Gattung einführt. Doch bleibt sie bei ihm weitgehend abhängig von der Tradition, die ihre ersten Vertreter (Hamilton oder Crébillon) geschaffen haben, auch wenn Marmontel sich jede Obszönität verbietet. Erotische Gemälde, pikante Situationen, galante witzige Gespräche sind Ingredienzien, die in seinen ersten Erzählungen nie fehlen. Eine Entwicklung im Sinne einer zunehmenden Moralisierung wird zwar bei ihm selbst spürbar, aber erst mit seinen Nachfolgern schlägt die Gattung eindeutig den Weg der erbaulichen Literatur ein und wird zu pädagogischen Zwecken umfunktioniert. Bei Marmontel gibt der Wille, die Unsittlichkeit der zeitgenössischen Gesellschaft anzuprangern, Gelegenheit genug, anzügliche galante Szenen, allerdings in einer immer sehr dezenten Sprache, zu schildern.[10]

Auch der Einfluß der französischen Moralisten des 17. Jahrhunderts ist spürbar. In Marmontels erster Erzählungen *Alcibiade* versucht der Held, aus Eitelkeit um seiner selbst geliebt zu werden und wird von verschiedenen Frauen enttäuscht, bis er von seinem Lehrer Sokrates eines Besseren belehrt wird: „Personne n'aime que soi. L'amitié, ce sentiment si pur, ne fonde elle-même ses préférences que sur l'intérêt personnel" – und weiter: „Oui, mon enfant, chacun fait tout pour soi; et si jamais vous vous dévouez pour la patrie, ce qui pourrait bien arriver, vous le ferez pour votre plaisir".[11] Eigenliebe und Eigeninteresse als Wurzeln unserer Gefühle und Handlungen sind Begriffe, die von La Rochefoucauld übernommen wurden und uns einige Jahre später wieder bei Helvétius begegnen werden.

Die Beliebtheit dieser Erzählungen zeigt sich in der großen Zahl der Auflagen in ganz Europa, sei es in der Originalsprache oder in Übertragungen. So erschien zwischen 1762 und 1770 eine deutsche Übersetzung in fünf Teilen von Friedrich Valentin Molter.[12] Auch die deutschen Zeit-

---

9   Zitat nach Schmid (wie Anm. 6), S. 55.
10 S. Lenel: Un Homme de lettres au XVIIIè siècle: Marmontel d'après des documents nouveaux et inédits, Paris 1902.
11 Jean-François Marmontel: Oeuvres complètes, t. 2 Paris 1819–1820, Reprint Genève 1968, S. 16 f.
12 Friedrich Valentin Molter: Moralische Erzählungen von Herrn Marmontel aus dem Französischen übersetzt, Carlsruhe 1762–1770. Der dritte Teil der Sammlung enthält Erzählungen, die zwar im „Mercure de France" erschienen waren, aber nicht von Marmontel stammten. Marmontels Name konnte also offensichtlich dazu dienen, eine Erzählung für den Leser attraktiv zu machen, wie es auch Lenz' Brief an Boie zeigt.

schriften bemühten sich, die populäre Gattung in Deutschland einzubür-
gern. Autoren und Autorinnen wie Anton=Wall, Sophie La Roche, Johann Gottlieb Benjamin Pfeil, später Lafontaine verfaßten moralische
Erzählungen. Dazu kommen die zahlreichen deutschsprachigen Drama-
tisierungen.[13] Lenz konnte unmöglich keine Notiz von ihnen genommen
haben.

Wie moralisch waren diese moralischen Erzählungen? Die Frage
wurde von keinem geringeren als Lessing in der *Hamburgischen Dramaturgie* aufgeworfen. Anläßlich der Aufführung des beliebten Stücks von
Jacques Favart *Soliman II*, einer Dramatisierung der gleichnamigen Erzählung Marmontels, stellte Lessing, von dem Gedanken ausgehend, daß
eine moralische Erzählung gleich der äsopischen Fabel „die Absicht hat,
einen allgemeinen Satz zur Intuition zu bringen",[14] die Frage, was man
aus einer solchen Erzählung lernen könne. Und er fand keine befriedi-
gende Antwort, denn „entweder es liegt gar keine Moral in dieser Erzählung des Marmontel, oder es ist die, auf welche ich oben bei dem Charakter des Sultans, gewiesen: der Käfer, wenn er alle Blumen
durchschwärmt hat, bleibt endlich auf dem Miste liegen".[15] Die Erzählung genügt also nicht der Definition der Gattung, was bekanntlich in
den Augen Lessings bei allen anderen Vorzügen eines Werks eine un-
überwindliche Schwäche darstellt:

> Aber es soll eine moralische Erzählung sein, und ich kann nur nicht finden, wo ihr
> das Moralische sitzt. Allerdings ist sie nicht so schlüpfrig, so anstößig als eine Erzäh-
> lung des La Fontaine oder Grécourt: aber ist sie darum moralisch, weil sie nicht ganz
> unmoralisch ist?[16]

Es ist durchaus möglich, daß Lenz sich an dieses Urteil Lessings erinner-
te, als er sich von Marmontel distanzierte. Er hatte aber einen zusätzlichen Grund dafür. Die konventionelle Typisierung der Gestalten, die
sittliche Schwarzweißmalerei Marmontels entsprachen weder seiner Auffassung einer realistischen Literatur noch seinem Sinn für das Konkret-
Individuelle. Jede Verschönerung der Wirklichkeit und jede Idealisierung
waren ihm von jeher verhaßt und verdienten in seinen Augen den Vorwurf der Verlogenheit, den er übrigens einem Großteil der zeitgenössischen Literatur machte. *Zerbin* dagegen erhebt den Anspruch, eine wahre
Geschichte zu sein, „aus dem Nachlaß eines Magisters der Philosophie in

13 Schmid (wie Anm. 6), S. 99.
14 Klaus L. Berghahn (Hrsg.): Gotthold Ephraim Lessing: Hamburgische Dramaturgie,
    Stuttgart 1981, 35. St., S. 183.
15 Ebenda, 33. Stück, S. 173.
16 Ebenda, S. 171.

Leipzig gezogen" (II, 354). Eine weitere auktoriale Bemerkung signalisiert diesen Bruch mit der gefälligen Konventionalität der Modeliteratur: Die Leserinnen „werden vielleicht bei dem ersten wahren Gemälde einer Männerseele erstaunen" (II, 365), aber dann doch Mitleid mit dem unglücklichen Helden empfinden. Lenz' Ambition ist es, mit Hilfe einer fiktiven Geschichte einen Beitrag zu besserer Menschenkenntnis zu liefern, ein Stück literarischer Anthropologie zu schaffen. Das Schicksal eines jungen Intellektuellen, der voller Hoffnung und moralischem Idealismus seine Lebensfahrt unternimmt und so kläglich Schiffbruch erleidet, wird als eine sozialpsychologische Fallstudie erzählt.[17] Aber auch das tragische Schicksal der angeblichen Kindesmörderin Marie soll dem Leser Stoff zum Nachdenken geben. Die kausalgenetische Methode erschüttert in beiden Fällen den starren Moralkodex; sie macht auf die unheilvolle Verkettung der Umstände aufmerksam, die den „Fall" der beiden Unglücklichen verursacht hat und untermauert das aufgeklärte Plädoyer für eine menschlichere Justiz, die die „mildernden Umstände" in Betracht ziehen würde:

> Wie vieles kommt auf den Augenblick an, zu wie vielen schrecklichen Katastrophen war nur die Zeit, die Verbindung kleiner, oft unwichtig scheinender Umstände die Lunte! Ach, daß unsere Richter vielleicht in spätern bessern Zeiten, der göttlichen Gerechtigkeit nachahmend, auch dies auf die Wagschale legten, nicht die Handlung selbst, wie sie ins Auge fällt, sondern sie mit allen ihren Veranlassungen und zwingenden Ursachen richteten, ehe sie zu bestrafen das Herz hätten! (II, 367f.)

Wie oft bemerkt wurde, verwandelt Lenz die moralische Erzählung Marmontels in eine Kriminalgeschichte, in der er, wie etwas später Friedrich Schiller in seinem *Verbrecher aus verlorener Ehre,* die Etiologie eines devianten Verhaltens rekonstruiert.[18] Das eklatante Mißverhältnis zwischen den oft geringfügigen Ursachen und den furchtbaren Folgen entfernt diese Erzählungen von der Welt Marmontels, wo die Ereignisse immer voraussehbar sind.[19]

Es geht darum, neu gewonnene seelenkundliche Befunde zu verwerten, sie allgemein bekannt zu machen, um genauere Seekarten der menschlichen Psyche zeichnen zu können, die eventuell einen Schiffbruch wie den von Zerbin erlittenen verhindern könnten. Die Metaphorik der Seereise des Lebens mit ihren Gefahren, der sich Lenz schon in

---

17 Wurst (wie Anm. 3), S. 67.
18 Hartmut Dedert: Die Erzählung im Sturm und Drang, Stuttgart 1990, S. 55–61.
19 Gérard Laudin: Modèle et contre-modèle: La réception des „contes moraux" de Marmontel en Allemagne, 1761–1810. In: M. Boixareu, R. Desné (Hrsg.): Recepción de autores franceses de la época clássica en los siglos XVIII y XIX en España y en el estranjero, Madrid 2001, S. 263–273.

der *Moralischen Bekehrung eines Poeten* bediente, weist auch auf das hin, was
nach Lenz die Aufgabe der Literatur sein sollte. Die anthropologische
Ambition mündet so in die Definition einer der Literatur zugeschriebenen ethisch-gesellschaftlichen Funktion. Der versöhnliche Ausgang
mancher Erzählungen Marmontels fehlt völlig, weil die unerbittliche
Konsequenz, mit der eine menschliche Katastrophe rekonstruiert wird,
die warnende Wirkung nur verstärken kann. Die augenzwinkernde tole-
rante Haltung des französischen Erzählers der menschlichen Schwäche
gegenüber weicht der schonungslosen Analyse der Ursachen einer doppelten Lebenskatastrophe.

Einen großen Teil seines anthropologischen Wissens verdankt Lenz
– das wäre meine These – der sensualistisch-materialistischen französischen Philosophie, die er aus philosophisch-ethischen Gründen gleichzeitig entschieden zurückweist. Ein Name muß hier genannt werden,
dem in der Lenz-Forschung m. E. noch nicht genug Aufmerksamkeit
geschenkt worden ist: Helvétius.[20]

Claude-Adrien Helvétius' Hauptwerk *De l'Esprit* war spätestens seit
der von Gottsched besorgten Edition[21] in Deutschland bekannt. Aber
der Tod des Verfassers 1772 und die postume Veröffentlichung seines
zweiten Hauptwerks *De l'Homme* sorgten für neues Interesse. Das Erscheinen einer hagiographischen Lebensskizze hatte gleichzeitig die Gestalt des menschenfreundlichen und ungerecht verfolgten Philosophen
popularisiert.[22] Man interessiert sich in Deutschland weniger für die
politisch-gesellschaftliche Dimension seines Werks als für die ethische.
Die grundsätzliche Infragestellung eines angeborenen moralischen Gefühls und zeitloser ethischer Normen, die Zurückführung der scheinbar
uneigennützigsten Gefühle und Handlungen auf das Prinzip der Eigenliebe und des Eigeninteresses stießen allgemein auf Widerwillen und
Ablehnung. Helvétius' Thesen fesselten jedoch die Schriftsteller wegen

---

20 Der Hinweis von Werner Hermann Preuss auf die Auseinandersetzung mit Helvétius
    (vgl.: Selbstkastration oder Zeugung neuer Kreatur. Zum Problem der moralischen
    Freiheit im Leben und Werk von J. M. R. Lenz, Bonn 1983, S. 17–20) blieb lange un-
    beachtet. Neue Erkenntnisse bringt in diesem Bereich: Heinrich Bosse, Johannes F.
    Lehmann (vgl.: Sublimierung bei Jakob Michael Reinhold Lenz, in: Ch. Begemann,
    D. E. Wellbery [Hrsg.]: Kunst – Zeugung – Geburt. Theorien und Metaphern ästheti-
    scher Produktion in der Neuzeit, Freiburg i. Br. 2002, S. 177–201).

21 „De l'Esprit" erschien 1758. Schon zwei Jahre später kam es zur deutschen Überset-
    zung: Discurs über den Geist des Menschen. Aus dem Französischen des H. Helve-
    tius, mit einer Vorrede v. Joh. Chr. Gottsched, Leipzig, Liegnitz 1760.

22 Le Bonheur, poème en six chants. Avec des Fragments de quelques Epitres. Ouvrages
    posthumes de M. Helvetius. Préface ou Essai sur la vie et les Ouvrages de M. Helve-
    tius par Mxxx, Londres 1772. Der Autor des Essais war Saint-Lambert. Eine deutsche
    Übersetzung erschien 1773.

der Fülle von psychologischen und ethnographischen Beobachtungen, die sein Werk enthielt, und der schonungslosen Dekouvrierung der geheimen Spielregeln des gesellschaftlichen Lebens. Als die Romantheorie die Darstellung der „inneren Geschichte" des Menschen in den Mittelpunkt rückte,[23] war die Auseinandersetzung mit Helvétius für einen Erzähler eigentlich unumgänglich.

Es verhält sich nicht anders bei Lenz; der konnte sich den Analysen von Helvétius um so weniger entziehen, als er erkenntnistheoretisch von denselben sensualistischen Prinzipien ausging. Doch stellt er gleichzeitig die Einseitigkeit der Lehre in Frage. Schon am Anfang der Erzählung von Zerbins Lebensweg macht eine auktoriale Beobachtung auf zwei wichtige Begriffe aufmerksam:

> Die edelsten Gesinnungen unserer Seele zeigen sich oft mehr in der Art unsere Entwürfe auszuführen, als in den Entwürfen selbst, die auch bei den vorzüglichsten Menschen eigennützig sein müssen, wenn ich diesen Begriff dieses Worts so weit ausdehnen will, als es ausgedehnt werden kann. Vielleicht liegt die Ursache in der Natur der menschlichen Seele und ihrer Entschließungen, die, wenn sie entstehen, immer auf den Baum der Eigenliebe gepfropft werden und erst durch die Zeit und Anwendung der Umstände ihre Uneigennützigkeit erhalten. Man lobpreise mir was man wolle von Tugend und Weisheit; Tugend ist nie Plan, sondern Ausführung schwieriger Pläne gewesen, mögen sie auch von andern erfunden sein. (II, 356)

Wir finden hier die beiden Grundprinzipien Helvétius' vereinigt. „Eigeninteresse" im weitesten Sinne des Worts verstanden, wie Lenz es präzisiert, und „Eigenliebe" sind die wahren Wurzeln unserer Handlungen. Lenz übernimmt hier fast wörtlich einen Satz von Helvétius: „l'amour de soi est la seule base sur laquelle on puisse jetter les fondements d'une morale utile".[24] Für Helvétius stellen deswegen Gefühle wie Freundschaft oder mütterliche Liebe lediglich subtile Formen der Eigenliebe dar. Der römische Patriotismus, der bis zur Aufopferung des eigenen Lebens gehen konnte, beruhte auf nichts anderem, als auf wohl verstandenem Eigeninteresse. Der Römer opferte sein Leben, um Ehrungen nach seinem Tode und Nachruhm zu gewinnen, die die genossene Erziehung ihm als das Erstrebenswerteste dargestellt hatte. Er unterwirft sich also den moralischen und gesellschaftlichen Normen seines Landes und seiner Zeit. Sein Eigeninteresse fällt allerdings zusammen mit den kollektiven Interessen des Staates, der nur Werte empfahl, die seiner Erhaltung und dem Gemeinwohl dienten. Diese Kongruenz ist aber in den modernen Gesellschaften weitgehend verlorengegangen, die deswe-

---

23 Vor allem wären in diesem Zusammenhang Blanckenburgs „Versuch über den Roman" und Wielands Vorrede zum „ Agathon" zu nennen.
24 Henry Helvetius: De l'Esprit, Paris 1988, S. 211.

gen als ein Spielfeld egoistischer Privat- und Gruppeninteressen erscheinen. Eine bessere Erziehung und eine weisere Gesetzgebung könnten allerdings nach Helvétius diesem Mangel abhelfen. „C'est donc uniquement par de bonnes lois qu'on peut faire des hommes vertueux". Diese Gesetze dürften sich allerdings nicht in das Intimleben des Menschen einmischen (in sein Sexualleben z. B., wie es die christliche Moral tut), das für das Gemeinwesen belanglos ist, sondern sollen allein sein gesellschaftliches Tun und Lassen regeln.

Der Lebenslauf Zerbins beweist eindeutig die anthropologische Feststellung, daß die uneigennützigsten Handlungen immer auf „den Baum der Eigenliebe gepfropft sind". Seine erste große Tat, der Entschluß, den Vater zu verlassen und ganz allein sein Glück in der Welt zu machen, wird vom Erzähler auf ihre wahre Wurzel zurückgeführt: Es ist sein „Stolz" mehr als „die Gradheit des Herzens", der Wunsch „sich selbst alles zu danken haben", der ihn leitet. Er träumt davon, „als ein gemachter Mann" zu seinem Vater zurückzukehren, ihn zu überraschen und zu beschämen und ihn dann zu „außerordentlichen Handlungen der Wohltätigkeit zu bewegen" (II, 355 f.), oder zumindest auch später nach seinem Tod „seine Erbschaft dazu [...] [zu] verwenden, um auch von sich in den Zeitungen reden zu machen". Die Suche nach dem Außergewöhnlichen und die damit verbundene Ruhmbegierde sind sichere Zeichen von Zerbins Egozentrik. Doch ist Zerbin dessen völlig unbewußt, und er wiegt sich im Hochgefühl der eigenen Seelengröße. Er ist überzeugt, daß er sittliche Autonomie und Selbständigkeit an den Tag gelegt habe und daß ihm seine heroischen Entschlüsse allein von einem angeborenen sittlichen Gefühl diktiert werden. Deswegen wird in der Leipziger Studienzeit Gellerts Moral „wie natürlich sein Lieblingsstudium": Sie bietet tatsächlich seiner Selbsttäuschung reichlich Nahrung. So verleibt er sich diese Lehre regelrecht ein, indem er seine Kolleghefte auswendig lernt und dann verbrennt „um sie desto besser im Gedächtnis zu behalten" (II, 356).

Das abstrakte Tugendideal Gellerts, das jeder empirischen Erfahrung vom Menschen und der Gesellschaft entbehrt, entpuppt sich beim Eintritt Zerbins in die real existierende Gesellschaft schnell als unverbindlich und sogar gefährlich. Die Misere einer Ethik ohne anthropologische Grundlagen wird sofort sichtbar. Zerbin beherrscht keine der geltenden Spielregeln, und so, wie er beim Kartenspiel mit Renate, Altheim und Hohendorf geheime Winke vernimmt, die es nur in seiner Einbildung gibt, verkennt er das Spiel, das mit ihm und um ihn getrieben wird: Er dient bekanntlich Renate als „Lockvogel", um Altheim zu einer deutlichen Erklärung seiner Heiratsabsichten zu zwingen. Zerbin wird so zum ahnungslosen Opfer der anderen, weil er die Gesetze der Gesellschaft und der menschlichen Handlungen nicht kennt, während Helvétius nach einem witzigen zeitgenössischen Bonmot eben verfolgt wurde, weil er das Geheimnis eines Jeden preisgegeben habe.[25]

So sind die Frauen in Zerbins Verständnis „höhere Geschöpfe" ohne sinnliche Begierden und gesellschaftliche Erwartungen, während doch ihr Betragen in der Erzählung das Gegenteil beweist. Die zwei nacheinander gemachten Erfahrungen mit der koketten Renate wie mit der nüchternen Heiratskandidatin Hortensie enttäuschen den liebeshungrigen Zerbin tief. Dabei haben die beiden Frauen im Rahmen ihrer Lebenssituation völlig sachgerecht gehandelt, indem sie versuchten, ihre materielle Existenz durch die Ehe zu sichern, was ihnen zuletzt nicht gelingt.

Die materialistische Anthropologie des Helvétius' macht bekanntlich aus dem Individuum weitgehend das Produkt der ihn prägenden Umstände. Lenz ist sich dieser Realität ebenfalls bewußt. Man kennt die starke Abhängigkeit seiner Dramengestalten von der gesellschaftlichen Realität und ihrer sozialen Zugehörigkeit. Der berühmt gewordene erste Absatz seines Aufsatzes *Über Götz von Berlichingen,* der die Musterbiographie eines Zeitgenossen beinhaltet, beschreibt einen Lebenslauf, der völlig durch die anderen bestimmt wird und nirgends die geringste Spur von Autonomie aufweist.[26] Als Rädchen, als „vorzüglichkünstliche Maschine", die „in die große Maschine" der Welt, Weltbegebenheiten, Weltläufte „besser oder schlimmer hineinpaßt", dreht sich der einzelne ohne Zweck und ohne Freiheit. Doch diese Darstellung erweckt auch sofort den Protest gegen eine pure mechanistische Philosophie, die als Reflex auf diese konkrete Situation interpretiert wird: „Kein Wunder, daß die Philosophen so philosophieren, wenn die Menschen so leben. Aber heißt das gelebt? Heißt das seine Existenz gefühlt, seine selbständige Existenz, den Funken von Gott?" (II, 637). Das Gefühl der Abhängigkeit läßt sich aber nicht so leicht verscheuchen. Er taucht wieder in dem anthropologischen Essay *Über die Natur unsers Geistes* auf:

> Ich weiß nicht der Gedanke ein Produkt der Natur zu sein, das alles nur ihr und dem Zusammenhang zufälliger Ursachen zu danken habe, das von ihren Einflüssen lediglich abhange und seiner Zerstörung mit völliger Ergebung in ihre höheren Ratschlüsse entgegensehen müsse, hat etwas Schröckendes – Vernichtendes in sich – ich weiß nicht wie die Philosophen so ruhig dabei bleiben können. (II, 619)

25 „C'est un homme qui a dit le secret de tout le monde." Der Ursprung des Satzes, durch Saint-Lambert vermittelt, bleibt ungewiß. Albert Keim: Helvétius. Sa vie et son œuvre d'après ses ouvrages, des écrits divers et des documents inédits, Paris 1907, S. 427.

26 Über diesen Text vgl. Verf.: Lenz, lecteur de Goethe: Über Götz von Berlichingen. In: Etudes Germaniques 52 (1997), S. 65–78.

„Und doch ist er wahr!" fügt Lenz hinzu, dessen persönliche Betroffenheit an dieser Stelle spürbar ist. Der traurige Gedanke wird durch die
empirische Wirklichkeit, ja sogar durch den eigenen Lebenslauf bekräftigt: „Wie denn, ich nur ein Ball der Umstände? Ich –? Ich gehe mein
Leben durch und finde diese traurige Wahrheit hundertmal bestätigt".
Doch in der Substanz, die nicht selbständig geboren ist, existiert ein
Bestreben, ein Trieb, selbständig zu werden, „sich zur Selbständigkeit zu
erheben", die eine Kraft darstellt, die die materialistische Philosophie
außer acht läßt:

> Können die Helvetiusse und alle Leute die so tief in die Einflüsse der uns umgehen-
> den Natur gedrungen sind, sich selbst dieses Gefühl ableugnen das aus ihnen gemacht
> hat was sie geworden sind ? (II, 620)

Der sensualistisch-materialistischen Philosophie wird also nur eine beschränkte Gültigkeit zuerkannt, weil sie eine wesentliche Dimension der
menschlichen Natur nicht in Betracht zieht. Das Beispiel von Helvétius,
der als reicher Generalpächter ein ruhiges und sorgenloses Leben hätte
führen können und sich dem mühsamen Geschäft des Denkens unterzogen hat, das ihm nur Verfolgungen eingebrachte, wird als Argument
benutzt. Denken ermöglicht es den Unglücklichen, „über die Natur ihres
Unglücks nachzudenken" und so „sich gewissermaßen über ihre Umstände hinauszusetzen" (II, 620). Aber Handeln gewährt noch mehr
Freiheit, denn „beim Denken nehm ich meine Lage mein Verhältnis und
Gefühle wie sie sind, beim Handeln verändere ich sie wie es mir gefällt".
   Zerbin verfällt nacheinander zwei entgegengesetzten Irrtümern:
Nachdem er aus Idealismus die Macht der Umstände und der Eigenliebe
verkannt hat, akzeptiert er in einem zweiten Schritt nur zu willig die
Gesetze der Welt und sucht die Befriedigung seiner egoistischen Wün-
sche (in den Bereichen der Sexualität, der Karriere und der öffentlichen
Anerkennung). So gibt er jeden Gedanken an echte Autonomie auf.
   Die Begegnung mit dem Naturkind Marie, deren Nicht-Involvierung
in das soziale Spiel ihr echte Eigennützigkeit gelassen hat, wird Zerbin
paradoxerweise zum Verderben. Nach Liebe hungernd, gibt er dem
Sexualtrieb vorzeitig nach und verliert jene „Spannkraft", die die zurück-
gestaute „Konkupiszenz" verleiht. Es erfolgt hier Zerbins „Sündenfall",
denn wie Adam und Evas hat er der „Konkupiszenz" übereilt nachgege-
ben, wie uns *Die Philosophischen Vorlesungen für empfindsame Leser* belehren:
„Die Konkupiszenz, das Streben nach Vereinigung hat den Sündenfall
unserer ersten Eltern verursacht. War sie also eine Sünde? Das sei ferne.

Nur ihre zu ungeduldige Befriedigung war es".[27] Ist die „elastische Feder" des Begehrens einmal abgespannt, verschwindet auch die Spannkraft des Geistes, die bisher in Zerbin den Glauben an die Willensfreiheit und an die sittliche Autonomie des Menschen aufrechterhalten hat. Er beschließt, nach den Gesetzen der Welt zu leben, d. h. sein Handeln allein von den Eigeninteressen abhängig zu machen. Sofort verschwindet die hohe Meinung, die er von der Ehe hatte, und so kann in ihm der unsittliche Plan reifen, die Ehe von der Liebe abzukoppeln, Hortensie zu heiraten und Marie als Geliebte in Berlin mit dem Geld des einst verachteten Vaters zu unterhalten. Die Ehe wird jetzt von ihm lediglich als ein Vertrag betrachtet, dazu bestimmt, gesetzlich die Eigeninteressen beider Partner zu sichern. Diese Auffassung der Ehe wurde anderenorts von Lenz zurückgewiesen:

> Sehen Sie weiter die meisten unserer Ehen an; Verträge sind sie, einander gegen gewisse anderweitige Vorteile, die gleich als ob man sich mit seinem ärgsten Feinde verbände, mit der größten Behutsamkeit der Welt obrigkeitlich müssen gesichert sein, alles zu erlauben.[28]

Als Zerbin diesen Tiefpunkt seiner moralischen Integrität erreicht hat, stellt sich auch der gesellschaftliche Erfolg ein! Er wird nicht nur Magister der Philosophie, er publiziert auch ein Buch, und man spricht bald über ihn lobend in den Zeitungen, wovon er in seiner Jugend so sehr geträumt hatte.

Die „neuere Philosophie" hat ihren Propheten gefunden. Als Bemäntelung der egoistischen Triebe des einzelnen ist sie zwar reine Ideologie und dient den Interessen einer Gattung von Menschen, „die zuletzt an keinem Dinge außer sich mehr die geringste moralische Schönheit werden entdecken können" (II, 354), wie es schon in dem einleitenden Teil der Erzählung heißt. Diese „philosophische Moral" vermag aber durch eine abstrakte Philanthropie von der Pflicht entheben „die Individuen zu lieben".

---

27 Christoph Weiß (Hrsg.): J. M. R. Lenz: Werke in 12 Bdn., Faksimiles der Erstausgaben seiner zu Lebzeiten selbständig erschienenen Texte, St. Ingbert 2001, Bd. 12, S. 14.

28 Verteidigung des Herrn W. gegen die Wolken (II, S. 732 f.). Gellert hatte dagegen in seiner 25. Moralischen Vorlesung „Von der Ehe und ihre Verpflichtungen" eindeutig Stellung genommen gegen die Ehe „als die Freystadt des Eigennutzes" und denjenigen, der „statt des Bundes der Liebe nur einen elenden Contract des Eigennutzes geschlossen" hat, streng verurteilt (Sibylle Späth [Hrsg.]: Christian Fürchtegott Gellert: Gesammelte Schriften, Bd. VI: Moralische Vorlesungen. Moralische Charaktere, Berlin, New York 1992, S. 264, 266). Die Erzählung als Angriff auf die Ehemoral Gellerts zu interpretieren erscheint deswegen als abwegig (vgl. Christof Zierath: Moral und Sexualität bei Jakob Michael Reinhold Lenz, St. Ingbert 1995, S. 153; auch Matthias Luserke: Sturm und Drang, Stuttgart 1997, S. 248, vertritt diese These).

Das feige Schweigen Zerbins, sein scheinbares Unbeteiligtsein während Marie auf ihre Hinrichtung wartet, scheint zu beweisen, daß in ihm
der reine Egoismus von nun an sein Handeln und Denken bestimmen
werden. Doch lehrt der Ausgang der Erzählung etwas anderes: Zerbin
geht an seinem schlechten Gewissen zugrunde und stürzt sich in den
Stadtgraben, wo er ertrinkt. Er bereut aber vorher noch seinen Hochmut,[29] denn er hätte eine friedliche Existenz an der Seite Mariens führen
können, hätte er ihren Vorschlag angenommen, mit ihr auf dem Lande
zu leben, oder in Leipzig selbst „dem Vorurteil [...] aller honetten Leute"
Trotz bietend, „seine schöne Bäuerin" heiraten können. Noch mehr
bereut er seinen Egoismus. So schreibt er in seinen hinterlassenen Papie-
ren: „Ich wollte ihr nichts aufopfern, sie opferte mir alles auf" (II, 379).

Betrachtet man die Erzählung tatsächlich als eine Fallstudie, ein anthropologisches Experiment mit Hilfe der Literatur[30], so zeigt Zerbins
Selbstmord, daß es unmöglich ist, völlig nach dem Gesetz der Eigenliebe
zu leben, daß die Stimme des Gewissens sich nicht auf Dauer unterdrük-
ken läßt. Mariens Märtyrertum bietet wiederum ein unwiderlegbares
Beispiel uneigennütziger Selbstaufopferung. Auf diese Weise wird Helvétius relativiert, oder besser, sein unvollständiges Bild des Menschen wird
um eine wesentliche Dimension erweitert.

Lenz hat zeitlebens geschwankt zwischen der pathetischen Behauptung der Autonomie des Menschen und dem schmerzlichen Gefühl
seiner Abhängigkeit.[31] Zerbin als Fallstudie zeigt sowohl die Illusion einer
abstrakten weltfremden Autonomiephilosophie als auch die Grenzen des
materialistischen Menschenbildes. Die Erzählung Zerbin als ein „heuristi-
sches Experiment", ein „Denkspiel"[32] betrifft vor allem das Problem
einer moralischen Freiheit, die immer wieder neu errungen werden muß

---

29 Über den Begriff des Hochmuts und den ihm entgegengesetzten der Demut vgl. Jürgen
    Stötzer: Das vom Pathos der Zerrissenheit geprägte Subjekt. Eigenwert und Stellung
    der epischen Texte im Gesamtwerk von Jakob Michael Reinhold Lenz, Frankfurt
    a. M. u. a. 1992.

30 Lenz' Erzählung wäre in dieser Hinsicht mit den „Räubern" von Schiller vergleichbar,
    in denen Hans-Jürgen Schings mit Recht ein auf die Widerlegung des Materialismus
    zentriertes „experimentelles Lehr-Stück" sah. Ders.: Schillers „Räuber". Ein Experi-
    ment des Universalhasses. In: Kunst, Humanität und Politik in der späten Aufklärung,
    hrsg. v. Wolfgang Wittkowski, Tübingen 1982, S. 1–25 (mit Diskussion).

31 Martin Rector: Götterblick und menschlicher Standpunkt. J. M. R. Lenz' Komödie
    „Der neue Menoza" als Inszenierung eines Wahrnehmungsproblems. In: Jahrbuch
    der Deutschen Schillergesellschaft 33 (1989), S. 185–209, bes. S. 206.

32 Martin Rector: Zur moralischen Kritik des Autonomie-Ideals. „Zerbin oder die
    neuere Philosophie". In: I. Stephan, H.-G. Winter (Hrsg.): „Unaufhörlich Lenz gele-
    sen". Studien zu Leben und Werk von J. M. R. Lenz, Stuttgart, Weimar 1994, S. 294
    bis 307.

gegen die Macht der äußeren Umstände und die anthropologische Realität der egoistischen Triebe. Wie es der Vorspann der Erzählung formuliert: „Tugend ist nie Plan, sondern Ausführung schwieriger Plane" (II, 356). Gerade bei dieser Bewährungsprobe ist der junge Intellektuelle Zerbin gescheitert, dessen Autonomie-Ideal sich als eine Form von Egoismus erwiesen hat und der nicht fähig war, seine „Konkupiszenz" immer weiter zu steigern. Sein Schicksal bietet so den Stoff einer „moralischen Erzählung" neuer Art, die in ihrer Konsequenz Marmontels gefälliges Modell weit hinter sich läßt, nicht zuletzt, weil in ihr das sensualistisch-materialistische Menschenbild mit Lenz' strengem, vom Pietismus geprägten Sittlichkeitsideal konfrontiert wird. Wenn letzten Endes in *Zerbin* der moraltheologische Standpunkt eindeutig zum Sieg kommt, so zeigt die Erzählung auch, wie sehr die vom Materialismus vermittelte Kenntnis des Menschen und seiner Situation in der Welt in Betracht gezogen werden muß. Ja, die darin vertretene Moraltheologie ergibt sich geradezu aus der Integrierung und Überwindung der materialistischen Anthropologie.

Ständebild und Ständekritik in Lenzens sozialen Dramen „Der Hofmeister" und „Die Soldaten"

I.

„Komödie ist Gemälde der menschlichen Gesellschaft, und wenn die ernsthaft wird, kann das Gemälde nicht lachend werden."[1] Dieser bekannte Satz aus Lenzens Selbstrezension seines *Neuen Menoza* kann die Stichworte „Ständebild" und „Ständekritik" erläutern helfen. In der ersten Hälfte des Satzes meint „Komödie" alle Dramenformen des 18. Jahrhunderts außer der hohen Tragödie, von der satirischen Verlachkomödie über das rührende oder weinerliche Lustspiel bis zum bürgerlichen Trauerspiel,[2] d. h. alle dramatischen Gattungen, in denen der breite bürgerliche Mittelstand des 18. Jahrhunderts die Hauptrolle spielt, ein Stand, der sich nach oben gegen den Adel und nach unten gegen Handwerker und Bauern abgrenzt. Mit „Gemälde" übersetzt Lenz das französische „tableau", einen Grundbegriff Diderots, den dieser in seinen beiden Familiendramen *Der natürliche Sohn* und *Der Hausvater* exemplifiziert und in der beigefügten dramentheoretischen Abhandlung *Dorval et moi* (1757) näher erläutert hat.[3] Diderot versteht — im Unterschied zu Lenz — unter „tableau" das Gemälde einer Familie, deren Mitglieder dem Mittelstand angehören, aber noch nicht als Bürger in öffentlich-politischer

---

1   Jakob Michael Reinhold Lenz: Rezension des Neuen Menoza von dem Verfasser selbst aufgesetzt. In: S. Damm (Hrsg.): Jakob Michael Reinhold Lenz: Werke und Briefe, 3 Bde., Bd. 2, München, Wien 1987, S. 703 (fortan zitiert: WuB, II, 703).

2   Zu diesem weiten Komödienbegriff vgl. Heinz Otto Burger: J. M. R. Lenz: „Der Hofmeister". In: H. Steffen (Hrsg.): Das deutsche Lustspiel, 1. Teil, Göttingen 1968, S. 51 f.; Eva Maria Inbar: Shakespeare in Deutschland. Der Fall Lenz, Tübingen 1982, S. 66; Stefan Pautler: Jakob Michael Reinhold Lenz. Pietistische Weltdeutung und bürgerliche Sozialreform im Sturm und Drang, Gütersloh 1999, S. 212.

3   Denis Diderot: Dorval et moi. Entretiens sur le Fils naturel (1757), übers. v. Lessing: Das Theater des Herrn Diderot (1760). In: Lessings Werke, 8. Teil, Berlin, Stuttgart o. J., S. 282. Zu Diderots „tableau"-Begriff vgl. Peter Szondi: Tableau und coup de théâtre. Zur Sozialpsychologie des bürgerlichen Trauerspiels bei Diderot. Mit einem Exkurs über Lessing. In: J. Bollack (Hrsg.): Peter Szondi: Lektüren und Lektionen. Versuche über Literatur, Literaturtheorie und Literatursoziologie, Frankfurt a. M. 1973, S. 13–43.

Position zu anderen Ständen stehen, sondern nur als Privatpersonen ihre Tugenden, Pflichten und Fehler innerhalb der Familie demonstrieren.[4] Wenn dabei Diderot die Rolle des „Hausvaters" zum „allgemeinen Beruf der Menschen"[5] erklärt, wird deutlich, daß er gerade im häuslich-privaten Personal seiner Dramen den Menschen schlechthin vertreten sieht, das somit die Stelle einnimmt, die bisher den hohen Standespersonen vorbehalten war. Lenz spricht nicht vom Gemälde einer Familie, sondern vom „Gemälde der menschlichen Gesellschaft", meint also die Darstellung der Konstellation *verschiedener* Stände, und in dieser Differenz wird die thematische Erweiterung des bürgerlichen Dramas von den 50er zu den 70er Jahren deutlich.

In formal-stilistischer Hinsicht jedoch stimmen die „Gemälde" bei Diderot und Lenz bereits in wichtigen Punkten überein. Denn vom neuen Drama fordert Diderot, es müsse „dem gemeinen Leben so nahe als möglich kommen"[6] und „die Menschen so [...] schildern, wie sie sind".[7] Dementsprechend stattet er in seinen beiden Familiendramen zum einen die Räume reichlich mit Mobiliar und Requisiten aus, um Milieu und Lebensstil seiner Personen unmittelbar zu veranschaulichen, zum anderen legt er die seelischen Regungen seiner Figuren durch genaue Regieanweisungen zu Haltung und Bewegung, Mienenspiel und pantomimischer Gebärdensprache, zu Rede, Stammeln und Schweigen bis ins Kleinste fest.[8] Nur so, meint Diderot, könnten „Wahrheit" und „Natur" auf der Bühne adäquat wiedergegeben werden.[9] Es ist die wohl früheste Idee eines naturalistischen Theaters, die hier ein häuslich-privates Ständebild detailliert und nuancenreich schattieren will, eine Idee, die erst in den 70er Jahren von einigen Vertretern des Sturm und Drang, und hier zuerst von Lenz, wieder aufgegriffen und weiterentwickelt wird.

Die zweite Hälfte des eingangs zitierten Satzes („und wenn die [sc. menschliche Gesellschaft] ernsthaft wird, kann das Gemälde nicht lachend werden") deutet mit dem Verbum „werden" eine wichtige historische Veränderung an. Im Umkehrschluß heißt das zunächst: Bevor die Gesellschaft ernsthaft wurde, war ein lachendes Gemälde von ihr möglich. Dies gilt für die satirische Komödie, die seit Christian Weise und Christian Reuter spezifische Laster der Bauern und Bürger aufs Korn

4   Vgl. Diderot (wie Anm. 3), S. 285–287.
5   Ebenda, S. 303.
6   Ebenda, S. 274.
7   Ebenda, S. 291.
8   Vgl. ebenda, S. 242–245, 253 f.
9   Ebenda, S. 258.

nimmt und später bei Johann Ulrich von König auch den Adel nicht verschont.[10] Immer aber ist es nur punktuelle Satire, ihre Karikaturen werden revueartig in einer losen Folge von Situationen aneinandergereiht, manchmal wird die Kritik gar nicht szenisch gestaltet, sondern nur gesprächsweise formuliert. Aber selbst in Johann Christian Krügers Lustspiel *Die Candidaten* (1748), wo bereits die ‚Guten' dem Bürgertum, die ‚Schlechten' dem Adel angehören, wird diese früheste gesellschaftskritische Konfrontation zweier Stände durch einen Wirrwarr sich durchkreuzender Intrigen fast noch überdeckt.[11]

Erst zu Beginn der 70er Jahre kann die in der Realität sich anbahnende und eskalierende Konfrontation der Stände, nämlich des Adels und des Bürgertums, auch in der Literatur mit zunehmender Schärfe dargestellt werden. Die „menschliche Gesellschaft" wird „ernsthaft", d. h. sie gerät in eine säkulare Krise, und ihr ebenso ernsthaft werdendes „Gemälde" ist nicht mehr als „lachende" Komödie, sondern nur als bürgerliches Trauerspiel möglich. Das erste Beispiel dafür, Lessings *Emilia Galotti* (1772), übt bereits schneidende Kritik an der selbstherrlichen Willkür des absoluten Fürsten und heroisiert zugleich die bürgerliche Gesinnung einer Adelsfamilie, wobei höchstens versteckte Kritik am Zurückschrecken Odoardos vor dem Fürstenmord spürbar wird. Entgegen Lessings Versicherung ist diese „bürgerliche Virginia"[12] ein eminent politisches Stück, und seine außerordentliche Wirkung ist nicht zuletzt in einem neuen Zusammenspiel von Ständebild und Ständekritik begründet. Lessing verbindet seinen entschiedenen Angriff auf den Ersten Stand mit den dramaturgischen Errungenschaften Diderots: Differenzierte Mimik und Gestik, andeutendes und erregtes Sprechen oder Verstummen helfen, die Charaktere auf beiden Seiten konturenscharf und doch auch schattierend zu zeichnen, so daß der Ständekonflikt nicht als Schwarzweiß-Antithetik, sondern als tragische Begegnung mit der Liebenswürdigkeit als Gefahr, mit der Verführung als „wahrer Gewalt"[13] glaubwürdig und lebensnah in Erscheinung tritt.

---

10 Vgl. Walter Hinck: Das deutsche Lustspiel des 17. und 18. Jahrhunderts und die italienische Komödie. Commedia dell' arte und théâtre italien, Stuttgart 1965, S. 136 bis 141, 145–153, 164.

11 Vgl. ebenda, S. 250–253.

12 Lessing an Friedrich Nicolai, 21. 1. 1758. In: H. G. Göpfert (Hrsg.): Gotthold Ephraim Lessing: Werke, Bd. 2, München 1971, S. 702; vgl. auch Lessing an Herzog Karl von Braunschweig, Anfang März 1772. In: Ebenda, S. 707 f.

13 Lessing: Emilia Galotti V,7. In: Ebenda, S. 202.

II.

Lessings scharfe Kritik am Mißbrauch der ständischen Ordnung erfährt in der gleichzeitig einsetzenden Dramatik des Sturm und Drang ein vielfaches Echo. Am frühesten meldet sich Lenz zu Wort, im Grunde auch noch unabhängig von Lessing, da er sein erstes soziales Drama, den *Hofmeister,* wohl schon in der Königsberger Studentenzeit entwirft und es spätestens Ende 1771 in Straßburg niederzuschreiben beginnt.[14] Lenz geht thematisch einen wichtigen Schritt über Lessing hinaus und schafft damit das Muster für alle anderen sozialen Dramen seiner Altersgenossen. Lenz behandelt nicht mehr den Gegensatz zwischen Hof und adeligen Vertretern des Mittelstandes, sondern die Spannung innerhalb des Mittelstandes selbst, zwischen (niederem) Adel und Bürgertum, dem er selbst angehört. Weder bearbeitet Lenz in seinen sozialen Dramen eine alte Geschichte in moderner Einkleidung noch läßt er seine Stücke in einem fremden Land spielen (wie Lessing in *Emilia Galotti*). Vielmehr wählt er seine Stoffe und Motive aus dem eigenen Erlebnis- und Erfahrungsbereich und beurteilt die dramatisierten Geschehnisse aus seiner Perspektive von unten. Denn er will, wie er im Zusammenhang der *Soldaten* ganz im Sinne Diderots schreibt, „die Stände darstellen, wie sie sind", und „nicht, wie sie Personen aus einer höheren Sphäre sich vorstellen". Darum sind seine Stücke allesamt „Gemälde, aus meinem Leben heraus gehoben".[15] Sowohl die erboste Reaktion seiner Familie auf den *Hofmeister*[16] als auch Lenzens Sorge, eine vorzeitige Publikation der *Soldaten* könne das Straßburger Urbild der Mariane kompromittieren,[17] beweisen, daß die vom neuen sozialen Drama geforderte „Lebensnähe" in erhöhtem Maße für Lenzens Stücke zutrifft. Dieses Spezifikum, daß Lenz seine sozialen Dramen aus eigener Erlebnis- und Urteilsperspektive gestaltet, lassen Ständebild und Ständekritik als eng zusammenhängend erscheinen. So enthält allein schon die detaillierte Zeichnung der Charaktere, ihres Verhaltens, ihrer Gestik und ihrer Sprache die Kritik[18] mit, unabhängig davon, inwieweit diese Kritik von einzelnen Figuren explizit vorgetragen wird.

---

14 Vgl. WuB, I, 708.
15 Lenz an Sophie von La Roche, Juli 1775. In: WuB, III, 325 f.
16 Vgl. WuB, I, 709.
17 Vgl. Lenz an Herder, Ende März 1776. In: WuB, III, 416.
18 Zu dieser Kritik durch Sprache und Verhaltensweise der Figuren vgl. Walter Hinderer: Gesellschaftskritik und Existenzerhellung: „Der Hofmeister" von Jakob Michael Reinhold Lenz. In: Ders.: Über deutsche Literatur und Rede. Historische Interpretationen, München 1981, S. 66–94; hier S. 83 f.

Im *Hofmeister* wird die Lebensnähe des Ständebildes durch doppelte
Differenzierung erreicht: Zum einen reicht die Skala vom Landadel bis
zum akademischen Bürgertum, von den Studenten und Philistern der
Universitätsstädte bis zum Dorfschulmeister und den Bauern. Zum andern ist jeder dieser Stände durch mehrere Personen vertreten, deren
höchst unterschiedliche Charaktere bei jedem Stand positive und negative Seiten erkennen lassen. So steht dem aufgeklärten Geheimen Rat von
Berg, der als Gegner des Hofmeisteramtes seine Söhne in öffentliche
Schulen schickt (I,2; II,1), die Majorsfamilie gegenüber, die ganz in den
Konventionen des eigenen Standes befangen ist, ihren Hofmeister Läuffer als Domestiken behandelt und ihre Tochter Gustchen möglichst
hoch verheiraten will (I,3; II,6). Diese wiederum spielt als verzärteltes
Vatertöchterchen sowohl mit ihrem Freund Fritz von Berg als auch mit
dem Hofmeister ein Romeo-und-Julia-Theater (I,5; II,5). Sie parodiert
das bürgerliche Trauerspiel, wenn sie nach der Geburt ihres mit Läuffer
gezeugten Kindes in sentimentaler Vaterbindung sich in den Tod stürzen
will (IV,4). Um so positiver erscheint der Adlige Fritz von Berg in seiner
unverbrüchlichen Treue zu Gustchen wie auch zu seinem Schulkamera-
den und Kommilitonen Pätus: Ganz im Sinne seines Vaters erzieht er
seinen bürgerlichen Freund zu bürgerlich-tugendhafter Gesinnung (IV,6)
und bewährt diese selber in der verzeihenden Liebe zu Gustchen und der
großmütigen Annahme ihres Kindes (V,12).

Ähnlich kontrastreich wird das Bürgertum gezeichnet. Pastor Läuffer
sieht im Hauslehrerstand den notwendigen Umweg des akademischen
Bürgers zu Amt und Würden und verwirft die Reformvorschläge des
Geheimen Rats als Utopie (II,1). Umgekehrt bestätigt sein Sohn durch
sein Verhalten das entwürdigende Dasein eines Hofmeisters: Gegen
seine Herrschaft kratzfüßig-schmeichlerisch (I,3), beklagt er gegenüber
andern sein trauriges Los (II,1, III,4), fühlt sich als „Sklave im betreßten
Rock" und sehnt sich nach der „güldenen Freiheit".[19] Trotzdem nimmt
er die „Mühseligkeiten" seiner gegenwärtigen Situation in Kauf, um sich
die „Aussichten" der bürgerlichen Laufbahn „in eine selige Zukunft"
nicht zu verscherzen.[20] Doch von seiner Schülerin als Objekt ihrer Spiel-
laune verführt und erniedrigt, wird er aus dieser Bahn geworfen und
sieht nur noch die Zukunft eines Dorfschulmeisters vor sich, verkörpert
in der Gestalt des kauzigen Wenzeslaus, der zwar als selbstbewußter
Vertreter des Bürgerstandes den Übergriffen des Adels mit scharfen
Invektiven entgegentritt (III,2, IV,3), jedoch die Freiheit, sein „eigner

---

19 Lenz: Der Hofmeister III,4. In: WuB, I, 83.
20 Lenz: Der Hofmeister II,1. In: WuB, I, 60.

Herr"[21] zu sein, nur um den Preis eines kärglichen, bedürfnislosen Lebens unter Bauern hat erlangen können. Aber nicht einmal der gesellschaftliche Abstieg genügt Läuffer als Buße für seine Überschreitung der Standesschranken. Mit der Selbstentmannung des Hofmeisters als vermeintlich gerechter Strafe verliert nun freilich das bürgerliche Ständebild jede Lebensnähe: Das Bürgertum greift sich selber an und führt seine Moralvorstellung ad absurdum.[22] Realitätsnäher bleiben die Studentenszenen in ihrer ausgelassenen Turbulenz und die damit verbundene Rehaar-Handlung, die das Hauptthema der *Soldaten* auf untragische Weise vorwegnimmt, wenn der bürgerliche Student Pätus am Ende (V,2) verspricht, die durch ihn kompromittierte Jungfer Rehaar zu heiraten und sie damit zu rehabilitieren, und wenn zugleich (V,5.7) der Geheime Rat dieses Bürgermädchen vor den Nachstellungen eines jungen Adeligen schützt.

Dieser bunte Knäuel positiver und negativer, ernstzunehmender und lächerlicher, vernünftiger und verschrobener Charakterzüge und Verhaltensformen, die sich auf alle hier gezeichneten Stände verteilen und keinen Stand mit Kritik verschonen, konnte das Stück nur durch den Salto mortale einer dreifachen Hochzeit lösen (V, 10.12), wobei die Verbindung Läuffers mit dem naiv aufstiegswilligen Bauernmädchen Lise abstruse Züge annimmt. Lenz wollte auch hier „komisch und tragisch zugleich schreiben"[23], doch haben sich ihm im *Hofmeister* alle tragischen Ansätze ins Groteske verkehrt. So wird dieses Stück ein Abbild jenes „Mischmasch[es] von Kultur und Rohigkeit, Sittigkeit und Wildheit",[24] wie Lenz mit Blick auf sein Publikum die zeitgenössische Gesellschaft skizzierte.

III.

Demgegenüber hat Lenz in seinem zweiten sozialen Drama, den *Soldaten* (entstanden 1774/75, Erstdruck 1776), die auch hier auftretende Vielzahl von Personen viel übersichtlicher auf zwei Lager verteilt: auf den adeligen Offiziersstand und das städtische Bürgertum. Mit ihrer Konfrontati-

---

21 Lenz: Der Hofmeister III,4. In: WuB, I, 84.

22 Anders, nämlich als „Logik der Unterdrückten", deutet diesen Selbstangriff Gert Mattenklott: Melancholie in der Dramatik des Sturm und Drang, Stuttgart 1968, S. 161.

23 J. M. R. Lenz: Rezension des Neuen Menoza von dem Verfasser selbst aufgesetzt. In: WuB, II, 703.

24 Ebenda, 703 f.

on gestaltet er ein eindeutig tragisches Geschehen, das dieses Stück als
einziges bei Lenz zum bürgerlichen Trauerspiel qualifiziert.

Vorbedingung dafür ist ein konturenscharfes Gegenüber der beiden
Stände. Dies erreicht Lenz zum einen dadurch, daß er in den Soldaten-
szenen, die im Kaffeehaus, in Clubräumen und Salons spielen, die intri-
gante und verächtliche Gesinnung der Garnisonsoffiziere gegenüber den
bürgerlichen Soldaten, Vätern und Töchtern in einer Atmosphäre des
Müßiggangs und gegenseitiger brutaler Fopplust zum Ausdruck bringt.
Zum andern schärft Lenz die Konturen seines Ständebildes, wenn er die
Bürgerwelt, umgeben vom Interieur ihrer engen Zimmer, Kammern und
Hausflure, vor allem in ihrer unsicheren, oft widersprüchlichen Haltung
gegenüber dem Adel zeichnet. Prototyp dafür ist der Galanteriewaren-
händler Wesener, der zuerst den standesbewußten strengen Vater gegen
seine Tochter Mariane und den sie umwerbenden Baron Desportes her-
vorkehrt (I,3.5), bald aber diese ablehnende Haltung aufgibt und in der
Hoffnung auf einen gesellschaftlichen Aufstieg seiner Tochter ihr den
verhängnisvollen Rat gibt, ihre Beziehung zu Desportes vorsichtig zu
pflegen (I,6). Damit wird Wesener mitschuldig am Schicksal seiner Tochter, der gesellschaftliche Ehrgeiz des Bürgers zur Mitursache des Unter-
gangs der eigenen Familie.

Gegen solche Widersprüchlichkeit vermag auch Marianens Verlobter,
der Tuchhändler Stolzius, nichts auszurichten, der geradsinnig die Mo-
ralgrundsätze seines Standes vertritt. In seiner Figur klagt das Stück am
schärfsten und unmittelbarsten den adeligen Offiziersstand an, denn von
der Ehelosigkeit der Soldaten als milderndem Umstand ist hier nirgends
die Rede (III,2, V,3). Aber Stolzius kann seine Mariane nur noch durch
Mord an ihrem Verführer rächen, muß sich dabei aber selbst vernichten,
ohne seine Braut vor dem Verderben retten zu können.

Die Wende zu dieser Katastrophe hatte schon die zweite und letzte
Begegnung Marianens mit Desportes verdeutlicht. In dieser vielschichtigen Szene (II,3) gelingt es dem adeligen Verführer, die Bindung Marianens an ihren bürgerlichen Verlobten endgültig zu lösen. Mit einer dramaturgischen Meisterschaft ohnegleichen, die weit über die
Vorstellungen Diderots hinausgeht, verwandelt Lenz den anfänglichen
Streit um einen Brief an Stolzius in eine mehr und mehr wortlose Gestik
des Balgens und Kitzelns, schließlich des Jagens und Fangens durch die
Wohnung Weseners bis zum Gejauchz und Geschäker im Off des Ne-

benzimmers. Er demonstriert damit Desportes' frivole Eroberung des
Bürgerhauses und zugleich die vorbehaltlose Zustimmung Marianens.[25]

Nach der Flucht des den Bürgern finanziell und moralisch Verschul-
deten versucht das Drama zunächst noch mit der erzieherischen Fürsorge der Gräfin La Roche für die unglückliche Mariane eine Art Ehrenret-
tung des Adels, läßt aber dann diese pädagogischen Bemühungen vor der
Gewalt des Herzens scheitern (III,9, IV,3). Zudem wird das Bild des
Adels von Desportes' nunmehr brutalem und gewissenlos-verleum-
derischem Reden und Handeln gegen Mariane verdunkelt (V,3). Wenn
am Ende Wesener und seine Tochter als die verlassenen Bürger auf
verschiedenen Wegen den adeligen Verräter ihres Glücks suchen, finden
sie nicht ihn, sondern sich selbst – als Unbehauste auf der Straße (V,4).
Die Gestik des Sich-Wälzens „halb tot auf der Erde"[26] ist das unvergeß-
liche Bild der von ihrem Standesschicksal tragisch Verführten und Gezeichneten. Vielleicht will es zugleich andeuten, daß diesen beiden tief
Erniedrigten, aber noch im Elend sich fest Umklammernden nicht mehr
ihr Stand, wohl aber ihre Liebe zueinander ein Überleben wird möglich
machen.[27]

Es ist offensichtlich, daß diese symbolkräftige Gestik den Schluß der
Tragödie bildet und nicht das noch angehängte Gespräch zwischen Gräfin La Roche und Graf von Spannheim über die mögliche Lösung des
Konflikts durch Soldatenweiber (V,5). Abgesehen davon, daß durch
solche speziellen Reformen allein weder die „zerrüttete Gesellschaft"
„wieder aufblühen" noch „Fried und Wohlfahrt aller und Ruh und Freude sich untereinander küssen" würden,[28] will dieses Trauerspiel kein
Programmstück für bestimmte soziale Probleme sein, sondern die Brü-
chigkeit der sittlichen Ordnung in den beiden wichtigsten Ständen der
damaligen Gesellschaft erweisen, ohne an eine Veränderbarkeit dieser
Zustände zu glauben.[29]

---

25 Vgl. meine ausführliche Interpretation dieser Szene in: Neue Szenenkunst in Lenzens
    Komödie „Die Soldaten". In: Etudes Germaniques 52 (1997) 1, S. 99–111; auch in:
    Günter Niggl: Studien zur Literatur der Goethezeit, Berlin 2001, S. 47–62.

26 WuB, I, 245.

27 Von der Zweideutigkeit dieses Schlußbildes spricht auch Edward McInnes: „Kein
    lachendes Gemälde". Beaumarchais, Lenz und die Komödie des gesellschaftlichen
    Dissens. In: K. A. Wurst (Hrsg.): J. R. M. [!] Lenz als Alternative? Positionsanalysen
    zum 200. Todestag, Köln 1992, S. 130 ff.

28 WuB, I, 246. Daß die am Schluß des Stückes vorgeschlagenen Reformen nichts am
    bestehenden Gesellschaftszustand ändern würden, betont schon Edward McInnes:
    Jakob Michael Reinhold Lenz. Die Soldaten. Text, Materialien, Kommentar, Mün-
    chen, Wien 1977, S. 106.

29 Vgl. aber Volker Demuth: Realität als Geschichte. Biographie, Historie und Dichtung
    bei J. M. R. Lenz, Würzburg 1994, S. 267; und Pautler (wie Anm. 2, S. 46), die vom

IV.

Hatte Lenz im *Hofmeister* den moralischen Mischmasch der zeitgenössischen Sozietät bis ins Groteske und Absurde gesteigert, so läßt er in den *Soldaten* die Überschreitung der Standesgrenzen durch beide Lager tragisch enden und übt so zwischen den Zeilen Kritik am beiderseitigen Mißbrauch der ständischen Ordnung. Bezeichnend für Lenz ist, daß er in beiden Stücken alle Stände gleichermaßen kritisiert, aus größerer Distanz als die anderen Stürmer und Dränger die Gesellschaft beobachtet und beurteilt. Resultat dieser Objektivität ist ein schärferer Pessimismus, die Heilbarkeit der gesellschaftlichen Misere betreffend. Deshalb wirken seine konkreten Verbesserungsvorschläge innerhalb oder im Anschluß an seine Stücke wie ironische Kommentare, die zu dem parodistisch-grotesken oder aber tief tragischen Geschehen dieser Dramen in einem merkwürdigen Gegensatz stehen.[30]

"sozialpragmatischen Appellcharakter" bzw. von der "gesellschaftspolitischen Reformthematik" auch des Stückes selbst (mit oder ohne Schlußszene V,5) sprechen.

30 Die Diskrepanz zwischen Lenzens Reformvorschlägen und der poetischen Vergegenwärtigung der Gesellschaftswirklichkeit in seinen sozialen Dramen behandelt eingehend Klaus R. Scherpe: Dichterische Erkenntnis und "Projektemacherei". Widersprüche im Werk von J. M. R. Lenz, in: Goethe-Jahrbuch 94 (1977), S. 206–235; vgl. auch McInnes (wie Anm. 28), S. 106; Hans-Gerd Winter: J. M. R. Lenz, Stuttgart 1987, S. 72.

ANGELA SITTEL

Schatzfund oder Lotteriegewinn?
Lenz' „Aussteuer" und Plautus' „Aulularia" im Vergleich

Jakob Michael Reinhold Lenz hat Plautus gelesen.

Der Leser

Wer kennt ihn, diesen, welcher sein Gesicht
wegsenkte von dem Sein zu einem zweiten,
das nur das schnelle Wenden voller Seiten
manchmal gewaltsam unterbricht?

Selbst seine Mutter wäre nicht gewiß,
ob *er* es ist, der da mit seinem Schatten
Getränktes liest. Und wir, die Stunden hatten,
was wissen wir, wieviel ihm hinschwand, bis

er mühsam aufsah: alles auf sich hebend,
was unten in dem Buche sich verhielt,
mit Augen, welche, statt zu nehmen, gebend
anstießen an die fertig-volle Welt:
wie stille Kinder, die allein gespielt,
auf einmal das Vorhandene erfahren;
doch seine Züge, die geordnet waren,
blieben für immer umgestellt.[1]

Lenz hat Plautus gelesen, zuerst und vor allem wohl in den Jahren 1772/1773.[2] *Wie* er ihn las, wissen wir nicht. Allerdings bereitete das Lesen Lenz *auch* eine „angenehme Laune".[3] Aus seiner Lektüre entstanden mehrere Verdeutschungen. Im folgenden wird versucht, anhand einiger Textbeispiele aus dem II. Akt der *Aussteuer* bestimmte Merkmale dieser produktiven Rezeption des Plautus durch Lenz hervorzuheben

---

1 Rainer Maria Rilke: Sämtliche Werke, hrsg. v. Rilke-Archiv in Verbindung mit R. Sieber-Rilke, bes. d. E. Zinn, Bd. 1, Frankfurt a. M. 1987, S. 636 f. – Das Gedicht stammt aus dem Jahre 1908. (Vgl.: August Stahl, Werner Jost, Reiner Marx: Rilke-Kommentar zum Lyrischen Werk, München 1978, S. 247.)

2 Zur Datierung vgl. Sigrid Damm (Hrsg.): Jakob Michael Reinhold Lenz: Werke und Briefe in drei Bdn., Frankfurt a. M., Leipzig 1992, Bd. 2, S. 845 (fortan zit. D.II).

3 Lenz: D.II, S. 77.

und zu zeigen, daß Lenz' Vorgehen beim Verdeutschen noch heute als ausgesprochen eigenständig angesehen werden kann.[4]

Wie meine frühere Darstellung[5] gezeigt hat, verdeutschte Lenz zu verschiedenen Zeiten seines Schaffens auf unterschiedliche Weise: Sein Vorgehen kann in zeitlicher Aufeinanderfolge jeweils als „freies Übersetzen", „Übertragen" und „Bearbeiten" bezeichnet werden.[6] Wie in jener Untersuchung wird auch in diesem Aufsatz eine vergleichende Gegenüberstellung von Original und Verdeutschung einiger ausgewählter Textpartien vorgenommen, wobei als Hilfe eine neuere deutsche philologische Übersetzung von W. Binder/W. Ludwig[7] dient. Das Hauptaugenmerk wird auf die Verdeutschung gelegt und zu deren Betrachtung wird das lateinische Original herangezogen. Ich beschränke mich in diesem Aufsatz vor allem auf die Figurendarstellung bei Plautus und bei Lenz; für einen detaillierten analysierenden Wort- und Satzvergleich bleibt hier wenig Raum. In diesem Rahmen werden Veränderungen ausführlicher behandelt als angleichende Übernahmen aus dem Original, da in jenen Lenz' spezielles Übersetzungsverfahren besonders deutlich zu erkennen ist.

Ich habe das Stück *Die Aussteuer*, eine Übertragung aus Lenz' 1774 veröffentlichtem Band *Lustspiele nach dem Plautus fürs deutsche Theater*, gewählt. Es wurde deshalb ausgesucht, weil hierzu vom II. Akt eine spätere Umarbeitung durch Lenz selbst vorliegt, welche mit der ersten Fassung dieses Teils der Übertragung verglichen werden kann, woraus sich möglicherweise Aufschluß darüber gewinnen läßt, ob Lenz auch beim „Übertragen" verschiedene Entwicklungsschritte vollzogen hat. Das dazugehörige Plautinische Original rezipierte Lenz vermutlich früh, und daß er es so ausführlich tat, mag auch damit zusammenhängen, daß Gotthold Ephraim Lessing zuvor eine Komödie mit dem Titel *Der Schatz* nach

---

4   Vgl. dazu insgesamt Angela Sittel: Jakob Michael Reinhold Lenz' produktive Rezeption von Plautus' Komödien, Frankfurt a. M. u. a. 1999, zugl. Hamburg, Univ., Diss., 1998 (fortan: Sittel: Diss.). – Jörn Albrecht erwähnt in seiner Untersuchung: Literarische Übersetzung. Geschichte – Theorie – Kulturelle Wirkung, Darmstadt 1998 Lenz' Übersetzungen nicht, wie er überhaupt „Theaterübersetzungen in diesem Buche nur am Rande" (ebenda, S. 209) berücksichtigt.
5   Vgl. Sittel: Diss. (wie Anm. 4).
6   Ebenda, S. 40 f.
7   Walther Ludwig (Hrsg.): Antike Komödien. Plautus/Terenz, Bd. 1/2, hrsg. u. m. e. Nachw. u. Anm. vers. v. W. Ludwig, Plautus in einer grundlegenden Neubearb. d. Übers. v. Wilhelm Binder (Stuttgart 1864 ff.) durch W. Ludwig, Terenz in der Übers. v. J. J. C. Donner (Leipzig, Heidelberg 1864), Darmstadt 1975, Bd. 1, S. 110–148. – Zu dieser philologischen Übersetzung, zur Textgrundlage und zu der von Lenz vermutlich verwendeten Plautus-Ausgabe vgl. Sittel: Diss. (wie Anm. 4), S. 50 ff., 54 f., Anm. 136.

Plautus' Komödie *Trinummus* verfaßt hatte, die in der Thematik teilweise dem hier gewählten Stück ähnelt und die Lenz mit Sicherheit bekannt war.[8]

Bei Plautus fand Lenz Euclio, den sog. Geizigen, der später u. a. durch Molière in dessen Komödie *L'Avare* zum zweiten Mal berühmt wurde.[9] Wer war Plautus und wer war dieser „Geizige"? Zunächst zu Plautus: Er hieß mit vollständigem Namen Titus Maccius Plautus und war ein Dichter von Komödien. Geboren wurde er in Sarsina um 250 v. Chr., gestorben ist er 184 v. Chr. in Rom. Er „übersetzte" in einem ihm eigenen Verfahren griechische Komödien zur Aufführung auf der Bühne ins Lateinische. Namen und Kostüme der Figuren blieben dabei jedoch griechisch und die Handlungen der Stücke spielten immer in einer griechischen Stadt, wurden also *nicht* vollständig „romanisiert". Von Plautus' Stücken sind einundzwanzig, z. T. fragmentarisch, erhalten. Diese fanden schon in der Antike viel Zuspruch.[10] Das europäische Lustspiel hat insgesamt von Plautus gelernt.[11] Den sog. Geizigen stellt Plautus in seiner Komödie *Aulularia*, „Topfkomödie", dar: Der arme Euclio findet in seinem Haus einen Topf mit Gold, hält diesen Fund geheim und lebt in großer Furcht, der Schatz könne ihm wieder genommen werden. Er bleibt sparsam wie vor dem Fund, um sich nicht verdächtig zu machen. Seine Tochter nun möchte er ohne Mitgift an den reichen Nachbarn Megadorus verheiraten. Der Sklave des Geliebten der Tochter aber findet unterdessen den Schatz und stiehlt ihn. Euclios Verzweiflung, als er den Diebstahl bemerkt, ist unermeßlich groß. Der an-

---

8 Zum frühen Zeitpunkt der Rezeption vgl. ebenda, S. 452. – Zu Lessings „Schatz" vgl. Volker Riedel: Lessing und die römische Literatur, Weimar 1976; Sittel: Diss. (wie Anm. 4), S. 167 ff. – In Lenz' „Aussteuer" und in Lessings „Schatz" tragen zwei Figuren den gleichen Namen: Einmal heißt der Liebhaber selbst, im anderen Fall dessen Freund „Leander". In Plautus' Texten haben diese Figuren andere Namen. Das weist darauf hin, daß Lenz selbst eine Parallele zwischen seiner und Lessings Verdeutschung gesehen haben dürfte und diese kenntlich machen wollte.

9 Zu Molières „L'Avare" vgl. Berthold Zilly: Molières „L'Avare". Die Struktur der Konflikte. Zur Kritik der bürgerlichen Gesellschaft im 17. Jahrhundert, Diss. phil. Berlin 1979; Sittel: Diss. (wie Anm. 4), S. 254 ff.

10 Zu Leben und Werk des Plautus vgl. Michael von Albrecht: Geschichte der römischen Literatur. Von Andronicus bis Boethius. Mit Berücksichtigung ihrer Bedeutung für die Neuzeit, Bd. 1/2, 2., verb. u. erw. Aufl., Darmstadt 1994, Bd. 1, S. 133 ff.; Sittel: Diss. (wie Anm. 4), S. 101 ff. – Zu Plautus' Übersetzungsverfahren vgl. Astrid Seele: Römische Übersetzer. Nöte – Freiheiten – Absichten. Verfahren des literarischen Übersetzens in der griechisch-römischen Antike, Darmstadt 1995 (bes. S. 11–13: „Antiker und moderner Übersetzungsbegriff").

11 Vgl. Walter Hinck: Das deutsche Lustspiel des 17. und 18. Jahrhunderts und die italienische Komödie. Commedia dell'arte und Théâtre italien, Stuttgart 1965.

schließende Schluß der Komödie ist nicht erhalten. Vermutlich läßt jedoch der Liebhaber der Tochter das Gold an Euclio zurückgeben und
dieser ändert seine vorherige Einstellung und gibt den Schatz der Tochter und deren Geliebten als Mitgift mit in die Ehe – ein glückliches Ende
wie in *allen* Plautinischen Komödien. Elisabeth Frenzel schreibt zu der
Figur des Euclio erläuternd:

> Euclios lächerliche Sparsamkeit, seine manische Verfolgungsangst, sein an Menschen
> feindlichkeit grenzendes Mißtrauen und seine durch Besessenheit ausgelöste Lieblo
> sigkeit gegenüber den Angehörigen werden zu unverlierbaren Zügen in der Geschich
> te des Motivs und tragen den Keim späterer Geizhalskomödien in sich.[12]

Einen Schatz zu finden, wie Euclio es tut, ist bis heute der Traum mancher Menschen, zu Reichtum und so zu Glück zu gelangen. Auch im
Märchen erscheint dieser Traum als Stoff. Auf solch einen Schatz deutet
Plautus in der Überschrift seiner Komödie hin. Bei Lenz wird das
Grundthema des *Lustspiels* im Titel ähnlich, aber doch anders benannt:
Hier geht es um eine „Aussteuer", eine Mitgift – diese wird nicht gefunden, sondern bewußt vergeben.[13] Im folgenden werden zunächst Lenz'
Verdeutschungen genauer untersucht, daran anschließend einige darauf
bezogenen Überlegungen angestellt.

---

12 Elisabeth Frenzel: Motive der Weltliteratur, Stuttgart 1976, S. 269.
13 Sowohl Plautus als auch Lenz lassen ihr Stück nun mit einem Prolog beginnen. Ähnlich wie bei Plautus wird der Zuschauer in Lenz' ursprünglicher Fassung der *Aussteuer*
    gleich zu Beginn der Aufführung in eine Art märchenhaftes Geschehen verwickelt:
    Ein „lar familiaris", ein Hausgott im Original, ein „Gnome" in der Verdeutschung
    sprechen die einleitenden Worte; bei Lenz sind sie gereimt – das einzige Mal innerhalb seiner *Lustspiele*. So ist der Bezug zum Bühnengeschehen in beiden Dramen von
    Anfang an ein gebrochener: Sowohl der „lar" als auch der „Gnome" kommen ja nicht
    aus der Menschenwelt. Es entsteht eine gewisse Distanz zwischen Bühne und Zuschauerraum. – Im Verlauf des Eingangsmonologs aber wird bei Lenz offenbar, daß
    das Vorgeführte bei ihm für eher wahrscheinlich und damit weniger märchenhaft als
    im Original gehalten werden kann: Denn bei Plautus wurde Euclios Tochter, wie der
    „lar" vermeldet, verführt, ohne ihren Verführer zu kennen. Kellers Tochter, die entsprechende Figur bei Lenz, Fiekchen mit Namen, kennt ihren Verführer hingegen
    sehr wohl. Und beim im Prolog, von Lenz neu formuliert, kommen deren Sorgen,
    Vorwürfe und Selbstvorwürfe, die *wirklich* sind, durch den Gnomen zur Sprache:
    „Räuber! Hätt' ich dich nie gekannt! / Denn mein letzter Juwel ist verpraßt / Nun bin
    ich Gott und Menschen verhaßt." (Lenz: D.II, S. 40) – Etwas Menschliches, ein Teil
    des Menschen selbst findet hier seinen Ausdruck im Bild des „Juwels" – und dem gegenüber steht jener „Räuber", der dieses „Juwel" geraubt hat: Der enge Zusammenhang von *Leben, Menschsein* und auf der anderen Seite *Besitz* wird also schon im Prolog
    von Lenz hervorgehoben. *Besitz zu nehmen* bedeutet hier gleichsam so viel wie *Leben zu
    beeinträchtigen.* – Zum Fortgang der Handlung an dieser Textstelle bei Lenz vgl. Sittel:
    Diss. (wie Anm. 4), S. 284.

Im II. Akt – die erste Fassung, in den *Lustspielen* veröffentlicht, nenne ich „Fassung A" –, ändert Lenz, wie insgesamt seinen Übertragungen, einiges am Dialog und an der Handlungsführung gegenüber dem Original: Schon formal zieht er mehrere Einzelszenen zu umfassenderen Szenen zusammen (II,2 + II,3 > II,2; II,4 + II,5 + II,6 > II,3) und läßt einige kleinere Szenen (II,7 und II,9) ganz fort. Im Zuge seiner Aktualisierung des Textes werden Namen, Schauplätze, Gegebenheiten des Alltagslebens, aber auch Gegenstände des seelisch-geistigen Lebens und der Religion in Lenz' eigene Zeit übertragen. Als etwa Euclio/Keller im Stück verkündet, die Hochzeit seiner Tochter solle noch am selben Tag stattfinden, antwortet seine Sklavin/Bedienste:

Plautus: St. Di bene vortant. verum ecastor non potest: subitum est nimis.[14]

Binder/Ludwig: Staphyla (aus dem Haus kommend): Verleihen die Götter Glück dazu! Allein das kann, / Beim Kastor, doch nicht sein, das wäre gar zu rasch.[15]

Lenz: Rebenscheit: Heute abend – heilige Mutter Gottes! Das ist unmöglich.[16]

Auffällig ist, daß Lenz verkürzt und zwar sinngemäß, aber nicht Wort für Wort verdeutscht. Zugleich ist die Aufeinanderfolge der geäußerten Gedanken in der Übertragung eine andere als im Original. Innerhalb des Gesprächs läßt Lenz einige Bemerkungen der Beteiligten ganz aus, so etwa Textpartien, die das Geschehen nicht vorantreiben, beispielsweise hier die bei Plautus zu findenden Bemerkungen über die Schlechtigkeit von Frauen im allgemeinen (vgl. P: Ernesti I, S. 105, V. 4–7; Bi/Lu: Bd. I, S. 115). Statt dessen *zeigt* Lenz im Spiel, *wie* charakterlich verdor-

---

14 M. Acci Plauti quae supersunt Comoediae cum commentario ex variorum notis et observationibus ex recensione Ioh. Frederici Gronovi accessere ex eiusdem lectionibus Plautinis notulae asterisco notatae cum praefatione Io. Augusti Ernesti, 2 vol. Lipsiae 1760, Bd. 1, V. 5, S. 111. – Zitate aus Plautus' „Aulularia" in Verbindung mit Lenz' Verdeutschung werden im laufenden Text nach der Abkürzung „Ernesti I" nachgewiesen. „Plautus" wird in Verbindung damit im laufenden Text mit „P" abgekürzt.

15 Ludwig (wie Anm. 7), S. 122. – Zitate aus der Übersetzung der „Aulularia" von Binder/Ludwig werden im laufenden Text nach der Abkürzung „Bd. I" nachgewiesen. „Binder/Ludwig" wird in Verbindung damit im laufenden Text mit „Bi/Lu" abgekürzt.

16 Lenz: D.II, S. 51. – Zitate aus Lenz' Übertragung „Die Aussteuer" werden im laufenden Text und in den Anmerkungen nach der Abkürzung „D.II" nachgewiesen. „Lenz" wird in Verbindung damit im laufenden Text und in den Anmerkungen mit „L" abgekürzt.

ben *eine einzelne Frau* sein kann, so gleich in Szene II,1: Frau Heup (bei
Plautus Eunomia), die Schwester des reichen Splitterling (bei Plautus
Megadorus), möchte ihren Bruder verheiratet wissen, wie sie in einem
längeren Monolog ausspricht. Als ihr Bruder erfährt, mit *welchem* Mädchen sie für ihn die Heirat wünscht – es soll 20 000 Gulden besitzen, still
und schön sein –, weiß der Zuschauer bei Lenz bereits, daß, nach der
Aussage eines Arztes gegenüber der Frau Heup, dieses Mädchen in spätestens zwei Jahren sterben wird. Vor dem Bruder verbirgt Frau Heup
aber natürlich die Berechnung ihres Vorhabens, welche in diesem Wissen
zum Ausdruck kommt – nämlich, daß dem Bruder nach dem Tode des
Mädchens dessen Mitgift und damit ein großer materieller Gewinn zufal-
len soll. Aber auch der Bruder Splitterling selbst ist nicht frei von dem
Gedanken an Materielles, denn als Frau Heup von der erwünschten Ehe
zu sprechen beginnt, sagt er sogleich „bei sich":

| L: | Splitterling *(bei Seite):* In der Tat die Großmut rührt mich. Da sie meine einzige Erbin ist – |
| | (D. II, S. 44.) |

Diese Problematik wird im Original so nicht dargestellt.[17] Bei Plautus
findet sich an entsprechender Stelle eine Wechselrede zweier Dialogpart-
ner um des bloßen Redens willen und ein spielerisches Allzu-Wörtlich-
Nehmen:

P:	Me. Da mihi, optuma foemina, manum.
	Eu. ubi ea est? quis ea / Est nam optuma?
	Me. tu.
	Eu. tune ais?
	Me. si negas, / Nego…
	(Ernesti I, V. 16–18, S. 105)

Bi/Lu:	Megadorus: Reiche mir, / Du vortrefflichste der Frauen, deine Hand.
	Eunomia : Wo ist, / Wer ist denn diese trefflichste?
	Megadorus: Du.
	Eunomia : Wirklich ich? /
	Megadorus: Willst du's nicht sein, so mach ich dich auch nicht dazu.
	(Bd. I, S. 115.)

Dennoch dürfte Lenz die *Idee* für seine Änderung, die zu der berechnen-
den Art der Frau Heup führt, von Plautus übernommen haben. Denn
dort äußert sich Megadorus im Gespräch mit seiner Schwester, als diese
ihm eine Ehe vorschlägt, dahingehend:

---

17 Vgl. auch Sittel: Diss. (wie Anm. 4), S. 329 f.

P: Me. ut quidem emoriar, priusquam ducam. / Sed his legibus, si quam
                      dare vis, ducam: quae / Cras veniat, perendie foras feratur, soror. /
                      His legibus quam dare vis, cedo, nuptias adorna.

                                        (Ernesti I, V. 32–35, S. 106.)

Bi/Lu: Megadorus: Lieber will ich sterben als / Zur Ehe mich bequemen.
                     Nur mit dem Beding / Will ich ein Weib heimführen, wenn du eine
                     weißt, / Die morgen kommt und gleich den Tag darauf als Leiche /
                     Hinausgetragen wird. Wenn du so eine weißt, / Bestelle gleich die
                     Hochzeit, Schwester.

                                        (Bd. I, S. 116.)

So hört es sich zunächst so an, als sei Megadorus bei Plautus von ebenso
schlechtem Charakter wie Lenz' Frau Heup. Aber im weiteren Verlauf
der Szene erfährt der Zuschauer bei Plautus, daß Megadorus' Worte dort
nicht ernst gemeint sind: Er *hat* schon eine Frau für sich zur Hochzeit
auserwählt, und zwar Euclios Tochter, und hat mit seinen verächtlichen
Worten lediglich eine von seiner Schwester vermittelte Ehe verhindern
wollen (vgl. P: Ernesti I, V. 48–52, S. 107; Bi/Lu: Bd. I, S. 117). – Anders ist bei Lenz die moralische Schlechtigkeit der Frau Heup durchaus
echt: Als Splitterling seiner Schwester eröffnet, er wolle entgegen ihren
Wünschen ein armes Mädchen ehelichen, und zwar die Tochter des
Herrn Keller, ist Frau Heup der Ansicht, ihr Bruder sei betrunken, und
geht ab (vgl. L: D. II, S. 45 f.). Im trunkenen Zustand zu sein bedeutet
eine Einschränkung der Denkfähigkeit, und Betrunkene sind ihrer selbst
nicht ganz mächtig. Diese Assoziationen legt der Plautinische Text *nicht*
nahe. In der Übertragung aber wird Frau Heup als eine wahrhaft „nüch-
tern" ihren Verstand gebrauchende Figur dargestellt, die noch nach-
denkt, als Plautus' Eunomia es schon nicht mehr tut. Frau Heup handelt
mitleidlos.

In der Szene II,2 übernimmt Lenz von Plautus das Handlungsgefüge
im allgemeinen, verändert aber den Schluß: Beide, Euclio wie Keller, sind
bereits mißtrauisch, als Megadorus bzw. Splitterling sie vor ihrem Haus
nach ihrem Wohlbefinden befragen, und beide Figuren verdächtigen ihre
Sklavin/Bediente, etwas von dem Schatz verraten zu haben, weshalb sie
dann auch beide während der Unterredung mit dem Nachbarn ins Haus
laufen und das Versteck des Schatzes überprüfen. Als der Nachbar jeweils fragt, für was für einen Menschen Euclio/Keller ihn wohl halte,
werden Euclio/Keller wiederum mißtrauisch, und endlich, als die Rede
auf die Verheiratung der Tochter kommt, verwenden beide, Euclio wie
Keller, ein ähnliches sprachliches Bild, um zu veranschaulichen, welch
trauriges Ende es bei einem verwandtschaftlichen Zusammenschluß
eines reichen mit einem armen Mann geben werde (vgl. P: Ernesti I, V.

49–58, S. 109 f.; Bi/Lu: Bd. I, S. 120; L: D.II, S. 48). Nachdem sie sich
noch einmal darüber ausgetauscht haben, daß Euclio/Keller dem
Megadorus/Splitterling auch wirklich nichts „mitzugeben" (L: D. II, S.
49) habe, kommt man in beiden Dramen darüber ein, daß die Hochzeit
noch am selben Tag stattfinden solle. Bei Plautus geht Megadorus nun
mit seinen Sklaven ab zum Markt, um Einkäufe zu tätigen, und Euclio
spricht die letzten Worte der Szene: Sein Mißtrauen ist nicht vergessen,
er glaubt, daß Megadorus von dem Schatz weiß und nur deshalb seine
Tochter zur Frau wünscht (vgl. P: Ernesti I, V. 87–89, S. 111; Bi/Lu: I,
S. 122). Bei Lenz dagegen ist es jetzt Keller, der zum Einkaufen auf den
Markt gehen will und die letzten Worte der Szene spricht seine alte
Magd. Diese weiß von der Verführung der Tochter: Sie denkt laut über
Fieckchens „Schande" nach und darüber, daß diese bald nicht länger
geheimgehalten werden könne (vgl. L: D.II, S. 51). Ihr Mitleid mit der
jungen Frau läßt die Szene bei Lenz anders enden als im Original, nämlich mit erhöhter Spannung auf den weiteren Verlauf des Geschehens;
daß die Sklavin Staphyla bei Plautus über das Unglück der Tochter
spricht, hört und sieht man im Original erst im folgenden Abschnitt.
Hier entsteht also nicht wie bei Lenz ein „Spannungsbogen" über das
Szenenende hinweg (vgl. P: Ernesti I, V. 7–12, S. 111; Bi/Lu: Bd. I, S.
122 f.).[18] Lenz *rafft* das Geschehen, wenn er auch die Grundhandlung
beibehält, und es fehlen hier erneut bestimmte Äußerungen der Figuren,
die vom Hauptgeschehen ablenken, dieses gleichsam nur kommentieren
(vgl. z. B. P: Ernesti I, V. 68–71, S. 110; Bi/Lu: Bd. I, S. 121).

Anschließend unterhalten sich im Original wie in der Übertragung die
Köche, die das Hochzeitsmahl bereiten sollen, und die Sklaven/Bedien-
ten des Bräutigams über den offensichtlichen Geiz des Hausvaters Eu-
clio/Keller. Die alte Sklavin/Bediente versucht noch, den Köchen den
Zutritt zum Haus zu verweigern, aber ohne Erfolg. Sowohl im Original
als auch in der Übertragung dient dieser Abschnitt vor allem der Belusti-
gung des Zuschauers. Lenz übernimmt die sprachlichen Bilder und Poin-
ten fast ausnahmslos, aber er aktualisiert sie oder verändert sie geringfügig, etwa, indem er an Stelle von „praetor", „Prätor", jetzt „Stadtvogt"
und an Stelle von „pulmentum", „Brei", nun „Keucheln" (Kücken) setzt
(vgl. P: Ernesti I, V. 37–40, S. 113; Bi/Lu: Bd. I, 124; L: D.II, S. 52).

Es folgt ein Monolog von Euclio/Keller in einer Einzelszene (vgl. P:
Ernesti I, S. 116 f.; Bi/Lu: Bd. I, S. 127 f.; L: D.II, S. 53 f.). Bei Plautus
hat Euclio in seinem Geiz lediglich ein wenig Weihrauch und Blumen-
kränze gekauft (vgl. P: Ernesti I, V. 15–17, S. 116; Bi/Lu: Bd. I, S. 127).

---

18 Solche „Spannungsbögen" baut Lenz durch eine Veränderung des Szenengefüges
auch an anderen Textstellen auf; vgl. Sittel: Diss. (wie Anm. 4), S. 368 ff.

Als Hochzeitsgeschenk für seine Tochter bringt er weiter nichts mit als eine Gabe für den Hausgott. Bei Lenz trägt Keller einen Blumenstrauß bei sich. Lenz betont dieses Detail durch eine neu eingefügte Regieanweisung. Als der Zuschauer sieht, daß Keller „*einen Blumenstrauß in der Hand, …*" (L: D.II, S. 53) trägt, hat das Gebinde noch einen gewissen Wert. Man muß annehmen, daß der Vater tatsächlich seiner Tochter liebevoll zugewandt ist und ihr eine Freude bereiten möchte. Als aber gegen Ende der Szene bei Keller der Verdacht aufkommt, jemand vergriffe sich an seinem Schatz – denn die Haustür steht offen (vgl. L: D.II, S. 54) –, ist der gute Vorsatz, wenn es denn einer war, sofort vergessen und laut Regieanweisung „wirft" Keller den Strauß „hinein" (L: D.II, S. 54), ohne zu bedenken, daß er ihn damit zerstört. Der Gedanke an sein eigenes Wohl hat also wieder die Überhand gewonnen gegenüber dem Gedanken, etwas für andere zu tun. So *steigert* Lenz die Wirkung des Geschehens durch die Umformung von Einzelheiten, welche zwar schon bei Plautus vorhanden sind, aber erst in der Veränderung einen bestimmten Sinn annehmen.

Was verändert Lenz aber in seiner Umarbeitung des II. Aktes – ich nenne dies „Fassung B" – aus späterer Zeit?[19] Das Handlungsgefüge des Plautinischen Originals läßt sich jetzt nicht mehr direkt mit demjenigen der Verdeutschung vergleichen, denn der II. Akt umfaßt hier nur eine einzige Szene. Nun hat nicht mehr Megadorus/Splitterling, sondern Keller eine Schwester. Sie trägt den Namen Brigitta. Die verwandtschaftlichen Beziehungen sind also hier andere.[20] Keller ist nicht mehr einfach ein Einzelgänger, sondern ist als Handelnder enger als im Original in einem Familienzusammenhang eingebunden. Lenz ändert darüber hinaus die familiären Beziehungen auch insofern, als hier der Nachbar Splitterling eine Tochter hat, die er verheiraten möchte, und daß diese Tochter nun von Splitterlings Bedientem Laurenz ein Kind erwartet. Die Mitgift ist nun nicht mehr von der Hauptfigur, sondern von jemand anders zu vergeben. – Als sich im weiteren Verlauf in B Keller und Splitterling unterhalten und Splitterling sich zunächst nach Kellers Befinden erkundigt, wie in A (vgl. P: Ernesti I, S. 107–111; Bi/Lu: Bd. I, S. 117–122), gibt es neue Veränderungen: Die alte Magd Kellers wird in A noch mitverdächtigt, etwas von dessen plötzlichem Reichtum verlauten haben zu lassen – „Die Rebenscheit hat geplaudert ich will nicht ehrlich sein, sie muß ihm was gesagt haben." (L: D.II, S. 47; vgl. dazu P: Ernesti I, V. 11 f., S. 108; Bi/Lu: Bd. I, S. 118) –, in B fehlt dieser Verdacht. Vielleicht wollte Lenz damit die Herabsetzung einer an sich schon gesellschaftlich

---

19 Zur Datierung vgl. Damm in: D.II, S. 848.
20 Vgl. Sittel: Diss. (wie Anm. 4), S. 367.

wenig angesehenen Figur vermeiden. Er lenkt das Augenmerk statt dessen hier eher auf die egoistische Habsucht des Bürgers Splitterling und des Vermögenden Keller. Außerdem geht es in B nicht mehr um die Schlechtigkeit einer Frau Heup, wie in A, wo diese vorübergehend eine sterbenskranke junge Frau an ihren Bruder binden möchte, sondern Lenz zeigt vor allem *die Männer allein* in ihrer Geldgier und Inhumanität: Eine berechnende Art hat hier nicht Frau Heup, die mit dem baldigen Ende der erwünschten Schwägerin spekuliert, sondern *Keller selbst*, der hofft, nach dem Ableben eines der Beteiligten, nämlich des Herrn Splitterling, in den Genuß von dessen Vermögen zu gelangen! (Vgl. L: D. II, S. 851.) – Überhaupt ist ja an die Stelle von Splitterlings Schwester in B Brigitta, eine Schwester von Keller, getreten. Sie singt im Hintergrund der Bühne ein Kirchenlied, welches im Text aus zwei verschiedenen Liedern zusammengesetzt ist, scheint sich also in der kirchlichen Praxis nicht gar zu gut auszukennen. Sie erweckt jedoch den Eindruck, eine gläubige Christin zu sein. Zeigt sich darin möglicherweise eine Kritik von Lenz an der kirchlichen Praxis seiner Zeit, die offenbar dazu führen konnte, daß Lieder zwar gelernt, aber nicht dem Sinne nach verstanden wurden und daher beliebig miteinander zu vertauschen waren? In jedem Fall bringt die Schwester durch ihr Singen auch zum Ausdruck, daß sie einer Heirat ihres Bruders nicht zustimmt. Denn Keller sagt in B:

L:

> Keller: Nein, nein! Scherz bei Seite, lieber Herr Nachbar Splitterling!
> – aber es ist da nur ein Umstand, das ist meine alte Schwester, die
> sieht es nicht gern, schauen Sie. Ich hatte schon vor einem Jahr den
> Gedanken gehabt, und von der selbigen Zeit an hat sie angefangen,
> so entsetzlich geistlich zu werden, daß mir angst und bange darüber
> geworden ist. Denn ich habe die Geistlichkeit wohl gern, aber alles
> mit Menasche, alles mit Menasche, das ist mein Symbolum, und was
> zuviel ist, ist zuviel! Sie sitzt Tag und Nacht beim Gesangbuch und
> schreit mir die Ohren voll, daß ich meine Rechnungen oft nicht machen kann; und sobald ich in ihre Kammer trete sie zu beruhigen, so
> gibt sie mir kein Wort zur Antwort als: „Willst du noch heuraten?"
> Ich hab es ihr neulich geschworen, daß ich nicht heuraten wollte;
> seit der Zeit ist sie stille. Nun fürcht ich nur, Herr Nachbar, wenn sie
> was von unseren Beratschlagungen merkt, so geht's wieder von neuem los.
>
> (D. II, S. 850 f.)

Auf ihre Art behindert diese Schwester von Keller in B den Heiratswunsch ihres Bruders ebenso wie die Schwester von Splitterling in A, Frau Heup, oder Plautus' Eunomia. Aber hier geschieht es nicht, indem sie es dem Bruder ins Gesicht sagt, sondern versteckt – Keller kann sich nicht einfach mehr nur verbal zur Wehr setzen. Die Werthaftigkeit der

Sprache an sich bei der zwischenmenschlichen Kommunikation wird so von Lenz neu gegenüber Plautus in Frage gestellt. An dieser Stelle sei hingewiesen auf die alltagssprachliche Diktion, die Keller verwendet. Von Plautus ist bekannt, daß er umgangssprachliche Wendungen in seine Dialoge einflocht – daher mag Lenz' *Idee* zu seiner Veränderung stammen –, aber von einem Text, der gesprochene Sprache simuliert, mit Unterbrechungen, Abbrüchen, eingefügter wörtlicher Rede eines anderen, umgangssprachlichen Ausdrücken zwischendurch auf engstem Raum, wie wir es hier bei Lenz finden, ist Plautus' Ausdruck weit entfernt.[21] Einen „Schatz" hat Keller nun auch nicht mehr gefunden. Damit entfällt ein Grundgedanke des Stückes und wird durch einen neuen ersetzt: *Dieser* Keller hat Geld in der Lotterie gewonnen und es nur *wie* einen Schatz vergraben:

L: Brigitta: Mein Bruder will das Mädchen heuraten?
Laurenz: So?
Brigitta: Mein Bruder fängt an, den Verstand aufs Alter zu verlieren; das macht weil er immer lebt wie ein Freigeist und in keine Kirche geht. Da hat er neulich in die Lotterie gesetzt, sündlichen Gewinst dazu! es ist doch immer eine Art von Spiel, und solch ein Geld kann nicht gedeihen.
Laurenz: Gott schütz! er hat viel Geld gewonnen, hat mir Nachbars Philipp gesagt. Er hat ihn gesehen damit nach Hause kommen; er soll es hier irgendwo vergraben haben.
Brigitta: Vergraben? Und mir kein Wort davon zu sagen! Fängt er gar an Schätze zu sammeln? Der Bösewicht!
Laurenz: Ja wohl, ich denke nur er tut es, weil er sich schämt, daß er's in der Lotterie gewonnen hat.
Brigitta: Der Mammonsdiener!
Laurenz: Und, gnädige Herrschaft, <wenn's> erlaubt ist zu fragen, will der die Jungfer Splitterling denn heuraten?

(D. II, S. 852.)

In A hatte schon Frau Heup den mangelnden Verstand ihres Bruders beklagt – hier wird dessen Unvernunft aber von Brigitta nicht mehr mit Trunkenheit, sondern neu mit mangelnder Gläubigkeit begründet. Und sie und Laurenz *verraten* nun den Herrn Keller: In der vorigen Fassung A weiß an dieser Stelle des Textes noch keiner von einem Schatz; daß dessen Versteck entdeckt wird, geschieht dort erst später. Lenz greift also verändernd in das Handlungsgefüge ein, wie er es in den *Lustspielen* sonst im wesentlichen nur in der *Buhlschwester* tut.[22] Der Gewinn von Geld in der Lotterie durch Herrn Keller ist schon jetzt kein Geheimnis mehr,

---

21 Vgl. Eduard Fraenkel: Plautinisches im Plautus, Berlin 1922, S. 415.
22 Vgl. dazu Sittel: Diss. (wie Anm. 4), S. 343 f.

und zudem erfolgt sogleich eine Kritik an der *Art und Weise*, auf welche
der Reichtum erlangt wurde. Das, was Keller bei Plautus und in A nur
befürchtete, wird hier *wahr*: Nämlich daß man ihm seinen Gewinn zum
Vorwurf machen könnte! So ist auch von einer Angst Kellers, sein Geld
wieder zu verlieren, nicht mehr die Rede. Und sein Mißtrauen taucht
eher am Rande auf, wenn es im Dialog heißt, er habe den Lotteriegewinn
„vergraben". Kellers Habsucht bleibt zwar auch in B erhalten, aber sein
vormaliges Desinteresse an seinem Kind wird nun beinahe in den Schatten gestellt von der in B neu dargestellten Lieblosigkeit des reichen
Nachbarn Splitterling *seiner* Tochter gegenüber: Keller soll von diesem
jetzt bei einer Heirat 10 000 Gulden für dessen Tochter „mithaben" (L:
D. II, S. 851), und der Vater Splitterling scheint bei der Abmachung
mehr an den ihm eigentlich fremden Keller, als an sein eigenes Kind zu
denken. Seine Worte zu dessen Lob klingen gerade, als wolle er die
Tochter feilbieten wie eine Ware:

> L: Splitterling: ... Kurz und gut, Herr Keller! Sie müssen heuraten. Sie
>   werden alt, Sie haben niemand der Sie recht pflegen, der Ihnen die
>   Füße wärmen kann, wie in der Schrift steht. Und was kommt dann
>   dabei heraus, wenn man so stirbt und läßt nichts als lachende Erben
>   hinter sich? Dafür rate ich Ihnen eine junge frische rotbackige Dirne
>   zu freien, so haben Sie doch noch ein vergnügtes Stündchen vor Ih-
>   rem Ende. ...
>
>   (D. II, S. 850.)

Vielleicht weiß auch Splitterling bereits von Kellers Lotteriegewinn. In
jedem Fall meint er nicht, wie Keller, daß er *vor* diesem das Zeitliche
segnen und damit Keller weiteres Gut hinterlassen werde (vgl. L: D. II,
S. 851). Daß Keller ebenfalls in seiner Gier nach Geld negativ gezeichnet
bleibt, erweist sich durch einen sprachlichen Fehlgriff, den er tut:

> L: Keller: Also topp ist ein Wort –! (*schlägt ihm in die Hand*) zehntausend
>   Gulden – Ihre Tochter, wollte ich sagen, morgen wird sie meine
>   Frau!
>
>   (D. II, S. 851.)

Keller will also im Grunde die Gulden und nicht das Mädchen heiraten –
gerade noch korrigiert er sich. Die beteiligten Figuren sprechen hier
miteinander *direkt* über den Zusammenhang von „Heirat" und „Gewinn". Schon in A spielt der *Besitz* ja eine entscheidendere Rolle als bei
Plautus, von Lenz unter anderem hervorgehoben durch das falsche Vorhaben der Frau Heup. Was bei dieser Figur in A aber noch eine *Frage*

bleibt,[23] wird bei Splitterling in B zum *Befehl* : Das Motiv der Verbindung von „Heirat" und „vermehrtem Besitz" braucht in B auch gar nicht mehr, wie noch in A, durch Frau Heup in Form einer bösartigen Intrige ins Spiel gebracht zu werden, sondern es wird nun offen ausgesprochen:

L: Splitterling: … vor allen Dingen aber suchen Sie eine reiche und an-
                sehnliche Partie in der Stadt zu machen …

                                                                        (D. II, S. 851.)

Lenz lehnt sich auf diese Weise in B zwar an Plautus' Grundidee des Dramas an, aber er entfernt sich schon weitgehend vom Original. Dessen Hauptgegenstand, eben der „Schatz", wird mit diesem Begriff nur noch im Plural der Gattungsbezeichnung und nebenbei erwähnt. Fassung B stellt also wohl schon eine „Bearbeitung" des Originals dar. Verglichen werden konnte allerdings in diesem Rahmen nur der II. Akt der Übersetzungen mit dem des Originals und nicht das gesamte Stück einschließlich seiner „Lösung". Aber auch anhand dieses Ausschnitts läßt sich das Wesentliche beider Texte festhalten. Es ist zu fragen, ob die Figuren und damit die Gesamtsituation bei Plautus und bei Lenz verschieden dargestellt werden und ob sich daraus eine jeweils unterschiedliche Aussage ergibt.

Zu Lenz' Zeit war die Möglichkeit des Geldgewinnens in der Lotterie *neu* gegenüber der Antike. Überhaupt hatte Lenz nicht vor, in den beiden Fassungen seiner *Aussteuer* etwa ideelle Werte des Altertums als bleibend für die eigene Zeit vorzuführen, wie z. B. in den späteren Übersetzungen von Johann Heinrich Voß (1751–1826) mit Hilfe des antiken Hexameters die *Ilias* und die *Odyssee* den „homerische[n] Geist [...] in das 18. Jahrhundert hereinbringen"[24] sollten. Lenz versteht unter „übersetzen" – „nachahmen", wie er selbst es bezeichnet[25] – „im Geiste Plautus"[26] etwas anders, nämlich, daß Veränderungen an der Gestalt des Textes geradezu *notwendig* seien.[27] Was schon in der Antike im Text vorhanden war und bei Lenz in seiner Bedeutung im menschlichen Zusammenleben immer weiter in den Vordergrund tritt, ist in der *Aussteuer* der *Besitz* – in beiden Fassungen als Heiratsgut, in der ersten zudem, wie bei

---

23 Vgl. L.: Frau Heup: Was, du wirst doch nicht toll sein und ein Mädchen heuraten wollen, das kein Geld hat. Was gilt's, deine Konkubine liegt dir im Sinn? (D.II, S. 45.)

24 Klaus Langenfeld: Johann Heinrich Voß. Mensch – Dichter – Übersetzer, Eutin 1990, S. 105.

25 Vgl. Lenz: D.II, S. 696.

26 Ebenda.

27 Vgl. dazu insgesamt Lenz: Verteidigung der Verteidigung des Übersetzers der Lustspiele. In: D.II, S. 691–698.

Plautus, als Schatzfund, in der zweiten als Lotteriegewinn.[28] Lenz selbst lebte bekanntlich stets unter äußerst schwierigen finanziellen Bedingungen.[29] Zudem dürfte er zu seiner Zeit eine beachtliche Kommerzialisierung verschiedener kultureller Bereiche, auch desjenigen des Schaustellergewerbes, bemerkt haben, da er für eine volkstümliche Kultur durchaus aufgeschlossen war.[30] Möglicherweise hat ihn sein eigenes Schicksal und auch diese Entwicklung auf die *Aulularia* des Plautus besonders aufmerksam gemacht. In den beiden Fassungen der Übersetzung jedenfalls ist jemand unverhofft zu Geld gekommen. *Eines* konnte Lenz fraglos bei Plautus erkennen und in seine eigene Zeit übertragen, so wie er es vermutlich persönlich wahrnahm, nämlich, daß Geld und Besitz *allein* nicht glücklich machen, sondern im Gegenteil den Vermögenden ins Unglück stürzen und zum Un-Menschen machen können: eine Beobachtung, die so alt ist, wie das Geld selbst.[31] Anders als im antiken Original ist aber Lenz' *Ausarbeitung* dieser Beobachtung für das Theater.

---

28 Heinz Schlaffer schreibt in seiner Darstellung: Die kurze Geschichte der deutschen Literatur, München, Wien 2002: „Finanzielle Gewinne dürfen sie [die Dichter des 18. Jahrhunderts in Deutschland, A. S.] sich als Autoren so wenig erhoffen, daß das Materielle weder den Zweck noch den Inhalt ihrer literarischen Produktion bestimmt." (Ebenda, S. 63.) Für den „Inhalt" von Lenz' „Aussteuer" – wie auch anderer Stücke und Texte von Lenz – trifft diese Aussage offenbar nicht zu.

29 Dazu siehe Sigrid Damm: Vögel, die verkünden Land. Das Leben des Jakob Michael Reinhold Lenz, Frankfurt a. M. 1989; dies.: Jakob Michael Reinhold Lenz. Ein Essay. In: Dies. (Hrsg.): Jakob Michael Reinhold Lenz: Werke und Briefe in drei Bdn., Frankfurt a. M., Leipzig 1992, Bd. 3, S. 687 f.

30 Vgl. Peter Burke: Helden, Schurken und Narren. Europäische Volkskultur in der frühen Neuzeit, hrsg. u. m. e. Vorw. vers. v. R. Schenda, Stuttgart 1981, S. 257 ff., besonders S. 261 f.: „Der Zirkus, der auf die zweite Hälfte des achtzehnten Jahrhunderts zurückgeht, ist ein gutes Beispiel für die Kommerzialisierung der populären Kultur; Philip Astley gründete seinen Zirkus an der Westminster Bridge im Jahre 1770. In seinen Nummern, Darbietungen von Clowns und Akrobaten, besteht der Zirkus, wie wir gesehen haben, durchaus aus Traditionellem; neu waren der Organisationsrahmen, die Benutzung eines Gebäudes für die Vorstellung statt einer Straße oder eines Platzes, und die Rolle des Unternehmers. Hier verdrängten, wie auch in anderen Wirtschaftszweigen des achtzehnten Jahrhunderts, Großunternehmer die kleineren."

31 Vgl. Frenzel (wie Anm. 12), S. 267 f. „In keiner anderen Form enthüllt sich die menschliche Habsucht so sehr als geist- und seelenlos wie in der Gier nach Gold und Geld. Während der Wunsch nach Besitz von Häusern und Äckern, Herden, Gerät und Kunstschätzen eher verständlich und verzeihlich erscheint, dekuvriert die Hortung des Tauschmittels Geld, mit dem alle diese Güter erworben werden könnten, aber von dem Geldbesessenen meist nicht erworben werden, diesen als einen in seiner Humanitas reduzierten Typ des Menschen. [...]. Es bedurfte nicht erst des Wirtschaftsdenkens eines kapitalistischen Zeitalters, um in der Geldgier einen Fluch zu entdecken, sondern diese Erkenntnis tauchte bereits in den Anfängen der Geldwirtschaft auf; sehr alte Gestaltungen des Motivs stecken bereits dessen Grundzüge ab."

In Fassung B handelt es sich ja gar nicht mehr um die Entscheidung der Hauptfigur, der Tochter die Mitgift zu verweigern, sondern die Art und Weise, *wie* diese Figur zu Geld gelangt ist, wird der Kritik preisgegeben. Die Hauptfigur allein erscheint kaum noch komisch, denn deren Betragen *ergibt* sich erst aus dem Handeln der anderen Figuren.[32] Es lag vermutlich in Lenz' Absicht, die „Handlung" gegenüber einer einzelnen „Person" deutlicher hervorzuheben, wie es seinem Verständnis von einer Komödie entsprach.[33] Zu Plautus' Zeit gab es die Möglichkeit, in der Lotterie zu gewinnen, ja ohnehin noch gar nicht – erst deren Vorhandensein aber ermöglicht den Wunsch, sich auf diesem Wege zu bereichern. Schon darin zeigt sich die veränderte Sicht des Verdeutschers auf eine veränderte Welt. Zudem setzt das Lotteriespiel voraus, daß sich *mehrere* an dem Versuch, Geld zu gewinnen, beteiligen. Keller wird so in einen Zusammenhang gebracht mit anderen, die sich ebenso verhalten wie er. Während Plautus und sein Publikum noch über einen vereinzelten Sonderling spotten, steht bei Lenz, in B noch weniger als in A, nicht mehr allein *eine* kritikwürdige Figur im Mittelpunkt des Geschehens, sondern Splitterling und Brigitta treten klarer als die entsprechenden Figuren im Original und in A an Keller heran, und zwar mit *Forderungen*! Denn in B geht es um die Hochzeit von Keller *selbst*, nicht mehr um die seiner Tochter. Splitterling zum Wunsche soll er dessen Tochter ehelichen, und seine Schwester möchte auch versorgt sein: Sie wird erst in *dem* Moment „so entsetzlich geistlich", als sie hört, daß ihr Bruder sich verheiraten will – erst jetzt sucht sie den Schutz der Kirche, als sie den Schutz des Bruders zu verlieren glaubt, gewiß auch im Materiellen, denn Bruder und Schwester leben bis dahin in *einem* Haushalt! Anders als im Original, wo Euclio wegen seiner Geldgier verschmäht und verlacht werden kann, ist Kellers Verhalten bei Lenz in beiden Fassungen des II. Aktes *erklärlich*.[34] Die bedeutendste negative Eigenschaft Kellers, seine Habsucht, wird von Plautus übernommen, aber sie wird von Lenz gleichsam mit dem sozialen Gefüge gedeutet, in welchem die Hauptfigur sich befindet und behaupten muß. Einen positiven Wert vermittelt Lenz' Figur dennoch nicht: Es scheint, als seien die Verhältnisse und Lebens-

---

32 Vgl. auch Sittel: Diss. (wie Anm. 4), S. 254 ff., S. 328 ff.

33 Lenz schreibt: „Meiner Meinung nach wäre immer der Hauptgedanke einer Komödie eine Sache, einer Tragödie eine Person. […] Die Personen sind für die Handlungen da – für die artigen Erfolge, Wirkungen, Gegenwirkungen, ein Kreis herumgezogen, der sich um die Hauptidee dreht – und es ist eine Komödie." (Lenz D.II, S. 669 f.) Ähnlich wird die Sonderstellung des Protagonisten von Lenz in einer anderen Übertragung, den *Entführungen*, eingeschränkt. Dazu vgl. Sittel: Diss. (wie Anm. 4), S. 331, 340.

34 Vgl. ebenda, S. 312.

umstände des einzelnen an sich schon so schwierig, daß von ihm gar
keine echten eigenen Werte mehr entwickelt werden könnten.[35] Was nun
im Zusammenleben der Figuren nurmehr zählt, ist offensichtlich die
Zahlungsfähigkeit. Der singuläre Geiz des Plautinischen Euclio ist bei
Lenz einem bei verschiedenen am Geschehen Beteiligten vorhandenen
Kalkül, das sich den Umständen anpaßt, gewichen. Da Lenz aber, wie
angedeutet wurde, trotz allen Ernstes des Dargestellten komische Elemente des Textes durchaus bewahrt, wirkt seine Übertragung entsprechend seinem Verständnis von einer Komödie „komisch und tragisch
zugleich"[36]. – Lenz selbst erfuhr seine Welt wohl zeitlebens als in ihren
Werten höchst fragwürdig.[37] Mit der *Aussteuer* versucht Lenz vermutlich,
wie auch in seinen eigenen Dramen, die bürgerliche Gesellschaft seiner
Zeit vor allem in ihrer Widersprüchlichkeit – ohne eindeutig gute und
schlechte Charaktere, statt dessen als „Mischmasch von Kultur und Rohigkeit, Sittigkeit und Wildheit"[38] – vorzuführen und als einen entscheidenden Kritikpunkt an dieser Gesellschaftsform die Abhängigkeit der
Handelnden insgesamt von ihren finanziellen Möglichkeiten darzustellen.
Nur im Schreiben konnte der Dichter ein wenig Abstand zu dieser „tra-

35 In heutiger Zeit hat ein Filmregisseur – Ridley Scott – in seinem Filmepos „Gladia-
    tor" (2000) ebenfalls einen antiken Stoff neu belebt. Er zeigt mit seiner Antikerezep-
    tion aber etwas ganz anderes als Lenz: Einen römischen Gladiator, der zu Ruhm
    gelangt – zuerst als hoher Offizier, später als Kämpfer in der Arena –, der jedoch in
    Wahrheit nichts lieber täte, als aufs Land zu seiner Frau und seinem Sohn zurückzu-
    kehren und seine Felder zu bestellen. Bis zum Ende des Films trägt der Protagonist
    die Schutzgeister seiner Ahnen in Form von kleinen Figuren bei sich, und im Schluß-
    bild sind diese nochmals auf der Leinwand zu sehen – in den Händen eines Freundes,
    der sie der Erde wiedergibt! Auch in diesem Film also wird eine antike Lebenswelt
    neu gestaltet, aber durch *diese* Präsentation scheint es dem Zuschauer so, als seien die
    althergebrachten (römischen) Werte und Tugenden noch immer oder erneut erstre-
    benswert: Denn das, was der Gladiator verkörpert – Religiosität, Verehrung der Vor-
    fahren, Liebe zu den Angehörigen, Achtung vor dem einfachen Leben –, kennzeich-
    net den Helden *als Mensch*. Er erhält seine positiven Eigenschaften auch dann bei, als
    er durch die Umstände gezwungen wird, ein anderes als von ihm erwünschtes Leben
    zu führen. Seine Unmenschlichkeit haftet ihm nur als einem „Objekt" der Gesell-
    schaft an, nicht als einem „Subjekt", wie er es von sich aus darstellt. Als ein solches ist
    er durchweg „gut". Der Zuschauer identifiziert sich dementsprechend leicht mit dem
    Gladiatoren Maximus. Bei Lenz fehlt eine derartige Identifikationsmöglichkeit: Seine
    Figuren haben zwar wohl zu einem Teil moralische Ansprüche an sich selbst und an
    andere, aber in ihrem *Handeln* scheinen sie *nur noch gezwungen* zu agieren. Sie versinn-
    bildlichen zumindest in B keine immerwährenden Tugenden mehr, aber auch keine
    eindeutigen Laster, gegen die sich der Zuschauer abgrenzen könnte, wie etwa in A
    noch von Frau Heup an den Tag gelegt. Die Verhältnisse allein scheinen bestimmend.
36 Lenz: D.II, S. 703.
37 Vgl. Damm (wie Anm. 26).
38 Lenz: D.II, S. 703 f.

gikomischen" Umwelt gewinnen. Seine Dichtung stellt für uns heute einen wiederzufindenden „Schatz" dar, dessen Wert nicht, wie Lenz es in der *Aussteuer* vorführt, im Materiellen liegt, sondern darüber hinausweist.

Der Dichter

Du entfernst dich von mir, du Stunde.
Wunden schlägt mir dein Flügelschlag.
Allein: was soll ich mit meinem Munde?
mit meiner Nacht? mit meinem Tag?

Ich habe keine Geliebte, kein Haus,
keine Stelle auf der ich lebe.
Alle Dinge, an die ich mich gebe,
werden reich und geben mich aus.[39]

---

39 Rilke (wie Anm. 1), S. 511. – Das Gedicht entstand in den Jahren 1905/1906. Vgl. den Kommentar v. Stahl u. a. (wie Anm. 1), S. 201.

Lenz und Plautus

Neuere Studien haben überzeugend gezeigt, daß man von einer „produktiven Rezeption" Plautus' in den Übersetzungen und Übertragungen durch Lenz sprechen darf.[1] In seinen fünf *Lustspielen nach dem Plautus*, aber auch in den zwei erhalten gebliebenen früheren Fassungen und in der Bearbeitung von *Die Algierer*, zeigt Lenz, daß das Übersetzen ein Prozeß ist, durch den ein vorgegebenes Material in einem anderen Medium neu, also kreativ, durchdacht werden muß. Es gibt aber ein weiteres Stadium der „produktiven Rezeption" Plautus' durch Lenz in den Dramen von Lenz selbst, die Motive und Strukturen von Plautus aufnehmen und weiter verarbeiten. Dieser Einfluß läßt sich weiter in den theoretischen Texten von Lenz verfolgen, in denen er über die Möglichkeiten des Dramas reflektiert.

Folgende Bemerkungen beschränken sich auf drei Bereiche, die alle mit dem Thema ‚Macht' bei Lenz zu tun haben. Der Schluß, zu denen sie kommen, soll vorausgeschickt werden: Man kann nicht wissen, wie stark Plautus Lenz beeinflußt hat. Erstens wissen wir zu wenig über Lenz. Er scheint schon 1771 angefangen zu haben, Stücke von Plautus zu übersetzen,[2] und Briefe aus dem Jahre 1772 deuten auf eine zu dieser Zeit besonders intensive Auseinandersetzung mit Plautus, aber wann er Plautus kennenlernte, wissen wir nicht. Es ist auch unbekannt, wann Lenz anfing, das Stück *Der Hofmeister* zu schreiben und damit die dramatische Form zu gestalten, die wir heute als die typisch Lenzsche erkennen. Obwohl in den Dramen von Lenz einige Stellen zu finden sind, die direkt an Plautus erinnern,[3] handelt es sich im großen und ganzen nicht

---

1   Vgl. Angela Sittel: Jakob Michael Reinhold Lenz' produktive Rezeption von Plautus' Komödien, Frankfurt a. M. u. a. 1999, sowie den Aufsatz von A. Sittel in diesem Band; Matthias Luserke, Christoph Weiß: Arbeit an den Vätern. Zur Plautus-Bearbeitung „Die Algierer" von J. M. R. Lenz, in: Lenz-Jahrbuch 1 (1991), S. 59–91; Jürgen Pelzer: Das Modell der „alten" Komödie. Zu Lenz' „Lustspielen nach dem Plautus", in: Orbis Litterarum 42 (1987), S. 168–177.
2   Johannes Froitzheim zufolge las Lenz seine Plautus-Übersetzungen schon im Winter 1771/72 vor: Zu Straßburgs Sturm-und-Drangperiode 1770–1776, Straßburg 1888, S. 49.
3   Zahlreiche Beispiele werden bereits von Angela Sittel angeführt (vgl. Anm. 1).

um die genaue Wiedergabe eines bestimmten Wortlauts, die allein als
eindeutiger Beweis eines Einflusses gelten dürfte. Auf der Skala der Abhängigkeit von direkter Wiedergabe einerseits bis hin zu begeisterter
Nachahmung, Wahlverwandtschaft, Sich-provozieren-lassen und Verwerfung andererseits ist das Verhältnis Lenz – Plautus eher von indirekter Art, so daß eine genaue Bestimmung des Einflusses unsicher bleiben
muß. Das Problem ist besonders schwer, weil es nicht einfach ist, den
Einfluß Plautus' vom Einfluß mehrerer anderer Autoren und Stile zu
unterscheiden, die alle in einer Tradition der europäischen Komödie
eingebettet sind, die letztlich auf Plautus zurückgeht. Wie soll man den
direkten Einfluß von Plautus von dem Shakespeares, Lessings, der
commedia dell' arte oder des Puppenspiels unterscheiden? Und wie kann
man diese spezifisch dramatischen Einflüsse von all den anderen Erfahrungen, literarischen und nichtliterarischen, unterscheiden, die Lenz, wie
wir wissen, zu dieser Zeit überwältigten? Schließlich muß die Frage er-
wogen werden, ob wir im allgemeinen und in diesem individuellen Fall
genug von den Prozessen der Kreativität verstehen, um behaupten zu
können, welche Rolle eine bestimmte Erfahrung in der Phantasie eines
Künstlers gespielt hat.

Trotz aller Vorbehalte scheint sicher, daß Plautus wenigstens zeitwei-
lig eine große Bedeutung für Lenz hatte. Schon die Tatsache, daß Lenz
neben zwei Stücken von Shakespeare wenigstens sechs Komödien Plautus' übersetzte und bearbeitete, weist auf eine intensive Auseinandersetzung mit dem römischen Autor hin, und Lenz hat an mehreren Stellen
betont, wie viel ihm Plautus bedeutete. In einem Brief an Salzmann vom
September 1772 nennt Lenz seine Plautus-Ausgabe neben der Bibel und
Homer als eines der drei Bücher, die er immer bei sich hat (III, 276),[4]
und in einem Vorwort vergleicht er Plautus mit einer Frau, deren Reizen
er nicht wiederstehen kann (II, 78). Er lobt bei Plautus „die Lebhaftigkeit, d[en] scharfe[n] Witz, die Einbildungskraft und tiefe Kenntnis der
Charaktere mit dieser Leichtigkeit und Naivität des Ausdrucks verbunden" (II, 78), und man bemerkt in den eigenen Dramen von Lenz eine
Lebhaftigkeit in der Dialogführung und eine Gewandtheit in der Hand-
lungskonstruktion, die es in der deutschen Literatur bis dahin nicht gegeben hatte, und die Lenz bei Plautus gelernt haben mag. Darüber hinaus erinnern die unreflektierte Spontaneität und Lebhaftigkeit, die Lenz
Plautus zuschreibt, sowie die Verbindung mit der Bibel und Homer an
Herders Bestimmung einer noch unverdorbenen Volkskultur im *Ossian-*

---

4   Sigrid Damm (Hrsg.): Jakob Michael Reinhold Lenz. Werke und Briefe, drei Bde.,
    Leipzig 1987 (fortan zitiert: WuB, mit Angabe der Band- und Seitenzahl).

Aufsatz.[5] Tatsächlich scheint Lenz in Plautus einen Autor gefunden zu haben, der eine authentische Erfahrungswelt vermittelt: Plautus lebte „in den freiesten wildesten und ungebundensten Zeiten Roms" (II, 696; vgl. auch II, 703; I, 256). Dem entspricht die Geschichte, die Lenz kannte, Plautus habe aus Geldmangel bei einem Müller gearbeitet und bloß nebenbei seine Stücke geschrieben (II, 709).

Es ist erstaunlich, wie intensiv Lenz während der fünf Jahre in Straßburg schrieb. Nicht weniger erstaunlich ist es, wie intensiv er gelesen hat. Man braucht nur die *Anmerkungen übers Theater* durchzublättern, um die wichtigsten Autoren der klassischen Zeiten und der Gegenwart aufgelistet zu finden. Diese Literatur stellte für ihn offensichtlich einen Ausweg aus der Karriere dar, die sein Vater für ihn geplant hatte, und einen Ausweg aus einer Reihe von Abhängigkeiten, in denen er sich zu dieser Zeit befand. Aber obwohl Lenz für seine Originalität bekannt ist, ist es bemerkenswert, wie sehr seine Werke literarische Traditionen aufnehmen und verarbeiten. *Der Waldbruder* nennt sich z. B. „ein Pendant zu Werthers Leiden" (II, 380), *Zerbin* ist „eine Erzählung in Marmontels Manier" (III, 358), ebenso hat Lenz Petrarca übersetzt (III, 124-136) und Motive von diesem wie auch aus anderen identifizierbaren Traditionen in seine eigene Lyrik übernommen. In diesen und zahllosen anderen Fällen hat sich Lenz an existierenden Texten emporgearbeitet. Aber *Der Waldbruder* ist entschieden anders als *Werther*, und der Einfluß von Petrarca hat eine eindeutig Lenzsche Lyrik hervorgebracht: Diese und andere sog. Einflüsse wurden von Lenz kritisch durchdacht und weiterentwickelt, so daß man den Eindruck hat, Lenz habe ebensosehr gegen sie geschrieben, wie er sich von ihnen hat beeinflussen lassen.

Besonders trifft das für das Drama zu, wo die Normen der Gattung viel deutlicher festgelegt waren und wo die Diskussion Autoritäten behandelte und von Autoritäten beherrscht wurde: Aristoteles, Shakespeare, Corneille, Racine, Gottsched, Lessing, Goethe. Die *Anmerkungen* sind sozusagen ein Versuch Lenz', eine eigene, individuelle Position gegen den von den Franzosen verehrten „Bart des Aristoteles" (II, 646) herauszuarbeiten. Bei diesem Versuch kam ihm der Begriff „Genie" zugute, mit dem der Sturm-und-Drang-Dichter seine Individualität, seine Unabhängigkeit von tradierten Normen verzweifelt zu behaupten versuchte.[6] Seine Unsicherheit zeigt sich darin, daß er hauptsächlich für eine

---

5 Johann Gottfried Herder: Auszug aus einem Briefwechsel über Ossian und die Lieder alter Völker. Zuerst in: „Von deutscher Art und Kunst".

6 Kurt R. Eissler spricht davon, „daß das Streben nach Originalität um jeden Preis eine kompensatorische Tendenz in der Abwehr der entsetzlichen Bedrohung war". In:

neue Form der Tragödie argumentiert, dann aber ein kurzes Endstück anschließt, das jene Form flüchtig untersucht, die er hauptsächlich für seine eigenen Dramen wählte, die Komödie.

So scheint es, wie Edward McInnes nahelegt,[7] daß Plautus für Lenz einen Ausweg aus dem Dilemma Shakespeare-Goethe bedeutete. Wir kennen die zeitliche Abfolge nicht, aber er muß erkannt haben, daß er nicht fähig oder nicht bereit war, heroische Dramen im Stil von Shakespeare oder Goethe (*Götz von Berlichingen*) zu schreiben, und daß er in Plautus ein Gegenmodell gefunden hatte. Wenn das zutrifft, muß man auch zugeben, daß Lenz gleichzeitig erkannt haben muß, daß es für ihn nicht mehr möglich war, Komödien im Stil von Plautus zu schreiben. Er begnügte sich nicht damit, Plautus zu übersetzen, er mußte ihn bearbeiten und dann eine eigene Art Drama entwickeln. Damit konnte er hoffen, seine Identität zu behaupten und gleichzeitig eine Komödienform zu finden, die für „die verderbten Sitten unserer Zeit" (II, 694)[8] angemessen wäre. Plautus bedeutete für Lenz eine Möglichkeit, seine eigenen Tendenzen, Fähigkeiten und Einsichten zu verstehen und zu rechtfertigen. Was zunächst lediglich als Beeinflussung erschien, ist tatsächlich ein komplexes Spiel von Anziehung und Gegendefinition.

Dieses Spiel war gleichzeitig ein Versuch Lenz', seine Position innerhalb eines Machtgefüges zu behaupten, des Machtgefüges, das Tradition heißt. Matthias Luserke und Christoph Weiß haben in ihrer Untersuchung von *Die Algierer* dieses zwiespältige Verhältnis als ein ödipales bezeichnet.[9] Für Lenz war Plautus ein Ideal, aber ein Ideal, das er sich aneignen und überholen mußte.[10] Weiter zeigen sie, wie Lenz hier eine Komödie wählt, deren Handlung die ödipale Ambivalenz seines Verhältnisses zu Plautus verdoppelt, indem der Kunstgriff einer Verwechslung ihm erlaubt, ein Drama zu konstruieren, in dem die kalte Grausamkeit des Vaters gegenüber dem Sohn ein Beweis dafür ist, wie sehr er den

Ders.: Goethe. Eine psychoanalytische Studie 1775–1786, übers. v. P. Fischer, Basel, München 1983, Bd. 1, S. 62.

7   Edward McInnes: Lenz, Shakespeare, Plautus and the „Unlaughing Picture". In: D. Hill (Hrsg.): Jakob Michael Reinhold Lenz. Studien zum Gesamtwerk, Opladen 1994, S. 27–35.

8   Eine ähnliche Kritik der westlichen Zivilisation findet man in „Der neue Menoza" (WuB, I, 140).

9   Vgl. Anm. 1.

10 Eine weitere Dimension erhält dieses Modell, wenn man sich vergegenwärtigt, daß Lenz in seiner Arbeit an „Die Algierer" gleichzeitig Lessing in dessen Übersetzung und Verteidigung desselben Stücks nachahmen und überbieten wollte – und weiter, daß Lessing durch seine Hinwendung zu Plautus gegen die frühaufklärerische Verurteilung Plautus' (Gottsched) rebellierte.

Sohn liebt. Man kann sich vorstellen, daß die Szene, wo der Vater den Sohn um Vergebung bittet, weil er ihn foltern ließ, einer Wunschvorstellung von Lenz entspricht. Und weiter: Der Vater wird zu einem Prinzip erhoben, indem er auch das Vaterland und eine väterliche Kultur vertritt, die anderen Religionen und Rassen ihr Recht auf Anerkennung, Mitleid und Liebe versagt. Die Widernatürlichkeit dieser Verhaltensweise ist eine Leugnung des natürlichen Verhältnisses zwischen Vater und Sohn, zwischen Mensch und Mensch, während die Freundschaft zwischen Pietro und Osmann gerade diese menschlichen Qualitäten zeigt: „die Freundschaft geht über die Natur".

So könnte man die Themen der *Algierer* zusammenfassen. Das hieße aber, Plautus durch Lenz' Augen sehen und die innere Spannung der Kernfamilie als den Motor einer Reihe von Themen zu betrachten, die bei Plautus eine etwas andere Bedeutung haben. Die Komödien von Plautus drehen sich, wie Manfred Fuhrmann gezeigt hat,[11] um die Störung und Wiederherstellung einer Ordnung, und zwar einer Ordnung, die im Grunde die Ordnung der Großfamilie ist, wo jeder die ihm zugewiesene Rolle, als Familienvater, als Ehefrau, als Kind oder als Sklave hat. Das „Problem" der Komödie ergibt sich aus der Störung dieser Rollenverteilung, meistens durch das Fehlverhalten des Familienvaters, was dann eine Krise herbeiführt, in der dem jungen Liebhaber das Recht auf Glückseligkeit in der Liebe verweigert wird. Die Lösung des „Problems" hängt meistens von einer komödienhaften Intrige ab, durch die der Sklave (oder bei Lenz der Diener) jemanden betrügt. So kommen Crispin (*Die Aussteuer*), Bertrand (*Das Väterchen*) und Lips Rustan (*Die Türkensklavin*) zum Geld, das ihre Herren brauchen.[12] Bernhard betrügt Kalekut (*Die Entführungen*), indem er ihn glauben macht, daß Rosamunde eine Schwester hat und daß Henriette in ihn verliebt ist. Und Julchen (*Die Buhlschwester*) läßt von Schlachtwitz glauben, sie habe seinen Sohn geboren. Zum Teil trägt das „Problem" des Stücks zu seiner Lösung bei, indem z. B. Kellers übertriebene Sorge um sein Geld oder die Eitelkeit Kalekuts und der Liebhaber in *Die Buhlschwester* es den jeweiligen Dienern leicht macht, sie zu betrügen, aber die Lösung bedarf erst einmal der Energien der Diener. Und auch in diesen Fällen hängt die Intrige indirekt mit dem „Problem" des Stücks zusammen, so daß die Lösung etwas willkürlich erscheint: Sie ergibt sich weniger aus der Logik der Situation,

11 Manfred Fuhrmann: Lizenzen und Tabus des Lachens. Zur sozialen Grammatik der hellenistisch-römischen Komödie. In: W. Preisendanz, R. Warning (Hrsg.): Das Komische, München 1976, S. 65–101.

12 Hier und im folgenden werden Namen und Titel der Einfachheit halber in der Form zitiert, wie sie in den Übertragungen durch Lenz erscheinen.

als aus einer komödienhaften Grundstimmung, die die Kraft und die innewohnende Richtigkeit der Ordnung, die gestört wurde, selbstverständlich erscheinen läßt.

Die Algierer ist untypisch für die Komödien Plautus', die Lenz aufnahm, nicht nur weil er die Vorlage hier grundlegender umgearbeitet hat, sondern weil die Schwächen des Alonzo auf ungewöhnliche Weise eingearbeitet werden und den Gefühlen des Sohnes untergeordnet sind.[13] In *Das Väterchen* hat Herr Schlinge seine Rolle als männliches Familienhaupt an seine Frau abgegeben: „sie ist Vater, ich will Mutter sein" (II, 9). Die Diener sind außer Rand und Band, und Schlinge vergißt sich so sehr, daß er einem Diener hilft, den Hofmeister der Familie zu bestehlen, damit sein Sohn genug Geld hat, um die Mutter Clärchens zu bezahlen. Als Gegenleistung erwartet Schlinge, die Nacht mit der Geliebten seines Sohnes verbringen zu dürfen, eine Szene, die Lenz als groteske Umkehrung der ödipalen Situation erschienen sein muß. In der Übertragung durch Lenz, der das Verhältnis Kupplerin-Hetäre mit dem Verhältnis Mutter-Tochter ersetzt, funktioniert Frau Gervas als Parallele zu Schlinge, indem sie sich allein für den finanziellen Gewinn interessiert, den sie aus ihrer Tochter schlagen kann.

Herr Keller, der Vater in *Die Aussteuer*, ist Frau Gervas ähnlich, indem sein Geldtopf so sehr zu einer fixen Idee geworden ist, daß er alle menschlichen Verhältnisse auf ihren finanziellen Wert reduziert und seine Tochter vernachlässigt. Wenn Leander ihm bekennt, er habe Fiekchen geschwängert, meint Keller, er könne nur von seinem Geldtopf sprechen. Kalekut in *Die Entführungen* ist kein Vater, aber Haupt einer Großfamilie. Weil er stolz ist, zwingt er seine Bedienten, ihm zu schmeicheln, und er betrachtet Rosemunde, die er entführt hat, als seinen Besitz. In *Die Türkensklavin* gibt es mehrere Männer, die über das Schicksal einer Frau herrschen. Feyda hat Selima als Kind entführt und sie erzogen, um sie als Sklavin zu verkaufen. Kuhlmann hält sie jetzt gefangen, und Budowitzky will sie erwerben, um sie weiter nach Smyrna zu verkaufen. Als sich herausstellt, daß er ihr Bruder ist, sieht man, wie sehr die Authentizität der Familie gefährdet war, aber daraus ergibt sich auch die Lösung. In *Die Buhlschwester* vergißt Herr Fischer seine Pflichten als neuer Vater, weil er so unbeständig und so manipulierbar ist.[14]

---

13 Nur in „Die Algierer" fehlen ein Liebesinteresse und eine von Bedienten geführte Intrige, und nur hier scheint die Entführung einer Figur nicht – oder kaum – moralisch belastet zu sein.

14 Die Autoritätsfigur hat meistens zusätzliche Schwächen, die betonen, daß er seiner Rolle nicht gewachsen ist: Herr Schlinge trinkt zu viel, Kalekut und Budowitzky sind Prahler.

In den Komödien Lenz', z. B. in *Der Hofmeister* und in *Die Soldaten*, gibt es keine von Dienern angeleitete Intrige. Es fehlen die entsprechenden komischen Szenen, obwohl das Leibliche durchaus im Vordergrund steht, und es fehlt auch der gesunde Appetit, der die Diener bei Plautus anfeuert. Ähnlich dagegen ist, daß bei beiden Autoren der Rahmen der Komödie durch die Störung und Wiederherstellung einer Ordnung bestimmt ist und daß diese Ordnung in erster Linie durch die Familie vertreten wird. Lenz beschreibt z. B. die Familie Biederling (*Der neue Menoza*) als „aus ihrem Schwunge gebracht" (II, 702). Es gibt aber zwei grundlegende Unterschiede, wie die Ordnung und ihre Störung jeweils verstanden werden. Bei Plautus wird vorausgesetzt, daß die Unordnung im Stück von einer heilen Welt umrahmt wird, wo die Zuschauer volles Vertrauen in die Ordnung haben. Diese Ordnung ist überall hinter der Unordnung präsent. Die Komödie prüft sie durch eine außerordentliche Abweichung und stellt sie dann wieder her.

Erstens fehlt bei Lenz dieses Vertrauen auf eine stabile Ordnung. Die Unordnung ist bei ihm keine Ausnahme, denn sie leitet sich konsequent von der Welt ab, in der die Figuren leben. Daß Desportes und Wesener z. B. Marie ausbeuten, ist fast selbstverständlich in einer Welt, in der solch „verderbte Sitten" herrschen. Entsprechend ist bei Lenz höchst problematisch, wie er die Unordnung am Ende des Stückes löst. Sie ist nur möglich durch Zufälle und Scheinlösungen, sozusagen als Witz. Insofern trifft die Lenzsche Interpretation Plautus' mit der Forderung Diderots zusammen, der Hausvater solle die Menschheit insgesamt repräsentieren, denn Lenz zeigt durch die Unordnung der Familienverhältnisse die Unordnung der Welt.

Zweitens ist zwar bei Plautus die Ordnung, die in der Komödie auf die Probe gestellt wird, ein Machtgefüge, aber die Ungleichheit der Macht scheint bei ihm unproblematisch und selbstverständlich. Interessant ist nur, ob das Verhalten eines Individuums seiner Rolle entspricht: daß diese Rolle den Besitz oder Nichtbesitz von Macht impliziert, ist eine Tatsache, die nicht weiter kritisch befragt wird. Bei Lenz ist die Unordnung vor allem durch den Mißbrauch der Macht gekennzeichnet.

Die Macht ist ein Thema, vielleicht *das* Thema, das viele, wenn nicht alle Werke von Lenz beherrscht.[15] Nicht aber deswegen, weil sie an sich ‚falsch' wäre. Nur in zwei nahe verwandten Fällen scheint Lenz die Un-

---

15 Es ist wahrscheinlich, daß die Thematisierung der Macht durch Lenz, den machtlosen Freund Goethes, eine wichtige Rolle in der neueren Rezeption von Lenz gespielt hat.

gleichheit der Machtverhältnisse in Frage stellen zu wollen,[16] und diese entsprechen den zwei Seiten von Lenz als Schriftsteller, der sich einerseits als „Maler der menschlichen Gesellschaft" (I, 256) verstand,[17] aber andererseits Teil der Entwicklung des Individualismus im 18. Jahrhundert, d. h. der Subjektkonstitution, war.[18] Erstens ist die Macht illegitim, wenn sie mißbraucht wird, d. h. wenn sie dazu verwendet wird, den eigenen Vorteil auf Kosten anderer durchzusetzen, wenn sie zur Gewalt wird. Zur Macht gehört eine Verantwortung gegenüber den Mitmenschen, die sich in Selbstlosigkeit und Mitleid ausdrücken sollte. Zweitens führt der Mißbrauch der Macht zu Identitätsverlust. Die Identität beider wird dann gefährdet, wenn der Machtlose vom Mächtigen nicht voll anerkannt, nicht bemitleidet und nicht geliebt wird. In einer Welt, die der Macht an sich und nicht der richtigen Anwendung der Macht Bedeutung beimißt, ist derjenige, der keine Macht besitzt, wertlos und identitätslos, während derjenige, der sie besitzt, einfach zu einer Funktion der Macht wird.[19] Praktisch jede Szene in *Der Hofmeister* und *Die Soldaten* liefert Beispiele für dieses Phänomen. Das Drama soll zur Gegenwehr, zur Freiheit, zur „Handlung" provozieren (*Über Götz von Berlichingen*). Und wenn sich Lenz von den Großen der europäischen Literatur überwältigt fühlte, so ist das eine Variante dieses Falles, denn die Tradition schien ihre kulturelle Macht zu mißbrauchen, insofern sie Formen vorschrieb, die seinen Fähigkeiten und seiner Situation nicht entsprachen und also seine Identität als Schriftsteller bedrohten.

Lenz verändert also Strukturen von Plautus, aber so, daß andere Bedeutungen hervorgehoben werden. Anscheinend gilt Ähnliches für die formalen Kategorien des Komischen, mit denen Lenz versuchte, seine Tendenzen als Dramatiker zu erklären und zu rechtfertigen. Hier ist es noch schwieriger, den Einfluß Plautus' eindeutig zu identifizieren, aber es ist wahrscheinlich, daß er eine noch entscheidendere Rolle spielte und daß Lenz durch Plautus erkannte, wie sich das, was er schreiben wollte, zur Tradition des Dramas verhielt. McInnes hat gezeigt, daß die Hinwendung Lenzens zu Plautus eine Hinwendung von „Charakterstükke[n]" (II, 669) zu einer dramatischen Form war, deren Motor die Hand-

---

16 Vgl. meinen Aufsatz: Stolz und Demut, Illusion und Mitleid bei Lenz. In: K. A. Wurst (Hrsg.): J. R. M. Lenz als Alternative? Positionsanalysen zum 200. Todestag, Köln 1992, S. 64–91.

17 Vgl. auch seine Definition der Komödie als „Gemälde der menschlichen Gesellschaft" (WuB, II, 703).

18 Vgl. Gert Vonhoff: Subjektkonstitution in der Lyrik von J. M. R. Lenz, Frankfurt a. M. u. a. 1990.

19 Auch Rousseau argumentiert, daß der Sklavenhändler ebenso unfrei wie der Sklave ist, weil beide voneinander abhängig sind.

lung war. Anstatt daß die Figur (wie z. B. Götz in der Interpretation Lenz' (II, 637-641)) durch seine „handelnde Kraft" den Gang des Dramas bestimmte, sind die Figuren von Plautus den oft klischeehaften, „artigen" (II, 670) Handlungsstrukturen untergeordnet. Das könnte man an *Der neue Menoza* am ehesten nachweisen. Aber ist das alles, was Lenz meint, wenn er sagt: „Meiner Meinung nach wäre immer der Hauptgedanke einer Komödie *eine Sache*, einer Tragödie *eine Person*" (II, 669)? Georg-Michael Schulz betont einen anderen Aspekt dieses Zusammenhangs, nämlich daß die „Sache" „ein bestimmtes Thema, ein Problem" ist, und als Beispiele führt er die Privaterziehung durch Hofmeister und die Ehelosigkeit der Soldaten an.[20] Diese Interpretation paßt aber nicht zu Plautus und trifft nur bedingt zu auf die Beispiele, die Lenz an dieser Stelle erwähnt, „eine Mißheurat, ein Fündling, irgend eine Grille eines seltsamen Kopfs" (II, 669). Angesichts der – allerdings typischen – Schwankungen in den Kategorien Lenz', wäre vielleicht hilfreich, schließlich eine dritte Perspektive neben die von McInnes und Schulz zu stellen.

Mißheiraten und Findlinge kommen bei Plautus und Lenz vor. Solche Konstellationen stehen stellvertretend für Motivgeflechte, durch die die Störung der Ordnung dargestellt werden kann. Aber obwohl es gelegentlich bei Plautus vorkommt, daß diese Störung als Zufall außerhalb des Stücks liegt, wird sie bei ihm meistens – und bei Lenz immer – mit dem Fehlverhalten einer Figur in Verbindung gesetzt. Dieses Fehlverhalten geht nun auf das zurück, was man eine „Grille" nennen könnte, den Geiz Kellers oder die Eitelkeit Kalekuts. Wenn also Lenz mit Mißheiraten und Findlingen Grundformen der Störung der Ordnung nennt, so führt er mit der Kategorie „Grille" ein Prinzip ein, das seine eigenen Komödien und ihre Gemeinsamkeit mit Plautus viel grundsätzlicher charakterisiert.

Eine „Grille" ist eine fixe Idee oder, im übertragenen Sinn, eine fixe Verhaltensweise, die einen Menschen beherrscht. Statt daß er sich als Mensch verhält, verhält sich ein Etwas in ihm. Entsprechend reduziert er seine Mitmenschen auf das Korrelat seiner „Grille", auf ein anderes Etwas. Keller handelt und spricht nicht als Mensch, sondern der Geiz spricht aus ihm, und er wird seiner Tochter nur insofern gewahr, als sie Gewinn oder Verlust bedeutet. Anderseits ist sein Geldtopf das einzige, was ihm wirklich etwas bedeutet und wozu er ein annähernd menschliches Verhältnis hat. Sein Gespräch mit Splitterling über die Ehe seiner Tochter erzeugt bei ihm Mitleid mit seinem Geldtopf: „Armer Geldtopf! Wie viel Freier hast Du?" (II, 59) Die Dinge werden sexualisiert, wäh-

20 Georg-Michael Schulz: Jacob Michael Reinhold Lenz, Stuttgart 2001, S. 69 f., 263.

rend die Verdinglichung der menschlichen Verhältnisse die Liebe auf den
bloß tierischen Sex reduziert.

Die Komödien Lenz' sind nicht um einzelne Exzentriker wie Keller
und Kalekut strukturiert, aber die Verhältnisse zwischen den Figuren
sind durch eine sehr ähnliche Verdinglichung charakterisiert. Sie verhalten sich nicht als Menschen und betrachten ihre Mitmenschen als Mittel,
um ihre Zwecke zu erreichen. In seinen Komödien entlarvt Lenz dieses
„Leben im Falschen", indem er zeigt, wie der Mensch zu einem passiven
Ding wird: Er ist „eine vorzüglichkünstliche kleine Maschine, die in die
große Maschine, die wir Welt, Weltbegebenheiten, Weltläufte nennen
besser oder schlimmer hineinpaßt" (II, 637).[21]

Wenn es stimmt, daß die Figuren in den Komödien von Plautus und
Lenz von ihren „Grillen" beherrscht werden, so ergeben sich zwei weitere Fragen. Erstens: Welche Theorien des Komischen helfen uns hier
weiter? Helga Madland hat gezeigt, wieviel der Ansatz von Bachtin beitragen könnte.[22] Die Verdinglichung als Prinzip der Komödie bei Lenz
weist eher auf die Theorie von Henri Bergson hin, der das Lachen interpretiert als die gesunde Reaktion der Gesellschaft auf eine Versteifung,
bei der der Mensch die Fähigkeit verliert, sich nach den gegebenen Verhältnissen zu richten: Er wird zu einem Automaten.[23] Wie Keller seinen
Geldtopf mit Du anspricht (II, 55 f., 63), so Feyda ihren Wein (II, 260),[24]
und Johann tut, als ob die Tür sein Freund wäre (II, 16). Entscheidender
noch ist z. B. Kalekut, dessen Hochmut und Eitelkeit ihn zu einem Automaten machen, der unfähig ist, auf die reale Situation angemessen zu
reagieren, und dessen Unmenschlichkeit dadurch lächerlich gemacht
wird.

Wenn aber Bergsons Beobachtungen über die Natur des Lachens
sich eventuell in der Lenzforschung als produktiv erweisen könnten, so
sind die Unterschiede zwischen beiden ebenso bezeichnend. Für Bergson stellt die Steifheit eine Gefahr dar, von der sich die Gesellschaft
durch Lachen befreit, indem sie ihre Offenheit und Entwicklungsfähig-
keit zelebriert. Für Lenz würde das Lachen die Tatsache zelebrieren, daß

---

21 Dagegen liegt für ihn der Wert von „Götz von Berlichingen" darin, daß das Stück uns
     unsere „handelnde Kraft" (II, 638) vorexerziert.
22 Helga S. Madland: Lenz: Aristophanes, Bachtin und „die verkehrte Welt". In:
     I. Stephan, H.-G. Winter (Hrsg.): „Unaufhörlich Lenz gelesen…". Studien zu Leben
     und Werk von J. M. R. Lenz, Stuttgart, Weimar 1994, S. 167–180. Vgl. auch Axel
     Schmitt: Die „Ohn-Macht der Marionette". Rollenbedingtheit, Selbstentäußerung und
     Spiel-im-Spiel-Strukturen in Lenz' Komödien. In: D. Hill (Hrsg.): Jakob Michael
     Reinhold Lenz. Studien zum Gesamtwerk, Opladen 1994, S. 67–80.
23 Henri Bergson: Le rire, Paris 1900.
24 Dieses Motiv ist von Lenz hinzugefügt.

wir „die erste Sprosse auf der Leiter der freihandelnden selbständigen
Geschöpfe" (II, 645) sind.

Zweitens spielt auch in diesem Zusammenhang die Macht eine wichtige Rolle. Wenn man sich nämlich fragt, worauf sich die Menschen bei
Lenz versteifen, oder was ihre „Grille" sei, dann muß man antworten:
die Macht. Die Offiziere in *Die Soldaten* benutzen ihre Macht, um Bür-
gerstöchter zu verführen. Marie und ihr Vater verlassen sich auf die
Macht von Maries weiblicher Anziehungskraft beim Versuch, ihrer beider Status zu erhöhen. Die Gräfin La Roche benutzt ihre Macht, um
Marie von ihrem Sohn fernzuhalten. Sogar das Verhältnis zwischen Marie und ihrer Schwester ist ein Kampf um die Macht. Die Machtstruktu-
ren der Gesellschaft erscheinen als ein sehr komplexes Knäuel von Abhängigkeiten, die auf verschiedene Weisen verinnerlicht werden, so daß
oft nicht ganz deutlich ist, wer letzten Endes die Macht in Händen hält:
Weil die Macht mißbraucht wird, fühlt sich jeder vom Identitätsverlust
bedroht und wehrt sich, indem er versucht, sich mehr Macht anzueignen
und sie gegen seine Mitmenschen geltend zu machen. Damit bestätigt er
allerdings nur die eigene maschinenhafte Existenz.[25]

Bei Plautus findet man eine ähnliche Einseitigkeit, aber als Charakteristik eines Einzelnen, nicht der Welt, die das Stück darstellt. Dieser
Unterschied erklärt, warum Lenz, wie es scheint, unsicher war, ob *Der
Hofmeister* und *Die Soldaten* wirklich Komödien waren. Die Weltanschauung, die ihnen zugrunde liegt, ist viel dunkler als bei Plautus: „Komödie
ist Gemälde der menschlichen Gesellschaft, und wenn die ernsthaft wird,
kann das Gemälde nicht lachend werden" (II, 703). Wenn Lenz gleich
danach fordert, daß der moderne deutsche Komödienschreiber „komisch und tragisch zugleich" (II, 703) schreiben solle, dann meint er, daß
die Unordnung viel tiefer geht, als das bei Komödien traditionell der Fall
war. Die Unordnung wird nicht so spielerisch dargestellt, und das zeigt
sich in der Sensibilität Lenzens für die Emotionen der Figuren. Lenz
lobte an Plautus „die schöne Empfindsamkeit für alle mitleidige und
zärtliche Szenen" (II, 697), und diese waren in der Regel die Szenen, die
er in seinen Bearbeitungen nicht kürzte.[26] In seinen eigenen Komödien
geht er beträchtlich weiter in der Darstellung des Leidens der Figuren. In
den Komödien Plautus' hatte man offenbar zu lachen, wenn die Sklaven

---

25 Vgl. meinen Aufsatz: Das Politische in „Die Soldaten". In: Orbis Litterarum
    43 (1988), S. 299–315, u. Hans-Gerd Winter: „Pfui doch mit den großen Männern".
    Männliche Kommunikationsstrukturen und Gemeinschaften in Dramen von J. M. R.
    Lenz. In: M. Kagel (Hrsg.): Jakob Michael Reinhold Lenz. In: text + kritik 146, Mün-
    chen 2000, S. 55–68.
26 So Angela Sittel (wie Anm. 1).

verprügelt wurden: In denjenigen von Lenz empfindet man eine Art kritisches Mitleid, wenn man sieht, wie die Figuren als Menschen miteinander und mit ihrer Menschlichkeit nicht zurechtkommen.

Der größere Realismus Lenzens zeigt sich schon in seinen Plautus-Übertragungen, in der Vertiefung der Psychologie, im Gebrauch der Umgangssprache, im Ort der Handlung (im zeitgenössischen Europa, während die Komödien des lateinischen Autors in Griechenland spielen) und im Weglassen der umständlichen Expositionen. In seiner eigenen Komödien macht er den Schritt von der Komödie im Sinne des Lustspiels, das bloß Lachen hervorbringt, zu einer neuen Form der Komödie, einer ernsten Komödie, die der dargestellten Welt und der Welt der Zuschauer – und der Veränderbarkeit beider – adäquat ist.

Theologische Anthropologie bei Hamann und Lenz

Als ich, von der Hamann-Lektüre herkommend, mich dem Werk von Lenz in der verdienstvollen Ausgabe Sigrid Damms zuwandte, fand ich die in der Lenz-Literatur immer wieder vermutete frühe Bekanntschaft und gegenseitige Lektüre der beiden Autoren in vielen Hinweisen der Herausgeberin fast als gewiß angenommen. In ihrem abschließenden Essay schreibt sie sogar: Hamann sei „begeistert" von Lenz' Dramen, denn er schreibe an Herder: „Dünkt Ihnen nicht auch, daß die Stücke dieser Art tiefer als der ganze Berlin. litterar. Geschm. reichen?"[1] Leider stammt dieser Satz nicht von Hamann, sondern steht in einem Brief Herders an ihn vom November 1774.[2] Hamann ist auf Herders Frage nie eingegangen und hat auch später nie zu erkennen gegeben, daß er Lenz' große Dramen gelesen hat. Erst für den Herbst 1779 ist seine zustimmende Lektüre dessen gesichert, was er „kleine Aufsätze"[3] nennt. In der Forschung wird angenommen, daß es sich um Lenzens *Flüchtige Aufsäzze* von 1776 handelt.[4] Aus der Art, wie Hamann zu dieser Zeit in seinen Briefen über Lenz schreibt, geht vor allem seine große Anteilnahme an dessen Erkrankung hervor – Hamann hat seinen eigenen Bruder an einer Geisteskrankheit verloren. Aber diese Briefe machen auch deutlich, daß Hamann über jemanden spricht, den er persönlich nicht kennt, so daß die vermutete frühe Bekanntschaft beider während Lenz' Königsberger Zeit m. E. auszuschließen ist. Wenn Hamann weiter schreibt, er habe aus diesen kleinen Aufsätzen „ersehen", daß Lenz sein „Freund"[5] sei, so wird es ihm neben zwei kleinen Sprachaufsätzen vor allem die Schulmeister-Chrie *Matz Höcker* angetan haben, die seinen eigenen Schulmeister-

1   Sigrid Damm (Hrsg.): Jakob Michael Reinhold Lenz: Werke und Briefe, 3 Bde., Bd. 3, Leipzig 1987, S. 714 (fortan zitiert: WuB).

2   Walther Ziesemer, Arthur Henkel (Hrsg.): Johann Georg Hamann: Briefwechsel, 7 Bde., Wiesbaden, Frankfurt a. M. 1955–1979 (fortan zitiert: Hamann mit Bandzahl), Bd. 3, S. 122. Im 1. Bd. ihrer Ausgabe hatte die Herausgeberin noch gewußt, daß das Zitat von Herder stammt (WuB, I, 710).

3   Hamann 4 (wie Anm. 2), S. 122.

4   Rudolf Unger: Hamann und die Aufklärung. Studien zur Vorgeschichte des romantischen Geistes im 18. Jahrhundert, Jena 1911, Bd. 1, S. 467, Bd. 2, S. 790.

5   Hamann 4 (wie Anm. 2), S. 122.

Fiktionen[6] in Haltung und Gedanken nahe steht. Besonders gefreut hat
er sich wohl auch darüber, daß der Herausgeber der Chrie sogar seine
Kreuzzüge des Philologen in einer Anmerkung als „Lieblingsbuch"[7] des
ebenso gelehrten wie biederen Schulmeisters angibt.

Außer diesen brieflichen Äußerungen gibt es keinen nachweisbaren
Niederschlag von Lenzens Werk bei Hamann. Wie sieht es umgekehrt
bei Lenz aus? In dessen bisher bekannten Briefen findet Hamann, soweit
ich sehe, keine Erwähnung. Wann er Schriften von Hamann zu Gesicht
bekommen hat, ob schon in Livland, in Königsberg oder doch erst
durch Herder in Straßburg, ist offen. Wenn überhaupt, so waren es vermutlich die *Kreuzzüge des Philologen,* wie der Hinweis in den *Matz-Höcker-*
Versen nahelegt, wohl auch die *Sokratischen Denkwürdigkeiten* und vielleicht die *Fünf Hirtenbriefe über das Schuldrama.* Direkte Erwähnungen Hamanns gibt es in Lenz' Werk kaum. Einmal verteidigt er Herder gegen
den Vorwurf, er sei nur ein Schwanzstern in der „Hamannischen Konstellation"[8], ein anderes Mal nennt er Hamanns Namen in einem „Programmentwurf für eine Zeitschrift".[9] Das ist alles.

Das Ergebnis dieses kurzen Überblicks ist also: Hamann und Lenz
wußten voneinander, kannten sich aber persönlich nicht. Hamann erwähnt Lenz erst 1779, bekam dann auch ein, zwei Briefe von ihm aus
Livland, die er nicht beantwortete, aber über Hartknoch seine Anteilnahme ausrichten ließ. Hamanns Kenntnis der Werke von Lenz ist ver-
schwindend gering, Lenz' Kenntnis wichtiger Werke Hamanns hingegen
ist wohl anzunehmen. Dafür können aber nur *indirekte* Beweise erbracht
werden, etwa aus ähnlicher Thematik und Gedankenführung. Das gilt
nun besonders für mein Thema: für die theologische Anthropologie bei
Hamann und Lenz. Hier ist nicht Einflußforschung mein Ziel, sondern
die Herausarbeitung von Gemeinsamkeiten, die dadurch entstanden sind,
daß sich beide auf die Lektüre der gleichen entlegenen Bücher beziehen,
daß bei beiden eine ähnliche Gegenwärtigkeit biblischer Texte anzunehmen ist, und vor allem, daß beide eine theologisch vermittelnde Berücksichtigung des englischen Empirismus bzw. des französischen Materialismus versuchen. Ich werde drei solcher Themenkomplexe indirekter
Gemeinsamkeit skizzieren: 1. Anthropologie der Fehlbarkeit; 2. Theolo-

---

6   Etwa dem Schulmeister im fünften der „Fünf Hirtenbriefe" oder dem „Schullehrer"
     H. S. (Heinrich Schröder) als Herausgeber der „Neuen Apologie des Buchstaben h".
7   WuB, III, 150. Wahrscheinlich geht diese Anmerkung auf Lenz selbst zurück, sie
     kann aber auch vom Herausgeber Kayser stammen.
8   WuB, II, 672.
9   Franz Blei (Hrsg.): J. M. R. Lenz: Gesammelte Schriften, 5 Bde., München, Leipzig
     1909–1913, Bd. 4, S. 266.

gische Interpretation der Sexualität; 3. Gesetz und Evangelium oder der
Kampf gegen die „Gerechten".

I. Anthropologie der Fehlbarkeit

Eine erste Gemeinsamkeit zwischen Lenz und Hamann ergibt sich im
Hinblick auf den *Hofmeister oder die Vorteile der Privaterziehung.* Dieses Stück
hat mit der ausführlichsten Äußerung Hamanns zum Drama im allgemeinen, *Fünf Hirtenbriefe über das Schuldrama,* einen gemeinsamen Bezugs-
text. Hamanns Freund, der Rigaer Rektor Johann Gotthelf Lindner, der
später, während Lenz' Studienzeit, die Königsberger Professur für Poesie
und Beredsamkeit bekleidete, hatte schon 1761 in Riga ein Schuldrama
mit dem Titel *Der wiederkehrende Sohn* geschrieben, aufführen und in der
Reihe seiner *Rigaer Schulhandlungen* drucken lassen, die in Livland bekannt
war. Dieses Stück versetzt das Gleichnis vom verlorenen Sohn in die
Studentenproblematik des 18. Jahrhunderts. Es folgt in der Anlage Voltaires Komödie *L'enfant prodigue,* die das Gleichnis vom verlorenen Sohn
mit der Erziehungskomödie des Terenz, *Die Brüder,* verband und provokativ zu einem bürgerlichen Rührstück säkularisierte. Lindner retheologi-
siert den Stoff und läßt sein Stück in einer pathetischen Unterwerfungs-
szene gipfeln, die er in theologisch fragwürdiger Weise nach dem
Wortlaut des Gleichnisses gestaltet. Er mißbraucht das Gleichnis zur
Zementierung der ständischen Fallhöhe zwischen der unbefragten Vaterautorität und der bedingungslosen Unterwerfung des Sohnes. Zugleich bedeutet dieses Stück ein gezieltes Plädoyer für den häuslichen
Privatunterricht durch Hofmeister und gegen den öffentlichen Schulunterricht, eine Einstellung, die Lindner in Anpassung an die livländischen
Verhältnisse auch schon durch eine gedruckte Schulrede verbreitet hatte.
Lindner vertritt in seiner eigenen Person als Rektor und durch eine idea-
lisierte Hofmeisterfigur in seinem Stück eine unangreifbar überlegene
Autoritätsposition gegenüber den Kindern. Damit sind die Angriffsflä-
chen benannt, an denen Hamann und Lenz ihre Gegenposition zu Lindner und seinem Stück ausarbeiten. Beide entwerfen mit theologischer
Argumentation eine Anthropologie der Fehlbarkeit gegen den Unfehl-
barkeitsanspruch ständischer Autorität. Hamann wendet sich gegen die
ständisch begründete *Lehrerautorität* mit dem Jesuswort:

> Wenn ihr nicht umkehret und werdet wie die Kinder, so werdet ihr nicht ins Himmel-
> reich kommen.[10]

---

10 Mt 18, 3.

Demnach stehen die Kinder in größter Gottesnähe, nicht die Lehrer. Deren Heil kann nur darin liegen, das Autoritätsverhältnis umzukehren und von den Kindern zu lernen. Der Lehrer steht angesichts seiner Schulkinder ständig in einem „Examen rigorosum"[11], denn die „Würde der Schulen"[12] ist die Würde der Kinder, nicht der Lehrer. In ähnlicher Weise wendet sich Lenz gegen die ständisch begründete *Vaterautorität* mit dem Jesuswort:

> Also wird auch Freude im Himmel sein über *einen* Sünder, der Buße tut, mehr als über neunundneunzig Gerechte, die der Buße nicht bedürfen.[13]

Er rückt die Väter in die Position der eingebildeten Gerechten und korrigiert von daher Lindners ständischen Mißbrauch des Gleichnisses vom verlorenen Sohn durch eine schrittweise Verlagerung der Verzeihungsinstanz von den Vätern auf die Kinder. In der Versöhnungsszene des Geheimen Rats mit Fritz zitiert Lenz wörtlich Lindner, beläßt auch die Verzeihung noch beim Vater, nimmt aber die Unterwürfigkeit des Sohnes entschieden zurück. In der Versöhnungsszene zwischen dem Major und Gustchen bittet der Vater, indem er verzeiht, zugleich das Kind um Verzeihung. Die Vergebung ist nicht mehr einseitig, und die Selbsterkenntnis des Majors übersteigt die des Geheimen Rats deutlich. In der Versöhnungsszene zwischen dem jungen und dem alten Pätus schließlich wird die Verzeihungshierarchie völlig umgekehrt, und erstmals vergibt nur der Sohn dem Vater.

Hier ist nicht der Ort, auf die vielfältigen, detaillierten Bezüge des *Hofmeister* auf Lindners Schuldrama einzugehen.[14] Unter der gegenwärtigen Fragestellung genügt der Nachweis, daß Hamann und Lenz in bezug auf den gleichen Text mit einer theologischen Argumentation gegen die Selbstgerechtigkeit ständischer Autoritätspositionen vorgehen, die bei beiden folgerichtig zu einer Aufwertung der Kinder führt, zu einer bei Lenz gedämpften, bei Hamann offenen, halb scherz-, halb ernsthaften Kinderrevolution auf der Bühne. Als anthropologisches Fazit ergibt sich: Wenn Hamann nach dem Bibelwort von den Menschen als Kindern, denen das Himmelreich gehört, die Schulmeister von den Kindern lernen lassen will, und wenn Lenz nach dem Bibelwort von den Menschen als Sündern, über deren Bekehrung im Himmel Freude herrscht, die

---

11 Josef Nadler (Hrsg.): Johann Georg Hamann: Sämtliche Werke, 6 Bde., Wien 1949-1957, Bd. 2, S. 358 (fortan zitiert: Nadler mit Bandzahl).
12 Hamann 2 (wie Anm. 2), S. 175, 179.
13 Lk 15, 7.
14 Vgl. Hans Graubner: Kinder im Drama. Theologische Impulse bei Hamann, Lindner und Lenz. In: Jahrbuch der Deutschen Schillergesellschaft 2002.

Väter seines Stückes lehrt, daß sie der Verzeihung nicht nur mächtig, sondern auch bedürftig sind, dann folgen beide einer biblisch initiierten Anthropologie der Fehlbarkeit des endlichen Menschen.

II. Theologische Interpretation der Sexualität

Seit die *Philosophischen Vorlesungen für empfindsame Seelen* (1780) wiederentdeckt wurden, ist auch theoretisch deutlich geworden, welche entscheidende Funktion der Sexualität in Lenz' Anthropologie zukommt. Daß dasselbe für Hamann in gleicher, wenn nicht sogar stärkerer Weise gilt, ist in der Lenz-Forschung weniger bekannt. Deshalb muß die Feststellung „kein anderer deutscher Autor dieser Zeit" habe „der Sexualität einen vergleichbaren Stellenwert in seiner Anthropologie zugewiesen, wie Lenz dies in den Philosophischen Vorlesungen tut",[15] korrigiert werden. Hamann hat zudem, ebenso wie Lenz, die Sexualität durch Einbindung in die Interpretation des Sündenfalls theologisch in seiner Anthropologie verankert. Aber auch diese Nähe ist nicht darauf zurückzuführen, daß Lenz Hamanns Deutung kannte, sondern daß beide sich wieder, wie im Falle Lindner, auf einen dritten, entlegenen Autor beziehen. Diesmal führt die Art der Auseinandersetzung mit einem Dritten aber nicht zu einer ähnlichen, sondern zu einer sehr unterschiedlichen, ja gegensätzlichen Auffassung. Theologiestudenten in Königsberg konnten im Werk des ehemaligen Professors Michael Lilienthal über die *Wahrscheinliche Vorstellung der Geschichte unsrer ersten Eltern im Stande der Unschuld*[16] lesen, daß in einer „schandbaren Charteque"[17] die These vertreten werde, der Sündenfall sei auf die menschliche Sexualität zu beziehen. Autor dieser „Charteque" war der Niederländer Adriaan Beverland. Auf dessen Buch *Philosophische Untersuchung von dem Zustand des Menschen in der Erbsünde*[18] beziehen sich Hamann und Lenz.[19] Beverland deutet das Seinwollen

15 Christoph Weiß (Hrsg.): J. M. R. Lenz: Philosophische Vorlesungen für empfindsame Seelen, St. Ingbert 1994, S. 97 (Nachw. d. Herausgebers).
16 Michael Lilienthal: Wahrscheinliche Vorstellung der Geschichte unsrer ersten Eltern im Stande der Unschuld, Königsberg, Leipzig 1722.
17 Ebenda, S. 443.
18 Adriaan Beverland: Philosophische Untersuchung von dem Zustand des Menschen in der Erbsünde, Frankfurt, Leipzig 1746, Übers. a. d. Franz. Die Schrift erschien erstmals 1687.
19 Zu Hamann vgl. Hans Graubner: Origines. Zur Deutung des Sündenfalls in Hamanns Kritik an Herder. In: B. Poschmann (Hrsg.): Bückeburger Gespräche über Johann Gottfried Herder 1988, Rinteln 1989, S. 108–132. Zu Lenz vgl. Johannes Friedrich Lehmann: Vom Fall des Menschen. Sexualität und Ästhetik bei J. M. R. Lenz und

wie Gott als Menschen-machen-Können wie er, also als Zeugen von
Kindern. Dessen waren die Menschen vor dem Fall nicht fähig. Verführt
durch ihre Begierde, hätten sie das ihnen ohnehin Zugedachte vorzeitig
geraubt. Folge dieses Raubes ist das Sterbenmüssen, der Tod. Dieser
Doppelaspekt des Sündenfalls, das sexuelle Erwachen und die Endlich-
keit des Menschen, wird von Hamann und Lenz übernommen. Er gilt
für Hamann als conditio humana, für Lenz als die Natur des Menschen,
die von Gott gewollt ist. Auch die Fähigkeit des Menschen zum Bösen
geht für beide auf Gottes Willen zurück. Daß der Mensch böse handeln
kann, liegt für Lenz in Gottes Schaffensplan, und Hamann formuliert
knapp, Jesaia zitierend: „Gott selbst sagt: Ich schaffe das Böse"[20]. Soweit
gehen die Gemeinsamkeiten, danach beginnen die Unterschiede, die bis
zum Gegensatz führen. Lenz baut die Möglichkeit des geistigen Wider-
stands gegen diese Natur des Menschen zu einer moralischen Steigerung
des Subjekts aus, die ihn zur Göttlichkeit hinaufträgt; Sünde ist für ihn
nur noch das Zurückfallen hinter die jeweils erreichten Stufen der Distanzierung von der Konkupiszenz. Hamann benennt dagegen die nach
dem Fall fortbestehende Verführung zum Seinwollen wie Gott als
Hauptsünde, welche die anthropologischen Fakten des Sündenfalls, den
Verlust der (sexuellen) Unschuld und das Ausgeliefertsein an die Sterb-
lichkeit nicht anerkennen will. Schlagendes Indiz dafür ist ihm die Trennung von Geist und Natur seines Königsberger Antipoden Kant. In dem
Maße, wie die Distanzierung des Geistes von der Sexualität zu gelingen
scheint, vollzieht sich nach Hamann eine Selbstkastration des Menschen;
er wird einsam, kommunikationslos, abstrakt und unfruchtbar. Statt in
die Nähe Gottes gerät er in die Hölle der Haltlosigkeit. Der Grund dafür
liegt darin, daß die Sexualität nicht nur unsublimiert alle fruchtbaren
menschlichen Geistesprodukte durchdringt, sondern, als deren Ursprung, auch das schöpferische Handeln Gottes selbst. Er sei, wie Hamann an Herder schreibt, „niemals im Stande gewesen, sich einen schöpferischen Geist ohne genitalia vorzustellen".[21]
    Es ist deutlich, daß Lenz' moralische Distanzierung von der Begierde
zur rein schauenden Mimesis Gottes, sei es als Sublimierung der Sexualität, sei es durch die Etablierung eines besonderen Geistesantriebs,[22] in

    J. G. Herder. In: M. Bergengruen, R. Borgards, J. F. Lehmann (Hrsg.): Die Grenzen
    des Menschen. Anthropologie und Ästhetik um 1800, Würzburg 2001, S. 15–35.
20 Nadler 1(wie Anm. 11), S. 304 mit Jes. 45, 7.
21 Hamann 2(wie Anm. 2), S. 415.
22 Vgl. Heinrich Bosse, Johannes F. Lehmann: Sublimierung bei Jakob Michael Reinhold
    Lenz. In: Kunst – Zeugung – Geburt. Theorien und Metaphern ästhetischer Produk-
    tion in der Neuzeit, hrsg. v. Ch. Begemann, D. E. Wellbery, Freiburg i. Br. 2001,
    S. 195.

der Anthropologie Hamanns gerade als Inbegriff sündiger Selbstverfehlung des Menschen erscheinen muß. Der gemeinsame Ausgangspunkt bei Beverland führt in diesem Fall also nicht zu einer Nähe, sondern zum völligen Gegensatz in der theologischen Interpretation der Sexualität.

III. Gesetz und Evangelium oder der Kampf gegen die ‹Gerechten›

Für die vielen theologisch-anthropologischen Berührungspunkte zwischen Hamann und Lenz gilt, daß es immer nur partielle Annäherungen sind, weil in Lenz' Theorie die Perfektibilitätsanthropologie der Aufklärung, verknüpft mit Herders Selbstbildungskonzept, nach dem sich der Mensch zum Gott oder doch zu Gott emporbilden soll, überall durchschlägt. Dergleichen Vorstellungen sind bei Hamann undenkbar. Der Doppelaspekt eines Nebeneinander von Nähe und Ferne in der theologisch motivierten Anthropologie ließe sich etwa an der Einstellung beider Autoren zur Vernunft, zur schönen Natur, an ihrer Auffassung von Empfindung und Selbstgefühl zeigen. Beim letzteren kann man sogar einen Niederschlag von Lenz' Lektüre der *Sokratischen Denkwürdigkeiten* plausibel machen. Ich wähle zur Illustration nur die positive Einstellung beider zum Körper.

Wenn der frühe Hamann in *Brocken* sagt, daß der Körper den Menschen und seine Seele an die Erde, an die Bedürftigkeit binde und ihn dadurch im Guten wie im Bösen vor Exzessen schütze, so liegt darin eine moralische Aufwertung des Leibes, weil dieser uns vor geistiger Abdrift und Verflüchtigung durch seine Schwere „erhalten" habe, „unterdessen höhere und leichtere Geister" – Hamann denkt natürlich an Luzifer – „ohne Rettung fielen". Und er schließt die Betrachtung mit dem Satz: „Wie abscheulich würde der Mensch seyn vielleicht, wenn ihn der Leib nicht in Schranken hielte!"[23] Lenz, bevor seine Aufstiegsanthropologie ganz manifest geworden ist, gibt einem ähnlichen Gedanken Raum. Leicht bedauernd formuliert er, daß unsere Moralität nie ganz frei und willkürlich werden könne, weil sie an den Körper gebunden sei. Auch die Pflanze, „die am Boden hängt", könne nicht „auf demselben herumtanzen".[24] Aber obwohl doch die moralische Freiheit zur Vollkommenheit gerade darin bestehe, durch ständige „Auswahlen des Bessern" immer stärker von den Trieben der Natur Abstand zu gewinnen, kommt Lenz doch eine ähnliche Ahnung, wie Hamann sie formuliert hatte:

---

23 Nadler 1 (wie Anm. 11), S. 309.
24 WuB, II, 485.

ob bei dieser höhern Region in die wir uns schwingen, das was uns so leicht so un-
merklich, so transparent umgibt, nun nicht mehr Luft, nicht mehr Äther, sondern lee-
rer Raum sei, wo wir gesetzlos bloß von unserm Ich determiniert, nach unsern Kapri-
cen umhertaumeln.[25]

Ja, Lenz fragt sogar, ob nicht „die Hölle und alle Teufel in dieses Gebiet
gehören".[26] Doch von dieser Ahnung sprechen Lenz' spätere theologische Schriften nicht mehr; sie wird von der Selbstvervollkommnungsan-
thropologie überlagert.

Die völlige Verwerfung jeder anthropologischen Aufstiegs- und Per-
fektibilitätsvorstellung im Sinne einer geistigen Höherentwicklung des
Menschen, die Hamann von Lenz und Herder, von Kant und dem späteren Idealismus trennt, läßt auch in der ähnlichen Wendung beider Autoren gegen die eingebildeten Gerechten keine Übereinstimmung zu, obwohl sie zu jener gemeinsamen Anthropologie der Fehlbarkeit führt, die
anfangs gezeigt wurde. In der paulinisch-lutherischen Dialektik von Gesetz und Evangelium dient die durch die Bergpredigt gezeigte Unerfüll-
barkeit des mosaischen Gesetzes dazu, die Sünde offenbar zu machen;
das Evangelium hingegen dazu, den bekennenden Sünder in Gnaden
aufzunehmen. Der eingebildete Gerechte, für den im NT der Pharisäer
steht, ist derjenige, der seine eigene Fehlbarkeit nicht eingesteht, sondern
selbstgerecht die buchstäbliche Befolgung des Gesetzes behauptet. Deshalb ist im Himmel mehr Freude über einen bekennenden Sünder als
über einen verstockten Gerechten. Lenz baut diese Dialektik in seine
Strebensdynamik ein. Die Bergpredigt habe das Gesetz deswegen als
unerfüllbar dargestellt, damit man bei der durchaus möglichen Erfüllung
der Einzelgesetze nicht stehenbleibe. Das wäre ein statischer Endzu-
stand, der die dynamische Steigerung zur moralischen Vervollkommnung
verhinderte. So sind bei Lenz die Gerechten diejenigen, die ihre eigene
Perfektibilität blockieren; diejenigen aber, die ihre Fehlbarkeit angesichts
der Gesetze immer wieder eingestehen, die moralisch Fortschreitenden.[27]

Ganz anders hatte Hamann die paulinisch-lutherische Dialektik von
Gesetz und Evangelium ins 18. Jahrhundert übersetzt. Für ihn hat die
Vernunft, mit der sich der Mensch selbstmächtig in die Position Gottes
zu erheben versucht, die Rolle des Gesetzes übernommen. Die Ver-
nunftgläubigen sind demnach die eingebildeten Gerechten, die ihre
Fehlbarkeit überspielen, ihre Begrenzung durch Leib und Sexualität nicht
akzeptieren und eine geistige Reinheit anstreben, die der conditio humana widerspricht. Auch für die gemeinsame Anthropologie der Fehlbar-

---

25 WuB, II, 486.
26 Ebenda, II, 487.
27 Vgl. ebenda, II, 592–598, bes. 597.

keit beider Autoren gilt also, daß ihre theologische Begründung völlig gegensätzlich ist. So bleibt als Fazit, daß Lenz und Hamann in der Theorie ihrer theologischen Anthropologie getrennte Wege gingen; in ihrer praktischen Ausführung aber, Lenz in seinen Dramen, Hamann in seiner Theologie, einander nahe kamen, obwohl bei Lenz diese Theologie kaum Spuren hinterlassen und obwohl Hamann Lenz' Dramen kaum gekannt hat.

GERHARD BAUER

Verstreute/gezielte Provokationen:
Lenz – Merck – Kaufmann

Solange wir der schöpferischen Potenz nachjagen, das Genie der Genies
mit immer unzureichenderen Begriffen bestimmen wollen, werden wir
unseren Autor Lenz schwerlich aus dem Dunstkreis von Herder und
Goethe herausschälen können. Im Wettstreit mit seinem so ungleichen
„Bruderherz" Goethe, unter dessen Prämissen der frei flutenden Vor-
stellungskraft und Sprachgewalt, und zwar „Gewalt" gerade durch An-
schmiegen, zieht Lenz allemal den kürzeren. Fragen wir dagegen nach
den kritischen oder auch bloß garstigen Impulsen, mit denen der „Stürmer" und ziemlich produktive Sittenschilderer Lenz weder belehren
noch unterhalten, sondern vor den Kopf stoßen wollte, so können wir
bei ihm eine durchaus selbständige, ziemlich durchdachte Position ausmachen, mit der er auch eine gewisse Überlegenheit über seine Zeitgenossen erlangt hat. Dazu möchte ich sein Werk, so schwer das auch fällt,
von der allverbindlichen Folie des *Götz* und des *Werther* lösen. Ich versuche hier vielmehr, ihn mit anderen Genies und Feuerköpfen zusammen
zu sehen, die es auch nicht bis zu olympischen Ehren gebracht haben,
die im Urteil der Literaturgeschichte sogar noch schlechter weggekom-
men sind, und an denen die Epoche viel reicher war als an anerkannten,
später zu „Klassikern" weiterentwickelten Größen.

Es gab leider, aber zu unserem Glück, in der Epoche des Aufbegeh-
rens und der Inkongruenz zwischen Absichten, Selbstbewußtsein und
Verwirklichung eine lange Reihe von Intellektuellen, die sich mit unter-
schiedlichem Erkenntnisgewinn durchaus mit Lenz zusammenstellen
lassen. Jerusalem mit seiner Verzweiflung und seinem Selbstmord setzte
den Zeitgenossen noch anders zu als nur in der literarischen Überfor-
mung zum *Werther*. Wezel landete mit allem, was er in seinen kritischen
wie seinen zahmeren Romanen nicht los wurde, definitiv im Irrenhaus.
Schubart saß zehn Jahre in der Festung, radikal weggesperrt aus dem
öffentlichen Leben. Wenn überhaupt an ihn noch gedacht wurde, dann
nur mit einem Schauder vor den abscheulichen, Justiz genannten Praktiken, mit denen es, außer ihm, keiner direkt und im Ernst aufzunehmen
wagte. Bürger verzehrte sich in den Niederungen einer Amtmannsexi-

stenz und in den kläglichen Figuren, die sein heißes Herz auf der Schau-
seite nach außen abgeben mußte. Pfeffel, beliebter Gastgeber der stürmischen Genies, beschränkte sich auf die Nadelstiche, die die alte Beobach-
tungsübung Fabel hergab, wenn man die zeitgenössischen Verhältnisse
so durchschaute wie er. Will man es milde ausdrücken wie manchmal die
ZEIT, kann man z. B. über Boehlendorff feststellen, er gehöre „wie
Lenz, mit dem ihn vieles verbindet, zu jenen Feuerköpfen, die nicht Zeit
und Gelegenheit fanden, ihr Talent reifen zu lassen"[1] – als ob die Geschichte jemals Sonnenschein gespielt hätte.

Ich halte mich hier an zwei schlichtere überschaubare Fälle als Parallelen zu unserem Lenz: Merck und Kaufmann. Zwischen den dreien gab
es vielfache Berührungen. Lenz hatte gegenüber Merck das Gefühl, daß
er ihm ganz trauen, sich ihm anvertrauen konnte. Als er ihn kaum kannte, vorerst nur brieflich, aber ihn schon als „herzlich geliebter, innig
geschätzter Mann" anredete, expektorierte er ihm, ebenfalls brieflich,
sein Herz, „das bei mir tief auf den kalten Nesseln meines Schicksals
halb im Schlamm versunken liegt und sich nur mit Verzweiflung empor
arbeiten kann".[2] So schrieb Lenz nicht an jeden. Sein *Landprediger* und
Mercks *Geschichte des Herrn Oheims* sollten einmal gründlicher, als das hier
möglich ist, materiell ebenso wie stilistisch, verglichen werden. Kaufmann bemühte sich um Lenz nicht nur im Rahmen des genialen Freundschaftsbundes in Straßburg,[3] sondern setzte sich sowohl vor wie nach
Lenz' Erkrankung im Steintal für ihn ein. Er sorgt für ihn in einem Ton,
der ihn in seiner Eigentümlichkeit schonte: Ein besser gestellter Freund
solle ihm bitte das Nötigste und außerdem das zukommen lassen, „was
ein ehrlicher und poetischer Kerl sonst noch bedarf".[4] Lenz war ihm
nicht nur dankbar,[5] sondern ließ sich noch 1780 in Sankt Petersburg,

---

1 Anläßlich der Ausgabe von Boehlendorffs Werken im Stroemfeld-Verlag 2000. In:
   DIE ZEIT v. 9. 3. 2000.
2 Beides im Brief v. 14. 3. 1776 an Merck (als Antwort auf dessen Brief v. 8. 3). Im
   nächsten Antwortbrief bietet Merck Lenz sein Haus in Darmstadt an („sehen Sie's
   ganz als das Ihrige"), was Lenz auf seiner Reise nach Weimar auch annahm. Lenz'
   Briefe werden zitiert (mit bloßem Datum) nach: S. Damm: (Hrsg.): Werke und Briefe
   in drei Bänden., Leipzig 1987, seine Werke nach der gleichen Ausgabe, die Dramen
   zusätzlich durch die Angabe des Aktes und der Szene (II,3), soweit von Lenz markiert.
3 Auf der Plattform des Straßburger Münsters verewigten sich die sieben „Comites" in
   der folgenden bedeutsamen Reihenfolge: „Stolberg, Goethe, Schlosser, Kaufmann,
   Lenz, Herder, Lavater" (vgl. W. Milch: Chr. Kaufmann, Frauenfeld, Leipzig 1932,
   S. 16, unter Berufung auf Stöber und Wernle).
4 Brief an den Kaufmann Gaupp, zusammen mit einer Auflistung von Lenz' Gardero-
   be, mitgeteilt v. J. Baechthold. In: Archiv für Literaturgeschichte, Bd. 15, 1887, S. 168.
5 Kaufmann sei, schreibt er am 4. 6. 1777 an Lavater, „mir und meinen Eltern ein
   Engel gewesen".

also nach dem allgemeinen Scherbengericht über Kaufmann, „die Plätz-
gen zeigen, wo Kaufmann spazieren zu gehen gewohnt war".[6] Auch
Merck reagierte auf Kaufmann, und zwar wie in der damaligen leicht
entflammbaren Öffentlichkeit üblich: erst höchst angetan, später spöttisch. Da er aber anders als die unmittelbaren Sturm-und-Drang-Freun-
de, vor allem Maler Müller und Klinger, nicht so hingerissen von ihm
war, brauchte er auch keine Kübel der Verachtung über ihn auszugießen.

Kaufmann war der auffälligste dieser drei. Er brüskierte am stärksten
und rief die stürmischste Begeisterung hervor (letztere allerdings nur für
kurze Zeit). Sein Evangelium von der „Kraft" zündete. Es kam gerade
rechtzeitig zur Halbzeit der neuen Bewegung, 1777, als die Gemüter gut
darauf eingestimmt waren und etwas Fulminantes als Erkennungszeichen
brauchten. „Was ich will, das kann ich", überschrieb er seine *Dithyrambische Proklamation*, fast der einzige Text, den Kaufmann zum Druck gegeben hat, und er zeichnete ihn mit „Johann Peter Kraft".[7] „Schwache
Kerle" ist sein vernichtendstes Urteil über die Aufklärer. Daß er der
ganzen Bewegung ihren Namen gab, indem er Klingers mehr verworre-
nes als kraftmeierisches Drama in *Sturm und Drang* umtaufte, ist symbolisch ebenso für die zeitgenössischen Erwartungen wie für den Kraftapo-
stel selbst. Lavater schwärmt für seine Züge und bildet sie gleich fünfmal
ab: „Ein Gesicht voll Blick, voll Drang und Kraft".[8] Das Fabrikationsge-
heimnis des Furors, den der aus der Schweiz kommende Kaufmann fast
ein Jahr lang in den deutschen Landen entzündete, lag darin, daß er versprach, das in die Tat umzusetzen, wovon alle übrigen Jünger Jean-
Jacques' nur träumten: die Freiheit, verbildlicht im offenen Haar, im
offenen Hemdkragen-böswillige Zungen nannten es: nackt bis zum Na-
bel. Ungeniert so zu sein, wie man ist. Zum Entsetzen der Zeitgenossen
suchte er sich sogar vegetarisch zu ernähren. Natürlichkeit, Einfachheit
und Aufhebung der Klassenunterschiede, das muß der zündende, d. h.
der den Menschen zusetzende Kern seines Erfolgs gewesen sein. Karoline Herder fand: „man entweiht sein ganzes Wesen, wenn man von ihm
nur schwätzt, und ihm nicht nachfolgt", aber das drückte sie, mit einem
„Ach" vorweg, in einem ihrer schwärmerischen Briefe aus und richtete
ihn an – Gleim.[9] Der wenig pikierte Königsberger Philosoph Kraus

---

6 Lenz am 15. 4. 1780 an Lavater.
7 Erschienen erst nach seinem Niedergang, im Deutschen Museum, Leipzig 1779,
    S. 141–146. Eine etwas gebremste, kanalisierte Kraft verrät dagegen seine briefliche
    Selbstermahnung: „Wir wollen studieren, daß die Wände schwitzen", 23. 11. 1775 an
    den Freund Simon, zitiert bei Milch (wie Anm. 3), S. 32 f.
8 Lavater: Physiognomische Fragmente, VI. Abschnitt, XII. Fragment, Leipzig 1777,
    S. 158.
9 6. 10. 1777.

nennt ihn einen liebenswürdigen Schwärmer, der „Menschen schüttelt
(wie er sich ausdrückt)".[10] Im persönlichen Umgang hat Kaufmann vermutlich deshalb stärker gewirkt als andere Genies, weil er außer als
Kraftkerl und Naturbursche auch als ein religiös Erleuchteter auftrat.[11]
Die Ausgestaltung zum „Gottesspürhund", ja zur neuen Verkörperung
des Faust in den ersten Fragmenten von Maler Müller zu „Fausts Leben",[12] hält das ebenso blasphemische wie unbedingt fordernde Ingre-
dienz dieser Stilisierung fest, einer Selbststilisierung, an der die Rezipienten nicht weniger mitgewirkt haben als der Apostel selbst. Noch in den
Invektiven, die ihm nach dem Verblassen der Faszination nachgerufen
wurden, wird ihm widerwillig etwas Außerordentliches sowie die Prä-
gung einer gewissen, wenn auch vorübergehenden Epoche zuerkannt.
Klingers *Plimplamplasko* von 1780 bietet eine ganze kunstvoll schnodderi-
ge, auf Altdeutsch frisierte Weltaktion auf, um die Welt von dem groß-
sprecherischen Unsinn zum „reinen Sinn" zurückzuholen – implizit also
auch ein Widerruf Klingers über seine eigenen Jugendwerke.[13] Goethe
zog während seiner Schweizer Reise 1779 den ebenso lakonischen wie
gehässigen Schlußstrich: „Die Gottesspur ist nun vorbei, / Der Hund ist
ihm geblieben".[14]

Seit den wütenden Schlachtfesten gegen den Blender und Versager,
also von Anfang an, ist auch die – spärliche – Forschung über Kaufmann
auf den Ton der Verdammung und der vorsichtigen Verteidigung eingestellt. Heute, da er aus der Literaturgeschichte so gut wie verschwunden
ist, brauchen wir ihn weder zu entlarven noch zu rechtfertigen. Hier soll
er nur wegen seines auffälligen Provokationspotentials angeführt werden,

---

10 Johannes Voigt: Das Leben des [...] C. J. Kraus, Königsberg 1819, S. 64 f.
11 Darauf läuft die zweite, verständnisvollere Biographie hinaus, die ihm zuteil wurde,
    vgl. Milch (wie Anm. 3), nach Düntzers rein abschätziger Biographie über den „Apo-
    stel der Geniezeit" von 1882. Milch erklärt das religiöse Sendungsbewußtsein aus der
    Schule Lavaters und aus der Schweizer Spielart des (pietistischen) „Irrationalismus",
    S. 135 f.
12 Mitgeteilt von Weinhold in seinen Beiträgen zu Maler Müllers Leben und Schaffen,
    1874, zitiert von Milch (wie Anm. 3), S. 66–69. Im später veröffentlichten Drama
    schneidet „Gottes Spürhund" (die orthographische Differenz macht einen Unter-
    schied ums Ganze) aus der Schweiz freilich viel kläglicher ab (vgl. Maler Müllers Wer-
    ke, Faksimile der Ausgabe von 1811, Heidelberg 1982, Bd. 2, S. 62–66) und ein noch
    abschätzigeres (ungedrucktes) Fragment, das Milch (wie Anm. 3, S. 110–112) zitiert.
13 Maximilian Klinger: Plimplamplasko. Der hohe Geist, 1780 (Faksimiledruck), Heidel-
    berg 1966. Beteiligt an diesem eher geselligen als literarischen Produkt waren außer
    Klinger noch Sarasin und der einstige Förderer Lavater. Vgl. F. Löwenthal: Beiträge
    zur Entstehung und Würdigung der Satire „Plimplamplasko, der hohe Geist (heut
    Genie)". In: Euphorion 22(1915), S. 287–302.
14 Goethe, Sämtliche Gedichte, Vierter Teil, dtv-Gesamtausgabe (Txt der Artemisausga-
    be), Bd. 4, S. 84.

das er nicht nur als geglaubter Apostel, sondern auch noch als verstoße-
ner Scharlatan geboten hat. Von seinen Anfängen an wirkte er nur im
Bund mit anderen.[15] Er verführte durch Freundschaft und zur Freundschaft, wobei die Unbedingtheit, ja Aufdringlichkeit ebenso den Köder
bildete wie die Botschaft selbst. An diesem Zentralpunkt wird sogar der
trockene Goedeke lyrisch, in Weiterentwicklung zeitgenössischer Äußerungen:

> Durch sein herzliches, ungezwungenes Benehmen, sein rasches Einschmiegen und
> Einleben, durch seine Lebhaftigkeit und Beweglichkeit, nicht zuletzt durch seine stark
> betätigte Sinnlichkeit gewann sich der Menschenfischer und ‚Gottesspürhund‘ im
> Fluge die Herzen der Männer wie der Frauen.[16]

Der fatale „Druck", den er auf andere ausübte, seine angebliche
„Herrschsucht", bildet ein genaues Echo der Verführung durch unbe-
stimmte, zukunftsoffene Versprechen. Lavater hatte einst prophezeit,
Kaufmann werde „ein herrlicher Mensch werden".[17] Er hielt noch nach
dessen Scheitern an Kaufmanns triumphalem Zug fest: „So groß kenn
ich keinen Menschen und so unerklärbar".[18] Aber er konnte die Kehrsei-
te nicht verschweigen:

> Sonst drückt Kaufmann alle durch seine lieblose stolze richtende Härte, die er unserer
> ‚Weichlichkeit‘ kraft eines ‚höhern Berufs‘, den wir bei seiner unleidlichen Stolzzorn-
> mütigkeit, von der wir buchstäblich Arm- und Beinabschlagen fürchten, nicht aner-
> kennen können –, entgegensetzt.[19]

Nach vielen Zeugnissen war Kaufmann ziemlich oder gänzlich humorlos
– das konnte bei der prekären Situation der Intellektuellen nicht gut
gehen. Zur Aufreizung der intellektuellen Zeitgenossen, die sich alle gern
schriftlich verewigten, trug anscheinend auch bei, daß dieser mit Prinzipien und Postulaten nur so um sich werfende Freihandpädagoge fast
nichts drucken ließ (außer einigen Sammelwerken mit ungewissen Antei-
len von ihm). Der Stachel wirkte sichtlich in beide Richtungen.

15 Erster öffentlicher Auftritt noch vor seiner Sturm-Phase: Philanthropische Ansichten
    redlicher Jünglinge, ihren denkenden und fühlenden Mitmenschen zur Erwegung
    übergeben durch Isaac Iselin, Basel 1775 (anonym; beteiligt waren außer Kaufmann:
    Mochel, Schweighäuser und Simon).
16 Karl Goedeke: Grundriß zur Geschichte der deutschen Dichtung, Bd. IV, Dresden
    1916, S. 942.
17 22. 3. 1776 an Lenz.
18 8. 5. 1779 an Herder; im gleichen Brief aber auch: „Kaufmann brütet sich entweder
    zum Propheten oder zum Narren."
19 7. 8. 1779 an Herder.

Er schreibt nichts und kann seinen Freunden Herdern, Hamann, Lavatern, Klop-
stocken, Goethen usw. alle Thorheiten vergeben, nur die nicht, daß sie Autoren
sind.[20]

Aber offensichtlich sahen auch die anderen Genies einen wandelnden
Vorwurf darin, daß unter ihnen ein kräftig Mitredender und auf seine
dithyrambische Art Mitdenkender war, der, wie sie alle, gegen die Tin-
tenkleckserei des Säkulums vom Leder zog und dabei nicht selber wiederum Tinte verspritzen mochte.[21]

Merck ist von vornherein ein anderes Kaliber, in vielem dem leicht
entflammbaren und rasch verpuffenden Genie entgegengesetzt. Er taug-
te eher zum kritischen Begleiter des Sturm und Drang als selbst zu einem
„Stürmer". Merck setzt nicht auf Prätention, sondern auf Solidität, auch
wenn sie viel kostet, vor allem menschlich, und wenn diese Solidität
selber, in Zeiten der schwer oder gar nicht erreichbaren Selbständigkeit,
tief fragwürdig bleibt. Er läßt sich zwar kaum des Materialismus verdächtigen – diese Sparte der Aufklärung war im Deutschen überhaupt bis zu
Büchners Zeiten nur spurenhaft ausgebildet –, aber die Kunst des
Herabziehens, des Widerspruchs gegen alle Spekulation und Idealität
macht er zum Firmenzeichen seiner Interventionen, mündlich ebenso
wie schriftlich. Mit einer gewissen Vorliebe flicht er den „Dreck" in seine
Briefe (und Reden?) ein, und zwar den Dreck, den Menschen machen
oder selbst darstellen, nicht weniger als den fruchtbaren Dreck und die
Arbeit in und an ihm, ohne welche die ganze raffiniertere Zivilisation
nicht existieren würde. Mit einer obstinaten, aufreizend wirkenden
Selbstverkleinerung schreibt er: „Ich bin nicht zufriedener, als wenn ich
Hände Arbeit gethan habe, und ich denke mein Leben sollte ich noch
mit Mist fahren beschließen".[22] „Wackre Sinne" findet er außer zur epischen Gestaltung auch zur Haushaltung, zu aller Existenz und also zur
Kunstbetrachtung unentbehrlich – er wurde ein anerkannter, ziemlich
scharfsichtiger Sachverständiger in Kunstdingen.[23]

---

20 Christian Johannes Kraus in: Voigt (wie Anm. 10), S. 65.
21 Allerdings wurde diese Provokation nicht überall wahrgenommen. Dem „Plimplam-
    plasko" wird etwas pauschal auch noch vorgeworfen, er schreibe immer drauflos, ge-
    waltig und „unendlich" (wie Anm. 13, S. 50–52) – offenbar wird hier stärker am Fall
    Kaufmanns der Typ des unbedachten Stürmers überhaupt getroffen und weniger die
    Eigentümlichkeit Kaufmanns berücksichtigt.
22 11. 12. 1778 an Wieland. In Reflexionen über den erreichten Kulturzustand allerdings
    kann Merck seinerseits über Deutschland spotten, „wo man nicht glaubt, daß etwas
    zur Fruchtbarkeit des Landes beytragen kann, das nicht zugleich in der Gestalt als
    Mist erscheint". In: J. H. Merck: Schriften und Briefwechsel, Leipzig 1909, Bd. 2,
    S. 227.
23 So in seinem oft gelobten Aufsatz „Über den Mangel des epischen Geistes". In:
    Merck (wie Anm. 22), Bd. 1, S. 188–194. Die präzise Detailwahrnehmung in Mercks

Just „Zufriedenheit" aber, um die sein Denken so kreiste, war ihm, dem Melancholiker, dem unruhigen Pläneschmied, Reformer, „Kriegsrat", Frühindustriellen und Bankrotteur natürlich nicht beschieden. Er malt sie nur immer wieder aus und rückt sie sich selbst wie anderen vor Augen. Er war kein Schwärmer für die schöne oder die rousseauistisch-natürliche Natur. Er fand am Landleben andere Qualitäten und Vorzüge als etwa Hölty, der wenig vorher in seiner Ode *Das Landleben* faktisch nur den Müßiggänger auf dem Lande dargestellt hatte: „Wunderseliger Mann, welcher der Stadt entfloh":

Jedes Schattengesträuch ist ihm ein heiliger
Tempel wo ihm sein Gott näher vorüber wallt[24]

Bei Merck wird auf dem Land vor allem gearbeitet. Nach ihm heißt es das Leben „nicht geniessen, sondern verdienen". Zum einen ist es „der erste [bis dato unentbehrliche] Beruf der Menschen, der Erde ihr Brot abzuverdienen", zum anderen verlangen die Knochen eines unverdorbenen Menschen danach, „gebraucht" zu werden.[25] Die strikte Selbstbeschränkung, die Merck sich selbst und seinen literarischen Beispielgestalten verordnet, soll rein pragmatisch sein und vom „Überflüssigen" aufs Notwendige zurückführen.[26] Sie wird jedoch mit solcher Ostentation hervorgekehrt, wird so obsessiv wiederholt und verabsolutiert, daß die Veranstaltung denn doch mehr verunsichert und irritiert als zur versprochenen „Ruhe" einlädt. Oheim fühlt sich in einem „Schneckenhaus" oder wie "vom Schiffbruch auf eine gute Insel gerettet" und malt sich

Kunstkritik hat u. a. der Augenmensch Turgenev für sich entdeckt und warm empfohlen, wie der Lenz-Forscher G. Sauder in seinem Aufsatz über Merck im ersten Lenz-Jahrbuch (1991, S. 225) vermerkt.

24 In: Hölty: Gesammelte Werke und Briefe, Göttingen 1988, S. 220 f.

25 So in der „Geschichte des Herrn Oheims" (1778) (Merck, wie Anm. 22, Bd. 1, S. 89, S. 104 f.) Das dritte Argument, volkswirtschaftlich schon damals nicht recht haltbar, wird in der „Landhochzeit" nachgeschoben: Zum Ausgleich für die vielen Landflüchtigen und Aufsteiger sollte eine gewisse Zahl „in die natürliche Klasse zurücktreten" (S. 207).

26 Nach ihrer „Überflüssigkeit" werden denn auch die Beziehungen zwischen Menschen sortiert, und da geht Herzlichkeit unmittelbar in Rigorismus über. Selbst seinem „Bruder" Goethe „gutes" zu sagen findet der Briefschreiber Merck entbehrlich, „denn es wird mir, als wenn ich mir selbst Complimente machte", 4. 1. 1778 an Wieland, zitiert nach: H. Kraft (Hrsg.): J. H. Merck. Briefe, Frankfurt a. M. 1968, S. 168. In der Ausgabe von 1909 (vgl. Anm. 22) steht statt „wird": „wäre" –. Hier ‚verredet' Merck auch seinen Drang, überhaupt an Goethe zu schreiben („es müßten denn Frachtbriefe sein"). In der „Geschichte des Herrn Oheims" ist dem glücklichen Landcultivator die Natur so selbstverständlich, daß er „kein Wesen davon machen" mag. Jemand, der ein Lied auf den Frühling dichtete, käme ihm vor „wie einer, der ein Carmen auf seine Frau machen will" (Merck, wie Anm. 25, S. 107).

dann noch aus, daß „da draußen das ungetreue Meer mit großen Wellen wüthete".[27] Obgleich er in der Einfalt der Sitten ausdrücklich ein „Element des Geistes" ausmacht, wird sein patriarchalisch-verstocktes Ideal recht geistlos ausgeschmückt, wenn auch in einem am „Werther" gelernten Satz mit viermal neu anhebendem „Wenn", nämlich: wenn z. B. „meine Weiber abends allesamt spinnen".[28] Norbert Haas hat Recht, wenn er hinter der gewollten, betont biederen Selbstbeschränkung kaum verhohlene Lebensangst findet und die enervierende Stagnation „ein reales Fortschreiten zum Tode" nennt.[29]

Gerade durch das Gewollte und Unglaubwürdige des Innehaltens wirkte dieser Johann Heinrich Merck, und wirkt er vielleicht heute noch. Seinen Sarkasmus, seine „Galligkeit",[30] die den Verdacht immerhin nahegelegt, er könne das Urbild von Fausts Mephisto sein, sollte man nicht nur aus seiner Veranlagung zum Melancholiker erklären – dazu setzte er sie zu bewußt und gezielt ein. Er suchte Freunden wie Gegnern, z. B. den zahlreichen leichtfertigen Skribenten, die er rezensierte, auf die Nerven zu gehen. Vor allem will er sie von jeder Selbsterhöhung und faulen Beschwichtigung herunterholen. Goethe sah in ihm einen Gefährten, der das Recht hatte, Rechenschaft von seinen Aspirationen zu verlangen. In seinem ersten Jahr in Weimar bringt er in einem Brief an Merck – „Lieber Bruder" – seine Erwartungen auf ihren kühnsten und seine Einschätzung der Lage auf den drastischsten Ausdruck. Was immer man einwenden könne, so seien „die Herzogtümer Weimar und Eisenach immer ein Schauplatz, um zu versuchen, wie einem die Weltrolle zu Gesicht stünde" – dabei verkenne er jedoch keineswegs „das durchaus Scheissige dieser zeitlichen Herrlichkeit".[31] Selbst als er sich von diesem stets bereiten unerbittlichen Kritiker innerlich löst, als er sechs Jahre

27 Ebenda, S. 156.
28 Ebenda, S. 64-66.
29 Vgl. Norbert Haas: Spätaufklärung, Kronberg 1975, S. 115 ff.. Konsequenterweise streicht der Briefschreiber Merck aus seinem Ideal der Selbstbeschränkung denn auch noch die Zufriedenheit: „Die garstige Prätention an Glückseligkeit, und zwar an das Maas, wie wir es uns träumen, verdirbt alles auf dieser Welt", Herbst 1777 an eine nicht mehr bestimmbare Adressatin (Merck, wie Anm. 22, S. 99).
30 Eine DDR-Auswahlausgabe wurde unter dem Titel „Galle genug hab ich im Blute" (ein Zitat aus Mercks Briefen) veröffentlicht (Berlin 1973).
31 Goethe am 22. 1. 1776 an Merck. In: Goethes Briefe, Sophienen-Ausgabe, IV. Abt., Bd. 3, Weimar 1888, S. 21. Auffällig ist, daß die erste Briefausgabe von 1909 (in Bd. 2 der Schriften und Briefe), in der Merck doch die Hauptperson darstellen soll und darstellt, viel mehr Reaktionen auf Mercks Worte oder seine Art aufnahm als briefliche Äußerungen von seiner Hand (188 Schreiben *an* Merck gegenüber 66 *von* Merck – das charakterisiert ihn nicht schlecht. Die spätere, um Vollständigkeit bemühte Ausgabe (Briefe, hrsg. v. H. Kraft, Frankfurt a. M. 1968), bietet 385 Briefe und Schreiben *von* Merck).

nach Mercks Selbstmord dessen Briefe in einem feierlichen Autodafé
verbrennt, braucht er immerhin noch „zwei Tage Überwindung".[32] Daß
er dem einstigen Freund in *Dichtung und Wahrheit* nachsagt, Merck habe
es „geliebt", andere zu kränken und zu verletzen, vervollständigt nur das
Lob, daß er „scharf und treffend zu urteilen" verstand.[33] Merck selbst
führte diese Gabe auf seinen „sonderbaren Fehler" zurück, „die Dinge
dieser Welt anders anzusehen als andere Menschen".[34] An Wieland, der
den „lieben, wunderlichen Heiligen" sehr geschätzt hat,[35] nicht nur weil
der ihm die gestochensten Rezensionen für seinen *Merkur* lieferte,
schreibt Merck einmal sein Glaubensbekenntnis: „Noch Eins lieber
Mann seyd aufrichtig, u. zwar biß zum Wehthun".[36] Er rechtfertigt hier
die Schroffheit geradezu pädagogisch: „Thut aber wehe, damit Ihr wohl
thut", doch meist läßt er diese Harmonisierung weg und vertraut auf die
schiere, schonungslose Aufrichtigkeit allein wie der verehrte Luther, der
„die Warheit" das „unleidlichste ding auff Erden" genannt hat.[37]

Wenn nun Lenz mit seinen Künsten der unberechenbaren Provokation als krönender Höhepunkt dieser kleinen Reihe erscheint, muß ich
vorab klarstellen: Es geht nicht um die Überbietung der beiden anderen
Modelle, schon gar nicht um eine Verbindung oder die Mitte zwischen
ihnen – wo gäbe es die je? Es geht um die höhere Komplexität. Was bei
den beiden anderen höchst ungleichen befreundeten Zeitgenossen noch
einigermaßen überschaubar und zu erwarten ist, das gewinnt in Lenz'
Schreibweise Züge des Chaos oder des Schabernacks. Nie kann man
sicher sein, wie ernst oder wie flapsig, nur gedankenexperimentell, rein
provokativ das gemeint ist, was Lenz in seinem unnachahmlich gemisch-
ten Stil schreibt, und das ist vielleicht die schärfste Provokation. Da setzt
er seine empörend drakonischen Weltverbesserungsvorschläge in die
Welt, und zugleich oder gleich danach macht er jede Aspiration zu öffentlicher Wirksamkeit samt ihren Motiven lächerlich, nämlich bodenlos,
haltlos, ziellos. Wie tauglich der einzelne beschränkte oder eitle oder
allzu gutherzige Kopf zu so gewaltigen Vorhaben sein soll, ist immer
eine peinlich offene Frage, mitunter der pure Hohn. Statt irgendeiner
Ordnung herrscht in seinen Prosaschriften wie in seinen Komödien –

---

32 Zitiert in: J. H. Merck. Ein Leben für Freiheit und Toleranz. Ausstellung zum
    250. Geburtstag und 200. Todestag, Darmstadt, Weimar 1991, S. 130.
33 Ebenda, S. 133, 137.
34 Ebenda, S. 48.
35 Ende März 1779 an Merck. In: Merck (wie Anm. 22), S. 137, vgl. dazu die lange
    Herzensergießung Wielands an Merck v. 16. 6. 1778 (ebenda, S. 112).
36 4. 1. 1778 an Wieland. In: Merck (wie Anm. 22), S. 106.
37 Luther in seiner Vorrede zu „Etliche Fabeln aus Esopo". In: R. Dithmar (Hrsg.):
    Luthers Fabeln und Sprichwörter, Frankfurt a. M. 1998, S. 161.

„Komödien" einer neuen, höchst unkanonischen Gattung – das Sentiment der Herzlosigkeit oder des schmerzhaft verschlossenen Herzens, das Räsonnement von gedanklichen Tölpeln, Albernheit in den ergriffensten Gemütszuständen oder den ausgefallensten Zufällen. Den Ernst der Lage ebenso wie die Ernsthaftigkeit des Arguments unterstreicht dieser Poet der verhinderten Menschenfreundlichkeit weder durch Pathos (außer in dessen abgedroschenster Form) noch durch Insistieren, schon gar nicht durch Geduld, sondern durch Schock. Der hungrige Proselyt auf seiner „wüsten Insel" hatte für den Missionar mit seinem „katholischen Lehrbegriff" einfach kein Ohr, sondern „packte ihn und fraß ihn auf".[38]

Kein Wunder, daß diesem verwirrenden Autor in der neueren Forschung sowohl eine allbeherrschende Ironie und Selbstironie zugeschrieben[39] als auch die Fähigkeit zur „ironischen Distanznahme" abgesprochen worden ist.[40] Beides wird, natürlich, mit dem gebrochenen, aber dadurch auch unfreien Verhältnis zu sich selbst begründet: als Rettung vor der Notwendigkeit, seine Identität zu konstituieren,[41] oder aus der Unfähigkeit, sich reflexiv auf sich selbst zu beziehen.[42] Das Ich, mit dem Lenz arbeitet,[43] ist in jeder Hinsicht unfest, seiner selbst unsicher. Es spricht abwechselnd von draußen auf sich ein und sträubt sich gegen jeden Einspruch. Es wirkt wie montiert, behängt mit Antrieben wie mit Fesselungen; insbesondere die emotionale Interaktion mit anderen erlebt oder konzipiert es als eine Art von Spinnerei mit feinsten und gröberen Gespinsten.[44] Die Selbstbeschränkung, die Ausrichtung auf eine bestimmte und zwar schlichte naturgegebene Aufgabe wird im *Landprediger*

---

38 Aus: „Anhang" zum „Landprediger". In: S. Damm (Hrsg.): J. M. R. Lenz: Werke und Briefe in 3 Bänden, Bd. 2, S. 459.

39 Allan Blunden und unter Berufung auf ihn Karin Wurst. In: J. M. R. Lenz als Alternative? Positionsanalysen zum 200. Todestag, Köln 1992, S. 11 ff.

40 Rudolf Käser: Die Schwierigkeit, ich zu sagen. Rhetorik der Selbstdarstellung in Texten des „Sturm und Drang". Herder – Goethe – Lenz, Bern u. a. 1987, S. 308 bis 329, 381 u. ö. Immerhin wird die Schreibart des „Tagebuchs", auf die sich die Analyse bezieht, als „traurig, lächerlich und ärgerlich zugleich" qualifiziert.

41 Wie Anm. 40.

42 Wie Anm. 40; hier wieder einmal gemessen an Goethe und dem „literarischen Beispiel Werthers".

43 Jedenfalls das literarische Ich; überlassen wir die empirische Person Lenz den Könnern einer Psychoanamnese post mortem.

44 Zerbin z. B.: „er suchte sein Herz anderswo anzuhängen; es war vergeblich". „Er wollte Anheften, Anschließen eines Herzens an das andere ohne ökonomische Absichten" (Damm, wie Anm. 38, Bd. 2, S. 366 f.). Noch schärfer wird in der „Moralischen Bekehrung eines Poeten" der Umgang mit anderen Göttinnen neben der einen als „Bedürfnis sie zu lieben, meine Imagination und moralisches Gefühl bei ihnen aufzuhängen" qualifiziert (S. 340).

faktisch nicht viel anders ausgestaltet als die des ominösen Oheim bei
Merck, doch wie sonderbar aufgebauscht, offen unglaubwürdig ist die
Gestaltung des Glücks, das der Mensch durch Einigelung auf dem Lande
gewinnen soll.[45] Wenn der Landprediger seine Musterlandwirtschaft
weniger für sich aufbaut, als um sie den Bauern seines Sprengels predigen zu können – im Schlußsatz, nach seinem Tod, wird er als „Pfarrer
von Großendingen" vorgestellt[46] –, wenn die „glückliche Simplizität der
Empfindungen unseres Lieblings" daran demonstriert wird, daß er „seine
Religion" nach dem Bedürfnis seines kindlich-guten Herzens einrichtet,[47]
wenn die Erfüllung des Glücks darin bestehen soll, daß junge Gäste,
Bauern und Bäuerinnen „verkleidet", nach „meisterlicher" Verrichtung
der Heuernte „im Grünen ihre kalte Milch aßen und dergleichen",[48]
dann klingt der so durchschlagend-überzeugend gepredigte Rückzug
zugleich mutwillig oder unfreiwillig komisch. Die Kennzeichnung der
Trauergesellschaft als „tränenfröhlich"[49] unterstreicht nicht nur die Irritation, sondern gibt ihr zugleich ihren stilistischen Ort.

*

Anders als die Kritik an etwas, anders als die Satire auf bestimmte Zustände oder Verhaltensweisen sind Provokationen selten genau adressiert. Sie kratzen, doch man kann nie genau vorhersagen wen. Sie ent-
zünden sich an etwas und können auch eine Weile dagegen anrennen.
Doch besonders provokant wird es, wenn der Ausgangspunkt seinerseits
im Stich gelassen wird, wenn der stechende bis stichelnde Impuls um-
schwenkt oder kreiselt. Die geballten, aber auch locker gestreuten Provokationen der drei so ungleichen Zeitgenossen ‚antworten' in einer

---

45 Vgl: Maria E. Müller: Die Wunschwelt des Tantalus. Kritische Bemerkungen zu
   sozialutopischen Entwürfen im Werk von J. M. R. Lenz. In: Literatur für Leser
   6(1984)3, S. 148–161.
46 Damm (wie Anm. 38), Bd. 2, S. 456, gesperrt gedruckt. Im Ton verweist allerdings
   schon der Anfangssatz auf eine zu erwartende Diskrepanz: Der offenbar schlichte
   Held hätte sich wohl „dieses zuletzt" träumen lassen, „auf den Flügeln der Dichtkunst
   unter die Gestirne getragen zu werden" (S. 413).
47 Ebenda, S. 415.
48 Ebenda, S. 442. Das Spinnen hingegen fehlt, wie denn im ganzen Lebenszuschnitt
   Lenz' Tableau noch viel stärker bukolisch wirkt als das des ökonomisch-rationalen
   und rationellen „Oheim". Die Dissertation von Josef Stint aus Wien 1936 (masch.),
   „Bauerndichtung des Sturm und Drang (mit besonderer Berücksichtigung des Göt-
   tinger Hains)", war mir nicht zugänglich; in der neueren Forschung sehe ich nicht
   einmal die Fragestellung weitergeführt.
49 Nämlich bei der Rückkehr zu den herumgereichten Erfrischungen (ebenda, S. 454).

gewissen Weise, mit Variationen, auf die Ständegesellschaft der Zeit, auf aristokratische Aspirationen von Adligen wie von Bürgern, auf die eigene prekäre oder jedenfalls nicht ganz sichere soziale Position, auf vielerlei gebräuchliche und mißbräuchliche Arten, mit der Gabe der Vernunft umzugehen, und auf manches mehr, die Sicherheiten der angestammten Religion nicht zu vergessen. Doch nicht die solide Auseinandersetzung mit einer solchen Bezugsgröße, sondern die Unsicherheit des Bezugs macht die Provokation zur Provokation. Daher gewinnt der Modus der Einführung oder der Durchführung das entscheidende Gewicht. In diesem Modus unterscheiden sich die drei Provokationsstile (soweit man sie zu solchen verstetigen darf) markant voneinander.

Bei Lenz ist die Provokation in sich selber gebrochen, versteckt, mit Affirmation oder Beschwichtigung versetzt; sie erscheint unklar oder offen bombastisch oder gespielt. Sie wirkt nachhaltiger als die nur im ersten Ansturm starke Prätention des Draufgängers Kaufmann; sie setzt uns heimlicher, vielleicht sogar tückischer zu als die geradlinige Andersartigkeit und andere Denkart Mercks. Ich vermute, daß sich Lenzens Verfahren, anders als vielleicht die zu einzelnen Provokationen herangezogenen Materialien, nicht so einfach auf die gewöhnliche Intellektuellenstrategie der Kulturkapitalakkumulation à la Bourdieu zurückführen läßt.[50] Ebenso zweifle ich, ob ihr der Ansatz von Pautlers Pietismusforschung (Verschiebung der ungelösten Subjektkonstitution auf Sozialreformen) gerecht wird.[51] Lenzens Provokationsstil ist nicht bloß eine literarische Strategie. Diese Ausbrüche in wilden Spott, in eine herabmindernde, manchmal geradezu „niederträchtige" Menschengestaltung oder einfach in Gelächter gehören zum Kernbestand seines Auftretens als Schriftsteller überhaupt oder als mitempfindende Seele seiner Zeit. Sie strukturieren sein Menschenbild, seine Naturkonzeption, seine nie ganz theologiefreie Philosophie und seine Poetik.[52] Überdies arbeiten

---

50 Vgl. die Dissertation von Heribert Tommek: J. M. R. Lenz. Versuch einer Sozialanalyse seiner literarischen Laufbahn, Heidelberg 2002.

51 Stefan Pautler: J. M. R. Lenz. Pietistische Weltdeutung und bürgerliche Sozialform im Sturm und Drang, Gütersloh 1999, S. 464 u. ö., vgl. dazu B. Oberenders Dissertation 1999, die eine kollektive Bewegung in bloß individuellen Lösungsversuchen untergehen sieht.

52 Von den vielerlei Brüchen, Kränkungen und mutwilligen Entstellungen, mit denen eine so weitgehende Behauptung jetzt aus allen Teilen von Lenz' vielschichtigem Werk belegt werden müßte, soll wenigstens eine fundamentale Spannung kurz materialisiert werden. Der Respekt vor der Natur, insbesondere vor der des Menschen, lag den hochgradig empfindlichen Genies sehr am Herzen. Kaum einer reagierte auf jede Vergewaltigung der Natur so obsessiv wie Lenz, und zwar in den feierlichsten wie in ganz bärbeißigen Tönen („die edelsten Geister seines Bluts" vergiften, ja sich selbst „ermorden", neben der drastischen Veranschaulichung „Punsch trinken, wenn er

seine Provokationen mit vielerlei Negationen und führen nicht selten zurück auf das Nichts, aus dem sie zu stammen scheinen. So liegt auch Lec nicht so fern – von Lenz zu Lec führt mehr als nur eine akustische

p-ss-n möchte, und Karten spielen wenn er das Laufen hat", beides im „Hofmeister, II, 1). Zur Bekräftigung der Ernsthaftigkeit dieses Respekts fällt auch mal ein (ökologisch noch recht ungeübter) Blick auf die Gottesnatur, die den Menschen umgibt. (Mit welchem Recht verschieben die sich streitenden Herren der adligen Gesellschaft ihren Zorn auf die Hirsche und Rehe in ihren Forsten? Vgl. „Die Familie der Projektenmacher"; alle Angaben nach der Ausgabe v. S. Damm, wie Anm. 38, Bd. 1, S. 587). Aber die Natur im Menschen ist, wie das Leben selbst, antastbar. Sie wird laufend verletzt oder verhöhnt, von zarteren Interessen wie menschlicher Würde ganz zu schweigen. „Naturgang wendet kein Aber und Wenn", dichtete Bürger wenig später („An die Menschengesichter", in: Bürgers Gedichte, hrsg. v. E. Conzentinius, Leipzig o. J., Bd. 1, S. 79) – diese heftig beschworene Überzeugung bzw. Selbstüberredung können Menschen wie Lenz nicht aufbringen, auch wenn einmal ein „Engländer" (I, 1) sich beredt in die „reine" Natur hinübersehnt, in der alles seinen Trieben folgen darf. Auf die Natur kann man sich eben *nicht* verlassen. Sie kann „ausarten", wie der alte Pätus in grotesker Zerknirschung zugeben muß (am Schluß des „Hofmeisters"; vgl. Bd. 1, S. 123). Wenn die Natur, sparsam, zur Verbildlichung menschlicher Regungen herangezogen wird, seufzt und ächzt sie mehr, als daß sie strahlt (s. – höchst ungleiche, aber hierin konvergierende Beispiele –: Bd. 1, S. 505; 274; 551). Zudem steht die so verlockende und verpflichtende „Natur" bei Lenz in einem vielfältig ironischen Verhältnis zu den von Zivilisation beleckten Menschen. Entweder bricht sie am unrechten Ort und zur falschen Zeit hervor oder sie meldet sich so ungestüm, daß die alten Abwehrausdrücke „wild" oder „roh" sich schneller einstellen als die bei Jean Jacques gelernten, oder sie verflüchtigt sich zum Argument oder Kalkül. – Der Mensch ist ein leidendes, unvollkommenes, ungeschicktes Wesen, das ist der Hauptinhalt der zumeist nur beiläufigen Bemerkungen über die Spezies Mensch als solche (s. etwa die Apostrophe des schwachen und unzuverlässigen „Menschleins": „O homuncio, homuncio!", ergänzt durch die Einsicht eines anderen Sündenvergebers: „Sind doch die Engel aus dem Himmel gefallen", „Der Hofmeister" V, 10+12; Bd. 1, S. 117, 122). Wunden, Narben und Verstümmelungen stechen in Lenz' Menschenbild stärker hervor als Lebensfreude und Gesundheit. Als „das hilfloseste unter allen Tieren" ist der Mensch ganz und gar auf Sprache angewiesen („Über die Bearbeitung der deutschen Sprache…"; Bd. 2, S. 777). Am „Werther" betont Lenz stärker als alle Zeitgenossen die „Leiden": „der Laokoon mit allen Ausdrücken seines Schmerzens", „ein gekreuzigter Prometheus, an dessen Exempel ihr euch bespiegeln könnt" („Briefe über die Moralität der Leiden des jungen Werthers", 8. Brief; Bd. 2, S. 684 f.). Liebe erscheint vorwiegend als unglückliche Liebe, als Selbstquälerei. In einem Dramolet ist sie der Lebensinhalt des Tantalus und der Grund seiner Qualen (3/198-204). Den rücksichtslosesten, sieghaftesten Spötter der Renaissance, Aretin, figuriert Lenz „am Pfahl gebunden mit zerfleischtem Rücken" (Bd. 3, S. 184). Die an vielen Stellen erkannte Unzuverlässigkeit der Naturgrundlage, die Enttäuschungen in so gut wie allen sozialen Erfahrungen bestärkten den Selfmadepoeten Lenz nicht nur in seinem flakkernden, hin- und herspringenden Stil, sondern sie bildeten auch die materielle Grundlage seiner wilden Einsicht, daß alles tief ernst und komisch zugleich, vom Urheber der Welt so gewollt und vor allen menschlichen Blicken ein Gespött sei.

Reduktion –, Lec also, der gegen das schlichte „Aus nichts wird nichts"
behauptet: „Was kann aus nichts entstehen? Die Provokation."[53]

---

53 Stanisław Jerzy Lec: Myśli nieuczesane, odczytane z notesów i serwetek po trzydziestu
    lat, Warszawa 1996, S. 56.

Lenz in Königsberg

Vom Wintersemester 1768 bis einschließlich Wintersemester 1770/71 studierte Lenz in Königsberg. Aus seiner Studienzeit ist wenig bekannt, und doch war sie entscheidend. Denn in Königsberg entschied es sich, ob Lenz nach dem Willen seines Vaters ein deutscher Pastor in Livland werden würde oder gegen dessen Willen ein deutscher Dichter, und wenn Dichter, dann in welcher Art? Ich möchte annehmen, daß auch seine materiellen Verhältnisse diese Entscheidungen mit bestimmt haben.[1]

Es spricht einiges dafür, daß Christian David Lenz seinen Sohn nötigen, sogar finanziell nötigen wollte, von seinen dichterischen Neigungen abzulassen. Ebenso spricht einiges dafür, daß Jakob Michael Reinhold Lenz seine dichterischen Neigungen in Königsberg neu ausrichtete. Diese beiden – zu erschließenden – Vorgänge verknüpfen sich in dem Faktum, daß der Dichter in seinem *Hofmeister* eine livländische Adelsfamilie bloßstellt, der seine eigene Familie vielfach verpflichtet war. Mit einem Wort, er wird dafür bestraft, daß er dichtet, und dichtend rächt er sich dafür.

Erstes Rätsel. Warum hat Lenz ein Semester als Hofmeister gearbeitet?

Über die finanzielle Lage werden wir durch den Doppelbrief unterrichtet, den Jakob und sein jüngerer Bruder Johann Christian, zu Beginn ihres zweiten Studienjahrs, am 14.Oktober 1769 an den Vater nach Hause schrieben. Jakobs Brief ist ein Blättchen (16.4 x 11.6 cm) ohne Datum, fast ohne Rand dicht beschrieben, das Postskriptum oben rechts neben die Anrede gequetscht:

---

1 In diesem Beitrag versuche ich, eine Konstellation in Lenz' Leben und Schaffen durch Daten aus der Sozial-, Bildungs- und Diskursgeschichte der Akademiker zu erhellen. Da sich für Studium und Studierte im 18. Jahrhundert sonst kaum jemand interessiert hat, werde ich öfter als schicklich auf die Ergebnisse meiner eigenen Arbeiten verweisen müssen.

Gütigster Herr Papa.

Um den Brief nicht überflüssig groß und dick zu machen, muß ich mich begnügen, nur gegenwärtigen kleinen Zettel in denselben an Sie einzuschliessen. Christian wird vermuthlich in seinem Schreiben weitläuftiger [gestr.: zu] seyn und ich habe also nur noch einige kleine Supplemente zu meinem vorigen Briefe zu geben. So sehr ich Ihnen für die gütige Besorgung eines Theils meines jährlichen *Fixi* verbunden bin, so sehr sehe ich mich genöthigt, Sie nochmals gehorsamst um die sovielmöglich baldige Beförderung dessen, was Ihre Gütigkeit zu unserer Kleidung bestimmt hat, zu bitten. *Praenumeration* ist nothwendig wenn ein Student gut wirthschaften will und also ist ihm im Anfange des Jahrs immer Geld unentbehrlich. Noch einige Ausgaben habe Ihnen schon vorhin *specificir*en wollen, für die ich gleichfalls von Ihrer Gewogenheit einigen Ersatz hoffe, wenn es Ihre Umstände zulassen. Der Band einiger *Exemplare* meiner Landplagen, insonderheit der letzte, der nach Petersb. bestimt und den ich schon dem H. vo. Schulmann an Sie mitgegeben: kostet mir wenigstens bis 2 Dukaten. Hernach haben alle Landsleute zum Begräbniß des seel. Herrn Langhammers was beytragen müssen: weil seine Mutter eine Wittwe ist, die sich selbst nicht ernähren kann, und derjenige, der ihn studiren lassen, nicht einmal soviel, als zu den Ausgaben, an *Doctor etc.* in seiner Krankheit erfordert worden, überschickt hat. Dieser Beytrag war bis über 4 Thlr. – Wenn Sie von dem Obristen Bok was gehört haben, so seyn Sie so gütig, es mir bey Gelegenheit zu melden. – Neulich haben wir einen gewissen Bar. Cloth, Ihren gewesenen Eingepfarrten, 2 Bar. v. Baranow und den jungen H. D. Stegemann, der vielleicht schon jetzt in Dorpat angekommen seyn, allhier gesprochen. – Der *Catalogus Lectionum* ist zwar jetzt heraus, allein ich fürchte, er würde den Brief zu sehr aufschwellen, wenn ich ihn hier beylegte. Ich werde dieses halbe Jahr, ausser den Philosophischen und andern *Collegiis* über *theologicis* das *Theticum* bey D. *Lilienthal* und ein *Exegeticum* über die Ep. Pauli an die Römer bey D. *Reccard* hören. Die andern *theologi*schen *Collegia* bedeuten in diesem halben Jahr nicht viel. Ueberhaupt wenn man nebst einigen wenigen Professoren die Magister von Königsberg nähme, würde die Akademie wenig oder gar nichts werth seyn. Nächstens werde weitläuftiger seyn. Vergeben Sie unser öfteres unverschämtes Geilen nach Geld: die Noth lehrt hier beten und betteln. Gegen den Winter kommen viel neue Ausgaben: Holz: ein neuer Schlafrock, Tisch – – – Grüssen Sie doch alle Verwandte u. Freunde, besond. aber meine theuerste Frau Mama 100 000mal von

Ihrem

gehorsamsten Sohn J.M.R.Lenz.

P.S. Wenn Sie an den Tarwastschen Bruder schreiben, so sagen Sie ihm doch, daß ich recht sehr begierig bin, einmal einen Brief von ihm zu sehen.[2]

Anders dagegen der Brief seines Bruders, des künftigen Juristen Johann Christian Lenz;[3] ein Bogen in Folio, sauber in die Hälfte gefaltet, so daß

---

2 Abgedruckt in K. Freye, W. Stammler (Hrsg.): Briefe von und an J. M. R. Lenz, Leipzig 1918, Bd. I, S. 12 f., sowie in S. Damm (Hrsg.): Jakob Michael Reinhold Lenz: Werke und Briefe, drei Bde., Leipzig 1987, Bd. III, S. 251 f.. (fortan zit.: WuB); nach dem Original in der Handschriften- und Rara-Abteilung der Akademischen Bibliothek Lettlands in Riga: Latvijas Akadēmiskā Bibliotēka, Fonds 25, Ms. 1113, Akte 31, Nr. 32.

vier Seiten zu beschreiben waren, jeweils mit 22 Zeilen und 1.5 cm Rand, wobei das Postskriptum die vierte Seite exakt ausfüllt:

> Königsberg, den 14 Octobr. ds. St. 1769
> Verehrungswürdiger Herr Papa,
> Sie bekommen jetzt einen Brief *en migniature*, weil ich eben nicht viel Materie zum Schreiben habe, und doch bey dem Anfange eines neuen *Semestris academici* nicht versäumen will, Ihnen eine kleine Nachricht von meinen *Collegiis* zu geben; und überdem schon sehnsuchtsvoll auf einen Brief von Ihnen warte, wozu dieser eigentlich ein kleines Beschleunigungs=Mittel seyn soll. – Ich werde in diesem halben Jahre, *Logic* und Metaphysik bey H. Mag. Kant *repetiren*, und das *Jus elementare* bey H. Criminal-Rath Jester *continuiren*. Die neuen *Collegia*, die ich höre sind 1) die *Institutiones*, bey H. Crim.Rath Jester, welche ein gantzes Jahr gelesen werden und 8 Rthl. kosten, hiezu habe ich aus Hartungs Buchladen *Heineccii Institutiones a* 2 fl, ausgenommen. 2) die *civil* und *militair* Baukunst, als einer der wichtigsten Theile der *Mathesis applicatae* bey H. M. Reusch; wofür 4 Rthl. bezahlet wird. Außerdem fahre ich noch einige Monate fort *Information* auf dem *Flauto Trav.* zu nehmen. Dieß ist der eintzige *Maitre*, den ich mir halten kann. – Es würde zu weitläuftig, und überflüßig seyn, Ihnen eine neue *Specification* meiner Ausgaben aufzusetzen, weil Sie dieses aus denen vom vorigen Jahre leicht absehen können, ob ich gleich mit denen 40 Duc. das halbe Jahr, welche ich Ihnen *pro fixo* angegeben, kümmerlich auszukommen suchen muß.
> Ich komme, bester Papa, auf die eigentliche Absicht meines Briefes, nehmlich Sie gehorsamst zu bitten, die *Remittirung* des Geldes, welches Sie mir aus Ihrer Güte, auf dieses halbe Jahr zugedacht, gütigst, so bald es Ihnen möglich ist, zu beschleunigen. Ich kann leicht denken, daß es Ihnen zu schwer fallen wird, mir das *fixum* aufs halbe Jahr auf [gestr.: s halbe Jahr] einmahl zu übermachen, dahero ich Ihrer väterlichen Güte genugsamen Dank schuldig seyn werde, wenn Sie mir für dieses Viertel=Jahr 20 Duc. und außerdem 12 Duc. zu einer mittelmäßig ordentlichen Kleidung überschikken wollten. Allein ich würde Schaden in meiner Wirthschaft leiden, wenn Sie es mir in noch kleineren Posten *remittiren* wollten, weil ich alsdenn die *praenumeranda* nicht *praenumeriren*, und kleine vom vorigen halben Jahre übriggebliebenen Schulden nicht bezahlen könnte. Am meisten ist mir aber daran gelegen, daß Sie mich nicht in der Verlegenheit laßen, länger ohne Geld zu leben. Ich verlaße mich in diesem Stücke auf Ihre väterliche Liebe und Güte. – Zu dem, was Jacob Ihnen von dem Begräbniße eines unserer Landsleute geschrieben, der Armuths=halber von uns mußte begraben werden, habe nichts hinzuzusetzen. Ich schließe also mit der Bitte, allen unsern Geschwistern u. Freunden, besonders aber unserer verehrungswürdigen Mama uns gantz gehorsamst zu empfehlen. – Ich küße Ihnen mit der zärtlichsten Ehrerbietung die Hände, als
>
> Dero gantz gehorsamster Sohn
> Johann Christian Lenz.

---

3   Johann Christian (von) Lenz (1752–1831) war nach dem Studium ein Jahr Hofmeister, wurde dann 1772 Stadtsekretär in Arensburg/Kuressaare, 1774 Notar in Pernau/Pärnu, 1784 Sekretär der livländischen Gouvernements-Regierung in Riga, erwarb den russischen Dienstadel und brachte es bis zum hohen Rang eines livländischen Regierungsrats. Vgl. Paul Theodor Falck: Der Stammbaum der Familie Lenz in Livland, nach einem neuen System. Dazu als Pendant ein Goethe Stammbaum nach demselben System, Nürnberg 1907, S. 5 f.

P.S. Eben fällt mir ein, daß Sie diesen Brief um die Zeit bekommen werden, da Sie Ihren Hochzeits=Tag *celebriren*. Ich wünsche Ihnen in aller Kürtze viel Glück Heil u. Seegen zu diesem mir so wichtigen Tage. Die Barmherzigkeit Gottes, laße Sie diesen Tag noch eine lange Reihe von Jahren in dem beständigsten Glück und Zufriedenheit feyern, und Sie immer mit einer neuen Zärtlichkeit, dieses glückliche Band erneuern. – Unser nächster Brief wird vermuthlich stärker werden, u. mehr Neuigkeiten enthalten, wie dieser, weil ich jetzt gar keine weiß. Leben Sie nochmals alle insgesammt recht sehr wohl. –

In größter Eil[4]

Die beiden Briefschreiber benutzen zwei Register, um über Geld zu reden: den Soll-Zustand, das erwartbare halbjährliche Fixum, über das sie dem Vater Rechenschaft ablegen müssen; und den Ist-Zustand, Mangel, Schulden, Not. Sie sollten genügend Geld haben, aber sie haben es nicht.

Nach den Maßstäben der Zeit reichen die väterlichen Zuwendungen durchaus hin, um ordentlich, wenn auch nicht aufwendig als Student zu leben. Für die Universität Halle etwa gilt Ende des Jahrhunderts eine Summe von 200 bis 250 Reichstalern pro Jahr als auskömmlich.[5] Ein Fixum von 40 Dukaten pro Semester bedeutet jährlich 80 Dukaten: das ist soviel wie 200 Rubel oder 213 sächsische Reichstaler (Rth) oder 240 preußische Taler (Tlr.).[6] Das Geld sollte also reichen. So sieht es auch der Rektor der Rigaer Domschule, Gottlieb Schlegel, der 1782 die *Haushaltung eines Studirenden auf der Universität* auf der Basis von 200 Rth pro Jahr im einzelnen wie folgt aufschlüsselt:

1) Ihre Wohnung kostete mit der Belohnung der Aufwartung	22 Thlr.
2) Der Mittagstisch kostete	40
und das Abendbrodt zu Hause	24
3) Zu Frühstück, Thee und Caffee setze ich	20
4) Für die *Collegia* und die Lesebücher	32
5) Holz und Licht	10
6) Für die Wäsche	6
7) Ergänzung der Kleidungsstücke, Schuhe und Strümpfe	8
8) Für ein und das andre Buch und für Zeitungen	5

4   Latvijas Akadēmiskā Bibliotēka, Fonds 25, Ms. 1113, Akte 36, Nr. 7. Der Brief ist bisher, z. B. in den Arbeiten von Michail N. Rosanow und S. Damm, nur auszugsweise zitiert worden; er wird hier erstmals vollständig mitgeteilt.

5   Vgl. Heinrich Bosse: Studien- und Lebenshaltungskosten Hallischer Studenten. In: N. Hammerstein (Hrsg.): Universitäten und Aufklärung, Göttingen 1995, S. 137–158.

6   Die aktuellen, mitunter sehr beträchtlichen Kursschwankungen bleiben bei dieser Vereinfachung außer Betracht. Vgl. zu den Währungsverhältnissen in Livland August Wilhelm Hupel: Topographische Nachrichten von Lief- und Ehstland, Bd. II, Riga 1777, S. 324–329; zu Königsberg Ludwig von Baczko: Versuch einer Geschichte und Beschreibung Königsbergs, 2. Aufl., Königsberg 1804, S. 386 f.; generell Helmut Kahnt, Bernd Knorr: Alte Maße, Münzen und Gewichte, Leipzig 1986.

9) Wenn Sie den Friseur etwa am Sonntage und an Festtagen
   gebrauchten   8
10) Unerwartete Zufälle, Z.E. kleine Krankheiten oder
   präservirende Medicamente   10

11) Zur Wohlthätigkeit an Arme und Unglückliche   5
12) Zum Vergnügen   10

                     200 Thlr.[7]

Im gleichen Jahr 1782 veröffentlicht der Feldprediger Johann Friedrich Goldbeck *Nachrichten von der Königlichen Universität zu Königsberg in Preußen,* die Schlegels Zahlen teils unterbieten, teils bestätigen. Es gibt Speisehäuser, „wo man für 3 Thlr. monatlich 2 Schüßeln und ein halb Maaß Bier bekomt; für 4 Thlr. 3 Schüßeln etc.", ja reguläre Studentenmensen, wo es noch billiger ist; Zimmer nebst Aufwartung von 8 Talern jährlich bis zu 30 Talern und das Holz für die Heizung für 10 bis 12 Taler pro Jahr.[8] Der mit 21 Jahren erblindete Schriftsteller Ludwig v. Baczko (1756–1823) lebte als Student in den 70er Jahren im Kneiphof im Judenviertel, „wo ich auch für 100 Thaler Wohnung, Mittag und Abendtisch erhielt"[9], für etwas mehr also als Schlegels 86 Taler.

Vor diesem Hintergrund kann man der Lebensführung der Brüder Lenz wenigstens ein wenig Relief verleihen. Daß sie zusammen lebten,

---

7   Vgl. Gottlieb Schlegel: Die Haushaltung eines Studirenden auf der Universität. An einen studirenden Jüngling (Lübeck 1782). In: Ders. (Hrsg.): Vermischte Aufsätze und Urtheile über gelehrte Werke, ans Licht gestellt von unterschiedenen Verfassern in und um Liefland, Bd. II, 3. Stück, Riga 1783, S. 93 f. Wer weniger als 200 Rth hat, müßte mit einem anderen Studenten zusammenwohnen, Abendbrot und Friseur entbehren und könnte sich weder Bücher noch Vergnügungen leisten. Wer dagegen über einen größeren Wechsel verfügt, kann sich eine teurere Wohnung und ein besseres Abendbrot leisten, mehr Kaffee und Tabak und vor allem Zusatzqualifikationen: „[...] die Nebenwissenschaften und die practischen Lectionen werden etwas theurer bezahlt. Die lebendigen Sprachen, Musik und die sogenannten Leibesübungen kosten größtentheils weit mehr, als die wissenschaftlichen Stunden." (S. 97)

8   Vgl. Johann Friedrich Goldbeck: Nachrichten von der Königlichen Universität zu Königsberg in Preußen und den daselbst befindlichen Lehr-, Schul- und Erziehungsanstalten., Leipzig, Dessau 1782, S. 102 (Neudruck in: Daniel Heinrich Arnoldt: Ausführliche und mit Urkunden versehene Historie der Königsbergischen Universität. Neudruckausgabe mit den Folgeschriften von J. F. Goldbeck u. J. D. Metzger, Aalen 1994, Bd. D). Goldbeck (stud. theol. 1764–1769) gehört zu den jungen mittellosen Königsberger Theologen, die mit 17 Jahren vor der Aufgabe standen, „ohne weitere Unterstützung und ohne den Genuß irgend eines akadem. Benefizii oder eines Stipendii, durch Nebeninformationen mich anständig zu erhalten und dabey zugleich mein Studieren abzuwarten", wobei ihm die Magister Kant und Reusch halfen (S. 117 f.).

9   Ludwig v. Baczko: Geschichte meines Lebens, Bd. I, Königsberg 1824, S. 226.

ist wahrscheinlich, aber nicht belegbar. Bezeugt ist dagegen, daß der künftige Dichter kaum in einer billigen Stube, sondern eher in einem Konventsquartier *avant la lettre* hauste: „Er wohnte aber in einem ziemlich engen Hause, das ganz angefüllt war von lustigen wilden Lief- und Curländern, seinen Landsleuten, welche Tag und Nacht in unaufhörlichem Toben beisammen lebten."[10] Sechzehn dieser Landsleute unterschreiben Lenzens Gelegenheitsgedicht, als Kant am 21. August 1770 zum Professor disputierte und ernannt wurde, und das, auf weißem Atlas gedruckt, in karmesinrotem Samt mit Goldborten gebunden,[11] zweifellos eine weitere jener zusätzlichen unerwarteten Ausgaben darstellte – wie schon das Einbinden und Versenden der *Landplagen* (6 Tlr.) oder die Beerdigung eines Studenten, den sein Bafög-Patron im Stich gelassen hatte (4 Tlr.). Für die „Ergänzung der Kleidungsstücke, Schuhe und Strümpfe" hatte Schlegel nur die sehr bescheidene Summe von 8 Tlr., also keinerlei Neuanschaffungen vorgesehen. Vater Lenz dagegen hat offensichtlich einen wesentlich größeren Teil des Fixums von vornherein für propre Kleidung eingeteilt, und wenigstens diesen Teil wünschen die Söhne so bald wie möglich zu erhalten; Jakob bittet um das, „was Ihre Gütigkeit zu unserer Kleidung bestimmt hat", und Johann Christian erwartet genau 36 Tlr. Kleidergeld, nämlich „12 Duc. zu einer mittelmäßig ordentlichen Kleidung".

Für Vorlesungen und Bücherkäufe hatte Schlegel 16 Tlr. pro Semester angesetzt, sonst keine Ausgaben zur eigenen Weiterbildung. Gerade die aber war notwendig für künftige Hofmeister, d. h. für die Zeit der Arbeitssuche im Anschluß an das Studium. Johann Christian hat für zwei juristische Vorlesungen 8 Tlr., für die beiden Vorlesungen bei Kant 6 bis 8 Tlr.[12] zu bezahlen; damit wäre sein Etat so gut wie erschöpft, ohne daß

10   Johann Friedrich Reichardt: Etwas über den deutschen Dichter Jakob Michael Reinhold Lenz (Berlinisches Archiv der Zeit und ihres Geschmacks, Bd. I, Berlin 1796), zit. n. P. Müller (Hrsg.): Jakob Michael Reinhold Lenz im Urteil dreier Jahrhunderte. Texte zur Rezeption von Werk und Persönlichkeit 18.–20. Jahrhundert, Frankfurt a. M. 1995, Bd. I, S. 352. Der als Liederkomponist und Publizist bekannte Kapellmeister Reichardt (1752–1814) studierte 1768–1771 in seiner Vaterstadt Königsberg, wenn auch mehr die Musik und das Studentenleben als die Jurisprudenz.
11   Rudolf Reicke: Reinhold Lenz in Königsberg und sein Gedicht auf Kant. In: Altpreußische Monatsschrift, Königsberg 1867, S. 647–658.
12   Goldbeck (wie Anm. 8), S. 41: „Das gewöhnliche halbjährige Honorar für ein Kollegium ist 3 bis 4 Thlr. Je nachdem 4 oder 6 Stunden wöchentlich gelesen werden, doch ist das Honorar für einige Kollegien höher z. B. für ein Kollegium über die Experimentalphysik u.d.gl. Uebrigens ist nichts gewisses darüber festgesetzt und das Honorar hängt größtentheils von der Bestimmung der akademischen Lehrer selbst ab". Ordentliche Professoren mußten 4 Stunden öffentlich und unentgeltlich lesen, außerordentliche 2 Stunden.

er ein einziges Buch angeschafft hätte. Er hört aber darüber hinaus – wie der Magister Zerbin – Vorlesungen in Zivil- und Militärbaukunst, weil ihn solche Kenntnisse, wie auch in der Musik oder in Fremdsprachen, als künftigen Hofmeister empfehlen können.[13] In ihrer kurzen Studienzeit von zwei oder drei Jahren[14] waren die Studenten geradezu genötigt, sich auf dem Lehr- und Lernmarkt des Ancien Régime umzutun. Johann Christian übt sich auf der Querflöte, Jakob (wie Reichardt berichtet) auf der Laute. Seine theologischen Vorlesungen mögen um einen Taler billiger als die juristischen oder gar umsonst gewesen sein – Englisch oder Italienisch zu lernen aber kostete Geld.[15] Wie Lenz beide Sprachen zu Anfang des Winters 1770 beherrscht, zeigt das Manuskript von *Belinde und der Tod. Carrikatur einer Prosepopee.*

Auch wenn die beiden Brüder Lenz mit ihrem Fixum „kümmerlich auszukommen suchen" mußten und an den „vom vorigen halben Jahre übriggebliebenen Schulden" zu knabbern hatten, so sind sie doch in das Mittelfeld einer Studentenschaft zu placieren, die damals freilich weit weniger homogen war als heute, zwischen die Extreme von Reichtum und Armut. Auf der einen Seite die Söhne wohlhabender Juristen, die, wie Justus Möser 1742 in Göttingen, 680 Rth pro Jahr bekamen, oder wie Goethe 1765 in Leipzig, einen Wechsel von 800 Rth;[16] auf der ande-

---

13 Vgl. Heinrich Bosse: Die Hofmeister in Livland und Estland. Ein Berufsstand als Vermittler der Aufklärung. In: O.-H. Elias (Hrsg.): Aufklärung in den baltischen Provinzen Rußlands. Ideologie und soziale Wirklichkeit, Köln u. a. 1996, S. 165–208.

14 Goldbeck (wie Anm. 8), S. 101, bestätigt diese Tatsache indirekt, wenn er schreibt, daß „im Durchschnitte jeder 3 bis 4 Jahre (die Ausländer freylich öfters eine kürzere Zeit, die Einländer dagegen auch länger 5 bis 7 Jahre) auf der Universität sich aufhält".

15 Und zwar 5 Tlr. (1 Friedrichsd'or) pro Monat, wie ein früherer Protegé und späterer Kollege von Kant berichtet, der 1770 sein Studium in Königsberg begann. Vgl. Johannes Voigt: Das Leben des Professor Christian Jacob Kraus, öffentlichen Lehrers der praktischen Philosophie und der Cameralwissenschaften auf der Universität zu Königsberg (= Chr. J. Kraus: Vermischte Schriften, Bd. VIII), Königsberg 1819, S. 44 f.: „Besondern Fleiß verwandt er zugleich auf die Erlernung der Englischen Sprache. Sein ganzes Vermögen, einen Friedrichsd'or, hatte er darauf verwandt, einen Monat Privatunterricht in dieser Sprache zu nehmen und durch bewunderungswürdige Anstrengung – er lernte Bailey's Wörterbuch vom Anfang bis zum Ende auswendig – kam er in kurzem so weit, daß er darin selbst Unterricht ertheilen konnte, und ‚da es damals', wie er später äußerte, ‚an Lehrern im Englischen fehlte, so trug mein Friedrichsd'or hundertfältige Früchte'."

16 Benno Krusche: Justus Möser und die Osnabrücker Gesellschaft. In: Mitteilungen des Vereins für Geschichte und Landeskunde von Osnabrück XXXIV/1909, S. 273: „[...] und ein Jahreswechsel von 680 Talern entsprach bei dem damaligen Geldwert einer Ratsbesoldung"; Rudolf Glaser: Goethes Vater. Sein Leben nach Tagebüchern und Zeitberichten, Leipzig 1929, S. 247: „Sein jährlicher Wechsel [...] betrug nach des

ren Seite ein regulärer Werkstudent wie der spätere Verleger Johann
Friedrich Hartknoch (1740–1789), der als Sohn eines Torschreibers und
Stadtmusikus in Goldap

> schon in seinem 16ten Jahre auf die hohe Schule zu Königsberg geschickt werden
> konte, um die Theologie zu studieren. Aber dies war auch alles; was sein Vater für ihn
> thun konnte: er überlies ihn nun seinem Schicksal und seinem Talent. In einem Alter
> wo die meisten Studierenden noch weder den Werth, der Zeit und des Geldes, noch
> die Kenntnisse zu schätzen wissen, wandte jetzt der Jüngling nicht nur großen Fleiß
> auf die Wissenschaften, sondern erwarb sich auch durch Unterricht im Lesen und in
> der Musik, mit welcher er von Kindheit an vertraut war, auf die mühsamste Art die
> Mittel zu studieren. Diese Nothwendigkeit mit Geld und Zeit genau hauszuhalten, hat
> ihm sein ganzes übriges Leben hindurch sehr gute Dienste geleistet; indessen legte er
> damals auch in seinem Körper den Keim zu der Krankheit, die ihn seiner Welt zu
> früh entriß: denn die Besorgniß bey seinen in der weitläuftigen Stadt sehr zerstreut
> wohnenden Schülern nicht etwa zu spät zu erscheinen, und dadurch einige Minuten
> zu versäumen, jagte ihn oft bis zur Athemlosigkeit von einem Ende der Stadt bis zum
> andern.[17]

Ohne väterliche Unterstützung, aber auch ohne väterliche Bevormun-
dung mußten viele arme Jungen an der Universität sich selber helfen
oder selber Hilfe suchen. Was aber konnte Christian David Lenz für
seine Söhne tun?

Das Problem liegt darin, daß im 18. Jahrhundert die akademischen
Ausbildungskosten in einem schier unglaublichen Mißverhältnis zu den
akademischen Einkünften stehen konnten. Verhältnismäßig, so heißt es
1783, bekomme ein Student „auf Universitäten zu seinem alleinigen
Auskommen mehr, als er nach etlichen Jahren bey seinem Amte hat,
wovon er zugleich Frau und Kinder ernähren soll".[18] Wenn Studienführer und Studenten an eine Summe von 250 Rth jährlich dachten, so
mochte das nahezu den Jahresverdienst des Vaters ausmachen, zumindest wenn er Landpfarrer in Niedersachsen war, wo die Hälfte aller Pastoren „auf einer Pfarre leben und sterben, die nicht viel über drey hundert Thaler jährlich einbringet".[19] Die Pastoren in den russischen

Vaters Ausgabenbuch 1200 Gulden, eine für die damalige Zeit sehr große Summe"
(3 Gulden = 2 Rth). Hiernach sind anderslautende Angaben zu korrigieren.

17 [August Wilhelm Hupel:] Dem Andenken des verstorbenen Herrn Johann Friedrich
    Hartknoch gewidmet. In: Nordische Miscellaneen, 26. Stück, Riga 1791, S. 265.

18 Nützliche Einrichtung zur Geldwirtschaft für Studirende auf Universitäten. In: Wit-
    tenbergisches Wochenblatt zum Aufnehmen der Naturkunde und des ökonomischen
    Gewerbes, 19. Stück, 16. Mai 1783, S. 146.

19 Johann Friedrich Jacobi: Beytrag zu der Pastoral-Theologie oder Regeln und Muster
    für angehende Geistliche zu einer heilsamen Führung ihres Amtes (1. Aufl. 1766),
    3. Aufl., Hannover 1774, S. 357. Die Schätzung trifft für Niedersachsen zu, nicht aber
    für andere Gegenden, wie Württemberg oder Ostpreußen, und schon gar nicht für die

Ostseeprovinzen verdienten das Doppelte oder Dreifache – aber was Christian David Lenz als Pastor an St. Johannis in Dorpat/Tartu einnahm, ist kaum zu sagen.

Pastoreneinkünfte speisen sich im 18. Jahrhundert aus drei Quellen. Einmal eine feste Besoldungssumme (Salarium), die sich meist seit der Erstausstattung der Kirche nicht mehr verändert hatte und im Laufe der Jahrhunderte an Wert verlor. Zum anderen Naturalien, die von der Gemeinde als Deputat zu liefern und auch auf dem Pfarrland (Pastoratswidme) selbst zu erwirtschaften sind. Schließlich die Akzidenzien, d.h. die Gebühren für kirchliche Amtshandlungen, die aber je nach dem Wohlwollen für den Empfänger oder nach dem sozialen Rang des Gebers variieren und in den Bereich der Spenden und Geschenke übergehen können. Bekannt ist nur das Salarium von Christian David Lenz, nämlich 100 Rubel, exakt die Summe, die er in die von August Wilhelm Hupel gegründete Predigerwitwenkasse jährlich einzuzahlen hatte.[20] Eine Erhebung aus späterer Zeit, um 1800, bestätigt wenigstens relativ seine Behauptung, er hätte in Dorpat weniger Einkünfte als in Seßwegen zu erwarten gehabt: Serben/Dzērbene 718 Rubel – Seßwegen/Cesvaine 928 Rubel – Dorpat 900 Rubel.[21] Wenn er also für seine beiden Söhne fast drei Jahre lang 400 Rubel aufzubringen hatte, ganz abgesehen von Reise- und anderen Kosten, so dürfte das drei Jahre lang wenigstens die Hälfte seines jährlichen Einkommens verschlungen haben, wenn nicht mehr. Kein Wunder, daß er sich bemühen mußte, von allen Seiten her Geld aufzutreiben, und daß er es ein göttliches Wunder nennt, daß es ihm gelang.[22] Kein Wunder auch, daß er die Wechsel nicht in den Beträgen

russischen Ostseeprovinzen. Eine ausführliche vergleichende Untersuchung zum finanziellen Status akademischer Berufe – die, wie ich hoffe, die älteren Referenzwerke oder das Hörensagen ersetzen kann – liegt vor von Heinrich Bosse: Die Einkünfte der kurländischen Literaten am Ende des 18. Jahrhunderts. In: Zeitschrift für Ostforschung 35 (1986), S. 516–594.

20 Kirche St. Johannis zu Dorpat. Estnisches Historisches Staatsarchiv in Tartu: ERAK Best. 1253, Verz. 1, Akte 2. Für den Hinweis auf Hupels Initiative zur Hinterbliebenenversorgung (1760) danke ich Indrek Jürjo (Reval/Tallinn), der demnächst eine Monographie zu Hupel vorlegen wird.

21 Materialien zur Geschichte der livländischen Kirchen und Kirchspiele im Historischen Staatsarchiv Lettlands in Riga: Best. 4038, Verz. 2, Akte 772; Estnisches Historisches Staatsarchiv: ERAK Best. 995, Verz. 1, Akte 6023 a. Anzugeben war das Durchschnittseinkommen der letzten fünf Jahre; nach der Auskunft von Friedrich David Lenz hatte sich das Salarium auf 400 Rubel erhöht, die Naturalien waren statt dessen weggefallen, die Akzidentien sind sehr zurückhaltend auf 500 Rubel geschätzt.

22 Im Briefentwurf an seine Söhne um Ostern 1771. Freye/Stammler I (wie Anm. 2), S. 13 f.: „*Ni Deus fere miraculum fecisset, hae pecuniae non confluxissent.*" Außer dem Ratsstipendium von 20 Rubeln jährlich werden noch fünf weitere Patrone erwähnt, die

übersenden konnte, welche die Söhne gebraucht hätten, um Haushalts-
pläne praktisch zu verwirklichen, etwa zu „pränumerieren", d. h. Logis,
Beköstigung, Kolleggelder vorauszubezahlen. So klagt der Vater, er hätte
kein Geld, und die Söhne tun, vorsichtiger, das gleiche; ihr „öfteres unverschämtes Geilen nach Geld"[23] spiegelt ihm seinen Mangel zurück.

Einerseits sollen die Söhne auf das genaueste haushalten und „sich
nicht in Schulden einfressen, sonst sich so vest fressen, da ich sie unmöglich würde lösen können u. da wären sie ganz verloren denn ich
könnte nicht, wenn sie auch ins *Carcer* kämen",[24] andererseits können sie
nicht haushalten, wenn sie nicht bezahlen können. Damit eröffnet sich,
da ja Kredite noch nicht über Banken abgewickelt werden, ein universi-
tätsspezifischer *circulus vitiosus* zwischen ortsfremden Studenten und orts-
ansässigen städtischen Bürgern (Philistern): Hauswirte und alle anderen
nehmen eine Risikozulage, weil die Studenten möglicherweise abreisen,
ohne zu bezahlen – die Studenten ihrerseits wissen sich übervorteilt und
lockern die Zahlungsmoral. In einer Universitätsstadt Schulden zu machen, sagt ein zeitgenössischer Studienführer, kommt mehr als dreimal
so teuer wie daheim:

> Und bey der Gelegenheit kann ich nicht umhin, auch den Eltern und Vorgesetzten
> der Studirenden den ihnen und den ihrigen so ersprießlichen Rath zu geben, die
> Einsendung der nothwendigen oder verabredeten Gelder nicht zu verschieben: denn
> so entsteht ausser einem sorgenvollen Leben, wenn der iunge Mensch reel denkt, eine
> unvermeidliche Nothwendigkeit, sich in Schulden zu stecken, und die nothwendigen
> Sachen darauf ungleich theurer zu bezahlen, als wenn er für baar Geld hätte kauffen
> können. Es ist doch wirklich traurig – und es geschiehet – daß ein sonst nicht unor-
> dentlicher Mensch sechs, acht, zwölf und mehrere Wochen auf seine versprochenen
> Gelder warten muß, und also im Winter entweder bey Mangel von Feuerung seinem
> Studiren unmöglich obliegen kann, oder diesen so nothwendigen Artikel nachher über
> das *alterum tantum* bezahlen muß. Die üblen Folgen von alle diesen können nachher
> gar nicht dem iungen Studenten, sie müssen den Seinigen zugerechnet werden; und
> sollte ihre Kasse nicht eine so genaue Ordnung vermögen, so ist es besser, die Eltern

durch ihre Beihilfe die Ausbildung förderten. Die Klagen über den Geldmangel haben
natürlich auch den strategischen Sinn, seine Söhne auf das unvermeidliche Ende des
Studentenlebens einzustellen.

23   Ebenda. Freye hat das fast unleserlich überschriebene Wort genial entziffert in seiner
      Anspielung auf Lukas 11/8, wo Jesus so inständig zu beten lehrt, wie ein Freund, der
      dem anderen mitten in der Nacht auf die Nerven geht: „Ich sage euch: Und ob er
      nicht aufsteht und gibt ihm, darum daß er sein Freund ist, so wird er doch um seines
      unverschämten Geilens willen aufstehen und ihm geben, wie viel er bedarf."

24   Ebenda, S. 14. Im Hinblick auf Jakobs Brief an seinen Bruder vom 15. 7. 1772 (vgl.
      Anm. 29) scheint das Schuldgefängnis allerdings mehr in der väterlichen Besorgnis als
      in der Alltagspraxis gegründet zu sein. Fritz v. Berg im „Hofmeister" kann jedenfalls
      aus ihm entweichen und sich anderswo neu immatrikulieren.

machen eine kleine Schuld, als ihre Söhn auf der Universität. Hier müssen sie die Interessen wirklich drey= und mehrfach bezahlen.[25]

Von Lenzens Nachfolger im Pastorat Seßwegen, Ludwig Kleinhempel, ist es zufälligerweise bezeugt, daß er zu „der mit Gott vorhabenden Ausreise seines Sohnes nach der Université" einen Kredit von 100 Rth „gegen gewöhnliche Renten a 6 pro Cent" aufgenommen hat,[26] aber ich halte es für eher unwahrscheinlich, daß Pastor Lenz ein gleiches tat.

Wie auch immer, sein Sohn Jakob Michael Reinhold geriet in eine solche Geldnot, daß er mehr als „beten und betteln" mußte und eine semesterbegleitende Erwerbsarbeit aufnahm. Aus Standesrücksichten konnte sie nur im Unterrichten bestehen.[27] Anders als Hartknoch, der durch die Stadt eilte, um Einzelstunden zu geben, und anders als Herder, der im Collegium Fridericianum wohnte und unterrichtete,[28] wurde Lenz Hauslehrer. Das bezeugt er selbst in einer Erklärung in den *Frankfurter Gelehrten Anzeigen* vom 18. Juni 1775:

Auf der Akademie in Königsberg nahm ich einen Antrag von der Art auf ein halbes Jahr an; weil meine Ueberzeugung aber oder mein Vorurteil wider diesen Stand im-

25 Johann Christian Förster: Kurze Anweisung für ankommende Studirende auf die Universität Halle, Halle 1781, S. 14 f. Die Juden, heißt es, geben für ein Pfand mehr als das vom Magistrat eingerichtete Leihhaus, aber sie nehmen auch das Zehnfache an Zinsen. Doch die Christen sind nicht besser. Vgl. Fragmente über die Universität Halle. In: National-Zeitschrift für Wissenschaft, Kunst und Gewerbe in den Preußischen Staaten I/1801, S. 736: „Der Hallische Bürger verleiht in der Regel immer darauf los und muß es thun, wenn er Absatz aller Art haben will; er verborgt aber so, daß wenn er auch unter drey Studenten von zweyen betrogen wird, er doch noch immer seinen guten Vortheil dabei hat."
26 Und zwar aus der Witwenkasse des Lyzeums in Riga. Das Dokument, unterzeichnet „Riga, den 17. Oktober 1751", befindet sich im Historischen Staatsarchiv Lettlands: Best. 4060, Verz. 1, Akte 127.
27 Während die ‚bürgerliche Nahrung' durch die Handarbeit definiert ist, begreift sich die Arbeit der Akademiker als ranghöhere Kopf-(Lehr- oder Schreib-)Arbeit, eine Differenz, die keineswegs durch die Französische Revolution egalisiert worden ist. Vgl. z. B. Johann Christian Hellbach: Handbuch des Rangrechts, Ansbach 1804, S. 141 unter ‚Bürger': „Bürger: akademische (Studenten) werden den eigentlichen vorgesetzt."
28 Gleich nach der Inskription am 10. 8. 1762 wurde Herder als Stubenaufseher in das Collegium aufgenommen, das nach dem Vorbild des Hallischen Waisenhauses organisiert war. Er begann als Elementarlehrer für Rechnen im Winter 1762/63 mit 2 ½ Tlr. Gehalt pro Halbjahr, stieg aber rasch bis zum Lateinlehrer (22 ½ Tlr.) auf. Über seine Lehrstunden, sein Zubrot als Orgelspieler, Verdienst und Kostgeld bis zu seinem Weggang im November 1764 unterrichtet Gustav Zippel: Geschichte des Königlichen Friedrichs-Kollegiums zu Königsberg Pr. 1698–1898, Königsberg 1898, S. 121 f.

mer lebhafter wurde, zog ich mich wieder in meine arme Freiheit zurück und bin *nachher nie wieder Hofmeister gewesen.* [29]

Eine rätselhafte Erklärung, die ihrerseits nach Erklärung verlangt. Konnte Lenz so schlecht mit Geld umgehen, daß er zu diesem Mittel greifen mußte, um seine Kasse wieder zu füllen? Andererseits war sein Bruder nicht glücklicher im Haushalten, wenn er 1772 „gegen 500 Rbl. die ich schuldig bin, und die ich ehrlich bezahlen will" erwähnt.[30] Oder wollte Lenz es vermeiden, Schulden in einer ähnlichen Höhe auflaufen zu lassen? Immerhin kommentiert er es mit kräftigen Worten, als er aus Königsberg zu hören bekommt,

> daß fast die ganze Landsmannschaft *davon gelaufen* [...] Baumann, Hesse, Zimmermann, Hugenberger, Kühn, Meyer – ich habe meinen Augen nicht trauen wollen. Und der Arme Frohlandt ist in der Tat fast aufs äußerste gebracht – Hipprich und Marschewsky sind gleichfalls aus Berlin mit Schulden davon gelaufen, der letzte hat dieses schon in Leipzig und Jena getan. Das sind denn die würdigen Subjekte, mit denen in unserm Vaterlande Ehren- und Gewissens-Ämter besetzt werden. Ich wünschte meine Verwandten und Freunde heraus, in der Tat, ich wende keinen Blick mehr hin.[31]

Aber die moralische Entrüstung hat vor allem strategischen Sinn: ein Aufschrei, wie unzumutbar es für Lenz wäre, nach Livland zurückzukehren. Oder hat doch der Vater seine finanziellen Engpässe an die Söhne weitergegeben? Dann hätte er sie gleichzeitig, während er von ihnen Rechenschaft forderte, gnadenlos aus seiner Fürsorge fallen lassen.

Solche Erwägungen sind nicht von der Hand zu weisen. Sie verlieren aber an Gewicht, wenn man den Zeitpunkt und vor allem das Problem der Berufswahl berücksichtigt. Nach dem Tenor der beiden Briefe vom Oktober 1769 ist es höchst unwahrscheinlich, daß das Hofmeister-Semester schon zu Anfang 1768/69 oder 1769 stattgefunden hätte. Wahrscheinlich fällt es erst in die zweite Hälfte der Studienzeit, die dadurch markiert ist, daß Lenz zum ersten Mal als Dichter außerhalb Livlands hervortritt. Die Veröffentlichung der *Landplagen, ein Gedicht in Sechs Büchern: nebst einem Anhang einiger Fragmente* im Spätsommer 1769 ist der

---

29 Jakob Michael Reinhold Lenz: Gesammelte Schriften, hrsg. v. F. Blei, Bd. IV, München, Leipzig 1910, S. 287.

30 Johann Christian an Lenz, 24. 7. 1772. In: WuB (wie Anm. 2), III, 278. Die Schulden können sich eigentlich nur auf die Studentenzeit beziehen, allenfalls noch auf eine „mittelmäßig ordentliche Kleidung" zur Aufmachung als Hofmeister. Tatsächlich muß Johann Christian sehr nachlässig studiert und sich die wesentlichen Rechtskenntnisse erst als Hofmeister angeeignet haben, „weil ich mühsam in der Condition das nachgeholt hatte, was ich auf der Akademie versäumt" (ebenda).

31 Lenz an Johann Christian, 15. 7. 1772. In: Ebenda, S. 260.

Angelpunkt. An ihnen zeigt sich in aller Öffentlichkeit zweierlei: erstens, daß Lenz gegen den Willen seines Vaters fortfährt zu dichten, und zweitens, daß er als religiöser Dichter gescheitert ist. Beides ist geeignet, den Vater gegen sich aufzubringen. Das ist der Unterschied zwischen ihm und seinem ebenfalls in Geldnöte geratenen Bruder. So wäre nun eine weitere Hypothese zu erörtern: daß der Vater seinem dichtenden Sohn kein Geld geschickt hätte, um ihn zur Raison zu zwingen.

Nach der Auffassung von Christian David Lenz konnte man auf die Schönen Wissenschaften (*belles lettres*) keinerlei berufliche Existenz gründen. In einer Schulrede von 1776 definiert er sie – traditionsgemäß, aber emphatisch – als Nicht-Arbeit:

> Gleichwie also heutiges Tages ein geschickter Schullehrer *einerseits* nothwendig ein Freund der schönen Musen und Gratien in den Wissenschaften seyn muß; so muß ihn dennoch *andererseits* die Klugheit lehren, dem Misbrauch, oder übermäßigem Studieren derselben, welches so sehr eingerissen, bey seiner Jugend vorsichtig Einhalt zu thun, jene nicht übers Ziel zu erheben, noch fast ganz allein zu betreiben und darüber denen nothwendigen Wissenschaften, z B. der Religion, Weltweisheit, Naturlehre, Natur- und Völkerrecht u.d.gl. so unsere jungen Musensöhne dermaleinst zu öffentlichen Aemtern brauchen können, den Platz zu nehmen und diese hindan zu sezen. Kurz die sinnlichen und angenehmen Disciplinen müssen gleichsam nur Ruheplätze und verdiente Erholungen für den Jüngling auf seiner Reise in den Musentempel werden, und so ihre rechte Stelle bekommen.[32]

Unter dieser Voraussetzung trieb sein Sohn Jakob nur Allotria, wenn er Gedichte machte, auf eigene Kosten binden und auf fremde Kosten gar an die Zarin Katharina schicken ließ. Es ist unwahrscheinlich, daß der Prachtband der *Landplagen*, trotz seiner Widmung, nach St. Petersburg befördert wurde, weil es sich alsbald herumsprach, daß sie nicht gut genug waren. Die Kritik in den *Königsbergschen Gelehrten und Politischen Zeitungen* vom 13. November 1769, die die Rauhigkeit der Hexameter, die verwirrten Bilder und sogar die Widmungsode an Katharina II. tadelte, gelangte auch nach Dorpat. Konrad Gadebusch verzeichnete sie in seiner *Livländischen Bibliothek* mit der Bemerkung, die *Landplagen* seien nicht

---

32 Mit der abschließenden Formulierung beruft sich Ch. D. Lenz auf Johann Peter Millers Fortsetzung von Johann Lorenz von Mosheim: Sitten-Lehre der Heiligen Schrift, Bd. IX, Helmstedt 1770, S. 145. Seine Schulrede über „Die Weisheit und Vorsichtigkeit eines Schullehrers, in seinem Amte zwischen verschiedenen Abwegen die richtige Mittelstrasse zu halten", wurde zunächst bei der Einführung des Rektors Lorenz Ewers in Dorpat (1776) gehalten, dann erneut, als sein Schwiegersohn, Johann Christian Friedrich Moritz, 1781 Rektor des Lyzeums in Riga wurde. So der Vorbericht bei J. Chr. F. Moritz: Beyträge zur Liefländischen Pädagogik. Erste Sammlung, welche ein Programm und drey bei einer feyerlichen Gelegenheit gehaltenen Reden enthält, Riga 1781. Das Zitat auf S. 39.

so aufgenommen worden, wie es der neunzehnjährige Dichter ge-
wünscht habe, und fügte aus eigenem hinzu: „Man machte diesen Jüngling zum andern Klopstock: als er aber mit seinen *Landplagen* an das
Licht trat, belehreten ihn die offenherzigen Kunstrichter eines andern.“[33]
Einer dieser Kunstrichter war auch der Rektor der Rigaer Domschule,
Gottlieb Schlegel. Lenz hatte ihn in einem Brief um sein Urteil gebeten,
und Konrad Gadebusch erhielt davon, zumindest in einer Kurzfassung,
seinerseits Kenntnis durch einen Brief, den Johann Martin Hehn (1743–
1793), Gadebuschs Schwiegersohn und Lenzens ehemaliger Lehrer als
Rektor der Dorpater Krons- und Stadtschule, am 18. August 1769 an ihn
richtete. Hehn weilte in Riga, um sich vom Generalsuperintendenten
Jakob Andreas Zimmermann zum geistlichen Amt ordinieren zu lassen.
Bei dieser Gelegenheit gab er „gelehrte Neuigkeiten“ weiter, etwa, daß
Herder in Nantes sei, und kommentierte knapp eine ganze Reihe von
Neuerscheinungen, besonders aus den polemischen Auseinandersetzun-
gen zwischen Herder, Lessing, Klotz und Riedel. Zum Abschluß eine
Nachricht über Lenz:

> Von des H Lenzens Landplagen sind durch Holsten, wie mir Schlegel sagte, 20 Ex-
> emplare nach Dorpat geschicket. Sie werden ohnfehlbar eins bekommen. Sind sie hier
> zu haben: so werde ich sie mitbringen. Unsers *Magnifici* Urtheil von Vater u. Sohn will
> ich nicht herschreiben. Ich sage es Ihnen mündlich. Schlegel hat dem Verf. u. Urhe-
> ber der Landplagen seine Beurtheilung geschicket. Sie geht dahin: *bona mixta cum malis.*
> Er glaubt aus Lenzens Brief an ihn bemerkt zu haben, daß er sich bald zur kritischen
> oder antikritischen Parthey schlagen werde. Ist das wahr, so bedaure ich seine Theo-
> logie.[34]

Ein Angehöriger der Kaufmannsfamilie Holst, vielleicht sogar der Bür-
germeister Johann Valentin Holst selber, versorgt Dorpat mit einer be-
achtlichen Anzahl von Lenzens *Landplagen*. Der *Magnificus*, d. h. der Vor-

---

33 Konrad Gadebusch: Livländische Bibliothek (Riga 1777). Fotomechanischer Nach-
     druck Hannover-Döhren 1973, Bd. I, S. 19; Bd. II, S. 178. Gadebusch bezieht sich
     natürlich auf die Vorrede, mit der eine geistliche Gegenautorität zum Vater (Theodor
     Oldekop) 1766 Lenz' ersten poetischen Schritt an die Öffentlichkeit beschützt hatte.
     – Insgesamt vier Rezensionen der „Landplagen“, darunter auch die Königsberger,
     sind abgedruckt in Chr. Weiß (Hrsg.): Jacob Michael Reinhold Lenz: Werke in zwölf
     Bänden. Faksimiles der Erstausgaben seiner zu Lebzeiten selbständig erschienen Tex-
     te, St. Ingbert 2001, Bd. I, S. 114 ff.
34 Briefe gelehrter Männer an Friedrich Konrad Gadebusch, Bd. I, Nr. 209. Sowohl im
     Historischen Staatsarchiv Lettlands in Riga (Best 4038, Verz. 2, Akte 1639) als auch
     im Herder-Institut Marburg (DSHI 570 GGA 1171, 1, Bl. 652). Die Marburger Ko-
     pien sind durch Regesten erschlossen: Briefe an den livländischen Historiographen
     Friedrich Konrad Gadebusch (1719–1788). Regesten, bearb. v. F. v. Keußler, hrsg. v.
     Chr. Kupffer, P. Wörster, Marburg 1998.

gänger von Christian David Lenz als Generalsuperintendent, hat eine Meinung über Vater und Sohn, die man besser nicht dem Papier anvertraut. Gottlieb Schlegels Ansicht ist dagegen weniger verfänglich.

Es muß für einen Autor, der mit 15 Jahren als seltenes Genie begrüßt worden war, mehr als schmerzlich sein, mit 19 Jahren zu hören, in seinem Text sei manches Gute, aber auch manches Schlechte zu finden – vor allem dann, wenn er die Stimme anderer Autoritäten braucht, um die Stimme seines Vaters außer Kraft zu setzen. Und umgekehrt muß ein Vater, der das poetische Treiben seines Sohnes von jeher mißbilligt hat, sich nun, wenn die kritischen Urteile bis zu ihm weitergereicht werden, in seiner Ablehnung bestätigt finden. Noch schlimmer: Hehns letzte Sätze deuten an, daß der Sohn weiterhin auf Autorschaft ausgeht, und zwar so sehr, daß er die Ausbildung zum Pastor dabei aufs Spiel setzt – oder sogar seinen Glauben.

Hehn spricht im Kontext seines Briefes von „der itzigen kritischen Conföderation", von Klagen über „die kritische Hornviehseuche" und nimmt damit Stichworte eines Diskurses auf, der sich selber als „diesen critischen Krieg" ausgab.[35] Darin spiegelt sich, genau genommen, der Strukturwandel der Öffentlichkeit: von der standesspezifischen gelehrten Republik zum standesübergreifenden und nationalsprachlichen Markt für Nachrichten, Meinungen, Unterhaltung und Kultur.[36] In diesem Umbruch ging es auch um den modernen Gebrauch der Kritik, speziell die Kritik der Kritik. Christian Adolf Klotz (1738-1771), Hofrat und Professor für Philosophie und Beredsamkeit in Halle, hatte seiner *Deutschen Bibliothek der schönen Wissenschaften* (1767-1771) ausdrücklich zum Ziel gesetzt, die Urteile, „die theils von bekannten Kunstrichtern, theils von demjenigen Theile des Publici, welcher ihnen bloß folgt, ohne selbst zu untersuchen und zu prüfen, über die Verdienste und Talente verschiedener Schriftsteller gefällt werden", kritisch zu revidieren.[37] Wie die Klotzischen Publikationen, so richtete sich auch der „Antikritikus" (1768-1769)

---

35 Briefwechsel des Herrn Professor Riedel mit dem Antikritikus [hrsg. v. J. G. C. Gleichmann, o. O, 1768]. In: Friedrich Justus Riedel: Sämmtliche Schriften, B. IV (Verschiedene Briefe), Wien 1787, S. 81.

36 Vgl. Heinrich Bosse: Die gelehrte Republik. In: H.-W. Jäger (Hrsg.): „Öffentlichkeit" im 18. Jahrhundert, Göttingen 1997, S. 51–76.

37 Zit. n. Jürgen Wilke: Literarische Zeitschriften des 18. Jahrhunderts (1688–1789). Teil II: Repertorium, Stuttgart 1978, S. 182. Klotz, der mit eleganten lateinischen Satiren seine Schriftstellerlaufbahn eröffnete, verfügte insgesamt über drei Publikationsorgane – zusätzlich zur „Bibliothek der schönen Wissenschaften" noch die lateinischen „Acta litteraria" (seit 1764) sowie die „Neuen Hallischen gelehrten Zeitungen" (seit 1766) – und nutzte sie mit seinen Anhängern als Spielwiese für anonyme Parteilichkeiten.

der Gebrüder Wichmann zunächst gegen Lessing, Nicolai und die Berliner Aufklärung, geriet dann aber in eine immer wüstere Fehde mit Klotz und seinen Parteigängern, namentlich Friedrich Just Riedel (1742-1785).[38] Wenn Lenz also interessiert ist, wie es heißt, „sich bald zur kritischen oder antikritischen Parthey" zu schlagen, so möchte er sich in literarische Polemik einmischen. Ist die literarische Polemik „sinnreich geschrieben", wie man damals sagte, oder ästhetisch vermittelt, wie man vor kurzem sagte, so fällt sie unter den Begriff der Satire.[39] Den Geist der „Satyre" kennzeichnet Riedel, selbst ein produktiver Satirenschreiber, als vielseitigen Tausendkünstler:

Oft spielet er den Antikritikus
Und (mit Erlaubniß) auch manchmahl den Kritikus,[40]

Zur „kritischen oder antikritischen Parthey" gehören dann vielleicht weniger die einen oder anderen Personengruppen, als vielmehr kritische Schreibweisen, Texte mit einem aggressiven Wirklichkeitsbezug. Im expandierenden Feld der Schönen Wissenschaften, so lese ich die Schlegel-Hehnsche Kryptonachricht, will Lenz entschlossen Fuß fassen, nicht mehr als religiöser Dichter, auch nicht als Parteigänger von Publikationsorganen, sondern als Autor, der existierende Mißstände kritisiert.

38 Eine Zusammenstellung dieser Schriften bietet der Artikel über den „Antikriticus" in Nicolais „Allgemeiner deutschen Bibliothek" X/1769, S. 103–129. Nach einem umsichtigen Grundsatzreferat über die Rolle der Kritik in der gelehrten Republik kommt der Verfasser, es ist Friedrich Nicolai selber, zur eigentlichen Auflistung der Broschüren mit dem Stoßseufzer (S. 121): „Zwar sind sie theils unwichtig, theils sind sie Schandmäler, einer unedlen Aufführung, die wahren Gelehrten nicht geziemt. Ganz aber kann man sie nicht übergehen, wegen des vielen Geschwirres, das sie vor allen Ohren erreget haben."
39 Nach Jürgen Brummacks klassischer Formulierung: „Satire ist ästhetisch sozialisierte Aggression". Vgl. Ders.: Zu Begriff und Theorie der Satire. In: DVjs SH: Forschungsreferate, Stuttgart 1971, S. 282. Johann Heinrich Zedlers Grosses vollständiges Universal-Lexicon, Bd. 34, Leipzig, Halle 1742, Sp. 235 ff. erörtert u. a. das Problem persönlicher Angriffe. An den antiken Autoren wird getadelt, „daß sie die Personen, die sie durch die Hechel gezogen, mit Namen genennet" (Sp. 236), anderseits werden aber auch die Spötter gerechtfertigt, „wenn sie bey Durchhechelung einer groben Narrheit, auch zuweilen den groben Narren ein wenig mit getroffen" haben (Sp. 238).
40 Friedrich Just Riedel: Briefe über das Publikum (1768), hrsg. v. H. Zeman, Wien 1973 (Sechster Brief an den Herrn Geheimen Rath Klotz), S. 66. Die Formulierung gilt für Riedels Spiel mit wechselnden Autor-Rollen, durch das er sich bei ernsthafteren Kollegen um seinen guten Ruf schrieb.

Das zweite Rätsel. Warum hat Lenz im ‹Hofmeister› die Familie v. Berg bei ihrem Namen genannt?

Der spektakuläre Mißerfolg der *Landplagen*, vor allem aber alarmierende Nachrichten über die Zukunftspläne seines Sohnes können den Vater bewogen haben, ihn durch Geldentzug zu disziplinieren. Dieser zweite Beweggrund wird immerhin in Lenzens Texten mehrfach angespielt.

Im *Hofmeister* (1774) ist der Student Pätus, da er nicht mit Geld umgehen kann und die städtischen Bürger mit ihm daher umgingen „wie Straßenräuber" (II/7), tatsächlich reif für das Schuldgefängnis; Fritz v. Berg stellt sich statt seiner, damit Pätus sich von seinem reichen Vater Geld besorgen kann. Die Mission scheitert, Fritz v. Berg bleibt im Karzer und wird von dem Herrn v. Seiffenblase und dessen Hofmeister nach allen Regeln der Kunst zu Hause verleumdet (III/3). Der Vater bricht jeden Kontakt zu seinem Sohn ab; er fragt ihn nicht selbst, er beantwortet keinen seiner (fünf) Briefe, er schickt kein Geld (IV/1). – Die Flucht aus dem Schuldgefängnis und ein Lotteriegewinn bringen Fritz wieder nach Hause, wo es eine Versöhnung ohne eigentliche Vergebung gibt,[41] aber doch ein spätes Kompliment: „Ich sehe, ihr wilde Bursche denkt besser als eure Väter." (V/11)

Der junge Johannes Mannheim im *Landprediger* (1777) hat schon als Knabe die Autorität seines dogmatischen Vaters durch eine andere, die eines kameralistischen Landpfarrers, relativiert. An der Universität studiert er daher auch andere Wissenschaften – Betriebs- oder Volkswirtschaft, Chemie, Mathematik – anstelle der Theologie. Das wird seinem Vater von akademischen Hilfskräften hinterbracht, die sein Fehlen in den theologischen Vorlesungen bemerkt haben und alles anwenden, „ihn wieder auf den rechten Weg zu bringen, Briefe an die Seinigen, bisweilen auch anonyme Briefe von verborgener Freundeshand".[42] Während zu Hause die übelsten Nachrichten, Schulden, Duelle usw. betreffend, eingehen, kehrt sich Johannes nicht an den „Bannstrahl in den Briefen seines Vaters", sondern mietet sich bei einem Amtmann ein, um Lebenspraxis und Lebensart zu studieren. Seine selbstbestimmte Ausbildung kostet ihn den Kontakt mit seinem Vater, nicht aber, wie es scheint, den väterlichen Wechsel. Es laufen weiter die „kränkendsten Nachrichten für einen Geistlichen" ein, die der Vater erschrocken glaubt, „als ob sich an

---

41 Die drei Verzeihungsszenen am Schluß des „Hofmeisters" diskutiert sehr aufschlußreich, vor dem Hintergrund von Johann Gotthelf Lindners Schuldrama „Der wiederkehrende Sohn" (1761), Hans Graubner: Kinder im Drama. Theologische Impulse bei Hamann, Lindner und Lenz. In: Schiller-Jahrbuch 46 (2002).
42 WuB (wie Anm. 2), II, 416 ff.

ihnen gar nicht mehr zweifeln ließe". Ohne väterliche Beihilfe geht der Sohn ins Ausland, nach Genf und England; als er zurückkommt, hat der Vater die Pfarrei verlassen.

Um den Wechsel geht es dagegen entschieden in dem kurzen satirischen Aufsatz *Bittschrift eines Liguriers an den Adel von Ligurien*, der im August 1776 in Wielands *Teutschem Merkur* erschien und mit Sicherheit von Lenz stammt.[43] In der Rolle eines Postillions verkündet der Autor die Anreise der Musen in sein Vaterland, das er sieben Jahre nicht mehr gesehen hat. Thema ist also die Kultivierung des Adels, sei es durch Bildungsreisen (die eingestellt werden sollen), sei es durch öffentliche Schulen (die ausschließlich besucht werden sollen), auf keinen Fall aber durch Hofmeister. Lieber sollen die Jugendlichen allein in die Ferne ziehen, da

> die wackeren Siegfrieds, die wohl ehemals ganz allein und heimlich und ohne Geld das väterliche Haus verließen, und Gefahren und Ebentheuer herzhaft bestunden, allemal in Krieg und Frieden die brauchbarsten Leute gewesen sind. Zumal da die heutigen Mentors sehr entfernt von der Götterschaft seyn sollen. Wird also der Adel hinführo seine Kinder zu Basedow ins Philanthropin geben; [...] Hernach aber Herrn Basedow bitten, ihnen statt der Hofmeister an jedem Ort ihres Aufenthalts Männer von Ansehen als Spionen ihres Wohlverhaltens zu bestellen (die aber der junge Herr nie braucht kennen zu lernen) nach deren eingelaufenen Nachrichten ihm der Vater die Wechsel einrichtet. Welches Mittel der Postillion an verschiedenen Exempeln schon will probat befunden haben.[44]

Könnte man unter den Exempeln nicht auch Jakob Lenz sehen, einen Siegfried mit durchgestrichener Zuwendung?

Gewiß, Analogieschlüsse vom dichterischen Werk auf das Dichterleben bleiben immer zweifelhaft. Andererseits schreibt Lenz schrankenlos autobiographisch, mehr als jeder andere Autor des 18. Jahrhunderts; *Die Soldaten, Die Freunde machen den Philosophen, Zerbin, Der Waldbruder* vibrieren von wiederkehrenden Lebenssituationen. Vielleicht hat er sich mehr als jeder andere Diderots Parole „rapprochez-vous de la vie réelle" zu Herzen genommen. Damit fordert Diderot bekanntlich eine neue Gattung zwischen Tragödie und Komödie, das bürgerliche Trauerspiel (*tragédie domestique*). Aber wird sie auch Interesse erregen? Ja, um so mehr, denn

---

43 Teutscher Merkur, August 1776, Bd. III, S. 151–156. Nach meinem Dafürhalten hat Richard Daunicht bei seiner Suche nach apokryphen Lenz-Texten in diesem Fall eine glückliche Hand gehabt; ich schließe mich seiner Argumentation voll an. Vgl. ders.: J. M. R. Lenz und Wieland, Phil. Diss., Berlin 1941, Dresden 1942, S. 99–101.

44 Teutscher Merkur, 1776, Bd. III, S. 154 f. Die Exempel betreffen die Universität. Denn das Wohlverhalten der 7-16jährigen Schüler in Basedows Philanthropin (gegr. 1774) wurde, wie man weiß, durch Ehren- und Unehrenzeichen gesichert; Pension- und Schulgeld (400 Rth) wurde mit den Lehrern den Eltern gegenüber abgerechnet.

sie ist uns näher; sie ist das Gemälde der Unglücksfälle, die uns umgeben. Wie? Sie begreifen nicht, wie stark eine wirkliche Szene, wie stark wahre Kleidungen, einfache Handlungen und diesen Handlungen angemessene Reden, wie stark Gefahren auf Sie wirken würden, ob welchen Sie notwendig zittern müßten, wenn Ihre Anverwandte, Ihre Freunde oder Sie selbst ihnen ausgesetzt wären?[45]

Die jungen Autoren, die von Straßburg aus eine neue Epoche der deutschen Literatur anfangen, halten sich dementsprechend an wirklich geschehene Begebenheiten aus ihrem Umkreis und aus ihrer Gegenwart, an Selbst- und Kindsmord, Klatsch und Katastrophen, an, wie Lenz später sagen wird, „die *furchtbaren* Geschichten, die, so wie sie wirklich geschehen, und wie ich deren *hundert weiß*, keine menschliche Feder aufzuzeichnen vermag".[46] Dabei legen auch die Eigennamen eine neue Wirklichkeitsspur.

Gegen alle Vorschriften der älteren Poetik werden nun Vor- oder Nachnamen von existierenden Personen in Texte inseriert, Lerse im *Götz von Berlichingen mit der eisernen Hand* (1773), Lotte in *Die Leiden des jungen Werthers* (1774), Meister Humbrecht/Humbert in *Die Kindermörderinn* (1776). Als der 15jährige Lenz eine dieser furchtbaren Geschichten annähernd so, wie sie wirklich geschehen ist, im *Verwundeten Bräutigam* (1766) dramatisiert, behält er unter lauter Allerweltsnamen immerhin den Vornamen der Braut, Helene v. Lauw, bei, die im August 1766 Reinhold Johan Baron Igelström (1740–1808) heiratete. Der Bräutigam wird nicht durch den Namen kenntlich gemacht, wohl aber dadurch, daß er der einzige russische Offizier war, der von Friedrich dem Großen das Äquivalent für den Orden *Pour le mérite* erhielt.[47] Dieser Bräutigam war auch zugleich einer der fünf Paten von Jakob Lenz, neben dem Generalsuper-

45 Das Theater des Herrn Diderot. Aus dem Französischen übersetzt von Gotthold Ephraim Lessing [1760], hrsg. v. K.-D. Müller, Stuttgart 1986, S. 154. Zur Entwicklung des Diderotschen Realismus aus dem Beobachterstatus vgl. die grundlegende Arbeit von Johannes F. Lehmann: Der Blick durch die Wand. Zur Geschichte des Theaterzuschauers und des Visuellen bei Diderot und Lessing, Freiburg i. Br. 2000.

46 Verteidigung des Herrn W. gegen die Wolken von dem Verfasser der Wolken (1776). In: WuB (wie Anm. 2), II, 733.

47 Ausführlicher zu Text und Kontext Heinrich Bosse: Lenz' livländische Dramen. In: A. Maler (Hrsg.): Literatur und Regionalität, Frankfurt a. M. u. a.1997, S. 75–100. Man kann mit gutem Grund davon ausgehen, daß Lenz zu dieser Zeit bereits mit Diderot vertraut war, denn der Schluß des „Verwundeten Bräutigams" schlägt eine Reprise vor, wenn alle von jedem noch einmal hören wollen, was er bei dem Unglück empfunden hat. Die Reprise aber ist die Pointe des „Fils naturel" (1757), wenn Dorvals Vater wünscht, all das, was er selbst erlebt hat, im Theaterstück zu wiederholen. Vgl. Theater des Herrn Diderot (wie Anm. 45), S. 12: „Wir brauchten dazu keine Bühne aufzubauen; wir wollten bloß das Andenken einer uns rührenden Begebenheit erhalten und sie so vorstellen, wie sie sich wirklich zugetragen hat."

intendenten Zimmermann, dem Regiments-Chirurgus Horlebusch, der
Witwe Catharina v. Tiesenhausen, geb. v. Berg, und dem Fräulein Helena
v. Berg, „des Herrn Landraths von Berg auf Erla Fräulein Tochter".[48]
    Auch *Der Hofmeister oder Vorteile der Privaterziehung. Eine Komödie* (1774)
bringt eine dieser furchtbaren Geschichten, die wirklich geschehen sind,
aufs Theater. Georg Friedrich Dumpf (1777–1849), Kreisarzt in Fel-
lin/Viljandi, schreibt am 20. 4./12. 5. 1821 an Ludwig Tieck: „Den Stoff
gab eine, in Livland vorgefallene scandalöse Begebenheit. Die Personen
sind Liv- und Kurländer, von denen ich Paetus und Bollwerk gekannt
habe."[49] In der handschriftlichen Erstfassung des *Hofmeisters*, die auf den
Sommer 1772 datiert wird, sind noch die Originalnamen eingetragen:
Bollwerk ist der Kurländer Hermann Dietrich Baumann, Pätus ist der
Livländer Carl Emanuel Pegau (1751–1816), der nach dem Studium
Hofmeister und Pastor wurde und 1779 die Schwester des Dichters,
Anna Eleonora, heiratete; beide haben auch das Gedicht auf Kant unter-
zeichnet. Der Musiklehrer Rehaar heißt zunächst „Reichart" und ist der
Vater von Johann Friedrich Reichardt, welcher 1796 bezeugt: „Der Lau-
tenist in seinem *Hofmeister* ist die Caricaturzeichnung seines Lautenmei-
sters nach dem Leben."[50] Später wird Lenz die „halbe Authentizität *eines
Geschichtschreibers*" für sich reklamieren, als er sein Prinzip der Karikatur
oder des satirischen Realismus dahingehend formuliert, er habe im *Neuen
Menoza* seine Hauptperson gegen „gewöhnliche Menschen meines Jahrhunderts abstechen lassen, aber immer mit dem mir einmal unumstöß-
lich angenommnen Grundsatz für theatralische Darstellung, zu dem
Gewöhnlichen, ich möchte es die treffende Ähnlichkeit heißen, eine
Verstärkung, eine Erhöhung hinzuzutun, die uns die Alltagscharaktere
im gemeinen Leben auf dem Theater anzüglich interessant machen
kann."[51] Wenn also Charaktereigenschaften verstärkt werden, wenn
Pätus als kindischer Verschwender und Frauenheld, Bollwerk als Schlä-

---

48 Auszug aus dem Kirchenbuch von Seßwegen, mitgeteilt von Pastor J. Müthel an Jegor
    v. Sivers am 12. Dec. 1865. Latvijas Akadēmiskā Bibliotēka. Fonds 25, Ms. 1113, Ak-
    te 38, Nr. 1.

49 Zit. n. Müller (wie Anm. 10), Bd. II, S. 53. Zu Dumpfs Rolle in der Geschichte des
    Lenz-Nachlasses vgl Heidrun Markert: „Wenn zwei sich streiten…". Ein Brief zum
    Problem um den Lenz-Nachlaß: Lenz an Kraukling zur Mitteilung an Tieck. In:
    Z. f. Germ. 2/2000, S. 369–378.

50 Wie Anm. 10.

51 Rezension des Neuen Menoza von dem Verfasser selbst aufgesetzt (1775). In: WuB
    (wie Anm. 2), II, 701. Aus der ‚halben Authentizität eines Geschichtschreibers' dreht
    Volker Demuth für Lenz den starken Strick einer Geschichtsphilosophie, anstatt die
    Wirklichkeitsspuren in seinen Texten aufzuweisen. Vgl. ders.: Realität als Geschichte.
    Biographie, Historie und Dichtung bei J. M. R. Lenz, Würzburg 1994.

ger und Rehaar als Feigling charakterisiert oder karikiert werden, so emp-
fiehlt es schon die Lebensklugheit – ganz abgesehen von dem Risiko, als
Pasquillant rechtlich belangt zu werden –, lebende von den gedichteten
Personen durch Umbenennung zu trennen. Das ist nun aber bei Fritz v.
Berg und seiner Familie nicht geschehen. Gewiß, Fritz ist die einzige
Figur in diesem Stück, die moralisch nicht relativiert wird. Aber mit sei-
nen Familienangehörigen steht es schlechter.

Der Geheimrat v. Berg artikuliert die Ideologie des Stücks: Öffentliche Schulen sind gut, Hofmeister sind vom Übel. Dementsprechend
schickt er seinen Sohn Fritz in eine städtische Schule. Aber als er seinen
Sohn und seine Nichte Gustchen bei einer heimlichen Verlobung er-
tappt, läßt er seinen Sohn ein ganzes Jahr in dieser Schule aus eigener
Machtvollkommenheit nachsitzen und unterbindet jeden Kontakt zwischen den Liebenden,[52] so radikal, wie er selber den Kontakt zu seinem
Sohn einstellen wird. Der Geheimrat kritisiert, genauer, er verhöhnt
seinen Bruder, Major v. Berg, der weder von Erziehung noch Unterricht
etwas versteht, ebenso den Hofmeister und dessen Vater, die davon
profitieren. Die Frau des Majors verhöhnt ihren Mann; die Beziehung zu
den Kindern – der Vater verzieht die Tochter und schikaniert den Sohn,
die Mutter umgekehrt – enthüllt vollends einen chaotischen Adelshaus-
halt. Auf der Ebene der Ideologie ist die Familie v. Berg somit aufgespal-
ten in einen Teil, der höhnt, und in einen Teil, der verhöhnt wird. Auf
der Ebene des Geschehens ist aber die ganze Familie von dem Skandal
betroffen, daß eine Tochter sich mit dem Hofmeister eingelassen hat
und aus dem Haus läuft, in die Nachstellungen aller nur denkbaren
Männer hinein. „Es ist ein Gericht Gottes über gewisse Familien", sagt
der Geheime Rat (III/3), „bei einigen sind gewisse Krankheiten erblich,
bei andern arten die Kinder aus, die Väter mögen tun, was sie wollen.
[…] vielleicht habe ich diesen Abend durch die Ausschweifungen meiner
Jugend verdient." Das ist schon eine veritable Familienschelte und eine
sexualmoralische Selbstbezichtigung obendrein. Der cholerisch-
melancholische Bruder will in seiner Verzweiflung vollends aus der Familie aussteigen und zur griechisch-orthodoxen Religion konvertieren:
„Lächerlich! Es gibt keine Familie; wir haben keine Familie. Narrenspos-
sen! Die Russen sind meine Familie: ich will griechisch werden." (VI/1).

---

52 Der Briefkontakt wäre erforderlich, um den Geschlechtstrieb zur empfindsamen
   Liebe zu sublimieren und dadurch Gustchen vor der Verführung zu schützen. Zu die-
   sem Lenzschen Zentralthema vgl. zuletzt Heinrich Bosse, Johannes Friedrich Leh-
   mann: Sublimierung bei J. M. R. Lenz. In: Chr. Begemann, D. E. Wellbery (Hrsg.):
   Kunst – Zeugung – Geburt. Theorien und Metaphern ästhetischer Produktion in der
   Neuzeit, Freiburg i. Br. 2002, S. 177–201.

Eine Äußerung wie diese weist nach Livland, auch wenn der Schauplatz des Stückes in Ostpreußen – und in deutschen Universitätsstädten
– liegt. Die „in Livland vorgefallene scandalöse Begebenheit" ließ sich
nicht exportieren und sollte es wohl auch gar nicht. „Im Vertrauen ent-
decke ich Ihnen", schrieb 1815 der Propst Heinrich Ernst Schroeder an
Georg Friedrich Dumpf, „daß seine nächste Verwandte es missbilligten,
daß Er zum Inhalte seines *Hofmeisters* einen traurigen Vorfall in einer der
angesehensten Familien Lieflands gewählt, und einen vornehmen Gönner so lächerlich darin vorgestellt hatte."[53] Es wäre nun natürlich denkbar, daß sich der ‚traurige Vorfall' in einer anderen Familie als der Familie v. Berg ereignet hätte; dann bliebe zu erklären, wieso Lenz gerade
diesen Namen gewählt hat. In seiner *Abgezwungenen Selbstvertheidigung gegen
eine mir angeheftete Leidenschaft* aus der späten Moskauer Zeit, nach 1790,
gibt er eine informationspolitische Erklärung:

> Ich hatte soll ich sagen die Unvorsichtigkeit gehabt in eine Farse die mit Vorsatz
> übertrieben war, um die rauen Sitten auf den hohen Schulen zu rügen und sanfter zu
> machen, mit eben der Absicht <u>Namen</u> die in ganz Liefland Russland und Deutschland
> in den Zeitungen rühmlichst bekannt sind, mit allem <u>Fleis eingeführt</u> nicht, wie man
> leicht merkt<u>, diesen Namen zu nahe zu treten,</u> sondern durch ihre <u>Authorität die wil-
> den Sitten</u> auch auf <u>entfernten Academieen zurückzuhalten</u> damit wir artige und ge-
> schickte Ausländer ins Reich bekämen, keine Raufbolde noch Läuffer.[54]

Das heißt aber, es geht wirklich um die angesehene Familie v. Berg in
Livland. Entweder hat Lenz ihren Familienskandal publiziert, oder, noch
schlimmer, er hat ihr den Skandal einer anderen Familie angehängt.

Aus der zahlreich und weit verbreiteten Adelsfamilie v. Berg ist ein
spezieller Stammvater herauszuheben, der Besitzer von Erlaa/Erģli,
Gotthard Wilhelm v. Berg (1682–1756), 9 Jahre lang der oberste Repräsentant (Landmarschall) der livländischen Ritterschaft.[55] Außer 7 Kin-

---

53 Briefwechsel G. F. Dumpf – K. Petersen in Latvijas Akadēmiskā Bibliotēka: Fonds
    25, Ms. 1113, Akte 34, Nr. 8. Schroeder (1736–1820) war aus Wernigerode 1762 nach
    Livland gekommen und lebte seit 1808 als Emeritus in Dorpat, wo Friedrich David
    Lenz (1745–1809) seit 1779 Oberpastor der deutschen Gemeinde an St. Johannis war.
54 Christoph Weiß: „Abgezwungene Selbstvertheidigung". Ein bislang unveröffentlich-
    ter Text von J. M. R. Lenz aus seinem letzten Lebensjahr. In: Lenz-Jahrbuch. Sturm-
    und-Drang-Studien 2 (1992), S. 28.
55 Die genealogischen Angaben nach Otto Magnus v. Stackelberg: Genealogisches
    Handbuch der baltischen Ritterschaften. Bd. I Estland (Genealogisches Handbuch
    der estländischen Ritterschaft), Görlitz o. J., bes. S. 659 f., sowie nach den hand-
    schriftlichen Aufzeichnungen von August Buchholtz in seinen Materialien zur Perso-
    nenkunde der Ostseeprovinzen, Latvijas Akadēmiskā Bibliotēka: Fonds 25, Bd. IV,
    S. 499ff., und den Nachrichten über die verschiedenen Familien von Berg, im Histori-
    schen Staatsarchiv Lettlands: Best. 4038, Verz. 2, Akte 2326.

dern, die früh starben, erwuchsen ihm 6 Töchter und 5 Söhne. Gotthard Ernst (1714–1766), Major und Erbherr auf Kortenhof/Beļava begründet die Linie der Grafen Berg (Sagnitz). Berend Friedrich (1716–1738) starb als Adjutant. Magnus Johann (1719–1784) wurde General in der russischen Armee; während des Siebenjährigen Krieges nahm er den ältesten Sohn des Pastors Lenz mit sich in das russisch besetzte Ostpreußen und finanzierte dort auch, der Überlieferung zufolge, seine akademische Ausbildung.[56] Verheiratet war er seit 1754 mit Eleonora Freiin v. Münnich, die als Taufpatin 1760 ihren Namen an Anna Eleonora Lenz weitergab.[57] Karl Gustav (1724–1808) wurde 1766 Vizepräsident des livländischen Hofgerichts und erwarb ab 1783 höhere Ratstitel. Friedrich Reinhold (1736–1809) erbte Erlaa, war ab 1772 Landrat, später Staatsrat (1784) und Hofgerichtspräsident (1797); als Freund und Briefpartner Winckelmanns ist er auch über Livland hinaus bekannt geworden.[58] Unter den Töchtern gab es Zwillinge: Eva Helene (geb. 1717), später verheiratet mit dem Kapitän Johann v. Meiners, das ist die eine Taufpatin von Jakob Lenz; und Anna Elisabeth (geb. 1717), deren Lebensspur sich im Dunkel widersprüchlicher Angaben verliert.[59] Die älteste Tochter Anna Katharina (geb. 1714) heiratete Friedrich Johann v. Tiesenhausen, der die Domäne Gravendahl/Kraukļi im Kirchspiel Seßwegen bewirtschaftete; sie ist die andere Taufpatin von Jakob Lenz.

Eine mächtige Familie, in jeder Hinsicht, der Jakob Lenz und die Seinen vielfach verpflichtet waren. Es ist zwecklos, hier nach einer Kombi-

---

56 Gadebusch, Livl. Bibliothek (wie Anm. 31), Bd. II, S. 172: „Der älteste Sohn, Friederich David, den Se. Excellenz der Herr General und Ritter von Berg am 7teh May 1760 von hier nach Königsberg mit sich nahm, studierte dort so wohl in der Friederichschule als auch auf der Universität". Vgl. a. Johann Friedrich v. Recke, Karl Eduard Napiersky: Allgemeines Schriftsteller- und Gelehrten-Lexikon der Provinzen Livland, Ehstland und Kurland (Mitau 1827 ff.), Reprint Berlin 1966, Bd. III, S. 43. Friedrich David Lenz verbrachte zwei Jahre auf dem Collegium Fridericianum, zwei weitere Jahre (1762–1764) an der Universität.

57 Kirchenbuch St. Johannis. Estnisches Historisches Staatsarchiv: ERAK Best. 1253, Verz. 3, Akte 2, S. 277. Die Zahl der Taufpaten ist inzwischen auf 30 gestiegen.

58 Nachdem er in Leipzig und Straßburg studiert hatte, lernte er auf seiner Bildungsreise in Rom Winckelmann kennen, der ihm seine „Abhandlung von der Fähigkeit der Empfindung des Schönen" (1763) widmete. Sieben Briefe edierte bereits Johann Friedrich Voigt: Johann Winckelmanns Briefe an einen Freund in Liefland. Mit einem Anhang, Coburg 1784. Vgl. Johann Joachim Winckelmann: Briefe aus Rom, hrsg. v. M. Disselkamp, Mainz 1997.

59 Das Todesdatum fehlt bei den Töchtern. Es ist unklar, ob Anna Elisabeth überhaupt je verheiratet war. Nach Stackelberg (wie Anm. 53) hätte sie 1760 – also sehr spät – Karl Reinhold v. Kannefehr geheiratet; nach Buchholtz war jedoch Karl Reinhold v. Kannefer (1728–1773) 11 Jahre jünger, mit einer anderen Frau (Margarethe v. Wilcken) verheiratet und der Letzte seines Geschlechts.

nation Major – Geheimrat zu suchen, zumal es geradezu die Regel war, daß adlige Erben in Livland frühzeitig, über das Kadettenkorps, einen militärischen Rang zu erreichen suchten, mit dem sie sich dann auf ihre Güter zurückziehen konnten. Dagegen wäre es sinnvoll, eine Hypothese zum Vorbild für Gustchen zu gewinnen. Hat der Skandal die Familie v. Berg betroffen, und dafür sprechen die widersprüchlichen Einträge über Anna Elisabeth, so hat Lenz die Familie nicht verleumdet, sondern bloß unnachsichtig beim Namen genannt. Warum? Ich möchte eine mehrdimensionale Antwort versuchen: in bezug auf seinen Vater, auf Livland und auf sein poetisches Selbstverständnis.

Was die persönlichen Beziehungen angeht, so kann man die Namensnennung als indirekten Racheakt verstehen. Lenz rächt sich für eine Kränkung durch seinen Vater an seinem Vater mit *name-dropping*, indem er die ganze Familiengruppe von dessen hohen Gönnern bloßstellt. Hier greifen die beiden Königsberger Rätsel ineinander. Kränkend wäre die vom Vater herbeigeführte oder verschuldete finanzielle Notlage – heimgezahlt wird sie ihm mit einem Text, der ihn in die Verlegenheit bringt, sich für seinen Sohn schämen zu müssen. Die Vergeltung ist zweischneidig, denn sie verwehrt ihrem Urheber den Rückweg nach Livland und setzt damit ganz wörtlich einen *point of no return*.

Mit der Namensnennung markiert Lenz zugleich ein Verhältnis zu Livland. Dort, wo er für einen zweiten Klopstock gehalten wurde und wo er von den offenherzigen Kunstrichtern eines Schlechteren belehrt wurde, genau dort soll man nicht umhin können, ihn als Dichter wahrzunehmen. Er demonstriert, möchte ich sagen, seine poetische Potenz, die ihm nach den *Landplagen* abgesprochen worden war, und er demonstriert sie auf aggressive Weise. Den Rücken stärkt ihm dabei eine klassische Textgattung, die Satire. Sie inspiriert sich aus der Entrüstung oder Indignation,[60] weshalb Lenz auch später Juvenal anruft, wenn er den Satiriker preist: „[...] so schwingt er die Geißel mutig und ohne zu schonen, ohne Rücksichten, ohne Ausbeugungen, ohne Scharrfüße und Komplimente grad zu wie Juvenal, je größer, je würdigerer Gegenstand zur Satire, wenn du ein Schurke bist –".[61] Juvenal, das heißt: die Mißstände beim Namen nennen. Nein, anders als sein Hofmeister Läuffer macht Lenz keine freundlichen Scharrfüße, wenn er die Herren v. Berg antrifft: er *will* sie treffen.

Versteht man die Namensnennung schließlich überhaupt als satirischen Angriff, der ja notwendig „ein Objekt haben muß: Wirklichkeits-

---

60 Juvenal Sat. 1, 79: si natura negat, facit indignatio versum.
61 Stimmen des Laien auf dem letzten theologischen Reichstag im Jahr 1773 (1775). In: WuB (wie Anm. 2), II, 581.

bezug und Aktualität sind deshalb mitgesetzt",[62] so zeigt sie an, daß Lenz sich im Feld der Schönen Wissenschaften neu orientiert. Was er in seinen fünf Königsberger Semestern vor allem macht, ist eine unerhört konzentrierte Selbstausbildung zum Dichter. Quantitativ in der Leseliste: Shakespeare, Milton, Pope, James Thomson, Matthew Prior und andere aus dem Englischen, Dante und Petrarca aus dem Italienischen, deutsche Autoren wie Lessing, Gerstenberg und Uz, ganz abgesehen von den antiken Klassikern.[63] Qualitativ in einer literarischen Neuorientierung. In dieser poetologischen Dimension geht es darum, satirisch zu schreiben, ohne die älteren Quellen vertrocknen zu lassen.

Lenzens erste Inspiration ist religiöser Natur. Klopstock hat die heilige Poesie in seinem Vorwort zum ersten Band des *Messias* (1755) nicht nur inhaltlich charakterisiert, sondern auch durch ihre Intensität. Der religiöse Poet „muß uns über unsre kurzsichtige Art zu denken erheben, und uns dem Strome entreißen, mit dem wir fortgezogen werden. Er muß uns mächtig daran erinnern, daß wir unsterblich sind, und auch schon in diesem Leben, viel glückseliger sein könnten."[64] In seinem *Versöhnungstod Jesu Christi* (1766), wohl auch in dem verlorenen Drama *Dina* und schließlich in den *Landplagen* (1769) hat Lenz versucht, dem Folge zu leisten. Schon im Nachwort zu den *Landplagen* allerdings zieht er sich aus der Klopstock-Nachfolge heraus; anstatt die Seele des Lesers zur Andacht zu erheben, will er auch damit zufrieden sein, „wenn man sein ganzes Gedicht für nichts als eine Rhapsodie halten, und dasselbe etwa mit den Empfindungen lesen wollte, mit denen man eine groteske hetrurische Figur betrachten würde".[65] Also staunen lassen über zusammengeflickte Verse oder eine phantastische Wandmalerei, indes der Dichter hinter dem Bescheidenheitstopos ausweicht.

Die andere Inspiration ist realistischer Natur. Diderot zufolge braucht sich der Dichter keine Sorgen zu machen, wie er zu neuen Wahrheiten, Ideen und Situationen kommt – es ist die sich wandelnde Wirklichkeit selber, die ihn herausfordernd mit Neuem konfrontiert, mit neuen Berufen, neuen menschlichen Beziehungen, neuen sozialen *status*.

---

62 Brummack (wie Anm. 38), S. 333.

63 Vgl. Hans-Gerd Winter: J. M. R. Lenz, Stuttgart 1987, S. 30 ff.; ergänzend die Hinweise in Jakob Michael Reinhold Lenz: Belinde und der Tod. Carrikatur ein [sic] Prosepopee, Druck des Erasmushauses Basel 1988.

64 Von der heiligen Poesie (1755). In: Friedrich Gottlieb Klopstock: Ausgewählte Werke, hrsg. v. K. A. Schleiden, Darmstadt 1969, S. 1001.

65 WuB (wie Anm. 2), III, 779. Zum Begriff der Rhapsodie vgl. Walter Salmen: Geschichte der Rhapsodie, Freiburg i. Br. 1966, bes. S. 3 ff.; zum Insistieren auf dem religiösen Auftrag des Dichters vgl. jedoch den Beitrag von Johannes F. Lehmann in diesem Band.

> Bedenken Sie, daß täglich neue Stände entstehen. Bedenken Sie, daß uns vielleicht nichts unbekannter ist als die Stände, und daß nichts stärker interessieren sollte als sie. Jeder hat seinen gewissen Stand in der bürgerlichen Gesellschaft, jeder hat mit Menschen aus allerlei Ständen zu tun.
>
> Die Stände! Wie viel wichtige Ausführungen, wie viel öffentliche und häusliche Verrichtungen, wie weil unbekannte Wahrheiten, wie viel neue Situationen sind aus dieser Quelle zu schöpfen.[66]

So macht die *tragédie domestique* oder das Gemälde der Unglücksfälle, die uns umgeben, ein wahrhaft kreatives Angebot. Lenz hat es bereits im *Verwundeten Bräutigam* (1766) genutzt, um zu rühren, nicht aber um zu skandalisieren. Alles, was Anstoß erregen könnte – wie der Diener geprügelt wird, wie der Herr erstochen werden sollte – wird so gedämpft wie möglich vorgestellt. Auch im *Hofmeister* hat Lenz eine Gefahr gewählt, vor der man zittern muß, weil sie Anverwandte oder Freunde treffen könnte, und die die Familie seiner Taufpaten höchstwahrscheinlich wirklich getroffen hat. Nun aber nicht mehr als rührende Begebenheit, sondern als Mißstand. Genauer: sowohl als rührende Begebenheit wie als Mißstand.

Die neue Inspiration in Königsberg ist die Satire. Alexander Pope (1688–1744) stellt in dem Vorwort zu seinen Satiren, der *Epistle to Dr. Arbuthnot* (1735), einer in 400 Zeilen zusammengedrängten Selbstbiographie, den Satiriker als unerschrockenen Kämpfer für die Tugend vor, der weder schmeichelt noch lügt, sondern alle drohenden Gefahren, namentlich die der Vereinsamung, männlich besteht. Er ist notwendig ein Affront für die Herrschenden wie die Beherrschten, weil er ohne Ansehen der Person moralische Kritik übt:

> A. But why insult the poor, affront the great?
> P. A knave's a knave to me, in every state[67]

Lenz hat sich mit Pope intensiv auseinandergesetzt. Seine *Belinde und der Tod* variiert *The Rape of the Lock* (1714), eine Übersetzung von Popes *Essay on Criticism* (1711) in Alexandrinern, bot er 1771 in Berlin dem

---

66 Theater des Herrn Diderot (wie Anm. 45), S. 159. Man hat, was die Diderot-Rezeption betrifft, das Augenmerk zu sehr auf den *Mainstream*, bürgerliches Rührstück und die Familiengemälde, gerichtet und darüber das radikale Rinnsal aus dem Blick verloren, das über Lenz, Mercier, Goethe und Wagner die realistische Literatur begründet hat.

67 Alexander Pope: Collected Works, hrsg. v. B. Dobrée, London 1924, S. 262 f. Als Katholik in England war Pope rechtlich benachteiligt; durch seine geistreichen, aber aggressiven Veröffentlichungen schaffte er sich darüber hinaus zahlreiche Feinde.

Verleger Friedrich Nicolai an.[68] Wenn 1769 das Gerücht geht, er wolle „sich bald zur kritischen oder antikritischen Parthey schlagen", so könnte das zwar allein die Pope-Übersetzung betreffen, doch Pope ist es ja gerade, der einen alten Typ des Schriftstellers reaktiviert – den ganz allein auf sich gestellten Kritiker, sei es der Literatur, sei es der Verhältnisse. Diese neue Inspiration, denke ich, erlaubt es Lenz, Momente seiner früheren Leitbilder zu bewahren und weiterzuentwickeln. Er wird weiterhin nach maximaler Intensität der Wirkung streben, er wird reale Verhältnisse darstellen, die betroffen machen, und er wird sie energisch kritisieren.

Dabei stößt er in Königsberg auf ein Akademikerproblem, die Bruchzone zwischen Studium und Beruf. Das Thema des Hofmeistertums war Lenz aus Livland vertraut. Sein Vater hatte selbst zwei Jahre lang als Hofmeister unterrichtet und ließ seinerseits für seine Kinder 1756 einen Hauslehrer aus Halle nach Seßwegen kommen.[69] In Dorpat freilich besuchten seine Söhne die städtische Schule, und das ist bezeichnend für livländische Verhältnisse. In den Städten gab es kaum Hofmeister, gebraucht wurden sie für die deutsche Oberschicht auf dem Lande, den Adel und die Geistlichen. Was man einem Lehrer für den Unterricht *aller* Kinder gab, hätte man allein für einen *einzigen* Sohn aufwenden müssen, um ihn standesgemäß in der Stadt unterzubringen und zur Schule zu schicken.[70] In seinem *Hofmeister* vernachlässigt Lenz den großen Unterschied von Stadt und Land, er setzt einfach Königsberger Verhältnisse voraus. Königsberg, eine der wenigen deutschen Städte mit mehr als 50.000 Einwohnern, war zugleich Sitz der Provinzialregierung, ein belebtes Handelszentrum und Universitätsstadt. Die Zahl der Theologiestudenten betrug im Sommersemester 1770 insgesamt 174, darunter

---

68 Friedrich Nicolai: Berichtigung einer Anekdote den Dichter J. M. R. Lenz betreffend (Berlinisches Archiv der Zeit und ihres Geschmacks 2/1796). In: Müller (wie Anm. 10), Bd. I, S. 358 f.

69 Vgl. Indrek Jürjo, Heinrich Bosse: Hofmeister gesucht. Neun Briefe von Christian David Lenz an Gotthilf August Francke. In: Lenz-Jahrbuch 8/9 (1998/1999), S. 7-49.

70 Nach August Wilhelm Hupel: Topographische Nachrichten von Lief- und Ehstland, Bd. II, Riga 1777, S. 36 f. kostete ein Pensions- und Schulverhältnis in der Stadt mindestens 150 bis 200 Rubel, das war damals auch die obere Zone für Hofmeistergehälter. Vgl. Bosse (wie Anm. 13), S. 72 ff.

20 auswärtige (11 Schlesier und Pommern).[71] Etwa die gleiche Anzahl
dürfte Jura studiert haben, Medizin dagegen kaum mehr als 10.[72]

Nun hatte man in Königsberg den Verfall der Stadtschulen zu bekla-
gen, wofür Friedrich Samuel Bock (1716–1786), Konsistorialrat und
Professor der griechischen Literatur, vor allem das Beispiel der Vornehmen und Reichen verantwortlich macht. Da sie ihre Kinder nicht in die
Schulen schicken, „glaubet der gemeine Mann Ursach zu haben, in die
öffentlichen Schulen ein Mißtrauen zu setzen, und, wenn er das Vermögen dazu hat, für seine Kinder einen Privatlehrer anzunehmen, welcher
Uebelstand so sehr sich ausgebreitet hat, daß auch schon viele Fuhrleute,
Handwerker, Bierschenker und Leute von der niedrigsten Ordnung ihre
Kinder den öffentlichen Schulen entziehen."[73] Bock führt das traditionelle Thema, die Konkurrenz von Schulunterricht und Hausunterricht in
der gesamten Frühen Neuzeit, mit allen Gründen und Gegengründen
durch, wendet es aber auch konkret auf Königsberg an. Er fragt dabei
nach der Motivation der Jungakademiker, wenn sie lieber in Haushalten
als in Schulen unterrichten wollen, und siehe, es ist – ganz wie in Lenz'
Stück – der Wunsch, nicht kontrolliert zu werden:

> Die vielen Privatunterrichte in unserer Hauptstadt tragen dazu viel bey, daß es nicht
> allein Eltern auf dem Lande, und die von öffentlichen Schulen entfernet sind, sehr
> schwer wird, tüchtige Hauslehrer zu erhalten, da diese, sie mögen beschaffen seyn,
> wie sie wollen, in der Stadt ihr Unterkommen finden können; sondern daß auch ande-
> re grosse Schulanstalten unseres Orts an rechtschaffenen Lehrern öfters einen Mangel
> haben. Junge Leute, die daselbst unter Aufsicht und Zurechtweisung einiger erfahre-
> ner Vorgesetzten die Kinder unterrichten, und sich dadurch zu ihren künftigen Aem-
> tern bilden könnten, meiden solche Anstalten eben darum, weil man genau, sowohl
> auf ihren Unterricht, als auf ihren Wandel acht giebet, wenn sie gleich für ihre Arbeit
> gut bezahlet werden. Sie lassen sich lieber gefallen, etwas wenigeres von Handwerkern

---

71 Bericht der Universität vom August 1770. Geheimes Staatsarchiv Berlin: GstA PK,
    XX. HA StA Königsberg, EM 139 b Nr. 25 Bd. 5, Bl. 42; zu den Studentenzahlen im
    18. Jahrhundert, speziell zu denen aus Liv-, Est- und Kurland vgl. Heinz Ischreyt: Ma-
    terial zur Charakteristik des kulturellen Einzugsgebiets von Königsberg i. Pr. In der
    zweiten Hälfte des 18. Jahrhunderts. In: Ders. (Hrsg.): Zentren der Aufklärung II.
    Königsberg und Riga, Tübingen 1995, S. 29–49.
72 Goldbeck (wie Anm. 8), S. 263, berichtet, in den Jahren 1765–1768 habe es nur 7 bis
    10 Medizinstudenten gegeben.
73 Friedrich Samuel Bock: Von öffentlichen Schulen. In: Der Preußische Sammler, Bd. I
    (19. Stück v. 13. 5. 1773), Königsberg 1774, S. 294. Über das deutsche, vor allem aber
    das lateinische Schulwesen in Königsberg um 1780 unterrichtet eingehend, und ohne
    irgendwelche Verfallserscheinungen zu bemerken: Goldbeck (wie Anm. 8), S. 160 bis
    256.

und einfältigen Leuten für die Hauslehre zu nehmen, weil sie allda weniger eingeschränkt sind, keinen Aufseher haben, und niemand sie meistern kann noch darf.[74]

Auch wenn Lenz Bocks Aufsatz nicht zur Kenntnis genommen hat –
Bocks Ansichten kursierten an der Universität, denn er hielt schon seit
der Jahrhundertmitte pädagogische Vorlesungen. Im Sommersemester
1769 und im Wintersemester 1769/70 gab er privat ein *Collegium Paedeuti-
co-scholasticum, seu Manuductionem ad instituendam iuventutem*.[75] So hatten sich
nicht nur die städtischen Bürger, sondern auch die akademischen Bürger
mit den Fragen des Hausunterrichts zu beschäftigen, und das wahrhaft
notgedrungen. Als 1770 die theologische Fakultät aufgefordert wurde,
mehr Privatvorlesungen anzubieten, lehnte sie das, unter anderem, mit
der Begründung ab: „Die mehresten derer, die allhier *Theologie* studiren,
sind ihrer Dürftigkeit wegen genöthiget, ihren Unterhalt durch *informi*ren
zu erwerben, dahero sie auch, weil sie darauf verschiedene Stunden des
Tages verwenden, desto weniger *Collegia privata* zu hören im Stande sind:
deren zu geschweigen, die nur eilen auf dem Lande *Conditiones* anzunehmen."[76] Eine *Condition* auf dem Lande oder in der Stadt: das sind einmal
jene praxisbezogenen Ausbildungsjahre, wie sie alle Assistenten, Volon-
täre, Referendare und Praktikanten kennen; zum anderen sind es auch
die ersten Schritte auf einen Stellenmarkt, wo man eben, wie Pastor
Läuffer im *Hofmeister* sagt, eine Warte haben muß, „auf der man sich
nach einem öffentlichen Amt umsehen kann, wenn man von Universitä-

74 Ebenda, S. 300. Was für Bock der Standesunterschied, ist in Lenz' Stück der Bil-
   dungsstand: Ein Hausvater, der kein Latein kann (wie der Major v. Berg), kann auch
   keinen Hofmeister kontrollieren, der ebenfalls kein Latein kann.
75 Vorlesungsverzeichnisse der Universität Königsberg (1720–1804), hrsg. v. M. Ober-
   hausen, R. Pozzo, Stuttgart-Bad Cannstatt 1999, S. 299, 302. In seinem Lehrbuch, das
   später sogar Kant zur Grundlage seiner pädagogischen Vorlesungen diente, stellt sich
   Bock als Fachmann vor. Friedrich Samuel Bock: Lehrbuch der Erziehungskunst, zum
   Gebrauch für christliche Eltern und künftige Jugendlehrer, Königsberg u. Leipzig
   1780, Vorrede: „Nachdem ich in der ersten Hälfte meines Lebens, bey einer vieljähri-
   gen Unterweisung kleiner Kinder und erwachsener Knaben, manche nützliche Erfahrung gesammelt: so habe seit dreyßig Jahren zu verschiedenen malen, der auf der hie-
   sigen Akademie studirenden Jugend pädagogische Vorlesungen gehalten. In
   denselben habe mich bemühet, unter meinen Zuhörern tüchtige Haußlehrer und
   künftige Schulmänner vorzubereiten."
76 Berichte der Universität vom August 1770 im Geheimen Staatsarchiv Berlin: GstA
   PK, XX. HA StA Königsberg, EM 139 b Nr. 25 Bd. 5 Bl. 40 v. Noch am Ende des
   Jahrhunderts heißt es bei (Johann Gottfried Hofmann:) Ueber das Hofmeisterwesen
   in Preussen. In: Annalen des Königreichs Preußen, Königsberg 1792, 3. Quartal,
   S. 51: „Der größte Theil unsrer Studierenden hält das Hofmeisterleben für seine erste
   Bestimmung, und vielleicht ist häusliche Erziehung nirgends gemeiner als in Preussen
   und Kurland."

ten kommt" (II/1). Die Königsberger Fusion von Studenten- und Hof-
meistertum erstreckt sich bis in die Studentenszenen des *Hofmeisters*; und
diese legen es nahe, das Thema des Stücks anders zu bestimmen als bisher. Es handelt nicht so sehr von der Verstaatlichung des Schulwesens
als vielmehr von den Ausbildungsverhältnissen der Akademiker.

Man kann immer wieder lesen oder hören, Lenz habe sein Studium in
Königsberg abgebrochen. Das ist nicht der Fall. Wer Studienabbrecher
im 18. Jahrhundert findet, überträgt – wie schon Brecht in seiner *Hofmeister*-Bearbeitung – moderne Strukturen auf das vormoderne Bildungswe-
sen. Für dieses waren nicht Abgangsprüfungen, sondern Aufnahmeprü-
fungen charakteristisch. Gewiß, es gibt die akademischen Grade, den des
Magisters in der Philosophischen Fakultät, den des Doktors in den höheren Fakultäten. Aber wer nicht graduierte, und das waren die meisten,
meldete sich nach den üblichen zwei oder drei Studienjahren zu Hause
bei den örtlichen Behörden, als Theologe also beim Konsistorium, um
dort geprüft und in die Liste der *candidati ministerii* aufgenommen zu
werden. Die Königsberger Theologische Fakultät beschwert sich geradezu, daß sie bei jeder neuen Stellenbesetzung in Preußen, sei es in Kirche
oder Schule, ja auch nur bei Versetzungen von einer Stelle auf die andere, neue Zeugnisse ausstellen müsse, eine Arbeit, deren „sich keine einzige auswärtige *Theologische Facultaet* unterziehen, sondern nur blos den
abziehenden *Studiosis* überhaupt ein Zeugniß ihres Fleißes und Wohlver-
haltens ertheilen darf".[77] Auch fehlten Studienpläne, der Stoff wurde
semester-, allenfalls jahresweise vorgetragen und dann wiederholt. Erst
im Rahmen der Unterrichtsreform von 1770 werden Dreijahrespläne für
alle Studiengänge in Preußen entworfen und sogar jedem Studenten bei
der Immatrikulation in die Hand gedrückt, mit der Zielsetzung: „Der
HauptZweck muß allezeit seyn, der *Studiren*den Verstand und Beurthei-
lungs-Krafft zu bilden, und sie zum selbst dencken und selbst urtheilen
anzuführen."[78] Diesen Hauptzweck hat Lenz in Königsberg zweifellos

77 Wie Anm. 76, Bl. 41 v.
78 Reskript an die Preußische Regierung vom 26. Mai 1770. GstA PK, XX. HA StA
    Königsberg, EM 139 b Nr. 25 Bd. 5, Bl. 3 Die Unterrichtsreform von 1770 wird ge-
    streift in einigen Beiträgen des Sammelbandes: W. Stark, R. Brandt, W. Euler (Hrsg.):
    Studien zur Entwicklung preußischer Universitäten, Wiesbaden 1999, S. 39–41,
    S. 104–107, S. 224–227; ausführlich dazu Heinrich Bosse: Der geschärfte Befehl zum
    Selbstdenken. Ein Erlaß des Ministers v. Fürst an die preußischen Universitäten im
    Mai 1770. In: F. A. Kittler u. a. (Hrsg.): Diskursanalysen 2. Institution Universität,
    Opladen 1990, S. 31–62. Auch Kants berühmte „Beantwortung der Frage: Was ist
    Aufklärung?" (1784) gehört in diesen Zusammenhang, in dem sie sich freilich als
    mangelhaft erweist, denn Kant spart ausgerechnet den eigenen akademischen Unter-
    richt aus.

erreicht. Aber indem er, noch minderjährig, nicht nach Hause zurück-
kehrte, vergällte er seinem Vater und ersten Lehrer die Freude (nach
Herders treffender Formulierung), „der Vater und Bestimmer seiner
Kinder seyn zu können",[79] und bestimmte selber seinen Beruf.

---

79 Johann Gottfried Herder: Haben wir noch jetzt das Publikum und Vaterland der
Alten? (Riga 1765). In: Herders Sämmtliche Werke, hrsg. v. B. Suphan, Bd. I, Berlin
1877, S. 23 f.

Genie und Geld
Aspekte eines leidvollen Diskurses im Leben und Werk von J. M. R. Lenz

I. ‹Ein Poet von viel Lizenz›

Das Urteil der Zeitgenossen war schnell gefällt. In den Nachrufen würdigten sie zwar den „Flug seines Genie's" und sprachen von „schätzbaren Talenten". Doch die Einschränkungen waren unmittelbar damit verknüpft: In ihren Augen war er „unglücklich", „in der Mitte der schönsten Geisteslaufbahn" sei er aufgehalten und sein prometheischer „Flug" abgebrochen worden; die „Talente" seien ungenutzt geblieben, ziellos sei er umhergeirrt, „bald hier, bald dort" lebend, ohne „nützlichen Beruf", in „nutzloser Geschäftigkeit". Die Ursachen für die „unordentliche Richtung" des so erfolgversprechenden Lebensweges wurden in einer „Melancholie" ausgemacht, „die sich endlich aller seiner Sinne bemeistert habe", in einer „Gemüthskrankheit [...], die seine Kraft lähmte" oder schlechterdings mit dem Hinweis umschrieben wurde, daß er „den Verstand verlohr". Eine unordentliche Biographie also, eine gescheiterte Existenz, gemessen an den Maßstäben der bürgerlichen Gesellschaft, ein hoffnungsvolles künstlerisches Talent, das nicht zur Erfüllung gekommen war: Die Versatzstücke einer nachhaltig wirkenden Rezeption von Lenz lagen parat.[1]

Die Folie all dieser Beurteilungen bildete ein − freilich nicht näher ausgeführtes − normatives Bild der Position, Funktion und der Aufgaben eines Dichters und Gelehrten in der damaligen Gesellschaft. Lenz erfüllte diese noch ständisch gedachten Kriterien nicht. Weder hatte er einen akademischen Brotberuf wie Pastor, Pädagoge, Beamter oder Offizier,

---

1   Die Zitate entstammen folgenden Nachrufen: [Johann Michael Jerzcembski], in: Allgemeine Literatur-Zeitung (Jena, Leipzig), Intelligenzblatt Nr. 99, 18. 8. 1792, Sp. 820 f.; Friedrich Schlichtegroll: Nachruf auf Lenz, in: Nekrolog auf das Jahr 1792, Gotha 1794; Johann Georg Meusel: Lexikon der vom Jahr 1750 bis 1800 verstorbenen Teutschen Schriftsteller, Bd. 7, Leipzig 1808, S. 140, sowie [Christian August von Bertram:] Todesfall, in: Litteratur- und Theater-Zeitung, No. XXXIII, Berlin, den 12. 8. 1780, S. 528. Dieser Nachruf erschien zu Lebzeiten von Lenz.

noch ein adäquates Wirkungsfeld für seine Literatur. Dieser „fehlende
Nutzen" für die Gesellschaft korrespondierte mit seiner schwierigen
materiellen Situation. Lenz habe „gegen Mangel und Dürftigkeit" ge-
kämpft, von „Almosen" und „Wohlthaten" gelebt. Ein nützliches Glied
der Gesellschaft war Lenz demnach nicht. In den Augen der Zeitgenossen blieb er hinter dem Ideal des „edlen Menschen", der, wie er in Goethes Gedicht *Das Göttliche* „unermüdet" „das Nützliche, Rechte" schafft,
weit zurück.[2]

> Mein allerliebster Jakob [...] Wie lange wiltu so herum irren, und Dich in solche
> nichtswürdige Dinge vertiefen [...] denke nach, was will aus Dir werden?[3]

Lenz' Mutter benannte schon 1775 ihre Sorge um die Laufbahn des
Sohnes. In den Augen der Familie war zu diesem Zeitpunkt das Morato-
rium, das einem jungen Akademiker während des Studiums gleichsam als
verlängerte Adoleszenzphase zugestanden wurde, abgelaufen.[4] Lenz
geriet unter Legitimationsdruck, er mußte seine Nützlichkeit und die
seiner Literatur beweisen. „Mein Herz geht nicht müßig", hieß es im
Brief an den Bruder Johann Christian, dem er daraufhin seine erschienenen Schriften auflistet. Zuvor hatte Jakob die Familiengründung des
Bruders mit empfindsamen Worten gepriesen:

> Einziger aus meiner Familie der mich versteht. Der Himmel belohnt Dich dafür [...].
> Ich segne ihn, daß er Dich vorzüglichen Glücks würdigt da Du es vorzüglich ver-
> dienst. Kein wildes Zielen nach einem ungewissen Zweck, edles starkes Bestreben ei-
> nen kleinen glücklichen Zirkel um dich her zu machen und von ihm wiederbeglückt
> zu werden.[5]

Aber nicht nur die Vorstellungen eines geordneten Haus-Standes, vor
dessen Hintergrund Lenz als Aus-Häusiger, als ‚Herumirrender' erscheinen mußte, auch seine Unbeständigkeit und fehlende Geradlinigkeit
wurden aufgegriffen, selbst von den wohlwollenden Freunden:

---

2   Vgl. die Ausführungen zu den zeitgenössischen Vorstellungen von „Laufbahn" und
    „Karriere" bei Georg Stanitzek: Genie: Karriere/Lebenslauf. Zur Zeitsemantik des
    18. Jahrhunderts und zu J. M. R. Lenz. In: J. Fohrmann (Hrsg.): Lebensläufe um
    1800, Tübingen 1998, S. 241–255.
3   Dorothea Lenz an ihren Sohn Jakob, Sept. 1775. In: S. Damm (Hrsg.): Jakob Michael
    Reinhold Lenz: Werke und Briefe, drei Bde., Bd. 3, Leipzig 1987, S. 339 (fortan zi-
    tiert: WuB, III, 339).
4   Vgl. Heinrich Bosse: Berufsprobleme der Akademiker im Werk von J. M. R. Lenz. In:
    I. Stephan, H.-G. Winter (Hrsg.): „Unaufhörlich Lenz gelesen…". Studien zu Leben
    und Werk von J. M. R. Lenz, Stuttgart u. a. 1994, S. 38–51.
5   Lenz an seinen Bruder Johann Christian, 7. 11. 1774. In: WuB (wie Anm. 3), III,
    303 f.

Ein Männgen von hoher Intelligenz, / Weiß nicht ob von reichlicher Subsistenz, /
Ein gutes Schoßkindlein der Providenz; / Kein großer Freund zwar von Jurisprudenz,
/ Dafür ein Poet von vieler Lizenz

reimte Lavater 1777 in dem Scherzgedicht *Schinznacher Impromtü* auf
Lenz. Nicht zum ersten und nicht zum letzten Mal tauchen die Lenz
charakterisierenden Diminutive auf. Lavater führte den poetischen Spaß
auf der Tagung der Helvetischen Gesellschaft in Bad Schinznach weiter.
Aus seinem heiter vorgetragenen *Poeten von vieler Lizenz* kristallisierte sich
bei aller Lust am Spiel und am Auffinden von Reimworten ein ambiva-
lentes Urteil heraus: „Er selber macht weits und breits und Alfänz: / [...]
/ So bleibts auf ewig bei der Sentenz: / 'S ist alles verloren an Michael
Lenz".[6]

Viele der Freunde von Lenz sahen vor allem zwischen 1775 und 1777
die Notwendigkeit einer festen Anstellung. Lavater wünschte sich „fixe
Stelle und täglich Brod" für den „guten Jungen", Pfeffel „einen bleiben-
den Posten".[7] Der Wunsch entsprang nicht nur ökonomischen Gründen,
die berufliche Aufgabe sollte in den Augen der Freunde auch psychisch
stabilisierend wirken. Doch außer verschiedenen Interimsaufgaben fand
Lenz zeitlebens keine Anstellung. Als Genie-Dichter verweigerte er sich
lange Zeit diesem Ansinnen: „Eben jetzt [...] erfahre ich [...], daß Sie
Stabssekretär in Hannover werden", so an Boie Anfang Februar 1776,
„Mir wird dieses Glück sobald nicht werden, denn zu jedem öffentlichen
Amt bin ich durch meine Schwärmereien verdorben."[8] Drei Jahre später
bemühte er sich händeringend um das Rektorat der Domschule in Riga –
vergeblich. Herder verweigerte die Empfehlung: „Mit Lenzen ist nichts;
er taugt nicht zur Stelle, so lieb ich ihn habe."[9]

Wir werden geboren – unsere Eltern geben uns Brot und Kleid – unsere Lehrer drük-
ken in unser Hirn Worte, Sprachen, Wissenschaften [...] – es entsteht eine Lücke in
der Republik wo wir hineinpassen – unsere Freunde, Verwandte, Gönner setzen an
und stoßen uns glücklich hinein – wir drehen uns eine Zeitlang in diesem Platz herum
wie die andern Räder und stoßen und treiben – bis wir wenns noch so ordentlich geht

6   Ebenda, 814 f.
7   Johann Kaspar Lavater an Johann Gottfried Röderer, 29. 5. 1776. In: P. Müller
    (Hrsg.): Jakob Michael Reinhold Lenz im Urteil dreier Jahrhunderte. Texte der Rezep-
    tion von Werk und Persönlichkeit 18.–20. Jahrhundert, Teil I, Bern u. a. 1995, S. 219
    (fortan zitiert: Lenz im Urteil); Gottlieb Konrad Pfeffel an Jakob Sarasin, 24. 11. 1777.
    In: B. Dedner u. a. (Hrsg.): „Lenzens Verrückung". Chronik und Dokumente zu
    J. M. R. Lenz von Herbst 1777 bis Frühjahr 1778, Tübingen 1999, S. 89 (fortan zitiert:
    Lenzens Verrückung).
8   WuB (wie Anm. 3), III, 379 f.
9   Johann Gottfried Herder an Johann Friedrich Hartknoch, Dez. 1779. In: Lenz im
    Urteil (wie Anm. 7), S. 334.

> – abgestumpft sind und zuletzt wieder einem neuen Rade Platz machen müssen [...] – was bleibt nun der Mensch anders als eine vorzüglichkünstliche kleine Maschine, die in die große Maschine, die wir Welt, Weltbegebenheiten, Weltläufte nennen, besser oder schlimmer hineinpaßt.[10]

Diese Textstelle aus dem literarischen Essay *Über Götz von Berlichingen* kann als Beitrag zu Lenz' anthropologischen und moralphilosophischen Überlegungen ebenso gelesen werden wie als kritischer Aperçu über die Berufsfindung von jungen Akademikern im 18. Jahrhundert. Schrittweise verabschiedete sich Lenz von dem ihm vorgezeichneten Lebensweg. 1772 hieß es an seinen Mentor Salzmann noch:

> Der waltende Himmel mag wissen, in was für eine Form er mich zuletzt noch gießt und was für Münze er auf mich prägt. Der Mensch ist mit freien Händen und Füßen dennoch nur ein tändelndes Kind, wenn er von dem großen Werkmeister, der die Weltuhr in seiner Hand hat, nicht auf ein Plätzchen eingestellt wird, wo er ein paar Räder neben sich in Bewegung setzen kann.[11]

Vier Jahre später bat Lenz seinen Vater beschwichtigend und schmeichelnd um Akzeptanz für einen Weg, der die Konventionen verlassen hatte:

> Die Welt ist groß mein Vater, die Wirkungskreise verschieden. Alle Menschen können nicht einerlei Meinungen oder vielleicht nur einerlei Art sie auszudrücken haben. So unvollkommen das was man in jedem Fach der menschlichen Erkenntnis modern nennt, sein mag, so ist es [...], jungen Leuten doch notwendig, sich hinein zu schicken, wenn sie der Welt brauchbar werden wollen.[12]

Zu diesem Zeitpunkt wollte Lenz den Rahmen einer erfüllten Gelehrtenexistenz und gesicherten Hausvaterposition verlassen – zugunsten der sozialen Ortlosigkeit des freien Schriftsteller.: Ohne Erfolg, wie sich zeigen wird.

II. ‹angustam amice pauperiem pati›

> Ich habe nie ans Publikum etwas gefodert, ich weiß auch nicht, ob einige meiner Stücke, die hie und da bei meinen Freunden in Handschriften liegen, Verleger finden werden. Mögen meine Freunde damit machen was sie wollen, nur begegne man mir, der nie Vorteile bei seinen Autorschaften gesucht, noch erhalten hat, sondern ewig

---

10 WuB (wie Anm. 3), II, 637.
11 Lenz an Johann Daniel Salzmann, Mitte Sept. 1772. In: Ebenda, III, 272.
12 Lenz an seinen Vater, September 1776. In: Ebenda, III, 499 f.

das güldne *angustam amice pauperiem pati* studieren wird, nicht als einem Menschen, den man ums Brot beneidet.[13]

Lenz' Schicksal war nicht beneidenswert. „In Enge die Armut freudig zu ertragen" – wie das Horaz-Zitat über die Knaben im Militärdienst besagt, – dieses Motto traf auf ihn besonders hart zu. Obwohl er zwischen 1774 und 1777 eine beachtliche literarischen Produktivität aufweisen konnte, war sein Auskommen mehr als unsicher. Trotz der Anerkennung, die er mittlerweile im Literaturbetrieb fand, wurde seine ökonomische Situation immer haltloser.

> Mein Schicksal ist jetzt ein wenig hart. Ich gebe vom Morgen bis in die Nacht Informationen und habe Schulden. Alles was ich mit Schweiß erwerbe fällt in einen Brunnen, der fast keinen Boden mehr zu haben scheint. Mein Glück in meinem Vaterlande ist verdorben [...].[14]

Die kärgliche Existenz, die Lenz in Straßburg mit Unterrichten aufrecht zu erhalten suchte, wurde durch die unregelmäßigen Einnahmen aus den literarischen Veröffentlichungen nicht wesentlich aufgebessert. Einige Beispiele, die sich aus den Dokumenten zusammentragen lassen, offenbaren folgendes: Für den *Zerbin*, der 1776 in Boies *Deutschen Museum* erschien, erhielt Lenz sieben Dukaten. Für die *Soldaten* errechnete sich 1776 ein Erlös von 15 Dukaten. Den Bogen für zwei Dukaten – das ist ein durchschnittliches bis gutes Honorar –, so viel hatte der Freund erreichen können: Das ergab ganze 15 Dukaten für *Die Soldaten*. Für *Die Freunde machen den Philosophen* bekam Lenz 1776 sechs Dukaten von der Meyerschen Buchhandlung in Lemgo; also auch hier knapp zweieinhalb Dukaten für den Bogen. Schließlich sollte der befreundete Friedrich Wilhelm Gotter 1775 Lenz' Übersetzung der *Captivi* von Plautus an den Leiter der Theatergruppe Seyler für sieben Dukaten vermitteln.

Diese absoluten Zahlen sagen wenig aus. Da Umrechnungen in die heutige Währung bzw. Kaufkraft problematisch sind, lohnt ein Vergleich mit weiteren Zahlen, z. B. mit dem nicht besonders hohen Einkommen eines Hofmeisters. In der gleichnamigen Komödie von Lenz schwanken die Verhandlungen zwischen Läuffer und dem Landadeligen über die Höhe des „salarii" zwischen 140 und 300 Dukaten jährlich. Allein vor diesem Hintergrund nehmen sich die vorher genannten Honorarsummen bescheiden aus. Ein anderes Beispiel: Für den im Februar 1775 ausgeschriebenen Wettbewerb der Schauspieltruppe von Sophie Charlot-

---

13 Lenz: Rezension des Neuen Menoza von dem Verfasser selbst aufgesetzt. In: Ebenda, II, 704. Das lateinische Zitat stammt aus den Oden des Horaz, III. Buch, 2. Carmen.
14 Lenz an Gotter, 23. 10. 1775. In: WuB (wie Anm. 3), III, 347.

te Ackermann in Hamburg, der „gute und brauchbare" Originaldramen
befördern sollte, wurde die Preissumme von 100 Reichstalern ausge-
schrieben, das sind umgerechnet rund 35 Dukaten. Ein letztes Beispiel:
Das Jahresgehalt von Lessing als Wolfenbütteler Bibliothekar betrug in
den Jahren nach 1769 600 Reichstaler, das entspricht etwas über 200
Dukaten.

Das Fazit aus dieser beliebig fortzuführenden Liste kann schnell gezogen werden: Der Traum vom freien Schriftsteller, wie er von so man-
chem Literaten verfolgt wurde, war für einen Bühnen-, Prosa- und Ly-
rikautor wie Lenz nicht realisierbar. Zwar gehörte die enorme Steigerung
des Lesepublikums in der zweiten Hälfte des 18. Jahrhunderts zum
grundlegenden Wandel des Buchmarktes, doch der einzelne belletristi-
sche Autor konnte sich nur schwer behaupten angesichts einer sprung-
haft gestiegenen Titelzahl. Übrigens im Gegensatz zu den schreibenden
Gelehrten, denen der Buchmarkt noch für einige Zeit sehr gute Einkünfte versprach. Dies zeigt sich z. B. in Lenz' *Zerbin*, als Zerbin sich wegen
Marie entschließt, „Professor der ökonomischen Wissenschaften, neben
an des Naturrechts, des Völkerrechts, der Politik und der Moral" zu
werden und mit Erfolg „ein neues Kompendium der philosophischen
Moral" auf den Markt bringt.[15]

Doch noch einmal zurück zu den Zahlenbeispielen. Nicht nur ihr
Nennwert und die Relation zu zeitgenössischen Verdienst- und Ein-
kommensmöglichkeiten sind festzuhalten. Bemerkenswert ist, welche
Vorstellung von einer angemessenen Entlohnung schriftstellerischer
Arbeit sich damals herauskristallisierte. Im 18. Jahrhundert vollzog sich
ein grundlegender Funktions- und Bedeutungswandel des Autorenhonorars.[16] Schriftsteller und Gelehrte hatten bislang ausschließlich von ihrem
bürgerlichen Amt gelebt, von ihrer ständischen Position, die ihnen als
Haupterwerbsquelle diente; Geld für Texte hatten sie − wenn überhaupt
− lediglich in Form eines Ehrensolds, eines „honorarium", angenommen, das vom Verleger für Arbeit und Zeitaufwand bezahlt wurde, nicht
für das Ergebnis der geistigen Leistung.[17] Aufgrund des gesellschaftlichen und ökonomischen Wandels, nicht zuletzt aufgrund einer rasanten
Akademikerschwemme, kam dem Entgelt für Texte zunehmend die

---

15 Ebenda, II, 370 f.
16 Vgl. v. a. folgende Darstellungen: Herbert G. Göpfert: Zur Geschichte des Autoren-
    honorars. In: Ders.: Vom Autor zum Leser. Beiträge zur Geschichte des Buchwesens,
    München 1977, S. 155-164; Heinrich Bosse: Autorschaft ist Werkherrschaft. Über die
    Entstehung des Urheberrechts aus dem Geist der Goethezeit, Paderborn u. a. 1981;
    Harald Steiner: Das Autorenhonorar − seine Entwicklungsgeschichte vom 17. bis
    19. Jahrhundert, Wiesbaden 1998.
17 So explizit Göpfert (wie Anm. 16), S. 157.

Funktion eines wichtigen Nebenerwerbs zu. Die Beispiele sind vielfältig. Am bekanntesten sind die Einkünfte Klopstocks und die aufsehenerregenden Publikationsstrategien, mit denen er diese erlangte. Diese Einkünfte stellen in ihrer Größenordnung allerdings nur einen Zusatz zur finanziellen Lebensbasis dar, dem Stipendium oder monatlichen Unterhalt durch einen Fürsten.[18] Das Autorenhonorar als alleiniges Einkommen war selbst um 1800 noch keine ausreichende Basis für eine freie Schriftstellerexistenz.

Dieser Funktionswandel des Autorenhonorars in der zweiten Hälfte des 18. Jahrhunderts läßt sich bei Lenz sehr anschaulich demonstrieren. So schrieb er im Oktober 1775 aus Straßburg seinem Schriftstellerfreund und -kollegen Gotter in bezug auf die Vermittlung der Plautus-Übersetzungen an die Seylersche Theatergruppe: „Fragen Sie Herrn Seiler, ob er mir sechs sieben Dukaten dafür geben möchte, ich bin nie gewohnt gewesen, meine Sachen zu verkaufen, die höchste Not zwingt mich dazu."[19] Noch deutlicher wird Lenz' Ansicht, wenn er einen Monat später an Herder, der soeben *Die Soldaten* an den renommierten Leipziger Verleger Philipp Erasmus Reich vermittelt hatte, schrieb: „Was ich verlange? Nichts verlange ich, einen Dukaten zwei Dukaten was der Kerl geben will. Wär ich meiner kleinen Schulden erst frei, nähm ich durchaus auch gar kein Buchhändlerhonorarium, das mir jedem Schriftsteller äußerst schimpflich erscheint."[20] In beiden Briefstellen schwingt noch die Vorstellung mit, daß es unschicklich sei, als Autor ein Honorar zu fordern. Lenz machte sich von der Vorstellung eines „Ehrensoldes" frei, aber er glaubte, sich entschuldigen zu müssen, indem er auf seine ökonomische Zwangslage verwies.

Der Schriftsteller Lenz ist ein paradigmatischer Fall im grundlegenden Wandel, den der Buch- und Literaturmarkt erfährt. Er gehörte zu den Verlierern der „Inkubationszeit des freien Schriftstellers"[21] – im Gegensatz zu seinem literarischen „Bruder" Goethe. Nicht die Tatsache, daß Goethe aus eher vermögenden Kaufmannsverhältnissen stammte, von Studientagen an sein Auskommen hatte und mit dem Amtsantritt im Herzogtum Weimar ein regelmäßiges Gehalt bezog, mag als Vergleichspunkt dienen, sondern Goethes zielsicher sich entwickelndes Geschick

---

18 Vgl. Helmut Pape: Klopstocks Autorenhonorare und Selbstverlagsgewinne. In: AGB 10 (1970), Sp. 1-268. Pape bilanziert eine Gesamteinnahme aus den literarischen Veröffentlichungen zu Lebzeiten in Höhe von 9.880 Reichstaler, die einem Betrag vom etwa 47.550 Reichstalern aus Pensionen gegenüberstehen.

19 23. 10. 1775. In: WuB (wie Anm. 3), III, 348.

20 20. 11. 1775. In: Ebenda, 354.

21 Reinhard Wittmann: Geschichte des deutschen Buchhandels. 2., durchges. Aufl., München 1999, S. 156.

im Umgang mit den Verhältnissen auf dem sich verändernden Literaturmarkt. Goethe, der seinen *Götz von Berlichingen* 1773 noch im Selbst-
verlag veröffentlicht und wegen der damals sofort stattfindenden Nachdrucke Schulden hatte, entwickelte sich mit den Jahren zu einem
„ungemein geschickte[n] und außergewöhnlich einfallsreiche[n] Strate-
gen" bei der wirtschaftlichen Verwertung seiner Werke.[22]

III. ‹Wo ist Aufmunterung, wo ist Belohnung, wo ist Ziel?›

> Wie viel das was wir wahre Republick der Gelehrten nennen können in unserm Vater-
> lande bisher durch das verhaßte Schreiben um Brod habe verlieren müssen: wird einst
> unsern Nachkommen einen traurigen Stoff zur Gelehrtengeschichte unseres Jahrhun-
> derts geben. [23]

heißt es im ersten Teil der kleinen Schrift *Expositio ad hominem*, die in der
Lenz-Forschung nur gelegentlich beachtet wird. Nahezu gleichlautend
beginnt der „Programmentwurf einer Zeitschrift": „Halbgereifte Kenntnisse, ungenießbare Produkte der Kunst, unerträglich abgeschmackte
Rezensionen darüber machen endlich den Wunsch notwendig, unserm
lesenden Publikum eine neue Medizin zuzubereiten, die ihm alle diese
Unverdaulichkeiten wieder abführe und es in den Stand setze mit Auswahl und veredelndem Vergnügen zu lesen."[24] Die beiden kleinen Texte
skizzierten ein düsteres Bild des zeitgenössischen Buch- und Literaturmarktes. Doch mit dieser Einschätzung der Verhältnisse stand Lenz
nicht allein. Bücherschreiben als Gewerbe, das rasante Ansteigen der
jährlich erscheinenden belletristischen Titel, der Zustand der literarischen
Kritik und das Diktat des Publikumsgeschmacks, die Rolle des Verlegers
und die Rechte des Autors – diese Stichworte bestimmten die sehr heftig
geführten Diskussionen im Literaturbetrieb der Jahre 1760 bis 1790.
Lenz bewegte sich dabei in einem literarischen Feld, das durch eine breite Akademie-Bewegung gekennzeichnet war, und in der Klopstocks 1774
vorgelegtes Konzept einer „deutschen Gelehrtenrepublik" großes Inter-

22 Manfred Tietzel: Goethes Strategien bei der wirtschaftlichen Verwertung seiner
     Werke. In: Buchhandelsgeschichte 1/1999, S. 1–18.
23 Lenzens zwei Blatt umfassende „Expositio ad hominem" wird zitiert nach der „Hi-
     storisch-kritischen Edition" von Wolfgang Albrecht und Ulrich Kaufmann. In:
     U. Kaufmann u. a. (Hrsg.): „Ich aber werde dunkel sein". Ein Buch zur Ausstellung
     Jakob Michael Reinhold Lenz, Jena 1996, S. 78–91; Zitat S. 82 f.
24 Programmentwurf einer Zeitschrift. In: Jakob Michael Reinhold Lenz: Gesammelte
     Schriften, 4. Bd., hrsg. v. F. Blei, München, Leipzig 1910, S. 264–266, hier S. 265.

esse fand. Darüber hinaus wandelte sich die Beziehung zwischen Autor und Verleger, als sich die Vorstellungen von einem „Eigentumsrecht an Geisteswerken" (Rudolf Zacharias Becker, 1789) durchzusetzen begann und mehrere Modelle eines Selbstverlags, z. B. das der Dessauer *Buchhandlung der Gelehrten* (1781-1784/85), erprobt wurden. Schließlich veränderte sich der Kommunikationsprozeß in den 70er Jahren durch eine Vielzahl neu aufkommender literarisch-kultureller Zeitschriften, darunter die *Allgemeine Deutsche Bibliothek*, eine umfassende Rezensionszeitschrift für die gesamte deutsche Literatur aller Fachrichtungen, die Nicolai 1765 begründet hatte, sowie Wielands *Teutscher Merkur* (1773/1774-1789). In diesen Auseinandersetzungen versuchte Lenz, sich mit seinen 1776 entstandenen Essays zu positionieren.

Welche Überlegungen stellte er dabei an? Ganz selbstverständlich wandte er sich gegen das „verhaßte Schreiben um Brot", gegen „Brodgewinst" und „Tagelohn". Das hieß aber auch: Dem freien Spiel des Marktes mußte eine Absage erteilt, bzw. es mußten Reglementierungen und Hilfen eingebaut werden. Für Lenz bot sich ein Ausweg aus diesem Problem vor allem in der Etablierung einer Stipendienkasse:

> Zu dem Ende wünschte ich eine Leyhkasse errichtet zu sehen, wo jungen Schriftstellern von Genie für Arbeiten die sie entweder schon angefangen, oder wozu sie auch nur den Entwurf gemacht, eine gewisse Summe zum Voraus bezahlt würde um sie allenfalls in den Stand zu setzen diese Arbeit mit Musse und ohne Hunger zu leiden, zu Ende zu bringen. Den Werth dieser angefangenen Arbeiten oder Entwürfe beurtheilte eine Gesellschaft Gelehrte von entschiedenem Ruf und Verdienst wie wir sie jetzt bald in Weymar bekommen werden [...].[25]

Lenz dachte bei diesem Stipendien-Projekt konkret an den Weimarer Herzog. Das Mäzenatentum eines Fürsten, wie es zu diesem Zeitpunkt eigentlich schon der Vergangenheit angehörte, sollte dirigistisch eingreifen. Die Abhängigkeit des Schriftstellers von Publikumsgeschmack und Verlegern würde sonst zu einer Überschwemmung des Marktes mit seichter Literatur führen. Freilich sollte das mäzenatische Handeln nicht mehr gegenüber einem ständischen Dichter erfolgen und als Gegenleistung das eigene Lob fordern. Der Regent sollte vielmehr aus patriotischer Pflicht handeln. In seiner *Verteidigung des Herrn W. gegen die Wolken* schrieb Lenz:

> Und was kann wohl erbärmlicher sein, als einen jungen Dichter, der doch, wenn er echt sein will, durch so vieles gegangen sein muß, am Ende seines Lebens einen Karren ziehen, oder ein Mühlrad umdrehen zu sehen wie Plautus. Ach, daß die Liebe zur Unsterblichkeit den Sporn der Fürsten nie verlieren möge, nicht sich Schmeichler zu

---

25 Vgl. Expositio ad hominem (wie Anm. 23), S. 85.

dingen, wie Horaz war, sondern um ihr Vaterland verdiente Männer zu belohnen, die höchste Schmeichelei, die sie sich selber machen können.[26]

Ähnliche Überlegungen waren vor allem in Klopstocks „deutscher Gelehrtenrepublik" laut geworden. Auch der in Altona lebende und mit einem Ehrensold des dänischen Königs ausgestattete *Messias*-Dichter hatte die Vorstellung, jungen Künstlern, „Geschenke" und „Beyhülfe" zukommen zu lassen; z. B. wenn er in der *Geschichte des letzten Landtages* von der „Unterstüzung der Wissenschaften, die wir zu erwarten haben" berichtet:

> Die Belonungen für die guten, und für die vortreflichen Scribenten [...] bestanden in Geschenken [...]. Man kante alle, die Verdienste um die Wissenschaften hatten, so unbekant sie auch ausser ihrem Kreise zu seyn glaubten; und man ließ es ihnen dadurch merken, daß man sie zu Schriften oder zu Erfindungen auffoderte. Diese Ausspähung des bescheidnen Verdienstes erhielt den Beyfall der Welt so sehr, dass ihr Deutschlands Kaiser alle Fürsten zu übertreffen schien, die jemals durch die Unterstüzung der Wissenschaften waren berühmt geworden.[27]

Lenz kannte Klopstocks umfangreiche Schrift aus den Straßburger Tagen sehr genau und hatte sich intensiv mit ihr auseinandergesetzt.[28]

Ein weiterer Aspekt dieser kleinen Projektschriften von Lenz verdient Aufmerksamkeit: die im Zusammenhang mit der „Leyhkasse" geforderte Etablierung eines eigenen Rezensionsorgans. Der junge Dichter polemisierte hier zunächst vor allem gegen Nicolai. In ihm sah er den Monopolisten, der die Geschmacksurteile bestimmte. Zielscheibe seiner Verachtung war das von Nicolai mit mehr als 50 Mitarbeitern betriebene Zeitschriftenunternehmen, die *Allgemeine Deutsche Bibliothek*. „Halbgereifte Erkenntnisse, ungenießbare Produkte der Kunst, unerträgliche abgeschmackte Rezensionen" erkannte er in dem prominenten Unterfangen. Er kritisierte die von Nicolai vorgenommene Bestimmung der Rezensenten und warf diesen Parteilichkeit und Eigenliebe vor. Aber Lenz' Verhältnis zu den damaligen „Diktatoren auf dem Parnaß" war differenzierter als es die Invektiven gegen Nicolai erahnen lassen. Das zweite große Zeitschriftenprojekt nämlich war der 1773 gestartete *Teutsche Merkur*, der von Wieland zu einer marktbeherrschenden Institution ausgebaut wur-

---

26 WuB (wie Anm. 3), II, 718.

27 Die deutsche Gelehrtenrepublik. Ihre Einrichtung. Ihre Geseze. Geschichte des lezten Landtags... , hrsg. v. Klopstock, Erster Theil, Hamburg 1774, S. 419–432, hier S. 422.

28 Vgl. Stefan Pautler: Jakob Michael Reinhold Lenz. Pietistische Weltanschauung und bürgerliche Sozialform im Sturm und Drang, Gütersloh 1999, S. 178–193, 272–290.

de.[29] Doch während für die Sturm-und-Drang-Autoren der knapp 20 Jahre ältere Dichter und Publizist zunächst eine zentrale Angriffsfläche darstellte, gestaltete sich die Auseinandersetzung mit ihm von 1775/76 an differenzierter. In der nahezu zeitgleich mit den beiden kleinen Projektessays niedergeschriebenen *Verteidigung des Herrn W. gegen die Wolken von dem Verfasser der Wolken* spielte die fordernde Frage der jungen Generation „Wo ist Aufmunterung, wo ist Belohnung, wo ist Ziel?" eine große Rolle.[30] Fast will es scheinen, als rücke die von Lenz geforderte Zeitschrift in die Nähe des *Teutschen Merkur* oder drohe, mit ihm zu konkurrieren. Der am Weimarer Fürstenhof tätige Wieland eignete sich insofern nicht als Gegner, da dieser über die Veränderungen des Literaturmarktes genau im Bilde war und sich für die junge deutsche Literatur ein- und mit den deutschen Autoren auseinandersetzte. In der *Vorrede des Herausgebers* benannte er deutlich, daß er geneigt sei, „auch für angehende Schriftsteller einen Schauplaz zu eröfnen, wo sie sich dem Publico zeigen können".[31] Auch die nationale Aufgabe der Literatur wurde angesprochen, als Wieland die Unterschiede des *Teutschen Merkur* zu seinem französischen Vorbild benannte und auf das für Deutschland charakteristische Fehlen einer Hauptstadt, einer „allgemeinen Akademie der Virtuosen" und eines „feststehenden National=Theaters" verwies. Schließlich bekannte sich Wieland im Zusammenhang mit seiner Sparte „literarische Revisionen bereits gefällter Urtheile" deutlich zu einer aristokratischen Verfassung der gelehrten Republik:

> [Sie] hat seit einiger Zeit die Gestalt einer im Tumult entstandnen Demokratie gewonnen, worinn ein jeder, den der Kitzel sticht, oder der sonst nichts zu thun weiß, sich zum Redner aufwirft [...]. Man muß gestehen, die Nachläßigkeit und nicht selten auch die Parteylichkeit, womit zuweilen die ordentlichen Richter ihr kritisches Amt verwalten, giebt zu Beschwehrden Anlaß, von welchen jene anmaßliche Demagogen den Vorwand nehmen, die gelehrte Republik in Verwirrung zu setzen, und die Verfassung dieses Staats, der seiner Natur nach *Aristokratisch* seyn muß, gänzlich umzukehren. (S. XIII f.)

Lenz' eng miteinander verknüpfte Projekte – die Zeitschriftengründung und die Künstler-Stipendien –, die einige der gravierenden Probleme des Strukturwandels im Buchmarkt erkannten, schlugen fehl. Überraschend ist, daß Lenz keinen anderen Ausweg (mehr) sah als die Reform von oben, das herrschaftliche Eingreifen. Diese Idee lag in Weimar, wo ein

---

29 Vgl. Reinhard Ohm: „Unsere jungen Dichter". Wielands literaturästhetische Publizistik im „Teutschen Merkur" zur Zeit des Sturm und Drang und der Frühklassik (1773–1789), Trier 2001.

30 WuB (wie Anm. 3), II, 732.

31 Vorrede des Herausgebers. In: Deutscher Merkur, 1. Vierteljahr, 1773, S. IV f.

kleinstaatliches Reformmodell unter einem wohlwollend-patriarchalischen Regiment praktiziert wurde, nahe, entbehrte aber in Deutschland der Realität. Die Selbstwertkrise des Schriftstellers war bei Lenz nach den deprimierenden Erfahrungen in Straßburg offensichtlich sehr groß.

IV. ‹Ich bin allen alles geworden – und bin am Ende nichts›

Vor diesem sozialgeschichtlichen biographischen Hintergrund überrascht es nicht, daß es zahlreiche Stellen im literarischen Werk von Lenz gibt, in denen Figuren mit fehlender Selbständigkeit, finanziellen Abhängigkeitsverhältnissen, beruflicher Deklassierung und Ständebarrieren zu kämpfen haben. Die Reihe ist lang, sie wird vom Hofmeister Läuffer angeführt, der gleich im Eingangsmonolog die Inkongruenz seiner Person mit den beruflichen Möglichkeiten der Gesellschaft beklagt (I/1). Zu ihr gehören auch die Erzählungen *Der Waldbruder* und *Zerbin*; Herz leidet unter seinen finanziellen Umständen, die Irrungen und Wirrungen Zerbins lassen sich aus dem Spannungsverhältnis von Geld und Liebe begreifen; die Reihe schließt auch den unverhofften Lotteriegewinn ein, der im *Hofmeister* einen Teil der verworrenen Beziehungsprobleme zu lösen scheint, und erstreckt sich bis zum späten satirischen Dialog *Der Arme kommt zuletzt doch ebenso weit*, in dem der kynische Philosoph Menippus nicht einmal mehr den Obulus für den Fährmann Charon besitzt.

Standesunterschiede determinieren wesentlich das Geschlechterverhältnis (z. B. die Erwägungen der Eltern bei der Verheiratung der Kinder).[32] In den *Soldaten* ist Marie Wesener die Tochter eines gut situierten Galanteriehändlers in Lille; ihre Heirat mit Stolzius, einem Tuchhändler in Armentières, würde den beiden bürgerlichen Familien eine sichere Zukunft mit solidem Wohlstand verheißen. Doch Lenz führt diese Vorstellung ad absurdum: Am Schluß der Komödie steht eine „verwüstete und verheerte Familie". Marie wird ein „Bettelmensch" (V/2) und erscheint auf der Straße als eine Prostituierte (V/4), der der eigene Vater das Almosen verweigert. Vater Wesener ist am Ende vollständig verarmt. Er gerät durch sein demonstratives Bekenntnis zu seiner Tochter außerhalb der gesellschaftlichen Ordnung. Stolzius wurde zum Mörder und Selbstmörder. Die Ursache aller dieser dramatischen Veränderungen liegt in der Absicht der Weseners, das „symbolische Kapital" eines Adelstitels

---

32 Zu diesem Aspekt sowie zu den vielfältigen „Geld"-Motiven im Trauerspiel der Jahre 1750–1800 vgl. Jürgen Eder: „Beati possidentes"? Zur Rolle des Geldes bei der Konstitution bürgerlicher Tugend. In: H. Koopmann (Hrsg.): Bürgerlichkeit im Umbruch. Studien zum deutschsprachigen Drama 1750–1800, Tübingen 1993, S. 1–51.

durch die Verheiratung der Tochter mit dem Offizier Desportes einzu-
kaufen: „Kannst noch einmal gnädige Frau werden närrisches Kind. Man
kann nicht wissen was einem manchmal für ein Glück aufgehoben ist",
lautet der Ratschlag des Vaters zu Beginn des Spiels.[33]

Diesen vielfältigen „Geld"-Motiven in Lenz' Texten kann hier nicht
ausführlich nachgegangen werden; nur zwei Beispiele seien herausgegrif-
fen. Bereits in seinem Jugendstück *Der verwundete Bräutigam* steht mit
Tigras eine interessante Figur im Mittelpunkt. Tigras, der Kammerdiener
des Freiherrn von Schönwald, sieht sich als freier Mensch, der von seinem Dienstherrn gedemütigt worden ist. Mit seinem Begriff der verletz-
ten Ehre manövriert er sich in eine Situation, in der er nur durch eine
körperliche Attacke glaubt, sich rechtfertigen zu können. Es kommt zum
Mordversuch an dem Adeligen. Doch als Verbrecher ist der Lakai mehr
denn je von seinem Ideal entfernt (I/5):

> Bin ich denn ein Hund, daß ich mich zu seinen Füßen krümmen soll? – Ich diene
> nicht bloß um Geld. Ich diene ehrenhalber. – Nimmt mir mein Herr meine Ehre, so
> nimmt er mir alles [...]. Ich bin ein freier Mensch. Sein Geld unterscheidet ihn bloß
> von mir. Und reich kann ich durch einen Glücksfall eben sobald werden, als er [...].
> Ein freier Mensch muß doch für einen Bauren, für einen Sklaven was voraushaben. –
> Herz gefaßt! Mich zu prostituieren, soll er sich nicht unterstehen.[34]

Tigras' Versuch, Standes- mit „Geld"-Unterschieden zu vertauschen,
wird in der Gelegenheitsdichtung des 15jährigen Lenz negativ apostro-
phiert. Tigras ist ein trotzig-aufmüpfiger Diener, der sich seiner vermeintlichen Selbständigkeit nur durch ein Verbrechen vergewissern
kann.

Sehr viel Autobiographisches ging in die Hauptfigur des Dramas *Die
Freunde machen den Philosophen* ein, das schon im Titel das Abhängigkeitsverhältnis signalisiert: Strephon, „ein junger Deutscher, reisend aus philosophischen Absichten", wird vom ersten Akt an als Spielball geschildert. In dieser gegen Ende der Straßburger Zeit entstandenen Komödie
saugen die Freunde Strephon aus, sie „misshandeln" ihn und nutzen
seine Gutmütigkeit erbarmungslos aus. Mit dem ersten Satz der Komödie wird der Grundton angeschlagen:

> Ich bin allen alles geworden – und bin am Ende nichts. Sie haben mich abgeritten wie
> ein Kurierpferd: ich bringe den Meinigen ein Skelett nach Hause, dem nicht einmal
> die Kraft übrig gelassen ist, sich über seine entstandenen Mühseligkeiten zu bekla-
> gen.[35]

33 WuB (wie Anm. 3), I, 204.
34 Ebenda, 15.
35 Ebenda, 274.

Diese Auszehrung der Person und Auflösung der Identität umfassen auch die finanziellen Belange. Strephon ist verschuldet, er schafft es nicht, sein Geld zurück- und seinen Lohn einzufordern. In den Augen von Arist, seinem Vetter, ist die Sache offenkundig:

> Eure Freunde? – Ihr bringt mich außer mich – die über Euer artiges Benehmen lächeln, wenn Ihr auf der Folter liegt [...]. Ist das freundschaftlich, einem Menschen, der von seinen Talenten leben [muß], seine Zeit und folglich sein letztes Hülfsmittel stehlen? und das – wofür?[36]

Doch Strephon ist in einem Dilemma befangen; er beklagt sich, und dennoch ist er nicht imstande, sich aus seiner Situation zu befreien. Abhängig ist Strephon auch in seiner Liebe zu Donna Seraphine. Nur einmal handelt er selbständig, als er eine Liebhaberaufführung benutzt, um ihr in der Rolle eines Komödianten seine Liebe zu gestehen. Doch damit durchkreuzt er ihre Pläne und wird zur Rede gestellt. Das vermeintliche Happy-End der Liebesbeziehung, welche durch die standesgemäße Verbindung von Donna Seraphine mit Don Padro ermöglicht werden soll, erweist sich als erneutes Abhängigkeitsverhältnis. Don Padro reklamiert nicht nur: „Sie heiraten Seraphinen in meinem Namen, und ich will Ihr beiderseitiger Beschützer sein"; ein Handeln, aus der er „die Wollust einer großen Tat" zieht. Er weist auch unmißverständlich auf seine Machtposition in dieser fragilen Dreierbeziehung hin: „Liebt mich meine Freunde, ihr müßt mich lieben, ich zwinge euch dazu, ich bin das Werkzeug des Himmels zu eurem Glück".[37]

V. Pro Memoria: ‹Wer helfen will der helfe bald mit edler Stille›

„Ich dependiere einmal in gewisser Absicht von ihnen", schrieb Lenz im Juli 1772 an seinen Bruder.[38] Gemeint waren die beiden adeligen Studienkollegen von Kleist, die den angehenden Poeten auf ihre Cavalierstour nach Straßburg mitgenommen hatten. Gelehrter Begleiter, begleitender Hofmeister sollte Lenz sein, dafür wurde die Reise bezahlt und für den Unterhalt gesorgt. Er hoffte, während der militärischen Ausbildung der adeligen Herren gleichgesinnte Freunde zu finden und ausgiebig am Kulturleben der deutsch-französischen Stadt teilzunehmen. Doch die Situation wurde zunehmend bedrückend, und man behandelte Lenz nur

---

36 Ebenda, 280.
37 Ebenda, 315 f. Zu diesem bislang so wenig beachteten Drama vgl. die Interpretation Gerd Sautermeisters in diesem Band.
38 WuB (wie Anm. 3), II, 261.

noch wie ein besseren Lakaien. Nicht nur der Bruder Johann Christian drängte auf eine Rückkehr, auch der Vater forderte den Sohn wiederholt auf, nach Hause zu kommen.

Die Abhängigkeiten steigerten sich im Verlauf seines wechselvollen Lebens. Seine scheiternden Versuche, als freier Schriftsteller zu leben, bezeugen dies. Lenz, immer wieder von Stipendien und Geldzuwendungen abhängig, wurde 1777 und 1778 gleich zweimal Gegenstand des Handelns seiner Freunde. Der Sturm-und-Drang-Autor, der das selbständige Tun in den Mittelpunkt seines anthropologischen wie auch poetologischen Credos gestellt hatte,[39] wurde entpersönlicht und zum Objekt anderer degradiert.

Nach ‚Lenzens Unfall' im Spätherbst 1777 galt der 26jährige Dichter als krank, verrückt. Der Schuldenberg war auf 300 Gulden angewachsen. Sachwerte waren nicht vorhanden, wie Christoph Kaufmann berichtete, der unter den Schweizer Freunden eine Sammelaktion übernommen hatte. Lenzens Kleider wurden rubriziert und taxiert. Am Schluß des Dokuments hieß es:

> So wie fast alles hier verzeichnete mangelbar ist, so mangelt alles übrige was ein ehrlicher poetischer Kerl sonst noch bedarf [...] Wer L..z kennt muß ihn lieben: u. wer das sieht muß mit mir fühlen daß es für ihn beständige Folter, nagender u. zerstörender Gram ist, den er ohne stille Hülfe nicht heben kann. Zulezt kanns gänzliche Zernichtung des edeln Jünglings werden. Wer den Verlust fühlt, der helfe, <u>viel oder wenig</u> so viel u. wie er kann: <u>L..zen für immer</u> vollkommen unbekannt. Wer helfen will der helfe bald mit edler Stille.[40]

Der vermögende Schweizer Kaufmann und Appellationsrichter Jakob Sarasin sprang anonym ein und beglich einen großen Teil der Schulden. Ein Jahr später wurde Lenz noch einmal Gegenstand wohltätiger Handlungen. Im Spätherbst 1778 hatte sich seine gesundheitliche Situation verschlechtert. Die wechselnden Unterbringungen des kranken Poeten bei verschiedenen Familien waren keine Dauerlösung, und sie kosteten Geld. Schlosser, der von Lenz' Vater hinhaltende und ausweichende Briefe erhielt, startete im November 1778 seine „Pro Memoria"-Initiative. Am 7. November ging ein erstes detailliertes Schreiben an Herder nach Weimar. Schlosser gab darin Rechenschaft über die Ausgaben für Lenz und stellte sie den Zuwendungen für Lenz gegenüber. Der

---

39 Vgl. Martin Rector: Sieben Thesen zum Problem des Handelns bei Jakob Lenz. In: Z. f. Germ. 3/1992, S. 628–639.

40 Elise Ziegler und Christoph Kaufmann an Eberhard Gaupp, 29. 11. 1777. In: Lenzens Verrückung (wie Anm. 7), S. 92 f.

Brief war nicht nur ein drängender Spendenaufruf, er war auch ein zorniger Versuch, die Freunde in die Pflicht zu nehmen.

> Pro Memoria. [...] Ich [...] wünschte von Lenzens freunden einen Vorschlag, wo mit hin. Ich will auch Jährlich was beytragen, aber den Beytrag ihn in meiner Nachbahrschaft zu wissen, und für ihn zu sorgen, muß ich mir verbitten [...]. Ich erwarte ob man in Weimar etwas für ihn weiter thun wird [...].[41]

Mit einem ähnlichen Schreiben hatte sich Schlosser auch an seine Schwiegermutter Katharina Elisabeth Goethe in Frankfurt gewandt. „Frau Aja" griff den Hilferuf aus Emmendingen auf. Liebenswürdig in ihrem Bemühen zu helfen sowie gleichzeitig geschäftig und pragmatisch, rechnete sie Wieland vor, wie Lenz geholfen werden könne:

> 1.) ob die weimarer gegen Neu Jahr etwas geben wollen? 2.) daß Lentz wöchentlich 3 f, also das Jahr 156 f kostet, doch daß darunter 3.) keine Kleider begriffen sind [...]. Merck und ich wollen hertzlich gern auch etwas beytragen. In der Eil fält mir nur nachfolgendes ein, wißt Ihr was bessers so thut als hätte ich nichts gesagt. Die woche 3 gulden N.B. schlecht Geld thut alle 1/4 Jahr oder alle 13 wochen 39 Gulden rechnet, daß das in 6 Persohnen getheilt wird trägt jedem alle 1/4 Jahr 2 f: 10 xr finden sich mehere so verstehts sichs von selbst daß es noch weniger macht. Wie gesagt Merck und ich sind dabey – überlegts und sagt mir Eure meinung [...].[42]

Ihre Hilfsbereitschaft kam so spontan, daß der Frankfurter Kaufmannsgattin ein nicht ganz unerheblicher Rechenfehler unterlief: 39 Gulden dividiert durch 6 Personen ergibt statt der erwähnten zwei mehr als sechs Dukaten.

Die unmittelbaren Reaktionen der Weimarer Freunde blieben jedoch aus. Man wollte das Problem anders bewältigen. Herzog Carl August bezahlte die Kosten, die für Lenz bei einem Arzt im südbadischen Hertingen ab Januar 1778 entstanden waren. Schließlich wurde Lenz' Bruder Carl Heinrich Gottlob eingeschaltet, der sich in Jena aufhielt. Er erhielt in Weimar von Anna Amalia, der ehemaligen Regentin, eine entsprechende Summe ausgehändigt, um Lenz im Badischen abzuholen und nach Livland zurückzubringen, was im Juni 1779 geschah. Nicht aus freien Stücken, keineswegs selbständig, war der „verlorene Sohn" zurückgekehrt.

---

41 Johann Georg Schlosser an Johann Gottfried Herder, 7. 11. 1778. In: Ebenda, S. 186 f.
42 Katharina Elisabeth Goethe an Christoph Martin Wieland, o. D. [= nach dem 7. 11. 1778]. In: Ebenda, S. 187 f. Eine nicht geringe Verwirrung stiftete die lange Zeit fälschlich vorgenommene Datierung dieses Schreibens auf Nov. 1777, so daß sie in den Kontext der Schweizer Aktion von Kaufmann geriet. Immer noch datiert auf Nov. 1777 ist der Brief in: Lenz im Urteil (wie Anm. 7), S. 287 f.

JAMES M. GIBBONS

Der „Einsiedler" in Berka:
Der Sommer 1776 und die „Lettres à Maurepas"

> Ich geh aufs Land, weil ich bei Euch nichts tun kann.
> (*Lenz an Goethe, Weimar, 27. 6. 1776*)

> Freilich traurig genug, kaum gesehen und gesprochen, ausgestoßen aus dem Himmel
> als ein Landläufer, Rebell, Pasquillant [...] Hätt ich nur Goethens Winke eher ver-
> standen. Sag ihm das.
> (*Lenz an Herder, Weimar, 29. oder 30. 11. 1776*)[1]

Lenz' Aufenthalt in Weimar von April bis November 1776 sei, nach W. D. Wilson, „seit eh und je als der Wendepunkt in Lenz' Leben angesehen worden".[2] Zweifellos hat die Ausweisung „aus dem Himmel" seine höchstproduktive, aber kurze literarische Karriere zu Ende gebracht, auch wenn die Bedeutung dieses Aufenthaltes zweifelhaft geblieben ist. Vielleicht erstaunt diese Ausgangslage nicht sonderlich, da Lenz' Tätigkeiten immer schon von der viel diskutierten „Eseley" überschattet wurden.[3] Der Mangel an Texten hat die Analyse dieses „Wendepunktes" kaum erleichtert, und diese Lücke möchte ich ein wenig schließen. Ich hoffe, etwas Licht auf Lenz' Tätigkeit während dieser entscheidenden Periode werfen zu können, indem ich einen Teil meiner Forschungen über die in Kraków aufbewahrten „Lenziana" heranziehe.

Ich werde mich auf eine der wichtigsten Handschriften aus der Weimarer Zeit beziehen: Es handelt sich um den letzten Entwurf des *Lettre à Maurepas*, eine reife Formulierung seines vielverspotteten, militärischen

---

1 Sigrid Damm (Hrsg.): J. M. R. Lenz: Werke und Briefe in drei Bdn., Bd. III, München, Wien 1987, hier: III, 472, 17 (fortan zitiert: nach dieser Ausgabe unter Angabe der Band- u. Seitenzahl).

2 W. Daniel Wilson: Zwischen Kritik und Affirmation. Militärphantasien und Geschlechterdizierung bei J. M. R. Lenz. In: I. Stephan, H.-G. Winter (Hrsg.): „Unaufhörlich Lenz gelesen...": Studien zu Leben und Werk von J. M. R. Lenz, Stuttgart, Weimar 1994, S. 52–85, S. 54.

3 Johann Wolfgang Goethe: Dichtung und Wahrheit. In: Goethes Werke. HA, hrsg. v. E. Trunz, Bd. 10, Hamburg 1963, vgl. S. 7–10 (fortan zitiert: HA).

Reform-Projektes, die auf die französische Regierung adressiert war.[4]
Die Handschriften erzwingen ein Überdenken der Gründe des „Wendepunkts", weil vieles darauf hindeutet, daß es sich nicht um ein *literarisches*
Scheitern handelte, sondern um ein Scheitern der *politischen* Ambitionen.
Dennoch unterstützen die Handschriften die Meinung, daß man Lenz
nicht nur als Schriftsteller, sondern auch als einen Möchtegernsozialre-
fomer im moralischen sowie wirtschaftlichen Sinne ansehen sollte.[5]

Was also hat Lenz am „Musenhof" eigentlich gemacht? Die 1776 geschriebenen literarischen Texte sind nicht sehr zahlreich und zum größten Teil unvollendet, und seine Briefe bleiben ein wenig rätselhaft. 1994
lenkte W. D. Wilson überzeugend die Aufmerksamkeit auf die Lenzschen Unternehmungen in Weimar: „Man hat auch gebührend erkannt,
daß ein abstruses Projekt Lenz' Denken und Handeln in dieser Zeit
geleitet hat: Die Schrift über die Soldatenehen". Er setzte hinzu: „[wir]
müssen diese Schrift vornehmen, denn sie ist das Schlüsseldokument für
Lenz' Haltung zum aufgeklärten Absolutismus. Auch die Rolle dieses
Projekts in seinem Scheitern ist zu wenig beachtet worden.[6] Der zugrunde liegende Text der Analyse ist der Text *Über die Soldatenehen*; dieser war
der einzige, der vollständig und zugleich auch bekannt war. Diese Auffassung scheint Goethes vielzitiertem Urteil über diese Schrift zu entsprechen, die er als „phantastisch und unausführbar" bezeichnete. Nach
Wilsons ausführlichen historischen und biographischen Untersuchungen
erscheint das Projekt „noch [und noch] schrulliger".[7]

Das Vorhandensein von über 500 Handschriftenseiten, die eng mit
dem militärischen Projekt verbunden sind, beweist jedoch, daß die

---

4   Die Transkription von einem der drei Entwürfen des „Lettre à Maurepas" ist am
     Ende dieses Beitrags zu finden. Die drei Zahlen, die benutzt werden, um die Hand-
     schriften in der Sammlung „Lenziana" in der Biblioteka Jagiellonska, Kraków, zu
     identifizieren, beziehen sich jeweils auf Kasten, Heft und Blatt. Nach dieser Form
     werden im folgenden die Handschriften im Text und in Anmerkungen zitiert. Bei der
     Transkription von Handschriften haben die verwendeten Zeichen folgende Bedeu-
     tung: [ ] – vom Autor getilgt; { } – vom Autor nachgetragen; ( ) – vom Herausgeber
     ergänzt. Weitere Texte sind in meiner noch nicht veröffentlichten These editiert wor-
     den: James Gibbons: Ist einer unter Ihnen, der seine ganze Bestimmung noch nicht
     fühlt... J. M. R. Lenz – the Writer as Reformer 1774–1776, Oxford 2000. Die Mög-
     lichkeit, diese Handschriften in Kraków zu untersuchen, verdanke ich dem freundli-
     chen Entgegenkommen des Direktors und der Mitarbeiter der Krakówer Bibliothek.
5   James Gibbons: Laying the Moral Foundations: Writer, Religion and Late Eighteenth-
     Century Society – the Case of J. M. R. Lenz. In: German Life and Letters, 54/2. April
     2001, S. 137–154. Auch: Politics and the Playwright: J. M. R. Lenz and Die Soldaten.
     In: The Modern Language Review, 96/3. 7. 2001, S. 732–746.
6   Wilson (wie Anm. 2), S. 54.
7   Ebenda, S. 67.

Schrift *Über die Soldatenehen* alles andere als das von Wilson behauptete „Schlüsseldokument" ist.[8] Zwar gehört dieser Text zu einem Prozeß, der zu einer bedeutenden Anzahl von Briefen führte. Diese Briefe wurden in Weimar, genauer: in Berka, einem naheliegenden Dorf, wohin Lenz sich Ende Juni bis Oktober 1776 zurückgezogen hatte, geschrieben. Sieben Wochen nach seiner Ankunft entschloß sich Lenz, sich der Bearbeitung dieses „abstrusen" Projekts zu widmen, weg von dem „Strudel des Hofes". Zimmermann gegenüber erklärte er: „Ich werde wohl bald den gar zu reizenden Hof verlassen und in eine Einsiedelei hier herum gehen meine Arbeit zu Stande zu bringen".[9] Die Arbeit endet nicht mit dem Text *Über die Soldatenehen*, sondern dieser ist nur einer der ersten in einer Reihe von Versuchen, Reformen darzustellen.

Die Tatsache, daß diese Handschriften in der Biblioteka Jagiellonska in Kraków existieren, ist keineswegs eine Sensation.[10] Noch wird ihre Wichtigkeit bestritten, wie Rüdiger Scholz schon vor zwölf Jahren erklärte.[11] David Hills *Bericht* (1994) über den Kasten IV des Nachlasses, der die militärischen Schriften enthält, faßt die üblichen Editionsprobleme zusammen. Der Zustand der Handschriften, eine verwirrende Masse von Entwürfen, Skizzen, Fragmenten und Notizen, wovon einige schon unentzifferbar sind, verursachen bei den Editoren zahlreiche Kopfschmerzen. 1995, nach seiner Edition der beiden Texte *Lettre d'un Soldat Alsacien*[12] und *Avantpropos* zu den *Soldatenehen*, stellt Hill fest, daß eine

---

8 Der Status dieses Textes ist zu wenig beachtet worden. David Hill deutet darauf hin, daß „Über die Soldatenehen" nie zu einem Abschluß gebracht wurde: „Es fehlen zwei Blätter, von denen sich eines in der Stadtbibliothek Preußischer Kulturbesitz, Berlin befindet, und der Schluß des Textes. Weil der Text plötzlich am Ende einer Seite abbricht, kann man nicht sicher sein, ob der Schluß jemals voll ausformuliert war, aber auch wenn es zutrifft, daß er für Lenz zu einem bestimmten Zeitpunkt als abgeschlossen galt, wurde er später zum Status eines Entwurfs degradiert, indem verschiedene Passagen aus- oder unterstrichen oder mit Zusätzen versehen wurden." (D. Hill: Die Arbeiten von Lenz zu den Soldatenehen. Ein Bericht über die Krakauer Handschriften. In: Stephan/Winter (wie Anm. 2), S. 118–137, hier: S. 118) (fortan zitiert: Hill: Bericht).
9 Lenz an Zimmermann, Weimar, Ende Mai 1776, III, S. 460.
10 Vgl. Hill: Bericht (wie Anm. 8).
11 Rüdiger Scholz: Eine längst fällige historisch-kritische Ausgabe: Jakob Michael Reinhold Lenz. In: JbdSG 34/1990, S. 195–229. In Verbindung mit dem Reformprojekt sagt Scholz: „Ohne die Veröffentlichung dieser 8 Handschriften bleibt das Urteil über Inhalt und Bedeutung von Lenz' Reformvorstellungen vorläufig", S. 204.
12 David Hill: Lettre d'un soldat Alsacien a S Excellence Mr le Comte de St. Germain sur la retenue de la paye des Invalides. An unpublished manuscript by J. M. R. Lenz. In: Order from Confusion. Essays presented to Edward McInnes on the occasion of his sixtieth birthday, hrsg. v. A. Deighton, Hull, 1995, S. 1–27 (fortan zitiert: Hill: Lettre d'un soldat Alsacien).

umfassende Ausgabe „eine kaum übersehbare Rekonstruktionsarbeit" wäre.[13] Trotzdem bestätigt er auch, daß es schon einige „mehr oder weniger geschlossene Texte" gäbe, die zweifellos wissenschaftlicher Bearbeitung würdig seien. Allein der Bruchteil des Nachlasses, den Hill herausgibt, illustriert die unrepräsentative Natur von *Über die Soldatenehen* innerhalb der Entwicklung des Projekts. Im *Avantpropos* gibt Lenz sein eigenes vernichtendes Urteil darüber ab: „quel fatras de déclamations".[14] Der *Lettre d'un Soldat Alsacien* ist adressiert an den Comte de St. Germain, den Kriegsminister der französischen Regierung, und dreht sich speziell um die Frage nach der Reform von Les Invalides, womit Lenz sich im Juli und August 1776 intensiv beschäftigte, worauf seine Korrespondenz hindeutet.[15] Höchstbedeutend ist die Tatsache, daß sich in diesem Text ein Verweis auf einen weiteren Brief findet, den *un de mes amis un Auteur* an eine andere Persönlichkeit der Epoche, den Comte de Maurepas geschrieben hatte, worin „un projet" für eine Militärreform enthalten ist.[16] In diesem Brief stellt Lenz sein Hauptprojekt vor. Eine Datierung der Handschrift ermöglichen die Briefe, die er an Boie schickte. Wie er diesem erklärte, blieb das Projekt noch im August unvollendet: „Verzeihen Sie mein langes Stillschweigen, ich habe viel sehr viel zu tun und mich deswegen von aller menschlichen Gesellschaft abgesondert".[17]

Zunächst muß man Lenz' „abstruses Projekt" innerhalb eines größeren Zusammenhanges verstehen, der sowohl seine persönlichen Ambitionen als auch die politischen Umwälzungen in Versailles während der 70er Jahre des 18. Jahrhunderts beinhaltet. Sein Interesse für das Mili-

---

13 David Hill: J. M. R. Lenz' „Avantpropos" zu den „Soldatenehen". In: Lenz-Jahrbuch, 5/1995, S. 7–21, hier: S. 7 (fortan zitiert: Hill: Avantpropos).
14 Auf dieselbe Seite einer französischen Übersetzung von „Über die Soldatenehen" schreibt Lenz das folgende Urteil: „Je voudrois pour tout or du monde n'avoir écrit qu'une declamation dont il y a quantité en France" (Hill: Bericht (wie Anm. 8), S. 166).
15 Lenz an Pfeffel, Mitte Juli 1776, III, S. 486f. Eine Datierung des „Lettre d'un soldat Alsacien" wird durch einen Verweis auf einen Brief, den Lenz Mitte Juli von Berka abschickte, ermöglicht. Nach mehr als 14 Tagen in seiner Einsiedelei bat er Pfeffel und, über ihn, Lerse, der 1774 „Inspektor der Militärschule" in Kolmar geworden war, um Information über Les Invalides: „was aus dem Hôtel des Invalides geworden, wo die Invaliden jetzt verpflegt werden […] Ich brauche alle diese Nachrichten notwendig. Verzeihen Sie meine Unbescheidenheit, ich weiß sonst nicht an wen ich mich wenden soll". Solche elementaren Fragen deuten darauf hin, daß eben Mitte Juli der „Lettre d'un soldat Alsacien" nur eine Idee und noch nicht zu einem Entwurf gereft war. Vgl. die Einleitung Hills zu: Lettre d'un soldat Alsacien (wie Anm. 12), S. 1–17.
16 Hill: Lettre d'un soldat Alsacien, S. 24 [IV, vi, 5r].
17 Lenz an Boie, Berka, Anfang August 1776, III, 489–491, hier: S. 490. In diesem Brief bittet Lenz dringend um das sofortige Ende der Veröffentlichung von „Die Soldaten" wegen seiner derzeitigen fieberhaften Tätigkeiten in Berka.

tärwesen war keine „Marotte",[18] sondern die Folge eines langen Nach-
denkens, wie er Zimmermann im Mai 1776 anvertraute: „Ich arbeite jetzt
an einem Werk über die Soldatenehen das ich wohl französisch schreiben und die Reise werde nach Paris machen lassen. Ein Gegenstand den
ich schon seit drei Jahren in meinem Kopf herumgewälzt".[19] Diese drei
Jahre fallen mit der erfolgreichsten Zeit seiner literarischen Karriere
zusammen. Vielleicht sollte diese Periode eher als eine betrachtet werden, in der Lenz sich von der Literatur entfernte, um beruflichen Ambitionen nachzugehen. Wie Wilson schon erklärte, folgte Lenz dem Vorbild vieler Intellektueller seiner Zeit und strebte danach, sich dem
absolutistischen Staat anzudienen.[20] Statt außerhalb der politischen Sphä-
ren zu bleiben, nahm Lenz Mitte der 70er Jahre, genau wie Goethe,
Klinger und Herder, auch an der Jagd nach einer anständigen und gut
bezahlten Anstellung im Staatsdienste teil.[21] Am 11. Juni war Goethe der
erste, der eine Stelle erhielt, und seine Ernennung zum Legionsrat schuf
einen Präzedenzfall, dem seine Zeitgenossen zu folgen hofften.[22] Es war
bestimmt kein Zufall, daß Lenz kurz nach Goethes Ernennung sich
entschloß, nach Berka zurückzuziehen.

Nunmehr möchte ich auf einen der wichtigsten, aber weniger zuver-
lässigen Zeugen von Lenz' Weimarer Aufenthalt zurückkommen: auf
Goethe. Seine „Tagebuch"-Einträge stimmen merkwürdigerweise nicht
mit seinen Erinnerungen überein, die er 38 Jahre später in *Dichtung und
Wahrheit* formulierte. Um Lenz herrscht eine fast undurchschaubare
Stimmung in seiner „Einsiedelei", wie Goethes Eintrag vom 17. Juli 1776
erläutert: „Abends nach Berka. Lenz. Einsamkeit. Schweigen".[23] Im
August hat sich wenig geändert: „Nachts Lenz".[24] Auch seine 1814 ver-

18 Wieland an Merck, 5. 7. 1776: „Lenz ist seit 8 Tagen in Ererum gegangen, wo er
    vermuthl. Heuschrecken und Wildhonig frißt, und entweder ein neues Drama, oder
    ein Projekt die Welt zu verbessern macht, das seit geraumer Zeit seine Marotte ist."
    In: P. Müller (Hrsg.): Jakob Michael Reinhold Lenz im Urteil dreier Jahrhunderte, Bd.
    1, Bern u. a. Frankfurt a. M., Nr. 271 (fortan zitiert: Müller unter Angabe des Bandes
    und der Eintragsnummer.

19 Lenz an Johann Georg Zimmermann, Weimar, Ende Mai 1776, III, 459.

20 Wilson (wie Anm. 2), S. 52–58.

21 Vgl. ebenda, S. 52–58. Vgl. auch u. a.: T. J. Reed: Talking to Tyrants. The Historical
    Journal 33/1990, S. 63–79.

22 Nicholas Boyle: Goethe, The Poet and the Age: Volume I. The Poetry of Desire
    (1749–1790), S. 231–256, 281–287.

23 Johann Wolfgang Goethe: Tagebuch. In: Müller: I (wie Anm. 18), Nr. 280.

24 Ebenda, Nr. 294. Im Juli schreibt Wieland an von Geßler: „Lenz ist eine wunderbare,
    aber im Grunde gute und liebenswürdige Seele. Er lebt meistens in Berka wie ein Ein-
    siedler – bedarf gar sehr wenig, und ist nur glücklich, wenn man ihn in seiner Ideen-
    welt ungestört leben läßt". (Ebenda, Nr. 317.)

faßten Beschreibungen sind schon fließender, und obwohl die negativen Aspekte von Lenz' Weimarer Tätigkeiten bekannt geworden sind, gibt er jedoch anregende Hinweise. Goethe gibt zu, daß Lenz sich gut mit dem Militär und seinen Problemen auskannte, da er nach seinem vierjährigen Dienst bei der französischen Armee im Elsaß (u. a. mit den Baronen von Kleist) viele Erfahrungen gesammelt hatte.[25] Lenz sei ein „Kenner des Waffenwesens"; „auch hatte er wirklich dieses Fach nach und nach so im Detail studiert".[26] Sein eingehendes Studium führte zu einem zweifellos in Berka zusammengefaßten Projekt, mit der Folge „daß er, einige Jahre später, ein großes Memoire an den französischen Kriegsminister aufsetzte, wovon er sich den besten Erfolg versprach". Nach Goethe hat man Lenz überzeugt, das Projekt, „das schon sauber abgeschrieben, mit einem Briefe begleitet, couvertiert und förmlich adressiert war", zu vernichten, obwohl Lenz darauf gehofft hatte, „dadurch bei Hofe großen Einfluß" zu gewinnen. Offensichtlich gleicht der Goethe bekannte Text überhaupt nicht dem Text *Über die Soldatenehen.*

Ungeachtet dessen, ob Goethes Urteils richtig war, erklärt er, daß Lenz ein bestimmtes Ziel hatte: Er wollte das Gehör des damaligen französischen Kriegsministers, des Comte de St. Germain, finden. Die erwähnte *Memoire* war auf Französisch geschrieben. Lenz hatte sich schon im Mai entschlossen hatte, es in dieser Sprache zu verfassen. Bereits vor dem Rückzug nach Berka informierte er seinen Verleger.[27] Es hatte seine eigene Logik, die Reform-Vorschläge französisch zu formulieren, da sie auf den kränkelnden französischen Staat ausgerichtet waren. Lenz erhoffte sich am Weimarer Hof eine Position als „weimarischer Militärattache", die ihm die Glaubwürdigkeit verleihen würde, eine Audienz in Versailles zu erhalten.[28] Obwohl er in seiner „Einsiedelei" arbeitete, setzte sich Lenz mit der großen Debatte um die Lage der französischen Nation auseinander.

Während der 70er Jahre war der Zustand Frankreichs wegen der unerwünschten Erbschaft von Ludwig XIV. und Ludwig XV. finanziell

---

25 Hill: Avantpropos (wie Anm. 13), S. 10.

26 HA (wie Anm. 3), X, 7–10.

27 Lenz an Weidmanns Erben und Reich, Weimar 6. 5. 1776, III, 444: „Ich sehe mich genötigt französisch zu schreiben werde also nicht allein längere Zeit sondern auch weniger Raum brauchen, da man französisch vieles kürzer sagen kann [...] Der Titel wird ,Sur les mariages des soldats'". Diese und verschiedene Betitelungen sind in früheren Handschrift-Entwürfen zu finden.

28 Vgl. Wilson (wie Anm. 2), S. 67; Lenz in einem Brief, den er im späten Oktober verfaßte: „Vielleicht sehen Sie mich einmal in sächsischer Uniform wieder. Doch das unter uns" (an J. D. Salzmann, Kochberg, 23. 10. 1776, III, 505).

einfach chaotisch.[29] Die Thronbesteigung des jungen Ludwig XVI. im Jahre 1774 hatte eine Welle neuer Hoffnungen auf radikale Reformen ausgelöst.[30] Der Physiokratismus wurde das erste ernsthafte Wirtschaftsstudium, und gewann nach 1750 zunehmend Einfluß. Nach der Lehre der Physiokraten bestand die Notwendigkeit, den besteuerbaren Wohlstand der Untertanen durch die Ankurbelung der Landwirtschaft zu erhöhen, da dies der Motor des ökonomischen Fortschritts sei, wie es Quesnay in seinen *Maximes Générales* erklärte: „PAUVRES PAYSANS, PAUVRE ROYAUME".[31] Im Sommer 1776 studierte Lenz den Physiokratismus, wie zahlreiche Notizen in seinem Nachlaß beweisen.[32] Infolge dessen nimmt sein eigenes Projekt *Über die Soldatenehen* einen größeren Umfang an. Die *Lettres à Maurepas*, wovon es mindestens drei Entwürfe gibt, gehen über das Militär weit hinaus, wobei sie auch Staatsschulden, Bankwesenreform, Erbschaftsgesetze, die berüchtigten Straßenfrondienste („corvées"), Steueraufkommen, Getreidehandel und Besteuerung und vor allem den schlechten Zustand der französischen Landwirtschaft umfassen. Zudem waren diese Themen auch hitzige zeitgenössische Kontroversen in Versailles.

Neben Lenz' Reaktion auf die politischen Ereignisse und wirtschaftlichen Debatten antwortet er auch auf die dringende Frage nach einer Militärreform. In diesem Zusammenhang ist sein Projekt eng mit dem von Guibert verfaßten Buch *Essai général de Tactique* (1772) verbunden. Dieses Buch machte einen tiefen Eindruck auf ganz Europa, Lenz übernimmt einige der darin zum Ausdruck kommenden Ideen und erweitert sie. In der Tat kann man die Quelle der *Soldatenehe*-Idee auf Guibert zurückführen. Dieser hatte dem Kapitel VIII seines geplanten Werkes *Plan d'un ouvrage intitulé La France Politique et Militaire* den Titel gegeben:

29 Zu diesem geschichtlichen Zusammenhang vgl. u. a.: C. B. A. Behrens: Society, Government and the Enlightenment, the Experiences of Eighteenth Century France and Prussia, New York 1985, S. 68–78; W. Doyle: The Oxford History of the French Revolution, Oxford 1990, S. 1–65; J. Hardman: Louis XVI, New Haven, London, 1993, S. 27–56; D. Roche: France des Lumières, Paris 1993.

30 Zur weiteren Information über den Optimismus bei der Thronbesteigung des neuen Königs vgl. Hardman (wie Anm. 29), S. 17–56; auch: F. Venturi: The End of the Old Regime in Europe 1768–1776, übers. v. R. Barr, Princeton 1989, S. 359–364.

31 François Quesnay: François Quesnay et la Physiocratie, hrsg. v. A. Sauvy and L. Salleron, Bd. 2, Paris 1958, S. 973. Zur weiteren Information über diese Lehrmeinung vgl. auch: The Economics of Physiocracy, hrsg. v. Ronald Meek, Cambridge Mass. 1962.

32 Die drastischen Änderungen seines Projekts sind das Ergebnis eines eingehenden Studiums. Dies beweisen zahlreichen Notizen, die die führenden Physiokraten diskutieren, z. B. Quesnay, Mirabeau und Mercier (vgl. IV, iii, 8r–8v, 10r). Diese Notizen befinden sich in derselben Mappe wie die Entwürfe des „Lettre à Maurepas".

Célibat introduit dans presque toutes les Troupes de l'Europe, et en France plus
qu'ailleurs, plaie funeste à la population. Mariages des Soldats doivent être encouragés.
Enfans mâles provenans de ces mariages, classés en naissant; elevés par le Gouvernement, et formant ainsi, en quelque sorte, une nation militaire au milieu de la nation.[33]

Zweifellos ist es bedeutungsvoll, daß der erst 32jährige Guibert gerade
eine Position im Kriegsministerium von St. Germain erworben hatte.[34]
Lenz verschlang das Buch schon bevor er nach Weimar fuhr. Er hatte
das Exemplar der Straßburger Stadtbibliothek für seine Reise gestohlen:
„ich glaubte er sei im Getümmel getragen worden", so beschreibt Röderer den Zustand des Bandes, nachdem Lenz ihn zurück nach Straßburg
geschickt hatte.[35] Jedoch in Weimar hat Lenz sich noch einen Guibert
von Goethe ausgeliehen.[36] 1776 bildete die Armee den Schwerpunkt der
politischen Debatten in Versailles.[37] Die demütigenden Niederlagen der
Franzosen gegen die Preußen während des Siebenjährigen Krieges[38] und
die ständig wachsenden Militärausgaben führten zu deutlichem Reform-
druck. Dramatisch erklärte Guibert, daß, da die Armee eine Mischung
aus dem Abschaum der Gesellschaft und aus fremden Söldnern darstellte, es einer erneuerten Verbindung zwischen Gesellschaft und Soldaten
bedürfe. Jede Vision einer neuen Armee, besonders einer, die von ech-
tem Patriotismus erfüllt wäre, erfordere eine grundsätzliche Änderung
nicht nur der Armee, sondern auch der Gesellschaft, die von jener ge-
schützt werden sollte. Sogar in den *Politischen Nachrichten* von Wielands
Teutschem Merkur dominieren seit 1775 Berichte über die Reformen des

33 J. A. H. Guibert: Essai général de Tactique, Bd. I, London 1772, cxli–cxlii. Hill deutet
    hin auf die Verbindungen zwischen Lenz and Guibert. Vgl. Hill: Lettre d'un soldat
    Alsacien (wie Anm. 12), S. 10.
34 Vgl. W. Doyle: Venality and the Sale of Offices in Eighteenth Century France, Ox-
    ford 1996, S. 134 f.
35 Vgl. Röderer an Lenz, Strasburg 23. 5. 1776, III, 451. Es geschah nur auf Salzmanns
    Bitte, daß Lenz das Exemplar nach Straßburg zurückschickte; vgl. Salzmann und Rö-
    derer an Lenz, Straßburg 16. 4. 1776, III, S. 429.
36 Vgl. Lenz an Goethe und Seidel, bei der Abreise nach Berka, 27. 6. 1776, III, 472 bis
    474. Vgl. auch Goethe an Lenz, Juli 1776, III, 477: „Hier ist der Guibert […] Da ist
    ein Louis d'or […] leb wohl und arbeite Dich aus wie Du kannst und magst." Wenn
    Goethe einen Guibert gelesen hätte, ist es desto unergründlicher, daß er Lenz' Stu-
    dium und Projekt zu verspottete.
37 Für den folgenden Abschnitt vgl. W. Doyle: Revolution, S. 13, 30–32; M. S. Ander-
    son: War and Society in Europe of the Old Regime 1618–1789, Glasgow 1988,
    S. 158–164, 196–201.
38 Eine Niederlage, auf die Lenz in „Die Soldaten" anspielt. Vgl. III iv, I, 222.

Kriegsministeriums St. Germains.[39] Deswegen war die Idee, „ein großes Memoire an den französischen Kriegsminister" zu schicken, vielleicht gar nicht so lächerlich, wie es Goethe fast vierzig Jahre später erschien.

Wie die Archive beweisen, war die Schlüsselfigur, auf die Lenz sich konzentrierte, der Comte de Maurepas. Aber wer war er? Als Verbannter unter dem vorigen Regime wurde er 1774 von Ludwig XVI. zurückgerufen, damit der König sich auf einen Außenseiter bei der Leitung der neuen Regierung verlassen konnte. Obwohl er keine offizielle Position innehatte, war er eigentlich der Mentor und Hauptberater des jungen Königs.[40] Bis zu seinem Tod 1781 blieb er Schlüsselfigur bei Ernennung und Entlassung des ministerialen Personals, auch überwachte er genau alle politischen Entscheidungen der verschiedenen Ministerien. Für die Öffentlichkeit blieb er jedoch eine eher im Hintergrund agierende Gestalt, die die Fäden der Regierung aus der Abgesvhiedenheit ihres Appartements zog, das sich unmittelbar über dem des Königs befand. Obwohl der *Teutsche Merkur* keineswegs als die einzige Informationsquelle anzusehen ist, ist die Tatsache, daß in dessen *Politischen Nachrichten* Maurepas' Name kein einziges Mal von November 1775 bis April 1776 erwähnt wird, ein Beweis für sein Inkognito. Die Berichte geben nur Informationen über die Reformen von St. Germain und über den Physiokraten Turgot, dem Finanzminister (Contrôleur-Général des Finances). Im Mai 1776, nach einer Reihe von Krisen, besonders „La Guerre Farine" von 1775 („Der Mehl Krieg"), der auf Turgots Durchsetzung eines freien Marktes für Getreide zurückzuführen ist, wurde dessen Position unhaltbar. Das Juni-Heft des *Teutschen Merkur* schrieb die Schuld an Turgots Entlassung einer bestimmten Person zu: „Übrigens ist die allgemeine Meinung, daß der Herr von Maurepas die Ursache der Ungnade des

---

39 Z. B. in: Der Teutsche Merkur, Februar 1776, S. 198: „Man redet hier von nichts als den Verbesserungen und neuen Anordungen des Grafen von St. Germain." Erst ab November 1775 sind „Die Polischen Nachrichten" am Ende jeder Ausgabe zu finden. Normalerweise sind sie nicht länger als fünf Seiten und sie erstatten kurze, teilweise eigenartige Berichte über Ereignisse an den verschiedenen europäischen Höfen. Zwiefellos hat Lenz sie gelesen, wenn auch nicht immer sofort, vgl. Wieland an Lenz, Weimar, Oktober 1776, III, 506: „Ich weiß nicht wieviel Merkure Dir fehlen – komm und hole sie selbst."

40 Vgl. Hardman: Louis XVI (wie Anm. 29), S. 27–56. Wilson ist nicht zuzustimmen, wenn er behauptet, daß Maurepas der Mentor Louis XVI. erst nach dem Sturz Turgots geworden sei (vgl. Wilson (wie Anm. 2), S. 80, Anm. 49). Seit 1774 hatte Maurepas einen unübertroffenen Zugang zum König und einen großen Einfluß auf ihn. Als Turgot in die Regierung am 24. 7. 1774 eintrat, bekam er von Maurepas zuerst die Stelle als Ministre de la Marine, um ihn unter Kontrolle zu halten. Nach einem Monat wurde Turgot zum Contrôleur-General des Finances ernannt.

Herrn Turgot ist".[41] Ab Mai 1776 trat Maurepas öffentlich in Erscheinung, um mit die Regierung seinem Willen entsprechend zu lenken.
Dabei ist der Umfang seiner Macht zum ersten Mal öffentlich anerkannt
worden.[42] Das seit 1774 existierende Verhältnis wurde durch die politischen Ereignisse vom Frühjahr 1776 gefestigt und im Sommer 1776
weithin bekannt: „Der König setzt in diesen Mentor ein Zutrauen ohne
Schranken; er bringt beynah alle Abrede bey ihm zu".[43]

Um den *Lettre à Maurepas* genau zu datieren, ist die Enthüllung der
Macht und des Einflusses Maurepas' wichtig. Lenz wird vom Sturz Turgots spätestens Ende Mai 1776 von Röderer erfahren haben, da dieser
ihn über die politische Lage in Versailles informierte.[44] Mit der Zielsetzung eines Briefes an Maurepas scheint Lenz direkt auf die politischen
Umwälzungen vom Mai 1776 zu reagieren. Auch deuten seine Briefe
darauf hin: Im Juli erzählte Röderer, wie der Hof in Versailles derzeit
höchst unaufgeschlossen gegenüber allen „auswärtigen Angelegenheiten"
sei. Er fügte hinzu, daß Turgot schon entlassen sei.[45] Schon vor Lenz'
Rückzug nach Berka Ende Juni war Turgot ein Politiker von gestern.
Auch St. Germain war Ende Mai deutlich unter den Einfluß Maurepas'
geraten.[46] Infolgedessen wurde einem aufstrebenden Reformer mit einer
„auswärtige[n] Angelegenheit" mehr als deutlich, daß ab Juni 1776 der

41 Teutscher Merkur, Juni-Heft 1776, S. 308. Vgl. auch D. Dakin: Turgot and the An-
    cien Régime in France, London 1939, S. 252–265. Das Juni-Heft erschien erst im Juli.
42 Ebenda: „Man sagt sogar, daß alle die andern Minister, jeder in seinem Fache, sich
    zuvor mit dem Herrn von Maurepas wegen aller Entwürfe verabreden sollten, ehe sie
    dieselben im Rath vorbrächten."
43 Ebenda.
44 Röderer an Lenz, Strasburg 23. 5. 1776, III, 448–454. Lenz' Antwort auf diesen Brief
    ist verloren, aber aus dem nächsten Brief Röderers geht hervor, daß Lenz einen Brief
    abschickte (vgl. Röderer an Lenz, Strasburg 4. 6. 1776, III, 462 f.).
45 Röderer an Lenz, Strasb. 4. 6. 1776, III, 462: „Ich widerrufe die Nachricht von Mr.
    Turgot in sofern: Er hat zwar seine Dimission ist aber nicht in Ungnade, sondern hat
    nur des Lärms wegen seine Entlassung bekommen, übrigens aber wird der Ökono-
    mieplan fortgeführt werden." Dieses Argument ist einer der Schlüsselpunkte Wilsons
    (vgl. Wilson (wie Anm. 2), S. 66–75). Der spätere unrichtige Bericht Röderers über die
    Wirtschaftsreformen trotz Turgots Sturz, hätte Lenz nicht von der Gewißheit, daß
    Maurepas die Schlüsselfigur der Regierung war, abgelenkt.
46 Es war kein Zufall, daß St. Germain als Minister ernannt wurde, da gleichzeitig Mau-
    repas eine stärkere Position annahm, von der aus er alle ministeriellen Tätigkeiten,
    St. Germains einbegriffen, kontrollieren konnte. Diese Änderungen werden in den
    „Politischen Nachrichten" des „Teutscher Merkur" wiedergespiegelt, wobei die
    Macht Maurepas' betont wird: „Der Graf von St. Germain ist heute Minister gewor-
    den, und hat in dieser Würde schon Sitzung im Staatsrath genommen. In seinem Fa-
    che hat sich nichts neues begeben." („Teutscher Merkur", Juni-Heft 1776, S. 308.)

einzige Weg, in die geschlossene Welt von Versailles einzudringen, ein
Aufruf an ihre Schlüsselfigur war: d. h. an Maurepas selbst.

Der Nachlaß zeigt, daß das Projekt eine Reihe von Versuchsphasen
durchlief. Es gibt Abhandlungen, die an St. Germain gerichtet sind,
Entwürfe von Briefromanen, Einleitungen zu ganzen Büchern, auch
Gesetzentwürfe wie die *Loix des femmes soldats*. Jedoch die Handschriften
in Kasten IV, Mappe iii, deuten darauf hin, daß das Projekt in eine möglicherweise letzte Phase überging, in eine Fassung, die sich nach Form,
Inhalt und Stil deutlich unterscheidet. Auf der ersten Seite wird die Mappe wie folgt betitelt: „Brief an den Minister Maurepas über die Möglichkeit Frankreich durch ackerbauende Militär-Kolonien zu heben".[47] Die
Mappe enthält 36 auf Französisch verfaßte Seiten. Es gibt zwei Teile,
worin der *Lettre à Maurepas* fast zum Abschluß gebracht wurde.[48] Beide
beginnen als Reinschriften, wurden aber später geändert. Trotzdem
konnte der hier vorgelegte Brief zu einem endgültigen Abschluß gebracht werden, selbst wenn der letzte Absatz höchstwahrscheinlich später hinzugefügt wurde. Die beiden Entwürfe wurden auf verschiedenen
Papiersorten geschrieben, aber beide sind von höchster Qualität im Vergleich zu den anderen Handschriften, selbst zur Reinschrift von *Über die
Soldatenehen*. Die Handschriften sind auch wesentlich größer, und der in
Frage stehende Brief ist 22 x 32,5 cm. In beiden Briefen beschränkt sich
die Handschrift auf die linke oder rechte Seite, wobei die Ränder breiter
als der Text sind. Diese Form der Handschriften deutet darauf hin, daß
der *Lettre à Maurepas* als ein konventioneller und nicht als ein fiktionaler
Brief konzipiert wurde. Die endgültige Phase des Projekts unterscheidet
sich in zweierlei Hinsicht:

Erstens wendet sich Lenz direkt an Versailles. Nach dem Fehlexperi-
ment eines Briefromans entschließt er sich, einen persönlichen Brief an
bestimmte Minister abzuschicken. In der Tat kommt es einem so vor, als
wolle er ein ganzes Briefnetz über verschiedene Ministerien spannen. In
dem *Lettre à Maurepas* ist ein Verweis auf einen weiteren Brief zu finden,
worin die Debatte um Les Invalides behandelt wird. Offensichtlich bezieht er sich auf den *Lettre d'un soldat alsacien*.[49] Auch in diesem steht ein

---

47 Zur Geschichte der Katalogisierung der „Lenziana" vgl. Hill: Bericht (wie Anm. 8),
    S. 120.
48 Vgl. IV, iii, 20r–25r. Der Entwurf des „Lettre à Maurepas" besteht aus den folgenden
    Handschriften-Seiten: IV, iii, 1r–6v. Ein dritter Entwurf, IV, iii, 26r–28r, bietet eine
    alternative Einleitung an. Dieser beginnt als Reinschrift, auch wenn er auf Konzept-
    papier geschrieben ist, was auf eine frühere Fassung hindeutet.
49 IV, iii, 5v, worin Lenz sich über seine Vorschläge ausspricht: „dont j'ai plus comple-
    tement traité dans la lettre que j'ai pris la liberté d'adresser à M. le Comte de St. Ger-
    main".

Verweis auf einen an Maurepas adressierten Brief, worin es sich um „un projet" über Änderungen der Erbschaftsrechte handelt: „Si le project qu'un de mes amis un Auteur dernierement {a formé et qu'il m'a dit d'avoir} [a] communiqué a Monseign. le Comte de Maurepas".[50] In einem weiteren Entwurf findet sich noch ein Verweis auf einen dritten Adressaten, le Prince de Montbarey, der eine Position im Kriegsministerium innehatte.[51] Es scheint, als ob Lenz sich entschlossen hätte, eine konzentrierte Kampagne zu lancieren, worin er verschiedene Rollen spielen würde, z. B. der „soldat alsacien" in bezug auf die Frage von Les Invalides, aber die Rolle eines „auteur" für sein Hauptprojekt in dem *Lettre à Maurepas*.

Zweitens unterscheidet sich diese letzte Fassung durch die Form. Die „poetischen Grillen" von *Über die Soldatenehen* werden von einer Reihe ausführlicher sozioökonomischer Argumente abgelöst. Als er seinen *Lettre à Maurepas* höchstwahrscheinlich im Spätsommer 1776 niederschrieb, hatte man für die Probleme des französischen Reiches immer noch keine Lösung gefunden. Der Bedarf, mit einer neuen Politik dem Zusammenbruch Frankreichs entgegenzuwirken, war dringend wie nie zuvor, und durch seinen *Lettre à Maurepas* springt Lenz in die Bresche. Überdies versucht er, sein Projekt auf das neue, durch Maurepas verkörperte konservative Klima zuzuschneiden. Lenz hoffte, diesen bei einer persönlichen Audienz zu überzeugen.[52] Der Umfang des Projekts erweitert sich sehr. Obwohl er noch als „le point principal de mon projet" bezeichnet wird, ist der Begriff der ‚Soldatenehe', der erstmalig vom Obristen in *Die Soldaten* gebraucht wurde, jetzt in ein Wirtschaftsschema eingebaut. Lenz paßte seine Ideen der politischen Hauptrichtung an. Indem er die Problematik des Militärs, dessen soziale wie finanzielle Kosten als auch seine Leistungen mit den Schwierigkeiten der Landwirt-

---

50 Hill: Lettre d'un soldat Alsacien (wie Anm. 12), S. 24, IV, vi, 4v. Es ist möglich, wie Hill behauptet, daß der „Lettre d'un soldat Alsacien" „is the only surviving example of how he [Lenz] might have set about constructing [an epistolary novel]" (ebd., S. 15; vgl. Hill: Bericht (wie Anm. 8), S. 123). Da es einen Verweis auf einen anderen Brief, der nicht der Form eines Briefromans entspricht, gibt, ist sein Argument fraglich.

51 Vgl. IV, iii, 25v: „je me rapporte a ce que j'ai ecrit sur ce sujet a Msgeur le Prince de Montbarey". Nach seinem Rücktritt im Sommer 1777 aus Gesundheitsgründen, ernannte St. Germain den Prince de Montbarey zu seinem Nachfolger (vgl. J. Hardman: French Politics 1774–1789: From the Accession of Louis XVI to the fall of the Bastille, London , New York 1995, S. 53. Vgl. Hill: Lettre d'un soldat Alsacien (wie Anm. 12), S. 8).

52 Aus den drei Entwürfen ist dieser der einzige zu Ende gebrachte, auch wenn der Schluß widersprüchlich ist. Obwohl er als „une lettre anonyme" beginnt, versucht Lenz am Ende ein persönliches Treffen mit Maurepas zu erreichen, um seine Pläne zu besprechen.

schaft zusammenbrachte, hoffte Lenz, zwei Fliegen mit einer Klappe zu
schlagen, und das auf höchst originelle Art. Wie die Physiokraten behauptete Lenz, daß das Wirtschaftswachstum völlig von einem Landwirt-
schaftsdurchbruch abhänge.[53] Deswegen vereinigt er seine Militärpläne
mit einem Plan für eine Landwirtschaftsrevolution, wenn auch nicht auf
die militante Weise, die Köpkes Betitelung *Militär-Kolonien* vermuten läßt.
Lenz begriff schnell einen der Hauptgründe von Turgots Sturz: die Tatsache, daß seine Politik einen zu starken Angriff auf die herrschende
Klasse darstellte.[54] In seinem Projekt paßte sich der *Einsiedler in Berka*
schnell an die politischen Umwälzungen in Versailles an, wobei er ver-
mied, die eifersüchtig gehüteten Sonderrechte der Adligen zu verletzen.
Obwohl er sich auf die Physiokraten stützte, strebte Lenz danach, den
Status quo zu untermauern.

Wegen der komplizierten Natur des Projekts und der vielschichtigen
Historiographie, die eine vollständige Erklärung erfordern würde, ist es
hier nur möglich, einen Überblick über die Argumentation und eine
Analyse der Kernelemente zu geben. Der Brief spaltet sich deutlich in
zwei Teile auf. Der erste beschäftigt sich mit den wirtschaftlichen Problemen Frankreichs, vor allem mit den Staatsschulden und der Landwirtschaftsreform, der zweite Teil enthält Lenz' Vorschläge. Schon der erste
Absatz beweist die Reife des Projekts. Im Gegensatz zu *Über die Soldatenehen* gibt es weder Unsicherheiten, noch poetische Appelle. Nach den
vorigen Entwürfen ist er eindeutig ernsthafter, weil Lenz endlich den
treffenden Ton für einen formellen Brief findet, der ehrerbietig und
bescheiden und noch dazu mit einem Treueeid an den König ausgestattet ist. Die Argumentation folgt einer Richtung, die auch in einem früheren Entwurf zu finden ist, der sich mit der Möglichkeit eines neuen
Krieges gegen England in Amerika beschäftigt.[55] Die folgende Beschreibung der Verschuldungskrise, worin er auch eine eingehende Behandlung der Abzahlung der Schulden aus dem Siebenjährigen Krieg vorstellt,
erleichtert die Darstellung seines eigenen Projekts.[56] Die erdrückende

---

53 Vgl. W. Doyle: The Old European Order, Oxford 1992, S. 28: „Not until agriculture
    is able to feed and sustain large towns can economic life diversify, specialise, and
    bring forth productive innovations".
54 F. Venturi (vgl. Anm. 30), S. 351–376.
55 Vgl. IV, iii, 1r: „On ne parle partout que d'une nouvelle guerre. Je laisse aux lumieres
    superieurs de V. E. a decider si la position actuelle de la France". IV, iii, 1r.; vgl. auch
    II, IV, iii, 20r.
56 Ideen zu einer Staatsbank, die in früheren Entwürfen so dominierend sind, werden
    nur beiläufig erwähnt, wobei Lenz darauf hoffte, sie weiter bei einer Audienz zu erklä-
    ren: „on pourroit peut etre penser a une maniere plus solide de rebattre les dettes
    d'Etat en les tournant comme il semble avoir été la premiere intention du Regent en

Wirkung des Steuerwesens wird treffend umrissen.[57] Zweifellos über-
nahm er die Grundideen der physiokratischen Lehre, daß Landwirtschaft
und Industrie die einzigen wirklichen produktiven Tätigkeiten waren,
und daß die Regierung eine intervenierende Rolle bei der Förderung für
die zukünftige Sicherheit der Nation, finanziell wie militärisch, spielen
sollte.[58] Nach Lenz sei die Regierungsmanipulation der Märkte, so wie
bei Turgots katastrophaler Liberalisierung des Getreidehandels, kein
Ersatz für das Eingreifen der Regierung in die Landwirtschaft.

Lenz befürwortet eine viel tiefegreifendere Art der Regierungsinter-
vention, eine, die die Basis seines Projekts bildet: „Attirer les richesses a
la campagne restera toujours le plus haut point de vue pour l'homme
d'etat qui ne veut pas construire des projets en l'air" (IV, iii, 3r).[59] Keineswegs ist Lenz einfach in einer „Ideenwelt" verloren, sondern er beschäftigt sich mit alltäglichen Angelegenheiten wie Ackerbau und Steuern.[60] Sich des politischen Klimas bewußt, vermeidet es Lenz, eine
radikale Überholung des offensichtlich ungerechten Steuerwesens zu
befürworten, da gerade dies der entscheidende Faktor beim Sturz Turgots gewesen war. Statt dessen vertritt er eine eher konservative Politik,
die Maurepas gefallen hätte: Lenz schlägt eine ständig zunehmende Besteuerung vor, wobei er mit der Erhebung einer indirekten Steuer auf
Getreideverkauf anfängt, wie es in England und Preußen schon üblich
war.[61] Diese Politik war leichter einzuführen. Sie wäre über die ganze
Gesellschaft verteilt gewesen, ohne einen Angriff auf Adel und Kirche
darzustellen. Dies jedoch wäre bei Turgots geplanter Einführung einer
direkten Steuer statt des unbeliebten Straßenfrondientes („corvées") der
Fall gewesen. Noch wichtiger war für Lenz das Erbschaftsrecht, das sich
von dem anderer europäischer Länder unterschied: „le germe de tous les
maux public" (III, iii, 4r). Lenz zufolge war es wegen der ständigen Neu-
aufteilung des Landes und dem daraus resultierenden Streifenackerbau
die Ursache des schlimmen Zustandes in der französischen Landwirt-

---

Actions et faire donc Banque […] mais tout cela exigeroit un entretien plus long et
personnel avec V. E" (IV, iii, 6v:).

57 IV, iii, 2r.
58 Ebenda.
59 Diese Idee ist auch in einem vorhergehenden Entwurf zu finden (vgl. IV, iii, 25v).
    Jedoch macht Lenz diese Vorschläge in dieser Fassung schon deutlicher.
60 Vgl. IV, iii, 3r: „Plus ces cultivateurs de terre sont capables de reproduire, {d'autant}
    ils payeront d'impots(,) {d'autant} plus le credit public renouvella ses forces et rani-
    mera en même temps le commerce et l'industrie".
61 Zur weiteren Information über das französische Steuerwesen vgl. C. B. A. Behrens
    (vgl. Anm. 28), S. 74; vgl. auch D. Roche (vgl. Anm. 28).

schaft.[62] Unter jedem französischen Rechtssystem wurde war eine Art
teilbare Erbschaft vorgeschrieben. Besitztümer wurden so zwischen den
Erben der folgenden Generationen aufgeteilt. Das führte dazu, daß der
Familienbesitz ständig der Gefahr ausgesetzt war, immer kleiner zu werden, wohingegen er in anderen Ländern durch die Vererbung an den
ältesten Sohn zusammengehalten wurde. In Frankreich wurde rund ein
Viertel des Bodens, der den Bauern gehörte, unwirtschaftlich streifen-
weise bebaut. Dies betraf auch die Pächterbauern. Eine grundsätzliche
Änderung dieses Erbschaftsrechts gehörte zum Kern des Projekts.

In dem *Lettre à Maurepas* faßte Lenz die in früheren Entwürfen vorge-
führten Argumente zusammen. Er stellt eine Form der Regierungsinter-
vention dar, die eine Reorganisation der wirtschaftlichen Druckmittel
verlangte. Diese waren durch das Rechtssystems schon vorhanden und
standen dem Staat nahezu ohne Kostenaufwand zur Verfügung. Durch
diese Änderungen der Heirats- und Erbschaftsgesetze sollte die Landwirtschaft stimuliert werden. Die Logik ist einfach:

> S'il etoit possible de lier ces gens entre eux par des mariages considerables(,)
> d'aggrandir et d'arondir par consequent leurs fonds(,) leur betail, leurs valets pour que
> cela ne fit qu'une masse, ces secours mutuels les mettroient bien. (IV, iii, 4r)

Die Ehe unter den landbesitzenden Bauern sollte rationalisiert werden,
wobei eine Welle von Kapitalakkumulation und neue Arbeitskraft für
industrielle Expansion und Diversifikation über die Arbeitsteilung ausgelöst werden sollte. Die Vereinigung der Mittel würde zu einer wesentlichen Produktionsankurbelung führen, weil Bauernhöfe eine lebensfähige
Größe hätten. Diese Theorie erscheint logisch, aber die praktische Um-
setzung ist zweifelhaft. Lenz will jedoch keinen direkten Zwang für die
Ausführung seines Projekts ausüben und sich lieber auf die subtilen
Kräfte der Wirtschaft verlassen. Nachdem er die Logik der Verbindung
zwischen Kapital und Boden durch rationale Ehen erklärt hat, wird der
Plan für die schon erwähnte und in einem anderen Entwurf formulierte
Reform der Erbschaftsgesetze herbeizitiert.[63] Lenz hebt hervor, wie
schädlich die aktuellen Gesetze für das moralische Gefüge der Gesellschaft seien, weil sie Frauen marginalisieren:

---

62 Vgl. IV, iii, 4r:: „C'est l'indigence des cultivateurs, la petitesse de leurs terres qui
    augmente la raison de leurs depenses annuelles sans cependant augmenter leur profit,
    le manque de population(,) c'est a dire d'une population capable a se soutenir(,) par
    consequent l'accroissement continuel des terres en triche et tous les autres inconve-
    niens de la petite culture telle qu'elle est actuellement en France".
63 Ganze Absätze aus früheren Entwürfen werden in diesen Brief integriert, vgl. IV, iii,
    4r–4v mit IV, iii, 22r „ayant aboli…".

> Le libertinage universel des moeurs ecarte les jeunes *gens de bien* {richards} du mariage, pour les autres il serait plus souhaitable qu'ils ne se mariassent pas, les voila en possession des terres pendant que leurs pauvres soeurs desesparentes d'avoir d'epouse propre a les soutenir ou s'abandonnent au libertinage ou trainent leur vie miserablement en service etranger. (IV, iii, 4v)

In allen Einzelheiten macht Lenz die den Frauen offenstehenden beruflichen Chancen deutlich. Die Ehe wird eher als wirtschaftliche denn romantische Verbindung behandelt, aber vergessen wir nicht, daß die damaligen Alternativen Prostitution und Dienstarbeit waren. Statt eines Versuches, Frauen zu sexuellen Sklavinnen zu machen, zielt Lenz darauf, ihnen eine zentrale Position innerhalb des Wirtschaftswesens zuzusprechen.[64] Dies wird die Hauptinnovation des Projekts: Lenz verlangt, daß die älteste Tochter die Erbin des Kapitals wird, wohingegen die Söhne den Landbesitz erben, was die Vereinigung von Land, Arbeitskraft und Kapital durch Heirat erleichtern würde, weil die Söhne mit Land, aber ohne Kapital, die Töchter hingegen mit Kapital heiraten:

> Quel mal en resulteroit il, si par un arret universel on etablissoit que dornavant les heritages des fonds paternels ne resteraient que pour la fille ainée tandis que le frere aurait la legitime et iroit chercher a gagner la vie le mieux qu'il pourroit. Je {vai} Vous enumerer ces maux Mons. et laisse exprès la chose entierement a Votre decision – (IV, iii, 4v)[65]

In der folgenden Erklärung der möglichen Vorteile einer solchen Politik werden die Landwirtschaftsvorschläge mit denjenigen zum Militär vereinigt. Lenz ruft die schon bekannten Argumente über den chaotischen Zustand der französischen Armee auf:

> En voila [die Armee] actuellement {presque rien qu'}une grande foule – de deserteurs si non en tems de paix(,) encore beaucoup plus pernicieusement en tems de guerre. Et pourquoi cela? Parce que l'attachement au sol leur manque (IV, iii, 5r)[66]

Jetzt werden diese Argumente innerhalb eines breiten Kontextes wiedergegeben. Dies führt zu stichhaltigen Gründen für die Bindung von Soldaten an das „patrie" (Vaterland). Lenz erinnert an das römische Vorbild: an den Brauch, jedem Soldaten ein Grundstück als Bezahlung oder Pension für seinen Dienst und seine Loyalität zu geben. Diese Politik

---

64 Vgl. Wilson (wie Anm. 2), S. 61–65: „Lenz versteckt sich hinter der Fassade einer bürgerlichen Liebesehe, die keine ist."
65 Dieselbe Argumentation findet sich auch in einem anderen Entwurf; vgl. IV, iii, 20r – 25v.; vgl. Gibbons (wie Anm. 4), S. 209–215.
66 Vgl. Über die Soldatenehen (II, 794 f.).

wollte er einführen, damit die Soldaten an das Land gebunden würden.[67] Zweitens drückt er seinen ursprünglichen Begriff der ‚Soldatenehe' aus: „Dans le tems de leurs congés ils ir{a} [*sic*] s'introduire dans les maisons des paysans(,) ils travailler{a} [*sic*] pour eux, il se choisira une femme" (IV, iii, 5r). So werden Soldaten als eine zweite, staatsbezahlte Arbeitskraft beim Ackerbau eingesetzt. Das ureigene Interesse dieser Soldaten würde sich nun auf die Aussicht, eine Ehe zu schließen, gründen, verbunden mit der daraus folgenden Kapitalanschaffung durch die reformierten Erbschaftsgesetze und auf ein als Pension erhaltenes Grundstück. Wirtschaftliche Logik würde die Bauern, Frauen und Soldaten ‚behutsam' dazu zwingen. Gleichzeitig bindet sich der Soldat an das Land, und er kämpft desto effektiver auf dem Schlachtfeld. Frauen würden jedoch nicht zu einer besseren Art von Prostitution gezwungen, wie sie z. B. in der Schlußszene von *Die Soldaten* oder in Lenz' Beschreibung des Loseziehens in seinem Brief an Herder beschrieben wurde.[68] Statt dessen bestimmt Lenz sehr genau, daß die Einwilligung der Frau eine Vorbedingung jeder ehelichen Verbindung sei: „Lorsqu'elle *consent* (darein einwilligt) […] il ne travaille que pour elle" (IV, iii, 5r).[69] Dies widerspricht der Behauptung Wilsons, „zum Kern der ‚Vision' gehörte, daß die Frau zur Prostituierten für den Staat wird".[70] Bei Lenz wird aber, wenn überhaupt, nicht die Frau, sondern der Mann zum Sklaven gemacht. Eigentlich kann man gerade die Frauen als treibende Kraft des Projekts betrachten, weil sie der Prostitution entgehen konnten. Im 18. Jahrhundert hatte allein Paris 28.000 Prostituierte.[71] Hier wird das moralische Element des Projekts sehr sichtbar.

Im Herbst 1776 integrierte Lenz den ursprünglichen Begriff der ‚Soldatenehe' in ein breiteres, wirtschaftlich und moralisch zugespitztes Projekt. Er machte zur Auflage, daß es fortan die Pflicht des Mannes sei, der

---

67 IV, iii, 5r: „Comme il y a longtems que le militaire demande une reforme solide, c'est a dire qu'on lui inspire l'esprit des anciens veterans chez les Romains(,) qui autrefois faisait trembler la terre […] Chaque soldat aura un refuge après avoir vielli sous armes". Am 25. März 1775 hatte St. Germain das Anrecht auf eine Pension für Soldaten, die mehr als einen 16jährigen Dienst bei der Armee geleistet hatten, abgeschafft (vgl. Hill: Lettre d'un soldat Alsacien (wie Anm. 12), S. 6 f.).

68 Lenz an Herder, Straßburg, 20. 11. 1775, III, 353 f.

69 Hervorh. J. G.

70 Vgl. Wilson (wie Anm. 2), S. 63–65.

71 Vgl. F. Henriques: Prostitution and Society, London 1962–68, Bd. 3, S. 36. Auch N. Roberts: Whores in History – Prostitution in Western Society, Grafton 1993, S. 178. Die moralische Seite des Projekts wird auch in „Über die Soldatenehen" deutlich: „Der Mangel und die Unmöglichkeit zu heuraten treibt diese Leute herdenweise zusammen um in dem Getümmel großer Städte und dem Rausch viehischer Ausschweifungen die Bedürfnisse des Lebens zu vergessen." (II, 822)

Frau eine Mitgift anzubieten.[72] Die Armee bürgt auch dafür: „le chef du Regiment sera garant chez le pere ou le tuteur de la fille pour les avances requises de 2 beufs [*sic*] et d'un cheval" (IV, iii, 5r). Während seines Urlaubs würde der Soldat beim Bebauen des Landes helfen, aber auch seinen Sold bekommen, den er wiederum in das Land investieren könnte. Im Endeffekt würde die Armee die Mittel dafür bereitstellen, wodurch der Staat Kapital und Arbeitskraft für die erwünschte Stimulierung der Landwirtschaft bekommen und das Steueraufkommen wachse. Lenz faßt dies zusammen:

> Voila donc un fonds vivant que le Ministere assigneroit a l'agriculture, voila qui [*sic*] s'appeleroit aussi bien attirer les richesses a la campagne, que lorsque le Roi feroit distribuer des especes aux agriculteurs Deux cent mille tous emploies [eine Zahl, die der Manneskraft der damaligen Armee entspricht] tout d'un coup a la culture des terres y doivent faire un changement sensible. (IV, iii, 5v)

Indem Lenz die Armee zu einem Motor des Wirtschaftswachstums macht, schlägt er gleichzeitig eine gründliche Militärreform vor, die beabsichtigt, den Soldaten durch die Institution der Ehe an den Boden zu binden und dadurch auch eine Dynamisierung der Wirtschaft herbeizuführen. Nur im *Lettre à Maurepas* vereinigt Lenz einigermaßen stichhaltig seine Vorschläge für die Militärreform mit denjenigen für die Landwirtschaft. Auf der Grundlage dieser gekoppelten Reform sollte es der Regierung möglich sein, ohne weitere Ausgaben mit den vorhandenen Staatsgeldern die französische Finanzlage auszugleichen:

> Voila enfin resout le grand probleme economique(:) de faire retourner les depenses publiques au profit de ceux même qui y contribuent. Et tout cela affectué sans que l'Etat en eut pour un denier plus de depenses qu'il n'en a actuellement. (IV, iii, 6r)

Lenz schneidet sein Projekt auf das neue konservative Programm Maurepas zu: Es wird weder staatliche Ausgaben noch drastische Gesetzesänderungen mit sich bringen, nur in den Erbschaftsrechten wird sich einiges ändern: „Tous les autres droits resteront comme ils ont été" (IV, iii, 6r).

Der *Lettre à Maurepas* hebt sich auch durch seinen Schluß deutlich. In seinen früheren Entwürfen versuchte Lenz, sein ganzes Projekt vorzulegen, aber in seinen *Lettre à Maurepas* benutzte er den Brief als ein Mittel, womit er eine Einladung nach Versailles zu erreichen hoffte. Wie der Obrist am Ende von *Die Soldaten* lanciert Lenz eine direkte Auforderung zu einer Audienz, um seine Vorschläge zu erklären:

---

72 IV, iii, 4v: „jusqu'a ce qu'il seroit en etat de deposer chez le tuteur de la fille la valeur de deux boeufs d'un cheval pour le moins sans quelle condition il ne peut l'epouser".

Mais tout cela exigeroit un entretien plus long et personnel avec V. E. que je me reserve si cela peut etre le bon plaisir de V. E. Alors je m'etendrai sur plusieurs matieres
que les termes d'une lettre qui je n'ai que trop transgressé ne m'ont permis que
d'effleurer. (IV, iii, 6v)

Dies bleibt auch dann der Fall, wenn Lenz den Brief später ändert, indem er den letzten Absatz flüchtig und mit anderer Tinte abfaßt, wobei
zum ersten Mal Frustration spürbar ist: „Considerez avant que de jetter
cette lettre, que Rome [...] n'a peri que par des conquètes infructueuses"
(IV, iii, 6v). Die Form dieses Briefes korreliert anscheinend mit seinem
Wunsch, nach Versailles zu fahren; ein Traum, den er im Oktober 1776
immer noch zu realisieren hoffte, wie er an Salzmann schrieb: „Vielleicht
sehen Sie mich einmal in herzoglich sächsischer Uniform wieder. Doch
das unter uns".[73] Noch drei Tage vor seiner Ausweisung aus Weimar ist
Lenz unsicher, ob er mit seinem Projekt in den Händen nach Straßburg
zurückfahren wird.[74] Vielleicht war es dieser Plan, an den sich Goethe
etwas verschwommen in *Dichtung und Wahrheit* erinnert. Auf jeden Fall
wäre ein solcher Entwurf zweifellos ein glaubwürdigeres Mittel gewesen
als mit Hilfe der spekulativen Schrift *Über die Soldatenehen* eine Audienz zu
gewinnen. Es war im Sommer und Herbst 1776, als Lenz, der rätselhafte
„Einsiedler", sich der Vollendung seines Projekts widmete, wobei er
wenigstens den *Lettre à Maurepas* zu Ende brachte. Es war eben dieses
Projekt, das den „Wendepunkt" bestimmte, und nicht die Schrift *Über die
Soldatenehen*, die höchstwahrscheinlich vor seiner Ankunft in Weimar
geschrieben wurde.[75]
  Ich hoffe, durch die Transkription und eine kurze Analyse eines Teils
der in Kraków aufbewahrten „Lenziana" etwas Licht auf Lenz' Tätigkeiten während seines Aufenthalts in Weimar geworfen zu haben. Das „abstruses Projekt" sollte nicht isoliert betrachtet werden. Das reife Projekt
war vielleicht nicht so abstrus, wie es Wilson erscheinen läßt. Das Aus-

---

73 Lenz an Salzmann, Kochberg, 23. 10. 1776, III, 504 f. Es gibt auch einige Verweise
   auf Lenz' Landsmann, dem Geheimen Rat Vietinghof. Lenz hoffte, daß Vietinghofs
   Beziehungen den Zutritt zum Hof von Versailles erleichtern würden. Nach seiner
   Ausweisung aus Weimar erfuhr Lenz folgendes: „Hr. von Vietinghof ist schon lange
   hier durch und hat seinen Sohn (einen Student in Straßburg) mitgenommen." (Lenz
   an Zimmermann, Weimar Ende Mai 1776, III, 460. – Vgl. auch Salzmann an Lenz,
   Strasburg 20. 12. 1776, III, 522, Wilson (wie Anm. 2), S. 67.)
74 Vgl. Lenz an Anna Maria oder Susanna Margaretha Lauth, Weimar 23. 11. 1776, III,
   S. 513.
75 Lenz' Korrespondenz deutet darauf hin, z. B. ein Brief von Lenz an Weidmanns
   Erben und Reich, Weimar [!],1. 4. 1776: „Wollen Sie eine Schrift, die ich unter Händen habe „Über die Soldatenehen" drucken ?" (III, 421)

maß der Handschriften belegt, daß Lenz sich von den Beschränkungen der Literatur entfernte, und der „Wendepunkt" in Weimar eher als ein Fehlschlag seiner politischen und moralischen Ambitionen, denn als ein literarisches Scheitern zu verstehen ist.[76]

Es bleiben Fragen. Eine davon ist, ob Lenz jemals eine vollendete Version des *Lettre à Maurepas* abschickte. Eine Spur wird in *Der Landprediger* sichtbar, sie deutet stark darauf hin, daß er es getan hat, selbst wenn dies Goethes späteren Erinnerungen widerspricht. Zufälligerweise hat der Protagonist Mannheim einen Mentor, der sich einem eingehenden Studium der Wirtschaft widmet, wobei Lenz auch seine eigene Arbeit in der Einsiedelei widerspiegelt. Dieser Mentor „schickte auch oft Verbesserungsprojekte ohne Namen, bald an den Premierminister, bald an den Präsidenten von der Kammer, auf welche er noch niemals Antwort erhalten hatte".[77] Jedoch wird 1777 der Optimismus, mit dem Lenz seine Briefe an Maurepas und St. Germain niederschrieb und höchstwahrscheinlich abschickte, durch eine scharfe Selbstkritik relativiert: „dieser glückliche Mensch [...] mit allen diesen kameralistischen Grillen".[78] Eine eindeutige Antwort auf diese Frage kann nur eine weitere Handschriften-Forschung u. a. in Paris liefern. Der Weg einer solchen Forschung ist nicht leicht, aber unerläßlich für ein Verständnis des „Wendepunkts". Überdies entsteht so auch eine genauere Vorstellung von Lenz' politischen und moralischen Absichten. Obwohl sein Projekt scheiterte und es als „lächerlich, unausführbar [und] phantastisch" abgetan wurde, stellt sich nach den vorliegenden Untersuchungen die Frage, ob wir uns einer solchen Auffassung im Sinne von Raphael Nonsensos Worten in Thomas Morus *Utopia* anschließen sollten:

> Stellen Sie sich mal vor: was geschehen würde, wenn ich anfinge, einem König zu erklären, er solle vernünftige Gesetze einführen oder sich die tödlichen Keime von schlechten Gesetzen aus dem Gehirn austreiben? Man würde mich sofort hinauswerfen, oder bloß verspotten.[79]

---

76 Vgl. James M. Gibbons: J. M. R. Lenz's Der Landprediger: An adaptation of „The Vicar of Wakefield tradition" ? In: Colloquia Germanica, 34.3/4 (2001), S. 213–236.

77 II, 414.

78 II, 415.

79 Thomas More: Utiopia, übers. Ins Engl. v. P. Turner, Harmondsworth 1973, S. 57; hier Übers. Des Autors.

Anhang

J. M. R. Lenz: Lettre à Maurepas

Die Transkription dieses Briefes folgt soweit wie möglich der Handschrift diplomatisch getreu. Orthographie bleibt unverändert erhalten. In wenigen Fällen waren bei fehlender Interpunktion zur Vermeidung von Mißverständnissen Herausgebereingriffe unumgänglich. Stillschweigend wurden die gelegentlich fehlenden Apostrophe (z. B. bei „qu'il" etc.) ergänzt.

[1r] Je ne fais point d'excuses[80] Mons. de Vous interrompre dans Vos occupations respectables par une lettre anonyme. Enchainé par une infinité de details qui ne peuvent qu'empecher et embarasser le coup d'oil libre, toujours le gouvernail en main pour prevenir aux dangers les plus pressans, V. E.[81] ne me saura mauvais gré de quelques combinaisons nouvelles de l'avenir avec le present, necessitées pour ainsi dire par les circonstances actuelles et dont je m'attribue la moindre part. Je suis sur que V. E. les a deja faites elle même, mais il y a quelquefois de l'utilité publique d'avoir ses vues justifiées et confirmées de celles des personnes qui avec le dernier dèsinteressement personnel, se passionnent pour l'interèt de la nation et de leur Roi.

On ne parle partout que d'une nouvelle guerre. Je laisse aux lumieres superieures de V. E. a decider si la position actuelle de la France la demande indispensablement, cependant [1v] comme avec de l'argent on peut toujours faire des conquetes mais les conquètes ne donnent pas toujours de l'argent, sondons un peu les sources d'ou il faudra puiser pour ces nouvelles depenses extraordinaires dans un Royaume ou il y a presque encore un Milliard de dettes seulement du système de Law[82] a la charge du revenú public[83], ou depuis ce projet funeste quoiqu'il le soit devenu uniquement par l'inadvertance et la precipitation de coeux qui etoient a son administration, on a été oblige d'employer toutes sortes imaginables de moiens violens tantôt pour ne pas faire expirer entièrement le credit de la France tantôt pour subvenir aux depenses d'une nouvelle guerre tout de suite au commencement du regne de Louis XV. – je veux dire qu'on a fait des emprunts a l'infinité toujours sur de nouvelles impositions extraordinaires ainsi que leurs interèts l'an 63., deduit les contribu-

---

80 Rechts oben steht mit Bleistift geschrieben: „Brief an den Minister Maurepas über die Möglichkeit Frankreich durch ackerbauende Militär-Kolonien zu heben".

81 = „Votre Excellence".

82 1720 versuchte der Schotte John Law, eine zentrale Bank in Frankreich zu ergründen, damit die Staatsschulden bedient werden können. Die ‚Banque Royale' ist aber schnell zugrunde gegangen und hat eine ganze Generation gezeichnet.

83 Am Rande der Handschrift: „pour ce projet – il faut des nouveaux ressorts du credit pour cela la conservation du credit veut qu'on paye les {regulierement} interets pour paier les interets reguliers il faut mettre de la regularité dans la perception des impots et des revenus publiques pour mettre cette perception sur un pied fixe il faut les proportionner au produit net pour ne pas detruire toutes les sources de l'impot – pour rendre le produit net et ses taxes proportionnées, satisfaisantes aux besoin d'Etat il faut augmenter les avances primitives, attirer les richesses dans la campagne – la France dormirat elle toujours – et quand arriveront dans ce jours fortunés s'il n'arrivent pas actuellement ou tout les exiges. Ecoutez mon plan M. et decidez après]…]".

tions extraordinaires dans les années de guerre 56 – {jusqu'à} 63[84] qui montoient [2r] a 521 millions, pour rembourser les fonds empruntés dans ces 8 années montant {ainsi a} 579 millions[85] {faisoient} annuellement deja {plus de} 41 millions ajoutons y la somme des depenses extraordinaires, {et faisans ça} repartion[86] a un an 65 millions qu'ainsi jusqu'a la paix[87] de {1763}[88] la France payoit deja en impots extraordinaire annuellement 41 millions (+) <u>65</u> (=) 106[89] supposons même que les tontines[90] et les emprunts sur des lotteries retombent au fisque, il est pourtant a ce qu'il me semble moralement impossible de rescherir encore sur les impositions extraordinaires celles ci ayant deja pour ainsi dire detruit chez la nation tout ce qui est capable d'impot(,) je veux dire les avances primitives tant de l'agriculture que de l'industrie n'etant plus en aucune proportion avec leur produits nets. Et comme le commerce et le credit public même ne roule que sur la reproduction solide tant des produits de terre que de ceux de l'industrie je ne vois aucun mojen de retablir l'un et l'autre pour pourvoir aux besoins actuels de l'etat, qu'en restituant en quelque façon aux premiers ressorts de l'etat leurs forces anciennes pour les faire agir après et se reserver(,) pour ainsi dire(,) pendant la paix des ressources valides pour en subvenir un jour aux extremités.[91]

Tel a été Monseigneur le dernier Arret preuve incontestable de la sagesse inimitable du Ministère Francois[92], concernant l'exportation libre du bled. Il n'y a qu'une chose a regretter(,) [2v] c'est qu'{il}[93] ne peut pas avoir[94] tout l'effet desirable, tandis que les services personnels et la derniere misere des agriculteurs de S. M. continuent et qu'ainsi(,) pour

84 Der Siebenjährige Krieg.
85 [rapportoient]
86 repart[ies]tion
87 [de Aachen]
88 Am Rande: „{63} pour rembouser pais conté les frais extraordinaires de cette derniere guerre + pas conté les actes de violence qu'on a fait aux creanciers en leurs fermont pas la caisse d'armes iussemens[?] les lotteries ne peuvent aucunement que comme des impots sous une autre forme seulement(.) + *vid supra*, ces taxes font 68 millions apres les frais [p] des acquisions des taxes precedentes 40 mill aux invalides et l'hotel militaire 7 – 300 000".
89 Im Text werden diese Zahlen als eine Rechenaufgabe geschrieben.
90 *Le Petit Robért:* „Tontines: Associations de personnes qui mettent leurs capital en commun pour jouir d'une rente viagère; cette rente elle-même (reportée, à chaque décès, sur l'ensemble des survivants)."
91 Am Rande: „[...] deduire les avances et faciliter les moiens en faisant et cultiver les champs non par des mercenaires mais par des valets ([unentzifferbar] de leurs mains) par de l'engrais propre qui demanda du betail propre – ce qui demande de l'argent que l'amant donnera de bon coeur a sa future, de sa legitime voila or pour le reste des freres et soeurs il se trouvera toujours des mercenaries pour l'amelioration des chemins M. parce que s'il n'a pas assez pour faire ces sortes d'achats il doit tacher le gagner en mercenaire. Je sais bien que la seule raison qui empeche la repartition uniforme des taxes est la penurie du produit net – mais comme les depenses {avances} annuelles augmentent toujours ces proportion des negligences des avances primitives? il faut tacher par l'augmentation de ceux à hausser le produit net."
92 Eine Anspielung auf Turgot und seine Einführung des freien Getreidehandels.
93 [elle]
94 Am Rande: „on pourrait avec beacoups d'aisisance calculer le produit actuel d'après les dixmes (methode de Shl[?] et par la prendre sa resoures)".

trancher net, il n'y aura rien a exporter. Cependant je n'ai pú assez m'etonner de la hardiesse des representations des proprietaires contre l'Arret de l'abolition des corvées[95] quoiqu'elles puissent etre necessités par leur position actuelle. C'est a dire qui proposoient a S. M. de faire travailler ses troupes aux chemins publics, sans considerer que ces sortes de travaux ne conviennent en aucune façon les troupes et sont tout a fait contraires a l'esprit d'honneur qui doit toujours {faire} le principal aiguillon des militaires. Les travaux publics sont pour les mercenaires, pour les criminels, et non pas un emploi digne d'un defenseur d'etat dont l'esprit, pour le malheur de nos dernieres guerres, n'est deja que trop avili. Mais ces sortes de propositions sont excusables lorsqu'elles [3r] sont suggeré par un espece de desespoir de pouvoir satisfaire de toute autre maniere a la besogne de l'Etat d'avoir les grands chemins reparés au profit du commerce. Si on tachoit de trouver d'autres expedients je ne doutes nullement que les proprietaires qui en tirent le plus grand profit ne consentissent très volontiers que leurs vassaux et fermier payassent leurs corvées en argent, pourvu qu'ils en ayent[.]

Attirer les richesses a la campagne restera toujours le plus haut point de vue pour l'homme d'etat qui ne veut pas construire des projets en l'air. Plus ces cultivateurs de terre sont capables de reproduire,[96] {d'autant} ils payeront d'impots(,) {d'autant} plus le credit public renouvellera ses forces et ranimera en mème tems le commerce et l'industrie. Je sais bien que l'etat actuel des affaires empeche absolument de changer les taxes arbitraires en des taxes[97] proportionnées au produit net, mais du moins on pourroit commencer de longue main a s'y prèter ou a preparer s'il est possible de nouveaux chemins pour prevenir le coup mortel pour les revenues du Roi je veux dire l'impossibilité de ses sujets de rien donner. On pourroit pour cet effet commencer a changer une partie des impositions indispensables {arbitraires} dans un pèage etablie en chaque ville [98] [99] [3v] pour la vente du bled sur le marché proportionné aux cadastres[100] des produits nets de tout le gouvernement qu'on se seroit fait donner,[101] par les preposés des villages. Voila une taxe qui s'etendrait egalement sur tous les branches de l'etat et n'en prejudicieroit aucune. Car quoique le prix des bleds en hausseroit il ne s'ensuit pas que le prix des productions des Manufacturiers en dut hausser aussi, parce que ce n'est pas la chereté de la subsistance – mais la concurrence qui le determine.–[102] [103] Et celle ci continuera toujours dans un etat ou il est plus dangereux de faire les industrieux consolider leur oisivité et prodigalité au prix de leurs travaux que d'exciter leur diligence par la cherté des vivres et a la fin[104] qu'ils

95 Die „corvées" waren eine Art Steuer, zwar eine Zwangsarbeit, wodurch die Konstruktion und Instandbehaltung des französischen Straßennetzes ermöglicht wurden.

96 [de le plus]

97 [produit]

98 [proportionné a]

99 Am Rande: „Difficulté a cause de la minceté du produit net seule qui empeche la distribution equitable des taxes une espace d'aide taxe etablie sur la vente de la premiere main".

100 Eine Landesvermessung, worauf ein Teil des Steuerwesens gegründet war.

101 [et]

102 Am Rande eine unentzifferbare Anmerkung auf Deutsch.

103 Am Rande: „Son avantage inestimable a cause de l'egaité des prix de laquelle depend la suréte des contrats T.11. p.25.26" (diese Zahlen beziehen sich auf Verweise auf ein unbestimmtes Buch).

104 Eine Randbemerkung, die von „et a la fin…" bis „leur marchandises" geht, wird im Haupttext gegeben. Wo sie zum Text gehört, ist mit einem Kreuz bezeichnet.

fassent même hausser les prix de leurs manufactures(;) dans les pays bas les manufactures sont des plus cheres de l'Europe et le commerce n'en fleurit pas moins contez avec cela l'avantage inexprimable de l'egalité des prix a tout occurrence parce qu'en mauvaise saison le marchand aimera plus tot a vendre dedans que dehors ou il doit payer des taxes et en meme tems la certitude des taxes ce qui peut mettre l'industrieux de faire des arrangemens et ses plans a l'avenir avec certitude – tous les autres obstacles seront bientôt levés(.) Il travaillera pas comme a present en incertitude et desespoir, mais avec soin et assurance de trouver du gain malgré la chereté des vivres pourvu qu'il fasse diligence. Voila l'avantage qu'ont les pays agricoles et commercants en même tems et qui manque aux {seul} commercants, parce qu'a raison de vivre ils ne peuvent jamais fixer le prix de leur marchandises. Mais dira t on ces paysans iront vendre leur bled en secret aux marchands ou ils n'ont pas besoin de payer des taxes. Ca revient toujours au meme. Les marchands etant obligés de payer aussi des taxes a l'exportation, leur donneront moins. Supposons de la disette aux pais voisins on pourroit augmenter cette taxe proportionellement a la quantité qui sera exporté, de même si s'en trouve a une province de Royaume. Mais tout cela arrive de lui même, aussi d'après les institutions actuelles.

Mais tout cela[105] {suppose} des mojens de pouvoir fournir du bled. Nous voila au point principal. [4r] Il n'y a que la quantité du bled qui puisse favoriser son commerce[106] en dehors. D'ou la tirer. Il faut que le Gouvernement s'y mele, il faut qu'il y entremette du moins son credit(,) ce qui vaut quelquefois plus que l'argent même. Recherchons les principaux obstacles de l'agriculture telle qu'elle est aujourd'hui.

C'est l'indigence des cultivateurs, la petitesse de leurs terres qui augmente la raison de leurs depenses annuelles sans cependant augmenter leur profit, le manque de population(,) c'est a dire d'une population capable a se soutenir(,) par consequent l'accroisement continuel des terres en triche et tous les autres inconvenices de la petite culture telle qu'elle est actuellement en France. Les vivres n'en sont pas moins cher le prix du bled pas plus bon marché[107] et tous les autres etats de la France languissent avec celle la premiere et la fondamentale du Royaume.

S'il etoit possible de lier ces gens entre eux par des mariages considerables(,) d'aggrandir et d'arondir par consequent leurs fonds(,) leur betail, leurs valets pour que cela ne fit qu'une masse, ces secours mutuels les mettroient bien, tout en etat de faire des choses en grand le reste de ces miserables(,) au lieu de se nourrir miserablement a deux pommes de terre(,)[108] iroit se procurer par des travaux mercenaries de quoi s'acheter dans la suite des fonds considerables ou seuls ou en associations ce qui ne pourroit manquer de leurs reussir pourvu qu'ils y fissent diligence – voila des ouvriers pour les grands chemins – ou s'ils se trouvoient nés pour quelque autre negoce ou[109] {metier} ils les embrasseroient, ou s'ils avoient la hauteur requise ils s'enroleroient au service.

Mais comment engager ces paysans riches de se marier d'unir leurs familles. Et dispersés come ils sont par ci par là comment les rassembler(?)

Ayant aboli jusqu'ici tout ce qu'il nous restoient d'abus des tems feodaux et prejudicieux a nos arrangemens actuelles. Il ne nous en est resté que le principal le germe de tous les

---

105 [demande]

106 Am Rande, sehr schnell geschrieben: „le cri de tous les economiques tant Anglais que Francois d'etablir l'egalité des prix des bleds – ne peut jamais etre examen qu'en mettant en oeuvre les ressorts que je propose".

107 Ein gutes Beispiel für Lenz' unsichere Sprachkenntnisse.

108 Damals wurden eher Kartoffeln als Tierfutter verwendet.

109 [unentzifferbares Wort]

maux public dont nous sentons tous les effets funestes sans jusqu'ici avoir pú en demeler la cause [4v] cachée. C'est l'institution des heritages qui fait le fils ainé heriter [110] universel et en payant la legitime aux autres enfans le [111] exclut en quelque facon des fonds paternel-les. Dans le tems des services personnels cela n'etoit qu'inconsistablement juste {sage} bel et bon pour contenir ces gens par l'attachement au sol sous le service du meme Seigneur dans nos tems ou tout fonds paye sa portion tant en droit seigneriaux qu'au Roi, cela n'est plus ni bon ni necessaire. Le libertinage universel des moeurs ecarte les jeunes gens de bien {richards} du mariage, pour les autres il serait plus souhaitable qu'ils ne se mariassent pas, les voila en possession des terres pendant que leurs pauvres soeurs desesperantes d'avoir d'epouse propre a les soutenir {ou} s'abandonnent au libertinage ou trainent leur vie miserablement en service etranger(.) Quel mal en resulteroit il, si par un arret universel on etablissoit qui dornavant les heritages des fonds paternel ne resteraient que pour la fille ainée tandis que le frere aurait la legitime et iroit chercher a gagner la vie le mieux qu'il pourroit. Je {vai} Vous enummerer ces maux Mons. et laisse exprès la chose entierement a Votre decision –

1. Les paysannes seroient beaucoup soulagées au sujet des avances annuelles comme par ex. concernant les frais pour payes des mercenaires ou pour l'entretien d'un valet elles seroient tres mediocre lorsqu'ou le frere de la soeur ainée feroit {cette} fonction jusqu' a ce qu'il seroit lui même en etat d'epouser une heritiere pareille, ou l'amant de l'heritiere lui même s'engageroit pour quelques annés (tout comme chez les voeuves des ouvrier)[112] a la servir jusqu'a ce qu'il seroit en etat de deposer chez le tuteur de la fille la valeur de deux boeufs[113][114] d'un cheval pour le moins, sans quelle condition il ne peut l'epouser. Aussi cette somme est presque mediocre si l'on considere qu'outre ce qu'il peut gagner journel-lement il a sa legitime(.)

[5r]2. Comme alors la besogne des mercenaries cesseroit la concurrence entre eux feroit abaisser le prix de leur payement, et par consequent les travaux publics moins couteuses – aussi avec le tems ça diminueroit le nombre des frais et effectueroient qu'ils s'advanceroient a quelque profession fix ce qu'il augmenteroit les revenues du roi.

3. Comme beaucoup de ces frères ainés apprendroient des metiers, des chemins etont aussi facilites par la sagesse du Gouvernement, ces gens pourroient retourner dans leurs villages et tacher d'epouser une pareille heritiere {ou veuve}, ces deux fonds unis facilite-roient les avances annuelles et les feroient entreprendre quelque chose en grand p. e. l'achat des biens adjacentes M.[115]

4. D'autres epouseroient des Soldats – mais permettez que je prenne ici haleine –Voila le point principal de mon projet. Comme il y a longtems que le militaire demande une re-forme solide, c'est a dire qu'on lui inspire l'esprit des anciens veterans chez les Romains(,) qui autrefois faisoient trembler la terre – je ne vois presque pas de moiens de me moderer lorsque je traite ce sujet. S'il y avait personne au monde dont le Ministre devroit avoir plus de soin ce seroit le Soldat, la personne publique qui coute le plus au public qui est nourri de son travail de son sang, qui doit verser son sang pour lui. En voila actuellement {pres-que rien qu'} une grande foule – de deserteurs si non en tems de paix(,) encore beaucoup

---

110 [de]
111 le[s]
112 Lenz' Klammern.
113 [et]
114 Am Rande: „des avances annuelles requises".
115 „Monseigneur".

plus pernicieusement en tems de guerre. Et pourquoi cela? Parce que l'attachement au sol leur manque. La plus rigoureuse discipline militaire ne peut effectuer la même chose, ou plutot la discipline n'est rien sans cela. Ce sera un joug affreux qu'a la premiere occasion ils chercheront a [116] secouer. Et que sont donc les forces d'un Royaume lorsque les forces militaires lui manquent(?)

En voila des expediens. Chaque soldat aura un refuge après avoir vielli sous les armes. Dans les tems de leurs congés ils ir{a}[117] s'introduire dans les maisons des paysans(,) ils travailler{a}[118] pour eux, il se choisira une femme. Lorsqu'elle consent et il doit y etre attaché quelque honneur on passroit p. e. inventer des signes distinctives pour les femmes soldats, il ne travaille que pour elle. Seulement sous la condition qui se soit très bien conduit dans le Regiment et qu'il fasse son service avec une exactitude signalisée, le chef du Regiment sera garant chez le pere ou le tuteur de la fille pour les avances requises de 2 beufs et d'un cheval mais bienentendu après qu'il ait servi avec la même approbation vingt cinq ans de suite alors on le congedie avec cet argent qu'on a retenu.

1 de son argent ce qui revient actuellement 20-30 livres at après huit ans est doublé triplé [5v] même, ainsi pourroit monter a trois 4 Louis.

2 de sa pension lorsqu'il reçoit l'ordre militaire qui fera autant(.)

3 de sa pension en Invalide {dans la supposition qu'il fut blessé} aussi pour le militaire(.)

Avec celle il n'est pas infructueux lorsqu'il se retire de cette maniere. Ce sera son fils qu'il instruira [119] mème pour se faire honneur pour pouvoir entrer au militaire. Et ces instructions seront superflués bien d'autres et l'esprit de subordination {lui} sera pour ainsi dire inné matière dont j'ai plus amplement traité dans la lettre que j'ai pris la liberté d'adresser a M. le Comte de St. Germain(.)[120]

Sous ces conditions il peut l'epouser tout {de} suite (suppose qu'il a la recommendation et la guarantie du colonel) et elle ne l'empechera aucunement a son service, ne la voiant que dans le tems des vacances après la grande revúe et tous les deux ans {seulement} comme je me suis plus etendu sur ces matieres plus amplement dans la lettre a Mr. le Co. de St G.

Il n'y aucune puissance en Europe qui n'usut a peu près de la même clemence avec ses troupes. Le Roi de Prusse dont la Discipline militaire par ce qu'il a passé dans la derniere guerre peut servir de modele a toute l'Europe congedie presque la moitié de ses troupes après la revue et n'aime rien tant que les garçons soldats dans ses troupes parce que naturellement ils sont plus habiles pour les armes que les garcons paysans.

Il n'est pas necessaire que le Regim.[121] etant garant pour ces avances requises les lui fournisse en entier, il suffit qu'il lui en fournit une partie par ce qui j'ai mentionné de ces gratifications a tout recrú. Pour le reste il est obligé de se procurer lui même parle congé que le Regt. lui donne pendant quelques mois ce qui peut etre regardé comme une gratification en argent surtout lorsqu'il garde sa paye, ce que le Roi de Prusse très mal a propos fait garder par ses capitaines

Voila donc un fonds vivant que le Ministere assigneroit a l'agriculture, voila qui s'apelleroit aussi bien attirer les richesses a la campagne, que lorsque le Roi feroit distribuer des especes aux agriculteurs Deux cens mille tous emploies tout d'un coup a la culture des terres y doivent faire un changement bien sensible.

---

116 [rejetter]

117 „ir[ont]a", Lenz ändert nicht die vorigen „ils" zu „il".

118 travailler[ont]a".

119 [lui]

120 Zweifellos ein Verweis auf Lenz' „Lettre d'un soldat Alsacien".

121 „Regiment".

Voila au reste un depot assuré au cas d'une guerre que ses maux ne peuvent plus etre si funestes suites. Tout ce que les [6r] soldats gagneront en dehors sera au profit du Royaume. Ils rapporteront leurs proyes et en economes les mettront a profit au lieu qu'actuellement ce ne sont que des libertins gourmands qui mangent tout leur bien dehors.

Voila enfin resout le grand probleme economique(:) de faire retourner les depenses publiques au profit de ceux même qui y contribuent.

Et tout cela affectué sans que l'Etat en eut pour un denier plus de depenses qu'il n'en a actuellement.

6[122] Si les biens de la soeur et de frere ou du[123] beaufrère se touchoient, ils s'associeroient plus facilement de s'acheter en commun du betail pour les cultiver, cela leur fourniroit de grandes secours de toute part, pour ne pas conter l'engrais qu'autrement ils sont obligés d'acheter. L'un p. e. a du bois, l'autre des prés, le troisième des vignes, leurs secours mutuelles, d'abord qu'ils sont associés leur feront des epargnes immenses[124] et ces associations seront plus frequents comme il y aura plus de parentage, car d'abord que le frere sert sa soeur en valet il se cherchera une epouse dans le même village, au lieu qu'actuellement les pauvres filles vont par ci par là ou le sort leur donne un mari ou un seigneur.

7 Comme les biens de la fille sont en partie a considerer comme leur dot dont le mari n'a que l'usufruit il est vrai pour la vie, après le mort de la femme sans enfans, ce sera le frere et les soeurs qui l'heriteront, au cas qu'un d'eux [125] ait un fonds a soi il lui sera permis d'aggreger celui au sien que par la il aggrandira et de rembourçer les autres freres et soeurs. Au cas de negative il le vendront au voisin qui en agrandira et arondira le sien. Voila donc la fin de la petite culture et en avenir de toutes terre en triche que de plus riches proprietaires cultiveront defricheront avec plus d'aisance.

Tous les autres droits resteront comme ils ont été.

Les moiens de realiser cette idée sont des plus aisées du monde et les circonstances actuelles n'en demanderoit que trop la precipitation(.) Considerez Monseigneur quelles secousses terribles le credit de la France a essuyée considerez que si on excitoit l'agriculture, si l'on faisoit refleurir le commerce [6v] dont elle fait le principal fondement qu'on rouvriroit ces sources du credit de Dehors que les operations de Law[126] et les necessitations des circonstances qui les

ont suivies avoient presque bouchées qu'alors on pourroit peut etre penser

a une maniere plus solide de rebattre les dettes d'Etat en les tournant comme il semble avoir été la premiere intention du Regent en Actions et faire donc une Banque plus solides des fonds des dettes du Roi, qui ranimeroit les creanciers

de la France.

Mais tout cela[127] exigeroit un entretien plus long et personnel avec V. E.

que je me reserve si[128] cela peut etre le bon plaisir de V. E. Alors je m'etendrai sur plusieurs matieres que les termes d'une lettre qui je n'ai que trop transgressé ne m'ont permis

122 Lenz läßt nr. 5 aus der Liste.
123 Am Rande: „de commencer par les domaines du Roi mit dem neuen[?] Projekt der größten Landpflicht".
124 Am Rande: „pour les avances primitives qu'annuelles."
125 [est]
126 Vgl. Anm. 3.
127 [des]
128 [V. E. voudroit]

que d'effleurer.[129] Considerez avant que de jetter cette lettre, que Rome la plus grand de tous les monarchies n'a peri que par des conquètes infructueuses qui ne lui rapportait pas ce qu'elle y avoit employé.[130]

---

129 Randanmerkung: „Les Anglais visent toujours a l'exactitude de payer les interets, les Francois ne cherchent que rembourser les fonds et font souvent tort aux interets voila pourquoi les premiers ont plus de credit que les derniers, mais une Banque aux actions les indemniseroit".

130 Von der Tinte und der Schrift her wurde der letzte Absatz höchstwahrscheinlich später hinzugefügt.

Glückseligkeit
Energie und Literatur bei J. M. R. Lenz

Im 18. Jahrhundert begegnet man kaum ein Begriff so oft und in so vielen Feldern wie der der Glückseligkeit. Die diskursive Ausdehnung des Begriffs läßt sich zumindest fünffach aufspannen:

1. *Anthropologisch*: „Alle", so John Locke, „begehren Glück".[1] Immer wieder wird dem Menschen das Streben nach Glück als Fundamentalgesetz konzediert. Die Regel, „suche deine Glückseligkeit", ist, so Georg Friedrich Meier, als das „erste Bewegungsgesetz aller menschlichen Seelen",[2] ein „Naturgesetz".[3] Das Glücksstreben umfaßt dabei eine doppelte Bewegung: die des Verabscheuens und die des Begehrens. Man sucht die Lust und flieht den Schmerz. So wird das Glücksstreben als grundlegende Bewegungsenergie des Menschen zur „einzige[n] Feder, die das gantze Menschliche Geschlecht in Bewegung setzet".[4]

2. *Moralisch*: Die Moral steht dazu nicht im Widerspruch, im Gegenteil, das Glücksstreben fundiert die Ethik: Die Glückseligkeit, so Johann Christoph Gottsched, „ist der sicherste Grund der gantzen Sittenlehre denn was würden doch wohl vor Mittel übrig bleiben, uns zur Tugend zu leiten und von den Lastern abzuhalten; wenn es uns gleichviel wäre, ob wir glücklich oder unglücklich würden?"[5]

3. *Politisch*: Nur weil die Menschen immer die Lust suchen und den Schmerz fliehen, gibt es überhaupt die Möglichkeit, durch Belohnung

---

1   John Locke: Versuch über den menschlichen Verstand, Bd. I: Buch I, II, 4. durchges. Aufl., Hamburg 1981, 2. Buch, Kap. XXI, S. 309. Vgl. z. B. auch die konzise Kurzfassung aufklärerischer Glückstheorie bei Johann Christoph Gottsched: Der Biedermann. Eine Moralische Wochenschrift, Faksimiledruck der Originalausgabe 1727 bis 1729, hrsg. v. W. Martens, Stuttgart 1975 (30. 6. 1727), S. 33–36. Dort heißt es zu Beginn, „daß dem innern Wesen aller Menschen ein eifriges Verlangen nach der Glückseligkeit eingepflantzet sey".

2   Georg Friedrich Meier: Betrachtung über die menschliche Glückseligkeit, Halle 1764, S. 7 f.

3   Ebenda, S. 6.

4   Gottsched (wie Anm. 1), S. 5 (8. 5. 1727).

5   Ebenda.

und Strafen ihre Handlungen zu steuern.[6] Glückseligkeit ist damit zugleich Handlungsmaxime des aufgeklärten Fürsten: Er soll die Untertanen glücklich machen. Entsprechend ist die „gemeinschaftliche Glückseligkeit" der „Endzweck des Staates"[7] und mithin eine „polizeyliche Aufgabe".[8]

4. *Philosophisch*: Die Glückssuche des Einzelnen und die Bestimmung des wahren Begriffs von Glückseligkeit ist auf die Vernunft angewiesen bzw. auf die Philosophie, die, so Johann Friedrich May, als „Wissenschaft von der Glückseligkeit"[9] dem Glücksstreben zur wahren Realisierung verhilft.

5. *Theologisch*: Für die protestantische Theologie, insbesondere für die Neologen, stehen die Lehren des Christentums in gewisser Konkurrenz zur Vernunft, denn auch sie sind unabdingbar zur Erreichung der Glückseligkeit, sie haben, so Johann Jacob Spalding, den „letzten Zweck aller Religion, nämlich, den Menschen gut und glücklich zu machen".[10]

Auch bei Lenz begegnet der Begriff der Glückseligkeit als Letztinstanz in seinen politischen wie in seinen moral-theologischen Texten auf Schritt und Tritt. Gerade die Argumentationen der letzteren haben sämtlich im Begriff der Glückseligkeit ihren Ausgangs- und ihren Zielpunkt. Meine These im folgenden lautet, daß Lenz das Aufklärungsmodell von Glückseligkeit in wesentlichen Punkten affirmiert, es in denselben Punkten allerdings zugleich strapaziert – bis hin zum Bruch. Durch eine ekla-

---

6 So z. B. Claude-Adrien Helvétius: Vom Geist, a. d. Franz. übers. v. Theodor Lücke, Berlin, Weimar 1973, S. 330: „Wenn das Vergnügen der einzige Gegenstand des menschlichen Strebens ist, so braucht man nur die Natur nachzuahmen, um den Menschen die Liebe zur Tugend einzuflößen: die Lust zeigt die Gebote der Natur an, der Schmerz dagegen die Verbote, und der Mensch gehorcht ihr willig. Warum sollte der Gesetzgeber, wenn er mit derselben Macht ausgerüstet wäre wie die Natur, nicht dieselben Wirkungen hervorbringen können? […] die Lust nach Vergnügen […] ist ein Zügel, mit dem man die Leidenschaften der einzelnen Menschen immer auf das allgemeine Wohl hinlenken kann."

7 Ulrich Engelhardt: Zum Begriff der Glückseligkeit in der kameralistischen Staatslehre des 18. Jahrhunderts (J. H. G. v. Justi). In: Zeitschrift für historische Forschung 8/1981, S. 37–79, hier S. 47.

8 J. H. G. Justi definiert: „Die Polizey-Wissenschaft bestehet in den Lehren, das allgemeine Vermögen des Staates zu erhalten und zu vermehren und zu Beförderung der gemeinschaftlichen Glückseligkeit einzurichten und geschickt zu machen." Zit. n. Hans Maier: Die ältere deutsche Staats- und Verwaltungslehre, München 1980, S. 183 ff.

9 Johann Friedrich May: Der Mensch, wie er sich nach dem Lichte der Vernunft zur Glückseligkeit geschickt machen kann, Leipzig 1748, S. 1.

10 Johann Joachim Spalding: Die Bestimmung des Menschen (1. Aufl. 1749). Von neuem verb. u. verm. Aufl, Leipzig 1768; zit. n. CD-ROM: Der junge Goethe, Eintrag: 31.353.

tante Verschiebung des Begriffs der Glückseligkeit ermöglicht Lenz im Rahmen des Sprechens über Glückseligkeit die Hinwendung zum Unglück. Ich werde in einem ersten Teil die wesentlichen Übereinstimmungen zwischen Lenz und dem Aufklärungsdiskurs darstellen, um vor diesem Hintergrund dann im zweiten Teil die drei mir wesentlich scheinenden Punkte herauszuarbeiten, an denen Lenz das Modell bis zum Zerreißen strapaziert.

I.

Der aufgeklärte Diskurs der Glückseligkeit, wenn man einmal versucht, ihn autorenunabhängig als Strukturzusammenhang von Aussagen zu konstruieren, läuft im wesentlichen über eine Generalthese und drei sie stützende Topoi. Die Generalthese lautet: Zwischen Tugend und Glückseligkeit besteht ein Belohnungszusammenhang. Die drei Topoi lauten: 1. Tugend steht in Opposition zum Körper und seiner Sinnlichkeit. 2. Glückseligkeit ist letztlich Erkenntnis respektive Gottesschau. 3. Da der Belohnungszusammenhang empirisch oft nicht nachweisbar ist, bedarf es des Glaubens an eine von Gottvater geordnete Welt, um die Motivation zur Tugend aufrecht zu erhalten.

1. Zur Generalthese: Die gesamte Diskussion um die Glückseligkeit kreist im Grunde um einen entscheidenden Punkt – den Zusammenhang zwischen Tugend und auf sie folgenden Glück. Die klassischen Theodizee-Entwürfe sehen dieses Band im Jenseits als durch Gott gesichert an. Im Laufe des 18. Jahrhunderts wird diese bloß zukünftige Glückseligkeit als die Selbstzufriedenheit und Gewissensruhe des Tugendhaften, als die „Happiness of virtue",[11] immer mehr als diesseitiges Glück verinnerlicht und emotionalisiert – bis durch zunehmendes Mißtrauen in die Belohnung als Movens für tugendhafte Handlungen das Band zwischen Glückseligkeit und Moral gänzlich reißt. Philosophiegeschichtlich ist das bekanntlich der Fall in Kants erstem Abschnitt der *Grundlegung der Metaphysik der Sitten*.[12] Den höchsten sittlichen Wert erhält eine Handlung

---

11 Francis Hutcheson: An inquiry into the Original of our ideas of Beauty and Virtue, London 1739 (1. Aufl. 1725), S. 268 f.; zit. n. Jan Engbers: Der „Moral-Sense" bei Gellert, Lessing und Wieland. Zur Rezeption von Shaftesbury und Hutcheson in Deutschland, Heidelberg 2001, S. 28.

12 Immanuel Kant: Grundlegung zur Metaphysik der Sitten (1. Aufl. 1785). In: Ders.: Werke, 6 Bde., Bd. IV: Schriften zur Ethik und Religionsphilosophie, hrsg. v. W. Weischedel, Darmstadt 1983, S. 8–102. Vgl. auch in der Folge von Kant: M. Gottlob Christian Rapp: Über die Untauglichkeit des Prinzips der allgemeinen und eigenen Glückseligkeit zum Grundgesetze der Sittlichkeit, Jena 1791.

nicht dann, wenn sie die eigene Glückseligkeit befördert, sondern erst, wenn sie aus Pflicht und entgegen der eigenen Neigung geschieht. Die Kritik der verschiedenen Energiequellen moralischer Handlungen führt Kant zum Ergebnis, daß Tugend ihren Anker nicht in der sie belohnenden Selbstzufriedenheit und Glückseligkeit hat, sondern im Gefühl der Achtung vor dem Gesetz.[13]

Lenz dagegen versucht in seinen Texten, am Zusammenhang zwischen Tugend und Glückseligkeit in Übereinstimmung mit den allermeisten aufklärerischen Diskussionsbeiträgen zur Glückseligkeit festzuhalten. Entsprechend findet er zumindest *ein* „Principium der Moral" im „Trieb nach Glückseligkeit".[14] Immer wieder beschwört er den Kausalzusammenhang zwischen moralischer Anstrengung und Belohnung: „Ohne Allegorie zu reden, wir brauchen wahrhaftig keinen Anschein von Glück um uns zu haben, um versichert zu sein, daß uns Rechenschaft und Güte doch ganz gewiß glücklich machen wird und muß."[15]

Wie funktioniert nun die Belohnung der Tugend mit irdischem Glück? Sie funktioniert über einen Altruismus, der sich rückkoppelnd selbst belohnt. Gellert gründet dabei „die Neigung, sich für das Glück des Andern zu bemühen, ihrem Elende zu wehren", auf den „Beyfall des Gewissens".[16] Spalding betont bei seiner Erkundung der „Triebe und Neigungen" zur Tugend mehr das unmittelbare Vergnügen, das entsteht, wenn „ich andere empfindende Wesen neben mir vergnügt sehe".[17] Die Triebfeder der Tugend ist hier also die unmittelbar emotionale Selbstreferenz von Gewissensruhe, Selbstzufriedenheit und Vergnügen.[18] Wenn

---

13 Zu Kants vorkritischen Versuchen, Glückseligkeit als „die Lust aus dem Bewußtseyn seiner Selbstmacht zufrieden zu seyn", doch mit der Moral zu verknüpfen, vgl. Maximilian Forschner: Moralität und Glückseligkeit in Kants Reflexionen. In: Zeitschrift für philosophische Forschung 42/1988, S. 351–370. Kants Abwendung von diesen Gedankenexperimenten führt Forschner – und das ist interessant aufgrund der Parallele zu Lenz – darauf zurück, daß Kant auf die materialistische Aufklärungsanthropologie mit der paulinisch-christlichen Erlösungslehre antwortet (S. 369). Daher träten, auch dies steht in Parallele zu Lenz, bei Kant die Begriffe „Eigendünkel" und „Demut" immer stärker in den Vordergrund. Wir werden später sehen, daß auch Lenz das Konzept der Selbstzufriedenheit des Hochmuts verdächtigt.

14 J. M. R. Lenz: Versuch über das erste Principium der Moral. In: S. Damm (Hrsg.): Werke und Briefe, Bd. 2, Frankfurt a. M., Leipzig 1987, S. 499–514, hier S. 503 (fortan zitiert: WuB, II, 503).

15 J. M. R. Lenz: Meinungen und Stimmen des Laien. In: Ebenda, S. 614.

16 Christian Fürchtegott Gellert: Moralische Vorlesungen. In: Ders.: Gesammelte Schriften, kritische, komm. Ausg. hrsg. v. B. Witte, Bd. VI: Moralische Vorlesungen. Moralische Charaktere, hrsg. v. S. Späth, Berlin, New York 1992, S. 60.

17 Spalding (wie Anm. 10), Eintrag: 31.298.

18 „Da also jene natürliche Theilnehmung an dem Schmerze anderer ein sehr wirksamer Antrieb ist, demselben abzuhelfen, so ist auch dieser Mitgenuß ihrer Vergnügungen

schließlich alle ihrer tugendhaften Bestimmung folgen, ist, so formuliert es der vorkritische Kant, das „Reich Gottes auf Erden [...] durchaus nach dem Verlaufe vieler Jahrhunderte zu hoffen".[19] Auch bei Lenz schließlich finden wir diesen altruistischen Topos der wechselseitigen Hervorbringung der Glückseligkeit durch Tugend:

> Hören Sie was wir tun müssen, hören Sie es, merken Sie es, dies ist der fruchtbarste Teil meiner Prinzipien. *Wir müssen suchen andere um uns herum glücklich zu machen.* [...] Jeder sorgt bloß für des andern Glück und jeder wird selbst glücklich [...], so werden wir eine glückliche Welt haben. [...] O wie bezaubernd ist die Aussicht in eine solche Welt! Das ist das Reich Gottes auf Erden.[20]

2. Der erste Topos bestimmt den Begriff der Tugend in ihrem Verhältnis zum Körper und seinem Sinnenglück. In all den Argumentationen, die die Tugend, wie es bei Gellert heißt, als „Weg zur Glückseligkeit"[21] anpreisen, begegnet immer wieder dieselbe Struktur: Die Texte beginnen ihre Durchmusterung möglicher Glücksquellen bei den Niederungen des Körpers, beim Sinnenglück, um dann über die Einbildungskraft und den Geist bis zur Tugend und zu Gott aufzusteigen, der die Ergebung in seinen Ratschluß mit wahrer Glückseligkeit belohnt. Sinnlichkeit, Vergnügen des Geistes, Tugend, Religion und Unsterblichkeit heißen die Stufen der platonischen Leiter bei Spalding[22]; Sinne, Einbildung, Geist, Mitleid, Tugend und Gott bei Gellert.[23] Dem Körper als dem niederen Pol wird demnach zwar eine pflichtgemäße Reverenz erwiesen, das sinnliche Vergnügen aber deutlich als unedel und flüchtig abqualifiziert.[24] Auch bei Lenz treffen wir auf ein Stufenmodell, das von der Konkupiszenz, der körperlichen Begehrensenergie, und der Einbildungskraft als ihr mentales Äquivalent zur vernunftgeleiteten Erkenntnis aufsteigt. Auch bei Lenz bilden Körper und Gottesglauben die beiden Pole, zwischen denen sich das Streben nach Glückseligkeit bewegt.

---

ein hochschätzbarer Lohn der Bemühung, mit welcher ich etwa der Leiden um mich her weniger zu machen, und sie in Lust zu verwandeln gesucht habe." (Ebenda.)

19 Zit. n. Susanne Weiper: Triebfeder und höchstes Gut. Untersuchungen zum Problem der sittlichen Motivation bei Kant, Schopenhauer und Scheler, Würzburg 2000, S. 37.

20 WuB (wie Anm. 14), II, 510 (Herv. im Text).

21 So die Titelformulierung der fünften „Moralischen Vorlesung": „In wie fern die Tugend der Weg zur Glückseligkeit sey, und worinnen das Wesen der Tugend bestehe." In: Gellert (wie Anm. 16), S. 58.

22 Spalding (wie Anm. 10), Eintrag: 31.298.

23 Gellert (wie Anm. 16)

24 Ebenda, S. 58: „Die sinnlichen Freuden, die aus der Stillung der körperlichen Begierden entstehen, sind die flüchtigsten und zugleich die unedelsten; denn wir haben sie mit den Thieren gemein."

3. Am Ende dieser Leiter steht als höchste Glückseligkeit – und das ist der zweite Topos – die Gottesschau. Es gibt zwar eine unmittelbare emotionale Selbstreferenz tugendhafter Handlungen in Gewissensruhe und moralischem Vergnügen, aber gegen sinnliche und egoistische Triebe hilft letztlich doch nur die Erkenntnis der Vernunft.[25] Man muß einsehen, daß „die Welt ein System [ist], welches durch das unendliche Wesen hervorgebracht und geordnet ist".[26] Der emphatischen Bejahung des Triebs zur Glückseligkeit aller Einzelnen wird im 18. Jahrhundert immer wieder die Tatsache gegenübergestellt, daß diese Einzelnen nur als Teil des großen Ganzen glücklich werden können. „Die Glückseligkeit, die ein Mensch wirklich erlangen soll, muß mitten in dem Zusammenhange der ganzen Welt, von dem Menschen erlangt werden."[27] Entsprechend muß der Mensch die Fähigkeit entwickeln, dieses Ganze erkennen zu können. Sulzer schreibt hierzu, daß die Wünsche endlicher Wesen abhängen von der „Stelle, welche ein Wesen in dem Ganzen einnimmt [...]: Sie sind also eine lange Zeit hindurch nur sehr eingeschränkt; so lange nehmlich das verständige Wesen nur einen gewissen Theil des Ganzen zu übersehen fähig ist."[28] Die Einsicht in die göttliche Harmonie ist gleichbedeutend mit der Anschauung Gottes selbst. In diesem Sinne wird die höchste Glückseligkeit – über die Gewissensruhe und Selbstzufriedenheit des Tugendhaften hinaus – als Anschauung der Schönheit und Vollkommenheit der Welt, und damit Gottes, als *visio dei*[29] gefaßt: „Ihn zu erkennen", so etwa Gellert, „und Empfindungen der Seele gegen ihn haben, die dieser Erkenntniß [der Vollkommenheit der Schöpfung] gemäß sind, und das thun, was diese Empfindungen empfehlen, dieses ist die Anbetung Gottes, das Wesen und das Glück der Religion und

---

25 „Es kommen freylich Zeiten, da Leidenschaften und besondere Neigungen diesen klaren glänzenden Anblick verdunkeln. Aber wenn ich nur die gehörige Stärke anwende, mich aus einer solchen täuschenden Wolke herauszuarbeiten; wenn ich [...] mich in den heitern Standpunkt der frey urtheilenden Vernunft setze, und von daher die Dinge so betrachte, wie sie sich nicht bloß auf diese oder jene Absicht von meiner Seite beziehen, sondern wie sie an sich beschaffen sind, und wie ich sie, ohne die Blendung des Eigennutzes, an einem Fremden beurtheilen würde; dann verschwindet der Dunst, und ich erblicke die Wahrheit." In: Spalding (wie Anm. 10), Eintrag: 31.303.

26 Johann Georg Sulzer: Versuch über die Glückseligkeit verständiger Wesen. In: Ders.: Vermischte philosophische Schriften, 2 Teile in 1 Bd., Reprint: Hildesheim, New York 1974, S. 341.

27 Meier (wie Anm. 2), S. 14.

28 Sulzer (wie Anm. 26), S. 342.

29 Vgl. Artikel „Gottesschau (Visio beatifica)" im Reallexikon für Antike und Christentum, hrsg. v. Th. Klauser, Bd. 12, Stuttgart 1983, S. 1-20.

daher die höchste Staffel der menschlichen Glückseligkeit."[30] Auch Gottscheds dreistufige Glückseligkeit gipfelt im Topos der Gottesschau: „Das letzte [Teil der Glückseligkeit] ist das edelste, und der Gipfel aller menschlichen Glückseeligkeit, der aus dem Erkenntnisse der göttlichen Vollkommenheit fliesset. Gott ist eigentlich das allerschönste Wesen, ja selbst die Quelle der Schönheit. In ihm ist lauter Harmonie und Vollkommenheit."[31] Und auch nach Lenz bedeutet die höchste Glückseligkeit den „Genuß der idealen Schönheit."[32] „Die höchste ideale Schönheit ist Gott – und das erkennen wir aus der Welt die er geschaffen, worinn jeder Theil mit dem andern und zum Ganzen aufs harmonischste stimmt."[33] An anderer Stelle beschreibt er „die Verheißung des einstigen Anschauens, der nächsten Erkenntnis und Empfindung Gottes, als worin die höchste Glückseligkeit besteht".[34]

4. Der dritte Topos funktioniert als metaphysische Abfederung bei empirischer Betrachtung der Welt. Er betrifft die Frage nach der Motivation zur Tugend und behauptet den Glauben an Gott als letzte Triebfeder. In der Selbstreferenz der Gewissensruhe und Befriedigung unseres moralischen Gefühls liegt zwar schon ein emotionaler und in den Vernunftschlüssen über die Vollkommenheit der Welt auch ein kognitiver Antrieb, aber beide sind aufgrund ihrer letztlich empirischen Basis höchst unsicher. Die sicherste Triebfeder dagegen ist der Glaube an eine vom Vater geordnete Welt. Angesichts großer möglicher Unglücke und Schicksalsschläge gibt es nur ein Beruhigungsmittel: „Der große Gedanke von Gott, unserem Schöpfer und Erhalter, der Glaube an seine weise und gnädige Regierung unserer Schicksale."[35] Und auch für Lenz ist der Glaube die ausschlaggebende Triebfeder für die Tugend:

---

30 Gellert (wie Anm. 16), S. 61. Für G. F. Meier (Anm. 2, S. 121) ermöglicht die Erkenntnis deshalb die „wahre und höchste Glückseeligkeit", weil aus ihr heraus keine Begierden oder Verabscheuungen entstehen, die dem Gesamtsystem entgegenlaufen.

31 Gottsched (wie Anm. 5), S. 36 (30. 6. 1729). Die drei Stufen sind: 1. die Erkenntnis der Vollkommenheiten des Menschen (hier findet auch die Schönheit und die Harmonie des Leibes ihren Platz, „wenn man ihn nur recht betrachtet" (S. 35); 2. die Erkenntnis der Vollkommenheit der Natur (und der Nebenmenschen, weshalb hier das Argument des rückkoppelnden Altruismus seinen Platz findet); und 3. die Erkenntnis der Vollkommenheit Gottes.

32 J. M. R. Lenz: Philosophische Vorlesungen für empfindsame Seelen. Faksimiledruck der Ausgabe Frankfurt a. M., Leipzig 1780, m. e. Nachwort hrsg. v. Ch. Weiß, St. Ingbert 1994, S. 7.

33 Ebenda, S. 4.

34 WuB (wie Anm. 14), II, 513.

35 Gellert (wie Anm. 16), S. 62.

292   JOHANNES F. LEHMANN

> Dies ist der geistliche oder wenn Sie lieber wollen der theologische Glaube, der unserer ganzen moralischen Gemütsverfassung und wenn sie auch die vollkommenste wäre, ganz allein die Krone aufsetzen *kann und muß.*[36]

II.

Lenz affirmiert in wesentlichen Punkten das Glückseligkeitsmodell der Aufklärung. Oder anders formuliert: Sein Sprechen über Glückseligkeit bewegt sich innerhalb des Rahmens, den der aufgezeigte Strukturzusammenhang von Aussagen bildet. Gleichzeitig aber, so meine These, strapaziert Lenz das Modell. Dies geht so weit, daß er mit der Generalthese des Modells bricht. Zu zeigen sein wird, daß Lenz im Grunde schon *von außerhalb* des Modells spricht, auch wenn er immer noch versucht, die Argumente und Sprechrollen des Modells selbst zu benutzen. Drei Momente des Strapazierens und Zerreißens lassen sich ausmachen.

1. Zum ersten und zweiten Topos: Wie die Aufklärer begreift Lenz das Glücksstreben als eine Bewegung zwischen den Polen des Körpers und der vernünftigen Erkenntnis, der Gottesschau. Aber Lenz denkt das Verhältnis von Körper und Glaube als energetisches Kontinuum und nicht als bloßen Gegensatz. Das körperliche Begehren, die Konkupiszenz, ist für Lenz – entgegen aller theologischer Tradition – als „Gottes Gabe"[37] die Energie, die Freiheit und moralisches Handeln überhaupt ermöglicht und damit unabdingbar „nöthig zu unserer Glückseligkeit".[38] Sie ist die Energie, die durch richtigen vernunftgeleiteten Gebrauch zur Erkenntnis Gottes hinaufführt. Voraussetzung ist allerdings, daß sie geübt, gesteigert und nicht durch Verausgabung geschwächt wird:

> Es ist aber die Natur einer jeden Kraft, daß sie nur durch Übung erhalten und vermehrt, durch Vernachlässigung aber, so zu sagen eingeschläfert und verringert wird.[39]
> Jede *gesetzwidrige Befriedigung* unserer Konkupiscenz *aber verringert* – und *zerstört sie am Ende.*[40]
> Leerer entsetzlicher Zustand, *ihr begehrt, wünscht, hofft nichts* mehr, ihr kehrt in Staub und Verwesung zurück, ihr sterbt des Todes.[41]

Angesichts dieser energetischen Notwendigkeit, das Begehren aufrecht zu erhalten, verlegt Lenz ebenso wie die französischen Materialisten, vor

---

36 WuB (wie Anm. 14), II, 513 (Herv. im Text).
37 Lenz: Vorlesungen (wie Anm. 32), S. 5.
38 Ebenda.
39 Lenz an Johann Daniel Salzmann im Okt. 1772. In: WuB (wie Anm. 14), III, 289.
40 Lenz: Vorlesungen (wie Anm. 32), S. 30.
41 Ebenda, S. 17.

allem Helvétius und Holbach, das Glück ins Begehren und in die Bewegung.[42] Während das aufklärerische Glücksmodell Glückseligkeit und Gottesschau als Zustand der Ruhe beschreibt, als Ende und Erholung von Mühsal und Anstrengung,[43] dynamisiert Lenz den Topos der Gottesschau im Sinne permanenter Bewegung:

> Unser Ruhepunkt ist Gott und da der – so wie er seiner Kraft nach uns unendlich nahe, so seiner Vollkommenheit nach unendlich von uns entfernt ist und es ewig bleiben wird, so sehen wir wohl, daß wir nicht zur absoluten Ruhe geschaffen sind, unsere Ruhe ist, wann wir uns nach den von Gott geordneten Gesetzen der allgemeinen Harmonie zu ihm hinauf bewegen.[44]

Permanente Bewegung als Ziel übernimmt Lenz zwar von den physikalisch-moralischen Modellen der französischen Materialisten, bezüglich der Energiequelle dieser ewigen Hinaufbewegung geht er aber über sie hinaus. An die Stelle verschiedener Affektenergien, die – wie z. B. die Liebeslust – den Menschen in Bewegung halten und zu Leistungen motivieren,[45] tritt bei Lenz – fundamentaler – die Sexualität. Den „unaufhörlichen Kreis von wiederstehenden Wünschen und befriedigten Wünschen (cercle perpetuel de desirs renaissans et de desirs satisfaits)"[46] ersetzt Lenz durch eine Konkupiszenz, die der Mensch als Energie schlechthin „ungeschwächt" erhalten soll: „damit sie euch durch eine Ewigkeit bekleide, damit ihr eine Glückseligkeit ohne Ende damit auflösen könnet".[47] Es geht also nicht um die punktuelle oder wiederkehrende Energie einzelner Leidenschaften für einzelne Handlungen, sondern um eine generalisierte und dauerhafte Lebensenergie für alle Handlungen.[48]

Damit steht der Körper zur Tugend und der durch sie erhofften Glückseligkeit in einem grundsätzlich anderen Verhältnis als in den Tex-

---

42 „Wenn also die Frage ist, welcher Zustand für unser Ich das aus Materie und Geist zusammengesetzt ist, der glücklichste sei, so versteht es sich zum voraus, daß wir hier einen Zustand der Bewegung meinen." (WuB (wie Anm. 14), II, 507.)

43 Gellert (wie Anm. 16), S. 61, sieht die Tugend und den Gottesglauben als Weg zur Ruhe: „welche Ruhe kann uns da mangeln". Lenz dagegen schreibt in den „Stimmen des Laien" (WuB (wie Anm. 14), II, 594): „Verflucht sei die Ruhe und auf ewig ein Inventarium der tauben Materie, aber wir, die wir Geist in den Adern fühlen, ruhen nur dann, wenn wir zu noch höherem Schwunge neue Kräfte sammeln."

44 Lenz: Vorlesungen (wie Anm. 32), S. 8.

45 Helvétius (wie Anm. 6), S. 322 f.

46 Paul Thiry d'Holbach: System der Natur oder von den Gesetzen der physischen und der moralischen Welt, übers. v. F.-G. Voigt, Frankfurt a. M. 1978, S. 263.

47 Lenz: Vorlesungen (wie Anm. 32), S. 17.

48 Vgl. ausführlich Heinrich Bosse, Johannes Friedrich Lehmann: Sublimierung bei Lenz. In: Ch. Begemann, D. Wellbery (Hrsg.): Kunst – Zeugung – Geburt. Theorien und Metaphern ästhetischer Produktion in der Neuzeit, Freiburg 2002, S. 177–202.

ten von Meier, Spalding oder Gellert. Zwar findet sich bei Gellert der
Gedanke der kulturellen Funktionalisierung sexueller Energie: „Eben
dieser Trieb [„die Neigung gegen das andere Geschlecht"], durch Tugend beschützt, macht ihn zum gefälligen und arbeitsamen Jünglinge."[49]
Aber Gellert spricht hier nur von der Arbeitsenergie, nicht aber wie Lenz
davon, daß es gerade die Konkupiszenz ist, die – gespannt und gesteigert
– zur Anschauung Gottes führt. Der Körper ist bei Lenz nicht lediglich
unterste Stufe des Sinnenglücks und als solche der wahren Glückseligkeit
entgegengesetzt, sondern das körperliche Begehren ist zugleich Bedingung und Bedrohung der Glückseligkeit. Bedingung, weil er die Energie
bereitstellt, die notwendig ist, um sich zur eigentlichen Glückseligkeit –
gewissermaßen mit und gegen die Schwerkraft – emporzuarbeiten. Bedrohung, weil jede Befriedigung, körperliche Energie, diese unwiderruf-
lich schwächt und zerstört.

Diese aus der Konkupiszenz gewonnene Energie muß erhalten und
gesteigert werden als eine „Lebenskraft"[50], die den Gesetzen, denen der
Mensch untersteht, entgegenwirkt. Es gibt bei Lenz einen strukturieren-
den Gegensatz zwischen Gesetz und Energie bzw. Leben. Somit gibt es
eine doppelte Perspektive auf den Menschen: *Einerseits* gibt es die große
Maschine der Welt, die nach kausalen und physikalischen Gesetzen funktioniert. Von ihr ist der Mensch ein Teil und daher diesen Gesetzen auch
notwendig unterworfen. *Andererseits* ist der Mensch selbst eine Maschine,
die sich erhält und lebt nach Maßgabe einer Energie, die sie der bloßen
Unterworfenheit unter die physikalischen Kausalgesetze enthebt, ja die
als spezifische Kraft entgegenwirkt. Dennoch untersteht auch diese
Energie ihrerseits den Naturgesetzen:

> Moralische Freiheit bleibt freilich, wir können auch da den uns entgegen wirkenden
> Kräften unsere Kraft entgegensetzen und nach Verhältnis der angewandten Anstren-
> gung oder Tugend uns wieder immer in höhere Regionen schwingen, aber überall
> bleiben die ewigen notwendigen göttlichen Gesetze, die all unsere Wirksamkeit ein-
> fassen, nach denen diese Wirksamkeit wenn unser moralischer Trieb nachlässt sich in
> sich selbst verringert, oder in sich selbst vermehrt und uns nach diesem Maßstabe
> glücklich oder unglücklich macht.[51]

49 Christian Fürchtegott Gellert: Moralische Charaktere: Der Jüngling von der guten und
    schlimmen Seite. In: Gellert (wie Anm. 16), S. 297–300, hier S. 299.
50 WuB (wie Anm. 14), II, 637. Zum Begriff der Lebenskraft bei Lenz vgl. meinen
    Aufsatz: Energie und Gesetz. Zum Konzept des Lebens bei Lenz und Schelling. In:
    M. Bergengruen, J. F. Lehmann, H. Thüring (Hrsg.): Sexualität – Recht – Leben.
    Kunst und Wissenschaft um 1800 (vor. 2003/04).
51 Lenz: Entwurf eines Briefes an einen Freund, der auf Akademien Theologie studiert.
    In: WuB (wie Anm. 14), II, S. 486.

Die gespannte und gesteigerte Eigenenergie wirkt gegen eine Umwelt, in der gesetzmäßige Kräfte „uns entgegen" wirken. Die Vermehrung bzw. Verminderung dieser Eigenenergie folgt – je nach Gebrauch – wieder jenen Gesetzen, gegen die sie sich eigentlich zu behaupten sucht. Wir werden später sehen, daß dieser Gegensatz von Gesetz und Energie uns bei Lenz auch theologisch begegnet als Gegensatz zwischen Gott und Gott, Sohn und Vater.

2. Zur Generalthese des Belohnungszusammenhangs von Tugend und Glückseligkeit: Aufgrund struktureller Schwierigkeiten, in einem solchen energetischen Steigerungssystem überhaupt eine Belohnung zu denken, definiert Lenz die Glückseligkeit dynamisierend um – und trennt schließlich den Zusammenhang von Tugend und Glückseligkeit. Es gibt in Lenz' energetischem Steigerungssystem zwei strukturelle Probleme. Erstens muß jede Befriedigung des Begehrens ausgeschlossen werden, damit die Energie nicht gelöscht wird. Zweitens muß auch die Selbstreferenz der Tugend als Selbstzufriedenheit oder Selbstgefühl ausgeschlossen werden, da beides schnell in „Eigenliebe und Hochmut ausartet"[52] und dann ebenfalls zu einem „Nachlassen des Strebens"[53] führt. Wie aber denkt Lenz demgegenüber die Glückseligkeit? Er macht zwei Schritte, er verschiebt den Begriff der Glückseligkeit, und er trennt Glückseligkeit von der Moral.

Erster Schritt: Verschiebung des Begriffs der Glückseligkeit. Im *Versuch über das erste Principium der Moral* skizziert Lenz eine Anthropologie, die von zwei Grundtrieben ausgeht. Der eine Trieb heißt Streben nach Vollkommenheit. Er zielt auf die Steigerung der eigenen körperlichen wie geistigen Fähigkeiten. Die geistigen sind edler und die körperlichen unedler, aber trotz dieser Hierarchie sollen beide unter „Oberherrschaft"[54] der edleren Kräfte in einem harmonischen Verhältnis zueinander stehen und entwickelt werden. Dieses Streben nach Vollkommenheit funktioniert aufgrund einer dynamisierten Selbstreferenz: „Der Trieb nach Vollkommenheit ist also das ursprüngliche Verlangen unsers Wesen, sich eines immer größern Umfangs unserer Kräfte und Fähigkeiten bewußt zu werden."[55] In dieser Selbstreferenz geht es nicht um die Selbstzufriedenheit nach einer tugendhaften Handlung, sondern um das Bewußtsein der Potentialität und Progression der eigenen Vermögen: „Und noch jetzt, welche Stunden Ihres Lebens sind wohl *glücklicher* als die, in welchen Sie das größte Gefühl Ihres Vermögens um mit Ossian

---

52 Ebenda, 595.
53 Ebenda, 594.
54 Ebenda, 509.
55 Ebenda, 504.

zu sprechen, oder das höchste Bewußtsein ihrer gesamten Fähigkeiten
haben?"[56] Abgesehen von der Dynamisierung der Selbstreferenz, bewegt
sich Lenz hier noch in traditionellen Bahnen, indem er Glückseligkeit als
Antriebsmovens eines moralischen Triebs denkt. Diesem Trieb nach
Vollkommenheit stellt Lenz nun einen zweiten an die Seite: den Trieb
nach Glückseligkeit. Das könnte zunächst überflüssig erscheinen, aber
Glückseligkeit ist hier für Lenz nicht das Glücksgefühl aus jener dynamisierten Selbstreferenz, sondern ein Zustand. Das ist Lenz so wichtig, daß
er tautologisch redet:

> Ein Zustand ist status, und status ist ein Zustand. Sehen Sie das Wort selbst an, der
> anschauende Begriff eines Zustandes wird Ihnen sagen, daß es eine gewisse Lage, eine
> gewisse Relation unsers Selbst mit den Dingen außer uns sei.[57]

Glückseligkeit ist für Lenz keine Empfindungsqualität, keine Belohnung
als Befriedigung oder Selbstreferenz, sondern ein Relationsbegriff. Während der Vollkommenheitstrieb das bezeichnet, was die Maschine sowie-
so tut, geht es bei der Glückseligkeit um die Tatsache, daß die Maschine
auch einen bestimmten Ort in der großen Maschine der Welt hat, der für
das Streben nach Vollkommenheit entweder förderlich oder hinderlich
ist.[58] Glückseligkeit ist der Status, der dem Streben nach Vollkommenheit den größtmöglichen Spielraum eröffnet. Am angemessensten ist
dem Menschen folglich, aus dieser Perspektive, ein „Zustand der Bewegung"[59], also

> derjenige Zustand, wo unsere äußern Umstände unsere Relationen und Situationen so
> zusammenlaufen, daß wir das größtmögliche Feld vor uns haben, unsere Vollkom-
> menheit zu erhöhen zu befördern und andern empfindbar zu machen, weil wir uns
> alsdenn das größtmögliche Vergnügen versprechen können, welches eigentlich bei al-
> len Menschen in der ganzen Welt in dem größten Gefühl unserer Existenz, unserer
> Fähigkeiten, unsers Selbst besteht.[60]

Es geht um eine Lage, in der Energie und Wirkungskreis in einem angemessenen Verhältnis stehen. In einer unglücklichen Lage ist derjenige,
dessen Streben nach Vollkommenheit aufgrund seiner äußeren Lage
behindert wird. Diesen Gedanken einer Relation von Energie und Wir-

---

56 Ebenda.
57 Ebenda, 506 f.
58 „[...] – und was bleibt nun der Mensch noch anders als eine vorzüglichkünstliche
    kleine Maschine, die in die große Maschine, die wir Welt, Weltbegebenheiten, Welt-
    läufte nennen besser oder schlimmer hineinpaßt." (Ebenda, 637.)
59 Ebenda, 507. Das wendet Lenz zugleich gegen Rousseau, der für die Ruhe plädiere.
60 Ebenda, 508. Vgl. ebenda, 637, wo es heißt, daß der „Reiz des Lebens" im Fühlen der
    eigenen „Existenz" besteht.

kungssphäre übernimmt Lenz von Holbach. Die Modelle für die glück-
seligste bzw. unglückseligste Lage sind – kontrastierend – das Genie und
der Fürst. Holbach schreibt:

> Große Seelen wollen einen großen Wirkungskreis haben; mächtige, aufgeklärte, wohl-
> tätige und in glückliche Umstände versetzte Genies breiten ihren Einfluß weithin aus;
> [...] Sehr viele Fürsten sind nur darum so selten wahrhaft glücklich, weil ihre schwa-
> chen und verkümmerten Seelen gezwungen sind, in einer Sphäre zu wirken, die für ih-
> re geringe Energie zu groß ist.[61]

Die Übertragungsmöglichkeiten dieses Modells auf die Biographie, d. h.
auf Denk- und Handlungsstrukturen von Lenz, liegen auf der Hand.
Wenn er von der Glückseligkeit als *status* spricht, also von Stand und
Beruf, dann geht es um den Platz in der Welt, der entweder eine „Lük-
ke"[62] ist, in die wir hineingestoßen werden (also eine Pfarrstelle mit zu
kleinem Wirkungsgrad) oder aber jene riesige Wirkungssphäre, die entsteht, wenn das Genie mittels Reformvorhaben – sozusagen als Seele –
in die Sphäre des Fürsten eintritt.[63] Indem Lenz Glückseligkeit als Bedingung definiert, die weitere Energiesteigerung ermöglicht, ist die Belohnung derart dynamisiert, daß sie Teil der immerwährenden Aufwärts-
bewegung wird. Damit verschiebt Lenz den Begriff der Glückseligkeit
gegenüber seiner Verwendung in der Aufklärung derart, daß unter demselben Namen eine völlig andere Sache verstanden wird. Glückseligkeit
ist für Lenz nicht mehr etwas, das man hat oder das man fühlt, sondern
eine Situation, in der man sich befindet. In Lenzens Perspektive ist sie
nicht mehr Endpunkt des moralischen Strebens, sondern ihr Anfangs-
oder Durchgangspunkt. Sie ist nicht mehr Belohnung der Tugend, sondern sie geht als Rahmen bzw. Bedingungsgefüge für weiteres moralisches Streben völlig in der Tugend auf.

Zweiter Schritt: Trennung von Moral und Glückseligkeit. Bis hierhin
hat Lenz einen im Vergleich zum Aufklärungsmodell der Glückseligkeit

---

61 Holbach (wie Anm. 46), S. 269.
62 WuB (wie Anm. 14), II, 637: „Wir werden geboren [...] es entsteht eine Lücke in der
    Republik wo wir hineinpassen – unsere Freunde, Verwandte, Gönner setzen an und
    stoßen uns glücklich hinein – wir drehen uns eine Zeitlang in diesem Platz herum wie
    die andern Räder und stoßen und treiben – bis wir wenns noch so ordentlich geht ab-
    gestumpft sind und zuletzt wieder einem neuen Rade Platz machen müssen." Das ist
    die Perspektive auf die große Maschine und das gesetzmäßig Kausale, das den Men-
    schen bestimmt.
63 Das ist die patriotische Phantasie, die hinter dem Projekt der Soldatenehen steht: den
    Wirkungsgrad der Fürsten ausfüllen. Das ist die Perspektive auf die größtmögliche
    Eigenenergie, die mit und gegen die große Maschine mobilisiert werden soll. Vgl.
    auch Lenz: Stimmen des Laien: „je größer die Sphäre ist, in der wir leben, desto be-
    glückter und würdiger unser Leben [...]" (Ebenda, 565).

viel engeren kausalen Zusammenhang zwischen moralischer Anstrengung und Belohnung gebaut, indem die Belohnung als Bedingung für
weiteres Streben gleichzeitig *Teil* des Strebens wird. Hier ist der Punkt
erreicht, an dem das Strapazieren des Modells in den Bruch umschlägt.
Denn exakt an dieser Stelle muß Lenz den kausalen Zusammenhang
zwischen Tugend und Glückseligkeit durchtrennen. Wenn man die Belohnung zur Dynamisierung der Tugend einsetzt, letztlich also die Tugend und nicht die Glückseligkeit der Hauptzweck ist, muß man zugleich
den Belohnungszusammenhang aufgeben. Denn sonst könnte man sich
zur Legitimation nachlassender Anstrengung immer auf die Umstände
berufen, die größeres Streben nicht zulassen. Lenz hält daher fest: „Die
Vollkommenheit beruht auf uns selber, die Glückseligkeit nicht."[64] Im
Rahmen der aufklärerischen Aussagen zum Glück ist dieser Satz von
entscheidender Tragweite. Die Moral und das Streben nach Vollkommenheit hängen demnach von der eigenen Anstrengung ab, die Glückseligkeit, verstanden als die Bedingung für ein solches Streben, aber von
äußeren Umständen, auf die unsere moralische Anstrengung faktisch
keinerlei Einfluß hat. „Gott gibt uns unseren Zustand, unsere Glückseligkeit",[65] und zwar als Gnadengeschenk, nicht als rechtmäßig erworbenen Lohn. Selbst bei der größten moralischen Anstrengung würden „wir
dennoch kein für Gott geltendes Verdienst haben".[66]. Egal also wie die
Umstände aussehen, egal wie „undankbar wir unsere Bemühungen finden",[67] niemals können sie Entschuldigung für mangelndes Streben nach
Vollkommenheit sein. Während etwa Gellert das Streben nach Glückseligkeit qua tugendhafter Handlungen als Weg preist, wie man noch im
größten Unglück aus eigener Kraft heraus glücklich sein kann,[68] gibt es
für Lenz keinen psychologischen und metaphysischen Automatismus
mehr zwischen Tugend und Belohnung. So wie Kant die Moral von der
Glückseligkeit abkoppelt und auf eine Moral pocht, die jenseits von
Belohnungen allein aufgrund der Achtung vor dem Gesetz funktioniert,
so gründet auch für Lenz die sublimiert-konkupiszente Moralenergie

---

64 Ebenda, 506.
65 Ebenda, 509.
66 Ebenda, 513.
67 Ebenda.
68 Gellert (wie Anm. 16), S. 19: „Diese Eigenschaften und Güter des Herzens können
    ferner *von allen* Menschen *gesucht* und durch fortgesetzte Bestrebungen in einem gewis-
    sen Maaße *erlangt* werden; ein offenbarer Beweis, daß sie die vornehmsten sind. Die
    übrige Glückseligkeit steht selten ganz in unserer Gewalt. Es gehören zu ihrem Besit-
    ze besondere Umstände und Zeiten. [...]. Aber die Güter des Herzens bieten sich al-
    len Sterblichen an. Jeder kann sich die wahre Güte der Seele erwerben, die in der An-
    wendung der Gesetze der Vernunft und des Gewissens besteht."

nicht mehr auf der sie belohnenden Glückseligkeit, sondern allein auf der Erhaltung und Steigerung der Energie selbst. Glückseligkeit taucht begrifflich zwar noch auf, aber als Ermöglichungsgrund für gesteigertes Streben geht sie ganz in der Tugend selbst auf. Während Kant die Glückseligkeit offen durchstreicht, bringt Lenz sie versteckt zum Verschwinden.

Das Motiv für die Spannung und Steigerung der Konkupiszenz ist allerdings nicht, wie bei Kant, die Achtung vor dem Gesetz, sondern – und hier nähert sich Lenz wieder dem Aufklärungsmodell – der Glaube. Er nimmt bei Lenz aber eine andere Stelle im System ein: Während er bei den Aufklärern den Endpunkt bzw. den Gipfel der Erfahrungen und Vernunftschlüsse markiert, die auf den Glauben an einen Belohnungszusammenhang hinführen,[69] fragt Lenz nach dem Glauben in der Verzweiflung, in Situationen, „wo alles für uns verloren zu sein scheint".[70] Zwar behauptet auch Lenz, daß der Glauben durch die Vernunft legitimiert,[71] aber er bezweifelt die Wirksamkeit dieser Legitimität hinsichtlich der Ausübung in schwierigen Lebenslagen: „Das läßt sich nun alles gut sagen, aber in der Ausübung möchten sich Schwierigkeiten finden."[72] Während für die Aufklärer angesichts eines vernünftigen Glaubens die Offenbarung mehr oder weniger überflüssig erscheint, steht sie mit ihrer Motivierungsleistung für Lenz im Zentrum seines Denkens.

Man kann hier noch einmal sehen wie Lenz im Sprechen über Glückseligkeit die üblichen Topoi benutzt und strapaziert, letztlich aber jenseits des Aufklärungsmodells argumentiert. So heißt es einerseits: „Gott gibt uns unsern Zustand, unsere Glückseligkeit und zwar (dies lernen wir aus der großen Weltordnung und eigenen täglich und stündlich anzustellenden Erfahrungen) nach Maßgebung unserer Vollkommenheit, das heißt unsers Bestrebens nach Vollkommenheit."[73] Lenz hält hier also zunächst daran fest, daß der Lohn doch im Verhältnis zur Anstrengung steht. Bereits im selben Abschnitt wird allerdings deutlich, daß die Wirklichkeit anders aussieht, daß Gott nicht für eine der Vollkommenheit angemessene, d. h. glückliche Lage sorgt. Der Glauben ist daher nicht Folge der erfahrenen Belohnung für moralische Anstrengung, sondern tritt *an die Stelle* der nicht erhaltenen Belohnung: „ja dieser Glaube macht

---

69 Z. B. b. Spalding (wie Anm. 10), Eintrag: 31.333.

70 WuB, II (wie Anm. 14), 617.

71 Ebenda, 614: „Eben das uns anerschaffene Moralgesetz, die in allen Menschen liegende *stamina* und Anfangsbuchstaben der dikaiosyne legitimieren unsern Glauben aufs herrlichste, und machen ihn zur einzigen wahren Vernunft."

72 Ebenda, 615.

73 Ebenda, 509.

eigentlich an sich schon den Hauptgrund unserer Glückseligkeit aus".[74] Wieder bringt Lenz den Begriff der Glückseligkeit zum Verschwinden: Ging es bei den Aufklärern um den Glauben *an* eine Belohnung mit Glückseligkeit durch Gottvater, so *ist* für Lenz der Glaube bereits Hauptgrund der Glückseligkeit.

3. Zum dritten Topos, der die Notwendigkeit des Glaubens zur metaphysischen Abfederung des Empirischen behauptet. Die systematisch bedingte Trennung von Moral und Glückseligkeit ermöglicht, daß der empirische Zweifel am Belohnungszusammenhang von Moral und Glückseligkeit, den auch die Aufklärer kennen, bei Lenz raumgreifender artikuliert werden kann. Das führt dazu, daß bei Lenz die zentrale Rolle des Glaubens, mit der das Aufklärungsmodell die Zweifel abfedert, anders besetzt ist. Für Lenz steht nicht der Glaube an Gottvater und an eine von ihm harmonisch geordnete Welt im Mittelpunkt, sondern der Glaube an den von Gott und jeder Glückseligkeit verlassenen Jesus Christus am Kreuz. Schöpfergott und Erlösergott, Vater und Sohn geraten in einen Gegensatz.[75] Weil Lenz die Welt, wie Gott sie gemacht hat, offenbar nicht mehr wie Leibniz und seine Nachfolger als die beste aller möglichen Welten denken kann, sondern in ihr immer nur die gottverlassene Zusammenhanglosigkeit von Tugendenergie und Lebenslagen erkennt, wird der Erlöser so unabdingbar für einen kontrafaktischen Glauben.

Wenn, das ist Lenzens Frage, unser Streben nach Vollkommenheit nicht mit Glückseligkeit belohnt wird, d. h. mit einer Lage, die diesem Streben wiederum förderlich ist, woher nehmen wir dann die Energie und die Motivation, dieses Streben – gegen die Umstände und ohne Hoffnung auf Belohnung unserer Leistung – fortzusetzen? „Nichts ist so niederschlagend, als wenn man einen Endzweck nicht allein nicht erreicht, sondern auch nicht zu erreichen hoffen kann. Und wenn ihr *alles*

---

74 Ebenda, 510.
75 Carl Schmitt hat in seiner „Politischen Theologie II" im Nachwort auf eine Stelle im Werk Lenzens aufmerksam gemacht, die das permanente Gegeneinander von Vater und Sohn in seinen Texten nicht nur als biographisches, sondern auch als theologisches Strukturmoment lesbar macht. Die Stelle stammt aus dem Fragment „Catharina von Siena". Catharina klagt auf der Flucht vor ihrem Vater: „Mein Vater blickte wie ein liebender, / Gekränkter Gott mich drohend an. / Doch hätt' er beide Hände ausgestreckt – / Gott gegen Gott / (sie zieht ein kleines Kruzifix aus ihrem Busen und küsst es) / Errette, rette mich / Mein Jesus, dem ich folg, aus seinem Arm! […] / Errette, rette mich von meinem Vater / Und seiner Liebe, seiner Tyrannei." (Zit. nach Carl Schmitt: Politische Theologie II. Die Legende von der Erledigung jeder Politischen Theologie, 3. Aufl., Berlin 1990 (unveränd. Nachdr. der 1970 erschienen 1. Aufl.), S. 123.)

getan habt, sagt Christus, so seid ihr unnütze Knechte."[76] Paradoxerweise will Lenz nun gerade aus dieser niederschlagenden Erkenntnis die gesuchte Motivation herleiten. Im Zentrum steht dabei Jesus Christus, der gewissermaßen stellvertretend die Erfahrung gemacht hat, trotz größter Anstrengung am tiefsten unglücklich zu werden:

> Er ging so weit in der Aufopferung seines eigenen Glückes, daß er nicht allein sein Leben, sondern sogar – und bei dieser Tat schauert das innerste Wesen meiner Seele, die höchste die einzigmögliche Glückseligkeit, die Gemeinschaft mit Gott aufgab und sich am Kreuz drei Stunden von Gott verlassen sah – Das ist der einzige Begriff, den wir in der Bibel von einer Hölle haben.[77]

Die gesuchte Motivation soll nun, laut Lenz, dadurch entstehen, daß wir angesichts dieser größtmöglichen Gottferne, die eigene Gottferne aushalten, indem wir zwar nicht an die Belohnung der eigenen Anstrengung, aber doch an die Jesu Christi glauben:

> Eben darum weil wir nicht alles tun können, und wenn wir es getan hätten, wir dennoch kein für Gott geltendes Verdienst haben würden, so sollen wir durch den Glauben uns das vollgeltende Verdienst des vollkommensten Menschen Jesu Christi zueignen und um dessen willen allein die Annäherung zu Gott, das heißt die ewige Seligkeit hoffen und erwarten.[78]

Was Lenz den Menschen und sich als Motivation des Glaubens zumutet, ist – vermittelt über Christus am Kreuz – der Gedanke, daß gerade das Nicht-Eintreten der Belohnung als Aufmunterung wirkt, an sie zu glauben:

> Die uns von Gott verheißene unmittelbare Unterstützung unserer Bestrebung nach Vollkommenheit ist uns, wenn wir unsere Bemühungen undankbar finden eine herrliche Aufmunterung von neuem anzufangen, wenn wir uns aber einiger glücklich geratener Versuche zu sehr überheben, eine göttliche Demütigung.[79]

Das Fundament dieses Glaubens ist der Glauben selbst. Unter vollständigem Verzicht auf empirische Folgen der Kräfteanspannung wird immer wieder der Glauben beschworen, der zugleich Voraussetzung ist für die Erhaltung und Steigerung der Kräfteanspannung. Immer wieder behauptet Lenz den Belohnungszusammenhang zwischen Anstrengung und Glück in einem Satz, um ihn im nächsten zu widerrufen.[80] So führt

76 WuB, II, 513.
77 Ebenda, 512.
78 Ebenda, 513.
79 Ebenda.
80 Z. B.: „[J]edesmal nach Maßgabe des Nisus wird der Erfolg sein, und er läßt sich gewiß und wahrhaftig fortschieben, das wird jeden auch seine eigene kleine Erfahrung

das energetische Steigerungsprogramm, das jegliche Selbstreferenz, die
nicht selbst wieder Steigerung ist, verbietet, zu einem hypertrophen
Glauben, der gerade deshalb immer droht, dem Zweifel zu verfallen. Als
Motivationsquelle, als „einzige Federkraft unserer Seele", bleibt angesichts des manifesten Unglücks nur die Beschwörung des Glaubens an
den Glauben.

Jesus Christus am Kreuz spielt bei Lenz noch eine andere Rolle, die
ebenfalls mit der Motivation des Strebens nach Vollkommenheit zu tun
hat. Denn Lenz kennt nicht nur den von Gott verlassenen Jesus am
Kreuz, sondern auch den von den Menschen verlassenen: „Das allerhöchste Leiden ist Geringschätzung."[81] Hier ist nicht Gott die Instanz,
die Belohnung bzw. Anerkennung verweigert, sondern der Mensch: „ein
Diener aller – und doch verraten".[82] Das allerhöchste Leiden Christus'
liegt darin, daß man ihn „so ganz in der Stille und gleichsam daß kein
Hund oder Hahn darnach krähte von der Welt schaffen wollte".[83] Der
ungeheuren Energie Jesu Christi, die Lenz offenbar nach dem Modell
des Holbachschen Genies oder des Goetheschen Götz denkt, wollten
die Pharisäer jeden Wirkungsgrad nehmen:

> Ein Gott der auf der ganzen Erde Revolutionen zu machen die Kraft und den Beruf
> in sich spürte, so gleichsam wie ein aufschießendes Unkraut in der Geburt erstickt zu
> werden. So ging es ihm schon unter Herodes und sein Leben hin durch und das ist
> das Schicksal aller Rechtschaffenen.[84]

So verfährt der Vater mit seinem Sohn: Keine Belohnung des Recht-
schaffenen durch Glückseligkeit; kein Zusammenhang von Tugend und
Glückseligkeit. Die Geringschätzung, der Jesus ausgesetzt wird, sieht
Lenz weiter darin, daß ihm jene Kompensation für sein Unglück ver-

---

schon gelehrt haben" (WuB (wie Anm. 14), II, 616). Und dann im übernächsten Satz:
„Weh euch alsdenn, die ihr euer ganzes Leben angewandt habt, gut zu sein wie ein
Kind, und noch niemals von irgend einem Menschen würdiger seid belohnt worden
als ein Kind. Übersehn wie ein Kind, oft vergessen wie ein Kind, oft gar ohne Ursache gestoßen und geschlagen wie ein Kind. Weh euch, wenn ihr die ganze Schnelligkeit männlicher riesenhafter Bedürfnisse in euch fühlt, die alle unbefriedigt in euch
toben, und euer Glück, eure Belohnung sollte da schon aufhören, wo sie noch nicht
angefangen haben." (Ebenda.)

81 Lenz: Über die Natur meines Geistes. In: Ebenda, 624. Nicht die Version von Markus
    und Matthäus legt Lenz hier zugrunde, sondern Lukas und Johannes, nach der nicht
    der Gegensatz zwischen Vater und Sohn betont wird, sondern der zwischen Jesus
    und den Menschen: „Es ist vollbracht – und so rette ich meinen Geist in deine Hän-
    de." (Ebenda, 623.) Lenz kompiliert hier Lukas 23.46 und Johannes 19.30.
82 Ebenda, 623.
83 Ebenda, 624.
84 Ebenda.

wehrt wird, die selbst ein Bösewicht erfährt: die öffentliche Aufmerksamkeit:

> Ein Bösewicht hat wenigstens die Genugtuung daß er von sich reden macht wenn er auch mit Schande und Schmach beschließet, daß viele sich vor ihm fürchten und alles aufbieten ihm entgegen zu streben, bei Christo aber schien es den Pharisäern nicht der Mühe zu lohnen sich in große Unkosten zu setzen.[85]

Während wir „wenigstens an die Nachwelt appellieren"[86] würden, lässt Jesus klaglos die größte Erniedrigung über sich ergehen. Interessant ist, daß Lenz wiederum nicht mit Gottvater argumentiert, der im Jenseits das erfahrene Unglück ausgleicht, sondern als Instanz dieses Ausgleichs die diesseitige Öffentlichkeit ansetzt. Jesus wird gezeigt als jemand, der sein Unglück aushält, nicht nur ohne Erwartung eines jenseitigen Ausgleichs, sondern auch unter Verzicht einer diesseitigen Kompensation durch Öffentlichkeit. Und in der Tat kann man hier die säkularisierte Funktion der Öffentlichkeit erkennen, die gewissermaßen die Ausgleichsfunktion Gottes, wie sie in den Theodizee-Entwürfen vorgesehen ist, übernimmt. Soll das Unglück von „Millionen von Menschen",[87] so fragt Mercier, „nicht einmal durch die Feder des Dichters wenigstens gerächt werden?"[88] Ohne einen Gedanken an eine jenseitige Gerechtigkeit bezieht der Dichter gerade aus ihrer Abwesenheit seine Funktion, belohnend oder bestrafend das Andenken bei der Mit- und Nachwelt zu befestigen.[89]

Es kann einem, so lassen sich die beiden Modelle des gekreuzigten Christus zusammenfassen, in dieser Welt nicht nur passieren, daß man von Gott – trotz größter Anstrengung – nicht in eine ihr angemessene Lage versetzt wird (glücklich gemacht wird), sondern es kann einem auch passieren, daß man – trotz großer Leistungen – geringgeschätzt wird. Für beides – für das Unglück der Ferne von Gott wie von den Menschen – ist Jesus am Kreuz das extremste Beispiel. Und an die Stelle eines Ver-

---

85 Ebenda.
86 Ebenda, 623.
87 Mercier-Wagner: Neuer Versuch über die Schauspielkunst. Aus dem Französischen. Mit einem Anhang aus Goethes Brieftasche. Faksimiledruck der Ausgabe von 1776, m. e. Nachw. v. P. Pfaff, Heidelberg 1967, S. 200.
88 Ebenda.
89 Ebenda, S. 205 f.: „Zittern würde der Frevler vor dem Gedanken, sich vor dem Richterstul eines Verbrechens angeklagt zu sehen, das nicht unbekannt bleiben, sondern ans helle Tageslicht treten würde um auf der Bühne verewigt zu werden […] er würde sich selbst sagen, ‚die ganze Nation wird meine Schandthat sehen, selbst die Zeit wird sie nicht auslöschen können, und einstimmig wird jeder deinem Andenken fluchen'."

trauens in Gottvater und in eine Glückseligkeit, für die er schon sorgen
wird, tritt die Anschauung Jesu Christus, dessen tiefstes und unerreichba-
res Leiden uns Ermunterung zu einem Glauben geben soll, der von keiner Erfahrung getragen wird.

III.

Lenz' Definition der Glückseligkeit führt – im Gegensatz zur üblichen
Behandlung des Themas in der Aufklärung – zu einem offenen und
offensiven Blick ins Unglück. Sein auf der Konkupiszenz gründendes,
energetisches Steigerungsprogramm bedingt eine gravierende Verschiebung des Begriffs der Glückseligkeit von der Belohnung der Tugend hin
zur Lage (status), die weitere Tugendanstrengung ermöglicht. Und genau
durch diese Verschiebung bricht Lenz mit der Generalthese der Aufklärung: dem Belohnungszusammenhang von Moral und Glückseligkeit.
Die Trennung von Moral und Glückseligkeit ermöglicht Lenz eine zugleich theoretische und literarische Öffnung hin zu jener Wirklichkeit des
Unglücks, die den Aufklärern und ihrem Belohnungsoptimismus ohnehin immer schon größte Schwierigkeiten gemacht hatte. Am deutlichsten
formuliert Lessing diese Schwierigkeit: Zwar gibt es, so Lessing in der
Hamburgischen Dramaturgie, den „Jammer" über das „Unglücke ganz guter,
ganz unschuldiger Personen", das *„wirklich* geschehen ist", aber „es ist
höchst nötig, daß wir an die verwirrenden Beispiele solcher unverdienten
schrecklichen Verhängnisse so wenig als möglich erinnert werden. Weg
mit ihnen von der Bühne! Weg, wenn es sein könnte, aus allen Büchern
mit ihnen!"[90]
    Während Lessing glaubt, aus Verantwortung gegenüber der Theodi-
zee und der Achtung gegenüber Gottvater das wirkliche Unglück aus
allen dichterischen Darstellungen verbannen zu müssen, hat Lenz nun
ein theologisches Argument, um das zu tun, was bislang theodizeetech-
nisch problematisch war: Lenz kann sich als Dichter dem wirklichen
Unglück zuwenden, denn er folgt darin dem Sohn in einer Art *imitatio
visionis christi.* Und er tut das in der Hoffnung, daß gerade die Anschauung des wirklichen Unglücks zu neuem Glauben führt. Zu seinem Stoff
und zur Herausforderung dichterischer Bewältigung wird daher exakt
jenes Unglück, das, wie Lessing sagt, „wirklich geschehen ist":

---

90 Gotthold Ephraim Lessing: Hamburgische Dramaturgie, hrsg. v. K. Wölfel, Frankfurt
    a. M. 1986, 79. Stück, S. 374 f.

Nehmen Sie die unzähligen Schlachtopfer der Notwendigkeit und die furchtbaren Geschichten, die, so wie sie wirklich geschehen, und wie ich deren hundert weiß, keine menschliche Feder aufzuzeichnen vermag.[91]

---

91 J. M. R. Lenz: Verteidigung des Herrn W. gegen die Wolken. In: WuB (wie Anm. 14), II, 713–736, hier S. 733.

„Die Freunde machen den Philosophen"
Lenzens Traum vom Glück

Als Bernard Sobel, einer der großen Theaterregisseure Frankreichs, 1988 Lenz' Komödie *Die Freunde machen den Philosophen* in Paris zur Uraufführung brachte, 212 Jahre nach der Publikation des Stücks, schrieb Joseph Haniman, Paris-Korrespondent der *FAZ* und erfahrener Theaterkritiker:

> Doch Sobels szenischer Einfallsreichtum hilft hier wenig: das Lenz-Stück ist im ersten Akt ein schematisches Auf- und Abtreten der Figuren im dramaturgischen Schubladenverfahren, in der Mitte ein unschlüssiges Hin und Her zwischen Marseille und Cadiz und am Ende ein unfertiges Melodram.[1]

Auch ein Liebhaber der Lenzschen Dramenkunst – und der *FAZ*-Korrespondent ist einer – kann sich täuschen, auch die Liebesmüh eines einfallsreichen Regisseurs kann vergeblich sein: wenn dies jedoch einem unbekannten Drama nach 212 Jahren widerfährt,[2] so drohen ihm weitere lange Jahre, vielleicht Jahrhunderte des Vergessens. Unternehmen wir daher im folgenden einen Wiederbelebungsversuch. Es kommt dabei weniger darauf an, dem Stück neuen Atem einzuhauchen, als darauf, seinen eigenen Atem mit seinen ungefügen und diskordanten, extreme Gegensätze umspannenden Rhythmen zu erspüren.

Freunde, eine Geliebte, Eltern

Darf man vorweg verraten, daß die Handlung mit rasch wechselnden Personenkonstellationen aufwartet? Man darf, ja man sollte, um möglichen Verwirrungen des Lesers vorzubeugen. Soviel denn als erster

---

1 FAZ v. 10. 5. 1988, Nr. 109, S. 31.
2 Soweit ich sehe, ist von dem Drama erstmals auf recht unzulängliche Weise in einer schmalen Dissertation die Rede. Ilse Kaiser: Die Freunde machen den Philosophen, Der Engländer, Der Waldbruder von Jakob Michael Reinhold Lenz, Erlangen 1917. Seither finden sich einige substantielle Hinweise nur in der Skizze, die Hans-Gerd Winter von dem Drama entworfen hat. Vgl. ders.: Jakob Michael Reinhold Lenz, 2. Aufl., Stuttgart 2000, S. 72–74.

Überblick: Zwei Liebende, Strephon und Seraphine, sehen sich einem
doppelten Wandel der irdischen Verhältnisse ausgesetzt. Seraphine
möchte zuerst eine Ehe pro forma mit einem armen Edelmann, La Fare,
eingehen, um ihrem bürgerlichen Geliebten andere Konkurrenten zu
ersparen. Der aber durchkreuzt das gutgemeinte Angebot mutwillig und
veranlaßt die Geliebte dadurch zu einem neuen Ehemanöver. Nun reicht
sie dem Marquis Prado die Hand, worauf Strephon in Verzweiflung,
Lebensverzweiflung, stürzt... Mehr sei nicht verraten. Wir heben erneut
an, diesmal mit kleinen Schritten und ganz von vorne.

In der spanischen Hafenstadt Cadiz weilt ein deutscher Literat und
Philosoph, dessen Intelligenz und wohlwollende Freundlichkeit seit
Jahren schamlos von Bekannten und sogenannten Freunden ausgenutzt
wird zu mancherlei Schreibdiensten. Es handelt sich um den schon er-
wähnten Strephon, einen „jungen Deutschen",[3] ein Muster an Einfühl-
samkeit und Hilfsbereitschaft, Repräsentant einer aufgeklärten Empfind-
samkeit, während sein Freundeskreis das Reversbild der humanen
Aufklärung darstellt: berechnend, egozentrisch, nur auf den eigenen
Vorteil bedacht. Die Vernunft ist in diesem Kreis auf das zweckrationale
Kalkül, die Nachtseite der Aufklärung, zusammengeschnurrt; einige
Jahre später wird Schillers Franz Moor davon ein faszinierend böses
Zeugnis ablegen.

Warum wehrt sich Reinhold Strephon nicht gegen die alltägliche
Überforderung und Übervorteilung? Lenz, die Diskretion selbst, läßt es
uns aus flüchtig hingeworfenen Wortfetzen erraten. Den philosophie-
renden Literaten, der aus lauter Großmut und Dienstleistungsethos zum
veritablen Hungerleider geworden ist, bannt eine heimlich, nein unheimlich schwelende Leidenschaft. Einer Donna Seraphina, der Schwester
eines spanischen Edelmanns, gilt seine verzückte Passion. Passion im
ursprünglichen Wortsinn als Ineinander von Leidenschaft und Leiden!
Das „allgewaltige, unerklärbare, unerklärbarste aller Gefühle" drückt ihn
„zu Boden", wie er gesteht (I, 5), er läßt sich allerdings auch nicht ohne
„Wollust" niederdrücken (I, 4). Dieser Strephon ist in Liebesdingen ein
Wertherianer und droht als solcher zu enden. Doch Lenz wirft den *Leiden des jungen Werthers* zuletzt einen Fehdehandschuh hin und ruft seinen
Selbstmordkandidaten im letzten Augenblick ins Leben zurück.

Vorerst allerdings droht dem Liebenden und Leidenden, daß er vor
den Freunden als „weggeworfener Lumpen im Kot" endigt (I, 1) und

---

3   Lenzens „Komödie" wird zitiert nach S. Damm (Hrsg.): Jakob Michael Reinhold
    Lenz, Werke und Briefe in drei Bdn., Bd. 1, Leipzig 1987. Die vollständige Angabe zu
    Strephon im Personenverzeichnis lautet: „ein junger Deutscher, reisend aus philoso-
    phischen Absichten" (S. 273).

daß er, gefesselt an seinen literarischen Sklavendienst wie an seine in sich kreisende Passion, nach und nach „verblutet" – so sein eigener Ausdruck (II, 3).[4] Als Zuschauer seines Seelenzustands verliert Strephon sich in „beobachtende Untätigkeit" (II, 2), die er mit ebensoviel Selbstgenuß wie Melancholie zelebriert, ein zugleich freiwilliger und widerwilliger Zauderer, auf den die fahlen Reflexe der Hamlet-Figur Shakespeares.

So ist Strephon unter anderem eine aus literarischen Modellen komponierte Gestalt, an der sich eine intertextuelle Lektüre erproben läßt. Aber er ist auch entschieden mehr als ein Schnittpunkt literarischer Traditionslinien, ist Blut vom Blute und Fleisch vom Fleische seines Autors. Lenz hat ihm ein gehöriges Stück seiner eigenen Biographie eingestaltet. Wenn Strephon sein gegenwärtiges Leben und Zögern in dem Ausruf zusammenrafft: „Ha ein kühner Entschluß ist besser als tausend Beobachtungen – ich bin verfehlt – die Seufzer meiner Eltern haften auf mir" (II, 3): So ist für uns Leser evident, daß Lenz hier die Klage seiner Eltern über ihn, den verlorenen Sohn, erneuert und daß das Schuldbewußtsein dieses Sohnes ein Echo in Strephon findet. Es ist kein Zweifel, daß Strephons Vater, der „in sieben Jahren ihm kein Geld zu schicken" beschloß und ihn „im Elende untersinken" ließ, um seinen „Eigensinn" in der Fremde zu bestrafen (I, 2) – es ist kein Zweifel, daß dieser Vater Lenzens eigenem pater familias nachgebildet ist, und daß Lenz den lähmenden Kampf mit seinem Schuldbewußtsein in der Lähmung Strephons wiederholt – Strephons, der weder die Zumutungen der ‚Freunde' abzuwehren noch das Gefangensein in der Liebespassion umzugestalten vermag. Ein bei Strephon zu Besuch weilender Cousin – Arist mit Namen – mahnt ihn vergeblich zur Rückkehr in die Heimat:

> Nicht diesen finstern tauben Blick der Mutlosigkeit! Kommt mit mir, Eurem Vater, Eurer Mutter in die Arme, die noch immer nach Euch ausgestreckt sind. […] Kommt! Euer vaterländischer Himmel wird Euch neues Leben in die Gebeine strömen. (I, 4)

---

4   Strephons skeptisches Urteil über die Freunde ist ein konstantes Motiv in diesem Drama. Wenn er an einer Stelle zu Arist sagt: „Alle diese Leute – sind dennoch meine Freunde." (I, 3), so bedeutet dies keine Verteidigung der Freundschaft. Vielmehr ist dieser Satz aus der Not eines „Fremden" geboren, der, wie Strephon bekennt, „keinen Umgang, keine andere[n] Mittel" hat, um „dieses Land und seine Sitten kennen zu lernen" als eben diese suspekten Freunde. Bezeichnenderweise verlieren sich die Freunde im Verlauf der Dramenhandlung mehr und mehr. Das letzte Wort, das Strephon über sie sagt, lautet nicht zufällig selbstkritisch wie folgt: „Da ist der große Mann, den ihr aus mir gemacht habt, meine Freunde – ein Kuppler." (IV, 3) Vgl. hierzu die kontrastive Auffassung von Martin Kagel im vorliegenden Band.

Es sind dies Sätze, die uns aus der Literaturgeschichte seltsam vertraut
anmuten. Niemand, der sie liest, kann die Lektüre-Erinnerung an Büchners *Lenz* abweisen, vor allem an die Ermahnungen Kaufmanns, er,
Lenz, möge sein Leben nicht fern vom Elternhaus verschleudern.[5] Die
Ursituation Lenzens, die im Dialog zwischen Strephon und dem Cousin
Arist zum Ausdruck gelangt, ist auch in Büchners kongenialer Intuition
aufgespeichert, mitsamt der aggressiven Abwehrhaltung des Helden.
Wenn Büchners Lenz die Ermahnungen Kaufmanns zurückweist, so tut
er dies mit einer Heftigkeit, die ihr dramatisches Vorspiel in Strephon
besitzt. Auf Arists Vorhaltungen – „Euer Vater ist sehr aufgebracht –
[…] Es sind acht Jahr, […] daß Ihr so herumirrt und Euren nichtswürdi-
gen Grillen folgt –" entgegnet Strephon mit einer Mischung aus Rebelli-
on und Gewissenspein: „Vetter, das stille Land der Toten ist mir so
fürchterlich und öde nicht als mein Vaterland. […] Lebt wohl! Grüßt
meine Eltern!" Und die Regieanweisung vermerkt: „*Reißt sich von ihm los
und eilt halb ohnmächtig ab.*" (I, 5)
    Soweit die Ausgangssituation des Dramas. Darf ich daran erinnern,
daß darin weitere Lebenslagen des Autors zitiert sind, insbesondere die
Liebesverhältnisse Lenzens? Seine Herzensangelegenheiten mit Frauen,
die sich seinem Werben entzogen und ihm den leidigen Zustand des
Harrens, Zögerns und der Unentschiedenheit aufdrängten – sie spielen
in Strephons halb resigniertes, halb ungeduldiges Liebeswerben unver-
kennbar hinein. Davon später mehr.

Ein Bühnenexperiment, tiefenpsychologisch

Das Faszinierende ist nun, daß Lenz seine Biographie einem Experiment
unterwirft. Er läßt Strephon, sein Alter ego, ein Theaterstück aufführen.
Der Autor und sein Held – sie inszenieren im Theater ein theatralisches
Spiel, dem die Geliebte als Zuschauerin beiwohnt. Strephon bringt eine
berühmte Zeitgenossin aus der Epoche Molières auf die Bühne, Ninon
de Lenclos, eine gebildete Salondame und zugleich große Herzensbre-
cherin. Obgleich nicht mehr jung – sie zählt in Strephons Stück 65 Jahre
– zieht sie die Leidenschaft eines jungen Ritters auf sich, der nicht ahnt,
daß sie in Wahrheit seine Mutter ist. Während er sie mit Inbrunst um-
wirbt, entzieht sie sich dem Sohn durch ein ausgeklügeltes Heiratsmanö-
ver. Sie gibt einem anderen Bewerber ihr Ja-Wort, ehe sie sich dem jun-

5   Zu den Bezügen zwischen J. M. R. Lenz und Büchners Lenz vergleiche: Inge Stephan,
     Hans-Gerd Winter: „Ein vorübergehendes Meteor"? J. M. R. Lenz und seine Rezep-
     tion in Deutschland, Stuttgart 1984, bes. Kap. III.

gen Mann als Mutter zu erkennen gibt. Der feurige Sohn überlebt die
Schande der Entdeckung nicht und erdolcht sich stracks.

Strephon selbst spielt den jungen Ritter. Warum ersinnt er dieses Me-
lodram im Geiste des *Ödipus* von Sophokles? Meine These ist, daß hier
sein Unbewußtes Regie führt. Noch kurz zuvor hat Strephon das Leiden
an seinen Eltern und das Schuldbewußtsein des mißratenen Sohns her-
aufbeschworen. Nun treibt er symbolisch, durch sein Schauspiel, mittels
des Inzestwunsches die Schuld auf die Spitze und erlöst sich von ihr
durch die gespielte Selbsttötung. Eben dadurch aber löst er sich im Spiel
von den Eltern ab. Er häutet sich zum normal und normgerecht be-
gehrenden Sohn, indem er sich von der Mutter gnadenlos verstoßen läßt.
Er kann, mit anderen Worten, seinen Eros unbehelligt auf Seraphine
richten. Die Raffinesse seines imaginären Schauspiels zeigt sich nun
darin, daß er in seiner Leidenschaft für die Lenclos zugleich seine Leidenschaft für Seraphine dargestellt hat, und zwar so geschickt, daß Seraphine davon bewegt, ja erschüttert ist. Sie bringt dies während des Spiels
und vor allem danach ungesäumt zum Ausdruck, und Strephon erkennt
endlich, woran er bis jetzt zweifelte: daß er von ihr tatsächlich geliebt
wird. So gelingt ihm mit seinem imaginären Spiel ein doppelter Streich,
ebnet er sich mit bewußter komödiantischer Strategie den Weg zum
Herzen der Geliebten, nachdem er zuvor auf den Wegen des Unbewuß-
ten sich von seiner ödipalen Bindung und damit von seinen Eltern befreit hat. Lenz erweist sich als Tiefenpsychologe avant la lettre. Sein
Leiden an der Familie entlockt ihm intuitiv ein poetisch-theatralisches
Spiel, dessen Intention auf Selbstheilung gerichtet ist. Im Medium seines
Helden erprobt er, wie unbewußt auch immer, eine Veränderung seiner
biographischen Verstrickungen. Das Unglück zeitigt ein produktives
theatralisches Experiment.

Fraueninitiativen. Heroisch eitle Männlichkeit

Wer annimmt, daß Strephon jetzt die Bahn der Liebe mit geschwellten
Segeln befahren kann, sieht sich jedoch getäuscht. Lenz türmt noch
manches Hindernis vor ihm auf, und Strephon hat einen qualvollen
Lernprozeß durchzumachen. Den verdankt er in erster Linie dem Einre-
den und dem Handeln der Geliebten. Die Frau, um es pointiert zu sagen,
wird zur Lehrmeisterin eines jungen Mannes voll verstiegener Illusionen.
Zunächst möchte Strephon in Stürmer-und-Dränger-Manier an den Hof
von Paris ziehen und dort als naiver Eindringling Karriere machen, um
der Geliebten würdig die Ehe anzubieten: ein Vorhaben, das Seraphine

ihm mit wenigen gezielten Einwänden zerpflückt (III, 2). En passant
bedeutet sie ihm mit erstaunlichem Freimut, daß sie erotische Wünsche
habe wie er selbst und diese keineswegs in stolzer Einsamkeit unterdrük-
ken wolle, während er, wie so viele „Mannspersonen", seine Bedürfnisse
womöglich in Gesellschaft ausleben werde. Der verzagte Strephon ge-
biert daraufhin einen Einfall, der das Komische streift: Man könne doch
„hinter dem süßen Schleier des Geheimnisses", also in aller Heimlich-
keit, der freien Liebe huldigen, mit dem allerhöchsten Segen Gottes, der
als einziger Zeuge dem Beischlaf beiwohnen würde, was „etwas Erhe-
bendes für die Seele" hätte (III, 2). So schwingt sich Strephon, der
Schelm, von der Tiefebene der Wollust durch rhetorischen Wortzauber
in göttliche Höhenluft. Lenz entzaubert im sprachlichen Hokuspokus
den Hohepriester der Leibeslust spöttisch als unseriösen Komödianten.
Da verfolgt Seraphine, die Engelsgleiche, schon eine kunstvollere Strategie, dank ihres ererbten Reichtums. Sie will sich einen gewissen La Fare,
einen armen Edelmann, der schon in Jahren ist, also „ausgebraust" und
„ausgelebt" hat, zum Ehegesponsen dingen, damit statt seiner dann der
junge Strephon so recht brause und ihre weibliche Festung schleife, als
natürlicher Vollstrecker der Ehe sozusagen, unter der Schirmherrschaft
des offiziell angetrauten Gatten: „Ich erkaufe unserer Liebe einen Beschützer." (III, 2) So kommentiert Seraphine mit aristokratischer Frivoli-
tät ihr Unternehmen. Eben dadurch aber provoziert sie den Anspruch
des Geliebten auf den ungeteilten Besitz ihrer Person, provoziert sie
überdies die Regungen seiner Eifersucht, die ihn unverzüglich ereilen.
Mit einem Pathos, das erneut die Komik streift, läßt Lenz seinen Helden
eine Suada männlicher Entschlüsse entfesseln. Strephon möchte als
Mann der Tat sich beweisen, der selber die Dinge in die Hand nimmt
und die Ehebande auf eigene Faust schmiedet, anstatt alle Initiative Seraphine zu überlassen und sich „von einem Frauenzimmer übertroffen
zu sehen" (III, 2).

Sich von einem Frauenzimmer übertroffen sehen – dieser Gedanke
ist es in erster Linie, der die Eigenliebe Strephons peinigt. Er verbirgt
zwar vor sich selbst seinen narzißtischen Schmerz und rettet sich in die
erhabene Idee, daß er, der Bürger, einer Aristokratin nur dann würdig
sei, wenn er ihren Geburtsadel durch seinen Seelenadel wettmache (IV,
1), folglich das Gesetz des Handelns an sich reiße und Seraphine durch
einige staatskluge Manöver von ihrem Eheplan loseise. Aber motiviert
wird dieser so männlich-erhaben anmutende Entschluß im Grunde
durch die gekränkte Eigenliebe. Lenz demonstriert hier psychologische
Hellsicht; er kennt die Wege der edlen Selbsttäuschung und der Rationalisierung unedler Motive. Sein Sprachrohr ist Seraphine, die den Gelieb-

ten durchschaut und ihm auf den Kopf zusagt, daß er sie um jeden Preis seinen „eigenen Heldentaten verdanken" wolle, anstatt sich ihrer persönlichen Tatkraft und weiblichen Klugheit anzuvertrauen: „Sie waren zu stolz, mich mir zu danken zu haben." (IV, 2) Das ist ein entscheidender Satz, der ins Herz der gekränkten Eigenliebe trifft. Strephon kann als Mann und als Bürgerlicher nicht die innere Größe aufbringen, sich von einer Frau helfen zu lassen und mit ihr gemeinsam das Schicksal zu gestalten. Seraphine muß erleben, daß Strephon kein Organ für ihren Mut und ihre Liebeskraft besitzt, für ihre Bereitschaft, mehr zu wagen, „als je eine meines Geschlechts für den erkenntlichsten Liebhaber getan haben würde" (IV, 2). Es geht Lenz um eine neue Ebenbürtigkeit der Geschlechter, eine Ebenbürtigkeit, die es dem Mann ermöglicht, auf tradierte Gebärden der Würde und des Heldentums zu verzichten. Statt dessen beugt Strephon das Selbstbewußtsein der Geliebten, indem er in blindem Aktivismus erneut eine Heldenrolle ansteuert, um an einem entfernten Hof eine bedeutende Stellung zu erkämpfen und einen ihrer würdigen Gesellschafter und Gatten abzugeben (IV, 2). Lenz entzaubert die Sturm-und-Drang-Idee der unbedingten Tatbereitschaft und des heroischen Selbsthelfertums.[6] Die Chancen einer öffentlichen Wirksamkeit sind für einen jungen Mann damals selten genug; erforderlich ist eine sensible Aufmerksamkeit für das praktisch Mögliche, für die konkreten Umstände und die besonderen Belange der nächsten Menschen. Eben daran läßt es Strephon fehlen. Sein Narzißmus ist ehrgeizig, um dem abstrakten Heldenbild zu entsprechen, das sich die Freunde von ihm machen. Darauf erpicht, sich bei ihnen „in ein törichtes Ansehen zu setzen" (V, 1), enttäuscht er die Erwartungen Seraphines und kränkt ihr Selbstbewußtsein. Daher entwickelt sie eine neue Initiative, spektakulärer noch als die erste. Sie sieht sich, angesichts seiner Unreife und seiner verblendeten Sturm-und-Drang-Manier, veranlaßt, einem langjährigen

---

6   Lenz hatte sich wiederholt mit dieser Idee Mut zugesprochen: „handeln, handeln … sei die Seele der Welt … daß diese unsre handelnde Kraft nicht eher ruhe nicht eher ablasse zu wirken, zu regen, zu toben, als bis sie uns Freiheit um uns her verschafft Platz zu handeln: Seligkeit! Seligkeit! Göttergefühl das!" (Zitiert nach S. Damm: Vögel, die verkünden Land. Das Leben des Jakob Michael Reinhold Lenz, Berlin und Weimar 1985, S. 142). Der Kommentar Sigrid Damms zu solchen Äußerungen ist plausibel: „Sie [Lenz und Goethe] eint Gleichklang im Wollen, im Angriff auf das Bestehende, Enthusiasmus, schöne Illusion einer raschen Veränderbarkeit der Welt. Mitte der siebziger Jahre geht diese Illusion verloren. Bei allen, bei Herder, bei Merck, bei Schlosser, bei Wagner, bei Klinger, bei Goethe, bei Lenz." (S. 142) Lenz' Komödie ist am Schnittpunkt zwischen Illusion und Desillusionierung angesiedelt; sie läßt die beiden Pole ineinanderspielen und fängt die pessimistische Sichtweise in einer glücklich-utopischen Schlußwendung auf.

Bewerber um ihre Gunst die Hand zu reichen. Und dieser, der Marquis
Don Prado, ergreift diese Hand mit dem Feuereifer des lange Ver-
schmähten.

Doppelbödigkeit. Tragikomik

Was nun folgt, ist ein toller dramatischer Kehraus. Strephon, für den
Seraphine das „höchste Gut" auf Erden darstellt (II, 3), ein säkularisier-
tes Summum bonum, das er mit religiöser Weltlichkeit auch seine
„Gottheit" nennt (III, 2) – Strephon ist bei diesem Zusammenbruch
seines Lebenssinns, wofür er lebt, entschlossen, sich den Tod zu geben.
Das wäre an sich tragisch, hätte Strephon nicht schon zu häufig mit der
Idee des freiwilligen Todes gespielt, man möchte sagen: kokettiert. Als er
zum erstenmal Seraphine an den verarmten alten Marquis La Fare zu
verlieren glaubt, möchte er seine unbedingte Liebe für sie dadurch demonstrieren, daß er seine Todesbereitschaft für sie vervielfältigt und ins
Grenzenlose potenziert: „Nicht einen, tausend Tode zu sterben, wäre
mir Wollust, nicht den körperlichen Tod allein, Tod der Ehre, der
Freundschaft, der Freude, des Genusses, alles dessen, was Menschen
wert sein kann." (II, 4) Strephons Rhetorik speist sich aus einer Übertreibung, bei der sich der Liebhaber im Spiegel tausend möglicher To-
desarten tragisch aufputzt und die Geliebte zum Vehikel einer sich me-
lodramatisch   gebärdenden   Selbstliebe   macht.   In   Strephons
Todesrhetorik parodiert Lenz die Idee der absoluten Liebe, die von den
großen literarischen Passionsgestalten – Tristan und Isolde, Romeo und
Julia – bis zu Goethes Werther tradiert wurde. Daher rührt das Zwielicht
der Komik, das wiederholt auf die tragischen Stimmungen Strephons
fällt. Nachdem er bei Seraphines Hochzeit als Zeuge zugegen war, faßt
er den großmütigen Entschluß, sich aus dem Leben zu katapultieren und
dergestalt Seraphine von seinem quälenden Anblick zu befreien, ihr
sozusagen den Weg zur Hochzeitsnacht freizuschießen. In der dritten
Person über sich monologisierend, tut er kund: „Ihr, ihrem Glück, ihrer
Ehre soll er aufgeopfert werden, dieser halbe Mensch, dessen Tod seine
erste schöne Handlung ist. *Er setzt die Pistole an die Stirn.*" (V, 1) Das hört
sich wie konsequente Selbstkritik an: Selbstkritik, die zur Selbstentleibung fortschreitet. In Wahrheit feiert sich Strephon ganz allein in der
vermeintlichen Schönheit dieser Tat, die er zugleich für eine philosophische und gute hält, weil sie das Glück zweier Menschen von der leidenden Gegenwart eines Dritten erlöst: „Dieser Tod ist des wahren Philosophen würdig, dieser Tod ist die erste gute Handlung meines Lebens."

(V, 1) Die Krönung der Philosophie wäre demnach die Anweisung zum Selbstmord: ein Widersinn, dessen Absurdität unmittelbar ins Auge sticht. In dieser Absurdität aber genießt Strephon noch einmal sich selbst, hält seine Eigenliebe eitel Hof, rühmt er sich als Wegbereiter des Glückes anderer. Eine besonders raffinierte Form des Selbstbetrugs, auch sie vom Zwielicht der Lenzschen Komik umspielt!

Vielleicht hat der biographische Lenz in dieser literarischen Form des Komischen ein Höchstes erreicht: eine kritische Selbstdistanzierung, die dem Leiden an seinen Lebensverhältnissen eine Atempause verschaffte und in ein Spiel verwandelte oder wenigstens sein Gewicht verringerte. Denn zweifellos gestaltet Lenz hier sein wiederholtes mißliches Geschick, eine Angebetete als passiver Dritter einem Liebeskonkurrenten überlassen zu müssen oder sie aus dem Bann des Konkurrenten nicht befreien zu können. Nach der vergeblichen Werbung um Friederike Brion, die dem abgereisten Freund Goethe nachtrauerte, nach dem sklavischen Minnedienst zu Füßen der koketten Cleophe Fibich, die das Eheversprechen des Barons von Kleist, seines Brotgebers, in ihrem Herzen wälzte, war ihm dies erneut im Winter 1775/76 widerfahren, zur Zeit der Niederschrift der Komödie, als er in hilfloser Verzweiflung mit ansehen mußte, wie die von ihm leidenschaftlich begehrte Henriette von Waldner sich mit einem Baron von Oberkirch verlobte. „Ich bin dem Tode geweyhet", schrieb er in einem Brief.[7] Diese Neigung zum Tode spiegelt er folgerichtig in Strephon, seinem Komödienhelden, wider. Das Leben hat hier indes nicht das letzte, das entscheidende Wort. Dieses gebührt vielmehr der Phantasie, einer höchst wunschkräftigen Phantasie, die sich zur Utopie erweitert. Noch ehe der unglückselige Strephon sich den Weg ins Hochzeitsgemach Seraphinens bahnt, um dortselbst sein Leben auszuhauchen, hat die Frischvermählte ihrem Hochzeiter, dem Marquis Prado, ein Geständnis gemacht: daß sie nämlich einen anderen, eben Strephon, liebe, und zwar seit Jahren hingebungsvoll liebe, daß sie ferner überzeugt sei, Strephon werde diese ihre Eheschließung nicht überleben, und daß sie selbst zu sterben bereit sei, falls Don Prado sie für dieses Geständnis töten wolle. In diesem Augenblick gewinnt das Drama einen dem Tragischen benachbarten Ernst, und vielleicht ist es das wiederholte Ineinanderspiel der Komik und eines beinahe tragischen Ernsts, das die Stärke dieses Theaterstücks ausmacht. Mal fallen die Reflexe der Parodie und des Komischen unversehens auf die Handlung, mal werden sie kurzerhand überspielt von den Anmutungen des Schauerlichen und Lebensbedrohlichen. Lenz schafft ein Zwischenreich der

---

7 Zitiert nach Damm (wie Anm. 6), S. 167.

Mischungen, der gebrochenen Farben und der diskordanten Töne, das
den Leser in schwebender Spannung hält. An keiner Stelle darf er sich an
der Komik einer Situation weiden – sie kann urplötzlich in eine dramatische Kollision umschlagen. Nirgendwo darf er sich auf Düsterkeit und
Tragik einstimmen – sie können sich schlagartig in Ironie und Parodie
verwandeln. Diese Verschränkung konträrer Pole macht das Stück dop-
pelbödig und jede neue Lektüre zu einem Experiment mit unfesten,
wechselnden Bedeutungen. Die Bühnenanweisungen mischen hier kräftig mit. Wenn beispielsweise Seraphine dem Geliebten die Vernichtung
ihrer Herzensneigung vorwirft und Strephon nun seinerseits vernichtet
scheint – *„stürzt hin vor ihr"* (IV, 2) –, Seraphine jedoch im Handumdrehen diesen Bodensturz ihrem Gespött preisgibt („Stehen Sie auf – diese
Schauspielerstellungen kommen itzt zu spät"): so spielen authentisches
Empfinden der Verzweiflung bei Strephon und routinierte theatralische
Gebärdensprache ununterscheidbar ineinander. Und wenn Seraphine
ihre spöttische Haltung unverzüglich relativiert – *„Sie fällt ihm schluchsend
um den Hals"* – und ihren Schmerz sprechen läßt („Sie haben mich auf
ewig verloren."), so entsteht eine neue Zweideutigkeit der Seelenlage, die
auf seiten Strephons definitiv in Lebensverzweiflung mündet: „[...] *sagt
mit gebrochener Stimme:* Auf ewig – *Er fällt in Ohnmacht."* (IV, 2) Zugleich
hat dieser ‚Fall' in die Ohnmacht etwas forciert Unmännliches, ja Un-
glaubwürdiges.[8] Die Zweideutigkeit setzt ihr schwer entzifferbares Mienenspiel fort und präsentiert es in der folgenden Szene erneut. Strephon
schließt aus einem Brief Don Prados, daß er, wider seine eigene Absicht,
dessen Eheschrittmacher geworden ist und die Hochzeit zwischen dem
Marquis und Seraphine als unfreiwilliger „Kuppler" gestiftet hat (IV, 3) –
ein respektloser Ausdruck der Selbstkritik, der seine Liebestragödie mit
einem Schuß Komik versieht. Wenn nun Don Prado selbst auf den Plan
tritt und Strephon als seinen „Wohltäter" umarmt, ja ihm eine neue Seraphine wünscht und ihn, den „vollkommensten Freund", zu seiner
Hochzeit mit der alten Seraphine einlädt, gewissermaßen als Brautführer
(IV, 4): so ist das hier waltende Mißverständnis dermaßen grotesk, daß
der weinende Strephon unser Erbarmen wie unsere Lachmuskeln an-
spornt. Die Regieanweisung *„sich an einen Stuhl haltend, im Begriff umzufal-
len"* (ebd.) macht aus dem „Kuppler" wider Willen eine tragikomische
Figur mit unruhig schillernder, unentwegt schielender Doppeldeutigkeit.

---

8   Zu den Ohnmachtsanfällen in Lenzens Dramaturgie vgl. den Beitrag von Claudia
     Benthien im vorliegenden Band.

Wahrhaftigkeit. Geist der Utopie

Aus dieser Ambivalenz rettet den Helden das Geständnis Seraphines in der Hochzeitsnacht. Sie könne, beteuert sie im Angesichte Don Prados, ihre Liebe zu Strephon nicht verleugnen. Sie wagt viel mit diesem Geständnis – wie leicht könnte ein normal empfindender Hochzeiter daraus eine Katastrophe machen! Aber Seraphine ist zur Wahrhaftigkeit gleichsam verurteilt, allein durch sie kann sie ihre Identität behaupten. Ihr Geständnis bildet den Scheitelpunkt des Dramas, an dem die fast tragische Personenkonstellation in Harmonie umschlagen kann. Denn der Marquis wird von der Wahrhaftigkeit Seraphines zu einem Akt der Humanität bewegt. Er, der eben noch von sich sagte, daß er Seraphine um ihrer „selbst willen liebe“, ja, sie mehr als sich selbst und als ihren „Besitz“ liebe (V, 2): er beweist, daß diese wohlbekannten Beteuerungen keine Phrasen sind, sondern Anleitungen zum konsequenten Handeln. Er liebt Seraphine so sehr um ihrer selbst willen, daß er sie auf der Stelle freigibt, zugunsten des Dritten, Strephons. Daß hier keine wohlfeile Lösung eines hochdelikaten Dreierverhältnisses entwickelt wird, ist der psychologischen Subtilität Seraphinens zu verdanken. Sie habe, sagt sie, dem Marquis ihre „liebsten Wünsche“ aufopfern wollen, um durch die „Gewalt“ und durch die „Marter“ dieses Opfers neue „Reize“ in ihrer Beziehung zu ihm zu entdecken (V, 2) – ach, vergebens: das Raffinement dieses Manövers habe ihren Respekt für den Marquis nicht einen Gran interessanter und pittoresker gemacht, nicht mit einem Hauch von hautgoût gewürzt.[9] Gewiß, der Marquis nötige ihr weiterhin kraft seiner „Tugend“ und seiner „Großmut“ Respekt ab, doch ihre Liebe gehöre dem Anderen, unabänderlich (V, 2). Wofür Seraphine hier einsteht mit der Emphase ihres Herzens, ist die Befreiung der Liebe aus den Banden der Ethik. Die Aufklärung hatte auf den innigen Zusammenhang zwischen Liebe und Tugend Wert gelegt. Die Liebe zu einem Menschen, so lautete eines ihrer bevorzugten Argumente, ergebe sich aus dessen moralisch vorbildlichem Wandel.[10] Lenzens Seraphine bricht mit dieser Auffassung, indem sie auf der Autonomie des Liebesgefühls insistiert. Allerdings besitzt sie so viel seelische Delikatesse, daß sie den Marquis, die

---

9   Hier durchkreuzen sich offenbar zwei verschiedene Liebesarten. Auf der einen Seite bringt Seraphine mit ihrem raffinierten Beziehungsmanöver eine aristokratische, ihrem Stand entsprechende Verhaltensweise ins Spiel; auf der anderen Seite scheitert diese an ihrem tief verwurzelten und treuen, also eher bürgerlichen Liebesideal, personifiziert in Strephon.

10 Vgl. Christian Fürchtegott Gellerts Roman „Das Leben der schwedischen Gräfin von G…“ (1747/48), ein repräsentatives Zeugnis dieser Liebeskonzeption.

Verkörperung der hohen Moral, gleichsam als Dritten in ihre künftige
Zweisamkeit mit Strephon einbezieht: „– in meinen süßesten Augenblik-
ken der Erkenntlichkeit", so sagt sie dem Marquis, „der Bewunderung,
der Begeisterung für alles, was groß ist, will ich dich nennen, und er
[Strephon] soll deinen Namen von meinen stammelnden Lippen küssen – –" (V, 2).

Das darf man getrost ein Kabinettstückchen weiblicher Versöh-
nungskunst nennen. Wenn ein Ehemann ohne Arg den Namen eines
Dritten, eines Tugendhelden, von den stammelnden Lippen seiner Ge-
mahlin küßte, so würden sich Eros und Moral aufs löblichste gatten. Der
Gatte würde dem Dritten den ehrerbietigsten Dank abstatten für sein
großmütiges Angebot, das da lautet: „Sie heiraten Seraphinen in meinem
Namen, und ich will ihr beiderseitiger Beschützer sein." (V, *letzte Szene*)
Das klingt wie eine säkularisierte Version der bekannten Christus-
Sentenz: „Wo zwei in meinem Namen versammelt sind, da bin ich mitten unter Euch." Von der Religion ist ohnehin fleißig die Rede in der
finalen Versöhnungsfeier. „Weil der Himmel", so läßt sich Don Prado
vernehmen, „so viele Ungleichheit zwischen Eure Geburt gelegt hat" (V,
2), wolle er, Prado, auf einen neuen „Wink des Himmels" die Ungleichheit aufheben und als Protegé einer ständeübergreifenden Eheschließung
sich ins Zeug legen. (V, *letzte Szene*) „Ich bin das Werkzeug des Himmels
zu eurem Glück –" deklariert der Marquis mit metaphysischer Selbstge-
wißheit, kein Wunder, daß unter so vielen Himmeln zwei Liebende zuletzt über die Standesschranken hinwegspringen können.

Es ist ein Märchen im Geiste der Utopie, das Lenz hier am Ende inszeniert. Ein Märchen, das sich von der schönsten Idee der Aufklärung
inspirieren läßt: der Idee der Glückseligkeit. Nicht die leiseste Anwand-
lung eines schmerzlichen Verzichts trübt den Rücktritt des Marquis von
seiner Hochzeit, im Gegenteil. Zu den beiden Liebenden gewandt erklärt
er: „Die Wollust einer großen Tat wiegt die Wollust eines großen Genusses auf, und es wird noch die Frage sein, wer von uns am meisten zu
beneiden ist."(V, *letzte Szene*) Entsagung? Ja, aber nicht im Goetheschen
Sinne einer Selbstbescheidung und einer Selbstbezwingung, sondern im
Sinne einer höheren Lust. Lenz ist bis in die höchsten Spitzen seines
Geistes sinnlich, um ein Wort Nietzsches abzuwandeln.[11] Im übrigen ist
sein Märchen auch von geschichtlicher Einsicht erfüllt. Lenzens Alter
ego, der wackere Strephon, der auf den Flügeln heroischer Tatbereitschaft an ferne Höfe eilen wollte, um Karriere zu machen und mit dieser

---

11 Nietzsches entsprechender Aphorismus (aus der Schrift „Jenseits von Gut und Böse") lautet: „Grad und Art der Geschlechtlichkeit eines Menschen reicht bis in den
letzten Gipfel seines Geistes hinauf."

Karriere sein Liebesschicksal zu gestalten – dieser Sturm-und-Drang-
Nachfahre muß erleben, daß man über Schicksal und Geschichte nicht
mit kurz angebundener Willkür gebieten kann. Schicksal und Geschichte
haben eine Komponente der Unverfügbarkeit, die sich dem individuellen
Gestaltungswillen entzieht. Strephon muß unter Melancholien und To-
desentschlüssen einsehen, daß er, der künftige Selbsthelfer aus eigenen
Gnaden, auf die Hilfe anderer angewiesen ist, auf ihre Initiative und ihre
Tatkraft, und daß selbst eine Frau dem historischen Augenblick zuweilen
besser gewachsen ist und ihm mehr abgewinnen kann als der auf seinen
Verfügungswillen stolze Herr der Schöpfung. Seine gebieterische Selbstliebe muß sich zuletzt sublimieren zur Dankbarkeit dessen, der das Ge-
schenk anderer anzunehmen lernt und so die Unverfügbarkeit des Lebens zu seinen Gunsten nutzen darf. Erst auf diesem Weg kann aus dem
Drama mit seinen Untiefen und Klippen eine Komödie mit glückseligem
Ende werden.

Literarhistorische Verweise

Man darf in diesem Ende auch die originelle Variante einer literarischen
Konstellation sehen, eingefaßt in den schon erwähnten Roman Gellerts.[12] Wenn in dem *Leben der schwedischen Gräfin von G...* der für tot erklärte Gatte durch einen edlen Freund ersetzt wird, dann jedoch wieder
auftaucht und die unterbrochene Ehe fortsetzt im Beisein des Interims-
Gatten, der als toleranter Hausfreund das Glück zu dritt gewährleistet
(ehe zu guter Letzt eine zweite Frau den schönen Bund zum Quartett
erweitert): so greift Lenz diese moralisch intakte und in *verständnisvoller
Liebe* geeinte Trinitas auf, um darin die *Liebe als Leidenschaft* zu integrieren.
Aber nicht nur zur Hochaufklärung um 1750 reichen die literarhistorischen Bezüge seines Dramas zurück. Als Lenz es verfaßte, gingen durch
die Freundschaft mit Goethe die ersten merklichen Risse, wohl nicht
zuletzt wegen dessen harscher Kritik am *Pandaemonium Germanicum*. Lenz
hat sich dafür auf subtile Weise entschädigt und in seine Sympathie mit
dem *Werther* das Salz der Ironie gestreut. Der vor Liebesverzweiflung
todessüchtige Held Goethes, der in der Selbstentleibung sein Leben
aushaucht, kehrt in Lenzens Strephon wieder, dem die Ankündigung
seines Todes wiederholt die Lippen schwellt: eine Parodie des literarischen Vorbilds, die Lenz in den prompten Anfällen und Überfällen einer
Ohnmacht weidlich ausschmückt. Selbst Werthers Pistole, das Instru-

12 Vgl. Anm. 10.

ment seiner Selbstentleibung, findet sich am Ende in Strephons Hand
wieder, gleichsam zur Krönung seiner Philosophie einer eitlen Großmut,
die sich in der Idee tödlichen Selbstopfers gefällt. Zu seinem Glück wird
ihm das grause Instrument im letzten Augenblick entwunden. Der Wertherianer darf am Leben bleiben und in den Hafen der Ehe einlaufen,
unter der weisen Führung des Lotsen seiner Liebe, Marquis Prado. Die
unglückselige Konstellation der drei Figuren Werther/Lotte/Albert in
Goethes Roman findet ihre ‚glückselige' Auflösung im sozusagen gleich-
schenkligen Dreieck Strephon – Seraphine – Prado: eine humoristische
Pointe auf die Liebestragödie im *Werther*.

Die Donna Seraphina leistet einen wesentlichen Beitrag zu diesem
Ende durch ihren Entschluß zu unbedingter Wahrhaftigkeit. Ich vermute, daß sie damit ein Präludium gibt zum klassischen Theater Goethes.
Ist nicht seine Iphigenie auf Tauris von einem ähnlichen Geist der
Wahrhaftigkeit beseelt? Und kehrt der auf ein tragisches Ende zusteu-
ernde Handlungsverlauf sich nicht radikal um dank dieser Wahrhaftigkeit
Iphigeniens? Ähnlich wie bei Lenz die Wahrhaftigkeit Seraphinens die
entscheidende Weiche für die Humanisierung des Geschehens stellt und
damit für die Wiedererweckung der Liebenden zum Glück? Goethe, so
scheint mir, verdankt Lenz mehr als er selbst wahrhaben wollte. Sein
abweisendes Lenz-Porträt in *Dichtung und Wahrheit* darf nicht blind machen für die zahlreichen Impulse, die er dem Straßburger Weggefährten
verdankt.

Theatralische Ästhetik

Nicht weniger bedeutsam als solche Ideenbezüge sind Lenzens ästhetische Einfälle. Gewiß, die Komödie ist in fünf Akte gegliedert und
scheint somit einen klassizistischen Rückfall gegenüber seinen früheren
Dramen zu markieren. Jedenfalls mag dies ein Indiz sein für Lenzens
marktstrategische Absicht, durch eine dem Publikum wohlvertraute
Struktur Resonanz zu finden. Entscheidend aber ist allein, wie Lenz der
Form seines Fünfakters Leben einhaucht. Man sehe sich daraufhin den
ersten und den letzten Akt an – welcher Kontrast ist da zu bemerken,
welche Unterschiede im dramatischen Tempo! Führt der Beginn des
Dramas mit ironisch-epischer Gelassenheit die Freunde Strephons vor
Augen, Szene für Szene, während der Philosoph selbst mit Mühe seine
Ungeduld zügelt, so inszeniert das Ende des Stücks in überstürzter Folge
den Entschluß Strephons zum Selbstmord, das sensationelle Geständnis
Seraphinens im Brautgemach, die Großmut des Marquis, den Einbruch

Strephons in das Gemach durch ein Fenster, die Rettung des Lebensmü-
den im letzten Augenblick und das glückselige Finale zu dritt. Lenzens
theatralische Dynamik läßt eine Fülle von Gemütsbewegungen explodie-
ren, erzeugt rasch wechselnde Affekte von heftiger Antithetik, kehrt
Lebensentwürfe blitzartig in ihr Gegenteil um. Diese Ästhetik der dynamischen und abrupten Umschläge ist Lenzens Antwort auf die Not der
geschichtlichen Stunde. Desillusioniert durch die schleppende Langewei-
le eines Lebens, das seine emphatischen Handlungsentschlüsse immer
wieder durchkreuzte, angefochten von einer Sozialordnung, die mit den
Argusaugen der Zensur und der bürgerlichen Ehrbarkeit seinen Frei-
heitswillen lähmte, verschaffte sich Lenz ästhetische Freiräume für den
reglementierten Lebensatem. Es sind Freiräume von einer bewunderns-
wert zwiespältigen Rhythmik und aufregenden Ambivalenz. Wie am
Ende der Komödie eine dramatische Kollision entsteht, wenn das Hoch-
zeitspaar mit dem Eindringling Strephon zusammenprallt, wie der von
leiser Komik umwitterte Selbstmörder in spe ins Leben zurückgeführt
wird von der Geliebten, die ihrerseits gerade der Verzweiflung entronnen
ist, wie sie mit ihrem edlen Gatten das Sakrament der Ehe auf den Kopf
stellt und den Hochzeiter im Handumdrehen gegen den Geliebten ein-
tauscht – das kündet von einer lebensoffenen, mit Ab- und Aufschwün-
gen virtuos spielenden Ästhetik, einer Ästhetik der ineinander verschlun-
genen Extreme, dem Tragischen und Komischen gleichzeitig zugewandt,
burlesk und melancholisch, tiefernst und tänzerisch, von sprühend re-
spektlosem Witz durchgeistert. Lenzens Glücksverlangen, das sich im
Finale hinreißend bezeugt, war von einer wahrhaft schöpferischen, üppi-
gen Vitalität.

Verzicht und Verrat
Begriff und Problematik der Freundschaft bei J. M. R. Lenz

In einem kurzen Dialog mit dem Titel *Die Politik der Freundschaft,* der 1774 im ersten Band der *Patriotischen Phantasien* erschien, bringt der Osnabrücker Publizist und Historiker Justus Möser einen Widerspruch zur Sprache, der in der zeitgenössischen Konstruktion der Freundschaft zumeist unterschlagen wird: die Spannung zwischen dem Bedürfnis nach der unvermittelten Mitteilung des Ich und dem sozialen Raum, in dem sich dieses realisieren sollte. Konkret zur Debatte steht bei Möser, ob eine Freundin nach einer offensichtlichen Verfehlung sofort offen zur Rede gestellt werden sollte oder ob es besser wäre zu warten, bis diese sich bekennt. Letztere, vom Autor favorisierte Lösung, beinhaltet, die Freundschaft selbst zu verraten und der Freundin den eigenen Wissensvorsprung zu verschweigen.

> Glauben Sie nur, liebenswürdigste Freundin, der Unschuldige verzeiht leicht. Aber der Schuldige kann nie wieder ein Herz zu uns gewinnen, wofern wir ihm nicht helfen, sich vor dem Richterstuhl seines eignen Gewissens zu rechtfertigen und erst wiederum ein Vertrauen zu sich selbst zu gewinnen. Die Gelegenheit dazu können wir ihm nicht besser unterlegen, als wenn wir ihn zuerst in der guten Meinung lassen, daß wir sein Verbrechen nicht wissen. Hierdurch wird er allmählich sicher; bemüht sich erst, etwas wieder gut zu machen, wird immer eifriger und zuletzt, nachdem er uns viele neue Beweise von seiner neuen Redlichkeit gegeben, wagt er es, Verzeihung für das Vergangene zu erwarten und zu bitten.[1]

Auf knappem Raum skizziert der Autor hier die Komplexität freundschaftlicher Beziehung, und zwar nicht nur, indem er daran erinnert, daß der Begriff der Freundschaft eine bestimmte Beziehung zu sich selbst voraussetzt, sondern auch, indem er zeigt, daß das, was die Freundschaft ihrem Inhalt nach meint, Offenheit, Redlichkeit und Wahrhaftigkeit, in ihrer Form mitunter negiert werden muß.[2]

---

1   Justus Möser: Anwalt des Vaterlands, Leipzig, Weimar 1978, S. 127 f.
2   Vgl. Aristoteles: Die Nikomachische Ethik, übers. v. O. Gigon, München 1991, S. 314. „Da sich nun jedes einzelne [Merkmal] davon beim Tugendhaften im Verhältnis zu sich selbst findet und er sich zum Freund verhält wie zu sich selbst (denn der

Auf solche Weise widersprüchlich charakterisiert Möser den Freundschaftsbegriff auch in einem weiteren kurzen Essay mit dem Titel *Auch
der Freund ist schonend bei unangenehmen Wahrheiten*. Des Freundes Absicht
sei es, so Möser „mir eine nützliche Wahrheit zu sagen und sein Wunsch,
daß sie bei mir die größte Würkung tun möge".[3] Absicht und Wunsch
jedoch lassen sich nicht im Gleichschritt verwirklichen, denn das, was im
bürgerlichen Begriff der Freundschaft an Wahrhaftigkeit eingefordert
wird, muß aus Schonung gegenüber dem Freund durch sein Gegenteil,
die Höflichkeit, vermittelt werden – zum Wohl des Freundes.

Auch Immanuel Kant meldet etwa zur selben Zeit Zweifel an der
praktischen Tauglichkeit eines Freundschaftsbegriffes an, dessen Idee
mit der Praxis gesellschaftlichen Umgangs nicht in Einklang zu bringen
sei. Jeden von uns verlange es nach einem Freund, heißt es in den post-
hum publizierten Mitschriften Kantscher Vorlesungen über Ethik (1775
bis 1780), „dem er sich eröffnen kann, gegen den er ganz seine Gesin-
nungen und seine Urteile ausschütten kann, dem er nichts verhehlen
kann und darf, dem er sich völlig kommunizieren kann".[4] Indessen ge-
biete jede Freundschaft auch Zurückhaltung, denn, so Kant, die Menschen hätten Schwachheiten und die müsse man auch dem Freund verschweigen. Grundsätzlich gilt die folgende Devise: „Gegen den Freund
hat man sich so aufzuführen, daß es uns nicht schadet, wenn er unser
Feind wäre."[5]

Neben die traditionelle Figur des Freundes als gleichgestelltem Vertrauten tritt bei Möser und Kant die des überlegenen Beobachters. Bemerkenswert ist die Aufmerksamkeit, die beide Autoren der Politik der
Freundschaft schenken. Wo der Freund dem Freunde Gutes tun will,
bricht er mit dem in der Freundschaft geltenden Grundsatz der Gleichheit, und verzichtet, um Freundschaft zu ermöglichen, auf Freundschaft.
Die Grenze zwischen Wohlwollen und Kontrolle, dem, was Kant an
anderer Stelle „gemeistert" nennt, scheint fließend, denn jeder Freund ist
auch ein Meister, besitzt die Macht, das ihm geschenkte Vertrauen zu
mißbrauchen.[6] Tatsächlich liegt schon im Akt des Beobachtens selbst das

---

Freund ist ein anderer er selbst), so scheint auch die Freundschaft darin zu bestehen
und Freunde solche, die dies besitzen." (1166a)

3   Möser (wie Anm. 1), S. 266.
4   Immanuel Kant: Eine Vorlesung Kants über Ethik, hrsg. v. P. Menzer, Berlin 1924,
    S. 261.
5   Ebenda, S. 264.
6   Immanuel Kant: Die Metaphysik der Sitten. In: Werke, hrsg. v. E. Cassirer, Bd. 7,
    Berlin 1916, S. 285 (§ 46). „Moralisch erwogen ist es freilich Pflicht, daß ein Freund
    dem anderen seine Fehler bemerklich mache; denn das geschieht ja zu seinem Besten
    und es ist also Liebespflicht. Seine andere Hälfte aber sieht hierin einen Mangel der

„Meistern", denn vom Freund gesehen zu werden, bedeutet auch, seinem Urteil zu unterliegen.[7] Die Offenheit dem Freund gegenüber wird damit zugleich zur Falle, und vom wohlmeinenden Beobachter ist es nur ein Schritt zum Verräter, der Freundschaft lediglich vorschützt, um eigene Absichten zu verwirklichen. Umgekehrt impliziert der bedingte Verrat auf dieser Skala nicht das Gegenteil der Freundschaft, sondern ist Teil ihres Begriffs, auch dort, wo sie sich als egalitäre vollkommen realisiert.[8]

Freundschaft als Leitbegriff bürgerlicher Ideologie und individuelles Verhaltensmuster gewinnt im Deutschland des 18. Jahrhunderts sowohl unter politischen als auch unter sozialen Gesichtspunkten zunehmend an Bedeutung. Sozialgeschichtlich läßt sich dies mit der allmählichen Auflösung einer ständischen Gesellschaftsordnung erklären und der diesen Prozeß begleitenden, neuen sozialen Heterogenität. Friedrich Tenbruck zufolge nimmt die Anzahl derer, die die Geschlossenheit ihrer sozialen Horizonte und Gruppen durchbrechen ab Mitte des Jahrhunderts deutlich zu. Sie kommen dabei mit Vertretern von sozialen Gruppen in Kontakt, die „jenseits ihrer nächsten nachbarschaftlichen, beruflichen, standesmäßigen, gemeindlichen Gruppen" existieren.[9] Das Überschreiten der tradierten Sozialbeziehungen erfordert eine Neuorientierung und macht es notwendig, die eigene Rolle in veränderten Verhältnissen neu zu bestimmen. In dieser „Zwischenlage" (Wolfdietrich Rasch), in der persönliche Beziehungen institutionelle überlagern und ersetzen, öffnet sich der soziale Raum für Freundschaft.[10] „Neue Formen des Umgangs wer-

---

Achtung, der er von jenem erwartete, und zwar, daß er entweder darin schon gefallen sei, oder, da er von dem anderen beobachtet und insgeheim kritisiert wird, beständig Gefahr läuft, in den Verlust seiner Achtung zu fallen; wie dann selbst, daß er beobachtet und gemeistert werden solle, ihm schon sich selbst beleidigend zu sein dünken wird."

7 Peter Fenves: Politics of Friendship – Once Again. In: Eighteenth-Century Studies 2 (1998) 99, S. 137 f.

8 In die allgemeine Freundschaftsbegeisterung in der zweiten Hälfte des 18. Jahrhunderts paßt eine solche am Begrifflichen orientierte Kritik nur schlecht hinein. Die Gründe dafür liegen im wesentlichen in der Freundschaftsbegeisterung selbst, dem „Steckenpferd aller dichterischen Moralisten", so Kant, die hierin „Nektar und Abrosia" suchten (wie Anm. 4, S. 254). Im Zeichen des allgemeinen Enthusiasmus gilt das Interesse der Zeitgenossen eher der produktiven Funktion von Freundschaft als ihren Aporien.

9 Friedrich H. Tenbruck: Freundschaft. Ein Beitrag zu einer Soziologie der persönlichen Beziehungen. In: Kölner Zeitschrift für Soziologie und Sozialpsychologie (1964) 3, S. 438 f.

10 Vgl. Wolfdietrich Rasch: Freundschaftskult und Freundschaftsdichtung im deutschen Schrifttum des 18. Jahrhunderts, Halle/S. 1936, S. 89. Raschs einschlägige Untersuchung, dies sei hier wenigstens kurz erwähnt, ist durchaus problematisch in ihrer zeit-

den erprobt" und Freundschaftsbünde „außerhalb und in Konkurrenz zu
bereits existierenden ständischen und religiösen Institutionen" etabliert.[11]
Konfrontiert mit der „Mannigfaltigkeit von differenzierten Lebensfor-
men und Daseinsmöglichkeiten", sucht man im Freund moralische Orientierung sowie „Ergänzung und Bestätigung".[12]

Vor diesem Hintergrund und in enger Verbindung mit der bürgerlichen Geselligkeitskultur der Zeit entwickelt sich ein weitgehend von
Männern dominierter Diskurs der Freundschaft, der sowohl die Intimität
der engen Zweierbeziehung als auch das weiter gespannte Netz der
Gruppe umfaßt.[13] Freundschaften werden geschlossen und gepflegt, weil
über sie ein alternativer sozialer Raum geschaffen werden kann, der einerseits Zuordnung ermöglicht und andererseits partiell bereits verwirklicht, was in der politischen Realität noch unerreicht bleibt. Im bürgerlichen Freundeskreis ist Egalität – zumindest unter Männern –
selbstverständlich. Hier werden die Wertvorstellungen des Dritten Standes nicht nur diskutiert, Freundschaft fungiert vielmehr als Medium
bürgerlicher Selbstverständigung und ist dazu Ausdruck politischer Opposition. Das Bürgertum, so Wolfdietrich Rasch, „empfand den Herr-
schaftsanspruch der privilegierten Adelsschicht nicht mehr als gültig und
verpflichtend und setzte dem Herrschaftsgebilde der Gesellschaft seine
Form der Gemeinschaft entgegen, in der es „Herrschaft" in diesem Sinne nicht gab. In der Freundschaft verwirklichte sich zunächst diese Idee
der Gemeinschaft."[14]

Freundschaftliche Gemeinschaftsgefühle bilden dabei auch das Modell für das sich im 18. Jahrhundert herausbildende deutsche Nationalge-
fühl. Im Kreis der Gleichgesinnten läßt sich einüben, was im territorial
zersplitterten Heiligen Römischen Reich politisch sonst kaum erfahrbar
war: Transzendierung des Subjekts in der Gemeinschaft. „In der Freundschaft", so noch einmal Rasch, „erprobte der Einzelmensch innerste
Hingabe, die Überwindung des Selbst im Aufgehen in einem höheren
Ganzen, Treue, Verpflichtung und wahre Bindung und die Steigerung

---

geschichtlich gebundenen Terminologie und der damit verbundenen Hervorhebung
spezifischer Aspekte der Freundschaftskonzeption im 18. Jahrhundert. Indessen können manche der generellen Einschätzungen Raschs nach wie vor als gültig betrachtet
werden.
11 Wolfgang Adam: Freundschaft und Geselligkeit im 18. Jahrhundert. In: H. Scholke
(Bearb.): Der Freundschaftstempel im Gleimhaus zu Halberstadt. Porträts des
18. Jahrhunderts, Leipzig 2001, S. 22.
12 Tenbruck (wie Anm. 9), S. 439 f.
13 Vgl. Adam (wie Anm. 11), S. 9.
14 Rasch (wie Anm. 10), S. 97.

aller Kräfte in dieser Bindung".[15] Es ist durchaus kein Zufall, wenn Johann Wilhelm Ludwig Gleim, dessen *Preussische Kriegslieder* (1758) zu den ersten wirklich nationalistischen Texten des Jahrhunderts zählen, zugleich einer der prominentesten Vertreter jenes empfindsamen Freundschaftskultes ist, von dem der Halberstädter Freundschaftstempel ein beredtes Zeugnis ablegt.[16] Ähnliches ließe sich über Klopstock sagen.

Das soziale Ethos einer moralisch überlegenen Gemeinschaft kommt auch in der mit dem Begriff der Tugend assoziierten erzieherischen Funktion von Freundschaft zum Ausdruck. Christian Fürchtegott Gellert etwa erläutert seinem Publikum in den *Moralischen Vorlesungen,* es sei „eben der größte Nutzen der Freundschaft für uns und die Welt, daß wir immer besser und zu unsrer großen und ewigen Bestimmung geschickter werden".[17] Gellerts empfindsame Umdeutung der Freundesliebe zum sozialen Regulativ stellt zwar nur eine mangelhafte Übertragung des Aristotelischen Diktums dar, die höchste Form der Freundschaft sei die der Tugendhaften, ist jedoch insofern signifikant, als im Gebot wechselseitiger Erziehung der sozial restriktive Aspekt des empfindsamen Freundschaftsbegriffs deutlich zu Tage tritt.[18]

Im Bezug auf das Individuum verdankt sich der hohe Kurswert der Freundschaft im 18. Jahrhundert der neu gewonnenen Autonomie des Einzelnen, die im Gegenzug das Bedürfnis nach Kommunikation des Selbst erhöht. Sich mit Freunden auszutauschen bietet Gelegenheit zur Erforschung individueller Gefühlswelten und Anlaß zu regelmäßiger Introspektion. Gemäß der antiken Charakterisierung des Freundes als „anderes Ich" befriedigt der vertrauliche Austausch mit dem Freund oder der Freundin das Bedürfnis nach Selbsterkenntnis und Selbsterfahrung.[19] Insbesondere der Briefverkehr erlaubte es, die eigenen Gefühle detailliert darzulegen und Gefühlsintensitäten erfahrbar zu machen. In der häufig auch bloß inszenierten Intimität des Briefes ließen sich die eigensten Gefühle demjenigen mitteilen, von dem man erwartete, daß er diese genau so gut oder sogar besser verstünde als man selbst – mitunter

---

15 Ebenda, S. 106.

16 Johann Wilhelm Ludwig Gleim: Preußische Kriegslieder von einem Grenadier, Heilbronn 1882 (Reprint: Nendeln, Liechtenstein 1968).

17 Christian Fürchtegott Gellert: Gesammelte Schriften, hrsg. v. B. Witte, Bd. 6, Berlin, New York 1992, S. 261.

18 Aristoteles (wie Anm. 2), S. 288 (1157 b).

19 Neben Aristoteles (vgl. Anm. 2) auch bei Cicero: Laelius oder Über die Freundschaft, Stuttgart 1995, S. 34. „Jeder liebt sich nämlich selber – nicht um irgendwelchen Lohn von sich zu fordern für seine Liebe, sondern weil ein jeder sich von sich aus teuer ist. Wenn man dies nicht auch auf die Freundschaft überträgt, wird man nie einen wahren Freund finden, denn das ist nur der, der gleichsam unser anderes Ich ist."

auch ohne Worte. „Was soll ich Ihnen sagen, liebster Freund?", schreibt
Johann Georg Jacobi am 16. September 1767 an den von ihm hoch verehrten Gleim:

> Tausend und tausend Danksagungen sind nicht genug für das, was ich empfinde! O
> lassen Sie mich weinend Sie umarmen: Diese Sprache der Liebe, der Erkenntlichkeit
> sagt mehr, als jede andere und ist am wenigsten entheiligt. Nur diejenigen können sie
> reden, die in das innerste Heiligthum der Freundschaft hineingegangen sind.[20]

Der Briefwechsel zwischen Gleim und Jacobi, dessen emotional aufgela-
dene Sprache oft zu seinem alleinigen Inhalt wird, kann in mehrfacher
Hinsicht als repräsentativ gelten. Er zeigt zum Beispiel, daß die Freunde
die höchste Form der Freundschaft als gleichgeschlechtliche begreifen,
die auch homoerotische Momente einschließt. Letztere überschreiten
den Begriff keineswegs, sondern stellen lediglich *eine* von vielen Möglichkeiten der Beschreibung und Erfahrung von Freundschaft dar, was,
ungeachtet spezifischer Unterschiede, offenbar auch bei Frauenfreund-
schaften der Fall ist.[21] Im Gegensatz dazu grenzen die Autoren die Beziehung untereinander dezidiert von heterosexuellen Liebesbeziehungen
ab. Ihre eigene Freundschaft begreifen Gleim und Jacobi als deren Steigerung. „Allen seinen Mädchen ungetreu, / Meister seiner Triebe", dichtet Gleim ‚seinem' Jacobi, „Liebt er Wahrheit mehr als Schmeicheley, /
Freundschaft mehr, als Liebe".[22]

Beispielhaft entwickelt der Briefwechsel auch das intensive Modell
des Empfindungs- und Verhaltensmusters Freundschaft. Der Blick nach
innen, die Abwesenheit und das Gedenken des Freundes, die Orte der
Erinnerung, der differenzierte Ausdruck von Wünschen und Gefühlen,
all dies gehört zur Form freundschaftlicher Begegnung. Wolfgang Adam

---

20 Briefe von den Herren Gleim und Jacobi, Berlin 1768, S. 22.
21 Der zweifellos vorhandenen systematischen Differenz zwischen Frauenfreundschaft
    und Männerfreundschaft im 18. Jahrhundert kann hier aus sachlichen Gründen nicht
    nachgegangen werden. In bezug auf Inge Stephans These, Lenz nehme im Sturm und
    Drang die „Position des Weiblichen ein", sollte jedoch bestätigend erwähnt werden,
    daß einige der in der Korrespondenz von Frauen typischen Elemente, wie z. B die
    Angst um den Verlust der Freundschaft, auch bei Lenz auftauchen. Mehr zum Thema
    Frauenfreundschaft im 18. Jahrhundert u. a. bei Magadelena Heuser: „Das beständige
    Angedencken vertritt die Stelle der Gegenwart". Frauen und Freundschaften in Brie-
    fen der Frühaufklärung und Empfindsamkeit. In: W. Mauser, B. Becker-Cantarino
    (Hrsg.): Frauenfreundschaft – Männerfreundschaft: literarische Diskurse im 18. Jahr-
    hundert, Tübingen 1991, S. 141–166. Außerdem Tenbruck (wie Anm. 9), S. 446. Auf-
    schlußreich darüber hinaus Carrol Smith-Rosenberg: The Female World of Love and
    Ritual: Relations between Women in Nineteenth-Century America. In: Signs (1975) 1,
    S. 1–29.
22 Briefe (wie Anm. 20), S. 220.

hat in diesem Zusammenhang auf die besondere Bedeutung der Natur-
erfahrung hingewiesen und darauf, daß es im 18. Jahrhundert eine regel-
rechte Topographie der Freundschaft gibt, inklusive des Gartens oder
„Park[s] mit dem Freundschaftshain und den der *amicitia* gewidmeten
Gedenksteinen und Tempeln".[23]
  Dem Handlungsmuster Freundschaft eignet dazu eine literarische
Dimension. Und zwar bildet Literatur nicht nur den Gegenstand des
Gesprächs unter Freunden, sondern die Freundschaft wird selbst Inhalt
von Gedichten und Reflexionen und Mittel literarischer Produktion. Ist
der Freund abwesend, kann man sich seiner wortreich erinnern; umge-
kehrt regt das Ereignis der Begegnung, man denke nur an Klopstocks
Ode *Der Zürchersee,* zu literarischer Produktion an. Freundschaftliche
Zuneigung erweist sich überdies als idealer Rezeptionsmodus und avan-
ciert dergestalt zu einer literarästhetischen Kategorie. Hier noch einmal
Jacobi:

> Ihnen aber, liebster Freund, können meine Liederchen eher gefallen, weil sie Ihnen
> meine ganze Idee, noch weit vollkommener als ich sie mir dachte, mittheilen. Ihre
> Einbildungskraft schaft [!] viele Schönheiten hinzu, die sie nachher, aus Freundschaft
> für mein Geschöpf halten.[24]

Modell einer solchen über den Begriff männlicher Freundschaft vermittelten Beziehung zum Kunstwerk war fraglos Johann Joachim Winckelmann, der, nach Goethes Worten, „sein eigenes Selbst nur unter der
Form der Freundschaft empfand", und „alles Würdige, was ihm naht[e],
nach dieser Form zu seinem Freund" umbildete.[25]

Jakob Michael Reinhold Lenz' kritische Reflexion des Freundschaftsdis-
kurses erwächst aus diesem Kontext. Zwar gibt es im Salzmannschen
Kreis, in dem er nach seiner Ankunft in Straßburg verkehrt, keinen en-
thusiastischen Freundschaftskult, doch findet sich dort durchaus die
gesellige Form der Freundschaft. Dazu entstehen intensive Beziehungen
zu Einzelpersonen, wie etwa die zu seinem Mentor Johann Daniel Salzmann. Ihm schreibt Lenz zwischen Juni und Oktober 1772 aus Fort
Louis und Landau, berichtet ihm von den kleineren und größeren Ver-

23 Adam (wie Anm. 11), S. 26.
24 Briefe (wie Anm. 20), S. 134.
25 Johann Wolfgang Goethe: Winckelmann und sein Jahrhundert in Briefen und Aufsät-
    zen, mit e. Einleitung u. e. erläuternden Register v. H. Holtzhauer, Leipzig 1969,
    S. 213. Vgl. außerdem Simon Richter: Winckelmann's Progeny: Homosocial Net-
    working in the Eighteenth Century. In: A. A. Kuzniar (Hrsg.): Outing Goethe & His
    Age, Stanford, California 1996, S. 33–46.

fehlungen und vom Wandel im Persönlichen. Regelmäßig beschwört er
ihn, ihm in der Freundschaft die Treue zu halten: „Entziehen Sie mir
Ihre Freundschaft nicht: es wäre grausam mir sie jetzt zu entziehen, da
ich mir selbst am wenigsten genug bin…".[26] Offenbar benötigt Lenz den
Freund Salzmann als moralische Leitfigur und Vertrauten. Salzmann sei,
so schreibt er im August 1772, sein „bester Freund auf dem Erdboden"
und ihm allein will er sich gänzlich offenbaren (III, 264). Der erheblich
ältere Salzmann übernimmt dabei auch die Rolle der väterlichen Autorität – eine Funktion, die später auch von Lavater und Herder ausgeübt
wird – und verwandelt diese in ein teilnehmendes Gegenüber. Devot
erklärt ihm Lenz im Juni 1772:

> ich fürchte mich vor Ihrem Anblick. Sie werden mir bis auf den Grund meines Her-
> zens sehen – und ich werde wie ein armer Sünder vor Ihnen stehen und seufzen, an-
> statt mich zu rechtfertigen. (III, 254)

Gerade wegen eines solchen gestischen Pathos gewinnt man den Eindruck, Lenz habe zu diesem Zeitpunkt noch eine recht ungebrochene
Einstellung zur Freundschaft und genieße seine eigene Rolle im Freundschaftsverhältnis, zumal er sich sicher sein kann, bei Salzmann auf Verständnis zu stoßen.

Lenz' erstes Straßburger Drama, *Der Hofmeister* (1774), propagiert
dementsprechend einen Begriff von Freundschaft, in dessen Zentrum
noch unangefochten Vertrauen steht. Der Handlungsstrang um Fritz
von Berg gibt hier Gelegenheit, Freundesbeziehungen im Kontext der
Halleschen und Leipziger Studentenszenen zu thematisieren. So entpuppt sich Fritz von Bergs Bürgschaft für seinen Freund Pätus, als dieser
Halle verlassen muß, um Geld für die dort gemachten Schulden aufzutreiben, bei genauerer Betrachtung als säkularisierte Version des antiken
Freundschaftsbundes von Damon und Pythias. Den Insinuationen des
Herrn von Seiffenblase und seines Hofmeisters, vor Bürgschaften solle
man sich in Acht nehmen, entgegnet Fritz:

> Ich hab' ihn von Jugend auf gekannt: wir haben uns noch niemals was abgeschlagen.
> Er hat mich wie seinen Bruder geliebt, ich ihn wie meinen. (I, 73)

In dem Moment, als Pätus vom Hofmeister Seiffenblases als Verräter
tituliert wird, erscheint dieser auf der Bühne und umarmt seinen „Bruder". Neben der Tatsache, daß Fritz physisch für den Freund einsteht,

---

26 Sigrid Damm (Hrsg.): Jakob Michael Reinhold Lenz: Werke und Briefe, Bd. 3, Leipzig
    1987, S. 255. Alle weiteren Zitate aus den Werken von Lenz werden nach dieser Aus-
    gabe mit Band- und Seitenangabe im Text vermerkt.

personifiziert er im Schauspiel auch die Figur des tugendhaften Freundes. Als Pätus in der Auseinandersetzung mit dem erzürnten Vater Rehaar ausfallend wird, fordert er an Rehaars Stelle Satisfaktion, um Pätus zu „zwingen, kein Schurke zu sein" (I, 99). Dieser freilich erkennt in der Forderung den Freundschaftsakt und reagiert entsprechend konziliant:

> Liebster Berg! [...] Laß uns gute Freunde bleiben, ich will mich gegen den Teufel selber schlagen, aber nicht gegen dich. (I, 101)

Gegenüber dem desillusionierenden Gesellschaftsbild der Läuffer-Handlung erweist sich die hier dargestellte Freundschaftsbeziehung als echte und wohl auch ernstgemeinte Alternative.

Daß männliche Gemeinschaft nicht notwendig Freundschaft einschließt, läßt sich leicht an dem zwei Jahre später erscheinenden Schauspiel *Die Soldaten* (1776) exemplifizieren. Schon Hans-Gerd Winter hat darauf hingewiesen, daß Lenz den Umgang der Offiziere untereinander nicht als Freundschaftsbund charakterisiert, sondern als kaltherzige, repressive Männerwelt, die „bei allem Freiraum für lockeres Treiben und Amüsement eingebunden ist in ein Sozialsystem, das die Emotionalität und Sexualität deformiert".[27] Der Offizier Haudy, der im Stück das Wort der Freundschaft zumeist im Munde führt, ist zugleich derjenige, dessen Fähigkeit zu Verständnis und Mitgefühl eindeutig am geringsten entwickelt ist. Zwar problematisiert Lenz Freundschaft in den *Soldaten* nicht prinzipiell, grenzt ihren positiven Begriff jedoch bewußt von jenem zweckhaften Militärverbund ab, den er im wesentlichen als sozialdarwinistische Zwangsgemeinschaft charakterisiert.

Neben ihrer inhaltlichen Ausformung im *Hofmeister* ist Freundschaft bei Lenz zunächst als Mittel literarischer Produktion bedeutsam, wie sich an zwei Texten, dem *Tagebuch* (1774) und den *Briefen über die Moralität der Leiden des jungen Werthers* (1774/75), ablesen läßt. Beide sind dialogisch strukturiert und beide richten sich explizit an den Freund als Leser. Das *Tagebuch* ist dem „Bruder" (III, 306) Goethe gewidmet, und Lenz hat das Manuskript diesem im Sommer 1775 auch geschenkt. Es ist als autobiographische Textform prädestiniert, die von Lenz so verstandene intime Beziehung zu Goethe literarisch zu realisieren. „Ich habe keine Maitresse", berichtet er Sophie von La Roche im Juni 1775, „und keine Ergießungen des Herzens als vor Gott. Bisweilen auch an dem Busen meines Göthe, der nun freilich viel von mir weiß" (III, 321). Fiktion und Be-

---

27 Hans-Gerd Winter: „Pfui doch mit den großen Männern". Männliche Kommunikationsstrukturen und Gemeinschaften in Dramen von J. M. R. Lenz. In: text + kritik: Jakob Michael Reinhold Lenz, Red.: M. Kagel, München 2000, S. 61.

kenntnis vermischend, berichtet Lenz hier von den Vorgängen um die
Straßburger Juwelierstochter Cleophe Fibich, wobei er die Liebesbeziehung, die bei den Stürmern und Drängern anders als bei Gleim und
Jacobi, absolute Priorität besitzt, dezidiert vom Begriff der Freundschaft
abgrenzt.

In den *Briefen über die Moralität der Leiden des jungen Werthers* ist Freundschaft ebenfalls Teil der literarischen Fiktion, die hier darin besteht, daß
der Autor den imaginären Freund von der genuin moralischen Qualität
des *Werther* zu überzeugen versucht. Konzeptionell ist sie auf zweifache
Weise wirksam, nämlich auf Grund der tatsächlichen Freundschaft von
Lenz zu Goethe, die Anlaß der Briefe ist, und durch die Freundschafts-
fiktion der Korrespondenz, die deren Form prägt. „Soviel lieber
Freund", schreibt Lenz, die fiktionale und reale Freundschaft ver-
küpfend,

> hab ich zur Rechtfertigung meines Freundes [Goethe] sagen wollen in Ansehung sei-
> nes moralischen Charakters. [...] Nein lieber Freund! Sobald Sie einen hoffnungsvol-
> len Sohn haben, geben Sie ihm den Werther herzhaft in die Hand und schmeißen Sie
> ihm seine komische Erzählungen dafür ins Feuer. (II, 689)

Für die Diskussion des Romans ist die in der Freundschaft implizierte
Aufrichtigkeit insofern von Bedeutung, als sie dem Verfasser der Briefe
erlaubt, mit moralischer Autorität zu sprechen. „Ich werde ernstlich mit
Ihnen reden", heißt es dementsprechend im dritten Brief, „meine
Freundschaft gibt mir das Recht dazu und Sie können nach diesem Brie-
fe beschließen was Sie wollen." (II, 676) Erneut thematisiert Lenz auch
das Verhältnis von Freundschaft und Liebe, welches er mit Bezug auf
Friedrich Nicolais Parodie des *Werther* anspricht:

> Die scheinbare Großmut mit der ein Liebhaber seinem Freunde seine Geliebte abtritt
> wie man ein Paar Handschuh auszieht, ist mir von jeher wie ein Schlag ins Gesicht
> gewesen. Wissen die Herren was es heißt, lieben? Und daß eine Geliebte abtreten,
> schwerer ist als sich das Leben nehmen. Nur ein Albert aus Berlin konnte das und das
> *ganz gelassen*. Aber der Henker glaub ihm, daß er herzlich geliebt habe. Wer erfahren
> hat was die beiden Namen sagen wollen, Freund und Geliebte, der wird keinen Au-
> genblick anstehen, seinen Freund für den er übrigens das Leben geben könnte, seiner
> Geliebten nachzusetzen. Wer das nicht tut, hat weder ein Herz für den Freund, noch
> für die Geliebte. (II, 680)

Die Dissoziation des tugendhaften Freundschaftsbegriffs von dem der
Liebe macht Lenz diesen schließlich problematisch. Anders als in den
frühen Texten wird Freundschaft nun nicht mehr im Sinne der Identität
begriffen, sondern im Bewußtsein der Differenz. Zwar ist die absolute
Verpflichtung gegenüber dem Freund damit nicht aufgehoben, gleich-

wohl wird sie im Dreiecksverhältnis sekundär. Eine Auflösung des Lie-be-Freundschafts-Konfliktes durch den freiwilligen Verzicht des Freundes nach empfindsamem Muster wird von Lenz offenbar nicht mehr in Betracht gezogen.[28] Umgekehrt treibt das von beiden begehrte Dritte die Freundschaft in die Krise, destabilisiert die freundschaftliche Zweierbeziehung durch ein ‚Jenseits der Freundschaft‘, welches ihr inkommensurabel ist und zugleich als Differenz immer schon vorhanden.

Ein Text, der sich darauf und, wie im Titel annonciert, ebenfalls auf Goethes Roman bezieht, ist der 1776 in Berka entstandene fragmentarische Briefroman *Der Waldbruder. Ein Pendant zu Werthers Leiden.* Äußeres Anzeichen der kritischen Wende ist, daß Freundschaft in bezug auf die literarische Form hier nicht Gemeinschaft in der egalitären Zweierbeziehung indiziert, sondern negativ die Isolation des Waldbruders Herz hervorhebt. Dessen Freundschaft mit Rothe ist im Briefroman kein Medium intimer Mitteilung mehr, sondern – in ein komplexes Netz anderer sozialer Beziehungen eingebunden – Brutstätte existentieller Verunsicherung:

> Welch ein schreckliches Ungewitter hat diesen himmlischen Sonnenschein abgelöst! Rothe, ich weiß nicht, ob ich noch lebe, ob ich noch da bin oder ob alles dies nur ein beängstigender Traum ist. Auch Du ein Verräter – nein es kann nicht sein. Mein Herz weigert sich, die schrecklichen Vorspiegelungen meiner Einbildungskraft zu glauben und doch kann ich mich deren nicht erwehren. (II, 398)

Es ist, als hätte sich die Folie gesellschaftlicher Machtverhältnisse über das Ideal der Freundschaft gelegt und mit ihr der Subtext einer eigenen Hierarchie. Zum ersten Mal erscheint hier auch das Wort vom Verrat, dessen Gültigkeit die Handlung des Romans zumindest partiell bestätigt. Im Hintergrund die Fäden ziehend, spielt Rothe die Rolle des freundschaftlichen Ratgebers und sucht zugleich die eigene Politik durchzusetzen. Neu am *Waldbruder* ist die ausgeprägt trianguläre Struktur des Verhältnisses, die eine psychisch differenzierte und zugleich konfliktgeladene Darstellung individuellen Verhaltens ermöglicht, wobei das Konkurrenzverhältnis der Männer hier über die unglückliche Liebe Herzens zur Gräfin und die Auseinandersetzung um ihr Porträt vermittelt wird.[29]

---

28 Vgl. Eckhardt Meyer-Krentler: Der Bürger als Freund. Ein sozialethisches Programm und seine Kritik in der neueren deutschen Erzählliteratur, München 1984, S. 103.

29 ‚Neu‘ ist dies freilich nur für Lenz: Meyer-Krentler zufolge gibt es „im 18. und 19. Jahrhundert keinen Erzähltext eines deutschen (männlichen!) Autors, wo der Begriff ‚Freundschaft‘ oder ‚Freund‘ irgendwie im Titel auftaucht und dann nicht die Dreieckskonstellation ‚zwei Freunde und eine Frau‘ thematisiert wird", wobei im Detail der erzählerischen Bewältigung derartiger Dreiecksgeschichten viel über den Aufbau und Abbau des Freundschaftsethos zu erfahren sei. Vgl. Meyer-Krentler (wie Anm. 28), S. 89.

Zwar wird die Spannung der Dreieckskonstellation am Ende gelöst, indem Herz das Porträt erhält und den Freund lautstark rehabilitiert, doch trügt der Schein des versöhnlichen Schlusses dort, wo der Konflikt nach wie vor gärt.

Lenz konstruiert das Verhältnis von Freundschaft und Liebe von vornherein nicht als Widerspruch zwischen Tugend und Passion, sondern sucht die Differenz im Scheitern des Identitätspostulats des klassischen Freundschaftsbegriffes vorzuführen. Sichtbar wird dies in der moralischen Erzählung *Zerbin oder Die neuere Philosophie* (1776). In ihrem ersten Teil beschreibt die Erzählung den Konkurrenzkampf dreier Männer – Graf Altheim, sein Mentor Zerbin, und Hohendorf, ein preußischer Offizier –, die sämtlich um dieselbe Frau buhlen: Renate Freundlach, die 22jährige Schwester eines Leipziger Bankiers. Um das Interesse des Grafen auf sich zu lenken, für den sich Mademoiselle Freundlach nicht aus Liebe, sondern aus Gründen der gesellschaftlichen Anerkennung erwärmt, plant sie zunächst den in Liebesdingen unerfahrenen Zerbin in sich verliebt zu machen, der Altheim als Vermittler des Begehrens dienen soll. Auf diese Weise entsteht die Konstellation eines triangulären Begehrens wie René Girard sie in anderem Zusammenhang beschrieben hat.[30] Girard zufolge initiiert das originale Begehren ein zweites, welches indessen nicht dem Objekt, sondern dem Vermittler gilt, der in dieser Konstellation zugleich als Modell und als Hindernis fungiert. Bestechend an Girards Modell des mimetischen Begehrens ist, daß es eigentlich keine ursprüngliche Rivalität im Sinne eines spontanen, parallelen Begehrens zweier Personen gibt, da die Rivalität um das Objekt nur der äußere Anschein einer Nachahmung des Begehrens selbst ist. Das, was der Vermittler dem Objekt zuschreibt, wird diesem auch vom Nachahmenden zugeschrieben. Im triangulären Begehren findet man mithin keine Liebe ohne Eifersucht, keine Freundschaft ohne Neid, keine ursprüngliche Rivalität. Dieses ist der Fall in der Beziehung zwischen Zerbin und Graf Altheim. Nachdem der Plan Renates aufgegangen ist, und Altheim tatsächlich leidenschaftliche Gefühle für sie entwickelt hat, entsteht eine Situation, die der Autor wie folgt beschreibt:

> Altheim blieb der warme, sorgsame Freund nicht mehr für ihn, zwei Passionen können das Herz eines gewöhnlichen Menschen nie zu gleicher Zeit beschäftigen; […] ihr Umgang ward kalt, trocken, mürrisch; er ging des Morgens früh aus dem Hause und kam des Nachts spät heim; sie wurden sich so fremd, daß sie sich für einander zu fürchten anfingen. Der Tod der Freundschaft ist Mißtrauen; […] Das Gefühl der

---

30 René Girard: Deceit, Desire, and the Novel: Self and Other in Literary Structure, Baltimore, London 1976, S. 1–52.

> Freundschaft ist so zart, daß der geringste rauhe Wind es absterben macht und oft in tödlichen Haß verwandelt; die Liebe zankt und söhnt sich wieder aus; die Freundschaft verbirgt ihren Verdruß und stirbt auf ewig. Zwei Freunde sehen nur ein anders gestaltetes Selbst an einander; sobald diese Täuschung aufhört, muß ein Freund vor dem andern erblassen und zittern. (II, 364 f.)

Wesentlich in dieser Passage ist der auf die antike Konzeption des „anderen Ich" bezogene Begriff der Täuschung, den der Autor in die Reflexion über das Wesen der Freundschaft einflicht. Den kommentierenden Ausführungen zufolge handelt es sich bei der Erkenntnis des Ich im Anderen nämlich nicht um einen objektiven Tatbestand, sondern um eine von beiden Seiten stillschweigend akzeptierte Illusion. Ist dies der Fall, so kann man auch das höchste Ideal der Freundschaft, Bruderschaft, als eine bloß ideologische Kategorie begreifen, unbrauchbar im gesellschaftlichen Feld, wo Verrat immer schon Bestandteil praktizierter Freundschaft ist. In der Erzählung wird das offene Ausbrechen des durch den Verrat entstandenen Konflikts – der auch ein Verrat am Ideal ist – allein durch den Verzicht Zerbins verhindert. Doch stärkt der Verzicht die Freundschaft nicht, sondern diese zerrinnt im Leerraum des zerstörten Ideals.

Mit seiner Kritik am illusionären Charakter des überlieferten Freundschaftsbegriffes schließt Lenz an die von Kant und Möser zur Sprache gebrachte Politik der Freundschaft an, die Verrat als notwendigen Bestandteil des Begriffs voraussetzt. Mit ihnen entdeckt er, daß Freundschaft weder jenseits gesellschaftlicher Machträume noch tatsächlich in der Identität existieren kann. Indessen wendet Lenz diese Einsicht nicht gegen den Begriff der Freundschaft selbst, sondern macht sie zur Basis einer Politik, die Verrat als notwendiges und keineswegs negatives Attribut der Freundschaft faßt. Am Ende, so meine späte These, gilt sein Interesse einer „Politik der Trennung", wie Jacques Derrida sie in seinen Studien zur *Politik der Freundschaft* zur Diskussion gestellt hat.[31]

Ein Text, der den Namen der Freundschaft auch im Titel führt, ist Lenz' Schauspiel *Die Freunde machen den Philosophen*. Auf den ersten Blick liest sich das Drama um den in Cadiz weilenden Intellektuellen Strephon wie ein Versuch, Freundschaft schlechthin als Chimäre abzutun. Genauer betrachtet aber entwickelt Lenz hier ein ausgesprochen differenziertes Bild der sozialen Erscheinungsformen von Freundschaft und formuliert dazu, wie das Nicht-Identische in der freundschaftlichen Beziehung

---

31 Jacques Derrida: Politik der Freundschaft, übers. von Stefan Lorenzer, Frankfurt a. M. 2000, S. 87 f.

positiv begriffen werden kann. Drei Modelle von Freundschaft führt der Autor dem Leser vor.

Da ist zunächst die Figur des freundschaftlichen Ratgebers, personifiziert im „Blutsfreund" (I, 278) Arist, dem Hamburger Vetter, der sich vergeblich darum bemüht, seinen abtrünnigen Verwandten dazu zu bewegen, ins Vaterland zurückzukehren. Arist hat zwar das Gute im Sinn, dies ist jedoch primär das gesellschaftlich Vernünftige – Strephons Rückkehr in den Schoß der Familie – und stellt keinen selbstlosen Freundschaftsdienst dar. Im Kontext der Handlung ist die Freundschaft des tugendhaften Vetters dysfunktional, da Arist nicht bereit ist, sich auf Strephon überhaupt einzulassen und dessen Flucht in die Fremde, die hier nicht nur geographisch zu verstehen ist, zunächst einmal zu akzeptieren. So reden beide aneinander vorbei, der eine von Tugend, der andere von Wollust. Arists letzter Satz im Schauspiel artikuliert die Frustration des Ratgebers und die funktionale Obsoletheit des Modells: „Ich wünscht, ich wäre nie nach Cadiz kommen." (I, 286)

Die zweite von Lenz vorgeführte Konstellation ist die des empfindsamen Freundschaftsdreiecks, welches außer Strephon auch Donna Seraphina und Don Prado einschließt. Das Primat der Freundschaft über das Liebesverhältnis und damit das Funktionieren des Modells wird hier durchaus konventionell dadurch garantiert, daß Don Prado zugunsten Strephons auf die von beiden geliebte Seraphine verzichtet.[32] Don Prados Verzicht wird von Lenz jedoch derart überzogen dargestellt, daß es selbst den an empfindsamer Schwärmerei gestählten Lesern schwer fällt, das Happy-End als ernst gemeinte Lösung zu akzeptieren. Darüber hinaus exponiert Lenz die Repressivität des neu entstandenen Verhältnisses, wenn Don Prado die eigene Wohltat mit den Worten preist: „Liebt mich meine Freunde, ihr müßt mich lieben, ich zwinge euch dazu, ich bin das Werkzeug des Himmels zu eurem Glück." (I, 315) Bereits zuvor hatte Lenz in vollendeter Ironie den empfindsamen Freundschaftsbegriff verspottet, als Don Prado in völliger Verkennung der Lage seinen Nebenbuhler als „vollkommensten Freund" (I, 309) bezeichnete. Strephon freilich steht nichts ferner, als die von ihm geliebte Seraphine an Don Prado abzutreten. Ein letzter Beleg für das Scheitern des Modells ist schließlich, daß Don Prado seine eigene Liebe zu Seraphine im Vokabular der Freundschaft schildert und nicht in dem passionierter Hingabe: „Zweifeln sie noch", schmeichelt er der Geliebten, „daß ich Sie um ihr [!] selbst willen liebe, daß ich sie mehr liebe als mich, mehr als Ihren Besitz

---

32 Zum tugendempfindsamen ‚Entsagungsfieber' vgl. Meyer-Krentler (wie Anm. 28), S. 101 f.

selbst?" (I, 312). Das sind nicht die Worte Werthers, sondern die eines
„Albert aus Berlin".

Das verbleibende und, wenn man so will, einzig realistische Modell
freundschaftlicher Verhältnisse ist die gesellige Freundschaft um Strephons Freunde Dorantino, Strombolo, Mezzotinto und Doria. Hier
konzentriert sich der Autor auf Fragen der Reziprozität, der Redlichkeit
und wechselseitigen Abhängigkeit in der Freundschaft. Einzeln werden
die Freunde dem Leser im I. Akt vorgestellt, wenn sie bei Strephon aus
den verschiedensten Gründen vorsprechen. Zwar beklagt dieser sich
bitter darüber, daß diese ihn auf je individuelle Weise ausgenutzt hätten,
doch resultiert aus dieser Erkenntnis keineswegs die Aufkündigung der
Freundschaft. Ihr Verrat, der Mangel an Wahrhaftigkeit, steht Strephons
Begriff von Freundschaft nämlich nicht entgegen, sondern bleibt darin
eingeschlossen. „Alle diese Leute", erklärt er Arist, „sind dennoch meine
Freunde" (I, 280). Auf dessen Einwand, seine ‚Freunde' würden lediglich
„seine Zeit und folglich sein letztes Hülfsmittel stehlen", gibt Strephon
zurück:

> Ach nehmen wir, was wir bekommen können, oder wählen uns die Bären zu Gesell-
> schaftern! Ich bin ein Fremder, ich habe keinen Umgang, keine andere Mittel, dieses
> Land und seine Sitten kennen zu lernen, und jeder dieser Leute vermehrt meine inne-
> re Konsistenz durch das, was er mir entzieht. (I, 280)

Das ist zwar nicht die vollendete Gegenseitigkeit eines „anderen Ich",
indessen ermöglicht die Haltung Strephons, den Begriff der Freundschaft gesellschaftlich zu vermitteln und sie auch dort positiv zu erfahren, wo sie das Nicht-Identische beschreibt. Auch er selbst verhält sich
im Grunde nicht anders, wenn er den Freunden seine Liebe zu Seraphine
und die damit verbundenen Reisepläne verschweigt. Sein Verrat, der
wenigstens zum Teil auf der im Schauspiel auch thematisierten Bereitschaft zum Selbstbetrug – der Täuschung – basiert, wird im II. Akt Gegenstand einer aufschlußreichen Unterhaltung der vier Freunde im Gasthof zu Cadiz.[33] Thema ist die von Doria, dem einzigen Deutschen,
beklagte Unaufrichtigkeit Strephons, der ihm seine plötzliche Abreise
verschwiegen hatte. „Muß man denn alles sagen, was man weiß?", wirft
Mezzotinto ein und fügt Freundschaft und Liebe dissoziierend hinzu:
„Der Gemahl einer schönen und reichen Donna zu werden, Herr! das ist
keine Narrenposse – da kann man die Philosophie schon scheitern las-

---

33 Vgl. I, 308: „Der Mensch ist so geneigt, sich selber zu betrügen; hat er Verstand
    genug, sich vor seiner Eigenliebe zu verwahren, so kommen tausend andere und ver-
    einigen ihre Kräfte, seine entschlafenen Eigenliebe zu wecken, um den Selbstbetrug
    unerhört zu machen."

sen" (I, 291). „Aber hört einmal, lieber Mann" ergreift nun Dorantino, den Strephon zu Beginn als eine seiner „Folterer" (I, 277) eingeführt hatte, ironisch das Wort:

> Das ist doch nicht schön vom Herrn Strephon, daß er mir nichts davon gesagt hat. Ich bin sein ander Ich gewesen, er hat nichts vor mir geheim gehalten, ich bin der einzige gewesen, der ihn hier unterstützt hat, hätt ich ihm nicht auf die Beine geholfen, er läge itzt vielleicht am Zaun verreckt. (I, 291)

Strombolo, der Egalität im Freundschaftsverhältnis ebenfalls nur dem Anschein nach praktiziert, fällt im selben Ton ein: „Das ist wahr, daß Herr Strephon immer für sich selbst zuerst zu sorgen pflegte. Er wußte sich aber doch bisweilen einen sehr großmütigen Anstrich zu geben." „Und war doch nichts als Judas dahinter", so wieder Doria, dabei ernsthaft den Verräter benennend. Strombolo, der es besser weiß, läßt dies indessen nicht gelten und gibt resümierend retour: „Alle Leute von Verstand und Genie handeln so. Und das muß auch sein. Es muß ein Unterscheid [!] sein." (I, 291)

So sind die fremden Freunde denn doch Freunde und verteidigen Strephon gegenüber dem starrsinnigen Doria. Sie begreifen den „Unterscheid" und die Notwendigkeit des Verschweigens, die Freundschaft möglich macht im Anderssein. Deswegen bleibt die freundschaftliche Verbindung auch noch in Anwesenheit des ‚Jenseits der Freundschaft' erhalten, weil sie dasselbe zu integrieren vermag. Für die Liebe kann man die „Philosophie schon scheitern lassen", welche den Unterschied ohnehin bloß verschleiert. Dort, wo Freundschaft sich konkret und in der Gegenwart realisiert, kann sie es frei nur als Differenz, in der Abwesenheit eines idealischen Zwangs zur Identität. Es ist diese paradoxe Figur der Freundschaft, die Lenz schließlich als erfolgreich inszeniert und ihre Politik, die jene Offenheit verwirklicht, von der die Bruderschaft nur träumt.

Dramen hinter den Kulissen:
Anmerkungen zur Repräsentation sexueller Gewalt bei Lenz, Wagner und Lessing

Wird das 18. Jahrhundert insgesamt als Paradigmenwechsel in der deutschen Kultur- und Sozialgeschichte begriffen, so scheint dieser in besonderem Maße die „Ordnung der Geschlechter"[1] und auch die Codierung von Gewalt im Geschlechterverhältnis zu betreffen. Da Paradigmenwechsel immer auch diffuse Phasen des kulturellen Umbruchs bedeuten, in denen vieles nebeneinander möglich ist, ergibt sich ein Nebeneinander alter und neuer Codierungen und damit werden auch bestimmte semantische Unschärfen deutlich, die sich in den verschiedenen kulturellen Diskursen unterschiedlich stark bemerkbar machen. Im folgenden sollen einige dieser Unschärfen, die im Bezug auf die Codierung sexueller Gewalt entstehen, auf einer Mikroebene in einigen Dramen des Sturm und Drang untersucht werden. Interessant ist in diesem Zusammenhang nicht nur die semantische Überlagerung der Begriffe bzw. Konzepte von *Notzucht* und *Verführung*, sondern auch der performative Charakter bestimmter Regieanweisungen, die ein Nebeneinander verschiedener Bedeutungen und Interpretationen implizieren. Welche Probleme sich hinsichtlich der Repräsentation sexueller Gewalt im Drama des späten 18. Jahrhunderts ergeben, soll anhand einiger ausgewählter Szenen aus Lessings *Emilia Galotti*, Wagners *Kindermörderin*, Lenzens *Soldaten* und dem *Hofmeister* diskutiert werden.

Der juridische Diskurs des 18. Jahrhunderts ist geprägt von Reformbestrebungen auf naturrechtlicher Basis, die mit dem Inkrafttreten des *Preußischen Allgemeinen Landrechts* (1794)[2] ihr vorläufiges Ziel erreichen. Die Delikte, die hier von Interesse sind, sind im 12. Abschnitt des strafrechtlichen Teils des *ALR* unter dem Stichwort „fleischliche Verbre-

---

1 In Anlehnung an Claudia Honeggers gleichnamige Studie, Frankfurt a. M., New York 1991.

2 Die Pläne zu einer solchen Justizreform waren alt; die ideellen Grundlagen des ALR beherrschten den juridischen Diskurs des 18. Jahrhunderts. Vgl. Uwe Wesel: Geschichte des Rechts, München 1997, S. 400 ff.

chen" (§§ 992 ff.)³ zusammengefaßt. Während sich im Zuge der Aufklärung eine allgemeine Säkularisierung und Rationalisierung des Strafrechts
feststellen läßt, werden gerade im Bereich der sexuellen Gewaltdelikte
zum Teil gemeinrechtliche Lehren verworfen und abwegige Anforderungen an die Erfüllung eines Tatbestandes, insbesondere den der *Notzucht,*
gestellt. Einer der wohl absurdesten Auswüchse ist nicht zuletzt dem im
18. Jahrhundert gewachsenen Einfluß der Gerichtsmedizin zu verdanken. Obwohl in § 1052, einem der zwölf Notzuchtparagraphen des
ALR, von „unwiderstehlicher Gewalt" die Rede ist, wird die Möglichkeit
eben dieser Form von Notzucht durch das noch bis in das
19. Jahrhundert hinein populäre „Axiom der Unmöglichkeit der Vergewaltigung einer Frau ohne zusätzliche Hilfsmittel"⁴ in Frage gestellt, das
besagte, daß ein einzelner Mann eine erwachsene, gesunde und nur mäßig starke Frau, so lange sie ihr Bewußtsein habe, durch die Anwendung
bloß körperlicher Kraft nicht vergewaltigen könne.⁵

Unter der Behauptung, eine Frau „ergebe sich immer nur aufgrund
einer Kapitulation, und sofern eine Stellung noch so schwach verteidigt
werde, könne man sie unmöglich mit roher Gewalt nehmen",⁶ wird Vergewaltigung in den Bereich der Fiktion verbannt. Die wohl bekannteste
literarische Variante des Unmöglichkeitspostulats legt Lessing seiner
Emilia Galotti in den Mund:

> Gewalt! Gewalt! *wer kann der Gewalt nicht trotzen?* Was Gewalt heißt, ist nichts: Verfüh-
> rung ist die wahre Gewalt.⁷

Damit zeigt Lessing den oben erwähnten Paradigmenwechsel an, der
eine Verschiebung von der *Notzucht,* die auf dem Einsatz *physischer* Gewalt beruht, zur *Verführung,* die den Aspekt einer Gewalteinwirkung auf
die *Psyche* bzw. auf den *Willen* des Opfers betont, markiert. Das bedeutet,
daß Vergewaltigung im heutigen Sinne weder im juridischen noch im
literarischen Diskurs des 18. Jahrhunderts figuriert: „Verführung ist die
wahre Gewalt."

---

3   Vgl. Allgemeines Landrecht für die Preußischen Staaten, hrsg. v. H. Hattenhauer,
    Frankfurt a. M., Berlin 1970 (fortan: ALR).

4   Maren Lorenz: „Da der anfängliche Schmerz in Liebeshitze übergehen kann": Das
    Delikt der „Notzucht" im gerichtsmedizinischen Diskurs des 18. Jahrhunderts. In:
    Österreichische Zeitschrift für Geschichte 5 (1994) 3, S. 336.

5   Brigitte Sick: Sexuelles Selbstbestimmungsrecht und Vergewaltigungsbegriff, Berlin
    1993, S. 42.

6   Denis Diderot: Les bijoux indiscrets (1748); dt. Die geschwätzigen Kleinode, übers. v.
    Ch. Gersch, Berlin 1997, S. 117.

7   Gotthold Ephraim Lessing: Emilia Galotti, Stuttgart 1987, 5. Aufzug, 7. Auftritt,
    S. 77, Hervorh. C. K.

Nun ist das Konzept der *Verführung* insofern problematisch, als es immer die Mitschuld bzw. die Komplizenschaft des (zumeist weiblichen) Opfers impliziert.[8] Gemäß der Logik des Vergewaltigungsdiskurses der Aufklärung ist eine sexuell motivierte Gewalttat ohne Schuld des Opfers also kaum vorstellbar.[9] Doch scheint sich auch im Hinblick auf das Konzept der Verführung in der zweiten Hälfte des 18. Jahrhunderts ein *alternativer* Diskurs in der Literatur zu entwickeln, der das Motiv der *verführten Unschuld* einführt und damit die Vereinbarkeit des nach christlichen Vorstellungen Unvereinbaren behauptet.[10] Während Lessing – ganz im Sinne des bürgerlichen Trauerspiels – seine Protagonistin Emilia Galotti noch bis zu einem gewissen Grad *schuldig* werden läßt – „Ich habe Blut, mein Vater, so jugendliches, so warmes Blut als eine. [...] Ich stehe für nichts"[11] – und sie damit zur tragischen Heldin macht, beschreiten Wagner und Lenz einen anderen Weg.

Daß eine „Verführung, die ihr Pathos aus der Unschuld des Mädchens gewinnt, nicht nur vor dem 18. Jahrhundert nicht dargestellt worden ist, sondern auch nicht dargestellt werden konnte"[12] wie Hellmuth Petriconi festgestellt hat, deutet sich u. a. in der zeitgenössischen Kritik von Heinrich Leopold Wagners Drama *Die Kindermörderin* (1776) an.

> Weil hier [in Wagners *Kindermörderin*, C. K.] das Mädchen nicht wie bei Goethe aus hingebender Liebe, sondern unter dem Zwange verbrecherischer Gewalt sündigt und so von einer eigentlichen Verfehlung nicht gesprochen werden kann, hat die Ästhetik, die den Schuldbegriff als unerläßliche Voraussetzung für eine tragische Wirkung ansieht, letztere dem Drama Wagners rundweg abgesprochen – eine grundfalsche Einstellung dem Werke gegenüber![13]

Auch Andreas Huysen merkt in Anlehnung an Korff an, daß „Vergewaltigung [...] in der Tat nicht als tragischer Konflikt im herkömmlichen Sinn gelten"[14] könne. Interessant scheint die Tatsache, daß die Schuldfrage in den meisten Dramen von den eigentlichen Täterfiguren auf die Opferfiguren verlagert wird. Während die sexuellen Gewalttaten der männlichen Protagonisten in zivilrechtliche Probleme der Vaterschaft und der Alimentation umgewandelt und damit herabgespielt werden, werden die weiblichen Protagonistinnen als Verbrecherinnen im straf-

---

8 Vgl. Hellmuth Petriconi: Die verführte Unschuld: Bemerkungen über ein literarisches Thema, Hamburg 1953, S. 32 ff.
9 Vgl. ebenda, S. 36 f.
10 Vgl. ebenda, S. 42.
11 Lessing (wie Anm. 7), S. 77.
12 Petriconi (wie Anm. 8), S. 40.
13 Ferdinand J. Schneider: Die deutsche Dichtung der Geniezeit, Stuttgart 1952, S. 216.
14 Andreas Huysen: Drama des Sturm und Drang, München 1980, S. 174.

CHRISTINE KÜNZEL

rechtlichen Sinne – als Kinder- und/oder als Muttermörderinnen – präsentiert.

Doch zurück zu den Implikationen des Begriffes der *Verführung*. Die Höherbewertung *psychischer* Gewalt im Kontext des traditionellen Verführungsdiskurses scheint an antike griechische Diskurse um sexuelle Gewalt anzuknüpfen. Obwohl es im antiken Griechenland keinen der Notzucht bzw. der Vergewaltigung vergleichbaren Begriff gab,[15] existierten Ausdrücke, die u. a. unterschiedliche Konzepte des Grades der Verletzung und der Härte der zu erwartenden Sanktionen transportierten. Die beiden Konzepte, die in diesem Kontext relevant sind, grenzten sich dadurch voneinander ab, daß das eine der unter Einsatz physischer Gewalt erzwungenen *Notzucht* zu entsprechen scheint, während das andere (griech. *moicheia*) sich durch den Einsatz von *Überredungs-* bzw. *Verführungsstrategien* auszeichnete.[16] Die *Verführung* galt den Griechen offensichtlich als das schwerere Delikt, weil sie eine Korruption der weiblichen Seele bedeutete und die Frau zur Komplizin der Tat machte.[17] Dementsprechend war die Strafandrohung im Falle der Verführung (*moicheia*) auch höher. Es konnte die Todesstrafe verhängt werden, während in Fällen der Notzucht lediglich eine Geldstrafe vorgesehen war. Verführung, im Sinne einer Verkehrung bzw. Korruption des Willens des Opfers, wird also als eine dem Tod ähnliche und damit zugleich gravierendere Verletzung als die mit physischer Gewalt erzwungene verstanden.[18]

Der Umstand, daß eine Vergewaltigung an Ort und Stelle, d. h. in einem häuslichen Umfeld, entweder im Haus des Täters oder des Opfers, bis in das 18. Jahrhundert hinein nur in Ausnahmefällen anerkannt wurde,[19] bedeutete, daß sich männliche „Verführungsstrategien" entwickelten, die darauf ausgelegt waren, sich mit List unter einem bestimmten Vorwand, zur Not auch mit Gewalt, Zugang zum Zimmer oder zur Kammer eines potentiellen weiblichen Opfers zu verschaffen – wie etwa Pätus in Lenzens *Hofmeister*, der in die „Schlafkammer" von Rehaars

---

15 Vgl. Georg Doblhofer: Vergewaltigung in der Antike, Stuttgart, Leipzig 1994, S. 1.
16 Ich beziehe mich hier auf Susan Guettel Cole: Greek Sanctions Against Sexual Assault. In: Classical Philology 27 (1984), S. 97–113.
17 Ebenda, S. 101.
18 Zur Parallelität von Mord und Vergewaltigung vgl. Mieke Bal: The Rape of Narrative and the Narrative of Rape. In: Literature and the Body, hrsg. v. E. Scarry, Baltimore, London 1980, S. 1–32, hier bes. S. 25.
19 Zur räumlichen Codierung sexueller Gewalt vgl. Christine Künzel: Tatorte – Zum Verhältnis von Raum, Geschlecht und Gewalt in Vergewaltigungsfällen. In: Geschlechter-Räume, hrsg. v. M. Hubrath, Köln u. a. 2001, S. 266–277.

Tochter eindringt.[20] Die Privatsphäre bildet nun neben dem *freien Feld* –
im Hinblick auf sexuelle Gewalttaten – einen quasi straffreien Raum, der
einem potentiellen Täter Schutz vor Strafe bietet, sobald es ihm gelingt
hier einzudringen. Die Frau gilt in einem solchen Fall automatisch als
Komplizin *unzüchtiger Handlungen*. Anhand des Dramas der Aufklärung
läßt sich dieser Ortswechsel nachvollziehen: Hier sind es die Kammer,
das Zimmer bzw. das Nebenzimmer, in der bzw. in dem sich die entsprechenden *Szenen* abspielen.[21]

Da sich auch die hier zur Diskussion ausgewählten Szenen weitgehend hinter den Kulissen, also im Off abspielen, können die Handlungen, die dort stattfinden, lediglich durch Laute bzw. Geräusche vermittelt
werden. Es gilt hier u. a., den performativen Charakter bestimmter Regieanweisungen im Hinblick auf die Bedeutungen zu untersuchen, die sie
transportieren. Der Fokus der Analyse richtet sich dabei zunächst auf
bestimmte stimmliche Gesten, deren Bedeutung sich erst *in actu*, d. h. in
der jeweiligen Inszenierung erschließt. Der ambivalente Charakter bestimmter dramatischer Stimm- bzw. Lautgesten erweist sich im Hinblick
auf eine Inszenierung insofern als problematisch, als er einen Spielraum
für mögliche Interpretationen schafft, die von einem koketten Geplänkel
bis hin zu einer brutalen Vergewaltigungsszene reichen können. Es mag
zunächst erstaunen, daß in keiner der Regieanweisungen von einem *Schrei*
bzw. von einem *Hilfe-Ruf* der weiblichen Protagonistin die Rede ist.[22]
Statt dessen beschränken sich die Angaben auf unscharfe Begriffe wie
„Gequieke" und „Gekreische" (Lessing, *Emilia Galotti*), „Getös" (Wagner, *Die Kindermörderin*), „Geschrei" und „Gejauchz" (Lenz, *Die Soldaten*),
also auf eher unspezifische dramatische Gesten der Stimme.[23] Galt der
Schrei innerhalb des Rechtsdiskurses bis in die Frühe Neuzeit als eindeutige „Markierung des Opfers"[24] mit Beweisfunktion,[25] insbesondere in
Fällen der Notzucht, so hatte der Schrei im literarischen Diskurs – insbe-

20 J. M. R. Lenz: Der Hofmeister, IV. Akt, 6. Szene. In: Werke, hrsg. v. F. Voit, Stuttgart
    1992, S. 57 (fortan: Werke).

21 Auf eine entsprechende Bedeutung der Nebenräume hat bereits Günter Niggl hinge-
    wiesen, vgl. ders.: Neue Szenenkunst in Lenzens Komödie „Die Soldaten", in: Études
    Germaniques, Janviers-Mars 1997, S. 108.

22 Einen deutlichen Hilferuf – „Hülfe!" – stößt Wilhelmine in Lenzens Drama „Der
    neue Menoza" aus, als sie von Graf Camäleon bedrängt wird. Und hier ist auch gleich
    der Retter, Prinz Tandi, zur Stelle, um sie aus der Situation zu befreien (II. Akt,
    1. Szene) (in: Werke [wie Anm. 20], S. 114).

23 In Anlehnung an das Konzept der „dramatischen Geste"; vgl. Helga Madland: Gestu-
    re as Evidence of Language Skepticism in Lenz's „Der Hofmeister" and „Die Solda-
    ten". In: German Quarterly 57 (1984), S. 548.

24 Vgl. Roland Barthes: Sade Fourier Loyola, Frankfurt a. M. 1974, S. 163.

25 Vgl. Eveline Teufert: Notzucht und sexuelle Nötigung, Lübeck 1980, S. 18.

sondere im Kontext der Darstellung sexueller Gewalt[26] – bereits lange
vor de Sade – seine Unschuld und damit auch seine Eindeutigkeit als
Zeichen des Opfers verloren. Die Begriffe *Gequieke, Gekreische, Geschrei*
und *Gejauchz* scheinen in ihrer Ambiguität eine Zwischenposition zu
beschreiben, die in der Unschärfe ihres Ausdrucks auf die Problematik
der Repräsentation sexueller Gewalt hinweist, da diese stimmlichen Gesten, die quasi in einem Zustand zwischen Gefühl und Sprache stecken-
geblieben sind, sowohl tragische als auch komische Situationen markieren können.[27]

In Lessings *Emilia Galotti* (1771/72) ist es die Gräfin Orsina, die,
nachdem der Prinz Emilia nach dem Anschlag auf ihren Bräutigam –
„nicht ohne Sträuben"[28] – in ein Zimmer des Schlosses gebracht hat,
Marinelli auf ein „Gequieke" und „Gekreische"[29] aufmerksam macht,
das aus eben diesem Zimmer dringt. Orsina, die nicht weiß, daß sich
Emilia und deren Mutter Claudia in dem Zimmer befinden (der Prinz hat
sich in einem Kabinett versteckt, um dem Gespräch zwischen Orsina
und Marinelli lauschen zu können), vermutet darin den Prinzen in weiblicher Gesellschaft: „Es war ein weibliches Gekreische."[30] Unter dem
Eindruck ihrer (berechtigten) Eifersucht interpretiert Orsina die Laute,
die die beiden Frauen in dem Zimmer von sich geben, im Sinne einer
spielerisch-neckischen Verführungsszene zwischen dem Prinzen und
einer neuen Geliebten und projiziert damit ihre momentane Befindlichkeit auf eine Situation, die im Gegenteil von höchster Verzweiflung und
Trauer geprägt sein dürfte. Man kann wohl annehmen, daß die beiden
Frauen, Mutter und Tochter, ihrer Verstörtheit, ihrer Verzweiflung,
vielleicht sogar ihrer Hilflosigkeit angesichts der Situation entsprechend
ungehemmt Ausdruck verliehen haben: *Kreischen* wurde damals zuweilen
auch im Sinne von *Weinen* verwendet.[31]

In zwei Zeilen gelingt es Lessing, die Problematik des semantischen
Status performativer Gesten zu entfalten. Auf eindrückliche Art und
Weise führt die Szene vor, wie die von Worten und Handlungen abge-
koppelte Wahrnehmung stimmlicher Gesten sich dahingehend verselb-
ständigt, daß sie der Intention der Produzenten entzogen und der möglichen Interpretation einer *Ohren-Zeugin* ausgeliefert ist. Es wird deutlich,

---

26 Vgl. Kathryn Gravdal: Camouflaging Rape: The Rhetoric of Sexual Violence in Me-
    dieval French Literature and Law. In: Romanic Review 76 (1985), S. 368.
27 Vgl. die entsprechenden Einträge in Jacob und Wilhelm Grimm: Deutsches Wörter-
    buch, Leipzig 1854 ff. (fortan: DW).
28 Lessing (wie Anm. 7), S. 44.
29 Ebenda, S. 54.
30 Ebenda.
31 DW (wie Anm. 27), Bd. 5, Sp. 2154.

daß die Zuschreibung einer bestimmten Bedeutung in solchen Situationen eher einem Akt der Projektion gleicht und mehr über bestimmte Wahrnehmungspräferenzen bzw. -folien und Deutungsgewohnheiten der Rezipienten verrät, als über mögliche Intentionen der Lautproduzenten. Darüber hinaus scheint die Bedeutung performativer stimmlicher Laute in hohem Maße durch den Charakter des Ortes bestimmt zu sein, an dem sie produziert bzw. vernommen werden. Im Falle von *Emilia Galotti* handelt es sich eben um das „Lustschloß" des Prinzen, d. h. um einen Ort, der grundsätzlich mit sexuellen Handlungen bzw. *Abenteuern* assoziiert wird, so daß auch ein ernst gemeinter weiblicher *Hilfe-Ruf* in diesem Kontext wohl kaum als solcher, sondern höchstwahrscheinlich immer als *Lustschrei* interpretiert werden würde.[32]

Ähnlich verhält es sich mit der örtlichen Zuschreibung in Wagners *Kindermörderin*. Der erste Akt, in dem es zu der Gewaltszene zwischen Evchen und von Gröningseck kommt, spielt in einem Bordell. Dementsprechend kann Evchen hier, auch wenn ihr Sträuben wahrgenommen würde, kaum auf Hilfe hoffen; die Wirtin und Marianel stellen sich schließlich so, „als hörten sie nichts".[33] Wie in vielen vergleichbaren Szenen, beginnt die Annäherung von Gröningsecks – nachdem die Mutter durch ein Schlafmittel außer Gefecht gesetzt wurde – mit einem *Anstarren* des späteren Opfers. Der Blick, traditionell männlich konnotiert,[34] indem er einen Gegenstand zum Objekt macht, ihn fixiert, steht hier u. a. als Metapher für das Potential an Macht bzw. Gewalt, das jederzeit in Handlung umgesetzt werden kann/könnte.[35] Auch Evchen empfindet den Blick von Gröningsecks als Bedrohung und fordert ihn auf, das Anstarren zu unterlassen: „Ums Himmelswillen sehn sie mich nicht so an; ich kanns nicht ausstehn."[36] Die Szene erinnert an den von Eve – man beachte die Identität der Namen – geschilderten Annäherungsversuch Adams in Kleists *Zerbrochnem Krug*, der ebenfalls durch ein *Anstarren*

---

32 Vgl. Christine Künzel: Vergewaltigungslektüren: Zur Codierung sexueller Gewalt in Literatur und Recht, Frankfurt a. M., New York 2003, Teil II, Kap. 2.3, S. 184 ff.

33 Heinrich Leopold Wagner: Die Kindermörderin, hrsg. v. J.-U. Fechner, Stuttgart 1983, S. 16.

34 Vgl. u. a. Teresa de Lauretis: Rethinking Women's Cinema: Aesthetic and Feminist Theory. In: Dies.: Technologies of Gender, Bloomington, Indiana 1987, S. 133; Laura Mulvey: Visuelle Kunst und narratives Kino. In: Frauen in der Kunst, Bd. 1, hrsg. v. G. Nabakowski u. a., Frankfurt a. M. 1980, S. 36 f.

35 Vgl. Norman K. Denzin: The Cinematic Society: The Voyeur's Gaze, London u. a. 1995, S. 46, und auch Martin Kagel: Strafgericht und Kriegstheater: Studien zur Ästhetik von Jakob Michael Reinhold Lenz, St. Ingbert 1997, S. 66.

36 Wagner (wie Anm. 33), S. 16.

eingeleitet wird, das „zwei abgemessene Minuten"[37] dauert, und dem sich
Eve nur durch einen Stoß vor Adams Brust entziehen kann. Es scheint
im Hinblick auf den performativen Charakter von Blicken durchaus
angebracht, hier von „vergewaltigenden Blicken"[38] zu sprechen.

Anscheinend ist sich Evchen der Bedeutung des „Starrens" bewußt,
indem sie die potentiellen Handlungen, die der Blick von Gröningsecks
impliziert, mit einem klaren „ich will nicht", also einer Äußerung ihres
entgegenstehenden Willens abzuwehren sucht. Als von Gröningseck sie
schließlich umarmen will, „sträubt" sie sich, „reißt sich los" und flüchtet
in eine vom Zimmer abgetrennte Kammer und damit schließlich in die
Falle.

> v. Gröningseck: (ihr nacheilend.) Du sollst mir nicht entlaufen! – (schmeißt die
> Kammerthür zu. Innwendig Getös; […] nach und nach wirds stiller.)[39]

Statt der Vokabeln *Geschrei* oder *Gekreische*, die sich auf menschliche Laute beziehen, gibt Wagner den wesentlich diffuseren Begriff „Getös" vor,
der sowohl Geräusche in der freien Natur, insbesondere des Wassers, als
auch Kampf- und Schlachtenlärm sowie Lärm im häuslichen Umfeld, so
z. B. das Fallen oder Zerspringen von Gegenständen, aber auch den
Lärm einer Menschenmenge bezeichnen kann.[40] Möglicherweise geht es
darum, in der entsprechenden Szene im Off eine Art von Lärm anzudeu-
ten, der im Sinne von *Kampfeslärm* – hier eines Kampfes zwischen Evchen und von Gröningseck – eine Mischung aus menschlichen Lauten
und dem Gepolter bzw. dem Umfallen von Gegenständen in der Kammer signalisieren soll. Wie ist nun allerdings die Tatsache zu erklären, daß
es nach dem anfänglichen *Getös* „nach und nach stiller" wird in der
Kammer? Vor dem Hintergrund des rechtsmedizinischen Axioms der
Unmöglichkeit einer Vergewaltigung ohne zusätzliche Mittel, das auf der
Annahme beruht, daß „[o]hngeachtet der stärkeren Muskelkraft des
Mannes […] er doch das minder starke Weib zu dieser Handlung nicht
zwingen"[41] könne, muß das Verstummen der Kampfhandlungen, d. h.

---

37 So in der Erstfassung der Schlußszene, dem sog. Variant; vgl. Heinrich von Kleist:
    Der zerbrochne Krug. In: Sämtliche Werke und Briefe, Bd. 1, hrsg. v. H. Sembdner,
    München 2001, S. 848 (fortan: GW).
38 So Christopher Wild, der auf die Bedeutung des Blickes im Kontext von Lessings
    „Emilia Galotti" aufmerksam macht. Vgl. ders.: Der theatralische Schleier des Hy-
    mens: Lessings bürgerliches Trauerspiel „Emilia Galotti". In: DVjs 74 (2000) 2, S. 200.
39 Wagner (wie Anm. 33), I. Akt, S. 16. Von einem „Verriegeln", wie im „Zerbrochnen
    Krug", ist hier allerdings nicht die Rede.
40 Vgl. DW (wie Anm. 27), Bd. 4/1,2, Sp. 4400–4409.
41 Johann Daniel Metzger: Kurzgefaßtes System der Arzneywissenschaft (1793); zitiert
    nach Lorenz (wie Anm. 4), S. 337.

das Beenden einer körperlichen Gegenwehr wie ein verspätetes Einverständnis wirken, mußte der Widerstand doch, wenn er als solcher anerkannt werden sollte, „von Anfang bis zum Ende des Überfalls durch-
gehalten"[42] werden.

> Ist ein Frauenzimmer von hinlänglicher Größe, und hat sie soviel Kräfte als eine
> Mannsperson besitzt, so wird es schwer, sie niederzuwerfen, und wenn man die übri-
> gen Bewegungen, die beim Beyschlaf sich ereignen, betrachtet, so wird es auch un-
> möglich fallen, so lange das Frauenzimmer sich nur regen kann, die That zu vollbrin-
> gen: und sind dergleichen angegebene Nothzüchtigungen zwischen Personen von
> gleicher Größe und Stärke mehrentheils verdächtig, und man kann immer glauben, ob
> nicht endlich eine Einwilligung erfolgt seye, besonders wenn es in einem Hause ge-
> schehen seyn soll, da entweder mehrere Leute vorhanden, oder aus der Nachbarschaft
> herbeygerufen werden konnten […].[43]

Der Logik dieses Diskurses entsprechend, bezeichnet Evchen das, was in
der Kammer geschehen ist, auch nicht als *Notzucht*, sondern ruft, indem
sie aus dem Nebenzimmer stürzt, der betäubten Mutter – ganz im Sinne
des zeitgenössischen Ehrdiskurses – zu, daß sie „zur Hure"[44] gemacht
worden sei. Sie spielt dann aber auf das Motiv der *Verführung* an, indem
sie von Gröningseck gegenüber von dessen „Ränken" spricht, vor denen
sie eine ausgiebige Romanlektüre doch eigentlich hätte schützen sollen.
Über mögliche Motive für das Aufgeben des Widerstandes in der Kammer kann lediglich im Sinne einer projektiven Inszenierung spekuliert
werden: Entweder fühlte Evchen sich den Kräften von Gröningsecks
nicht gewachsen, hielt ihre Gegenwehr für aussichtslos und ließ die sexuellen Handlungen mehr oder weniger über sich ergehen, oder sie willigte
schließlich in einen Geschlechtsverkehr ein, nachdem von Gröningseck
ihr die Ehe versprochen hatte, wie er kurz nach dem Verlassen der
Kammer andeutet: „Von dem jetzigen Augenblick an bist du die Meini-
ge; ich schwurs schon in der Kammer, und wiederhols hier bey allem was
heilig ist."[45] Damit bleibt Wagners Gestaltung der Szene insgesamt ambivalent, in einer Mischung aus *Notzuchtrhetorik* und *Verführungspoetik* und

---

42 Vgl. ebenda, S. 341.
43 So der Frankfurter Arzt Johann Valentin Müller: Entwurf der gerichtlichen Arzney-
    wissenschaft nach juristischen und medizinischen Grundsätzen, Bd. 1, Frankfurt a. M.
    1796; zitiert nach ebenda, S. 337. Wie Lorenz treffend feststellt, steht diese Ansicht al-
    lerdings in krassem Widerspruch zu den zeitgenössischen anatomischen Ansichten
    über die Fragilität, die Nerven- und Muskelschwäche des weiblichen Geschlechts, oh-
    ne daß dies den Autoren jemals zu denken gegeben hätte (S. 336).
44 Wagner (wie Anm. 33), 1. Akt, S. 17.
45 Ebenda.

liefert keineswegs eine so *eindeutige* Grundlage für die Inszenierung einer
Vergewaltigung, wie Matthias Luserke glauben machen möchte.[46]
     Die sexuellen Handlungen zwischen Marie Wesener und Desportes
in Lenzens *Soldaten* (1776) scheinen sich dagegen aus einem *Spiel* bzw.
aus einer *spielerischen Neckerei* zu ergeben, doch enthält auch die 3. Szene
des II. Aktes Anspielungen auf bestimmte Topoi, die im Kontext einer
Poetik sexueller Gewalt eine eigene Bedeutung erfahren. Wenn Marie
Desportes „mit einer großen Stecknadel"[47] sticht, dann denkt man unwillkürlich an Goethes *Heidenröslein,* wo auf das *Stechen* dann auch prompt
das *Brechen* folgt.[48] Die Anspielung auf das *Heidenröslein* wird insofern
verstärkt, als Weseners Mutter – während das „Geschecker im Nebenzimmer" fortdauert – das Lied vom *Rösel aus Hennegau*[49] krächzt, das als
tragische Variante der *Komödie* zwischen Marie und Desportes unterlegt
ist.[50] Also auch hier ein Beispiel für die viel zitierte Überblendung von
Tragik und Komik im Lenzschen Werk.[51] Auch das in den Regieanweisungen angedeutete „Kitzeln"[52] ist eine Handlung, die im Kontext von
Verführung und sexueller Gewalt höchst ambivalent ist. Lyndal Roper
hat darauf aufmerksam gemacht, daß bestimmte Handlungen wie das
Kitzeln bereits in der Frühen Neuzeit als Verschleierungstaktik in Not-
zuchtverfahren fungierten, da sie die Grenze zwischen Spiel und Ernst,
sprich Spiel und Gewalt verwischten.[53]
     Das Liebeskonzept, das das Stück beherrscht, ist die *Spiel-Metapher,*
man könnte – im Hinblick auf das Schicksal Maries – fast von einem

46 Matthias Luserke: Heinrich Leopold Wagner: „Die Kindermörderin". In: Dramen des
    Sturm und Drang – Interpretationen, Stuttgart 1997, S. 161–196, hier S. 177.
47 Lenz: Die Soldaten, II. Akt, 3. Szene. In: Werke (wie Anm. 20), S. 198.
48 Die hier beschriebene Begegnung zwischen Marie und Desportes (II. Akt, 3. Szene)
    findet wohlgemerkt bereits *nach* dem gemeinsamen Besuch der Komödie (I. Akt,
    5. Szene) statt und keineswegs – wie in der Diskussion meines Beitrags kritisch ange-
    merkt wurde – vorher. Zum Topos des *Rosen-Brechens* vgl. Christine Künzel: Knabe
    trifft Röslein auf der Heide: Goethes „Heidenröslein" im Kontext einer Poetik sexuel-
    ler Gewalt. In: Ariadne 39 (2001), S. 56–61.
49 Lenz (wie Anm. 47), S. 198.
50 Günter Niggl spricht in diesem Zusammenhang von einer „Simultanführung der
    Stimmen", vgl. ders. (wie Anm. 21), S. 109.
51 Vgl. insbesondere Carsten Zelle: Ist es eine Komödie? Ist es eine Tragödie? Drei
    Bemerkungen dazu, was bei Lenz gespielt wird. In: J. M. R. Lenz als Alternative?,
    hrsg. v. K. Wurst, Köln u. a. 1992, S. 138–157.
52 Lenz (wie Anm. 47), S. 197.
53 Lyndal Roper: Oedipus and the Devil: Witchcraft, Sexuality and Religion in Early
    Modern Europe, London, New York 1994, S. 68.

Reigen[54] sprechen. In einem Gespräch mit seinem Offiziers-Kollegen
Mary spricht Desportes selbst von dem „Spiel", das er mit Marie Wesener getrieben hat:

> Desportes: Wie ich dir sage, es ist eine Hure vom Anfang an gewesen, und sie ist mir
> nur darum gut gewesen, weil ich ihr Präsente machte. Ich bin ja durch sie in Schulden
> gekommen, daß es erstaunend war, sie hätte mich um Haus und Hof gebracht, hätt'
> ich das Spiel länger getrieben.[55]

Während sich der Status des Spiels im allgemeinen durch eine Verabre-
dung bzw. einen Vertrag der Spielerinnen und Spieler auszeichnet und
der Eintritt in das Spiel gekennzeichnet ist, scheint das Spiel im Kontext
des Geschlechterdiskurses von einem Wissens- und Deutungsgefälle
zwischen den Geschlechtern gekennzeichnet zu sein.[56] So wird der adeli-
ge Mann – hier der Offizier – als *Spieler* dargestellt, der jede Begegnung
mit dem weiblichen Geschlecht, insbesondere mit Bürgerstöchtern, die
als ernsthafte Kandidatinnen für eine Ehe nicht in Frage kommen, als
„Komödien-Spiel"[57] begreift. Die Bürgerstochter ist der Situation dagegen mehr oder weniger *unwissend* und damit auch *schutzlos* ausgeliefert, da
sie weder über die Deutungsmacht noch über entsprechendes Wissen
verfügt, den Status einer Begegnung, einer Situation oder eines Verspre-
chens *richtig* einzuschätzen, geschweige denn zu kontrollieren. Sie ist
eben nicht in der Lage, zwischen *Spiel* und *Ernst* zu unterschieden, weil
„solche Mädchens" – wie der Offizier Mary zugibt – „gleich nicht wissen, woran sie sind, wenn ein Herr von hohem Stande sich herabläßt,
Ihnen ein freundlich Gesicht zu weisen".[58] Die Gräfin ist es, die den
Aspekt des Wissensgefälles zwischen adeligem Verführer und Bürgerstochter Marie Wesener gegenüber thematisiert:

> Gräfin: [...] aber Sie können sich damit trösten, daß Sie sich Ihr Unglück durch kein
> Laster zugezogen. Ihr einziger Fehler war, daß Sie die Welt nicht kannten, daß Sie den
> Unterschied nicht kannten, der unter verschiedenen Ständen herrscht [...].[59]

In den *Soldaten* wird die Einseitigkeit, d. h. auch die Macht des Spiels
betont. Die Frau wird hier – entgegen der traditionellen Darstellung in

54 In Anlehnung an Arthur Schnitzlers „Reigen" (1903). Marie Wesener wird zwischen
    Männern unterschiedlichen Standes „weitergereicht": Stolzius, Desportes, Mary, der
    junge Graf und schließlich der Jäger.
55 Lenz (wie Anm. 47), V. Akt, 3. Szene, S. 229.
56 Vgl. Lorenz (wie Anm. 4), S. 329, auch Künzel (wie Anm. 32), S. 162 ff.
57 Zelle (wie Anm. 51), S. 153.
58 Lenz (wie Anm. 47), V. Akt, 3. Szene, S. 230.
59 Ebenda, III. Akt, 10. Szene, S. 215.

anderen komischen bzw. scherzhaften Genres – nicht als Komplizin im
Spiel dargestellt. Vielmehr wird das Spiel als Betrug entlarvt, als ein
männliches Machtritual, das unter dem Deckmantel des verharmlosen-
den Begriffs der *Verführung* firmiert.

> Gräfin: [...] ich weiß, daß Jungfer Wesenern nicht in dem besten Ruf steht, ich glau-
> be, *nicht aus ihrer Schuld*, das arme Kind soll hintergangen worden sein – [60]

Auch Stolzius argumentiert im Sinne der Logik der *Verführung*, wenn er
davon spricht, daß Marie „unschuldig" sei, und der „Officier [...] ihr den
Kopf verrückt" bzw. sie einem „Teufel" gleich „verkehrt"[61] habe. Entsprechend sieht er es als seine Pflicht, Marie zu rächen. Scheinbar in
Anlehnung an das antike Konzept der Verführung, muß Desportes mit
dem Leben bezahlen: „Du bist gerochen, meine Marie! Gott kann mich
nicht verdammen."[62] Daß die Grenze zwischen Spiel, Betrug, Verführung und Formen sexueller Gewalt mehr oder weniger fließend ist, deutet sich in der ersten Fassung der Schlußszene an, wo davon die Rede ist,
daß Marie „den Gewalttätigkeiten des verwünschten Jägers noch einmal
entkommen"[63] sei. In einem Gespräch mit Mary deutet Desportes an,
daß er seinen Jäger zu *Gewalttätigkeiten*, möglicherweise sogar zu einer
Notzucht – „ich hab ihm unter der Hand zu verstehen gegeben, daß es
mir nicht zuwider sein würde"[64] –, angestiftet habe.

Die Unschärfe zwischen den Begriffen *Notzucht* und *Verführung*, die
den Diskurs um sexuelle Gewalt Ende des 18. Jahrhunderts beherrscht,
macht sich auch in Lenzens *Hofmeister* (1774) bemerkbar. Allein die Bemerkung des Lehrers Wenzeslaus im Hinblick auf Läuffers Beziehung zu
Lise – „Ist das kein Verbrechen? Was nennt Ihr jungen Herrn heutzutage
Verbrechen?"[65] – weist auf eine semantische Verschiebung hin. In dem
Brief, in dem von Seiffenblase Fritz von Berg über die Familienkatastro-
phe – die Flucht Gustchens – informiert, ist davon die Rede, daß Läuffer
die Cousine von Bergs „genotzüchtigt" habe, „worüber sie sich so zu
Gemüt gezogen, daß sie in einen Teich gesprungen"[66] sei. Fritz von
Berg, einer Ohnmacht nahe, wiederholt die Worte wie in Trance: „Ge-
nothzüchtigt – ersäuft."[67] Pätus, der von Berg den Brief vorgelesen hatte,

---

60 Ebenda, III. Akt, 8. Szene, S. 212 (Hervorh. Ch. K.).
61 Ebenda, III. Akt, 2. Szene, S. 201.
62 Ebenda, III. Akt, 3. Szene, S. 231.
63 Ebenda, Schlußszene der ersten Fassung, S. 235.
64 Ebenda, V. Akt, 3. Szene, S. 229.
65 Lenz (wie Anm. 20), V. Akt, 10. Szene, S. 92.
66 Ebenda, V. Akt, 6. Szene, S. 81.
67 Ebenda, S. 82.

wechselt in den Verführungsdiskurs,[68] der es erlaubt, Fritz von Bergs Schuldgefühle zurückzuweisen, indem er Gustchen zur Komplizin des Hofmeisters macht: „Du bist wohl nicht klug – Willst dir die Schuld geben, daß sie sich vom Hofmeister *verführen* läßt –."[69] Es ist jedoch anzunehmen, daß von Seiffenblase nicht unbeabsichtigt den Begriff *Notzucht* ins Spiel bringt, um auf das Motiv der Todesstrafe, sprich des Rechtes bzw. der Pflicht auf persönliche Rache hinzudeuten.[70]

Notzucht oder *Verführung?* Im Hinblick auf diese Frage bestehen nicht nur Unschärfen innerhalb des literarischen Diskurses, sondern hier gehen auch die Codierungen von *literarischem* und *juridischem* Diskurs auseinander. Während im Rechtskontext die Handlungen, die in der Literatur gemeinhin als *Verführung* verstanden werden, unter dem Abschnitt *Notzucht* behandelt werden, bedeutet *Verführung* hier allerdings, ganz im Sinne des Sachverhaltes, wie er sich in Lenzens *Hofmeister* darstellt, die „Verführung" und „Schwächung" (Schwängerung) der „Tochter oder anderen Verwandtin" einer „Herrschaft" durch „Hausbedienstete", mit welchen, „wegen Ungleichheit des Standes, eine Heirath nicht stattfinden"[71] konnte; eine Form von Gewalt, die Julie in Rousseaus gleichnamigem Brieffoman (1761) – dem Werk, das Lenz als „das beste Buch" bezeichnet, „das jemals mit französischen Lettern abgedruckt worden"[72] sei – als „verwerflichste" aller Verführungen bezeichnet.

Das Mittel der Unterweisung anwenden, um ein Frauenzimmer zu verderben, gewiß, das ist unter allen Verführungen die verwerflichste;[73]

In diesem Sinne argumentiert nicht nur Wenzeslaus, wenn er Läuffer einen „Verführer", einen „reißenden Wolf in Schafskleidern" nennt, da er sich in seiner Beziehung zu Lise anschicke, die „Unschuld selber [zu] verführen, die [er] vor Verführung bewahren"[74] soll, sondern auch Prinz Tandi in Lenzens *Menoza*, indem er Herrn von Biederling gegenüber anmerkt: „Wer eines Mannes Kind verlüderlicht, der hat ihn an seinem Leben angetastet."[75] Der Verführungsdiskurs im Sinne Rousseaus, fortgeführt in der Figur des Lehrers Wenzeslaus, betont in besonderem

---

68 Vgl. das Konzept der „begrifflichen Wanderung" bei Kagel (wie Anm. 35), S. 67.
69 Lenz (wie Anm. 20), V. Akt, 6. Szene, S. 82, Hervorh. C. K.
70 Vgl. Kagel (wie Anm. 35), S. 76 f.
71 ALR (wie Anm. 3), Zwölfter Abschnitt, Verführung: § 1028, S. 707.
72 J. M. R. Lenz: Anmerkungen übers Theater. In: Werke (wie Anm. 20), S. 391.
73 Jean-Jacques Rousseau: Julie oder Die neue Héloïse, übers. v. J. G. Gellius, München 1978, 13. Brief v. Julien, S. 61.
74 Lenz (wie Anm. 20), S. 91.
75 Lenz (wie Anm. 22), II. Akt, 4. Szene, S. 120.

Maße das Machtgefälle zwischen (männlichem) Lehrer und (weiblicher) Schülerin. Vor dem Hintergrund dieses Diskurses relativiert sich auch Gustchens – in der Lenz-Forschung so oft beschworene – Macht des adeligen Fräuleins gegenüber ihrem Hauslehrer,[76] indem die Macht eines anderen, ebenso hierarchischen Verhältnisses – die der Lehrer-Schüler-Beziehung – dagegen gesetzt wird, so daß die Geschlechterhierarchie, die hier zugleich eine Hierarchie des Alters ist, in deutlicher Konkurrenz zur Ständeordnung steht und diese relativiert.

Im Kontext des Diskurses um Verführung und Notzucht stellt sich die Selbstkastration Läuffers wie eine Parodie bzw. eine Karikatur des mit Hilfe des Vaters ausgeführten Selbstmordes Emilia Galottis dar – im Sinne einer *umgekehrten Vergewaltigung* („reversed rape").[77] Die metonymische Verschiebung, die sich in Lessings Trauerspiel in der Übertragung der Strafe des Verführers (des Prinzen) auf das Opfer, in Emilias *Selbstmord* ausdrückt, findet insofern eine Entsprechung im *Hofmeister*, als hier die eigentliche Strafe für Notzucht, nämlich die Todesstrafe – wie der Major gegenüber Gustchen behauptet: „Ich hab' dem Hundsfott eine Kugel durch den Kopf geknallt",[78] obwohl er Läuffer nur am Arm verwundet hat – in einen Akt der *Selbstkastration* verwandelt wird. Der Akt der Selbstkastration weist gleichzeitig auf ein anderes Mißverhältnis hin, nämlich auf den Umstand, daß die Notzucht wohl eines der wenigen Verbrechen war, das nicht im Sinne des Talionsprinzips geahndet wurde, d. h. es wurde hier im allgemeinen eben nicht „an dem Glied gestraft [...], womit man gesündigt"[79] hatte. Insgesamt weisen die vergeblichen Schüsse[80] und auch die Selbstkastration Läuffers auf eine tiefgreifende

---

76 Zu einer mehr als überfälligen alternativen Lesart der Figur Gustchens vgl. den Beitrag von Martin Rector in diesem Band.

77 Vgl. Mieke Bal: Murder and Difference: Gender, Genre, and Scholarship on Sisera's Death, Bloomington, Indianapolis 1988, S. 134. Die Kastration wird als ein Akt der Verstümmelung beschrieben. Vergewaltigung geht in der Mythologie (Philomele) oft ebenfalls mit einer Verstümmelung der Frau, mit dem Herausschneiden ihrer Zunge einher, der in der Forschung als Kastrationsakt interpretiert wird. Vgl. Helga Geyer-Ryan: Kassandra in Sizilien. In: Schweigen: Unterbrechung und Grenze der menschlichen Wirklichkeit, hrsg. v. D. Kamper, Ch. Wulf, Berlin 1992, S. 119 f.

78 Lenz (wie Anm. 20), IV. Akt, 5. Szene, S. 67.

79 Vgl. die FGA, Nr. 59, v. 16. 7. 1774; zitiert nach I. Stephan, H.-G. Winter: „Ein vorübergehendes Meteor"? – J. M. R. Lenz und seine Rezeption in Deutschland, Stuttgart 1984, S. 159.

80 Vgl. auch Heinrich von Kleists „Marquise von O...", wo der Pistolenschuß des Vaters, der für die Tochter gedacht war, lediglich die Decke trifft und der eigentliche *Täter*, Graf F..., trotz der Drohung des Obristen – „Aber die Kugel dem, der am Dritten morgens über meine Schwelle tritt!" – letztendlich straffrei davonkommt. In:

Krise im Rechtsempfinden des 18. Jahrhunderts hin, die sich hier im Verlust eines sinnvollen Zusammenhanges zwischen Verbrechen und Strafe bemerkbar macht. Die besondere Leistung Lenzens gegenüber den Dramen von Lessing und Wagner liegt u. a. darin, daß die *gefallenen* Töchter nicht mehr einem übersteigerten Tugendbegriff geopfert werden und sterben müssen, und auch die Schuldfrage nicht mehr auf die weiblichen Opfer bzw. auf mephistophelische Nebenfiguren wie von Hasenpoth (*Die Kindermörderin*) und Marinelli (*Emilia Galotti*) abgewälzt wird. Vielmehr beginnen die männlichen Figuren bei Lenz, ihre Schuld selbst zu reflektieren – so insbesondere Fritz von Berg und Läuffer.

GW (wie Anm. 37), Bd. 2, S. 132. Parallelen zwischen Lenz und Kleist wurden auf der Tagung mehrfach thematisiert.

Lenz und die ‚eloquentia corporis' des Sturm und Drang
Der „Neue Menoza" als ‚Fallstudie'

WILHELMINE: Denk doch! halten Sie's der Mühe wert, ein Auge auf mich zu werfen?
PRINZ: Nein.
WILHELMINE: Ich bedanke mich.
PRINZ: Man muß sein ganzes Ich auf dich werfen.
WILHELMINE *hält ihm den Mund*: Wo du mir noch einmal so redst, so sag ich – Du bist verliebt in mich, und du hast mir so oft gesagt, die Verliebten sein nicht gescheit.
PRINZ: Ich bin aber gescheit. Ich hab's Ihnen doch noch nie gesagt, daß ich verliebt in Sie bin.
WILHELMINE: Nie gesagt? – – – Ha ha ha! armer unglücklicher Mann! nie gesagt? als nur halb wenig gestorben überm Sagen? o du gewaltiger Ritter.
PRINZ: Nie gesagt, mein klein Minchen! es müßte denn heute nacht gewesen sein.
WILHELMINE *hastig*: Wenn Sie mir noch einmal so reden – so werd ich böse.
[…]
PRINZ: […] Lieber will ich doch gestehen, daß ich verliebt in dich bin.
WILHELMINE: Närrchen, der kleine glänzende Tropfen da an deinem Augenlid hat mir's lang gestanden.
PRINZ: So sei es denn gesagt. *Drückt ihre Hand an seine Augen.*
WILHELMINE: So sei es denn beantwortet. *Küßt ihn.* (I, 158 f.[1])

Wie sich an dieser Textstelle zeigt, weist die Körpersprache in den Dramen von Jakob Michael Reinhold Lenz die folgenden Charakteristika und Funktionen auf: (1) Sie wird in Form von Bühnenanweisungen beschrieben; z. B. „*hält ihm den Mund*"; (2) sie wird durch Auslassungen impliziert, z. B. in den drei Gedankenstrichen in der Mitte des Zitats; (3) sie wird in den Redebeiträgen aufgenommen und interpretiert, z. B. Wilhelmines Wahrnehmung der Träne in Tandis Auge und die Deutung als Verliebtsein; (4) sie wird als sprachanalog verstanden, z. B. in der Rede vom „glänzenden Tropfen", der ein Geständnis ablegt; (5) sie tritt in Konkurrenz zur Sprache, und zwar einerseits in sprachkritischer Absicht (Tandis ‚Klugheit', über sein Verliebtsein nicht zu sprechen), andererseits in spielerisch-pantomimischer Absicht (Tandis Vorschlag, einen ‚Dialog'

---

1 „Der neue Menoza" wird, ebenso wie die anderen Werke Lenz', im Haupttext zitiert. Die zugrunde gelegte Ausgabe ist: S. Damm (Hrsg.): Jakob Michael Reinhold Lenz: Werke und Briefe in drei Bänden, München 1987. Bei Zitaten aus dieser Ausgabe gebe ich Bandnummer und Seitenzahl an.

zwischen Hand und Augen zu initiieren und Wilhelmines im gleichen Schema erfolgte ‚Antwort' des Küssens).

In meinem Beitrag möchte ich diese Charakteristika und Funktionen der Körpersprache bei Lenz untersuchen und sie auf das Konzept der *eloquentia corporis* beziehen, wie es die zeitgenössische Dramatik und Dramentheorie entwickelt hat.[2] Besonders verbunden bin ich für diese Fragestellung Alexander Košeninas grundlegender Arbeit über *Anthropologie und Schauspielkunst*.[3] Košenina stellt dar, wie vielfältig das Theater des 18. Jahrhunderts das ‚Sprechen' des Körpers einsetzt, wie es essentieller Teil einer „neuen, auf Unmittelbarkeit zielenden Empfindungsdramaturgie"[4] wird. Neben einem historisch-theoretischen Teil gibt es sechs exemplarische Drameninterpretationen. Zwar umgreift das Spektrum der analysierten Werke den Zeitraum von 1768 bis 1790 und schließt mit Klingers *Zwillingen* dezidiert die Dramaturgie des Sturm und Drang ein, dennoch findet der Autor Lenz keine Berücksichtigung. Košenina sagt lediglich an einer Stelle, daß dessen Dramatik „in diesem Zusammenhang als ein besonders bemerkenswerter Sonderfall zu diskutieren [wäre]",[5] wobei offen bleibt, was genau er damit meint.

Möglicherweise liegt diese attestierte Sonderstellung an der Kompliziertheit der nonverbalen Kommunikation in Lenz' Dramen. Denn diese folgt nicht durchgehend dem Paradigma des Sturm und Drang, sondern sie wird auf eigenartige Weise mit Elementen der literarischen Empfindsamkeit gemischt und enthält zugleich Elemente der Parodie, des Grotesken[6] und der Farce[7] – was ihre Gattungszuordnung bekanntlich sehr erschwert und Lenz vielen Anfechtungen seitens der Zeitgenossen aus-

2 Vgl. zur Körpersprache im 18. Jahrhundert: Barbara Korte: Körpersprache in der Literatur. Theorie und Geschichte am Beispiel englischer Erzählprosa, Tübingen, 1993; zur Körpersprache bei Lenz vgl. auch Helga S. Madland: Gesture as Evidence of Language Skepticism in Lenz' „Der Hofmeister" and „Die Soldaten". In: German Quarterly 57 (1984), S. 546–557.
3 Alexander Košenina: Anthropologie und Schauspielkunst. Studien zur „eloquentia corporis" im 18. Jahrhundert, Tübingen 1995.
4 Ebenda, S. 2.
5 Ebenda, S. 28.
6 Z. B. die Szenenanweisungen aus den Soldaten: „Weseners alte Mutter kriecht durch die Stube, die Brille auf der Nase, setzt sich in eine Ecke des Fensters und strickt und singt, oder krächzt vielmehr mit ihrer alten rauhen Stimme" (I, 214) oder beim Wiedersehen von Mariane und ihrem Vater: „Beide wälzen sich halb tot auf der Erde. Eine Menge Leute versammeln sich um sie und tragen sie fort." (I, 245).
7 Vgl. Dieter Liewerscheidt: J. M. R. Lenz „Der neue Menoza", eine apokalyptische Farce. In: Wirkendes Wort 3 (1983), S. 144–152.

gesetzt hat.[8] Es gibt im Hinblick auf die Körpersprache bei Lenz eine Adaption zeitgenössischer Ästhetiken, die zugleich aber auch eine Kritik derselben darstellt. So sind vielleicht eher einzelne Protagonisten diesen Stilen und Gattungen zugeordnet, während andere Figuren des gleichen Stückes ihnen nicht entsprechen (beispielhaft ließe sich das anhand von Lenz' Komödie *Die Soldaten* aufzeigen). Da meine Analyse ein *close reading* ist, beschränke ich mich im folgenden auf wenige ausgewählte Textpassagen. Als Referenztext habe ich die von Lenz 1774 publizierte Komödie *Der neue Menoza oder Geschichte des cumbanischen Prinzen Tandi* gewählt, da sie mir für die Fragestellung am interessantesten erscheint, ich verweise aber gelegentlich auch auf andere Werke.

Es ist evident, daß für die Untersuchung der Körpersprache in einem dramatischen Text nicht nur die Figurenrede der Protagonisten aufschlußreich ist (in der sie z. B. benennen, was sie am Körper des anderen ablesen, etwa das oben zitierte Wahrnehmen einer Träne), sondern in ebensolchem Maße – wenn nicht gar mehr – die sog. Nebentexte (Regie- oder Bühnenanweisungen bzw. Didaskalien). Georg-Michael Schulz, der einen ersten Aufsatz zum Thema *Lenz und die Bühnenanweisung im Drama des 18. Jahrhunderts* vorgelegt hat, stellte fest, daß es bei Lenz „rein quantitativ mehr Anweisungen als in der vorausgehenden Dramatik"[9] gibt. Es geht mir, im Unterschied zu Schulz, der deskriptiv vorgeht, indem er einen knappen systematischen Überblick über die verschiedenen Zeichensysteme in den Bühnenanweisungen gibt, ohne sie inhaltlich zu interpretieren, besonders um die Betonung des innovativen Potentials der in dieser Zeit ja erst entstehenden Dimension des Nebentexts.

Mich interessiert das theatrale Wechselverhältnis von Figurenrede und Nebentext, das durch die neue Duplizierung der Codes entsteht. Grundannahme ist es daher, die beiden Ebenen nicht getrennt zu verhandeln, sondern sie zusammen zu lesen im Sinne von Theresia Birkenhauers Konzept eines „szenischen Textes", der einerseits unterschieden ist „vom Text der Figuren, andererseits vom Text einer konkreten Aufführung".[10] Auch Ingrid Haag hebt die Notwendigkeit einer neuen Kon-

---

8 Zur Komödienform bei Lenz vgl. John Guthrie: Lenz' Style of Comedy. In: Space to Act: The Theater of J. M. R. Lenz, hrsg. v. A C. Leidner, H. S. Madland, Columbia, 1993, S. 10–25; Carsten Zelle: Ist es eine Komödie? Ist es eine Tragödie? Drei Bemerkungen dazu, was bei Lenz gespielt wird. In: K. A. Wurst (Hrsg.): J. R. M. Lenz als Alternative? Positionsanalysen zum 200. Todestag., Köln u. a. 1992, S. 138–157.

9 Georg-Michael Schulz: „Läuffer läuft fort". Lenz und die Bühnenanweisung im Drama des 18. Jahrhunderts. In: D. Hill (Hrsg.): Jakob Michael Reinhold Lenz. Studien zum Gesamtwerk, Opladen 1994, S. 190–201, hier S. 196.

10 Theresia Birkenhauer: „Der Vorhang senkt sich langsam". Zu Tschechows „Onkel Vanja". Zeitstrukturen dramatischer und szenischer Narration. In: Dies., A. Storr

zeption des Theatralischen hervor, in welcher die strikte Trennung zwischen verbalen und nonverbalen Zeichen aufgehoben wird.[11] Sie bezieht sich dabei auf Roland Barthes, der konstatiert hatte, daß Theatralität bereits im dramatischen Werk gegeben ist und nicht erst in seiner Bühnenrealisation, so daß der ,szenische Text' als autonomes Objekt zu verstehen ist.[12] Im Fall von Lenz, dessen formal anspruchsvolle und avantgardistische Bühnenwerke mit Ausnahme einer stark bearbeiteten Version des *Hofmeisters* nicht zu Lebzeiten inszeniert wurden, gilt dies um so mehr. Im 18. Jahrhundert war ein Drama zu einem weit höheren Anteil auch Lesetext, als dies heute der Fall ist. Diesen (nicht unproblematischen) Status eines Dramas als Lesetext verdeutlicht etwa die 1775 erschienene *Rezension des neuen Menoza von dem Verfasser selbst aufgesetzt*, die auf eine – wenngleich marginale – Rezeptionsgeschichte des gedruckten Werks verweist, ohne daß es zu einer Aufführung gekommen wäre.

In den folgenden Ausführungen möchte ich besonders auf vier Elemente der körperlichen Beredsamkeit eingehen: erstens auf das ,Lesen' der Gefühle der anderen Figuren in ihren körperlichen Gebärden und der (deutenden) Ausformulierung in den Repliken, zweitens auf das Schweigen und Verstummen der Protagonisten, drittens auf die Ohnmacht als Paradigma des Unwillkürlichen und des Kontrollverlustes und viertens allgemeiner auf Aspekte des Fallens und der impulsiven Bewegung – und es läßt sich bereits hier erahnen, daß der Untertitel dieses Aufsatzes auch einen zweiten Sinn umfaßt!

I. Das Lesen der Gefühle am Körper

Die *eloquentia corporis* gewinnt in der Dramatik des 18. Jahrhunderts – nicht zuletzt durch die sich etablierenden ,Wissenschaften vom Menschen' (wie Anthropologie, Psychologie, Physiognomik und Pathognomik) – auffällig an Signifikanz. Nicht nur pathetische Gebärden wie das Fußstampfen oder Hinwerfen von Gegenständen, die impulsive Umarmung oder das affektive Hinauslaufen, die Rührung, welche sich am ständigen Weinen der Protagonisten oder auch nur an der vielbedichteten einzelnen ,Träne' im Augenwinkel zeigt, sondern insbesondere auch

---

(Hrsg.): Zeitlichkeiten – zur Realität der Künste: Theater, Film, Photographie, Malerei, Literatur, Berlin 1993, S. 50–84, hier S. 57.

11   Ingrid Haag: Ödön von Horváth. La dramaturgie de la façade, Aix-en-provence 1991, S. 5.

12   Vgl. Roland Barthes: Essais Critiques, Paris 1964, S. 42; zit. n. Haag (wie Anm. 11), S. 6.

die als unwillkürlich geltenden Ausdrucksgebärden des Errötens, Erblassens und der Ohnmacht werden zu konstitutiven Elementen der Dramaturgie und zugleich zur besonderen Herausforderung an die Schauspielkunst, was zahlreiche in dieser Zeit publizierte Traktate belegen. Johann Georg Sulzer weist in seiner *Allgemeinen Theorie der schönen Künste* 1771 auf die Bedeutung der nonverbalen „Gebehrden" hin:

> In gar vielen Fällen sind die Gebehrden eine so genaue und lebhafte Abbildung des innern Zustandes der Menschen, dass man ihre Empfindungen dadurch weit besser erkennet, als der beredteste Ausdruck der Worte sie zu erkennen geben würde. Keine Worte können weder Lust noch Verdruß, weder Verachtung noch Liebe so bestimmen, so lebhaft, viel weniger so schnell ausdrüken, als die Gebehrden. Also ist auch nichts, wodurch man schneller und kräftiger auf die Gemüther würken kann.[13]

Eine derartige „psychologisch-fundierte körperliche Ausdruckssprache"[14] gilt zunächst weniger als Konkurrenz, denn als Ergänzung zur Sprache. So heißt es in Lessings *Briefen die neueste Litteratur betreffend* 1759 (49. Brief): „Die Sprache kann alles ausdrücken, was wir deutlich denken; daß sie aber alle *Nüancen* der Empfindung sollte ausdrücken können, das ist eben so unmöglich, als es unnötig sein würde."[15] Diese Dualität der menschlichen Ausdrucksmittel wurde unter Rekurs auf die antike Rhetorik in der Schauspieltheorie unter den Begriffen *pronuntiatio* und *actio* gefaßt. Dabei ist entscheidend, daß erstere sich eher an das Ohr, letztere eher an das Auge wendet und sich dadurch auszeichnet, daß sie eben nur schwer ins Register der Sprache zu übertragen ist. Die von Lenz und anderen Autoren seiner Zeit ausgebaute Gebärdensprache nimmt eine Schwerpunktverlagerung „vom gesprochenen Wort in die Bühnenanweisung" vor.[16] Dadurch wird der „gestische Handlungsvollzug ins Unbewußte, d. h. rational nicht Kontrollierte" gedrängt; die Gestik „tritt zur sprachlichen Selbstrepräsentation der Figuren in ein komplexes, oft widerspruchsvolles Verhältnis",[17] was ich im folgenden zeigen möchte.

Im *Neuem Menoza* finden sich an vielen Stellen Regieanweisungen, die auf bestimmte ausdrucksstarke Gebärden hinweisen, z. B. „BIEDERLING *zieht die Schultern zusammen*" (I, 140) oder „*Wilhelmine fällt auf den Sofa zu-*

---

13 Johann Georg Sulzer: Allgemeine Theorie der schönen Künste, Bd. 1, Leipzig 1771, S. 428.

14 Košenina (wie Anm. 3), S. 25.

15 Gotthold Ephraim Lessing: Briefe, die neueste Litteratur betreffend. In: G. E. Grimm (Hrsg.): Gotthold Ephraim Lessing Werke in zwölf Bdn., Bd. 4, Frankfurt a. M. 1997, S. 453–777, hier S. 608.

16 Thomas Wirtz: „Halt's Maul". Anmerkungen zur Sprachlosigkeit bei J. M. R. Lenz. In: Der Deutschunterricht 41.6 (1989), S. 88–107, hier S. 99.

17 Ebenda.

rück. Tandi bleibt bleich mit niederhangendem Haupte stehen." (I, 160) Die Gebärden gehen mit dem Beginn einer emotional extremen Situation einher: Herr von Biederling reagiert mit der beschriebenen Gebärde, nachdem Prinz Tandi ihm in Rage vorwirft, daß der vermeintlich „aufgeklärte
Erdteil" in Wahrheit ein „Morast" der Schlechtigkeit sei (I, 140). Was die
zusammengezogenen Schultern Biederlings signifizieren, bleibt uneindeutig – eine Mischung aus Ratlosigkeit, Angst und Abwehr. Wilhelmines und Tandis zitierte Reaktionen stehen im Text unmittelbar nach dem
von Herrn von Zopf ausgesprochenen, ihre Liebe und vollzogene Ehe
vernichtenden Satz: „Sie sind Bruder und Schwester" (I, 159). Wilhelmines Niederfallen ist Ausdruck ihrer Fassungslosigkeit, Tandis Hängenlas-
sen des Kopfes signalisiert eher Scham und Trauer, sein Entsetzen wird
hingegen durch das Erblassen deutlich. An diesen Beispielen zeigt sich
eine kausale Wechselwirkung von Sprache und Körpersprache: Erstere
löst letztere aus; der Ausdruck des Körpers ist Reaktion auf den Inhalt
der Worte.

Umgekehrt funktionieren hingegen jene Repliken, in denen körperliche Beredsamkeit benannt und ausgedeutet wird – wie im bereits zitierten Fall der sprechenden Träne im Augenwinkel Tandis. Ein anderes
Beispiel ist die Rede des Herrn von Biederling, als er zu seiner Frau über
eine eventuelle Heirat zwischen Tandi und Wilhelmine sagt:

> Ich finde nichts Unräsonables darin, Frau, setz den Fall, daß das Mädchen ihn will,
> und ich habe sie schon oft ertappt, daß sie furchtsame Blicke auf ihn warf, und denn
> haben ihr seine Augen geantwortet, daß ich dacht, er würd sie in Brand stecken, also
> wenn der Himmel es so beschlossen hat [...]. (I, 148)

Wilhelmines Vater ist in der Lesbarkeit der Emotionen geübt: Er deutet
die ,furchtsamen' und ,feurigen' Blicke zwischen seiner Tochter und dem
Prinzen zu Recht als Zeichen der Liebe. Erneut wird die körperliche
Beredtsamkeit als sprachanalog verstanden, denn er wählt den Begriff
der ,Antwort', welche Tandis Augen dem Blick Wilhelmines gaben.[18]

An anderer Stelle erzählt Biederling dem Grafen Camäleon freudig
von der nunmehr erfolgten Hochzeit zwischen seiner Tochter und dem
cumbanischen Prinzen, bis er plötzlich dessen verzerrtes Gesicht wahr-

---

18 Interessanterweise wird die Tochter Wilhelmine sowohl von ihrem Vater als auch
   später von ihrem Ehemann Tandi mit dem Kosenamen „Mine" (bzw. „Minchen")
   angeredet. Dieser Name ist ein Homonym zu ,Miene', dem körpersprachlichen, mimischen Ausdruck des Gesichts. Da Lenz durchweg sprechende Namen verwendet,
   heißt dies, daß hier eine Figur auf den Schauplatz tritt, die ein ,Sprechen' des Körpers
   nicht nur vollzieht, sondern es gleichsam darstellt: als eine Art Personifikation der *eloquentia corporis*.

nimmt: „Wie ist ihnen, Graf! Sie wälzen ja die Augen im Kopfe herum, daß –" (I, 154). Er kann den Satz nicht beenden, denn der Graf unterbricht ihn in höchster Rage. Die nonverbale, in diesem Fall extreme und unwillkürliche Gebärde (die dazu führt, daß der Graf Biederling an der Gurgel packt, um ihn zu erwürgen) wird versprachlicht – mehr in Form der Frage als der deutenden Zuschreibung.

Die Interpretation des körperlichen Ausdrucks einer Figur durch eine andere erfolgt oft im Schema eines ,Sprechens' des Körpers, also in dem Versuch, das Außersprachliche als redeanalog zu verstehen, in die Struktur von ,Frage', ,Antwort', ,Geständnis' und ähnlichem einzuordnen. Gelingt dies nicht, so sind Irritation und Verunsicherung die Folge – sei es auf seiten der anderen Protagonist(innen), sei es auf seiten der Zuschauer(innen).

II. Verstummen und ‹Stillschweigen›

In der Dramatik der Aufklärung werden Schweigen und Verstummen zu immer bedeutsameren Mitteln sowohl der szenischen Dramaturgie als auch der psychologischen Charakterisierung.[19] Als artifizielle Pathosformel spielt das Schweigen bei Lenz noch keine so große Rolle, wie etwa bei Schiller in der klassischen Periode (z. B. im *Don Carlos* oder der *Jungfrau von Orleans*) oder auch in den Dramen Heinrich von Kleists. Dennoch finden sich auch bei Lenz viele Hinweise auf ein Stocken und Versagen der Sprache,[20] die oftmals parodistische Elemente enthalten: in den unzähligen Gedankenstrichen und nichtbeendeten Sätzen oder auch in nonverbalen und pantomimischen Kommunikationsformen, die sich manchmal stummen *tableaux* annähern. Dieser von Denis Diderot aus der Theorie der bildenden Kunst in die des Dramas überführte Begriff wurde als ,Gemählde' verdeutscht und spielte im Aufklärungstheater eine zentrale Rolle.

Derartige stumme Szenen sind etwa der folgende Szenenbeginn im *Hofmeister*: „GRAF *nach einigen stummen Komplimenten setzt sich zur Majorin aufs Kanapee*" (I, 45) oder die Regieanweisung in den *Soldaten*: „*Marianens Zimmer. / Sie sitzt auf ihrem Bett, hat die Zitternadel in der Hand und spiegelt damit, in den tiefsten Träumereien. Der Vater tritt herein, sie fährt auf und sucht die*

---

19 Vgl. Christiaan L. Hart Nibbrig: Rhetorik des Schweigens. Versuch über den Schatten literarischer Rede, Frankfurt a. M. 1981, S. 51–70.
20 Zur Sprache in Lenz' Dramen vgl. u. a. Marita Pastoors-Hagelüken: Die ,übereilte Comödie'. Möglichkeiten und Problematik einer Dramengattung am Beispiel des „Neuen Menoza" von J. M. R. Lenz, Frankfurt a. M. u. a. 1990, S. 101 f.

Zitternadel zu verbergen." (I, 203) Das stumme Spiel dient in diesen Sequenzen einerseits dazu, konventionelle Gebärden, wie die der maskulinen Höflichkeitsbezeugungen, zu vollziehen oder auch einfache Handlungen und Tätigkeiten auszuführen (z. B. einen Brief schreiben[21]). Andererseits hat es, wie im Falle der intimen Szene in Marianes Zimmer, die Funktion, das psychologische Innere der Protagonistin zu offenbaren: ihre wachsende Liebe zum Baron Desportes, der ihr diese Haarnadel geschenkt hat. Im *Neuen Menoza* erfüllt das stumme Spiel eine weitere Funktion: Es ermöglicht eine höchst elaborierte Kommunikationssequenz zwischen Tandi und Wilhelmine in der Phase ihres Kennenlernens.

In der ersten Szene des ersten Akts, als Herr von Biederling den Prinzen in der Familie einführt, bleibt Wilhelmine stumm: Sie wird zwar von ihrem Vater sprachlich adressiert (er fordert sie auf, sich hinzusetzen), hat aber keinen einzigen Redebeitrag. In den anschließenden Szenen taucht sie nicht auf, bis folgende tableauartige Miniaturszene erfolgt:

> WILHELMINE sitzt auf einem Sofa in tiefen Gedanken. Der PRINZ tritt herein, sie wird ihn erst spät gewahr und steht etwas erschrocken auf.
> PRINZ *nachdem er sie ehrerbietig grüßt:* Verzeihen Sie – ich glaubt ihre Eltern bei Ihnen. *Entfernt sich.*
> Wilhelmine, nachdem sie ihm einen tiefen Knicks gemacht, fällt wieder in ihre vorige Stellung.
>
> (I, 131)

Es scheint, als müsse Prinz Tandi den Eindruck gewinnen, Wilhelmine von Biederling sei stumm! – Zwar ist eine Exposition, in der die Tochter des Hauses nicht eben viele Redebeiträge erhält (aber dafür um so mehr über sie geredet wird) im zeitgenössischen Drama gang und gäbe, aber daß sie im ganzen ersten Akt kein einziges Wort äußert (statt dessen nur einmal die Gelegenheit hat, in Ohnmacht zu fallen) ist ungewöhnlich.

Die sechste Szene des ersten Akts ist erneut eine Miniatur. Sie lautet: „*Garten. / Der PRINZ schneidet einen Namen im Baum. /* PRINZ: Wachs itzt – (*küßt ihn*) wachs itzt – nun genug (*geht, sieht sich um*) er dankt mir, der Baum. Du hast's Ursach. *Ab*" (I, 133). Der zweite Akt beginnt wenig später mit einer analogen Szene: Wilhelmine schneidet ebenfalls etwas in den Baum. Sie spricht zu sich selbst – und dies sind ihre ersten Worte überhaupt:

> WILHELMINE: Es ist gewagt. Wer es auch war, der meinen Namen herschnitt – – *Steht eine Zeitlang und sieht ihn an.* Ich möchte alles wieder ausmachen, aber des Prinzen Hand – – ja es ist seine, wahrhaftig es ist seine, so kühne mutige Züge konnte keine andere Hand tun. *Sie windet Efeu um den Baum.* So! grünt itzt zusammen: wenn er selber

---

21   „MARIANE mit untergestütztem Kopf einen Brief schreibend" (I, 192).

wieder nachsehen sollte – – – o ich vergehe. Ich muß – *Fällt auf den Baum her und will ihn abschälen. Oh Himmel! wer kommt da! Läuft fort.*
Prinz tritt auf.

(I, 136)

Der Prinz, der sich sofort, wie es in der Regieanweisung heißt, „*nieder in ein Gesträuch wirft*" (um dort unter freiem Himmel zu übernachten), wird unfreiwilliger Zeuge, wie Wilhelmine vom Grafen Camäleon gewaltsam herbei geschleppt wird. Der Prinz erscheint „mit bloßem Degen" und rettet sie vor dem zudringlichen Verehrer, dann bringt er sie in Sicherheit. Die Szene endet mit der Regieanweisung „*beide gehen stillschweigend ab*" (I, 137). Es scheint, als wäre zwischen Wilhelmine und Tandi einzig eine stumme Kommunikationsform angemessen. Das ‚Stillschweigen' an dieser Stelle wird nicht aufgelöst oder erklärt.

Betrachtet man zudem die pastoral anmutende Kommunikationssequenz im Medium der Natur, so verstärkt sich der Eindruck, daß die stumme und schriftliche Form des Austausches dem emotionalen Zustand der beiden besonders gut entspricht. Beide wählen das ungewöhnliche Mittel des Schneidens des Namens des Geliebten in die Rinde des Baumes; beide lesen den eigenen Namenszug dort und sind in der Lage, die fremde ‚Handschrift' zu identifizieren – was trotz der hohen Bedeutung der individuellen ‚Hand' im 18. Jahrhundert zweifellos etwas kurios anmutet! Während Tandi nach dem Einritzen von Wilhelmines Namen den Appell an den Baum richtet, er möge wachsen (damit seine verschriftlichte Liebe noch größer werde!), wünscht Wilhelmine, daß beide Namen zusammenwachsen. Indem sie Efeu um den Baum schlingt, nimmt sie, in einer romantischen Wendung, den Wunsch nach Eheschließung bildhaft vorweg, naturalisiert den Akt gewissermaßen, hat aber gleich darauf Angst vor der Fixierung ihres Gefühls und versucht, Tandis Namen wieder aus der Rinde zu entfernen. Doch das gewählte Medium ist haltbarer als Papier und erst recht zeitüberdauernder als die Flüchtigkeit der Rede, als ein verbales Liebesgeständnis.

Alle wesentlichen Elemente der *eloquentia corporis*, um die es mir in diesem Beitrag geht, werden in der Heiratsantrag-Szene des *Neuen Menoza* zusammengeführt (I, 148–153). In der Handlungschronologie ist dies die nächste Begegnung von Wilhelmine und Tandi. Der Prinz fordert, als er bei ihrem Vater um ihre Hand anhält, die unbedingte Natürlichkeit, das authentische, unbeeinflußte „Sprechen" von Wilhelmines „Herz": „frei, unabhängig, wie die Gottheit, die Leben und Tod austeilt" (I, 150). Die anwesenden Figuren – Wilhelmine, ihre Eltern und der Prinz – wissen um die Bedeutsamkeit dieses Augenblicks, der ihrer aller Zukunft bestimmen wird. Der Vater bricht nach seinem Ausruf „Mädchen!" die

Rede ab, um sich überwältigt und kitschig-gerührt die Augen zu wischen.
Eine kollektive „minutenlange Stille" ist die Folge. Schließlich ‚bricht'
der Prinz dieses kollektive Pathos des Innehaltens – allerdings ‚bricht' er
auch den Satz, mit dem er dies tut, unvollendet ab:

> PRINZ: Fräulein! es ist Zeit ein Stillschweigen – ein Geständnis, das meine Zunge
> nicht machen kann – sehen Sie in meinem Aug, in dieser Träne, die ich nicht mehr
> hemmen kann, all meine Wünsche, all meine schimmernden Entwürfe für die Zu-
> kunft. – Wollen Sie mich glücklich machen? – Wenn dieses schnelle Erblassen und
> Erröten, dieses wundervolle Spiel ihrer sanften Gesichtswellen, dieses Weinen und
> Lachen Ihrer Augen mir Erhörung weissagt – o mein Herz macht den untreuen Dol-
> metscher stumm (*drückt ihr die Hand an sein Herz*), hier müssen Sie es sprechen hören –
> Dieses Entzücken tötet mich.
>
> (I, 150)

Tandi verweist auf das unwillkürliche ‚Sprechen' seines Körpers: auf die
Träne in seinem Auge, die er als jenes „Geständnis" bezeichnet, das er
verbal nicht zu leisten imstande ist. Im „Spiel" von Wilhelmines „Ge-
sichtswellen", im „Erblassen und Erröten" und im „Weinen und Lachen" seiner Augen liest er, daß sie seine ‚Sprache' hört, auch wenn ihm
die verbale Sprache, als „untreuer Dolmetscher" des Herzens ausgeht. In
einer hochpathetischen Gebärde drückt er daher ihre Hand an sein Herz,
damit sie es in direkter, nichtcodierter Kommunikation „sprechen" hört.
   Wilhelmine versucht, dem unwillkürlichen Reden ihres Gesichts die
verbale Kontrolle gegenüber zu stellen, indem sie sich zunächst dem
„Befehl" ihres Vaters unterzuordnen sucht, dann aber, als dieser nicht
erfolgt, eine Antwort auf seine Körpersprache findet: Daß der Vater ihr
um den Hals fällt, deutet sie als Wunsch, sie nicht an einen Ehemann
verlieren zu wollen – also muß sie ledig bleiben. Dies wiederum hat der
geschäftstüchtige Biederling, der nur kurzzeitig von affektiver Rührselig-
keit überwältigt wurde, so nicht gemeint; erzürnt reißt er sich von ihrem
Hals los, stampft auf den Boden und ruft „das will ich nicht" (I, 151)!
Nun ist der Prinz aufgefordert, Stellung zu beziehen. Doch dieser verweist erneut auf die Rhetorik des Schweigens, als einzig seinem Schmerz
angemessene sentimentalische Ausdrucksform: „Sie sind grausam, daß
sie mich zum Reden zwingen. Ein solcher Schmerz kann durch nichts
gelindert werden, als Schweigen (*mit schwacher Stimme*), Schweigen, Verstummen auf ewig." (I, 152) Als er gehen will, hält Wilhelmine ihn mit
dem Satz „[i]ch liebe Sie" zurück. Die Plötzlichkeit und Direktheit dieses
weiblichen Sprechaktes – es ist der im Stückverlauf erste an ihn gerichtete Satz! – überwältigt den sensiblen Prinzen: Er sinkt zu ihren Füßen in
Ohnmacht. Nicht zufällig also attribuierte Tandi ihrer Rede zuvor die
Potenz göttlicher Sprachmacht, die fähig ist, Leben und Tod zu geben.

Was er zuvor mehr floskelhaft sagte, wird hier performativ umgesetzt – was ein interessantes Licht auf das Verhältnis von Körpersprache und Sprache bei Lenz wirft.

III. Ohnmacht

Hiermit hier bin ich beim dritten Aspekt meiner Analyse: den zahlreichen Ohnmachten bei Lenz. Im *Neuen Menoza* gibt es ihrer insgesamt sieben, wovon zwei fingiert sind: Wilhelmine fällt zweimal in Ohnmacht, Tandi, Gustav und Donna Diana je einmal, und die Amme Babet sowie Herr von Biederling täuschen, aus unterschiedlichen Beweggründen, eine Ohnmacht vor. Hinsichtlich des Geschlechterverhältnisses herrscht demnach bei Lenz annähernde Gleichheit, was auch für andere empfindsame Körperregungen, wie etwa das bereits mehrfach zitierte Weinen oder Erblassen gilt. Männer sind hier ebenso sensibel wie Frauen – dies ganz im Gegensatz zu Herrn von Biederlings interessanter (und im Hinblick auf das Medium Literatur mehrdeutiger) Auffassung, die er anläßlich einer Ohnmacht seiner Tochter äußert, wonach lediglich die „Weibsen" solche sensiblen „Papiergeschöpfe" (I, 128) sind. Ich beschränke mich im folgenden auf die Ohnmachten in der diskutierten Heiratsantrags-Szene.

Prinz Tandi fällt in Ohnmacht, als Wilhelmine mit dem „Ich liebe Sie" erstmalig das Wort an ihn richtet. Sie selbst *„fällt"* darauf hin *„auf ihn"*, wie es in der Regieanweisung heißt und ruft aus: „O ich fühl's, daß ich ohne ihn nicht leben kann" (I, 152). Genau jene, sich in diesen unwillkürlichen Gebärden des Fallens vollziehende, absolute Liebeskonzeption ist es, die Tandi später in einer spaßhaften Wendung aufgreift, wenn er sagt, man müsse nicht bloß „ein Auge", sondern vielmehr „sein ganzes Ich" auf sie, Wilhelmine, bzw. allgemeiner: aufeinander „werfen".

Typisch für Lenz und das angesprochene Zugleich einer empfindsam-affektiven versus einer ironisch gebrochenen Konzeption von Körpersprache ist die auf diese ‚Liebeserklärung der Körper' folgende Parodie einer Ohnmacht durch Wilhelmines Vater. Mit den Worten „Prinz! es geht mir wie Ihnen, der Henker holt mir die Sprache und es wird nicht lange währen, so kommt die verzweifelte Ohnmacht auch…" und dem „[m]*it schwacher Stimme"* hinzugefügten „Frau, wirst du mich wecken?" (I, 152) sinkt er danieder. Frau von Biederling, in einer mimetischen Imitation ihrer Tochter, fällt sogleich auf ihn. Doch schon springt der Vater

wie eine „hektische Marionette"[22] lachend auf: Seine Bewußtlosigkeit war
nur Theater, eine fingierte Ohnmacht. Möchte er damit den Prinzen in
seiner feminisierten und in seinen Augen unmännlichen Empfindsamkeit
lächerlich machen?[23] Ist er eifersüchtig? Oder will er vielmehr seine eigene Frau brüskieren, die ja den Grafen als Schwiegersohn privilegiert
hatte?

Die jungen Liebenden jedenfalls lassen sich durch diesen „Spaß" (I,
152) keineswegs aus dem Konzept bringen, sie beharren vielmehr auf
ihrem subjektiven und individualistischen Liebesdiskurs, der sich nun
dem Thema der stummen Kommunikation mittels des Baumes zuwen-
det:

> PRINZ *zu Wilhelminen*: So bin ich denn – – *(stammelnd)* kann ich hoffen, daß ich –
> WILHELMINE: Hat's Ihnen der Baum nicht schon gesagt?
> PRINZ: Das einzige, was mir Mut machte, um Sie zu werben. O als der Mond mir die
> Züge Ihrer Hand versilberte, als ich las, was mein Herz in seinen kühnsten Aus-
> schweifungen nicht so kühn gewesen war zu hoffen … ach ich dachte, der Himmel
> sei auf die Erde herabgeleitet und ergieße sich in wonnevollen Träumen um mich
> herum.

Wilhelmine zeichnet sich durch eine größere sprachliche Direktheit aus,
als der Prinz, welcher weiterhin im Modus des Stammelns verbleibt oder
in poetisch-überhöhte Bilder flüchtet.

Lenz setzt die Ohnmacht als Ausdruck des intensiven Gefühls, der
emotionalen Überwältigung ebenso ein, wie er sie zugleich als strategi-
sche Inszenierung von Affektivität, als bereits gesellschaftlich angeeigne-
ten Verhaltenscode entlarvt. Den Protagonisten ist diese Form des
‚Sprechens' ihrer Körpers vertraut – nie reagieren sie mit besonderer
Überraschung oder gar Schock auf eine Ohnmacht, immer haben sie die
entsprechenden Mittelchen (Spiritus oder Schlagwasser) sofort zur Stelle.
Als pathische Formel des Aussetzens der Kognition zugunsten des Gefühls wird die Ohnmacht in der Dramatik des 18. Jahrhunderts ähnlich

---

22 Horst S. Daemmrich: Lenz in themengeschichtlicher Sicht. In: I. Stephan, H.-G.
    Winter (Hrsg.): „Unaufhörlich Lenz gelesen…". Studien zu Leben und Werk von
    J. M. R. Lenz, Stuttgart 1994, S. 10–26, hier S. 18.
23 Dies wäre insofern etwas anmaßend, als er selbst ja auch ‚empfindsam' ist, was etwa
    folgende Szene belegt, wo er in Anwesenheit seiner Frau und des Prinzen sagt: „Vater
    und Mutter und allen auf ewig so den Rücken zu kehren, als ob es ein Traum gewesen
    wäre, und gute Nacht auf ewig" und die anschließende Regieanweisung lautet „*Er
    weint.*" (I, 149)

exzessiv eingesetzt, wie das Erröten und Erblassen, das bei Kleist später zur Leitgebärde des ‚Anderen der Vernunft' werden wird.[24]

Und hier bin ich bereits bei der im Medium der Ohnmacht implizierten Kulturkritik. Eine meiner Eingangsthesen war, daß bei Lenz Körpersprache und Figurenrede ein theatrales Verhältnis eingehen, das eine bloße Korrespondenz übersteigt. Dies zeigt sich u. a. am Beispiel der Ohnmacht, die nicht nur Eloquenz des Körpers ist, sondern zudem thematisch zentraler Stelle auftaucht. Lenz arbeitet im *Neuen Menoza* mit dem Mittel einer Kulturkritik der Inversion, indem der vermeintlich unzivilisierte, naive, ‚gute Wilde' in die europäische Zivilisation kommt, hier aber keineswegs eine bessere, da aufgeklärtere Welt vorfindet, sondern vielmehr eine korrupte, von Falschheit, Heuchelei und Gier geprägte.[25] Tandis Observationen der sächsischen Gesellschaft münden in dem dringenden Wunsch, Europa wieder zu verlassen, und führen zu der an Biederling gerichteten Anklage:

> In eurem Morast ersticke ich […]! Das der aufgeklärte Weltteil! Allenthalben wo man hinriecht Lässigkeit, faule ohnmächtige Begier, lallender Tod für Feuer und Leben, Geschwätz für Handlung – Das der berühmte Erdteil! o pfui doch!
>
> (I, 140)

Tandi spricht hier von „ohnmächtiger Begier" und wendet somit den Leitanspruch der Aufklärung in sein Gegenteil: in ein den Trieben und Begierden Unterworfensein, demgegenüber die Vernunft keine Macht hat: „was ihr Empfindung nennt, ist verkleisterte Wollust, was ihr Tugend nennt, ist Schminke, womit ihr Brutalität bestreicht" (I, 141). Das ‚Ohnmächtige' ist hier also eine negative Form des Verbleibens im Zustand des gierigen Triebs, der getarnt und maskiert wird. Diesem stellt Tandi die aufrichtige Empfindung sowie das aktive „Handeln als vernünftige Sublimierung der Begehrungskräfte"[26] gegenüber. Somit setzt

---

24   Vgl. Ottokar Fischer: Mimische Studien zu Heinrich von Kleist. In: Euphorion 15 (1908), S. 488–510, 716–725; Euphorion 16 (1909), S. 62–92, 412–425, 747–772; Dietmar Skrotzi: Die Gebärde des Errötens im Werk Heinrich von Kleists, München 1971; Claudia Benthien: Gesichtsverlust und Gewaltsamkeit. Zur Psychodynamik von Scham und Schuld in Kleists „Familie Schroffenstein". In: Kleist-Jahrbuch 1999, Stuttgart 1999, S. 128–143.

25   Vgl. auch Marianne Koneffke: Der „natürliche Mensch" in der Komödie „Der neue Menoza" von Jakob Michael Reinhold Lenz, Frankfurt a. M. u. a. 1990; Martin Maurach: J. M. R. Lenzens „Guter Wilder". Zur Verwandlung eines Topos und zur Kulturdiskussion in den Dialogen des „Neuen Menoza". In: Jahrbuch der deutschen Schillergesellschaft 40 (1996), S. 123–146.

26   Martin Rector: Sieben Thesen zum Problem des Handelns bei Jakob Lenz. In: Z. f. Germ. 3/1992, S. 628–639, hier S. 632.

Lenz auch die faktischen Ohnmachten der Protagonist(inn)en als ambivalente Gebärden ein, die zugleich tiefstes und aufrichtigstes Gefühl
(positiv) verkörpern, wie sie (negativ) für den Kontrollverlust stehen
können.

IV. Der ‹Fall› und das Niederfallen

Ohnmachten äußern sich im Drama des Sturm und Drang primär im
theatralen Akt des Hinfallens. ,Auffällig‘ oft ist in den Regieanweisungen
des *Neuen Menoza* vom Fallen die Rede: vom Niedersinken, Hinfallen,
Sich-irgendwo-Hinwerfen, vom Fallenlassen oder Schmeißen von Gegenständen. Ständig gibt es Figuren, die vor einer anderen einen Kniefall
ausführen – und dies sowohl real (als authentische Gebärde der Ehrer-
bietung) als auch in inszenierter, geheuchelter Unterwerfung.[27] Schulz
spricht von einer „allgemeinen Haltlosigkeit“, die sich in einer „Unruhe
mitteil[e]“; „[i]mmer wieder sorg[e] das Abrupte und Überhastete von
Gestik und Proxemik nicht nur für Dynamik, sondern auch für dauernde
Wechsel des Tempos und damit für einen unruhigen Rhythmus.“[28] Diesen Beobachtungen ist zuzustimmen, wenngleich sie sicher für die meisten Sturm-und-Drang-Stücke zutreffen. Man kann in der Interpretation
des *Neuen Menoza*, dieser in der Tat „übereilten Comödie“[29], wie Lenz sie
selbst bezeichnet hat, aber durchaus weiter gehen. Denn es ist kein ‚Zufall‘, wenn die Regieanweisungen ausgerechnet im Anschluß an Zopfs
Verkündigung, daß die Eheleute Tandi und Wilhelmine Geschwister
sind, ständig vom ‚Fallen‘ sprechen.
    So heißt es etwa: Wilhelmine „fällt in Ohnmacht“ (nach dem sie es
erfahren hat und Tandi gegangen ist) (I, 160). Als nächstes sehen wir sie
„auf einem Bette liegend“ (I, 165), d. h. quasi immer noch ‚gefallen‘,
symbolisch am Boden. Ihre Mutter wünscht: „Ich möchte den Schlag
kriegen, wenn ich der Sache nachdenke. Mein einziger Sohn – ich hab
ihn vor Augen und – fort –“ (I, 165): Sie möchte auch einen ‚Anfall‘
haben, ebenfalls physisch niederstürzen. Als der Vater an Wilhelmines
Bett tritt und vernimmt, daß der Prinz ihr Bruder ist, heißt es: Er „[s]inkt
auf einen Stuhl“ (I, 167). Ähnlich geht es auf den folgenden Seiten weiter: der Diener Gustaf „fällt vom Pferde“ (I, 168); „HERR V. BIEDER-
LING eben im Trinken begriffen, läßt die Tasse aus der Hand fallen“ (als
er hört, daß der Prinz elend, „wie ein Eccehomo“ aussieht, I, 171); ein

---

27 Z. B. auf den Seiten I, 131, 137, 139, 144, 154.
28 Schulz (wie Anm. 9), S. 198 f.
29 Brief an Friedrich Wilhelm Gotter v. 10. 5. 1775 (III, 317).

Gast des Prinzen „hebt den Stock und fällt überlang" (I, 172); schließlich fällt auch der Prinz, in Mimesis an die ‚gefallene' Wilhelmine zu Boden: Nachdem er geklagt hat: „Ich sehe sie da liegen, mit sich selbst uneins, voll Haß und Liebe den edlen Kampf kämpfen, die Götter anklagen und vor Gott sich stumm hinwinden", folgt ein Gedankenstrich und dann die Bühnenanweisung „[f]ällt auf eine Grasbank" (I, 175).

Das Fallen der Figuren und der ‚Sündenfall', ausgelöst durch das Skandalon des Geschwisterinzests, gehen eine unheimliche theatrale Synthese ein. Überhaupt erweist sich das Fallen als Leitsymbolik des Stücks, wie auch die semantischen Facetten des Wortes ‚Fall' Leitthematiken darstellen. So geht es nicht nur um den ‚Sündenfall' – „Gott du Allmächtiger! womit habe ich deinen Zorn verdient?" klagt Herr von Biederling, nachdem er es erfahren hat (I, 167) –, sondern eben auch um den theologischen und juristischen ‚Rechtsfall' einer Geschwisterehe, dessen Lösung im Stück breiten Raum einnimmt.[30] Eine weitere zentrale Dimension des ‚Fallens' liegt in der Fortuna-Symbolik begründet, dem ständigen und unerwarteten Glückswechsel, wie er im *Neuen Menoza* nicht nur in der Figurenrede thematisch wird,[31] sondern auch in Form der Peripetie handlungsbegründend ist – Lenz spricht in den Anmerkungen übers Theater von einer Dramaturgie der Handlungen, „die wie

---

30 Beeinflußt ist diese Deutung durch die Kleist-Forschung und die dort bereits etablierte komplexe Verwendung des Begriffs ‚Fall/Fallen'. Vgl. G. Neumann (Hrsg.): Heinrich von Kleist. Kriegsfall – Rechtsfall – Sündenfall, Freiburg 1994; Hinrich C. Seeba: Der Sündenfall des Verdachts. Identitätskrise und Sprachskepsis in Kleists „Familie Schroffenstein". In: DVjs 4.1 (1970), S. 64–100.

31 Dies zeigt sich in dem nachfolgenden Dialog zwischen Tandi, Beza und Zierau: „BEZA: Es ist alles eitel. O Eitelkeit, Eitelkeit, wie doch das die armen Menschen so fesseln kann, darüber den Himmel zu vergessen, und ist doch alles Kot, Staub, Nichts! / PRINZ: Aber wir haben einen Geist, der aus diesem Nichts etwas machen kann. / [...] / ZIERAU: Mich deucht, vernünftig leben ist das beste System. / BEZA: Ja, das ist die rechte Höhe. / PRINZ: Wohl die rechte – wird aber nie ganz erreicht. Vernunft ohne Glauben ist kurzsichtig und ohnmächtig, und ich kenne vernünftige Tiere so gut als unvernünftige. Der echten Vernunft ist der Glaube das einzige Gewicht, das ihre Triebräder in Bewegung setzen kann, sonst stehen sie still und rosten ein, und wehe denn der Maschine! / ZIERAU: Die echte Vernunft lehrt uns glücklich sein, unsern Pfad mit Blumen bestreuen. / PRINZ: Aber die Blumen welken und sterben. / BEZA: Ja wohl, ja wohl. / ZIERAU: So pflückt man neue. / PRINZ: Wenn aber der Boden keine mehr hervortreibt. Es wird doch wohl alles auf den ankommen. / ZIERAU: Wir verlieren uns in Allegorien. / PRINZ: Die leicht zu entziffern sind. Geist und Herz zu erweitern, Herr – / ZIERAU: Also nicht lieben, nicht genießen. / PRINZ: Genuß und Liebe sind das einzige Glück der Welt, nur unser innerer Zustand muß den Ton geben." (I, 146 f.)

Donnerschläge auf einander folgen" (II, 655 f.); diese privilegiert er gegenüber der klassischen Wahrscheinlichkeitsmaxime.[32]

Die Fortuna wird traditionell im Bild des Rades – des Aufstiegs, der
Höhe und des anschließenden, unausweichlichen Falls – gefaßt. Unter
dieser Perspektive ist die Eingangserzählung Tandis aufschlußreich.
Seine autobiographische Geschichte berichtet von jemandem, der ‚zu
hoch hinaus' wollte, indem er sich dem Willen einer Königin – ihrem
erotischen Begehren – widersetzte. Die Verbannung in den Turm ist eine
Spiegelstrafe für diesen ‚Hochmut'. Sein Entschluß, hinunter zu sprin-
gen, symbolisiert die Dramatik seines ‚Falls', dem ein rasanter sozialer
Aufstieg voranging. Auf Biederlings Frage, „wie er denn Prinz geworden" (I, 127), antwortet er: „Wie's in der Welt geht, daß Glück wälzt
Berg auf, Berg ab, bin Page worden, dann Leibpage, dann adoptiert,
dann zum Thronfolger erklärt, dann wieder gestürzt, berguntergerollt bis
an die Hölle!" (I, 127) – Tandi selbst ordnet retrospektiv seine Biographie dem Fortuna-Schema unter.

Die Erzählung über das Turmgefängnis erhält zwei zentrale biblische
Mytheme; zum einen das des ‚Sündenfalls' und der Verführung durch die
Frau (worauf auch Biederling witzelnd anspielt), zum andern das des
Turmbaus zu Babel, als Bild für den Menschen, der sich über sich selbst
zu erheben sucht. Prinz Tandi, der in Cumba bereit gewesen war, den
Tod auf sich zu nehmen, um das Inszesttabu nicht zu brechen, bürdet
sich in Europa durch die Hochzeit mit Wilhelmine von Biederling unwil-
lentlich eben diese Schuld auf. Trotz des Versuchs Magister Bezas, ihm
weiszumachen, daß „Gott die nahen Heiraten nicht verboten hat"
(I,174), beharrt er auf dem Verbot der Geschwisterliebe, wie es Gott
begründet hat: „Er hat die ewigen Verhältnisse geordnet, die euch allein
Freud und Glückseligkeit im Leben geben können, und ihr wollt sie
zerstören? O ihr Giganten, hütet euch, daß nicht der Berg über euch
kommt, wenn ihr gegen den Donnerer stürmen wollt." (I, 174) Dem
griechischen Mythos zufolge kämpften die Giganten vergeblich gegen
Zeus, sie türmten sogar Gebirge übereinander, um sich dem Olymp zu
nähern. In diesem Mythos ist sowohl die physische Dimension der
Selbstüberhöhung (analog zum babylonischen Turm) enthalten als auch
die symbolische, die Infragestellung der göttlichen Ordnung. Wenn, wie
Tandi sagt, „der Berg über euch kommt", so ist diese Ordnung in der
größten Verwirrung, ist das Verhältnis von Höhe und Tiefe radikal gestört.

---

32 Vgl. Pastoors-Hagelüken (wie Anm. 20), S. 60.

Mehr als erstaunlich ist, daß Tandi den Sprung aus dem 30. Stock unversehrt überlebt. War es vielleicht doch nur ein Traum, eine Vision oder eine maßlose Übertreibung? Nachdem Wilhelmine, in dem Moment als er sagt „[i]ch sprang –" (I, 127), in Ohnmacht fällt – stellvertretend für ihn auf dem Boden landet –, wird die Narration abgebrochen und auch nicht wieder aufgenommen. Dafür gibt es eine andere Figur, die Tandis Erzählung *ex negativo* spiegelt: den Diener Gustav, der ebenfalls hoch hinaus wollte, sich weit über seinen Stand erheben, indem er die spanische Gräfin Donna Diana begehrt.[33] Als Gustav schließlich die Hybris dieses Wunsches und seine Hörigkeit erkennt, begeht er Selbstmord: Er erhängt sich – und dies ist, wenn man so will, die physische Radikalform des ‚Falls‘: in der ein Mensch an seiner eigenen Gravitation, an seiner Körperschwere, zugrunde geht.[34]

So ist Jakob Michael Reinhold Lenz' Komödie *Der neue Menoza oder Geschichte des cumbanischen Prinzen Tandi* – ganz im Einklang mit der Gattungskonzeption ihres Autors – nicht nur eine komödiantische ‚Fallstudie‘ der Emotionen und ein Lustspiel über den ‚Ausfall‘ der Sprache, sondern auch ein Drama des Fallens und eine Tragödie der menschlichen Ohnmacht.

---

33 Diese bezeichnete ihn bereits zuvor als „Wurm" und sagt: „krümme dich nicht, oder ich zertret dich" (I, 169) – doch diesen Hinweis auf seine soziale ‚Niedrigkeit‘ überhört er. Lenz schreibt in der Selbstrezension des „Neuen Menoza" zwar, „Gustav, das Werkzeug der Frevel seines Herrn [Graf Camäleon], bestraft ihn dadurch, daß er sich im Augenblick der höchsten Reue selbst bestraft" (II, 703), aber m. E. ist sein Selbstmord ebenso durch die im Stück thematisierte unerfüllte Liebe begründet.
34 Gerade an dieser willkürlichen Übertragbarkeit des Motivs von Tandi auf Gustav wird deutlich, was Lenz mit seiner Definition der Gattungsdifferenz meint: „Die Hauptempfindung in der Komödie ist immer die Begebenheit, die Hauptempfindung in der Tragödie ist die Person, die Schöpfer ihrer Begebenheiten." (II, 668); „Meiner Meinung nach wäre immer der Hauptgedanke einer Komödie *eine Sache*, einer Tragödie *eine Person*. [...] Die Personen sind für die Handlungen da – für die artigen Erfolge, Wirkungen, Gegenwirkungen, ein Kreis herumgezogen, der sich um eine Hauptidee dreht – und es ist eine Komödie. [...] In der Komödie aber gehe ich von den Handlungen aus, und lasse Personen Teil dran nehmen welche ich will." (II, 669 f.)

Lenz' „Loix des femmes Soldats":
Erzwungene Sittlichkeit in einer „schraubenförmigen Welt"

> Ich tadle es nicht, wenn man sich verliebt. Wir sind in den Jahren; wir sind auf der
> See, der Wind treibt uns, aber die Vernunft muß immer am Steuerruder bleiben, sonst
> jagen wir auf die erste beste Klippe und scheitern.[1]

Mit diesen Worten ermahnt im *Hofmeister* Fritz von Berg seinen Kommilitonen Pätus zu vernunftgesteuerter Triebregulierung. „Unverschämte
Sachen",[2] also sexuelle Belange, benennt Lenz einerseits bemerkenswert
offen. Weil der verantwortungsvolle Christ nicht „dem Naturtrieb ohne
Auswahl"[3] nachhängen darf, verursacht „der Trieb sich zu gatten"[4] immer wieder psychische und soziale Komplikationen, die Lenz eindringlich problematisiert. Doch statt die freie Entfaltung des leidenden Individuums einzuklagen, begegnet Lenz dem Konfliktpotential mit
restriktiven Regelkatalogen, die dem vernünftigen einzelnen als verbindliche Orientierungsvorgabe dienen oder sogar als lenkende Gesetze an
die Stelle der steuernden Vernunft treten sollen.

Als auffälligste Beispiele für derartige Regelwerke können die sche-
matisch verfahrende Disziplinierungsstrategie für „empfindsame Seelen"
in den *Philosophischen Vorlesungen* und der in seinem Aufbau als Lebensre-
gelwerk einschlägige *Catechismus* betrachtet werden, der sich mit einem
Verweis selbst unmittelbar auf die *Philosophischen Vorlesungen* bezieht,[5]

---

1 Jakob Michael Reinhold Lenz: Der Hofmeister, Synoptische Ausgabe von Hand-
  schrift und Erstdruck, hrsg. v. M. Kohlenbach, Basel, Frankfurt a. M.1986, S. 121.
2 Jakob Michael Reinhold Lenz: Philosophische Vorlesungen für empfindsame Seelen,
  Faksimiledruck der Ausgabe Frankfurt und Leipzig 1780, hrsg. u. m. e. Nachw. v.
  Ch. Weiß, St. Ingbert 1994, S. 51.
3 Jakob Michael Reinhold Lenz: Meinungen eines Laien den Geistlichen zugeeignet/
  Stimmen des Laien auf dem letzten theologischen Reichstage im Jahr 1773. In:
  S. Damm (Hrsg.): Werke und Briefe, 3 Bde., München, Wien 1987, Bd. 2, S. 522–618,
  hier S. 538 (fortan zitiert: WuB, II, 538).
4 Lenz: Philosophische Vorlesungen (wie Anm.2), S. 51.
5 [J. M. R. Lenz: Catechismus], hrsg. v. Ch. Weiß. In: Lenz-Jahrbuch 4 (1994), S. 39–67,
  S. 56 f.: „sieh meine Abhandlung von der Concupiscenz und von unverschämten Sachen".

sowie das *Soldatenehen*-Projekt[6] zur sinnvollen Regulierung soldatischer Libido, das mit den fragmentarischen *Loix des femmes Soldats* den bündigsten Entwurf umfassender Fremdbestimmung des gesetzlich reglementierten Individuums enthält.[7]

Als besonders konzentriertes Textbeispiel hierfür werden diese *Loix des femmes Soldats* im folgenden in eine Denkbewegung eingeordnet, die in der Überschrift als *Erzwungene Sittlichkeit in einer ‹schraubenförmigen Welt›* zusammengefaßt ist. Bevor damit ein für Lenz grundlegendes Wahrnehmungs- und Vermittlungsproblem zur Sprache kommt, für das hier das Schlagwort „schraubenförmige Welt" steht, soll in einem ersten Schritt auf die „erzwungene Sittlichkeit" eingegangen und sollten die von Lenz erstellten Gesetze für Soldatenfrauen referiert werden.

Der kurze, fragmentarische Text *Loix des femmes Soldates* steht auf dem Blatt 55 im Heft IV des 4. Konvoluts der in der Biblioteka Jagiellońska (Kraków) aufbewahrten *Lenziana*. Er ist Teil einer umfangreichen Sammlung von Notizen und Entwürfen zu Lenz' Militärreformprojekt und bildet einen nach dem ersten Wort der achten Regel abgebrochenen

6   Der Beitrag von James Gibbons zu den „Lettres à Maurepas" im vorliegenden Band macht deutlich, daß Lenz' Militärreformprojekt keinesfalls auf den Aspekt der „Soldatenehen", wie er sie in seiner Schrift „Über die Soldatenehen" und in der Schlußszene des „Soldaten"-Dramas entwirft, verengt werden darf. Im Interesse der Kontextualisierung der „Loix des femmes Soldats" muß allerdings genau dieser Teilkomplex des Reformprojekts fokussiert werden. Dazu berücksichtigt werden hier folgende Texte: die Schlußszenen der Druck- und der handschriftlichen Fassung der „Soldaten" (zitiert nach: Jakob Michael Reinhold Lenz: Die Soldaten, m. Anm. v. H. Krämer u. e. Nachwort v. M. Windfuhr, Stuttgart 1993); die abgeschlossene Schrift „Über die Soldatenehen" (zitiert nach: Jakob Michael Reinhold Lenz: Über die Soldatenehen. In: WuB (wie Anm. 3), II, 787–829); Lenz' Brief an Herder v. 20. 11. 1775. In: Ebenda, III, 353 f.). Aus dem in der Biblioteka Jagiellońska, Kraków, liegenden Manuskript-Kasten „Lenziana IV", der größtenteils auf französisch verfaßte Entwürfe zum „Soldatenehen"-Projekt enthält (vgl. hierzu den Bericht von David Hill: Die Arbeiten von Lenz zu den Soldatenehen. Ein Bericht über die Krakauer Handschriften. In: I. Stephan, H.-G. Winter (Hrsg.): „Unaufhörlich Lenz gelesen…": Studien zu Leben und Werk von J. M. R. Lenz, Stuttgart, Weimar 1994, S. 118–137) wird hier nur der kurze, fragmentarische Text „Loix des femmes Soldats" berücksichtigt, der auf der Vorder- und den oberen zwei Dritteln der Rückseite von Blatt 55 in Heft IV (56 Blätter [„Über Verbesserung der französischen Armee"]) der „Lenziana! IV zu finden ist.

7   Bemerkenswert ist ferner der militärisch überwachte Ablauf der Gedenkfeierlichkeiten im „Landprediger". Vgl. hierzu Müllers Beobachtungen zur „Wunschwelt des Tantalus" (Maria E. Müller: Die Wunschwelt des Tantalus. Kritische Bemerkungen zu sozial-utopischen Entwürfen im Werk von J. M. R.Lenz. In: Literatur für Leser 6 [1984], S. 148–161). Alle genannten, über einen Zeitraum von sechs Jahren verfaßten Textbeispiele wollen durch verbindliche Regelungen moralische Gefährdungen bannen.

Versuch, das Leben der – entsprechend einer militärischen Dienstverpflichtung ‚verheirateten' – Soldatenfrauen durch drastische Vorschriften
zu regulieren. Dies geschieht so, daß die volle Einsatzbereitschaft ihrer
zeitweiligen Ehemänner gewährleistet ist und die Frauen unbescholten
aus ihrem staatlich sanktionierten Gattendienst hervorgehen. Es handelt
sich also gewissermaßen um genauere Ausführungsbestimmungen des
Reformprojektes, das Lenz ausführlich in seiner Schrift *Über die Soldatene-*
hen entwirft.

Die Anstößigkeit – respektive Verschrobenheit – dieser *Soldatenehen*-
Konzeption scheint für Zeitgenossen in der offenen Thematisierung
halbfamiliär organisierter, staatlich verordneter Triebregulierung bestan-
den zu haben: Der Vorschlag wirkte offenbar zu obszön und unseriös,
um als ernsthaftes Reformanliegen betrachtet werden zu können.[8] Mittlerweile erscheint eher die „Deklassierung des Individuums"[9] erschrek-
kend, vor allem die Vorstellung einer Zwangsverpflichtung zum Gattendienst für das Vaterland,[10] für den die Frauen entsprechend Lenz' ersten

---

8 Vgl. als symptomatisches Indiz die Änderung der letzten Szene der „Soldaten" (V, 5)
   von der handschriftlichen Fassung (Lenz: Die Soldaten, S. 58 f.) zur Druckfassung (S.
   55–57), die Lenz auf kritische briefliche Äußerungen Herders (der die „Soldaten" zum
   Druck beförderte) hin vornahm. Sie erschöpft sich ganz in den Herder als Lösung
   vorgeschlagenen, lediglich euphemistischen Wortänderungen sowie in der Zuschreibung eines gewagten Redebeitrages, den vorher die Gräfin beisteuerte, an männlichen Stimme des Obristen („Ich habe allezeit eine besondere Idee gehabt…", S. 59
   (erste Fassung) bzw. S. 56 [zweite Fassung]). Lenz schreibt an Herder: „Was die letzte
   Szene betrifft, [...] könnte allen verdrießlichen Folgen durch Weglassen oder Veränderung einiger Ausdrücke des Obristen begegnet werden. Z. E. das mit den Konku-
   binen, medischen Weibern, könnte ganz wegfallen und der Obriste dafür lieber von
   Soldatenweibern sprechen" (Lenz an Herder, 20. 11. 1775. In: WuB (wie Anm. 3), III,
   353). Diesen Vorschlag konnte Herder offensichtlich akzeptieren. In seiner Schrift
   „Über die Soldatenehen" vermeidet Lenz jegliches auf Prostitution anspielende Vokabular und ist bemüht, die weibliche Dienstverpflichtung durchweg in der Temino-
   logie einer Soldaten-*Ehe* zu beschreiben. Als eigenständige Schrift erschien die Idee
   dennoch nicht nur dem unmittelbaren Zeitgenossen Goethe vollständig verfehlt; die
   briefliche Einschätzung, die der Neffe Gottlieb Eduard Lenz 1822 seinem Bekannten
   Kraukling abgab, der ihn im Auftrag Tiecks um die Zustellung aller verfügbaren
   Lenz-Manuskripte angegangen war, ist typisch: „und dañ gibt es auch einige Aufsätze
   in Prose (über militärische u dergl. Gegenstände) die nur des Dichters Krankheit be-
   urkunden und durchaus nicht für den Druck geeignet seyn sollen" (Brief abgedruckt
   u. kommentiert in: Heidrun Markert: Wenn zwei sich streiten… Ein Brief um den
   Lenz-Nachlaß: Lenz an Kraukling zur Mitteilung an Tieck. In: Z. f. Germ. (2000) 2, S.
   369–378, hier S. 370).
9 Christof Zierath: Moral und Sexualität bei Jakob Michael Reinhold Lenz, St. Ingbert
   1995, S. 88.
10 Vgl. die Zusammenfassung der Leserreaktionen auf die Idee einer „Pflanzschule von
   Soldatenweibern" bei Zierath (wie Anm. 9), S. 91.

Überlegungen „wie die Landmiliz durchs Los in den Dörfern gezogen würden und sodann [...] auf gewisse Zeit sich verheurateten",[11] oder von ihren Vätern, die im Gegenzug eine Steuerbefreiung erhalten,[12] an den Staat ausgeliehen werden. Das „Gesicht", in dem „Bauren, alle die Edelleute selbst von allen bürgerlichen Abgaben oder von den Zöllen befreit waren, die ihre Töchter an Offiziere oder Soldaten verheuratet hatten",[13] und in dem die Militärangehörigen den Winter „bei ihren Weibern auf dem Lande"[14] verbringen dürfen, um dort „Soldatenkinder"[15] zu zeugen und für das Militär zu trainieren, hatte weder in der unzweckmäßig arrogant eingeleiteten deutschsprachigen Ausarbeitung[16] noch als gesprächsweise formulierter Vorschlag in der merkwürdig angeklebt wirkenden Schlußszene des *Soldaten*-Dramas eine Chance, als Reformidee ernst genommen und aufgegriffen zu werden.[17] Lenz' Versuch, eine erweiterte und verbesserte französischsprachige Ausarbeitung fertigzustellen und in Versailles anzubringen, blieb ganz offenbar ebenfalls erfolglos.

Daß Lenz in *Über die Soldatenehen* zwischen den herkömmlichen Soldatenehen, zwischen der bekannten, fraglos für verderblich gehaltenen Prostitution und seinem eigenen Lösungsansatz deutlich unterscheidet,[18] daß er nicht, wie Christoph Hein meint, einfach „Soldatenbordelle zur Beförderung der Humanität, des Glücks der restlichen Frauenzimmer und des Staats"[19] empfiehlt, sollte trotz des verständlichen Impulses,

---

11 Lenz an Herder, 18. 11. 1775. In: WuB (wie Anm. 3), III, 353.
12 Vgl. Lenz: Über die Soldatenehen. In: Ebenda, II, 798 f.
13 Ebenda.
14 Ebenda, S. 799.
15 Ebenda, S. 817.
16 „Ich schreibe dieses für Könige, ohne zu wissen ob jemals einer von ihnen mich lesen wird. Unglück für sie, wenn sie mich nicht lesen." (Ebenda, S. 787.)
17 Zieraths Hinweis – „Überhaupt nimmt Lenz viele Gedanken vorweg, die die Autoren der preußischen Heeresreform, nach der Niederlage gegen Napoleon, und Carl von Clausewitz (1780-1831) in seinem militärischen Standardwerk ‚Vom Kriege' (EA 1832-34) formulieren" (wie Anm. 9, S. 93) – ist berechtigt, auch wenig erstaunlich angesichts des fundierten Wissens über konkrete Mißstände des zeitgenössischen Militärwesens, das Lenz nicht abgesprochen werden kann. Das „Gesicht" der „Soldatenehen", das Lenz den Königen nahelegen will, weist jedoch weder Entsprechungen zur preußischen Heeresform auf, noch sind Clausewitz' Vorschläge damit vergleichbar, z. B. zur „kriegerische[n] Tugend" bei „den stehenden Heeren" (Carl von Clausewitz: Vom Kriege, hrsg. v. W. Hahlweg, Bonn 1966, S. 261).
18 Vgl. Lenz: Über die Soldatenehen. In: WuB (wie Anm. 3), II, 801, 795 f.
19 Christoph Hein: Waldbruder Lenz. In: P. Müller (Hrsg.): Jakob Michael Reinhold Lenz im Urteil dreier Jahrhunderte, 3 Bde., Bern 1995, Bd. 3, S. 131–142, hier S. 134.

Euphemismen zu tilgen,[20] nicht verwischt werden, da sich sonst Lenz‘ Überlegungen überhaupt nicht verstehen lassen.

Denn Lenz‘ auffällige Regelwerke sind durchweg auf die Unterbindung erotischer Mehrdeutigkeit und damit auf den Schutz vor illegitimer Sexualität ausgerichtet.[21] Lenz strebt in diesem Punkt keine Emanzipation von tradierten Normen an, sondern propagiert im Gegenteil die empfindsame Familiengemeinschaft, deren Kern das liebende Ehepaar bildet, als Zielvorstellung mit utopischen Zügen. In der *Landprediger*-Erzählung erinnert Albertine ihren Mann an sein Privileg des Lebens in irdischer Wonne mit den Worten: „du, im Schoße des Glücks, in meinem Schoße“.[22] Im Schoß der Frau, im Schoße der geordneten Familiengemeinschaft, gelangen Sexualmetapher und regressiv anmutende Repressionsmetapher zur Deckungsgleichheit.

Die Ehe ist bei Lenz der Ort irdischer Glückseligkeit, die sich zu einem signifikanten Teil aus der anderweitig verbotenen körperlichen Liebe speist. Deshalb muß dem ‚Geschlechtertrieb‘, eben weil er nicht verurteilt, sondern als gute Gabe Gottes akzeptiert werden soll, der Trieb zu heiraten entspringen: „Die Ehe ist die grosse von Gott etablirte Ordnung, in der wir diesen Trieb mäßig stillen dürfen“.[23] Vorbildlicher Präzedenzfall sind Adam und Eva, bei denen „Wollust und Entzücken“ mit einer gleichzeitig auftretenden innigen „Empfindung ehlicher Treue“[24] verbunden waren. Das Legitimitätsmonopol ehelicher Sexualität steht nicht zur Debatte. Lenz fragt in den *Philosophischen Vorlesungen*: „Wie wenn unsre Umstände, unsere Pflichten, die Gesetze selbst uns das Heyrathen verbieten?“ Er antwortet darauf: „Alsdenn diesen Trieb befriedigen ist Sünde – – –“, auch wenn es „gewisse[ ] Ausnahmen“ von dieser Regel gibt, „die nur der Barmherzigkeit Gottes zu machen zusteht“.[25]

---

20 Besonders deutlich wird dieser Impetus bei Wilson, der es als Lenzsches „Kunststück“ bezeichnet, in seiner Schrift „die Prostitution mit den sanften Farben einer empfindsam getönten Ehe zu übermalen und sie dadurch gegen Kritik abzusichern“ (W. Daniel Wilson: Zwischen Kritik und Affirmation, Militärphantasien und Geschlechterdisziplinierung bei J. M. R. Lenz. In: Stephan, Winter [wie Anm. 6], S. 61).

21 Wenn im „Catechismus“ Mäßigkeit im Ernährungsfragen eingefordert wird (vgl. Lenz „Catechismus“ [wie Anm. 5], S. 50, 61), geschieht auch dies im Interesse insgesamt gewährleisteter Triebkontrolle. Erstens bedeutet die Warnung vor fahrlässiger oraler Schlemmerei eine Warnung vor dem generalisierten Einbruch überbordender Sinnlichkeit in die Lebenspraxis, zweitens steht auch diese Forderung nach Mäßigung im unmittelbarem Zusammenhang der Vorschriften über den Umgang mit anderweitigen sinnlichen Versuchungen.

22 Lenz: Der Landprediger. In: WuB (wie Anm. 3), II, 440.

23 Lenz: Philosophische Vorlesungen (wie Anm. 2), S. 61.

24 Lenz: Meinungen eines Laien. In: WuB (wie Anm. 3), II, 523.

25 Lenz: Philosophische Vorlesungen (wie Anm. 2), S. 62.

Obgleich Lenz sich vor allem in den *Philosophischen Vorlesungen* bemüht, die Konkupiszenz vom Makel der Erbsünde zu befreien und Sexualität als Grundbedingung körperlicher Menschwerdung versteht,[26] bleibt das traditionskonforme Insistieren auf der singulären Bedeutung der Ehe schlüssig, wenn das „Geschenk sich aufs innigste zu vereinigen" eben „*nur* [als] der Seegen des Ehestandes" bejaht werden kann. Dieses „Geschenk" wird desto „erwünschenswerther und angenehmer [...] dadurch daß er [Gott] es selten rar und kostbar machte".[27]

Erfüllte eheliche Sexualität wird entschieden positiv bewertet und dennoch mit der Auflage der Mäßigung belegt. Denn die vorrangige Bildung des ‚Geistes' macht es erforderlich, das Ausleben körperlicher Triebe einzuschränken, damit diese „noch Raum für den Geist übrig liessen": „Daher muste Moses Gesetz geben".[28] Verbindliche Regelungen fungieren demnach als pädagogische Schutzmaßnahme. Moral ist somit ein System zum Schutz des einzelnen. Erst der Schutzraum regulärer Moral ermöglicht Entwicklung, „Bildung". Ein solches starres „Gesetz" erfüllt seine Funktion am Anfang eines langen Weges. Zur „Vervollkommnung [...] der Individuen" bedarf es der eigenständigen Christusnachfolge des einzelnen; Christus wird begriffen als:

> das höchste Gesetz, der Weg zu Gott, das Muster nach welchem gebildet unser unsterblicher Geist mit allem seinem Antheil von Fleisch sich bis zu Gott erheben und von höherer oder niedrigerer Stuffe die *Verhältnisse* einsehen kann in welchen Gott wirket und lebet.[29]

Lenz betont, daß Gott die Sexualität weder allein zum Vergnügen des Menschen noch primär zu dessen Fortpflanzung erschaffen habe.[30] Vielmehr bildet „der Geschlechtertrieb", wenn er durch Enthaltsamkeit rein erhalten und damit die Konkupiszenz in Spannung gehalten bleibt, die „Triebfeder unserer Handlungen".[31] Er fungiert zudem als Grundbedingung emotionaler Erlebnisfähigkeit, als „die Mutter aller unsrer Empfindungen".[32] Darüber hinaus führt Lenz biologische und soziale Gründe für einen restriktiven Umgang mit dem ‚Geschlechtertrieb' an. Er weist auf die Gefahr der Geschlechtskrankheiten hin sowie auf die sozia-

---

26 Vgl.: „Dieser Körper mußte nun erst gebildet, zu seinen körperlichen Verrichtungen fähig gemacht und geübt werden. Das heißt er mußte essen und sich gatten" (Lenz: Catechismus [wie Anm.5], S. 57).
27 Ebenda.
28 Ebenda.
29 Ebenda.
30 Vgl. ebenda, S. 56; Lenz: Philosophische Vorlesungen (wie Anm. 2), S. 67.
31 Ebenda, S. 15.
32 Ebenda, S. 68.

len Folgen einer Aufhebung sexualmoralischer Restriktionen, die das Gesellschaftsleben wesentlich regulieren.[33] Ferner trägt er protobiogenetische Bedenken hinsichtlich der Qualität des frei fluktuierenden Erbgutes einer sexuell hyperaktiven Menschheit: langfristig sei – nicht nur sozial und moralisch – „die elendste Nachkommenschaft"[34] zu erwarten.

Diese nachhaltig und wiederholt eingeführte Vorstellung, daß illegitime Sexualität eine immense psychische, physische und soziale Gefährdung, ja die Zerstörung aller Betroffenen bedeutet, erklärt Lenz' Insistieren auf einer strengen Sexualmoral. Ohnehin kann die Gottgewolltheit einer solchen Moral nicht in Frage gestellt werden, wenn sie von vornherein nur als optimale Fürsorge des göttlichen Vaters für seine Geschöpfe betrachtet wird.[35] Genau diese Annahme legt Lenz als einzig zulässige Sichtweise seinen Überlegungen zugrunde, mit denen er somit erfolgreich die ursprüngliche Überzeugung bestätigt.[36]

Die Gefährdung durch regelwidrige Sexualität wird bei Lenz als so bedrohlich dargestellt, daß dem Menschen hierbei nicht die Freiheit mündiger Orientierung nach dem trial-and-error-Prinzip zugemutet werden kann, weil er außerordentlich leicht einem fatalen Orientierungsfehler unterliegt. Zwar hat eine vernünftige Untersuchung der Gründe für strenge „Ehegesetze" Lenz zufolge ergeben, daß bedingungslose Anerkennung göttlicher Gebote kein sacrificium intellectus erfordert, sondern mit den Erkenntnissen des gewissenhaften einzelnen übereinstimmen würde. Das Befolgen verbindlicher überindividueller Vorschriften anstelle selbständiger Einzelfallprüfung ist dennoch die einzig praktikable Lösung, da im Umgang mit „einem so heftigen Triebe" theoretische Erkenntnisse im Ernstfall des akuten Orientierungsverlustes mißachtet werden würden.[37]

Dabei mahnt der *Catechismus* nicht nur konsequente Selbstdiziplinierung an, sondern auch die Berücksichtigung der „Existenz aller unsrer

---

33 Vgl. Lenz: Meinungen eines Laien. In: WuB (wie Anm. 3), II, 538.
34 Ebenda, S. 539.
35 Pautler kommentiert diese Ausgangshaltung in der Auseinandersetzung mit sexualmoralischen Fragen: „Die Abwehrstrategien, mit denen Lenz der Sinnlichkeit begegnen will, zeigen in ihrer intellektuellen Naivität den stärksten Einfluß des pietistischen Erbes" (Stefan Pautler: Jakob Michael Reinhold Lenz, Pietistische Weltdeutung und bürgerliche Sozialreform im Sturm und Drang, Gütersloh 1999, S. 462).
36 In diesem Geist stellt Lenz fest: „und jetzt haben wir einiges Licht, warum Gott durch Mosen die Ehegesetze mit so scharfen Strafen begleitet, etablirt hat, einiges Licht, warum er die Hurerey, oder die unerlaubte und unordentliche Befriedigung dieses Triebs noch für das künftige Leben zu straffen bedroht, da sie doch in diesem schon ihre Straffe mit sich führt" (Lenz: Philosophische Vorlesungen [wie Anm.2], S. 69).
37 Ebenda, S. 53.

Mitgeschöpfe".[38] Die *Soldaten* führen ein Katastrophenszenario vor, bei
dem aus der Orientierungslosigkeit der Protagonistin Marie, aus dem
skrupellosen, d. h. nicht moralisch reglementierten Umgang mit dem
‚Geschlechtertrieb' der Soldaten, und aus der Machtlosigkeit des Vertre-
ters legitimer Liebe, Stolzius, gesellschaftlicher Ruin, Mord und Selbstmord resultieren. Sexualmoral ist keine Privatsache. In den *Philosophischen
Vorlesungen* und im *Catechismus* werden deshalb dem einzelnen Regeln zur
Verfügung gestellt, nach denen er eigenverantwortlich konsequente Kri-
senbewältigung betreiben kann. Dieser Lösungsansatz enthält das Element individueller Verantwortlichkeit, auch wenn er für alle Menschen
dieselbe Methode anbietet.

   Ein solcher Ansatz taugt unterdessen nicht für die Bewältigung des
Soldaten-Problems: Die Soldaten als partiell eigenverantwortliche Individuen zur Rechenschaft zu ziehen, als Einzelpersonen, von denen staatli-
cherseits wie vom Rest der Gesellschaft erfolgreiche Triebkontrolle gefordert werden könnte, erscheint offenbar als obsoleter Ansatz, der in
der entmündigenden Praxis des zermürbenden militärischen Alltags nicht
umzusetzen wäre. Wenn die staatlich organisierte und staatlich verant-
wortete Institution des Heeres zu notorischen sozial-moralischen Scha-
densfällen führt, muß auf der Ebene der staatlichen Organisation Abhilfe
geschaffen werden.

> Wieviel zerrissene Ehen, wieviel sitzengebliebene Jungfrauen, wieviel der Population
> so gefährliche Buhlerinnen, wieviel andere schröckliche Geschichten, Kindermorde,
> Diebstähle, Giftmischereien, die dem Nachrichter so viel zu schaffen geben – der
> Handel stockt, da die Befriedigung der Brutalität selbst zum Luxus keine Kosten
> mehr übrig lassen will, die Künste liegen [...] die Gelehrsamkeit wird verspottet, der
> Ackerbau nur aus Verzweiflung getrieben, etwa wie eine Festungsarbeit, alle Stände
> seufzen, alle Bande des Staats gehn auseinander[39]

so beschreibt die Reformschrift *Über die Soldatenehen* die Folgen eines
ungeregelten soldatischen ‚Geschlechtertriebes', für den sich aufgrund
mangelnder institutioneller Fürsorge nur destruktive Entfaltungsmög-
lichkeiten anzubieten scheinen. Der ‚Geschlechtertrieb' muß deshalb
entschärft und nutzbar gemacht werden. Dazu soll jedem Soldaten auf
ehrbarem Wege eine Frau zugänglich gemacht werden, mit der er den
Winter über eine Art Familienleben führen kann, das nicht von ihm als
vollwertigem Familienvater, sondern unter staatlicher Protektion von der
Familie der Frau zu organisieren ist. Auf diese Weise erhält der Staat

---

38 Lenz: Catechismus (wie Anm. 5), S. 47.
39 Lenz: Über die Soldatenehen. In: WuB (wie Anm. 3), II, 805; vgl. ebenda Lenz'
    Hinweis auf sein eigenes „Soldaten"-Drama als illustrierendes „Gemälde".

neue Untertanen, und der Soldat entwickelt ein lebhaftes Interesse an seiner „Selbstverteidigung":[40] Er ist motiviert, für den König, der sich ihm gegenüber als fürsorglicher Landesvater erweist, und das ‚Soldatenweib', das er im nächsten Urlaub wiedersehen wird, zu kämpfen.

Wie unverblümt zweckmäßig das *Soldatenehen*-Projekt darauf abzielt, die Weichen so zu stellen, daß sexuelle Entgleisungen unterbleiben müssen, weil Zweideutigkeiten unterbunden sind und Verführung nicht mehr stattfinden kann, zeigt sich am pointiertesten im kurzen Gesetzesentwurf für die Soldatenfrauen, den *Loix des femmes Soldats*:

Die *erste* Regel untersagt irritierende Gefühlsäußerungen der Frauen: Über Garnisonswechsel dürfen sie sich keinesfalls beschweren, damit die Ehemänner nicht entmutigt werden.[41] Die *zweite* Regel beugt böser Gelegenheit und Anlässen zur Eifersucht vor – die Frauen dürfen keine Männer bei sich zu Hause empfangen.[42] In der *dritten* Regel wird den Frauen der direkte Briefverkehr ausschließlich mit ihren Ehemännern erlaubt. Kommunikation, aus der Mißverständnisse entstehen oder sich ein Briefroman entspinnen könnte, wird schlichtweg unterbunden.[43] Als Kontrastgestalt zur idealen Soldatenfrau figuriert im Zusammenhang des *Soldatenehen*-Projekts die unglückliche, unglückbringende Marie der *Soldaten*, die beim Flirt mit Desportes über sich aussagt: „Ich schreib gar zu gern."[44]

Die *vierte* Regel besagt, daß die Soldatenfrauen an Vergnügungsveranstaltungen und Ausflügen nur zu dritt teilnehmen dürfen, wobei eine von drei Frauen von einem aufsichtführenden Elternteil begleitet werden soll.

---

40 Ebenda, S. 798.
41 Wiedergegeben wird hier in den Anm. 41-43 u. 45-49 der mit Tinte geschriebene Text der „Loix des femmes Soldats". Regel 1-3 und Regel 4 bis „peuvent" (vgl. Anm. 45) stehen auf der Vorderseite, Regel 4 ab „danser" (vgl. Anm. 45) und Regel 5-8 auf der Rückseite von Blatt 55 im Heft IV der „Lenziana IV". (Nicht berücksichtigt wurden bei der folgenden Transkription des systematisch numerierten Gesetzesentwurfes die unter dem mit Tinte geschriebenen Text undeutlich erkennbaren Bleifstiftnotate.)
    „1. Elles ne plaindront jamais sous quelque pretexte que ce soit même de maladie leurs maris lorsquils iront changer de garnisons ou aller aux frontieres le plus moins meme a la guerre – sous peine de separation, parceque ça amollit les courages. "
42 „2. Elles ne logeront jamais d'ho [Verdopplungsstrich über dem ho:]mes dans leur maison sous quelque pretexte que ce soit meme les plus proches parens de leurs maris excepté leur beaufreres soldats ou paysans leur peres et leurs freres sous peine de separation. Non plus les oncles et cousins germains. "
43 „3. Elles ne recevront ni ecrivons jamais des lettres sous quel pretexte que ce put etre excepté a leurs maris, pas même a leurs peres ni freres, a qui elles peuvent faire mander."
44 Lenz: Die Soldaten (wie Anm. 6) S. 7.

Loix des femmes Soldats

1. Elles ne plaindront jamais sous quelque pretexte que ce soit même de maladie leurs maris lorsqu'ils iront changer de garnison ou elles aux frontieres... sous peine de separation, parceque...

2. Elles ne logeront jamais d'hommes dans leur maison sous quelque pretexte que ce soit même les plus proches parens de leurs maris excepté leurs beaufreres, soldats ou portans leurs... sous peine de separation...

3. Elles ne recevront ni ecriront jamais de lettres sous quel pretexte que ce puisse etre excepté a leurs maris, pas même a leurs peres ni freres a qui elles peuvent faire mander.

4. Elles n'iront jamais a aucune danse ou noce ou guinguette...

(Abb. 1)

d'anger tant qu'elles voudront, aes et sont absolument
a faire de distinction, ce donne aux personnes, suivant les circonstances
il n'aura pas avec eux des perjures, sans les raisons alleguées sera si,
si un soldat i raisonnablement jaloux, sans les raisons alleguées sera si,
pour peur quelque tems, n'aura sa dimission — si la femme le veut
pour toujours.

6. Toute femme qui fera un enfant dans l'armée que le
mari est dans la frontiere et quitte le voit pas, est punie de
mort, sans esperer jamais de grace.

7. Les femmes soldats seront distinguées en toute maniere
des autres femmes publiques, elles auront une place separée
aux eglises et dans toute assemblée sans contradiction.
le premier rang ... leurs filles lesquelles ne sont
mariez a des soldats sont regardées comme les autres paysannes
pour ne les pas debaucher, tout a fait des autres paysannes avec
fidelité. Voila pourquoi leurs seurs sont regardées ... comme lesquelles
8. Les

(Abb. 2)

Tanzen dürfen sie in Abwesenheit des Soldaten nur unter väterlicher Aufsicht, nie länger als eine Stunde.[45] Wohlgemerkt wird der beaufsichtigte Tanz aus gesundheitlichen und kosmetischen Gründen ausdrücklich gutgeheißen – und dem Mann droht bei grundloser, übertriebener Eifersucht, wie die folgende *fünfte* Regel ausführt, eine Trennung von seiner Soldatenfrau, die auf ihren Wunsch endgültig sein kann.[46] Verstöße gegen die ersten vier Regeln seitens der Frauen werden ebenfalls mit der „separation" geahndet. Wenn diese Vorkehrungen versagt haben und der schlimmstmögliche Fall, erwiesener Ehebruch, eingetreten ist, wird die Höchststrafe verhängt. Der kurze Text der *sechsten* Regel besagt, daß jede Frau ohne jede Möglichkeit der Begnadigung zum Tode verurteilt wird, wenn sie ein Kind zur Welt bringt, das offenbar nicht von ihrem für den Zeitraum eines Jahres berufsbedingt abwesenden Mann gezeugt wurde.[47] Kompensatorisches Zuckerbrot enthält die *siebente* Regel, die den Soldatenfrauen in der Kirche und bei öffentlichen Versammlungen einen ausgezeichneten Platz in der ersten Reihe verspricht.[48] Die *achte* Regel ist sinnloses Fragment geblieben.[49] Nachdem die prekären und dringlichen

---

45 „4. Elles n'iront jamais a aucune dance ou noce ou aux ginguettes [kursiver Text durchgestrichen:] *pas meme aux promenades publiques* et a d'autres parties de plaisir quen trois, accompagnees d'un de leur peres ou meres, car de trois femmes soldats une aura toujours pere ou mère oisiv a cela, pour obs tout pretexte aux jalousies, sous peine de separation, si le mari veut pour toujours, s'il ne le veut pas pour quelques tems, que leurs signes d'honneur luy soient otées. [links daneben am Rand:] elles peuvent se pro mener seules mais accom pagnes de leurs freres mais dabord quelles dansent elles sont perdues [Fortsetzung Haupttext:] Aussi ne danseront elles que sous l'inspection de leurs peres jamais plus [kursiver Text durchgestrichen:] *d'une heure de* d'une heure. on aura pour cela un garde qui les avertira; d'abord quelle danse davantage separation – car pour la danse il leur en faut permettre pour la conservation de leur santé comme de leur beauté lorsque leurs maris sont proches elles peuvent danser lant quelles voudront, car il faut absolument y faire de distinction, ça donne aux personnes, toujours les circonstandes s'unissont avec nos ideés des personnes".

46 „5. Un soldat irraisonnablement jaloux, sans les raisons alieguées [? /aliegacés/ aléequées/ aléequéns] sera se= paré pour quelque tems, ni aura sa dimission – si la fe [Verdopplungsstrich über dem m:] me le veut pour toujours."

47 „6. Toute femme qui fera un enfant dans l'année que le mari est dans la frontiere et qu'il ne la voit pas, est punie de mort, sans accorder jamais de graces. "

48 „Les femmes Soldats seront distinguées en toute maniere des autres femmes peupliennes, elles auront une place separée aux eglises et dans toutes assemblées sans contestations le premier rang. [kursiver Text durchgestrichen:] *Aussi* Mais leurs soeurs lorsquelles ne sont mariees a des Soldats sont regardées comme les autres paysannes pour ne les pas degouter tout afait des autres mariages. Avec tout ca elles nosent jamais traiter les autres paysannes aves fierté. Voila pourquoi leur seurs sont regardées tout co[Verdopplungsstrich über dem m:]me les autres. "

49 „8. Les".

Regeln zum unmittelbaren Schutz des privaten Bereichs der Soldatenehe abgeschlossen sind, verliert der Verfasser vermutlich das Interesse.

Der Gedanke, Menschen durch umfassende Fremdbestimmung moralisch angemessen zu fördern, prägt den kurzen Text. Eine solche Neigung zu starren ‚Gewaltlösungen' wirkt zunächst verblüffend bei einem Autor, der ansonsten durch subtile psychologische Darstellungen und durch hellsichtige Schilderungen zeitgenössischer Mißstände überzeugt, und der die beeindruckende Fähigkeit hat, gegensätzliche ‚Standpunkte' einzunehmen und die Perspektive der sozial Unterlegenen nachvollziehbar zu schildern. Zudem betont Lenz immer wieder die Notwendigkeit aktiver Weltbewältigung im Handeln[50] und somit die der Auseinandersetzung mit starren, tradierten Regelwerken. Handelt es sich bei den erwähnten Regelkatalogen also um einen mit dem übrigen Denken unverbunden erhaltenen erratischen Block konservativer Grundsätze, die sich einer nie kritisch hinterfragten pietistischen Erziehung verdanken? Keineswegs.

In seinen *moralischen* Schriften erteilt Lenz im Geist der protestantischen Aufklärungstheologie den Dogmen lutherisch-orthodoxer Lehrmeinung, gerade auch dem Dogma der Erbsünde in seiner prinzipiellen Diskreditierung der Sexualität,[51] eine ebenso klare Absage wie einem konservativen, die rationalistischen Anstrengungen der Aufklärung ebenso mißachtenden selbstgerechtem Pietismus.[52] Gleichzeitig formuliert er seine grundlegende Skepsis gegenüber rein rationaler Erkenntnis und artikuliert seine Überzeugung von der Güte und Allmacht des spezifisch

---

50 Nicht nur in der vielzitierten Rezension zu „Götz von Berlichingen" betont Lenz den zentralen Stellenwert des Handelns. In seinen ausdrücklich ethisch ausgerichteten Bestimmungsbemühungen, die er im „Versuch über das erste Prinzipium der Moral" unternimmt, bildet die Aufforderung zu tätiger Weltbewältigung das entscheidende Schlußwort: „Was helfen aber diese Spekulationen, wenn sie nicht ausgeübt werden. […]. Ich kann geirrt haben. Ich will mein ganzes Leben hindurch lernen. Solange man mich nicht eines Bessern belehrt, gehe ich auf diesem Wege fort und glaube, daß es besser sei, des HERRN Willen zu tun, als ihn bloß zu wissen." (Lenz: Versuch über das erste Prinzipium der Moral. In: WuB (wie Anm. 3), II, 499-514, hier 514.)
51 Zur expliziten Absage an die Lehre von der Erbsünde vgl.: Meinungen eines Laien. In: Ebenda, II, 532; Philosophische Vorlesungen (wie Anm. 2), S. 14, S. 38.
52 Als „Belegstelle" hierfür läßt sich z. B. die gesamte Anlage der „Meinungen eines Laien" anführen, die besonders deutlich darauf abzielt, ein rationales Weltverständnis, theologische Erkenntnis und persönliche Glaubensüberzeugungen in ein harmonisches Konzept zu integrieren; Lenz' intellektuelle Abkehr von einer pietistischen Gefühlsfrömmigkeit zeigt sich pointiert in seiner zustimmenden Rezeption von Johann Joachim Spaldings „Gedanken über den Werth der Gefühle in dem Christentum", von der er Salzmann in seinem Brief v. 7. 9. 1772 berichtet (vgl. Lenz an Salzmann, 7. 9. [1772]. In: WuB (wie Anm. 3), III, S. 271).

christlichen Gottes, eines Gottes, dessen wahre Botschaft zwar stellen-
weise verzerrt, aber prinzipiell unanzweifelbar aus der Bibel zu erkennen
ist.[53] Als Leitvorgabe für alle Lebensbereiche betrachtet Lenz die Imitatio Christi in aktivem, aufopferndem Bemühen um Verbesserung des
Vorgefundenen und des eigenen moralischen Zustandes.

Dabei ergibt sich allerdings ein massives Problem: Lenz sieht, wie er
im *Entwurf eines Briefes an einen Freund, der auf Akademieen Theologie studiert*
darlegt, eine im Diesseits unüberbrückbare Kluft zwischen der „All-
durchschauung" Gottes und der stets begrenzten Erkenntnisfähigkeit
des Menschen, der sich rational wie empfindend der Wahrheit nur annähern kann.[54] „Es ist alles in der Welt schraubenförmig u. wir sehen grade",[55] formuliert Lenz sein Dilemma in einer Randnotiz zu seinen Entwürfen einer französischen Präsentation des *Soldatenehen*-Projekts – damit
in direktem Zusammenhang mit der Formulierung der *Loix des femmes
Soldats*. Vom Menschen fordert Lenz ein aufrichtiges Bemühen nach
bestem Wissen und bestmöglicher Erkenntnis, auch wenn er grundsätzlich nicht zum adäquaten Blick auf die Welt gelangen kann: Ein gerader
Blick wird einer „schraubenförmigen Welt" niemals gerecht. Insofern
kann Lenz selbst, als Theoretiker wie als Konstrukteur fiktionaler Welten, nur heuristische Weltdeutungen vornehmen. Auf diese Situation
reagiert er zunächst, indem er in seinen Texten die anmaßende Geste des

---

53 Lenz' Vertrauen auf die Bibel als Quelle einer von Überlieferungs- und Interpreta-
    tionsfehlern zwar immer wieder entstellten, aber grundsätzlich zuverlässigen und je-
    dem zugänglichen Wahrheit zeigt sich in seiner Grundannahme für das exegetische
    Projekt der „Meinungen eines Laien": „Die Theologen haben unrecht getan, aristote-
    lische und scholastische Philosophie in der Bibel aufzusuchen, die so lauter und klar
    in ihren Lehren für die allerunphilosophischsten Laien dahin rinnt." (Meinungen eines
    Laien. In: WuB (wie Anm. 3), II, 530.)
54 „Bei den Menschen weiß der viel, der sich viel Vorstellungen erwirbt, die in Empfin-
    dung oder auch wohl nur in bloßes Gefühl übergehen, [...] oder wenn der Geist edler
    und stärker, Entschlüsse und Handlungen veranlassen, welche Handlungen oder Wir-
    kungen seines Selbst, er [...] in ihren Folgen übersieht und daraus Endschlüsse zieht,
    die freilich nur für den Kreis von Wirkungen gelten, die ihm die Erfahrung gezogen
    hat. [...] das gibt uns dann all unser Wissen in der Welt, unsre Vernunft. Das aber
    mit alledem [...] nicht unfehlbar sein kann, da die Grenzsteine unserer Erfahrung und
    also auch der daraus entstandenen Vernunft nie dieselben bleiben, sondern in Ewig-
    keit immer verrückt werden [...]. Bei Gott ist keine sukzessive Begriffensammlung
    [...]. Er durchschaut alles gegenwärtig von Anfang zu Ende durch Ewigkeiten, mehr
    können und dürfen wir von ihm nicht sagen. [...] Die Alldurchschauung würde das
    ungefähr näher ausdrücken, was von dieser Eigenschaft Gottes unaussprechlich in
    meiner Seele liegt." (Entwurf eines Briefes an einen Freund, der auf Akademieen
    Theologie studiert. In: WuB (wie Anm. 3), II, 483-487, hier 483 f.)
55 Lenziana IV, Heft II, Blatt 2 Rückseite, Biblioteka Jagiellońska, Kraków.

eindeutigen Weltauslegers verweigert[56] und auf formaler wie inhaltlicher Ebene Signale der Uneindeutigkeit, der Selbstinfragestellung oder des grundsätzlichen Vorbehalts integriert.

Im Unterschied zur postmodernen Situation gibt es allerdings für Lenz den eindeutigen Bezugspunkt aller Werte und die absolute Wahrheit, auch wenn sie der Durchschnittsmensch ohne prophetische Gabe nur erahnen kann. Deshalb propagiert Lenz als eine Weltbewältigungsstrategie die Orientierung an starren Regelwerken, deren Gültigkeit er aus dem Bezug auf unbestreitbare biblische Wahrheiten ableitet – und gleichzeitig die Hoffnung auf göttliche Gnadenakte. Ohne die religiöse Erlösungsperspektive, wie er im *Versuch über das erste Principium der Moral* darlegt, wird die ethische Herausforderung der Christusnachfolge für den Menschen unerträglich.[57] Der einzige Ausweg aus einer unbegreiflichen Welt bleibt das für den Menschen letztlich Unbegreifliche. Ein gangbarer Weg, um in der Welt schlimmsten moralischen Fährnissen auszuweichen, ist die Verabsolutierung strikter Vorschriften, die aus den wenigen erkennbaren Grundwahrheiten abzuleiten sind. Zu diesen Grundwahrheiten gehört eine patriarchale, sich von Gottvater auf den Familienvater übertragende autoritäre Weltordnung, die in der fraglosen Akzeptanz einer sie stabilisierenden familialen Sexualmoral zu perpetuieren ist.

56 Bezeichnend sind hierfür Selbstinfragestellungen wie die folgende: „– nehmen Sie vorlieb, und glauben Sie nur ja nicht alles, was ich Ihnen gesagt habe –" (Meinungen eines Laien. In: WuB (wie Anm. 3), II, 598).

57 „Es ist schwer – es ist unmöglich – Stille – Hier gehe ich von der Moral zur Religion über." (Vgl. Lenz: Versuch über das erste Principium der Moral. In: Ebenda, II, 499 bis 514, S. 511.)

Does Lenz Appeal to Women Readers in Particular and Why This Question Bothered Me?

My professors in graduate school some twenty-five years ago taught me well. In the name of objectivity and universality, using a personal pronoun in academic writing was unthinkable. I have adhered to that dictum until this very moment. But in this paper, which I regard to be my last academic paper, wishing to turn to other forms of writing when I retire in the not too distant future – I shall liberate myself. Perhaps I have been influenced by post-modern theory, which insists that there is no neutral subject position, but rather that all writing is produced from a specific point of view, a "Standpunkt", as Lenz would put it. Or perhaps, as an almost life-long student of Sturm und Drang, I want to enact its central premise and rebel. Be that as it may, the personal pronoun is suitable for this essay, because through my reflections on why I focused my studies on Lenz, I hope to make a small contribution to better understanding this writer.

In graduate school, when I announced that I intended to write my dissertation on Lenz, a fellow student who leaned more toward Goethe, asked: "How can you bear to read that stuff?" I do not recall my answer, but another incident, also a comment on Lenz reception, is of greater significance to this paper. When it was time to ask questions at a Lenz section in which I participated some twenty years ago, the moderator, an established male German professor, looked at the panel which consisted of several women and asked: "Does Lenz have special appeal to women?" "Absolutely not," I answered, immediately and unequivocally. A woman colleague on the panel, who had some expertise in feminist theory, unlike I, responded that perhaps Lenz did have special appeal to women readers. The particulars of her arguments have vanished with the passage of time, but the memory of my eagerness not to allay myself with women is embarrassingly vivid. An older student, I had just barely escaped being a woman and now wanted to be a professor. This had nothing to do with women. Only when I began reading and teaching feminist literary theory during the last decade did my vehement response become clear to me.

Judith Fetterley's 1978 study, *The Resisting Reader: A Feminist Approach to Fiction,* offers a brilliant analysis of women students and literature. Fetterley describes the process of education open to women as the "immasculation of women by men."[1] There have been considerable changes in the academy since 1978, but what Fetterley describes certainly happened to me, and is probably still happening to some women. "As readers and teachers and scholars, women are taught to think as men, to identify with a male point of view, and to accept as normal and legitimate a male system of values, one of whose central principles is misogyny."[2]

In the opening paragraph of her introduction, Fetterley quotes John Keats's objection to poetry "that has a palpable design upon us."[3] Fetterley expands Keats's protest to focus on American fiction and women readers and argues that "the major works of American fiction constitute a series of designs on the female reader, all the more potent in their effect, because they are impalpable". According to Fetterley, "the design of our [American] literature [is] unavailable to the consciousness of the woman reader"[4] because it claims to be apolitical and universal.

This has prompted me to ask the question, what about Lenz? Does Lenz have a palpable or impalpable, a conscious or unconscious design upon women readers. Does he co-opt the female reader into "participation in an experience from which she is explicitly excluded?"[5] This is Fetterley's accusation in a nutshell: American fiction insists on universality and the definition of universality is cast in specifically male terms. In other words, societal values and norms are presented from the male point of view, women are powerless and relegated to another sphere. If the woman reader identifies with the strong male protagonist because she prefers that more desirable choice, rather than with the victimized female character,[6] the consequences may be self-doubt and self-hatred. For the female student of literature, the standard literary curriculum creates more self-doubt than self-affirmation. She might as well be reading Harlequin romances, at least in them she has some fun.

Let us now turn to women reading Lenz, or more specifically, to this woman reading Lenz. I would like to focus on Lenz's two major dramas, *Der Hofmeister* and *Die Soldaten.* These two plays unquestionably are in the

---

1   Judith Fetterley: Introduction to The Resisting Reader. In: D. Richter (Hrsg.): The Critical Tradition, Boston ²1998, S. 995.
2   Ebenda.
3   Ebenda.
4   Ebenda.
5   Ebenda.
6   Karen J. Kenkel: Monstrous Women, Sublime Pleasure, and the Perils of Reception in Lessing's Aesthetics. In: PMLA, 116.3 (2001), S. 558.

tradition of bourgeois tragedy, the type of characters, situational similarity, and choice of milieu testify to that. Lenz enormously admired Lessing's *Emilia Galotti*. It suited his own strict pietistic upbringing, and in his theological writings he expresses his earnest support of social and religious norms. Lenz accepted Lessing as the brightest and the best representative of German Enlightenment, whose ideals never lost their power over him. But when he created his dramatic figures, when he depicted women and men like those he probably knew, in accordance with nature, that is, life-like characters, the result was quite unlike Lessing. Lessing, too, evokes nature, but not the naturalistic depiction of present society, but rather "natural or plausible"[7] portrayal of characters. Lenz is of a different opinion in his dramatic theory, the *Anmerkungen übers Theater*, for he wants to explore the internal processes of nature, and in particular, human nature. What he sees around him triggers his tendency to satire, a poetic form for which he has low regard, but which he cannot resist. It also turns him into a social critic who recognizes that individuals are not autonomous and that social and psychological forces affect a person's happiness. Success eludes Lenz's characters, just as it eluded him, but this is not the end of the story. I have argued for many years that Jakob Michael Reinhold Lenz was not a "poor and unhappy" poet, but rather, a serious, hard-working writer. The historical Lenz has been romanticized, but Lenz himself was not a Romantic. He did not create dramatic figures who are suffering artists embedded in the evolving tradition of the Romantic hero. His dramatic characters are ordinary people, members of the nobility or lower middle class, who ultimately fail.

Is this what attracted me to Lenz, those struggling and miserable Gustchens, Maries and Läuffers who are incapable of making the right choices? I don't think so, because although I could identify with Marie whose boyfriend ditched her and who discovered that the men she liked were selfish brutes, and although I could identify with Läuffer who hated his job but could not figure out what to do about it, I really quite despised their weaknesses. I believe that Lenz's appeal to this woman reader resides in the fact that unlike the domestic tragedies preceding his, Lenz does not have a design on women. Karen Kenkel, using Lessing as an exemplar, argues convincingly that bourgeois tragedy had the intention of the "inculcation of gender-specific roles."[8] Educated women, an ideal of the early Enlightenment, disappeared or were transformed into monsters. The heroines of domestic tragedy are touchy-feely women, women who are depicted as giant reservoirs of virtue and emotion upon

7　Ebenda.
8　Ebenda, S. 546.

whose fragile but sensitive selfs the bourgeois enterprise was to be con-
structed. It had to be that way, so the active and reckless male could be
tempered by the passive, self-sacrificing female, thus safeguarding the
values and norms of the bourgeoisie.

At the center of Lessing's theory of aesthetics is compassion, or
Mitleid, which allows the spectator to identify with the dramatic hero
who shares her or his milieu, and whose equality is based in bourgeois
social values.[9] Kenkel argues that Lessing "attempts to shape or reinforce
a bourgeois patriarchal order through the dynamics of compassion."[10]
The virtuous and passive Emilia Galotti, whose suffering, caused by the
sexual advances of an aristocratic male is a potent exemplar of the bourgeois norm of female victimization, elicits compassion.

Lenz's suffering Marie also engenders compassion, but the dominant
aesthetic represented by Lessing requires that a woman's suffering be
linked to passivity in order to be beautiful and worthy of compassion.
However, in his plays *Die Soldaten* and *Der Hofmeister*, Lenz created dramatic figures, particularly female character, who are not like the typical
virtuous characters of bourgeois tragedy. Rather than affirming and reen-
forcing the patriarchal order, Lenz is rocking its foundations. His dramas
are significant inasmuch as they do not propagate bourgeois gender
roles, the central category of bourgeois society. I would like to identify
five structural and thematic aspects in *Der Hofmeister* and *Die Soldaten*
which support my argument.

*I. Lenz's characters refuse to participate in the institutionalization of bourgeois gender
norms*

As has been much discussed, in the late eighteenth-century passivity and
sensitivity became the hallmark of womanhood. The passive domesti-
cated housewife was identified only in relationship to her husband, a
strong and active man, who was her protector. Unmarried women did
not speak for themselves, they had a *Vormund*, who spoke for them.
Women were different from men, chaste, educated only enough to
please their husbands, excluded from politics and relegated to the domestic sphere. Even as bourgeois men began to enter politics in the
nineteenth century, women were prevented from participation. Women
had no power or agency, they could not act in their own behalf. Undoubtedly, women did possess control over the household to a consider-

---

9 Ebenda, S. 548.
10 Ebenda, S. 557.

able degree, but that control was certainly always subject to the husband's approval, the head of the house. Recent feminist scholarship is attempting to reverse the depiction of women as victims and attributes some agency to women, especially to mothers. Nevertheless, in the eighteenth-century women had few options and did not make decisions about their own bodies, their own sexuality, their own lives. And certainly, in domestic tragedy, bourgeois heroines closely followed the social proscriptions for chastity and passsivity.

For some time, it has been characteristic of Lenz scholarship to interpret his characters, such as Marie in *Die Soldaten*, as victims of their circumstances and their passions. Even if one continued to adhere to this line of interpretation, one would have to argue that Marie is not entirely passive, since she actively pursues Desportes in hopes of marriage. Influenced by Niklas Luhmann's systems theory and the notion that even if an action has negative consequences, it is still an action, Lenz's preoccupation with space to act (*Raum zum Handeln*) has been reinterpreted by recent scholarship.[11] Proceeding from this and recent feminist argumentation for female agency, a case can be and has been made that Marie is an active rather than a passive female character.[12] Her actions may not be admirable, but they are actions. She allows herself to be seduced – Leiser Gjestvang argues she actively participates in the seduction[13] – ends her engagement to Stolzius by choice, and until the end of the drama, pursues her goal of finding and marrying Desportes.

An argument could be made that Marie reacts, rather than acts and that her violation of bourgeois gender norms leads to the destruction of her family. But it cannot be denied that she does something, that she does not sit passively and quietly by her window, as she contemplates in the last scene of the first act: „Trifft mich's so trifft mich's, ich sterb nicht lieber als gerne", and turns off the light. At least she leaves the house and tries to play an active role in her future.

The point that Marie's actions leading to such horrific consequences may be intended as an *abschreckendes Beispiel*, as some scholars argue, is more difficult to refute. Perhaps Charlotte, Marie's sister, a character who appears early in the play, quickly disappears and is rarely mentioned

---

11 Vgl. Thorsten Unger: Handeln im Drama, Göttingen 1993.
12 Marianne Koneffke: Die weiblichen Figuren in den Dramen des J. M. R. Lenz: Der Hofmeister, Der neue Menoza, Die Soldaten. In: Wirkendes Wort 3 (1992), S. 389 bis 405; Ingrid Leiser Gjestvang: Machtworte: Geschlechterverhältnisse in dramatischen Texten (Lenz, Hauptmann, Bernstein, Streeruwitz), Diss. University of Wisconsin-Madison 1998.
13 Gjestvang (wie Anm. 12), S. 75.

by scholars, can be of assistance here. We must ask the question, why can Charlotte write, why does she seem to be educated, whereas her sister cannot formulate a simple sentence. The reader is given little background about Charlotte's and Marie's upbringing, they are introduced as adults, two daughters who have grown up in the same petite bourgeois family. When the baron enters the family, he pays attention to Marie, most likely the more beautiful of the sisters, and it is Marie who is engaged to be married, not Charlotte. Is Charlotte, a bright but undoubtedly rather plain young woman, destined to become an old maid? Charlotte expresses her frustrations by displaying her intellectual superiority over her sister, but her choice, sitting quietly until someone marries her has as little success as Marie's pursuit of Desportes.. Charlotte is smart enough not to let herself be seduced by a baron and somehow has become educated enough to write letters. Like Marie's, her character and her father's do not participate in the institutionalization of bourgeois gender norms. In a sense, Wesener supports his two daughters. Although he was foolish enough to endanger the family income by paying off a debt incurred by Desportes, he does not blame Marie for this. He searches for Marie and when he finds her, the reunion is immediate. The reader is left with the insight that eighteenth-century gender relations were complex and did not fit the simple proposition of dividing the human race in an active male half and a passive female one.

II. Lenz questions late eighteenth-century female cultural roles

Rather than comfortably fitting into the roles society accords them, Lenz's characters struggle with identity, their place in society and their relationship to sexuality. This is true for both his male and female characters. My emphasis here will be on another woman character, on an older woman, a mother, the Majorin in *Der Hofmeister*.

The ideals of bourgeois motherhood, already firmly in place by the end of the eighteenth century, required that the mother be selfless and devoted to her family and husband. The individuality and sexuality of the mother completely disappeared into her role as mother, she had no identity, no desire, no life of her own. In bourgeois society, motherhood was sacrosanct. Being a mother was regarded as the ultimate fulfillment bringing with it pure joy and happiness. In *Der Hofmeister*, Lenz shows a different kind of mother. The Majorin appears to be completely frustrated, a woman not given to motherly self-sacrifice. It seems she does not particularly like her daughter Gustchen, and is quite remote from her son, Fritz. The Major, her husband, complains early in the play that she makes his life miserable because she has more cunning and intelligence than he (act 1, scene 4). But how can she apply that cunning and intelligence when her only role is that of mother and wife? The fact that she apparently does not care for her daughter makes her an unnatural woman, maternal feelings are supposed to be instinctive and inborn in every woman.

In the portrayal of the Majorin, Lenz has created the figure of a mother who gets no satisfaction from that role and thereby seriously questions the notion that nature has determined all women to be not only mothers, but good, self-sacrificing and devoted mothers. An aging woman, the Majorin feels unloved and useless and responds to her environment with sarcasm and anger. Lenz is showing his readers that motherhood is not completely satisfying to every woman. Not every woman should be a mother, the role is not suitable for everyone. Clearly, Lenz seriously questions the societally determined role for women as mothers and wives and thereby attempts to undermine the bourgeois project that demands only this particular cultural role for women.

III. ‹Der Hofmeister› and ‹Die Soldaten› do not have virtuous female heroines and strong male protagonists who uphold the social order [14]

Lenz's dramas are distinctive because unlike other bourgeois tragedies they do not portray admirable male or female heros who represent and/or reconfirm threatened late eighteenth-century bourgeois social values and norms, that is, male domination and female virtue. It is quite clear that it cannot be argued that Lenz's Gustchen and Marie resemble Lessings Emilia and Sara, other than that all four were seduced. Marie and Gustchen do not show remorse for their lost virtue and are not required to die in the name of bourgeois chastity. They cannot be regarded as admirable and as models for the education of young women within the context of bourgeois morality. Lenz himself was rather strict about sexual morality, as is evident from his religious writings, and he

---

14 Dorothea von Mücke and Susan Gustafson believe, for example, that Miß Sara Sampson reestablishes the "order of the fathers" (von Mücke, S. 111) or the "patriarchal-Symbolic order" (Gustafson, S. 161) against the order of "mothers, daughters, women, female sexuality and the body" (Kenkel [wie Anm. 6], S. 557). Von Mücke, Dorothea E.: Virtue and the Veil of Illusion: Generic Innovation and the Pedagogical Project in Eighteenth-Century Literature, Stanford 1991; Susan E. Gustafson: Absent Mothers and Orphaned Fathers: Narcissism and Abjection in Lessing's Aesthetic and Dramatic Production, Detroit 1995.

had a problematic relationship to sexuality, his own included. Important here is that Lenz has no "design" on women readers or spectators, he is not using the powerful medium of the theater in order to teach and impose bourgeois norms, but rather, to expose the complexity of being a woman in a male-dominated society.

Among Lenz's male dramatic figures, Läuffer in *Der Hofmeister,* is the major character. He is as unique a protagonist as Marie, eluding aesthetic and ethical norms as clearly as she. It quickly becomes clear to any reader, male or female, that Läuffer is only vaguely cast in the mold of the seducer of domestic tragedy. He is not an aristocrat, but since he is Gustchen's teacher, he holds the power in their relationship. The dominant male seducer is marked by his clarity of purpose, by the certainty and directness with which he pursues his object of desire. Läuffer, on the other hand, rather slides into bed with Gustchen, as if by accident; in fact, Gustchen pretends that he is someone else, her Fritz, whom she loves and who is absent for the time being. Läuffer has an active, if not elevated,[15] sexual drive, and attempts to arrange some satisfaction for himself in this and other areas. He is not completely passive, but he is completely ineffective. None of the arrangements he has made with his new employer, be it for time off or for financial compensation, are met. Läuffer is powerless because he is poor. Because he needs the financial support of his employer, he cannot assert himself.

As a seducer, Läuffer is a failure. While the seducer of domestic tragedy diligently pursues the woman he loves, or says he loves, Läuffer is not sure. Gustchen's question, „Ich dachte, du liebtest mich" receives the response, „Laß mich denken..." and the stage directions: „bleibt nachsinnend sitzen" (Act II, scene 5).

In eighteenth-century gender debates, and in the extremely influential writings of Rousseau and of his imitators, men are described as purposeful, active, goal oriented, and dominant. When reading Lenz, the woman reader must conclude that Läuffer is not conducting himself much differently than women are said to behave: his feelings are confused and he is highly emotional.

Later, during Romanticism, the suffering and misunderstood hero is the norm, but, as I noted previously, most Romantic heroes are artists and furthermore, they frequently appear in fantasy tales, not in realistic drama like Lenz's. Lenz' new insight into the male psyche allows a different response from the woman reader than one elicited by strong and domineering male characters.

---

15 Koneffke (wie Anm. 12), S. 391.

IV. No extreme characters intended to control identification are portrayed in Lenz's dramas

The theory of identification is at the center of eighteenth-century dramatic aesthetics. Originating with Aristotle, Diderot and Lessing revised the theory and called for characters who resembled the bourgeois audience. Most important for Lessing, a dramatic character should not represent an extreme – he identifies Shakespeare's Iago as an unsuccessful dramatic figure because he is the personification of pure evil. Lessing's reason for rejecting extreme dramatic characters is that they hinder identification and compassion and therefore moral development.[16] In practice, however, Lessing does not adhere to his own theory. In both *Miß Sara Sampson* and *Emilia Galotti*, he introduces two extreme female characters, Marwood and Orsina. These two characters have been interpreted from numerous interesting perspectives. I would like to argue that by breaking his own rules, Lessing, for whom, according to Kenkel, "identification in bourgeois tragedy has a levelling effect on women,"[17] uses these two characters to direct and control women spectators' or readers' responses. By drawing such an extreme contrast between Marwood and Sara and Orsina and Emilia, rejecting the former as monsters, and elevating the latter as admirable heroines, the woman reader/spectator is not left in doubt with whom she should identify.

Lenz does not resort to such tricks. None of his characters represents an extreme, all of them, both male and female, are painfully, even embarrassingly human. There is no attempt to control or direct audience response to a particular character by opposing it to an extreme character. The spectator/reader, certainly the modern one, identifies with Lenz's dramatic characters and experiences compassion, but it is mixed with disbelief, and a growing apprehension and conviction that the world outside the theater is as unstable as that depicted on stage.

In bourgeois tragedy, gender relations may not be portrayed as just, for the female protagonists suffer because of aristocratic males, but it is clear that Emilia and Sara have transgressed bourgeois moral norms and that their remorse allows them to become reintegrated into the patriarchal order. Gender roles are reestablished and the social order is secured. To repeaat, gender roles are much less clearly defined in Lenz's plays, the absence of monstrous women contributes to that. The fragmented, rather than unified and autonomous dramatic figures which populate Lenz's plays, rebel against the existing social order. They do not succeed,

16 Kenkel (wie Anm. 6), S. 550.
17 Ebenda.

but they are not sufficiently punished, they are not killed or die, or are ostracized from their families or society. There seems to be no plan here to control the eighteenth-century spectator or reader, to frighten her into submission and domestication. This is particularly evident in the case of Gustchen. But even Marie receives better treatment at the hands of her father than her more unfortunate dramatic predecessors, for he is not judgmental, but rather grateful that he has been reunited with his daughter. Lenz's sympathy for human suffering, his showing both women's and men's struggle with their desires and the social and familial demands on them without condemning them, has a positive effect on women readers and allows them to negotiate a response to his writing which is not, a priori, controlled by the writer's didactic intentions.

V. Lenz' dramas do not promote a divided cultural sphere

This point is less evident than my previous four arguments demonstrating that Lenz's writing, specifically his *Hofmeister* and *Soldaten,* has no intention of inculcating bourgeois values and norms, particularly gender-specific roles, and therefore have no design on women readers and spectators. I believe, however, that it evolves out of these arguments and would like to submit that the non-participation of Lenz's characters' in the institutionalization of bourgeois gender norms, the absence of gender specific cultural roles, the lack of extremes in Lenz's characterizations, and the absence of strong male protagonists and virtuous female characters suggest that Lenz is not propagating the division of society into two separate spheres.

It is well known that eighteenth-century gender debates focusing on the difference between men and women divided society into two spheres, the public sphere of commerce and politics open only to men, and the private sphere of the household, to which women were relegated. Men, of course, inhabited both of these spheres, because they also lived in households, and had complete freedom to cross from one space to another without interference and at their will. Women had no such choice, their femaleness demanded that they inhabit the domestic realm only. There were some exceptions, actresses perhaps, but they were usually ostracized from society. If they hoped to marry, and for bourgeois women this was the only option since they were dependent on men for financial support, women were expected to conform and accept their preordained role as wife and mother, which could only be fulfilled in the domestic arena. Most women did conform. There were a few who openly questioned this social arrangement, and if they did not go so far as to challenge their cultural role, they at least contested women's mandatory submission to men. Most of these women were writers, the Swiss writer and journalist Marianne Ehrmann, for example, who edited a successful journal intended to educate women and raise their consciousness.[18] But most of the novels, plays, journals and treatises available to women readers conservatively supported dominant social norms.

Women reading Lenz's plays in the eighteenth-century must have been startled and surprised. The characters must have seemed simultaneously familiar and alien, and into this contradiction, this challenge to the reader's experience, the active reader must have been able to introduce her own interpretation, one not solely directed and controlled by the text's ideology. Recognizing the complexity of Lenz's fragmented characters who do not exist in a milieu whose fairness and stability is celebrated at the end of the drama, but who do not die for the sake of that milieu, women readers must have drawn conclusions about the world outside the theater and been able to imagine other possibilities. One of these possibilities would have been a social structure not determined by gender-specific roles.

In conclusion, I would like to return to my graduate school colleague's question referring to Lenz, "how can you read that stuff?" I can now give an answer. As a woman reader, I find that Lenz is more sympathetic to the complexity of women's situation and the injustice inherent in gender-specific roles than most other eighteenth-century writers. His textual and personal relationship to women was unique and more scholarly inquiry into this area would be useful. As is the case in literary research in general, not enough attention is being paid to female characters and to the portrayal of gender relations in Lenz's texts. In her 1992 article, Marianne Koneffke blames much of the misunderstanding of Lenzian female characters on Lenz's biographer's, Rosanow's negative interpretation. As paraphrased by Koneffke, „Hier ist für ihn alles klar: die jungen Mädchen sind blaß und fad, sentimenal, ihre Mütter alte Kokotten, und wie im Falle der Majorin von Berg im *Hofmeister*, neumodische Stutzerinnen und Zierpuppen."[19] Koneffke argues otherwise and succeeds in calling attention to Lenz's female characters as complex dramatic figures. There has been no rush in Lenz scholarship to remedy the dearth of feminist interpretations, perhaps because *die Wunde Lenz* leaves

---

18 Vgl. Marianne Ehrmann: Amaliens Erholungsstunden. Teutschlands Töchtern geweiht, 12 Jg., Stuttgart 1790-1792.

19 Koneffke (wie Anm. 12), S. 389.

so many other questions unanswered.[20] It remains a wide-open field
beckoning for more interpretations.

---

20 Gjestvang notes that few, but some scholars have paid attention to gender relations in
    Lenz. „Nur wenige neuere Arbeiten akzpetieren, daß Lenz in den Soldaten auch Ge-
    schlechterverhältnisse behandelt, daß ‚Herrschaftskritik' in den Stücken von Lenz
    auch Kritik der sexuellen Machtverhältnisse" bedeutet, oder daß Lenz ‚zwei Un-
    gleichheitssysteme' darstellt, von denen das eine ‚auf der Macht der Adligen gegen-
    über den Bürgerlichen, das andere auf der Macht der Männer gegenüber den Frauen'
    beruht" (S. 97). First quote from Matthias Luserke: Jakob Michael Reinhold Lenz:
    Der Hofmeister, Der neue Menoza, Die Soldaten, München 1993, S. 79, second quo-
    te from David Hill: Stolz und Demut, Illusion und Mitleid bei Lenz. In: Karin A.
    Wurst (Hrsg.): J. R. M. (sic) Lenz als Alternative? Positionsanalysen zum 200. Todes-
    tag, Köln 1992, S. 88.

HEIDRUN MARKERT

Streit um einen großen Livländer
Jegór von Sivers und die Anfänge der Lenz-Forschung

Mit meinem Beitrag möchte ich einen Einblick in die Anfänge wissen-schaftlicher Lenz-Rezeption in Livland, der Heimat des Dichters, geben – eine Rezeption, die anders motiviert war als die in Deutschland, wo Lenz im 19. Jahrhundert im Rahmen der Goethe-Philologie lediglich als zeitweiliger Weggefährte Goethes interessierte.[1] Ich wähle dieses Thema, weil die in Livland geführte Lenz-Debatte in Deutschland bisher kaum Beachtung gefunden hat. Sie erstreckte sich über einen Zeitraum von ca. 30 Jahren und wurde in Zeitschriften wie der *Rigaschen Zeitung*, dem *Inland. Eine Wochenschrift für Liv-, Est- und Kurlands Geschichte, Geographie, Statistik und Litteratur* und der *Baltischen Monatsschrift* geführt.[2] Ihre Zentralgestalt war Jegór von Sivers, der durch seine beharrliche und fruchtbare Arbeit Grund gelegt hat für unsere heutige Hochschätzung des Dichters und Menschen Lenz. Auf diese Leistung aufmerksam zu machen, gehört zu meinem Anliegen. Hier zunächst ein kurzer Umriß seines Lebens: 1823 in Livland als Sohn einer alteingesessenen Adelsfamilie geboren, studierte er von 1843 bis 1846 in Dorpat Natur- und Staatswis-

---

1 Vgl. z. B. Jegór von Sivers: Jacob Michael Reinhold Lenz und Goethe. In: Das Inland Eine Wochenschrift für Liv-, Est- und Kurlands Geschichte, Geographie, Statistik und Litteratur 23 (1858) 11, Sp. 180-84, hier Sp. 181 (fortan zit.: Das Inland): „Vielmehr scheinen die Studien über Lenz zum großen Theil aus dem Bestreben hervorgegangen zu sein, in objektiver Ruhe den Charakter sämmtlicher Erscheinungen festzustellen, welche den größten Dichter Deutschlands umgaben, und zu ermitteln, welchen Einfluß Goethe auf seine Umgebung und welche diese auf ihn ausgeübt hat."

2 Livland war im 19. Jahrhundert noch ebenso wie zu Lenz' Lebzeiten eine Provinz des russischen Kaiserreiches mit hohem deutschsprachigen Bevölkerungsanteil, der über ausgedehnten Landbesitz verfügte und in den öffentlichen Ämtern dominierte. Politische Zugehörigkeit einerseits und Bindung an westeuropäische Kulturtraditionen andererseits standen als identitätsstiftende Faktoren für die Deutsch-Balten in spannungsvollem Verhältnis. Für dessen Artikulation und Bewältigung stellte die Literatur ein wichtiges Medium dar. Dieser Umstand, der auch von motivierender Bedeutung für die livländische Lenz-Forschung war, spiegelt sich deutlich in den Programmen und Artikeln der deutschsprachigen Zeitschriften in den russischen Ostseeprovinzen, die unter vielem anderen auch aktuelle literarische und wissenschaftliche Diskurse vermittelten.

senschaften. Nebenher publizierte er Gedichte und Kritiken über aktuelle Literatur. Ab 1850 unternahm er Reisen nach Mittelamerika und durch Europa, bis er sich 1854 wieder endgültig in Livland ansiedelte, ohne die vor allem in Deutschland geknüpften Kontakte abbrechen zu lassen. Seine Amerikareise verarbeitete er literarisch in Gedichten und Reisedarstellungen.[3] Als Mitglied des Landtages engagierte er sich für die Autonomie Livlands und schrieb zahlreiche Artikel, u. a. auch zu dessen Geschichte und Literatur. 1873 ging Sivers als Dozent ans Baltische Polytechnikum nach Riga und erlangte hier die landwirtschaftliche Professur. Er starb bereits 1879 mit erst 56 Jahren in Riga.[4]

Über die livländischen Grenzen hinaus wurde Sivers zuerst bekannt durch sein 1855 in Berlin gedrucktes Buch *Deutsche Dichter in Rußland. Studien zur Literaturgeschichte.* Das Buch besteht aus zwei Teilen, die sich aufeinander beziehen. Der zweite Teil reiht in chronologischer Folge Dichter- und Dichtergruppenporträts aneinander, die von Textbeispielen und Kommentaren begleitet sind. Den ersten Teil bildet eine *Geschichtliche Einleitung*, die den europaweiten kultur- und politikgeschichtlichen Hintergrund und Bezugsrahmen für den zweiten Teil darstellt und zum Ausdruck bringt, daß es Sivers mit seiner Literaturgeschichte wesentlich darum ging, auf die Leistungen deutscher Dichter in Rußland als „Mittler"[5] zwischen West- und Osteuropa aufmerksam zu machen. Unter den nahezu 90 Dichtern hat auch Lenz seinen Platz neben seinem Zeitgenos-

3   Vgl. „Über Madeira und die Antillen nach Mittelamerika", „Cuba, die Perle der Antillen" (beide Bücher sind 1861 in Leipzig erschienen, jeweils mit dem Untertitel „Reisedenkwürdigkeiten und Forschungen"). Da diese Darstellungen nicht allein unterhaltenden, sondern auch wissenschaflichen Ansprüchen genügen sollten, waren Recherchen in größeren Bibliotheken in Deutschland nötig, Aufenthalte, die zugleich Sivers' Lenz-Forschungen und seinen Bemühungen um Kontakte zu Literaten und Gelehrten dienten, so z. B. zu L. Tieck und O. F. Gruppe in Berlin.

4   Vgl. Erika Spehr: Beiträge zu einer Monographie des Baltischen Schriftstellers Jegór von Sivers. Diss. Königsberg 1933, S. 3-11. Die Arbeit gibt biographische Informationen sowie einen bibliographischen Überblick über Sivers' Publikationen nebst Hinweisen auf die Standorte des heute z. T. schwer zugänglichen Materials.

5   Jegór von Sivers: Deutsche Dichter in Rußland. Studien zur Literaturgeschichte, Berlin 1855. Sivers charakterisiert die „Mittlerrolle" (Einleitung, S. XIX): „Es ist minder das fremde Blut, welches Nationen von Nationen trennt, als die Verschiedenheit der Bildungsstufe: denn gleich*gebildete* Völker [...] werden sich naturgemäß befreunden. – Die Aufgabe des Deutschen ist nicht die, fremden Stämmen eine fremde Kultur aufzunöthigen, sondern die vorhandene gesunde dem Volke innewohnende Kraft in eigenster Entwickelung zu fördern." (S. LXXVIII) An der Erfüllung dieser Aufgabe sieht Sivers – in deutlicher Nähe zu Herderschen Ideen – die Literatur als ein Medium der Bildung und Völkerverständigung maßgeblich beteiligt. Mit der Publikation seiner Literaturgeschichte verfolgt er das Anliegen, auf die Leistungen deutscher Dichter in Rußland in diesem Sinne aufmerksam zu machen.

sen Friedrich Maximilian Klinger und dem Rigaer Sturm-und-Drang-Kreis um Johann Christoph Berens. Im entsprechenden Teil der Einleitung betont Sivers die gesellschaftsgeschichtlich bahnbrechende Bedeutung des Sturm und Drang im allgemeinen und die der betreffenden baltischen Schriftsteller im besonderen. In seinem Lenz-Artikel charakterisiert Sivers den Dichter als „eigenthümliche[s], völlig selbständige[s] Genie"[6] unter seinen Mitstreitern. Gegen Gervinus' Abwertung der Lenzschen Dramen als „ganz zügellos und wild, und moralisch und ästhetisch gleich ungenießbar"[7] führt er verteidigend ins Feld: „Wir wollen nicht pedantisch um jenen Anstands- und Formverlust uns grämen, der den Umschwung geistiger Entwickelung hervorzauberte [...]. Wir behalten Lenz in freundlichem Gedächtnis!"[8]

Das Buch *Deutsche Dichter in Rußland* stieß in Livland auf breite öffentliche Resonanz, die sich vor allem in der Zeitschrift *Das Inland* kundgab. Bemerkenswert an den zahlreichen Rezensionen ist, daß sie in besonderem Maße gerade auf den Lenz-Artikel eingehen, in überwiegend kritischer, teils sogar provokanter Absicht. Gerügt wird vor allem der geringe Neuigkeitswert. Am prägnantesten tritt diese Tendenz in einem anonymen Artikel hervor. Der Verfasser appelliert in seiner Kritik am mangelnden Engagement für Lenz an den Patriotismus der Livländer, indem er ihnen mahnend und am Beispiel des gerade, 1857, erschienenen Lenz-Buches von Dorer-Egloff[9] die zunehmenden Aktivitäten im Ausland entgegenhält:

> So vermehren und vervollständigen sich also im Auslande die Urkunden vom Leben und Streben des größten dichterischen Talentes, das Livland (bis jetzt) hervorgebracht. Und wie ist es in der Heimath desselben? Der verewigte Dr. Dumpf in Fellin theilte mir einmal brieflich mit, daß er mancherlei Stoff zu einer Lebensbeschreibung Lenzens gesammelt habe. In wessen Händen befindet sich gegenwärtig das Gesammelte?[10]

Der Umstand, daß sich der öffentliche Tadel direkt oder unausgesprochen an Sivers wendete, hatte seinen Grund nicht allein im Ungenügen an dem Buch-Artikel, sondern er leitete sich zugleich von einer früheren, Sivers' erster und in Livland überhaupt singulären Lenz-Publikation aus

---

6 Ebenda, S. 41.
7 Georg Gottfried Gervinus: Geschichte der poetischen National-Literatur der Deutschen, Bd. 4: Von Gottsched's Zeiten bis zu Göthe's Jugend, 2. Aufl., Leipzig 1843, S. 582.
8 Sivers (wie Anm. 5), S. 46.
9 Edward Dorer-Egloff: J. M. R. Lenz und seine Schriften. Nachträge zu der Ausgabe von Ludwig Tieck und ihren Ergänzungen, Baden 1857.
10 Anonymus. In: Das Inland 23 (1858) 7, Sp. 116.

dem Jahre 1849 her. Der Artikel im *Inland* mit dem Titel *Eine Biographie unseres Dramatikers Jakob Michael Reinhold Lenz* hatte offenbar Erwartungen geweckt, die bisher nicht erfüllt worden waren.

Diese sechs Jahre zurückliegende Publikation war veranlaßt worden durch den Tod des livländischen Arztes und Lenz-Forschers Georg Friedrich Dumpf (1777-1849), den Sivers persönlich kannte. Sivers hatte sowohl auf dessen Arbeit an einer Lenz-Biographie als auch auf dessen Dokumentensammlung aufmerksam gemacht. Unüberhörbar war dabei, daß es Sivers nun, nach dem Ableben Dumpfs, mit seinem Artikel auch darum ging, die Hinterbliebenen dazu zu bewegen, *ihm* die hinterlassenen Lenz-Materialien zur weiteren Bearbeitung zur Verfügung zu stellen. Um seinen Wunsch zu rechtfertigen, hatte er seine Kenntnisse über Lenz betreffende publizistische Äußerungen und editorische Initiativen zusammenfassend dargelegt und auch sein generelles Einverständnis mit G. F. Dumpfs Absichten und Einstellungen in bezug auf Lenz und die durch diesen repräsentierte Sturm-und-Drang-Periode bekundet.[11]

Da in den Jahren nach dem Erscheinen von Sivers' erstem Lenz-Artikel die angekündigte Lenz-Biographie nicht an die interessierte Öffentlichkeit gelangt war und auch Sivers' neuer Lenz-Artikel darüber keine weiteren Auskünfte gebracht hatte, wird die nun verlautbarte Ungeduld der Kritiker verständlich. Die eindringlich aufgeworfene Frage: „In wessen Händen befindet sich gegenwärtig das Gesammelte?" mußte Jegór von Sivers empfindlich treffen, und er sah sich nun, 1858, genötigt,

---

11 Sivers setzte sich in Beziehung zu Äußerungen G. F. Dumpfs in der Vorrede zu dem 1819 von ihm herausgegebenen Lenzschen „Pandaemonium germanicum". Nach Sivers hatte hier Dumpf diese „kleine, wilde Schrift" eingeschätzt als „ein[en] nicht unwürdige[n] Beitrag zu den Schriften, die zu jener Zeit von den vorzüglichsten, damals aufstrebenden, in jugendlichem Lebensmuthe brausenden Männern ausgingen und sowohl durch Gehalt, als kecke Form beigetragen haben, in die schöne Literatur Deutscher Zunge die Freiheit zu bringen, welche jenes rege Leben hervorrief, das in wenigen Jahren sie neu gestaltete" (zit. nach Sivers: Das Inland 14 (1849) 26, Sp. 438). Sivers stimmte ein und führte Dumpfs Gedanken fort, indem er (Sp. 439) bemerkte, daß „jene Geister [...] den Umschwung geistiger Entwickelung, den in Vielem noch unüberschrittene Ausgangspunkt der Gegenwart erkämpften". Er verwies damit auf die anhaltende Bedeutung Lenz' und der mit ihm verwandten „Geister" für die eigene Zeit. Damit setzte er sich zugleich in Opposition zum jungdeutschen Postulat vom „Ende der Kunstperiode", demzufolge der Literatur jener Periode, einschließlich der des Sturm und Drang, jegliche Bedeutung bei der Bewältigung anstehender gesellschaftlicher Aufgaben abgehe – eine Auffassung, die auch der von Gervinus zwischen 1835 und 1842 verfaßten Literaturgeschichte zugrunde liegt (vgl. Karl Robert Mandelkow: Goethe in Deutschland. Rezeptionsgeschichte eines Klassikers. Bd. 1: 1773 bis 1918, München 1980, S. 122). Ein entschiedener Gegner dieser Auffassung war der Berliner Goethe-Verehrer Varnhagen von Ense (vgl. ebenda, S. 75–77), mit dem Sivers in den 50er Jahren engen Kontakt pflegte.

seine fortwährenden Aktivitäten sowie sein inzwischen erweitertes Wissen um „[d]ie vom Dr. Dumpf in Fellin gesammelten Materialien zu einer Biographie des Dichters Lenz"[12] offenzulegen.

Mit der Information, daß das begehrte Material an Tieck gegeben worden und mit dessen Nachlaß 1853 vermutlich an den Berliner Professor Rudolph Köpke gelangt sei, stellt Sivers nun öffentlich klar, daß die Dumpfsche Familie seinem Wunsch nicht entsprochen hatte. Noch zu Dumpfs Lebzeiten war es Sivers lediglich gelungen, einen flüchtigen Blick auf dessen Lenz-Sammlung zu werfen, denn der livländische Arzt hatte seinen Schatz eifersüchtig gehütet und bis zu seinem Tode daran festgehalten, die versprochene Lenz-Biographie zu schreiben. Hintergrund für Dumpfs Verhalten war, daß die Familie Lenz ihm den bei ihr verbliebenen Dichter-Nachlaß übereignet hatte, wegen seiner erklärten Absicht, den verehrten Lenz gegen Goethes ungünstige Äußerungen über dessen Charakter verteidigen zu wollen. Als aber auch Tieck 1820 im Zusammenhang mit seiner geplanten Lenz-Ausgabe Interesse am Nachlaß anmeldete,[13] sah sich Dumpf genötigt, seine Sammlung aufzuteilen und nur das zurückzubehalten, was ihm für die Biographie, die er als Teil der geplanten Lenz-Ausgabe zu schreiben übernommen hatte, notwendig erschien.[14] 1828 war dann die von Ludwig Tieck besorgte erste Lenz-Ausgabe herausgekommen, allerdings ohne den von Dumpf übernommenen biographischen Teil. Dumpfs ursprünglich weit gespanntes Forscher- und Liebhaber-Interesse am Dichter Lenz hatte sich unter dem Anspruch, diesen gegenüber Goethe rechtfertigen zu wollen, verengt. Diese Tendenz verstärkte sich noch durch die mit Tieck vereinbarte Arbeitsteilung, bei der sich Dumpf mit Verweis auf seine spezifische Kompetenz als Arzt für den biographischen Teil entschieden hatte.[15]

---

12 Das Inland 23 (1858) 11, Sp.180.
13 Vgl. Jegór von Sivers: J. M. R. Lenz und eine Bitte um Materialien zu seiner Biographie. In: Baltische Monatsschrift, Bd. XIII, 7 (1866) 3, S. 212): „Der in meinen Händen befindliche […] Briefwechsel […] ergiebt, daß Dr. Dumpf […] an eine Lebensbeschreibung des Dichters […] gegangen, […], als Ludwig Tieck (wie es scheint im April 1820) durch einen jungen Livländer Herrn von Freymann […] von Dumpfs Arbeiten und Absichten erfuhr. Durch Freymann wandte sich Tieck an den Oberpastor Lenz zu Dorpat, den Brudersohn des Dichters […]."
14 Zu den Nachlaß-Sendungen von Dumpf an Tieck und dem entsprechenden Briefwechsel vgl. Heidrun Markert: „Wenn zwei sich streiten…". Ein Brief zum Problem um den Lenz-Nachlaß: Lenz an Kraukling zur Mitteilung an Tieck. In: Z. f. Germ. (2000) 2, S. 369–378.
15 Vgl. Georg Friedrich Dumpf an Ludwig Tieck, Euseküll, 26. 5./7. 7. 1820: „[I]ch wage es zu glauben, daß eben der Arzt dieses unglücklichen Mannes Gemüthsstellung vielleicht, aus Gründen, darstellen kann mit allen Veranlassungen derselben. Wird also

Nach G. F. Dumpfs Tod hatte Sivers nun daran denken können, die
Bemühungen um Lenz nach eigenen Erwägungen fortzuführen. Seine
Vorstellung von einer Lenz-Biographie war von ihm bereits in jenem
ersten Lenz-Artikel (1849) umrissen worden: Es dürfte kein „dem Zusammenhang entrissene[s] bloße[s] Einzelbild" sein, vielmehr wäre „den
Lesern" mit einem sich „an die ganze Zeit, [...] anlehnenden Charakter-
gemälde"[16] gedient. Demnach sollte es darum gehen, den Werdegang
Lenzens im Zusammenhang mit den komplexen zeitgenössischen Bedingungen zur Anschauung zu bringen und damit zugleich Dumpfs auf
die Psychogenese des Dichters verengtes Biographie-Konzept zu erweitern bzw. zu überwinden. Daß ein solches Vorhaben unter den Bedingungen der aktuellen Quellenlage auch auf absehbare Zeit nicht zu realisieren sei, führte Sivers der Öffentlichkeit in seiner Erwiderung auf die
kritische Presse zu seinem Lenz-Artikel in *Deutsche Dichter in Rußland*
1855 überzeugend vor Augen.

Dennoch wurde die einmal in Gang gekommene Debatte um Lenz
im *Inland* fortgeführt. Neben Sivers, der weiterhin deren Zentralgestalt
blieb, exponierte sich zunächst der baltische Schriftsteller und im betreffenden Zeitraum als Redakteur des *Inlands* tätige Oskar Kienitz,[17] und
zwar als Provokateur und Widersacher Sivers'. Kienitz warf in Form von
klein gedruckten „Anmerkungen der Red." Fragen auf, die zu jener Zeit
auch unter Lenz-Forschern und Literarhistorikern des Auslands debat-
tiert wurden. Nicht zu verkennen ist, daß es ihm in seiner Rolle als Redakteur zugleich wesentlich darum ging, ein breites Publikum für die
Debatte zu gewinnen und das Interesse an der Zeitschrift selbst zu fördern. Entsprechend konzentrieren sich seine provokanten Äußerungen
auf besonders spektakuläre Momente der Biographie des umstrittenen
Livländers. So insistiert Kienitz auf der Erörterung moralischer Fragen
im Kontext der Beziehungen Lenz' zu Goethe und Friederike Brion, und

---

dieser biographische Versuch kein Kunstwerk [...] – so wird er doch, wenigstens das
Verdienst der Wahrheit haben und mehr bedarfs nicht, um Lenz den Menschen, von
allem Vorwurfe zu befreien. [...] Wollen Sie deshalb mir die Geschichte Lenzens
überlassen und seine Psyche zu verherrlichen übernehmen, so wird mein schönster
Wunsch vielleicht erfüllt." (Zit. nach P. Müller (Hrsg.): Jakob Michael Reinhold Lenz
im Urteil dreier Jahrhunderte. Texte der Rezeption von Werk und Persönlichkeit. 18.
bis 20. Jahrhundert, Bern u. a. 1995, Bd. 2, S 48 (fortan zit.: Müller).
16 Das Inland 14 (1849) 26, Sp.440.
17 Oskar Kienitz, geb. 1817 in Zelmeneeken (Kurl.), gest. 17. 1. 1859 in Dorpat; 1835
    bis 1840 stud. theol. in Dorpat, Hauslehrer in Livland, Pleskau und Kurl., Vorsteher
    in einer Privatlehranstalt in Lemsal, seit 1854 in Dorpat Mitred. des „Inland" (vgl.
    May Redlich: Lexikon deutsch-baltischer Literatur: eine Bibliographie, Köln 1989,
    S. 171).

er fragt nach Lenz' Geistesverfassung, die er alternativ unter den Aspekten von Wahnsinn oder Unmoral zur Diskussion stellt.[18] Darüber hinaus zweifelt er die Qualität der Lenzschen Dichtungen generell an,[19] wobei er sich vor allem auf die ästhetischen Maßstäbe und Kategorien Friedrich Theodor Vischers[20] beruft, ohne eigene Argumente beizusteuern. Ganz schulmeisterlich heißt es: „Was aber speciell unsern Lenz betrifft, so bitten wir jeden, der unsere Ansicht nicht theilt, besagte Aesthetik Band III von S. 114 an nachzulesen."[21] Sivers Erwiderungen folgen, in Abwehr haltloser Spekulationen, dagegen dem Prinzip, Generalisierungen grundsätzlich aus Dokumenten herzuleiten.

Um so auffallender sind seltene Passagen, die sich durch emotionale Diktion und poetisch gefärbte Verallgemeinerungen auszeichnen. So etwa, wenn er in der Debatte um Lenz' Abgang aus Weimar dessen Integrationsproblem auf komplexe psychologische und soziale Voraussetzungen zurückführt. Lenz sei ein

vom Schicksal, von den Menschen und von sich selbst so grausam behandelte[r] und bis zum Wahnsinn verfolgter Dichter. – Lenz gehörte zu den tragischen Erscheinungen, von denen Uriel Acosta sagt: ‚Ich bin von denen die am Wege sterben'; zu den Ahasvers im Reiche der Schönheit und des Gedankens; zu den Dichtern, denen die Poesie eben so wenig ‚eine hohe himmlische Göttin', als eine ‚milchgebende Kuh', sondern eine furchtbare Eumenide ist; denen ein dämonisches Schicksal schon in der Wiege den Fluch des Denkens und Empfindens auf die Stirn drückte. Die Griechen hätten aus einer solchen Erscheinung eine erschütternde Schicksalstragödie gebildet;

18 Vgl. Oskar Kienitz: „Die Rolle, welche Lenz der Friederike Brion gegenüber gespielt hat, war eine durchaus schlechte, und das werden alle *neu aufgefundenen Briefe* nicht wegdemonstriren." In: Das Inland 23 (1858) 7, Sp. 116. Entgegen der Meinung, Friederike habe Lenzens Liebe erwidert, meint Kienitz: „[D]er kranke Dichter […] könnte leicht geglaubt haben, was doch am Ende nur in seiner Einbildung existierte." (Das Inland 23 (1858) 22, Sp. 361) und mit Bezug auf die Beziehung zwischen Goethe und Friederike Brion fragt er: „Müßten wir nicht alle einen Dichter tadeln, der in einem Romane einen geschürzten Knoten also lösen wollte?" ´(In: Das Inland 23 (1858) 33, Sp. 541.) Die Abweisung Lenz' durch Friederike voraussetzend, vermutet Kienitz, dies könnte „die nächste Veranlassung gewesen sein, daß schon in Straßburg der Wahnsinn, wenn auch vorübergehend, bei Lenz ausbrach […]." In: Das Inland 23 (1858) 33, Sp. 542.
19 Oskar Kienitz: „so ist doch der poetische Werth seiner Werke gar nicht so hoch anzuschlagen: sie sind noch allzu roh, wie fast alles, das die Sturm und Drangperiode erzeugte. Man vergleiche die treffenden Urtheile von R. Prutz (in den ‚Vorlesungen über das deutsche Theater) über Lenz und Klinger". In: Das Inland 23 (1858) 7, Sp. 116. „So war auch Lenz ein Talent, ob dritten oder vierten Ranges, dies lassen wir hier ganz unentschieden […]" (In: Das Inland 23 (1858) 11, Sp. 180).
20 Friedrich Theodor Vischer: Aesthetik oder Wissenschaft des Schönen. Zum Gebrauche für Vorlesungen. Erste Ausgabe, Reutlingen, Leipzig 1846-1857.
21 Das Inland 23 (1858) 11, Sp. 181.

wir stoßen sie gewöhnlich mit moralischen Fußtritten in den Koth, und glauben uns dadurch als exemplarisch sittliche Menschen zeigen zu können.[22]

1859 bereits starb Sivers' Widersacher Kienitz, von dem noch wenige Wochen vorher im *Inland* ein dreiteiliger Artikel: *Die Sturm-und-Drang-Periode und J. M. Reinhold Lenz* erschienen war, in welchem er seine literarhistorischen Überlegungen resümiert und eine Linie vom Sturm und Drang zur Romantik, von Lenz zu Tieck, gezogen hatte. Dieser Artikel[23] ist von eigenem wissenschaftsgeschichtlichen Interesse, kann aber hier, wie verschiedene andere Aspekte der damaligen Lenz-Debatte in Livland, nicht eingehend vorgestellt werden. Der Kürze halber konzentriere ich mich im weiteren auf einen zentralen Teil der Debatte: auf die Diskussion um den vermißten Nachlaß des Dichters.

Nach dreijähriger Unterbrechung meldete sich Sivers 1861 wieder in Sachen Lenz zu Wort, mit dem Artikel *Jacob Michael Reinhold Lenzens schriftstellerischer Nachlaß und dessen Schicksale*. Aktueller Anlaß für diese Wortmeldung war ein Ereignis, mit dem Sivers große Hoffnungen verband: die bevorstehende Publikation eines Lenz-Buches aus der Feder des Berliner Literarhistorikers Otto Friedrich Gruppe[24], den Sivers persönlich kannte. Mit seinem Artikel im *Inland* sowie mit einem in wesentlichen Passagen gleichlautenden Brief[25] an Gruppe verfolgte der Livländer nun die Absicht, mit Hilfe des Berliner Professors das zu erreichen, was ihm selbst bisher versagt geblieben war, nämlich den an Tieck gegangenen Lenz-Nachlaß ans Licht der Öffentlichkeit zu befördern. Sivers setzte in seiner Strategie auf Gruppes Initiativen, im Interesse jenes Lenz-Buches Zugang zu erlangen zu dem bei Rudolph Köpke vermuteten Lenz-Material, also zu Material, auf das Sivers selbst aufmerksam gemacht hatte. Auf eine erste Nachfrage Gruppes hatte Köpke geant-

---

22 Das Inland 23 (1858) 22, Sp. 362.
23 Vgl. Das Inland 23 (1858) 48, Sp. 769-775; 23 (1858) 50, Sp. 809-814; 23 (1858)52, Sp. 833-844.
24 Otto Friedrich Gruppe steht als Beispiel dafür, wie sich auch innerhalb der Goethe-Philologie in Deutschland ein eigenständiges Forschungsinteresse an Lenz herausbildete. In der Einleitung zu seinem Ende 1861 publizierten Buch „Reinhold Lenz. Leben und Werke. Mit Ergänzungen der Tieckschen Ausgabe" heißt es: „Eben von Seiten Goethe's bin ich in diese Forschungen hineingezogen worden. Beschäftigt mit einer Darstellung seines [Goethes] Wesens und Wirkens [...], wurde ich bald zur Überzeugung geführt, daß zur Abgrenzung und Beleuchtung seiner Gestalt zunächst seine Umgebung und besonders sein Mitbewerber [Lenz] ins Auge zu fassen sei [...], hier aber durfte ich nicht scheuen, auch Seiten zu berühren, die möglicherweise jenem [Goethe] zum Nachtheil gedeutet werden könnten. Aber die Wahrheit galt über alles [...]." (Müller (wie Anm. 15), II, S. 159 f.)
25 Teilweise abgedruckt in Gruppes Einleitung zu seinem Lenz-Buch (ebenda, S. 161).

wortet, „daß von oder über Lenz nichts in Tieck's Nachlasse sich befindet".[26] Dagegen trat Sivers, trotz des ihm bekannten Bescheids an Gruppe, in seinem Artikel den Beweis an, „daß hinfort alle handschriftlichen Lenziana aus Dumpf's Nachlaß nur auf der Tieck'schen Fährte gesucht werden dürfen",[27] so abermals und in herausfordernder Weise auf Tiecks Nachlaßverwalter Rudolph Köpke hinlenkend.

Wenige Wochen später aber erfuhr Sivers aus dem Vorwort des inzwischen veröffentlichten Lenz-Buches von Gruppe, daß der „kundige Professor [...] und geschätzte College" Rudolph Köpke das Gesuchte doch in Händen habe, aber selbst „daraus noch publiciren wird, was der Erhaltung werth ist".[28]. Gruppe war es also nicht gelungen, des begehrten Materials habhaft zu werden und es in seinem Buch zu verarbeiten. Zumindest gedämpft waren damit zugleich Sivers' Erwartungen samt seiner Hoffnung auf eine „vervollständigte, kritisch geläuterte Sammtausgabe von Lenzens Schriften [...], denen sich sämmtliche Briefwechsel mit ihm und Briefe über ihn anreihen könnten".[29] Sivers, im Begriff, das Gruppesche Lenz-Buch trotz jener Defizite publizistisch zu würdigen, hielt ein, als ihm der damals in Berlin lebende Freiherr Wendelin von Maltzahn mit einer abwertenden Rezension zu Gruppes Buch zuvorkam. Aus dieser Rezension ging für Sivers unzweifelhaft hervor, daß der Autor in seiner Kritik an Gruppe mit Fakten und Argumenten operierte, die allein aus dem vermißten Lenz-Nachlaß stammen konnten,[30] und daß Maltzahn mit Köpke im Bunde sei. Ausgehend von dieser Entdeckung ging Sivers in seinem nächsten Artikel *Jakob Michael Reinhold Lenz, seine neuesten Biographen, Herausgeber und Kritiker* nur beiläufig auf die Beschaffenheit, vor allem aber auf die Schwächen des Gruppeschen Lenz-Buches ein:

---

26 Vgl. Das Inland 26 (1861) 39, Sp. 602.

27 Ebenda.

28 Vgl. Müller (wie Anm. 15), II, S. 162.

29 Das Inland 26 (1861) 39, Sp. 602.

30 Jegór von Sivers in: Das Inland 27 (1862) 19, Sp. 290: „Mit einer Anzeige der Gruppeschen Schrift beschäftigt, empfing ich von W. Freiherrn von Maltzahn [...], ein von ihm verfaßtes ‚Wort der Kritik' über das Gruppe'sche Buch, eine Kritik, welche durch 7 Spalten (Nr. 300 der Beilage zur ‚Vossischen Ztg.' 1861) mit größerer Genauigkeit auf die Einzelheit des Gruppe'schen Werkes zergliedernd eingeht. Die Nachweise aber, auf die der Freiherr von Maltzahn seine Kritik und seine Ausstellungen stützt, befinden sich derzeit in seinen und des Professor Köpke Händen, es ist [...] der durch Jahre vermißte und Tieck's Händen anvertraut gewesene Lenz-Dumpf'sche Nachlaß."

So lange nichts als schon Gedrucktes vorlag, mochte Prof. Gruppe sein Talent [...]
walten lassen, und stand es jedem Beurtheiler offen, [...], aus dem Dunkeln Ver-
muthungen, aus dem Zweifelhaften Gewißheiten heraus zu lesen [...][31]

Mit seiner Entdeckung war zugleich die Erkenntnis verbunden, als Forscher übergangen worden zu sein. In sichtlich um Sachlichkeit bemüh-
tem Ton, der nur mühsam die erfahrene Kränkung verdeckt, begründet
er die Aussetzung seiner angekündigten ausführlichen Gruppe-Rezen-
sion. Dennoch unbeirrt durch die geschilderte Situation, setzte Sivers
seine Suche nach Lebenszeugnissen Lenzens nun in Livland fort. Ermu-
tigung erfuhr er durch Textfunde in der Rigaer Stadtbibliothek[32] sowie
durch eine unerwartete Nachricht, die er im Frühjahr 1863 mitteilte:
„Der verloren gemeinte und später in Malzahns und Prof. Köpke's Händen geglaubte schriftliche Nachlaß Lenz's und Dumpf's hat sich zu Riga
im Besitze des Bischofs Dr. Walter nun doch wiedergefunden."[33] Diese
Entdeckung war um so überraschender, als ihm der Bischof 1861 eine
abschlägige Antwort auf seine entsprechende Nachfrage gegeben hatte.
Und gleichfalls überraschend war die sich mit dem Fund offenbarende
Tatsache, daß Köpke mit Tiecks Nachlaß nur einen Teil der für den
Berliner Dichter bestimmten Lenz-Papiere in Händen hatte, während der
andere Teil über fast 15 Jahre hinweg unbeachtet bei dem zum Über-
bringer bestellten Bischof Walter verblieben war.

Sivers rief zu Spenden auf, damit die Rigaer Stadtbibliothek den wie-
dergefundenen, nun von der Dumpfschen Familie zum Kauf angebote-
nen Nachlaß erwerben könne. Bis es zu diesem Ankauf kommen sollte,
vergingen noch mehrere Jahre.[34] Bis dahin verblieb der wieder aufge-
tauchte Nachlaß in den Händen des Bischofs, und es war nicht Jegór von
Sivers allein und nicht zuerst, dem der Geistliche Einblick in die wieder-
entdeckten Papiere gewährte. Die Brüder Heinrich und Woldemar von
Bock bekamen die Gelegenheit, als erste das versiegelte Leinwandsäck-
chen mit der Aufschrift *Nachlaß des Dichters Lenz nebst Schattenriß* zu öff-

---

31 Ebenda.
32 „Ein bisher unbekanntes Drama: ‚Die Sicilianische Vesper', so wie eine Reihe lesens-
    werther Aufsätze, sämmtlich bisher gedruckt, allen Literarhistorikern aber unbe-
    kannt – liegen bereits in Abschrift druckfertig da und werden nur deshalb der Öffent-
    lichkeit noch nicht übergeben, weil Aussicht vorhanden ist, eine neue Auflage der
    Gesammtwerke unseres Autors zu veranstalten." Vgl. J. v. Sivers: J. M. R. Lenz's
    handschriftlicher Nachlaß. In: Rigasche Stadtblätter 39/1863, S. 357 f., hier: S. 358.
33 Ebenda, S. 357.
34 1866 berichtet Sivers, daß der wiedergefundene, „gegenwärtig in meinen Händen
    befindlichen" Nachlaß „demnächst der Rigaschen Stadtbibliothek als Eigenthum zu-
    fallen" wird. Vgl. Baltische Monatsschrift Bd. XIII, 7 (1866) 3, S. 210.

nen. Woldemar von Bock[35] begann unverzüglich mit der Sichtung und Beschreibung der Papiere. In der dieser Beschreibung vorangestellten Einleitung rekonstruiert Bock Friedrich Dumpfs und Karl Petersens gemeinsame Sammel-Initiativen und berichtet u. a. von Äußerungen Walters über seine Rolle in den Nachlaßbewegungen: Den langjährigen Verbleib des Nachlasses bei ihm, der doch von der Familie Dumpf mit dessen Transport beauftragt worden war, hatte er mit Vergessen und die Wiederauffindung als Zufall gelegentlich eines Wohnungswechsels erklärt.

Während jene kommentierte Nachlaßbeschreibung[36] bis heute nicht gedruckt wurde, verarbeitete ihr Verfasser Teile des eingesehenen Lenz-Materials in seiner 1864 in der *Baltischen Monatsschrift* publizierten Abhandlung *Die Historie von der Universität zu Dorpat, und deren Geschichte*. Kritisch Bezug nehmend auf die aus seiner Sicht für die Einseitigkeit der damaligen Lenz-Forschung symptomatische Lenz-Monographie Gruppes, die zeige, „zu welchen interessanten Hirngespinsten die scharfsinnigste Konjekturalkritik nur zu leicht führen kann",[37] stellt er im Hinblick auf Lenz fest,

daß einer Seite seines geistigen Wesens weniger Beachtung zu Theil geworden, als ihm – einmal Gegenstand psychologischer Analyse geworden – gebührt hätte. Ich meine die vielfach in seinem Leben sich äußernde, mit seiner poetischen mitunter wunderlich genug kontrastierende Richtung auf das Practisch-Sociale. Einzelnes der Art ist von seinen Biographen wohl schon angemerkt worden, so namentlich von *Göthe* seine Hinneigung zum Militärwesen und dessen Reform. Diese Hinneigung ist aber nur eine bestimmte Form seines allgemeinen Geisteszuges nach dem *Pädagogischen* im weitesten Sinne. Dieser Zug scheint nur ein viel eigenthümlicherer und beständigerer seines Geistes gewesen zu sein, als seine Begabung für lyrische und dramatische Poesie [...][38]

35 Woldemar von Bock (geb. 1816 Kersel [Livl.], gest. 1903 Bamberg), Landespolitiker; 1835-1837 stud. jur. in Dorpat, Vizepräs. d. livl. Hofgerichts; lebte 1857-1866 in Riga, Mitarb. d. Baltischen Monatsschrift; seit 1845 Mitgl. und 1864-1866 Mitdir. d. Gesellschaft für Geschichte und Altertumskunde [GGuA] Riga, seit 1866 in Deutschland, um die livl. Landesrechte gegen russ. Angriffe publizistisch zu verteidigen. Vgl. Wilhelm Lenz (Hrsg.): Deutsch-Baltisches Biographisches Lexikon 1710-1960, Köln, Wien 1970, S. 80.

36 Aus Jakob Michael Reinhold Lenz's handschriftlichem Nachlasse. Nebst einer Einleitung v. W. von Bock, März/April 1863 (Standort: Handschriften- und Rara-Abteilung der Akademischen Bibliothek Lettlands in Riga: Latvijas Akadēmiskā Bibliotéka, Fonds 25, Ms. 1113, Nr. 35).

37 Woldemar von Bock: Die Historie von der Universität zu Dorpat und deren Geschichte. In: Baltische Monatsschrift, Bd. IX, 5 (1864) 2, S. 107-193; Fortsetzung: Bd. IX, 5 (1864) 6, hier: 5 (1864) 6, S. 499.

38 Ebenda, 6 (1864) 5, S. 499.

Eine von Lenz' „fixesten Ideen" sei „die Gründung einer für ‚die *Balti-schen Provinzen*' [...] möglichst erreichbaren [...] Universität"[39] gewesen. Abschließend meint Bock,

> daß es sonach wohl paradox, keineswegs aber absurd wäre, die Thesis aufzustellen: der Wahnsinn des unglücklichen *Jakob Michael Reinhold Lenz* könnte vielleicht kräftiger mitgewirkt haben, die baltische Universität aus dem Reiche der Gedanken in das Reich der Dinge einzuführen, als die Vernunft des wohlconditionierten *August Wilhelm Hupel*.[40]

Das spezifische Interesse des Historikers eröffnet hier, auf der Grundlage der gefundenen Quellen, den Blick auf den nichtpoetischen, „(p)ractisch-(s)oziale" Themen betreffenden Teil des Lenzschen Schaffens, der seitdem als Gegenstand der Lenz-Forschung seiner weiteren Bearbeitung harrt. Für den Livländer Woldemar von Bock und wenig später auch für seinen Landsmann Paul Theodor Falck waren diese Schriften vor allem in ihren Bezügen zu Livland von Interesse. Bocks Würdigung des sozial- und regionalgeschichtlich Interessanten an den gefundenen Schriften ist verbunden mit einer generellen Kritik an der zeitgenössischen Lenz-Forschung, insbesondere an der Tendenz zu einem einseitigen biographischen Psychologismus. Im Unterschied zu Falck konnte Bock Lenz' Dichtung nur verhältnismäßig wenig Interesse abgewinnen. Falck[41] dagegen stellte in seiner 1878 publizierten Lenz-Monographie[42] die bereits von Bock herausgestellten sozial- und regionalgeschichtlichen Aspekte in Lenzens Schriften auch als Kriterien bei seiner Erkundung der Dichterbiographie sowie bei der Deutung des poetischen Werkes in den Vordergrund. Mit seinem Buch versuchte Falck, die Verwurzelung Lenzens und seines Werkes in seiner livländischen Heimat darzulegen.

Wenn Jegór von Sivers in der Auseinandersetzung um Falcks Buch zu dessen erbittertem Gegner werden sollte, hat dies weniger zu tun mit

---

39 Vgl. ebenda, S. 508.
40 Ebenda, S. 522.
41 Paul Theodor Falck (geb. 1845 in Reval, gest. 1920 in Riga) studierte Wirtschafts- und Naturwissenschaften zunächst am Polytechnikum in Riga, dann in Leipzig, wo er 1870 zum Dr. phil. promovierte. Bis 1891 arbeitete er als Beamter der Estländischen Gouvernements-Regierung und der Baltischen Bahn in Reval, danach lebte er als freischaffender Publizist in Riga, publizierte Aufsätze zur heimatlichen Personenkunde und Kulturgeschichte. Vgl. Heinrich Bosse: Über den Nachlaß des Lenz-Forschers Paul Theodor Falck. In: Lenz-Jahrbuch 2 (1992), S. 112–117, hier: S. 112.
42 Der Dichter J. M. R. Lenz in Livland. Eine Monographie nebst einer bibliographischen Parallele zu M. Bernays' jungem Goethe von 1766–1768 unbekannte Jugenddichtungen von Lenz aus derselben Zeit enthaltend, hrsg. v. Paul Theodor Falck, Winterthur 1878.

der genannten thematischen Akzentuierung, als vielmehr mit Falcks wissenschaftlich unzuverlässigem Verfahren, zu dem auch Fälschungen[43] Lenzscher Texte gehören, sowie mit seinen ehrenrührigen Angriffen auf Sivers als einem überheblichen und „säumigen" Lenz-Forscher.[44] Falcks Provokationen verdanken sich allerdings vier Siversche Lenz-Studien: *Lenz und sein neuester Monograph,*[45] *Lenz als französischer Briefsteller und Autor, Die Sturmflut gegen Wieland* sowie *Lenzens Tod* – Studien, die unter dem Titel *Jacob Michael Reinhold Lenz. Vier Beiträge zu seiner Biographie und zur Literaturgeschichte seiner Zeit* im Juni 1879, wenige Wochen nach dem Tod des Autors, in Riga als Sammelschrift im Verlag der *Baltischen Monatsschrift* erschienen und Sivers' Souveränität im reflektierenden und darstellerischen Umgang mit dem gesammelten Material demonstrieren.

Während Bock 1864 neue Aspekte und Themen in die Lenz-Forschung eingebracht hatte, verfolgte Sivers weiter seine erklärten Ziele biographischer und editorischer Art und bekräftigte sie in einem 1866 in der *Baltischen Monatsschrift* publizierten Artikel mit dem Titel *J. M. R. Lenz und eine Bitte um Materialien zu seiner Biographie*. In die hier präsentierte, mit überleitenden Kommentaren versehene Dokumentation der Geschichte

---

43 Vgl. Heinrich Bosse: Lenz' livländische Dramen. In: A. Maler (Hrsg.): Literatur und Regionalität, Frankfurt a. M. 1997, S. 75–100, hier: S. 77: „Falck hat [...] seine Überzeugungen nicht besser darzulegen gewußt als durch Fälschungen." Vgl. auch Bosse (wie Anm. 36).

44 Vgl. Falck (wie Anm. 42): „Maltzahn wie auch Sivers versprechen schon sehr lange [...] Klarheit in die Lenz'sche Angelegenheit zu bringen, allein es geschah bis jetzt zu nichts." (S. XIV) Weiter heißt es in bezug auf Sivers: „[...] versehen ist möglich, weil ,irren menschlich ist', aber wo man sich ein unfehlbares Air giebt, wo man Menschen glauben machen will, was man selber nicht weiß, was man selber nicht gelesen hat, aber dennoch so citirt, und sich ein gelehrtes Ansehen giebt, da bin ich unbarmherzig und kenne keine Rücksichten [...]" (S. 58). Spitzfindig versucht Falck, die Sivers unterstellte Anmaßung und Unglaubwürdigkeit zu begründen, indem er sich z. B. bezieht auf dessen Äußerung in der Baltischen Monatsschrift 1866, daß Lenz „nicht 1750, wie die bisherige allgemeine Annahme lautet, sondern 1751, wie ich zuverlässig aus dem Sesswegenschen Kirchenbuche erfahren habe" geboren sei. Dabei vernachlässige es Sivers aber, die richtige Angabe Theodor Oldekops aus dem Jahre 1766 zu erwähnen, obwohl er 1855 in seinem Lenz-Artikel in „Deutsche Dichter in Rußland" behauptet habe, Oldekop gelesen zu haben, dort aber dennoch das falsche Geburtsjahr 1750 angegeben hatte (vgl. ebenda).

45 Hier findet die vernichtende Auseinandersetzung des Autors mit Falcks Lenz-Buch sowie mit den darin enthaltenen, auch andere Lenz-Forscher wie Sintenies, Düntzer und Suphan betreffenden Angriffen statt. Sivers Resümee: „Ich glaube erwiesen zu haben, daß Herr Falck Lenzen in garnichts genützt, vielmehr sich und dem guten Zwecke, welchem er mit schlechten Mitteln zu dienen vermeinte, wesentlich geschadet hat." (J. v. Sivers: J. M. R. Lenz und sein neuester Monograph. In: Ders.: J. M. R. Lenz. Vier Beiträge zu seiner Biographie und zur Literaturgeschichte seiner Zeit, Riga 1879, S. 1–28, hier S. 27.)

um den Lenz-Nachlaß, die gleichsam eine Geschichte der livländischen
Lenz-Forschung darstellt, flossen wesentliche Teile des bei Bischof Walter aufgefundenen Materials ein, so auch der Briefwechsel Georg Friedrich Dumpfs mit Karl Petersen, mit Ludwig Tieck und mit Verwandten
der Lenzschen Familie – Dokumente, die damit erstmals ans Licht der
Öffentlichkeit gelangten. Seinen Aufruf an die Öffentlichkeit um Mithilfe begründete Sivers mit der Bedeutsamkeit seines Vorhabens, nämlich,
„dem Andenken desjenigen unserer Landsleute ein würdiges Denkmal zu
setzen, der […] unter den deutschen Dramatikern keinen Nebenbuhler
hat, der ihn an Gewalt der Sprache, Frische des Dialogs und Schärfe der
Charakterzeichnung überträfe.‟[46]und der „nächst Göthe der unzweifelhaft begabteste jener Geister war, welche in Sturm und Drang der neu
sich gestaltenden deutschen Literatur Bahn brachen".[47]
  Die mehrfache Betonung der Landsmannschaft Lenzens in diesem
Artikel weist darauf hin, daß Sivers mit seinem Denkmal für den großen
Dichter in diesem zugleich den Repräsentanten Livlands zu ehren ge-
dachte. Über den weiteren Sinn und die Beschaffenheit seiner im Entstehen befindlichen Arbeit schreibt er:

> Da über das Leben unseres Dichters nur aus dem Zeugnisse seiner Mitlebenden
> geurtheilt, nur aus dem Vergleich der widersprechenden oder sich ergänzenden Nach-
> richten feste Schlüsse gezogen werden können, ein Rückurtheil aber über die mit ihm
> verkehrenden Zeitgenossen nur aus dem deutlich wieder hergestellten Bilde seiner
> Person und seiner Handlungen statthaft erscheint, so kam es mir bei einer eingehen-
> den Arbeit über Lenz, die ich vorhabe, darauf an, alles zu vereinigen, was irgendwo
> von oder über Lenz gedruckt oder geschrieben worden ist.[48]

Sivers' Absicht, Lenz in seinen Beziehungen zu Zeitgenossen und Weggefährten dokumentarisch vorzuführen - als Fundament künftiger Urteile, zielt zugleich auf eine Relativierung und Erweiterung der damals
durch die Goethe-Philologie fixierten literarhistorischen Perspektive auf
den betreffenden Zeitraum. Wenn Sivers beabsichtigte, Lenz' Leben zu
rekonstruieren, ging es ihm auch darum, Voraussetzungen für eine angemessene Würdigung des Werkes zu schaffen, ganz im Sinne der damals allgemeingültigen und auch von ihm geteilten Grundannahme, nach
der „Leben und Werk als eigentlich untrennbare Einheit aufeinander"
verweisen.[49]

---

46 J. v. Sivers: J. M. R. Lenz und eine Bitte um Materialien zu seiner Biographie. In:
    Baltische Monatsschrift. Bd. XIII, 3 (1866) 7, S. 210–225, hier: S. 225.
47 Vgl. ebenda, S. 210.
48 Ebenda, S. 210 f.
49 Hans-Martin Kruckis: Goethe-Philologie als Paradigma neuphilologischer Wissen-
    schaft im 19. Jahrhundert. In: J. Fohrmann, W. Voßkamp (Hrsg.): Wissenschaftsge-

Sivers' Rekonstruktionsverfahren ist das der Dokumentation. Neben der Vermittlung direkter Einsichten in die zeitgenössischen Diskurse, in die Lenz eingebunden war, besteht der eigenständige, bleibende Wert einer solchen Dokumentation auch darin, daß sie, einmal existent, bei Deutungsversuchen notwendig berücksichtigt werden muß, um dem Anspruch auf Wissenschaftlichkeit, d. h. auch auf Überprüfbarkeit der Aussagen, zu genügen.

Im Bewußtsein, damit eine Objektivierung und zugleich Korrektur des bestehenden Lenz-Bildes zu bewirken, konzentrierte sich Sivers fortan auf die dokumentarische Rekonstruktion des Lenzschen Lebens und seiner Zeit. Von der früher geäußerten Absicht zu einer Gesamtausgabe der Werke ist in den folgenden Jahren nicht mehr die Rede. Der hier besprochene, 1866 erschienene Artikel ist m. W. Sivers' letzte Äußerung zu Lenz, die zu seinen Lebzeiten an die Öffentlichkeit gelangte.[50] Dagegen künden Briefe und nachgelassene Schriften von fortgesetzten Bemühungen um die Realisierung seines „biographischen Denkmals" für Lenz. Zur Vervollständigung seiner Quellensammlung suchte er 1868 in Berlin die persönliche Begegnung mit Rudolph Köpke. Gemäß dessen Zusicherung wurden dem Livländer 1871, nach Köpkes Tod, die erbetenen Lenz-Materialien aus Tiecks Nachlaß zugesandt.[51] Dagegen verweigerte ihm Wendelin von Maltzahn seine Lenz-Materialien. Diese gingen, Maltzahns letztem Willen entsprechend, nach seinem Tod 1889 an den Kieler Literarhistoriker Karl Weinhold.[52]

Auch Jegór von Sivers stand seit Ende der 60er Jahre mit Karl Weinhold in Briefkontakt, der sich vermutlich über beider Interesse am Briefwechsel zwischen Lenz und Heinrich Christian Boie hergestellt

---

schichte der Germanistik im 19. Jahrhundert, Stuttgart, Weimar 1994, S. 451–493, hier: S. 456, a. S. 45: „Daß die Empirie als Basalverfahren und damit zentral die biographische Ableitung von Dichtung Vorrang haben müsse und sich hierauf jeder anspruchsvolle Umgang mit Literatur zu gründen habe, ist seit etwa 1840 Konsens."

50 Ein von Spehr genannter Artikel mit dem Titel „Die Sturm- und Drangperiode und die noch unbenutzten Quellen zu ihrer Geschichte" (Rigasche Zeitung 49/1871) war mir nicht zugänglich. Nach Spehr handelt es sich bei den „Quellen", auf die der Titel des Artikels hinweist, um den von August Stöber im Elsass aufgefundenen Röderer-Nachlaß (vgl. Spehr [wie Anm. 4], S. 71 f.).

51 Vgl. Jegór von Sivers an den livl. Schriftsteller A. W. von Wittorff, 12. 3. 1871. Zit. nach: Ebenda, S. 71: „Schrieb ich Ihnen, dass Prof. Köpke gestorben ist, mit dem ich gemeinsam die Lenziana bearbeiten sollte? Er hat mir allerhand Schriften vermacht, die nächstens hier anlangen sollen. So kommt denn endlich doch alles auf einem Punkte zusammen, wenn nur Wendelin von Maltzahn nicht so zähe wäre, mit dem Wenigen aber Interessanten, was er hat."

52 Vgl. die Einleitung zu: Karl Weinhold (Hrsg.): Gedichte von J. M. R. Lenz. In: Müller (wie Anm. 15), II, S. 278.

hatte. Weinhold veröffentlichte im Jahre 1868 ein Buch über letzteren,[53] von dessen Ausführung Sivers stark beeindruckt war. Selbst ein ähnliches Werk über Lenz zu verfassen, hatte er allerdings nicht im Sinn. Ihn beschäftigte vorrangig seine Dokumenten-Sammlung. Unter dem Zwang seines Anspruchs auf Vollständigkeit, sah er sich z. B. durch das unvorhergesehene Auftauchen neuer Quellen, wie des von Stöber gefundenen Briefwechsels zwischen Lenz und Röderer, veranlaßt, mit seiner Publikation zurückzuhalten. Offenbar zunehmend beunruhigt von dem Gedanken, das Begonnene nicht beenden zu können, wie auch von der Sorge, „daß Lenzens Nachlaß [...] wieder zerstückelt wird, wie es nach des Dichters, Dumpfs und Tiecks Tod geschah", wandte sich Sivers 1872 mit der Frage an Karl Weinhold,

> ob Sie sich bereit erklären in bei mir nicht erwünschten eigenem Todesfalle aus meinem Nachlaß alle handschriftlichen Lenziana u. Bearbeitung zu nehmen um ein Werk ähnlich dem über Boie auszuarbeiten?[54]

Dieses Angebot an Weinhold macht der Livländer aber von dessen Einverständnis abhängig, das übernommene Material zugleich in seiner Gesamtheit als eigenständiges Werk zu publizieren.[55] Es heißt in dem betreffenden Brief an Weinhold: „Ich lege auf den Abdruck der gesamten Correspondenz *größeres Gewicht* als auf die beste s[o] g[enannte] Biographie [...]."[56] Sivers' Anspruch auf die Publikation seines Werkes und sein Biographie-Konzept überhaupt hatten ihre besondere Berechtigung gerade im Hinblick auf Lenz' damals nur höchst lückenhaft bekannten Lebensgang sowie hinsichtlich der über diesen abgegebenen Urteile prominenter Stimmen und ihrer Kolporteure. Sivers' von ihm selbst als Biographie verstandene Dokumentensammlung ist durch keine auf abschließende Synthese gerichtete Lebensdarstellung ersetzbar, sondern vielmehr deren Voraussetzung.

Der so rastlos Tätige starb unerwartet 1879, ohne sein biographisches Denkmal veröffentlicht zu haben. Sein Nachlaß ging an Karl Weinhold. Dieser erwähnt Sivers in seiner Einleitung zu Lenz' Gedichten 1891 als

---

53 Karl Weinhold: Heinrich Christian Boie. Beitrag zur Geschichte der deutschen Literatur im achtzehnten Jahrhundert, Halle/S. 1868.

54 Jegór von Sivers an Weinhold, Raudenhof, 18. 4. 1872 (zit. nach einer im Druck befindlichen Lenz-Publikation von P. Müller.)

55 „Freilich würde ich im Bejahungsfalle noch die besondere Bedingung daran knüpfen auch den vollständigen Abdruck aller Brief von und an Lenz, so wie aller Briefstellen dritter Personen (seiner Zeit) über ihn chronologisch geordnet mit Rezensionsangaben, die bei mir handschriftlich und mit Quellenangaben versehen fertig liegen" zu besorgen (ebenda).

56 Ebenda.

„geistreiche[n], edle[n], vielverdiente[n] Livländer"[57]. Dessen großes Sammelwerk aber, das den Titel trägt *Jacob Michael Reinhold Lenz und seine Zeitgenossen. 1751–75. Dargestellt durch ihre Briefe und Urtheile von Jegór v. Sivers*, ist auch postum nicht erschienen. Es kam 1901, nach dem Tode Weinholds, als Teil von dessen Nachlaß in den Besitz der Preußischen Staatsbibliothek und ging, als wertvoller Quellenfundus genutzt, in den Publikationen späterer Lenz-Forscher auf – und damit als selbständiges Werk unter. Zu Dank verpflichtet fühlten sich Karl Freye und Wolfgang Stammler. Im Vorwort zu ihrem 1918 herausgegebenen Buch *Briefe von und an J. M. R. Lenz* heißt es:

> der Livländer Jegór von Sivers [...] hinterließ das Manuskript eines großen Werkes [...], das für die hier vorliegende Veröffentlichung sehr viele wichtige Anhaltspunkte bot.[58]

---

57 Zit. nach Müller (wie Anm. 15), II, S. 277.
58 Karl Freye, Wolfgang Stammler (Hrsg.): Briefe von und an J. M. R. Lenz, Leipzig 1918, S. V.

Dissonanz als Prinzip der Moderne
Zur Etablierung eines affirmativen Lenz-Bildes in der Rezeptionsgeschichte

Die Geschichte der Lenz-Rezeption ist ein weites Feld.[1] Sie stellt sich im großen und ganzen bisher wie folgt dar: Nach dem kleinen, aber einflußreichen Lenz-Porträt, mit dem Goethe sich 1814 in *Dichtung und Wahrheit* vom Sturm und Drang distanzierte, stand der bis dahin fast vergessene Autor bekanntlich in äußerst fragwürdigem Licht. Man denke beispielsweise an das geradezu erdrückend negative Urteil über Lenz 1840 in der *Geschichte der poetischen National-Literatur der Deutschen* des Literarhistorikers Georg Gottfried Gervinus, der Lenz „Dünkel", „Neid und Bosheit" unterstellte, der davon sprach, daß „keine Spur von eigentlicher Sittlichkeit in ihm gewesen zu sein scheint", der seine literarischen „Leistungen unter die traurigsten Beispiele [...] unsinnige[r] Verirrungen" zählte und der den Autor als „Opfer" von „Ueberspannungen"[2] pathologisierte. Es erübrigt sich, weitere Beispiele der ästhetischen und moralischen Abqualifizierung von Lenz im 19. Jahrhundert aufzuführen. Sie sind mehr oder weniger bekannt. Auch Goethes retrospektive Darstellung von Lenz, „die dessen Bild im 19. Jahrhundert arg getrübt hat"[3], braucht aus demselben Grund nicht weiter vorgestellt zu werden.[4] Wenn jedenfalls in der rezeptionsgeschichtlich orientierten Lenz-Forschung vom 19. Jahrhundert die Rede ist, dann mit einigem Recht von „einer langen Periode des Desinteresses, ja der Verfemung"[5] des Autors. Man fragte sich, „why

---

1 Der vorliegende Beitrag greift auf einzelne Ergebnisse meiner Habilitationsschrift zurück. Vgl. Ariane Martin: Die kranke Jugend. J. M. R. Lenz und Goethes „Werther" in der Rezeption des Sturm und Drang bis zum Naturalismus, Würzburg 2002.

2 G.[eorg] G.[ottfried] Gervinus: Neuere Geschichte der poetischen National-Literatur der Deutschen. Teil 1: Von Gottscheds Zeiten bis zu Göthes Jugend, Leipzig 1840, S. 581.

3 Georg-Michael Schulz: Jacob Michael Reinhold Lenz, Stuttgart 2001, S. 310.

4 Vgl. dazu Eva Maria Inbar: Goethes Lenz-Porträt. In: Wirkendes Wort 28 (1978), S. 422-429; David Hill: The Portrait of Lenz in „Dichtung und Wahrheit": a Literary Perspective, in: Jakob Michael Reinhold Lenz. Studien zum Gesamtwerk, hrsg. v. David Hill, Opladen 1994, S. 222-231.

5 Inge Stephan, Hans-Gerd Winter: „Ein vorübergehendes Meteor"? J. M. R. Lenz und

Lenz's journey to acceptance was so long"[6]. Insgesamt wurde in der
Lenz-Forschung die Abwehr des Autors im 19. Jahrhundert besonders
betont: er habe „im Schatten Goethes" gestanden, er sei „schnell vergessen" worden und erscheine „in der deutschen Literaturgeschichte" als
„eine zwiespältige Figur".[7] Kurzum, man sprach vom langen „Fortbeste-
hen" eines „Anti-Lenz-Syndroms".[8] Abgesehen von einem Interesse der
Romantik an Lenz, das mit dem Namen Ludwig Tieck verbunden ist,
abgesehen auch vom eher singulären Interesse Georg Büchners, der
wiederum als Vorläufer der Moderne gilt, habe ihn erst die Naturalisten
im ausgehenden 19. Jahrhundert entdeckt. Lenz sei zu einer „Kultfigur
innerhalb der naturalistischen Bewegung"[9] avanciert. Soweit der allgemeine Umriß, den es jedoch zu modifizieren gilt.

Die Naturalisten nämlich haben Lenz keineswegs urplötzlich, wie es
in einem Aufsatz zur Lenz-Rezeption im Naturalismus nachzulesen ist,
„nach über 60 Jahren literarischer Vergessenheit wieder in Erinnerung
gebracht"[10], sondern sie stehen in Traditionen des 19. Jahrhunderts, die
lediglich ihrerseits inzwischen in Vergessenheit geraten sind. Neben der
Diskreditierung von Lenz im 19. Jahrhundert, insbesondere von literar-
historiographischer Seite, ist zeitgleich die allmähliche Herausbildung
eines affirmativen Lenz-Bildes zu beobachten. Von diesem in wissenschaftsgeschichtlichen Zusammenhängen[11] zu verortenden Bild soll im
folgenden die Rede sein, von einem positiv konnotierten Bild, das sich in
der Moderne als Deutungsmuster etablierte und teilweise noch heute in
einigen Grundzügen reproduziert wird. Zunächst gilt es nach einigen
grundsätzlichen Bemerkungen zum Thema eine affirmative Tendenz der
Lenz-Rezeption im 19. Jahrhundert vorzustellen, auf die sich die Moderne dann bezogen hat.[12] Es sind nicht nur einige wenige „Lokalforscher

       seine Rezeption in Deutschland, Stuttgart 1984, S. 1.
  6 Alan C. Leidner, Karin A. Wurst: Unpopular Virtues. The Critical Reception of
       J. M. R. Lenz, Drawer 1999, S. XIV.
  7 Eva Maria Inbar: Shakespeare in Deutschland: Der Fall Lenz, Tübingen 1982, S. 1.
  8 Hans-Gerd Winter: Jakob Michael Reinhold Lenz, 2. überarb. u. aktual. Aufl., Stutt-
       gart, Weimar 2000, S. 133.
  9 Stephan, Winter (wie Anm. 5), S. 114.
 10 Sabina Becker: Lenz-Rezeption im Naturalismus. In: Lenz-Jahrbuch 3 (1993), S. 34-
       63, hier S. 34.
 11 Vgl. zur Wissenschaftsgeschichte des Sturm und Drang, die gerade für das Lenz-Bild
       aufschlußreich ist, Matthias Luserke: Lenz-Studien. Literaturgeschichte – Werke –
       Themen, St. Ingbert 2001, S. 29-52.
 12 Vgl. Ariane Martin: Die Nobilitierung der Krankheit. Zu einer Linie der Lenz-
       Rezeption im 19. Jahrhundert. In: Jakob Michael Reinhold Lenz. Vom Sturm und
       Drang zur Moderne, hrsg. v. Andreas Meier, Heidelberg 2001, S. 61-74.

und Außenseiter in der Literaturwissenschaft"[13], die – nach einem Wort
von Erich Schmidt – „kleine andächtige Gemeinde"[14] der „Priester des
Lenz-Kultus"[15], deren Wertschätzung von Lenz angesichts seiner verbreiteten Diffamierung kaum ins Gewicht falle, sondern durchaus ernst
zu nehmende Stimmen, die Gehör fanden. Zwar mag die diffamierende
Rezeptionslinie stärker ausgeprägt gewesen sein, als die affirmativen
Tendenzen, aber diese sind dennoch zur Kenntnis genommen worden
und boten entscheidende Anknüpfungspunkte für das positiv konturierte
Lenz-Bild der Moderne. Von diesem Lenz-Bild der beginnenden Moder-
ne wird abschließend zu sprechen sein, von Lenz' Aneignung durch die
Naturalisten.

Vorangeschickt sei, daß die Lenz-Rezeption im 19. Jahrhundert sich
generell am biographischen Element der problematischen psychischen
Disposition des Autors orientierte, am sogenannten Wahnsinn. Unterschiede zeigen sich lediglich in der Bewertung der Krankheit, die wiederum mit der Bewertung des Werkes korrespondiert. Die einen deuteten
die Krankheit als destruktive Größe, die anderen interpretierten sie als
ästhetisch produktive Kraft. Mit Blick auf den Begriff Dissonanz im
Titel des vorliegenden Aufsatzes ist ein kleines Beispiel zur Wertung der
Krankheit aus den zahlreichen Rezeptionszeugnissen herauszugreifen.
Dieses Beispiel, in welchem Krankheit als destruktive Größe begriffen
wird, illustriert plastisch, in welcher Weise Lenz als Typus begriffen und
metaphorisch geschildert wurde. Es operiert sehr charakteristisch mit
einer Metaphorik aus dem Bereich der Musik, und zwar in Anlehnung an
die traditionelle Harmonielehre, welche Dissonanz als Unstimmigkeit,
Mißklang oder Störung eines harmonischen Ablaufs auffaßt. Lenz nämlich wird dem Dissonanten zugeordnet. Es handelt sich bei dem ausgewählten Beispiel um eine Passage aus dem dreiaktigen Drama *Reinhold
Lenz* von Friedrich Geßler.[16] Dieses Drama (1867) entwirft ein äußerst
problematisches Bild der Titelfigur und ist damit der diskreditierenden
Linie der Lenz-Rezeption zuzuordnen. Die psychisch labile Konstitution
und der äußerst fragwürdige Charakter von Geßlers Lenz kulminieren
rasch in einen ersten Anfall von ‚Wahnsinn', wobei dieser Lenz irre in
folgenden quasi poetischen Bildern von seinem Zustand redet:

13 Winter (wie Anm. 8), S. 117.
14 Erich Schmidt: Lenz und Klinger. Zwei Dichter der Geniezeit, Berlin 1878, S. IV.
15 So unter Berufung auf Erich Schmidt M.[atwej] N.[ikanorovitsch] Rosanow: Jakob
    M. R. Lenz. Der Dichter der Sturm- und Drangperiode. Sein Leben und seine Werke,
    Leipzig 1909, S. III. Mit den „Priester[n] dieses Cultus", so die originale Formulierung
    bei Schmidt, war „eine kleine andächtige Gemeinde" gemeint, die sich um Lenz „ge-
    schaart" habe. Schmidt (wie Anm. 14), S. IV.
16 Vgl. Winter (wie Anm. 8), S. 117 f.

[...] noch tobt im Schädel wild
Und wirr in Dissonanzen die Musik
Weltphantasie, – allein es ist doch Nacht.[17]

Wirre Dissonanzen toben im Schädel dieses Lenz, Anzeichen von geistiger Verwirrung also, die den Betroffenen quälen. Aber der Hinweis auf
die ‚Nacht‘ signalisiert auch Finsternis. Sie symbolisiert das Chaotische,
Ungeformte, Sinnlose. Sie steht für eine jenseitige Welt ohne Licht, in
der es kein Leben gibt. Zugleich steht diese düstere Welt für das moralisch Schlechte, wie der Handlungsverlauf des Dramas zeigt. Die problematische psychische Befindlichkeit der Lenz-Figur ist in Anlehnung
an Gervinus’ Urteil aus üblen Charakterzügen wie Neid und Eifersucht
hergeleitet. Worauf es hier jedoch ankommt, ist die Rede von den mehrfach erwähnten „schrillen Dissonanzen“[18], die den ‚Wahnsinn‘ signalisieren: Dissonanz als Störung und Mißklang, das Gegenteil von Harmonie.

Nun steht Lenz auch bei ihm wohlwollenden Stimmen, von denen
nun zu sprechen sein wird, unter dem Zeichen von Dissonanz, nur eben
unter umgekehrten Vorzeichen, in gegenläufiger Wertung. Die affirmativen Tendenzen der Lenz-Rezeption sind in erster Linie in wissenschaftsgeschichtlichen Zusammenhängen zu verorten. Zunächst ist daran zu
erinnern, daß in der Literaturgeschichtsschreibung des 19. Jahrhunderts
die Ästhetik der Klassik favorisiert wurde. Der Sturm und Drang wurde
als problematische Durchgangsstufe angesehen, die es zugunsten der
Klassik zu überwinden galt, eine Sichtweise, die in *Dichtung und Wahrheit*
als Rezeptionsvorgabe angelegt war. Goethe sei diese Überwindung
gelungen, Lenz eben nicht. Entsprechend entwarf man von den Autoren
Goethe und Lenz repräsentativ gegensätzliche Bilder, mit denen wie
selbstverständlich operiert wurde.[19] Goethe stand für überwundenen
Sturm und Drang, für die Klassik. Lenz repräsentierte den Sturm und
Drang, der sich nicht zur Klassik geläutert hatte. Klassik – das bedeutete
Vernunft, Reife, Harmonie, Bändigung, Ausgeglichenheit und somit
Gesundheit und Stabilität. Sturm und Drang – das bedeutete dagegen
Unvernunft, Unreife, Wildheit, Disharmonie, innere Unruhe, Zerrissen-
heit und somit Instabilität und also Krankheit. Die mißbilligenden Urtei-
le über den Stürmer und Dränger Lenz durch Literarhistoriker wie Ger-
vinus, die im Zuge der Binnendifferenzierung der Germanistik an

---

17 Friedrich Geßler: Reinhold Lenz. Drama in 3 Akten. In: Friedrich Geßler: Gesammel-
    te Dichtungen, 2 Teile, Lahr 1899, Teil 2, S. 51-104, hier S. 93 f., Szene III/2.
18 Ebenda, S. 99.
19 Vgl. Ariane Martin: Goethe... und Lenz! Plädoyer für eine vergleichsorientierte Rezep-
    tionsforschung mit Blick auf den „Werther“. In: Goethe nach 1999. Positionen und
    Perspektiven, hrsg. v. Matthias Luserke, Göttingen 2001, S. 111-120.

Einfluß zunahmen,[20] sind vor dem Hintergrund dieser Opposition zu sehen. Die Pathologisierung von Lenz gestaltete sich hier als Stigmatisierung und Abwehr. Ästhetiker dagegen standen dem von der Literaturgeschichtsschreibung propagierten Schema durchaus skeptisch gegenüber und konnten einer Literatur, die dem Ideal der Klassik von Maß und Bändigung nicht entsprach, kunstphilosophisch etwas abgewinnen. Entsprechend wohlwollend gestaltete sich das Lenz-Bild von dieser Seite. Die Pathologisierung von Lenz erscheint hier in anderem Licht. Die Krankheit wurde nicht als destruktive Größe gedeutet, sondern im seit der Romantik breiten Diskurs um Genie und Wahnsinn als ästhetisch produktiver Motor. In theoretischen Reflexionen über den Zusammenhang zwischen psychischer Verfassung und ästhetischer Produktivität wurde die Krankheit von Lenz nobilitiert.

Seine positiv gewertete Integration in den Topos vom wahnsinnigen Dichter[21] als affirmatives Deutungsmuster ist prinzipiell schon 1848 angelegt in Friedrich Theodor Vischers *Aesthetik oder Wissenschaft des Schönen*. Der bekannte Ästhetiker hatte dort typologische Kategorien über das Maß der Phantasie systematisch niedergelegt, die es kurz zu erläutern gilt. In der Kategorie des Genies komme Phantasie uneingeschränkt zum Ausdruck. Das Genie sei dadurch notwendig dazu disponiert, Schönes zu schaffen. Eine weitere von Vischer entwickelte Kategorie ist „das *fragmentarische* Genie", für das der Ästhetiker den Grundsatz aufgestellt hat: „Es pflegt sich nicht gesund zu entwickeln, sondern zerfällt leicht mit sich und der Welt."[22] Unterscheidungskriterium zwischen vollständigem und fragmentarischem Genie ist in dieser klassifizierenden Zuordnung die Dichotomie gesund und krank, die im 19. Jahrhundert an Goethe und Lenz beispielhaft gehandhabt wurde. Tatsächlich nennt auch Vischer – allerdings ohne die in der Nachfolge von Gervinus üblichen moralisierenden Wertungen – Goethe als Beispiel für das vollständige, gesunde Genie, Lenz als Beispiel für das fragmentarische, das beschädigte, kranke Genie. Die Idee des fragmentarischen Genies zielt jedoch nicht auf Abwertung. Vielmehr artikuliert sich in ihr ein heroisches Kon-

---

20 Vgl. ausführlich die Studien von Jürgen Fohrmann: Das Projekt der deutschen Literaturgeschichte. Entstehung und Scheitern einer nationalen Poesiegeschichtsschreibung zwischen Humanismus und Deutschem Kaiserreich, Stuttgart 1989; Klaus Weimar: Geschichte der deutschen Literaturwissenschaft bis zum Ende des 19. Jahrhunderts, München 1989.

21 Vgl. Ariane Martin, Gideon Stiening: „Man denke an Lenz, an Hölderlin". Zum Rezeptionsmuster ‚Genie und Wahnsinn' am Beispiel zweier Autoren. In: Aurora 59 (1999), S. 45-70.

22 Friedrich Theodor Vischer: Aesthetik oder Wissenschaft des Schönen, Bd. 2, Reutlingen, Leipzig 1848, S. 392. Hervorh. i. Original.

zept tragischen Scheiterns, das auf Aufwertung hinausläuft. Um Schönheit zu schaffen, sind Widrigkeiten zu überstehen, „Zweifel, Kampf, inneres Unglück; aber" – so Vischer – „das reine Genie geht darin nicht zu Grunde, wie das fragmentarische, seine Gesundheit ist unzerstörbar".[23] Es überwindet im Unterschied zum fragmentarischen Genie seine Krisen. Die fragmentarischen Genies dagegen gehen zugrunde, weil sie die „ungetheilte Fülle der Phantasie"[24] mit den Anforderungen der Wirklichkeit nicht in Übereinstimmung bringen. „Sie können die wirkliche Welt nicht ertragen", sie stehen in einem ungelösten „Zwiespalt ihres Innern mit der Welt. Sie fallen daher leicht in Wahnsinn, wie Lenz".[25] Nicht Harmonie kennzeichnet das fragmentarische Genie, sondern Disharmonie, eine in sich unstimmig zwiespältige Befindlichkeit.

Dieses Schema ist von einiger wirkungsgeschichtlicher Relevanz. Der für das fragmentarische Genie konstatierte unlösbare Zwiespalt zwischen Ich und Welt, wie überhaupt die im 19. Jahrhundert häufige Rede von der Zerrissenheit des Künstlers, wurde spätestens seit dem Fin de siècle als Signum der Moderne interpretiert. Bei Vischer sind Kunst und Krankheit in einem theoretisch ambitionierten Konzept integriert, das den kranken Künstler und damit Lenz als tragische wie heroische Figur aufwertet. Dieses Konzept entfaltete eine wirkungsgeschichtliche Dynamik in der folgenden Lenz-Rezeption, indem es ermöglichte, Lenz gerade seiner Krankheit wegen als Künstler zu nobilitieren. Das affirmative Lenz-Bild der frühen Moderne hat hier seinen kunsttheoretisch anspruchsvollen Bezugspunkt.

Bevor von dieser Moderne die Rede sein soll, sei auf den Ästhetiker Josef Bayer verwiesen, der Lenz 1863 in seiner Dramengeschichte *Von Gottsched bis Schiller. Vorträge über die classische Zeit des deutschen Drama's* umfangreichen Raum widmete und ihn in ausdrücklichem Bezug auf seinen heute bekannteren Fachkollegen Vischer als ein „fragmentarisches Genie"[26] bezeichnete und der „Charakterform des Zerrissenen"[27] zuordnete. Bayer folgte Vischer nicht nur in terminologischer Anlehnung, sondern er folgte den theoretischen Vorgaben seines Vorgängers, die er forcierte, indem er sie an Lenz breit entfaltete und in der positiven Wertung zuspitzte. Wie Vischer sieht Bayer in Lenz und Goethe unterschiedliche Typen dichterischer Existenz, das fragmentarische und das vollständige Genie. Beide Autoren repräsentieren bei ihm gegenläufige

23 Ebenda, S. 394.
24 Ebenda, S. 391.
25 Ebenda, S. 392.
26 Josef Bayer: Von Gottsched bis Schiller. Vorträge über die classische Zeit des deutschen Drama's, Bd. 2, Prag 1863, S. 54.
27 Ebenda, S. 131.

Ausprägungen des Sturm und Drang, der eine vitale und eine melancholische Seite habe. Eine kleine Passage sei zitiert:

> In Göthe's Poesie ist Freudigkeit, Leben, Selbstvertrauen - auch der Schmerz nur das dunklere Blatt in dem vollen blühenden Kranz. Lenzens Poesie ist wie ein langsames Verbluten. Wenn wir seine bizarren Stücke lesen, so wendet sich das Mitleid von den Figuren, die er schildert, dem Dichter selbst zu, dessen fieberhafte Erregung wir überall herausmerken. Wir fühlen es, wie er an seiner poetischen Weltanschauung erkrankt ist, wie sich ihm das Auge schmerzhaft entzündet, mit dem er in die Tiefen des Lebens blickt. In seinen lyrischen Gedichten [...] blickt es uns an mit dem brechenden Blick eines durch seine Schwinge geschossenen Adlers. Mehrere [...] sind [...] von außerordentlicher Schönheit, und gehören zu den ersten wahren Gefühlsausbrüchen mitten zwischen den Rococo-Bijouterien der damaligen Lyrik. Es sind keine schönen Worte über Empfindung, sondern das Pulsiren der Empfindung selbst; beredte Pulsschläge, Thränen, die sprechen, während sie niederfallen, Seufzer, die zu gehauchten Worten werden, und irrend durch die Luft zieh'n.[28]

Hier artikuliert sich ein Verständnis für eine durch Leiden geschulte differenzierte Wahrnehmungsweise, die als unmittelbar in Kunst umgesezt begriffen wird. Die Schönheit, die hier als Ausdruck existentiellen Befindens vorgestellt wird, ist eine mit Wahrheit gleichgesetzte Schönheit, die als quasi sakrale Größe Relativierungen verbietet. Erst durch die problematische psychische Verfassung des Schöpfers Lenz konnte sich diese Schönheit als Werk gewordene Empfindung realisieren. Die Krankheit, das Leiden des Dichters, seine Zerrissenheit, sind hier unter produktionsästhetischen Gesichtspunkten keine destruktive Größe mehr, sondern das Gegenteil, der produktive Motor seiner Kunst.

Mit der positiven Bewertung der psychisch problematischen Disposition des Dichters ist im wesentlichen das Lenz-Bild der frühen Moderne vorweggenommen oder zumindest vorformuliert. Es verwundert nicht, daß die Naturalisten sich entsprechend auf Bayer bezogen haben. So hat etwa Wilhelm Arent – der Herausgeber der *Modernen Dichter-Charaktere*, jener berühmten naturalistischen Lyrikanthologie, der bekanntlich zwei Lenz-Mottos vorangestellt sind – Bayers Ausführungen über Lenz besonders geschätzt. Es sei das „Beste", das seines „Wissens bis jetzt über den Dichter geschrieben wurde".[29] Und Arent berief sich auch auf den „Ausdruck des berühmten Aestetikers Friedrich Theodor Vischer", indem er Lenz zu den „fragmentarischen [...] Genies"[30] zählte. Mit der Nobilitierung der Krankheit als ästhetisch produktive Kraft ist die Ästhetik der Moderne umrissen, eine Ästhetik des Brüchigen und Gefährde-

---

28 Ebenda, S. 70 f.
29 [Wilhelm Arent:] Reinhold Lenz. Lyrisches aus dem Nachlaß aufgefunden von Karl Ludwig, Berlin 1884, S. VII.
30 [Wilhelm Arent:] Verschollene Dichter. Biographisch-kritische Aphorismen von Hermann Walter, Berlin 1887, S. 3.

ten, des Problematischen und Kranken, wie sie im positiv gewendeten
Autorbild von Lenz präsent war und von den Naturalisten in identifika-
torischer Aneignung propagiert wurde.

Dies wird besonders deutlich in Max Halbes Essay *Der Dramatiker
Reinhold Lenz*, der 1892 anläßlich des 100. Todestages in der naturalisti-
schen Monatsschrift *Die Gesellschaft* erschien, neben Arents berüchtigter
Mystifikation *Reinhold Lenz. Lyrisches aus dem Nachlaß aufgefunden von Karl
Ludwig*[31] und den Lenz-Mottos der *Modernen Dichter-Charaktere* sicherlich
eines der wichtigsten Zeugnisse naturalistischer Lenz-Rezeption. Halbes
Text zielt forciert auf Identifikation und beschwört unter Berufung auf
Lenz Dissonanz als Prinzip der Moderne. Das Element des Disharmoni-
schen, das bereits 1886 in der *Gesellschaft* als notwendig und charakteristisch für naturalistische Literatur proklamiert worden war, die „disharmonisch" sein müßte, „gerade so disharmonisch, wie die Wirklichkeit",[32]
dieses Element ist auch in Halbes Essay in der psychisch problematischen Disposition von Lenz begründet, wobei die Krankheit Lenz' als
schöpferische Potenz gedeutet ist. In das Werk von Lenz sei „alle Qual
und Verzweiflung eines zerrissenen Lebens"[33] eingegangen. Dieses Element des Leidens, mitsamt dessen schmerzlichen Bewußtsein und
schließlich dem ästhetischen Mehrwert, der daraus zu ziehen ist, indem
das Leiden an der Welt in Kunst transzendiert wird, gilt bei Halbe als
moderne Empfindung, als Voraussetzung für die heroische Existenz des
Modernen, als die er sich selbst sah. Max Halbe zufolge „krankte" Lenz
wie „wir Modernen", denn obgleich seine Helden, „diese starken, vollen,
stürmischen Menschen, welche unsere Urgroßväter und Urgroßmütter
waren", „noch nichts wußten von Decadence und Fin de siècle Pariser
und Berliner Marke", war „ihr geistiger Vater und Schöpfer ein krank-
heitgezeichneter Mann"[34]. Lenz also war des pathologischen Moments
wegen ein Moderner. Seiner pathologischen Disposition wegen, die als
besonderes Charakteristikum dieses Autors im Verlauf des 19. Jahrhunderts festgeschrieben worden war, habe Lenz Ähnlichkeit mit „uns

---

31 Vgl. dazu Ariane Martin: Biographische Travestien. Formen künstlerischer Selbstin-
    szenierung in der Moderne. In: Literatur und Leben. Anthropologische Aspekte in der
    Kultur der Moderne. Festschrift für Helmut Scheuer zum 60. Geburtstag, hrsg. v.
    Günter Helmes, Ariane Martin, Birgit Nübel, Georg-Michael Schulz, Tübingen 2002,
    S. 117-139, hier S. 120-125.

32 Julius Hillebrand: Naturalismus schlechtweg! In: Die Gesellschaft 2 (1886), S. 232-
    237, hier S. 237.

33 Max Halbe: Der Dramatiker Reinhold Lenz. Zu seinem hundertjährigen Todestage.
    In: Die Gesellschaft 8 (1892), S. 568-582, hier S. 581. Halbes Essay ist als Reprint
    wiederabgedruckt in: Jakob Michael Reinhold Lenz im Spiegel der Forschung, hrsg. v.
    Matthias Luserke, Hildesheim u. a. 1995, S. 127-141.

34 Ebenda, S. 574.

selbst, uns verlorene[n], dämmernde[n] Kinder des Heute".³⁵ *Des Jahr-hunderts verlorene Kinder*³⁶ – der Titel von Arents Eröffnungsgedicht der *Modernen Dichter-Charaktere* klingt hier an. Das Leben von Lenz jedenfalls, seine Biographie, knüpfte Halbe an das Werk dieses Autors, das dadurch erst seine spezifisch moderne Qualität erhalten habe und in seiner para-doxen Zeitlosigkeit für die Moderne aktualisierbar geworden sei. Mit einigem Pathos heißt es in seinem Lenz-Essay: „So weitet sich das Zeit-bild zum Weltbild, und der Schrei des zertretenen Individuums gellt durch die Jahrhunderte."³⁷

Der gellende Schrei – das Pathos, mit dem Max Halbe in ahistori-schem Geschichtsverständnis historische Bewegung beschreibt, ist ge-prägt von akustischen Metaphern in Verbindung mit Bildern des Lei-dens. Die Wirkung des Werks von Lenz „für uns Urenkel" wird beispielsweise als „eine melancholische Lust" beschrieben, es sei „ein ferner, ferner, süßer Klang im Ohr".³⁸ Diese akustische Metaphorik wird dichter, je mehr Lenz sich in den Augen Max Halbes dem sog. Wahnsinn genähert habe. „Wie in einem einzigen, langhingezogenen, süßen, schril-len, zerrissenen Ton", so heißt es gegen Ende des Essays über das Stück *Der Engländer*, „klang die Lenzische Dramatik aus", in einer „Extase des Gefühls, welche die Grenzen zwischen Wahn und Wirklichkeit über-springt."³⁹ Gellende Schreie und schrille, zerrissene Töne, mit einem Wort: Disharmonie, Dissonanz ist das Prinzip der Moderne, das in Hal-bes Essay am Beispiel Lenz proklamiert wird.

Die akustische Metaphorik umfaßt das Bild des Instruments, genauer: des Saiteninstruments. Nicht nur Max Halbe, auch andere Naturalisten haben diese durch eine längere Tradition bewährte Metapher für den Autor des Sturm und Drang gewählt. Wilhelm Arent beispielsweise sprach von der „zartbesaitete[n] Dichterpsyche"⁴⁰ Lenz. Oder Karl Henckell, der ein Vorwort zu den *Modernen Dichter-Charakteren* beigesteu-ert hatte, meinte über die Stürmer und Dränger, „Feuergeister tun gut, ihr Instrument mit Asbest zu imprägnieren", aber Lenz habe „Wachs statt Asbest" gewählt und „mußte" somit „mitten in seinem rührenden

35 Ebenda, S. 578.
36 Vgl. Moderne Dichter-Charaktere. Mit Einleitungen v. Hermann Conradi u. Karl Henckell, hrsg. v. Wilhelm Arent, Leipzig 1885, S. 1.
37 Halbe (wie Anm. 33), S. 578.
38 Ebenda, S. 574.
39 Ebenda, S. 582.
40 Arent (wie Anm. 29), S. VIII.

Schicksalslied samt der zartbesaiteten Leier in Flammen aufgehen".[41] Die
Vorstellung vom Dichter als Sänger ist ein derart allgemeiner Topos, daß
sich ein Kommentar erübrigt. Die damit zusammenhängende, etwas
speziellere Metapher des Saiteninstruments hat ebenfalls eine recht lange
Tradition, die bis in die Antike zurückreichen dürfte, zumindest aber seit
dem 18. Jahrhundert in besonderer Weise ausgeprägt war und sich seitdem semantisch differenzierte. Es sei daran erinnert, daß die Metapher
des Instruments mit der Annahme, daß „die Neigungen des Menschen
den Saiten eines Musikinstrumentes gleichen, dessen Wohlklang von der
richtigen Stimmung abhängt", auf Shaftesbury zurückzuführen ist und
„Shaftesburys ‚Saitengleichnis'" seit dem Beginn des 18. Jahrhunderts
„schnell zu einem Grundmotiv der empfindsam-optimistischen Moral-
lehren und der ihnen verbundenen Poetik des Mitleids"[42] geworden ist.
In der Moderne ist dies signifikant umbewertet worden. In Max Halbes
Essay *Der Dramatiker Reinhold Lenz* ist die an die Metapher des Saiteninstruments geknüpfte Morallehre nämlich in eine Kunstlehre verwandelt
worden. Das Mitleid mit dem Leiden des Zerrissenen ist nicht mehr
moralisch begründet, sondern ästhetisch motiviert. „Das Instrument war
zerschellt, aber die Klänge, die sich von seinen Saiten losgelöst und gestaltet hatten, haben es überdauert und rauschen weiter durch die hor-
chende Stille der Zeiten"[43] – so heißt es gegen Ende von Halbes Essay
über Lenz, um ihn als den „Ahnherrn des Naturalismus" zu bestimmen
und den Text dann mit Worten aus Friedrich Nietzsches *Also sprach
Zarathustra*[44] abzuschließen und Lenz als den wiederkehrenden Gott der
Moderne zu verkünden: „Ich komme *wieder*, mit dieser Sonne, mit dieser
Erde, mit diesem Adler, mit dieser Schlange...."[45]. Der Naturalismus
definiert sich über Lenz durch Nietzsches Philosophie der ewigen Wie-
derkehr als reinkarnierter Sturm und Drang. Dissonanz wird unter Berufung auf Lenz als Prinzip der Moderne beschworen, womit ein affirmatives Lenz-Bild, das im 19. Jahrhundert angelegt war, sich um 1900 als
zumindest gleichberechtigt neben den diversen Diskreditierungen des
umstrittenen Autors im literarischen Feld etablierte.

41 Karl Henckell, zitiert nach: Jakob Michael Reinhold Lenz im Urteil dreier Jahrhunderte. Texte der Rezeption von Werk und Persönlichkeit 18.-20. Jahrhundert, hrsg. v. Peter Müller, unter Mitarbeit v. Jürgen Stötzer, Bern u. a. 1995, 3 Bde., Bd. 2, S. 324 f.
42 Friedrich Vollhardt: Das Problem der ‚Selbsterhaltung' im literarischen Werk und in
den philosophischen Nachlaßschriften Georg Büchners. In: Zweites Internationales
Georg Büchner Symposium 1987, hrsg. v. B. Dedner, G. Oesterle, Frankfurt a. M.
1990, S. 17-36, hier S. 34.
43 Halbe (wie Anm. 33), S. 582.
44 Vgl. Friedrich Nietzsche: Sämtliche Werke. Kritische Studienausgabe in 15 Bdn., hrsg.
v. G. Colli, M. Montinari, Bd. 4, München 1980, S. 276.
45 Halbe (wie Anm. 33), S. 582. Hervorh. i. Original.

Abschließend sei angesichts des affirmativen Lenz-Bildes der frühen Moderne zu bedenken gegeben, daß rezeptionsgeschichtlich erklärbare Zuweisungen mit dem realen Autor des 18. Jahrhunderts, mit Jacob Michael Reinhold Lenz, zwar nur recht wenig zu tun haben, wir aber teilweise noch immer mit diesen Zuweisungen operieren. Wenn wir beispielsweise von der ‚Wunde Lenz‘ sprechen, ein Bild, das zweifellos auf Verletzung, Beschädigung und Krankheit zielt, dann partizipieren wir am Lenz-Bild, wie es die Naturalisten für die Moderne als Identifikationsmuster propagiert hatten. Aber vielleicht brauchen wir, wenn wir die Moderne als Verlustgeschichte begreifen, auch brüchige Helden wie Lenz, Vertreter einer Ästhetik des Lädierten und Fragmentarischen, Märtyrer oder säkularisierte Christusfiguren, kurzum, die Attraktivität der Leidensgeschichten.

JAN KNOPF

Die Kastration von Lenz' „Hofmeister" durch Brecht

Mein Beitrag zur Konferenz *Die Wunde Lenz* kann keine Wunde heilen, nicht einmal lindern. Er soll in ihr bohren, um die inneren Widersprüche herauszutreiben. Im Mittelpunkt steht – der Überschrift zum Trotz – nicht Bertolt Brecht, sondern Lenz, denn: Alles, was für Lenz gilt, gilt auch für Brecht, freilich ex negativo, weil dieser den Lenz-Text um eine ganze Dimension ‚kastriert'. An wenigen Beispielen aus Brechts *Hofmeister*-Bearbeitung und an seiner Auffassung, wie nachfolgende Dichter mit vorangegangen umgehen sollen, läßt sich dies zeigen.

Lenz' *Hofmeister* weist – das ist längst kein Geheimnis mehr – eklatante Unstimmigkeiten auf. Weniger bekannt ist, daß die Häufung körperliche Grobheiten kaum zufällig sein kann. In der letzten Szene heißt z. B. eine Regieanweisung, nachdem der Major den ‚Bastard' als „Mein allerliebstes Großsöhnchen! (*schmeichelt ihm*) meine allerliebste närrische Puppe!" geherzt hat: „*Wirft das Kind ins Kanapee*.".[1] Da der Knabe, der an anderer Stelle noch ein Mädchen ist, schon einmal fallen mußte, weil der Hofmeister angesichts seines Anblicks ohnmächtig wird, und dessen Redaktion war, in heftiges Schreiben auszubrechen,[2] so wird man bei Inszenierungen wohl kaum umhin kommen, die letzte Szene bis zu dem Zeitpunkt, als Fritz ‚seinen' Sohn im Kanapee umarmt,[3] mit Kindergebrüll zu unterlegen. Zugleich fragt man sich, was dieser Vorgang – das Kind wird wie eine störende Sache behandelt, für den Kontext bedeutet.

Dies gilt auch für weitere Stellen, in denen drastische Körperlichkeit eingesetzt wird. Wenn sie fehlten, würden sie wohl kaum vermißt werden. Als der Geheime Rat die Nachteile des Hofmeisterlebens aufzählt, besteht er darauf, auch die ‚Niederungen' menschlicher Körperlichkeit aufzusuchen: „Punsch trinken, wenn er p-ss-n möchte, und Karten spielen, wenn er das Laufen hat."[4] Überflüssigerweise wird noch einmal über

---

1 Jakob Michael Reinhold Lenz: Der Hofmeister oder Vorteile der Privaterziehung. Eine Komödie. In: Ders: Werke und Schriften II, hrsg. v. B. Titel, H. Haug, Stuttgart 1967, S. 9-104, hier: S. 101 (fortan zitiert: Lenz).
2 Ebenda, S. 77.
3 Ebenda, S. 103.
4 Ebenda, S. 25.

das ‚Pissen' gesprochen, so, wenn Bollwerk Pätus' Angebot, beim Duell
sein Sekundant zu sein, mit den Worten ablehnt: „Willst du mir den
Handschuh vielleicht halten, wenn ich vorher eins übern Daumen pis-
se?"[5] Um des Leibes Nöte geht es auch bei Wenzeslaus, als er über eine
jüdischen Sekte berichtet, deren ‚Enthaltsamkeit' ihm bis auf die Tatsache, daß sie „des Sonntags nicht einmal ihre Notdurft verrichteten"[6],
vorbildlich erscheint. Alle drei Stellen sind für die Handlung und deren
Fortgang völlig unwichtig. Sie können nur den Sinn haben, bei jeder sich
bietenden Gelegenheit auf den ‚niederen' Materialismus des Menschen
zu verweisen und dessen Körperlichkeit zu betonen.

Dies wird mit ‚Kleinigkeiten' fortgeführt. Nachdem Wenzeslaus und
Läuffer gegessen haben – vom Essen ist an fast zehn Stellen mehr oder
minder ausführlich die Rede –, wobei Läuffer sich überfressen hat, rei-
nigt er sich mit einem Zahnstocher die Zähne. Wenzeslaus reagiert über-
zogen und unterstellt Läuffer, nicht einmal „für Euren eignen Körper
Sorge tragen" zu können. „Zähnestochern" nennt er kurzerhand
„Selbstmord".[7] Diese Reihe läßt sich fortsetzen. Graf Wermuth faßt die
Majorin in vertrautem Gespräch in durchaus anzüglicher Weise ans
Kinn[8] und prahlt damit, 600 Austern mit der ‚Spülung' von 20 „Bou-
teillen Champagner" heruntergeschlungen zu haben. Als Gustchens
Schwangerschaft herauskommt, fällt dem Major nichts anderes ein, als
seine Frau zu schütteln und sie ihrerseits zur Hure zu degradieren.[9] Pätus
gibt dem Musiker Rehaar, weil er keine Argumente mehr hat, eine Ohr-
feige.[10] Frau Blitzer zupft Pätus aufgrund seines Benehmens am Haar.[11]

Die Schlüsselszene für Körperlichkeit scheint mir Szene 4 des II. Aktes zu sein, die ebenfalls – für die Haupthandlung des Stücks – lediglich
wie ein überflüssiger Exkurs wirkt. Pätus ist trotz der Hundstage im
Wolfspelz in die Komödie gegangen und wird von Hunden, „als ob er
durch Spießruten gejagt würde"[12], durch die Gassen getrieben. Zwei
‚Jungfern', die nur in dieser Szene vorkommen, kommentieren das Ereignis, daß es „nicht mit Geld zu bezahlen" und daß ihnen die Komödie,
in die sie eigentlich gehen wollten, verleidet sei: „ich würde doch da nicht
soviel zu lachen kriegen". Die wahre Komödie spielt sich in der Öffentlichkeit ab, sie ist ‚echt', wohingegen die der Döbbelinschen Gesellschaft

5 Ebenda, S. 48.
6 Ebenda, S. 81.
7 Ebenda, S. 60.
8 Ebenda, S. 43.
9 Ebenda, S. 50.
10 Ebenda, S. 75.
11 Ebenda, S. 35.
12 Ebenda, S. 39.

verblaßt (es gibt immerhin Lessings *Minna von Barnhelm*, zu der alle hineilen). Die öffentliche Komödie muß Pätus mit und an seinem Leib erleiden. Zu erinnern ist daran, daß der Spießrutenlauf eine der brutalsten körperlichen Züchtigungen war. Pätus muß auch noch die hämischen Zuschauerinnen ertragen, deren Achtung er ein für allemal verspielt hat.

Die mit der Szene verbundene Theatermetapher – das ‚Leben‘ als die ‚wahre‘ Komödie – setzt sich in den Literaturmetaphern fort. Der Geheime Rat betont zweimal, daß Fritz und Gustchen „Romane spielen"[13] und damit umsetzen, was Gustchen ohnehin schon als Ersatzbefriedigung für sich entdeckt hatte:

> Sie liegt Tag und Nacht über den Büchern und über den Trauerspielen da, und sobald man ihr nur ein Wort sagt [...], gleich stehn ihr die Backen in Feuer und die Tränen laufen ihr wie Perlen drüber herab.[14]

Tatsächlich versuchen Fritz und Gustchen Romeo und Juliette zu leben, werden aber vom Geheimen Rat erfolgreich daran gehindert.[15] Gustchen erhält den lebendigen Ersatz durch Läuffer, bezahlt dies aber mit ihrem körperlichen Verfall, der sie auch dem Vater entfremdet. Den Höhepunkt bildet die – offenbar postkoitale – ‚Liebesszene‘, in der Gustchen Läuffer scheinbar in die Rolle des Romeo drängt, in Wahrheit aber Fritz meint.[16] Parallel geht Fritz anstelle von Pätus in den Karzer, setzt für den Freund buchstäblich den eigenen Leib ein. Das Leben (als Komödie und Trauerspiel) erweist sich zwar als Lebensersatz – auch die Pätus-Komödie ist ja nur Ersatz für das ‚wirkliche‘ Leben –, wird aber leibhaftig und mit allem körperlichen Einsatz durchlitten.

Schließlich Gustchen und Läuffer. Warum Gustchen während des Verhältnisses mit Läuffer körperlich verfällt – „ich bin schwach und krank"[17] – und von der Familie gemieden wird, findet nirgends eine Begründung. Dies kann nur heißen, daß der Liebesersatz nicht Leben, sondern ‚Tod‘ bedeutet: Tatsächlich wünscht sich Gustchen den Tod[18] und ‚verwest‘.[19] Die ‚Entdeckung‘ des Verhältnisses der Tochter führt zu deren Verfluchung und zum dreimaligen Ausruf „Verbrannt, verbrannt, verbrannt!" durch den Major.[20] Was Gustchen bis zur Geburt ihres Kindes durchleiden mußte, bleibt weitgehend ausgespart, aber – wie auch

---

13 Ebenda, S. 22 f.
14 Ebenda, S. 19.
15 Vgl. ebenda, S. 20-24.
16 Vgl. ebenda, S. 41.
17 Ebenda, S. 40.
18 Vgl. ebenda.
19 Vgl. ebenda, S. 49.
20 Ebenda, S. 50.

immer des Majors Worte einzuschätzen sind – der Text besteht darauf,
daß sie das Jahr möglicherweise als „Gassenhure" (mit „drei Lilien auf
dem Rücken"[21]) verbracht hat. Eben deshalb kann auch der Hofmeister
nicht Vater des Kinds sein, sondern ein anonymer Freier, für den der
Text sich aber nicht interessiert. Zugleich besteht der Text zweimal darauf, daß nach dem Verlassen des Vaterhauses bis zur Geburt des Kindes,
dessen Geschlecht ungeklärt beibt, ein Jahr vergangen sei.[22] Weitere
Unstimmigkeiten kommen hinzu, wobei ich nur die zwei auffälligsten
nennen will: Der Major trifft just zu dem Zeitpunkt am Teich ein, als
Gustchen sich in ihm ertränken will,[23] und Pätus gewinnt in dem Moment in der Lotterie, als das Geld am nötigsten ist, um das Happy-End
zu verbürgen.[24] „Das Happy-End knirscht in allen Fugen", hat Georg
Michael Schulz festgestellt.[25] Die Frage ist nur, warum es so überaus
hartnäckig knirscht.

Die Unstimmigkeiten setzen sich in der Läuffer-Handlung fort, vor
allem mit Läuffers Kastration, die durchaus nicht den gewünschten Erfolg hat und Läuffer ‚läufig' beläßt (vgl. den immer wieder auftauchen-
den Begriff ‚Hundsfott', der zunächst ‚läufige Hündin' bedeutete, dann
aber ‚unwürdige Schurkerei' meinte und im Stück auf Männer angewen-
det wird). Dies damit zu begründen, daß die Kastration „eben nicht den
dauerhaften Verzicht des Geschlechtstriebs" bedeute,[26] wie Hans-Gerd
Winter den „unwahrscheinlichen Zufall"[27] gelöst hat, beantwortet die
offenen Fragen nicht. Ob biologisch möglich oder nicht, der Text besteht darauf, daß am Ende ein unauflöslicher Widerspruch steht, den
Wenzeslaus in seiner Enttäuschung so formuliert: „Wo will Er hin, daß
Er sich noch bösen Begierden überläßt, da's Ihm sogar an Mitteln fehlt,
sie zu befriedigen"[28]. Der Konflikt wird auf körperliche Weise fürchterlich durchlitten, aber was herauskommt, ist wiederum nur Lebensersatz,
der „in der ausschweifenden Einbildungskraft eines hungrigen Poeten
ausgeheckt" wurde,[29] wie es selbstreferentiell im *Hofmeister* heißt.

Nicht minder lebt auch die Figur des Wenzeslaus einen Ersatz. Seine
Schulmethoden – immerhin ist es ja eine öffentliche Schule – sind didak-
tisch fragwürdig: Abschreiben nach „Vorschriften", auf deren äußerer

---

21 Ebenda, S. 63.
22 Vgl. ebenda, S. 64, 66.
23 Ebenda, S. 69.
24 Ebenda, S. 88 f.
25 Georg-Michael Schulz: Jacob Michael Reinhold Lenz, Stuttgart 2001, S. 79.
26 Hans-Gerd Winter: Jakob Michael Reinhold Lenz, 2., überarb. u. aktual. Aufl., Stutt-
    gart, Weimar 2000, S. 63.
27 Ebenda, S. 62.
28 Lenz (wie Anm. 1), S. 92.
29 Ebenda, S. 23.

Akuratesse er besteht, die inhaltlich aber offensichtlich hohl bleiben. Seine Reden zeigen, daß er nicht in der Lage ist, auch nur einen zusammenhängenden Gedanken zu formulieren („Wo waren wir?"[30]; seine Selbsteinschätzung, daß er seinen Schülern mehr lehrt, als er eigentlich muß, bleibt – wie die ganze Figur – zweifelhaft[31]; vgl. dagegen Schulz[32]). Vor allem das Rauchen wirft ein bezeichnendes Licht auf die Figur:

> Ich habe geraucht, als ich kaum von meiner Mutter Brust entwöhnt war; die Warze mit dem Pfeifenmundstück verwechselt. He he he! Das ist gut wider die böse Luft und wider die bösen Begierden ebenfalls.[33]

Dies liest sich wie eine Vorwegnahme der Freudschen Sublimationstheorie und belegt den erbärmlichen Zustand der öffentlichen Schulen, so daß das Stück auch in der Frage: ‚Hofmeistererziehung oder öffentliche Schule?' eine eindeutige Antwort verweigert.

Das Happy-End im adligen Haus knirscht nicht nur, es ist faul in jeder Hinsicht. Zwar scheinen endlich die ‚richtigen' Paare zusammenzukommen, aber alle sind ‚beschädigt'.[34] Sie wurden nicht nur auf wundersame Weise vereint, sie sind zugleich mit all dem belastet, was im Stück vorher ausführlich gezeigt wurde: mit der Verlogenheit der Gesellschaft, den Geheimen Rat, dessen hochgelobte öffentliche Schulen in Wahrheit schlecht sind,[35] einschließend. Wie das Eheleben im Haus des Majors, der zum Sex nicht mehr fähig ist (eine andere Variante der Kastration[36]) aussieht, wird genüßlich ausgeführt. Und welcher Windhund Pätus ist, der sich plötzlich mit dem von ihm verprügelten Schwiegervater wundersam versöhnt (einschließlich der Großmutter, die der Vater aus Geldgründen verstoßen hat), hat sich in allen Szenen erwiesen (vgl. auch den Kaffeesatz in Halle bei Frau Blitzer). Fritz' Dummheit zeigt sich darin, daß er sich Pätus aus der sentimentalen Erinnerung heraus, sein Schulkamerad gewesen zu sein,[37] als ‚leibhaftiger' Ersatz im Karzer zur Verfügung stellt. Anschließend muß er Pätus' unverantwortliche Herumtreibe-

---

30 Ebenda, S. 52.
31 Ebenda, S. 59.
32 Vgl. Schulz (wie Anm. 25), S. 84 f.
33 Lenz (wie Anm. 1), S. 58.
34 Von seiner nicht unbeschädigten Braut spricht Brechts Kragler; vgl. Bertolt Brecht: Trommeln in der Nacht. Drama. In: Ders.: Werke, Große kommentierte Berliner und Frankfurter Ausgabe, hrsg. v. W. Hecht, J. Knopf, W. Mittenzwei, K.-D. Müller, 30 Bände und ein Registerband, Frankfurt a. M. 1988-2000 (fortan zitiert: GBA), Bd. 1, Stücke 1, Frankfurt a. M. 1989, S. 175-293, hier S. 226.
35 Vgl. Lenz (wie Anm. 1), S. 28 f.
36 Vgl. ebenda, S. 42 f..
37 Vgl. ebenda, S. 46.

reien ausbaden.[38] Wie es mit Gustchen bestellt war, ist bekannt, das Kind bleibt ein Bastard unbekannter Herkunft. Die geschlossenen Ehen sind also schon von Beginn an mit einem fürchterlichen Ende – als Leben im Tod (oder Ersatzleben) stigmatisiert. Daß Fritz, als er ‚seinen' Sohn erkennt, ihn als

Pfand der Schwachheit deines Geschlechts und der Torheiten des unsrigen: am meisten aber der vorteilhaften Erziehung junger Frauenzimmern durch Hofmeister[39]

bezeichnet, kann ich nur als reinen Hohn lesen. Die Frage nach der Gattung des Stücks läßt eine weitere Variante zu: Das Stück ist durch das Happy-End äußerlich eine Komödie, in den angedeuteten Konsequenzen eine Tragödie, was – der Bezug sei gewagt – auf den berühmten Schluß von Ödön von Horváths *Geschichten aus dem Wiener Wald* vorausweist. Das dem ‚glücklichen Ende' vorangegangene Spiel hat gezeigt, daß alle Mitglieder dieser Gesellschaft in so zerrüttenden Verhältnissen leben, daß das tragische Ende nicht mehr ausgespielt werden muß.

Brechts Bearbeitung setzt genau bei diesen Körperlichkeiten des Lenzschen *Hofmeister* an. Wie entschieden dies ausfällt, läßt sich bereits an Kleinigkeiten beobachten. Während Lenz' Graf Wermuth der Gräfin anzüglich ans Kinn faßt,[40] faßt sich bei Brecht der Graf selbst ans Kinn.[41] Lenz muß, um Gustchen zu retten, als sie sich in den Teich wirft, einen unwahrscheinlichen Zufall bemühen.[42] Brecht hingegen schließt den Zufall von vornherein dadurch aus, daß er Gustchen mit „zurückgewandtem Antlitz in den Teich" ‚waten' läßt.[43] Ihm ist es gar nicht ernst mit dem Selbstmord, was auch in der Inszenierung von 1950 am Berliner Ensemble (als Gast in den Kammerspielen des Deutschen Theaters) mit allen entsprechenden gestischen und mimischen Mitteln umgesetzt wurde. Gustchen setzt ihren ‚Leib' nicht mehr ein, wie auch ihr körperlicher Verfall bei Brecht gestrichen ist.

38 Vgl. dagegen Joost, der im Einklang mit der Forschung behauptet, Lenz realisiere „die ideale Norm zumindest in den exemplarischen Gestalten der akademischen Jugend", was durchaus nicht der Fall ist; die Studenten verplempern ihr Geld, streiten sich und interessieren sich für Frauen und Theater, vom Studium ist – im Gegensatz dann zu Brecht – kaum die Rede. Vgl.: Jörg Wilhelm Joost: Der Hofmeister von Jacob Michael Reinhold Lenz. In: J. Knopf (Hrsg.): Brecht-Handbuch in fünf Bdn., Bd. 1, Stücke 1, Stuttgart, Weimar 2001, S. 563-578, hier: S. 573.
39 Lenz (wie Anm. 1), S. 103.
40 Ebenda, S. 43.
41 Bertolt Brecht: Der Hofmeister von Jacob Michael Reinhold Lenz (Bearbeitung). In: GBA 8, Frankfurt a. M. 1992, S. 319-371, S. 347.
42 Vgl. Lenz (wie Anm. 1), S. 69
43 Bertolt Brecht (wie Anm. 41), GBA, Bd. 8, S. 354.

Noch deutlicher wird Brecht beim Thema Sex. Die poetologisch bedeutsame ‚Jungfern'-Szene bei Lenz, die Pätus im Wolfspelz beobachten,
ersetzt Brecht durch die Schlittschuhszene (Winter statt Sommer) und
führt die ‚Jungfern' als Onanistinnen ein, die sich zwar nach Sex sehnen
(hier Läuffer als mögliches sexuelles Objekt), es aber bei der Ersatzbefriedigung belassen. Gustchen, die sich noch weniger als bei Lenz um
Läuffer (als Ersatz für Fritz) bemüht, beißt sich beim Aufsagen des Katechismus am Wort „leiblich"[44] statt „reichlich", wie es im Katechismus
heißt, fest. Ausdrücklich thematisiert wird die körperliche Sublimierung
in der ‚Affäre' zwischen Bollwerk und Jungfer Rehhaar. Da Brecht die
Szene der Straßen-Komödie gestrichen hat, verbleibt Pätus im Haus,
während Bollwerk seine ‚Vertretung' übernimmt und Jungfer Rehhaar
schwängert. Pätus muß sich nicht nur mit dieser Tatsache abfinden,
sondern darüber hinaus das Geld für die Abtreibung besorgen. Um damit fertig zu werden, wirft er sich ‚auf die Philosophie'[45], die – als idea-
listische – die angemessene Antwort für das Dilemma bietet: „Das Denken entscheide!", und es entscheidet sich dahingehend, daß Jungfer
Rehhaar ‚eigentlich' nicht Bollwerk ‚meinte', sondern Pätus:

> Aber für mich geschah es, für wen sonst? Mich liebt sie! [...] Wie Bollwerk sie vor
> mich bringt und sie meine Hand faßt und murmelt: Wir haben immer von Ihnen nur
> geredet![46]

So ist es nur konsequent, wenn es am Ende kein Happy-End mit Jungfer
Rehhaar und Pätus gibt, dieser vielmehr – Brecht führt eine neue Figur
ein – eine Frau, Karoline, gewinnt, mit der er sich hinter den „wärmen-
den Ofen" verziehen kann.[47]
Entscheidend für den Umbau der Läuffer-Handlung ist die anachro-
nistische Einfügung der Kantschen Philosophie. Sie soll das Thema
Krieg und Frieden einbringen sowie eine entschiedene Bedeutungsverschiebung der Selbstkastration Läuffers durch die bekannte und drastische Ehedefinition aus der *Metaphysik der Sitten* (1797). In Brechts Wortlaut:

> Die Ehe (matrimonium), das ist die Verbindung zweier Personen zum lebenslängli-
> chen gegenseitigen Gebrauch ihrer Geschlechtsorgane. [...] Es ist nämlich auch unter
> Voraussetzung der Lust zum wechselseitigen Gebrauch ihrer Geschlechtseigenschaf-
> ten, beziehungsweise Geschlechtsorgane, der Ehevertrag kein beliebiger, sondern
> durch's Gesetz der Menschheit notwendiger Vertrag, das ist, wenn Mann und Weib
> einander ihren Geschlechtseigenschaften nach wechselseitig genießen wollen, so müs-

---

44 Ebenda, S. 357.
45 Vgl. ebenda, S. 356.
46 Ebenda, S. 342.
47 Vgl. ebenda, S. 365.

sen sie sich notwendig verehelichen, und dieses ist nach Rechtsgesetz der reinen Vernunft notwendig.[48]

Brecht überläßt Läuffer die letzte Szene: Seine Ehe mit Lise bildet den Abschluß und Höhepunkt. Auch diese Liebesgeschichte sowie die Begründung für die Selbstkastration werden von Brecht entscheidend verändert. Die Kastration erfolgt nicht, nachdem Läuffer ,sein' Kind gesehen hat (und womöglich erkannt hat, daß es nicht das seine ist[49]), sondern nachdem er Lise kennen- und liebengelernt hat: Mit der Kastration will er eine erneute Versuchung mit möglichen Folgen vermeiden, also verhindern, daß Lise das nächste Opfer wird. Da der gewünschte Erfolg sich nicht einstellt, wird die Kastration angesichts der Kantschen Ehedefinition zu einem schlechten Witz. Bei Brecht steht ein Paar am Ende, das der Ehedefinition nicht genügen kann, also zur Ehe in Kants Sinn nicht fähig ist. Der drastische leibliche Akt, den Läuffer an sich vollzogen hat, führt nur dazu, daß das betroffene Organ nicht mehr einsetzbar ist. Die Kastration wird zur Farce und Läuffer zur Witzfigur.

Die Tendenz der Bearbeitung Brechts ist folgende: Alles, was Lenz' Figuren am eigenen Leib erfahren müssen, alles, was im Wortsinn ,leibhaftig'ist, soll ins Idealistisch-,Geistige' verflüchtigt werden, Lenz' Drama wird ,kastriert' und nicht mehr ernst genommen. Als drastisches Bild dieses ,Geistigen' steht bei Brecht am Ende das Paar, das sich den Rechtsgesetzen der reinen Vernunft unterworfen hat, paradoxerweise die Ehe aber nicht vollziehen und den Ehevertrag nicht einhalten kann. Daß diese ,Kastration' nicht unbedingt eine Verarmung bedeuten muß, legt die Bedeutungsverschiebung der Bearbeitung nahe. Brecht deutet die „Wunde" Lenz als Ausdruck der ,deutschen Misere', die sich fast 200 Jahre unheilvoll in der deutschen Geschichte niedergeschlagen hatte. Brecht, der nach Krieg und Faschismus das traditionelle Bürgertum am Ende sah, konnte die Probleme von Lenz, die dadurch gelöst wurden, daß Leibliches und Materielles durch Vergeistigung ,überwunden' wurde, nicht mehr ernstnehmen. Seine Vorgehensweise begründete Brecht gegenüber dem Germanisten Knut Borchardt so:

48 Ebenda, S. 362.
49 Vgl. Claus O. Lappe: Wer hat Gustchens Kind gezeugt? Zeitstruktur und Rollenspiel in Lenz' „Hofmeister". In: DVjs 54 (1980), S. 14-46. Lappe hat Pätus als Erzeuger identifiziert. Ich habe diese Lösung in einer kurzen Entgegnung zurückgewiesen und bleibe dabei, meine jetzt aber, daß es sich nicht lohnt, nach dem Vater zu suchen, weil der Text sich mit seinen Unstimmigkeiten eigene Gesetze gegeben hat: Jan Knopf: Noch einmal: Pätus. Zur Vaterschaft in Lenz' Hofmeister. In: DVjs 54 (1980), S. 517-519.

Ihr als Historiker seid verpflichtet, jede Epoche zu verstehen und zu deuten, wir Dichter und Künstler aber sind nur dem heute verpflichtet. Uns interessiert nicht, was die Wissenschaftler herausbekommen, hier gelten andere Gesetze.[50]

Und Lenz? Für ihn, den Zeitgenossen der deutschen Misere, waren die widersprüchlichen Verhältnisse noch direkt und verbindlich. Die Größe seiner Texte besteht darin, daß er die für die Zeit unauflöslichen Widersprüche drastisch thematisierte: der Adel heruntergekommen, das Bürgertum (noch) nicht in der Lage, neue gesellschaftliche (und politische) Verhältnisse zu schaffen. So bleiben sowohl die „Vorteile" der Ausbildungssysteme als auch die Happy-Endings der Eheschlüsse sowie die Frage, ob es sich (noch) um eine Tragödie oder (schon) um eine Komödie handelt, in der Schwebe und ungelöst. Die Widersprüche sind die Hoffnungen.

---

50 Brecht in: 1898. Bertolt Brecht. 1998. „... und mein Werk ist der Abgesang des Jahrtausends". 22 Versuche, eine Arbeit zu beschreiben, zsgst. u. komm. v. E. Wizisla, Berlin 1998, S. 136.

Lenz-Rezeption in Japan

Das kurze Leben des baltendeutschen Dramatikers J. M. R. Lenz wurde durch die Erziehung eines uneinsichtigen Vaters, einem Sympathisanten der pietistischen Orthodoxie, geprägt und endete mit Lenz' Zusammenbruch auf einer Moskauer Gasse, weit entfernt von der livländischen Heimat: „von wenigen betrauert, und von keinem vermisst"[1]. Lenz wurde wegen des Streites mit seinem „Bruder" Goethe vom Weimarer Hof verbannt und irrte dann einige Jahre im französischen Elsaß, in der Schweiz und in Baden umher. Die daraus resultierenden psychischen Probleme sind bekannt. Im Gegensatz zu seinen Lebensverhältnissen spiegeln aber Lenz' Dramen auf provozierende Art den sehr widersprüchlichen Zustand der bürgerlichen Intelligenz im 18. Jahrhundert wider.

Ein so von der Gesellschaft verkannter Dramatiker muß uns Japanern besonders nahegehen: Verursacht durch einen historischen Bruderzwist in der mittelalterlichen quasiköniglichen Minamoto-Familie, gibt es eine traditionelle verbindliche japanische Haltung: die des *Hangan-Biiki*, des selbstverständlichen Mitleids mit dem Unglücklich-Schwächeren. Wie kann daher Lenz von einem Japaner aufgenommen und rezipiert werden? Sicherlich kann uns dieser widersprüchliche Dramatiker viele geistige Anknüpfungspunkte geben. Lenz bemühte sich einerseits am Wendepunkt der Aufklärung um die Begründung der geistigen Autonomie des Menschen, andererseits stand er dieser bereits sehr skeptisch gegenüber. Wir Japaner können diese Situation mit der unsrigen in vielen Fragen vergleichen: Vor mehr als 130 Jahren, in der Meiji-Periode, begann der japanische Modernisierungsprozeß. Heute merken wir mehr denn je, daß technische Modernisierung und die Vorstellungen von der Autonomie des Individuums sehr zwiespältig sind.

---

1   Peter Müller (Hrsg.): Jakob Michael Reinhold Lenz im Urteil dreier Jahrhunderte. Texte der Rezeption von Werk und Persönlichkeit; 18.-20. Jahrhundert, Teil I, Bern u. a. 1995, S. 349.

I.

In Japan orientiert sich die Germanistik traditionell immer noch stark am klassischen Kanon. So schieb z. B. Ende der 70er Jahre ein Goethe-Forscher in einem populären Goethe-Buch über den Sturm und Drang, daß diese literarische Strömung nichts anderes sei als eine Vorstufe zur Entfaltung der Klassik. Andere Schriftsteller seien nur der mittelmäßigen, aus dem Takt gekommenen Jugend zuzurechnen. Während in der deutschen Germanistik diese sog. Klassik-Legende schon seit längerem einer eingehenden Kritik unterzogen wurde, erschien dieses Buch mit seiner unkritischen „Präromantik"-These in Japan noch sehr spät. Auf jeden Fall muß man festhalten, daß diese klischeehaften Bewertungen des Sturm und Drang (ein Nachklang Gundolfs ist unüberhörbar), in Japan noch sehr verbreitet waren. Lenz wurde vor allem als Epigone Goethes angesehen.

Um so bedeutsamer war der Aufwertungsversuch Lenz', der von dem führenden Brecht-Forscher Tatsuji Iwabuchi vorgenommen wurde. Iwabuchi, nicht nur in seiner Eigenschaft als Germanist, sondern auch als Dramaturg, schätzte Lenz. Er erkannte schon 1954 in seinem ersten Lenz-Aufsatz die Aktualität der Lenz-Dramen (kurz nach Brechts *Hofmeister*-Bearbeitung). Dabei verweist er auf die Charakteristik des „anti-illusionären Theaters":

> Die Literatur des „Engagement" in der Gegenwart verzichtet von sich selbst aus auf die Ewigkeit und hofft ausschließlich, von ihren Zeitgenossen aufgenommen zu werden. Bleibt aber nur Literatur, die ohne Bezug auf die sozialen Hintergründe „die allgemeine Menschheit" darstellt, immer Klassik der Menschheit? Das Umstürzen eines solchen Mythos ist jetzt wohl doch im Gang. Lenzens Aktualität besteht im wesentlichen nicht im Inhalt seiner Sozialkritik, sondern gerade in der Einstellung, wie er in seinen Stücken hochaktuelle Sozialkritik übt.[2]

Nachdem er auf einer Studentenbühne die von ihm selbst übersetzte *Hofmeister*-Bearbeitung inszeniert hatte, führte der Regisseur Koreya Senda 1955 und 1956 für diese Bearbeitung Regie. Diese Aufführung imponierte einigen wichtigen japanischen Dramatikern.[3] Darüber hinaus übersetzte Iwabuchi 1963 *Die Soldaten* ins Japanische.[4] Es dauerte jedoch noch lange, bis andere japanische Germanisten in seine Fußstapfen treten würden. Erst seit Beginn der 80er Jahre ist jedes Jahr zumindest ein Aufsatz über Lenz zu verzeichnen, nachdem Anfang der 60er Jahre eine kleinere Arbeit über *Lenz und Mercier* und Ende der 70er Jahre mehrere Lenz-Aufsätze entstanden waren.

2   Tatsuji Iwabuchi: Han-genjitsu no engeki no ronri. Doitsu engeki no itan to seito, Tokio 1972, S. 49. Der Aufsatz zu Lenz erschien zuerst unter folgendem Titel: T. Iwabuchi: Lenz no gikyoku ni okeru kindaisei. In: Gakusyuin Daigaku Kenkyu Nenpo 1 (1954), S. 377-428.
3   Vgl. Tatsuj Iwabuchi: Senda Koreya sensei tono deai. „Dreigroschenoper" ga mita Nippon. 2. In: Misuzu 9/2001, S. 50-54.
4   J. M. R. Lenz: Gunjintachi, übers. v. Tatsuji Iwabuchi, Tokio 1963.

Ein Symposium während der Germanistentagung 1980 in Kobe (*Das Theater im <Sturm und Drang>*) trug auch zur Lenz-Rezeption bei. Es wurden zwei Referate über den *Hofmeister* und über die *Anmerkungen übers Theater* gehalten. Folgende Aufsätze verdienen in der japanischen Lenz-Rezeption besondere Aufmerksamkeit: Der erste Aufsatz (1980)[5] behandelt Lenz' Poetik in bezug auf die *Anmerkungen übers Theater*. Hier wird herausgearbeitet, wie Lenz auf der Grundlage eigener historischer Erfahrungen aristotelische Ideen relativiert und wie die Komödie dabei als eine Funktion der Gesellschaft angesehen wird. Der zweite Aufsatz (1983) verhandelt das „Spiel im Spiel" in der Komödie,[6] d. h. die Figuren agieren nicht ihrer sozialen Rolle gemäß, sondern sind in Lenz' Komödie mit Phantasien ausgestattet, die sie zugleich in neue soziale Abhängigkeiten bringen.

Aufgrund solcher Arbeiten wurde das wissenschaftliche Interesse für Lenz zunehmend geweckt, so daß in den 90er Jahren drei- oder viermal jährlich ein Aufsatz zu Lenz veröffentlicht werden konnte. Auf der Germanistentagung 1992 in Tokio wurde aus Anlaß des 200. Todestages von Lenz ein Symposium veranstaltet. Folgende Referate wurden dabei vorgetragen: *Lenzens Dramaturgie, Sozialkritik von Lenzens Drama, Lenz und Büchner, Brecht und Lenz - über die Bearbeitung vom Hofmeister* und *Lenzens Aktualität*. Wie jeder vermuten wird, so spiegelt die japanische die deutsche Lenz-Rezeption wider: Dies trifft auf die Analyse der Theaterstücke zu, es betrifft die Rezeption der theoretischen Äußerungen und auch die Wirkungsgeschichte. Lenz wird letzten Endes als ein Vorläufer des sozialkritischen Realismus verstanden, der sein Theater auf anti-aristotelischer Grundlage schuf. Somit wird Lenz immer in die historische Ahnen-Reihe Büchners, Wedekinds und Brechts eingeordnet, wobei immer wieder die These von der „geschlossenen und offenen Form" (V. Klotz) im Mittelpunkt steht.

Diese Interpretation setzt mit Brecht einen festen, ideologischen Bezugspunkt und blickt vom 20. Jahrhundert aus auf die Dramengeschichte des 18. Jahrhunderts zurück. Hier liegt der Verdacht nahe, daß diese Position vielleicht das rational schwer Faßbare in Lenz' Dramen nicht erkennen kann und nur schwer in der Lage ist, den einzigartigen Reichtum und das überraschend Originelle herauszuarbeiten.[7] Außerdem neigt die japanische Forschung dazu, die sozialkritischen Stücke *Der Hofmeister* und *Die Soldaten* überzubetonen und biographische Bezüge in der Analyse zu hoch anzusetzen.

---

5 Yukio Iwamura: Lenz „Engeki Shoron" no ichikosatsu. In: Doitsu kindai bungei riron no seiritsu to tenkai. 1979 nendo kagaku kenkyuhi hojokin kenkyuseika hokokusyo, 1980, S. 13-32.

6 Rieko Sugino: Kigeki ni okeru gekichugeki no kozo. 1. J. M. R. Lenz no baai. In: Shi·Gengo 21 (1983), S. 31-43.

7 Martin Rector äußert sich kritisch, Lenz in erster Linie als Vorläufer Brechts zu betrachten: Grabbe von Lenz her zu verstehen. In: Grabbe und die Dramatiker seiner Zeit, hrsg. v. D. Kopp, M. Vogt, Tübingen 1990, S. 27 f.

1996 wurde ein Buch über das Theater des Sturm und Drang[8] vorgelegt, in dem diese literarische Strömung als Kritik an der aufklärerischen Empfindsamkeit begriffen wird. Die Entstehung des modernen Theaters wird zwar erwähnt, dem Buch fehlen aber theoretisch übergreifende Gesichtspunkte, unter denen die literarischen Bewegungen letztlich vergleichbar gemacht werden könnten. Außerdem wird das moderne Theater in erster Linie als das „anti-idealistische" begriffen. Schiller z. B. wird völlig ignoriert, der Standpunkt des Brecht-Theaters dominiert. Es gibt jedoch in diesem Buch auch produktive Versuche, das Vorurteil gegenüber dem Sturm und Drang abzubauen und ihn nicht nur als notwendigen Übergang zur deutschen Klassik anzusehen.

1996 erschien auch in Regensburg eine Dissertation: eine Arbeit zu Lenz' Straßburger Dramen und zu seiner Dramaturgie.[9] Der über 150 Seiten umfassende Anhang stellt chronologisch Lenz' Werke dar, eine ausführliche Bibliographie zur Sekundärliteratur wird präsentiert. Mit dieser Arbeit werden erfreulicherweise neue Forschungstendenzen in der japanischen Lenz-Forschung erkennbar.

II.

Somit war der Boden gut vorbereitet, und Ende Februar 2002 konnte mein Lenz-Buch *Studien zum Dramatiker J.M.R. Lenz*[10] in japanischer Sprache erscheinen. Im folgenden möchte ich einige zentrale Punkte meiner Arbeit kurz vorstellen:

In Deutschland konnte sich die Aufklärung im 18. Jahrhundert trotz der Kleinstaaterei in engem Austausch mit Frankreich und England entfalten. Die deutsche Literatur hat für uns Japaner etwas Unfaßbares, das unsere Vorstellungen und Empfindungen übersteigt, denn die soziale Realität des 18. Jahrhunderts ist mit der heutigen japanischen modernen Gesellschaft kaum vergleichbar. Das für uns Unbegreifliche in den literaturgeschichtlichen Kontext einzufügen und so zutreffend wie möglich auszulegen, ist daher ein wichtiger Versuch. Angesichts der enormen Leistungen wie Probleme heutiger Technologie und der Auswirkungen auf die zeitgenössische Moderne, macht es Sinn, zu den Ursprüngen moderner Entwicklungen zurückzukehren. Die Literatur des 18. Jahrhunderts erhält daher für uns eine zusätzliche aktuelle Bedeutung.

Dem außergewöhnlichen Dramatiker Lenz wurde im 18. Jahrhundert nicht nur der Ausblick in die Zukunft versperrt, umgekehrt fiel ihm auch der Verzicht auf traditionelle Werte schwer. Seine Komödien spiegeln diesen

---

8 Senichi Hirose: Doitsu kindaigeki no hassei. Sturm und Drang no engeki, Tokio 1996.
9 Takeshi Imamura: Jakob Michael Reinhold Lenz. Seine dramatische Technik und ihre Entwicklung, St. Ingbert 1996.
10 Ken-ichi Sato: Gekisakka J. M. R. Lenz no kenkyu, Tokio 2002.

geschichtlichen Wendepunkt wider. Wenn auch die Reflexion eben dieser Widersprüche lange Zeit in der Germanistik nur gering geschätzt wurde, so sollte durch eine neue Einschätzung dieses Dramatikers auch in der japanischen Germanistik eine veränderte Sicht erkennbar werden.

Lenz beschäftigte sich einerseits mit sozialen Reformen, gleichzeitig stand er ihnen skeptisch gegenüber; im evangelisch-asketischen Glauben befangen, predigte er andererseits eine aufgeklärte Sexualmoral. So verwikkelte er sich in viele Widersprüche, die symptomatisch auch für andere Vertreter der bürgerlichen Intelligenz waren. Gerade dadurch wurde er aber zu einer Schlüsselfigur der deutschen Literatur. Die Lenz-Forschung neigt leider immer noch dazu, die sozialkritischen Stücke zu sehr hervorzuheben und in seinen Dramen die biographischen Elemente überzubewerten.

Durch die Kritik an den methodischen Problemen versucht meine Arbeit, einen neuen Blick auf Lenz' Dramenwelt zu gewinnen. Ich stelle seine Stücke – einschließlich der bislang eher vernachlässigten wie *Die Freunde machen den Philosophen* oder *Catharina von Siena* und *Die Kleinen* – in den geschichtlichen Kontext des 18. Jahrhunderts und lenke die Aufmerksamkeit insbesondere auf die Lage der bürgerlichen Intelligenz. Damit soll nicht nur Lenz' einzigartiger Standort im 18. Jahrhundert bestimmt, sondern auch ein kritischer Querschnitt durch die deutsche Aufklärung geleistet werden. In meinem Lenz-Buch wird somit vor allem Lenz' ambivalente Betrachtung der Aufklärung herausgearbeitet.

Mit Blick auf die vier Komödien – *Der Hofmeister, Der neue Menoza, Die Soldaten* und *Die Freunde machen den Philosophen* – wird folgendes sichtbar: Lenz enttarnt die Harmonievorstellungen der Aufklärung und demaskiert die abstrakte bürgerliche Moral. Sein Theater ist nicht nur traditionelles zügelloses Volkstheater, sondern tritt auch als Sächsische Komödie hervor. Während seine moralisch-theologischen und ästhetischen Schriften dem autonomen Vermögen des Menschen Achtung zollen, wird dieses grundlegende aufklärerische Prinzip in seinen Dramen letztlich zur Unfruchtbarkeit verdammt. Überdies ist Lenz angesichts der ihn bedrückenden sozialen Situation nicht in der Lage, ein aus dem Dilemma rettendes Konzept anzubieten.

Zugleich stellt Lenz vor allem im *Engländer* und in *Catharina von Siena* die enthusiastische Selbstkasteiung dar. Sie stellt das sich befreiende bürgerliche Subjekt heraus, das auf „Umwegen" das Naturverständnis Rousseaus einfordert. Lenz, hierin die moderne künstlerische Anarchie antizipierend, will im Gegensatz zu Kant über den Rahmen der sozialen Ordnung weit hinausgehen. Betrachtet man besonders das Stück *Die Kleinen*, so wird Lenz' Utopie einer human geeinten Gemeinschaft nachweisbar.

Lenz' dramatische Welt setzt sich also aus fragmentarischen Schichten zusammen: aus a) der Würdigung des aufgeklärten Selbstbewußtseins, b) dessen realistischer Resignation und auch c) dem Wunschbild der Gemeinschaft der selbständigen Menschen. Die gegenseitige Reibung dieser konträren Schichten erweckt jedoch eine besondere dramatische Spannung. Es scheint, als ob Lenz literarische Fragmente besonders bevorzugte. Diese künstlerische Methode Lenz' ist sicherlich auch als ein soziales Phänomen am Vorabend der Französischen Revolution zu verstehen.

Darüber hinaus macht sich der Dramatiker Lenz, der im *Pandämonium Germanicum* eine umfassende Selbstkarikatur vornahm, sei es als Schüler der rationalistischen Aufklärung oder als Anhänger der asketischen Orthodoxie, selbst zum Gespött. Dies wird bei der Analyse des *Hofmeisters* im Zusammenhang mit *Amor vincit omnia* besonders markant. In diesem Sinne ist Lenz' Drama nichts andres als eine Selbstkarikatur der bürgerlichen Intelligenz im halbwegs aufgeklärten Deutschland.

Seine Dramen sprengen den üblichen sozialkritischen Rahmen. Der Dramatiker Lenz, der literarisch die soziale Wirklichkeit des 18. Jahrhunderts so einschneidend darstellte wie kein anderer Autor seiner Zeit und viele Probleme unserer Zeit vorwegnahm, ist auch für uns Japaner heute sehr bedeutend.

III.

Abschließend einige kurze Bemerkungen zur japanischen Germanistik. Als Germanist muß ich mich bei der Analyse eines literarischen Werkes immer in einem Spannungsfeld bewegen: zwischen objektiv-wissenschaftlicher Analyse und subjektiver, persönlicher innerer Welt. Man kann sich weder einseitig auf die Norm, die sich ohne Empfindung gebildet hat, noch auf die Empfindung, die ohne Norm vermittelt ist, verlassen. So kann man als Germanist sich nicht dazu verpflichten, irgendein beliebiges literarisches Werk einer Analyse zu unterziehen, wenn man mit dem Werk keinen inneren Dialog führen kann. Eine wissenschaftliche literarische Arbeit kann nur so gehandhabt werden, daß man durch objektive Methoden gerade das subjektive Zwiegespräch möglichst überzeugend darlegen kann. Dabei läuft man natürlich immer Gefahr, daß die eigene, innere Welt dominiert. Der literarische Text nimmt aber eine andere Dimension als z. B. ein historisches Dokument ein. Bei der Germanistik ist die sog. Nabelschnur-Beziehung einem Werk besonders wichtig; wichtiger als das bloße Reproduzieren der systematisierten, instrumentalisierten Wissenschaft.[11]

Wir Japaner sollten den deutschen Germanisten unsere Ansichten über die deutsche Literatur, die natürlich von einer anderen Kultur und Tradition her rezipiert werden, noch ausführlicher mitteilen. Dadurch könnte der kreative Austausch intensiviert werden, und wir würden gleichzeitig auch der japanischen Kultur einen Beitrag leisten. In bezug auf Lenz ist besonders die Übersetzung der *Soldaten* von Iwabuchi hoch einzuschätzen. Außerdem gibt es noch zwei interessante Übersetzungsversuche von Lenz' Plautus-

---

11   Vgl. Kenji Ino: Nihonbungaku no enkin. 1, Tokio 1977, S. 2 f.

Bearbeitungen[12] im Osaka-Dialekt, einem Dialekt mit besonders witzig-komischer Wirkung. Wir hoffen, daß in den nächsten Jahren noch weitere gute Übersetzungen auch anderer Lenz-Komödien unser Lenz-Bild bereichern werden.

---

12 J. M. R. Lenz: Das Väterchen (übers. v. Katsumi Tsuda). In: Nippon Bunri Daigaku Kiyo 19-2(1991), S. 207-216, 20-1(1992), S. 158-168; J.M.R. Lenz: Die Aussteuer (übers. v. Katsumi Tsuda). In: Nippon Bunri Daigaku Kiyo 21-1(1993), S. 148-156, 22-1(1994), S. 123-132 22-2(1994), S. 92-99.

A Pre-Modernist as Postmodernist: On the Dramaturgical and Theatrical Reception of "The Soldiers" at the Theatre Department of Tel-Aviv University

"I internalized the fact that they have sexual drives, I got used to the ensuing verbal style and they kept their bounds [...] I'm not here in the role of the 'girl' who was sent to amuse them [...] I'm a girl by sheer chance, that's all."[1] This apparently indifferent assertion, which appeared in an interview published last weekend in the major Israeli daily newspaper *Yedioth Achronoth*, was made by a paramedic, the only woman stationed at an outpost of a combat unit in the north of Israel.

One must admit, however, that this kind of optimistic reference to gender relationship in Israel, and especially in a military context, is exceptional. Several citations that have been included in the programme notes to the performance of J. M. R. Lenz's *The Soldiers* at the Theatre Department of Tel-Aviv University in 1999 in my Hebrew translation, are unfortunately more typical for the country in which 60 to 120 women (out of a population of 6.5 million inhabitants) are sexually assaulted every day, most of them by a relative, and with most cases taking place either in his or her home.[2] Reacting to her son's part in an infamous rape case, which happened in the prestigious neighbourhood of Ramat-Hasharon, north of Tel-Aviv in 1999, the mother of one defendant said to the interviewer: "I want you to know that these boys too have urges. If he wouldn't have participated, what would they have said about him? Is he a man or isn't he [...] It is merely the wish to belong to a respected group. I regard this rape as an accident."[3] And the girl, the victim, surprisingly enough reflected this mentality by apologizing herself: "I wanted so much to be socially accepted. That's the point."[4] These quotations could have been uttered by Lenz's characters. The social pressures underlying

---

1   The Woman in White, Seven Days. In: Yediot Achronot, 16. 5. 2002, S. 30.
2   Yediot Achronot, 6. 4. 1999.
3   Israeli TV, Second Channel, 9. 4. 1999.
4   Ebenda.

them are not so remote from Feldprediger Eisenhardts' rhetorical questions posited during the heated controversy with his fellow officers over
the didactic uses of the theatre, which he contests in an anti-Lessingian
spirit in Act 1 sc. IV of *The Soldiers*:

> Aber werden ihm nicht in den neuesten Komödien die gröbsten Verbrechen gegen
> die heiligsten Rechte der Väter und Familien unter so reizenden Farben vorgestellt,
> den giftigsten Handlungen so der Stachel genommen, daß ein Bösewicht dasteht, als
> ob er ganz neulich vom Himmel gefallen wäre. Sollte das nicht aufmuntern, ...ein un-
> schuldig Mädchen in Lastern zu unterrichten[5]

A violent climate informs all strata of Israeli society and hampers its
quality of life, as epitomized in the chauvinist and female-abusive sexual
ethics resulting from an inherent militarist, patriarchally oriented collective psychology. This was the common denominator that Moshe Perlstein, a young graduate of the directing section of Tel-Aviv University's
Theatre Department, detected for the 18th-century comedy about the
illicit interaction of a small bourgeois town and its local garrison and the
contemporary Middle Eastern context. And it is this that lies at the core
of his stage conception. Perlstein became familiar with the work through
my own translation, published in 1991, which intended – as stated in the
introduction –

> to acquaint the Israeli reader and theatre artist with Lenz, this important and un-
> known dramatist, and try to reflect in the translation this fantastic blend of a stylized
> contemporaneous language, naturalistic colloquial mode and verbal forms that expose
> the unique character, social standing and vocation of each person, intertwined with an
> awareness of the various generic conventions inextricably interpolated in the drama.[6]

Perlstein, in fact, like most Israeli theatre academics and practitioners,
knew very little about classic German drama and theatre, which is con-
sidered in Israel (erroneously of course) as verbose, rhetorical, high-
flown, slow-paced, philosophical and untheatrical, and if at all translated,
it is in an archaic idiom. It is rarely studied at the local universities, and
even less performed by the professional theatres. Perlstein is, indeed, a
great admirer of contemporary German theatre (by which an Israeli
theatre person usually means the *Regietheater* of 1970s). He regards this
theatre culture, as he confessed to me in an interview conducted in
March 2002, as "very visual, very avant-garde, exploring its own bounda-

---

5   Jakob Michael Reinhold Lenz: Die Soldaten, Stuttgart 1981, S. 13 f.
6   Jakob Michael Reinhold Lenz: Ha'Hyalim [Die Soldaten], übers. v. Gad Kaynar, hrsg.
     v. Beit-Zvi 1991, S. 11 f.

ries".[7] He also directed Heiner Müller's *Quartet* at the university and Carl Sternheim's *Der Snob* in an experimental project of the National Theatre Habimah. However, he read the entire poetic and theoretical *oeuvre* of Lenz (which amounts to very little in Israeli libraries) only after deciding to direct *The Soldiers*.

It seems to me that precisely this lack of familiarity with classic German culture is what attracted Perlstein to the play, and not only the awareness that, according to Patrice Pavis, "many directors enjoy working on texts foreign to them, since they do not then feel themselves bound by a scholarly or pontificating tradition."[8] This ignorance parallels what I have described in an article about the treacherous rhetoric of *The Soldiers*' original text as "the system of unbridgeable gaps", based on my conviction – in the wake of Christoph Siegrist[9] and Erika Fischer-Lichte[10] – that the "Storm and Stress" socio-ethical revolt and aesthetic deconstruction was a purely rhetorical revolution initiated by the Enlightenment's own theatrical dramaturgy to effectively promote its conformist didactic-moralistic and reformative ends through the over-powered and subverted reception process",[11] and that it is "precisely Lenz's [comic-naturalistic-epic] aesthetic exceptionality that constitutes the guarantee for the potential effectiveness of his work as a paradigm for the aims [and] the rhetoric [...] of the neo-Enlightenment, pre-Romantic drama of the 'Storm and Stress'".[12] I subsequently maintained in my article that:

> The text [of the play] exposes the covert, and hence ominous, discrepancy between the idealizing bent of the middle-class's own self-image as fostered by the Enlightenment drama, and the base "reality proper" [...]. The discrepancy between the genuine bourgeois norms and their corruption is rendered tangible through a system of gaps permeating the text, engendered [...] by the extreme digressions from the accepted neo-Aristotelian and ethical conventions.[13]

7 Gad Kaynar: An Interview with Moshe Perlstein, March 2002.

8 Patrice Pavis: Introduction: Towards a theory of interculturalism in theatre?. In: The Intercultural Performance Reader, hrsg. v. P. Pavis, London 1996, S. 10.

9 Christoph Siegrist: Aufklärung und Sturm und Drang: Gegeneinander oder Nebeneinander? In: W. Hinck (Hrsg.): Sturm und Drang: Ein literaturwissenschaftliches Studienbuch, Kronberg/Ts. 1978, S. 1.

10 Erika Fischer-Lichte: Kurze Geschichte des deutschen Theaters, Tübingen 1993, S. 83–87.

11 Gad Kaynar: Lenz' „The Soldiers": Ambivalent Revolt and Subversive Rhetoric. In: Assaph: Studies in the Theatre 15 (1999), S. 65.

12 Ebenda., S. 68.

13 Ebenda., S. 71.

The "gaps" in the Israeli director's familiarity with the German culture, and his employment of archetypal universal cultural images associated with that culture, in addition to multicultural *systems of significations*,[14] served – in a similar manner – as an incentive for Perlstein's attempt to understand the perverse mechanisms operating in Israeli society through the postmodern practice of being equally alienated both from his aesthetic metaphor and his local field of reference.

Moshe Perlstein decided, for instance, to cast the same actor in the – apparently at least – antithetic roles of the lecherous Deportes, the very incarnation of the asocial, demonic and beastly "esprit d'corps" of the soldiers, and that of his antipode, the pietistic military chaplain Eisenhardt, who defends the "tugendhaften" values of the bourgeoisie (*Fig. 1, 2*). On top of this, he also converted the Protestant minister into a homosexual who makes passes at Pirzel while at the same time and in an utterly contradictory tenor expresses his bewilderment, as the caricaturist agent of the implied dramatist, at the officers' licentious conduct („O Soldatenstand, furchtbare Ehelosigket, was für Karikaturen machst du aus den Menschen!").[15] All this is indicative of the director's entire intercultural approach. On the surface he seemed to be adopting the simplistic linkage that Bernd Alois Zimmemann draws in his Opera between sexual licentiousness and dehumanizing objectification of women, on the one hand, and belligerency and fascism on the other. Perlstein's insights, however, probe deeper in a more reality-bound manner:

> The Play describes "Israeli" society in some hidden fashion. It depicts a civil society that hosts an army. In contrast to Israel it is a peaceful, non-combative army, but after all it is an army of men. The sheer prominence of the army in Israel encourages such a discrimination of women that the normative borderlines between right and wrong in the inter-gender relations are entirely blurred, as emerges from the case of our former security minister, Yitzchak Mordechai, who was ousted from office and incriminated for sexually molesting his female subordinates, acts considered by him and many others, who regarded his indictment as scandalous in view of his glorious military record, as mere jokes, no more than amiable flirtations. The military in the play, like in Israel, are so integrally immersed in civilian society that it is hard to tell the one from the other, the cause from the effect, what entails what. You see in the play masculine-military codes that clearly prevail even in the middle-class family. Even the women become part of that force [...] You have in the play a society of parents, which, as a matter of fact, is a military society – a ‚cold‘, pragmatic, materialistic society, as blatant and materially-minded as Israeli society. To read the play was for me like reading an X-ray plate of Israeli society.[16]

---

14 Patrice Pavis (wie Anm. 8), S. 14.
15 Die Soldaten, III/4, S. 33.
16 Gad Kaynar: An Interview with Moshe Perlstein, March 2002.

This basic conviction led Perlstein to depart from the traditional conception of the play as representing an intra- or extra class conflict between the amorality of the aristocratic militia and their underlings, the bourgeoisie, torn between its Puritan Protestant pietism and upstart aspirations. The provocatively made-up pin-up girl on the poster of the production, dressed in a Second World War pilot's helmet and battledress, waving at the passing airplanes, is the emblematic expression of the director's intentions. Employing Postmodern intermedial and parodic strategies, as well as the "soul drama" *Schrei* aesthetics of a pre-expressionist style – thus partly renouncing Lenz's quasi-naturalistic syntax – he devised the performance as a parable on the all-embracing self-destructive collective consciousness of the Israeli militaristic-militant society, in which the liminal distinctions between the ominous, belligerent and seductive Mephistophelean force, on the one hand, and the peaceful and victimized party, on the other, are entirely wiped out.

In this spirit Perlstein led Lenz's anti-Aristotelean maxim in the *Anmerkungen übers Theater*, according to which – „Was heißen die drei Einheiten? Hundert Einheiten will ich euch angeben, die alle immer doch die eine bleiben".[17] – as well as his fragmentary Shakespearean structure, to their ultimate, grotesque (in the sense of „unheimlich"), chaotic and deliberately sacrilegious conclusion, as enunciated in the dramaturgical editing of the play, the conception of space, the set, proxemics, characterization, costumes, lighting and music.

The stage is designed as a bare, wingless "Platea, a Theatrum Mundi" in the literal sense. It is framed by a series of uniform, shabby and distinctly ugly iron doors, characteristic of a military barracks or cell doors in American prison movies, bereft – as are the entire constituents of the performance – of any attributes that would ascribe them to a particularly Israeli context. The low doors, which let in the backlighting through their cracks and open onto a backstage plane, are horizontally-aligned so as to foreground the twisted proportions and depthless rectangular shape of the university stage that dictates a linear "mise-en-scène". The "geometrical", single-sourced expressionist lighting keeps most of the stage in darkness throughout the performance, thus flattening the ambivalent characters of Lenz's "dramatis personae", rendering them indistinguishable and highlighting their beastly and indifferent sexual drives, infected by the their militarist-chauvinist psychology. This setting, so typical for a rock opera or modern dance theatre performance – postmodern idioms that are intermedially exploited by the production – obliterates any dis-

---

17 J. M. R. Lenz: Anmerkungen übers Theater, hrsg. v. H.-G. Schwartz, Stuttgart 1976, S. 21.

tinction among the various loci of the play, engulfs the entire plot and intertwined subplots, and welds them into a single alienating unified plot and phenomenological space plagued by the anarchy of sheer libidean forces.

The peepholes in the doors pinpoint this reception. They transcodify the meta-theatrical "show-within-a-show" metaphor in the play, which denounces the feigned, glib attitude of the corruptive and lecherous officers towards the middle-class girls, just as it criticizes the dissimulative morality of the victims and their parents, the bourgeois paragons, and the "make-believe" upstart ethical norms of the implied spectator,[18] and turn this metaphor into the "modus vivendi" of the entire performative world and the spectators in the theatrical event alike. The corrupted norms of Israeli society – as personified by Lenz's recontextualized (although not relocated or transferred) cosmos, and personified by the characters and spectators observed through these peepholes alike – are the objects of this depersonalizing peep- and live show, the performance of *The Soldiers*, put on for the hedonist benefit of the officers. Lenz's self-referential play thus becomes a show within this show, a prolonged quotation for an audience that is, ironically enough, unfamiliar with the source-text, a hyper post-modern practice.

It is no coincidence, then, that the director chose to re-edit the play. Instead of starting the performance in Marie and Charlotte Wesener's room – which would profess an affirmative intention towards the play's enlightened, middle-class spectators by pretending to gratify their wish to be confronted with their credo as objectified in a metonymic and familiar bourgeois domestic scene, only in order to subvert this intention from within through devices on which I cannot elaborate in this context[19] – he begins it with the already mentioned scene 4 in Act 1, in which the officers explore the moral functions and benefits of the theatre.

Both the thematic and formal faculties of this scene underlie this choice. Lenz inaugurates the motif of a deteriorating chaste middle class girl by introducing us to Marie in the play's first scenes, thus subjectifying and individuating her, and manipulating us to identify with her plight despite the "hamartea" in her character that leads to her downfall. Perlstein, however, initiates his analysis of the anti-feminine and male chauvinist deep-structures of Israeli society through a scene, that deviates from the main plot (Marie's affair with Deportes) in order to comment upon it from a "transcended", meta-theatrical and universal point of view. Against Eisenhardt's protests, the officers pre-deterministically

18 Vgl. Gad Kaynar (wie Anm. 7), S. 73–75.
19 Ebenda., S. 68–70.

regard *all* the middle-class girls as immoral creatures so as to vindicate their own licentiousness. Not only Marie, but also every female subject is thus de-subjectified, reduced to a sexual object, and – owing to the context that deals with the representation of immoral conduct in the theatre – even converted into a lifeless aesthetic image or icon. This reception is substantiated by the multicultural and multi-periodic images of women, representing the entire history of female culture, hung as estranged pin-up girls on the back of the doors. This pastiche of unrelated images – one of the features that betrayed the meaningless, parodic and postmodern infrastructure of the performance – reflected the inferior, dependent and fetishized position of women in Western culture. It included, among others, Rossetti's "Enunciation" that depicts the Madonna as almost fainting when the masculine angel touches her, along with the singer Madonna, anorectic models, a nurse and a nun, and even the Israeli Miss Universe, Linor Abargil, who – not incidentally for the performance – was the victim in a notorious rape case. The partial textual guilt of Marie for her lot is thus at the outset transferred from her to the macho society, and she becomes just one of its many anonymous and faceless female victims, an incidental prey in accordance with Lenz's *Zufall* aesthetics.

The kinesthetic and kinetic semiotic, rhetorical and sensory features of this scene sustain this reading. To the aggressive background beat of a heavy metal band, the doors open simultaneously to reveal the group of – not incidentally – half naked officers, who are shaving themselves with only a towel wrapped around their loins, effaced and de-individuated by their uniform appearance, symmetric composition and the cold, blinding backlights that turn them into silhouettes. Due to the proxemic distance between them and to the shrill sound effects, they have to shout their lines, thus lending their discourse an epigrammatic, declarative, staccato and hostile tenor, which sets the metaphoric tone and proxemics of the entire performance. While speaking they move back and forth rigidly, like "steps" in a basketball game, in a stylized, mechanic and impersonally aggressive motion, inspired by modern dance aesthetics. This motion not only dictates the choreographic style of the whole show, but is precisely and ironically emulated by the officers' apparent antagonist, the bourgeois paradigm Wesener, when paying his respects to Deportes in the third scene, while at the same time forbidding his daughter to go with him to the theatre.

The attributes of this scene thus serve both as a metaphor for and a reification of the destructive and chaotic influence exerted by a Spartan, mobilized society on its members. The sensuous and material presence and body language of these young, naked and sexually appealing bodies, implying their subconscious desires (which include also those of the military chaplain, whose nudity belies his moralistic polemic), their pre-occupation with their outer appearance instead of handling their military tasks, which implies their preparations for setting out to destroy the reputation of chaste maidens, the violence that emanates from their entire conduct – all these stimuli converge with their discourse to set the coordinates for the reception of the entire show. The production does not deal therefore with the disintegration of the respectable bourgeois Wesener and Stolzius *Oikoses*. Instead it materializes the Derridean de-construction of any existential, social or cultural value, and the eruption of a meaningless impulsive *Id*, textually concretized by the void of the "all devouring" space enveloped by military doors, and contextually fertilized by the political ambience of a belligerent, occupant and, conse-quently, morally depraved society, i.e. Israel.

These doors are eventually dismantled by the quarreling officers in the second part of a show, thereby transmuting the suggestive peepholes into the wide openings of the sex orgy halls and showcases of the brothel suggested by the Colonel in the production's "dénouement". These doors exert their "sucking" and victimizing power as the alluring gates of the subconscious erotic hell, when Marie delivers her typically rebellious Sturm und Drang'ian soliloquy in Act 1, scene 6, following her father's permission to be escorted by Deportes to the theatre, or in other words, to give in to his amoral schemes.[20] No "Gewitter" accompanies this tirade in order to lend this alleged female "Genie" Promethean grandeur. On the contrary: Perlstein drives ad-absurdum Lenz's strategy of comic inversion, in which the parental authority, according to Lützel-er,[21] renounces its traditional role as a moralistic blocking character in Baroque comedy and Enlightenment "Lustspiel" alike, and encourages promiscuity, thus betraying the integrity of his representative ethical tenets and of his stocktype alike. Perlstein precedes the soliloquy by turning Wesener into an outright pimp and incestuous child abuser. The father smears lipstick on his daughter's lips, then kisses her passionately (*Fig. 3*), thereby being the first to rape her and to assert the metamor-phosis of the family institution into a limb of that anti-feminine military „Ungeheuer, dem schon von Zeit zu Zeit ein unglückliches Frauen-

20 Die Soldaten, I,6, S. 17.
21 Paul Michael Lützeler: Jakob Michael Reinhold Lenz: Die Soldaten. In: Interpretatio-nen: Dramen des Sturm und Drang, Stuttgart 1987, S. 147. Vgl. auch G. Kaynar (wie Anm. 7), S. 77 f.

zimmer [...] aufgeopfert werden muß" as the Colonel puts it.[22] Marie takes the cue, wipes her face with an expression of loathing. Then, as all the doors open, revealing the entire cast standing there in beguiling "kinky" postures, she – unable to resist temptation in contrast to her other, more steadfast counterparts, the Emilia Galottis, Amalias and Luise Millers, as well as to her accustomed, operatic image – involuntarily takes off her baby doll shirt and is slowly sucked back, while uttering her soliloquy, to be immersed in the debauched society to the enticing, whispered mock-romantic tunes of the *Underworld* band. This stage-reception does not merely present Marie as a relatively passive victim of her *Begebenheiten* – a characteristic that Lenz ascribes to comedy – rather than as a tragic heroine, whose character determines her own fate; it materializes her, in a typical expressionist vein, in the process of *becoming* one indistinguishable voice in the grand chorus of social depravity. The spectators are even prevented from identifying with her melodramatic-pathetic destiny more than they would have cared for any other character.

Thus, already in its initial stages, the production employs a hyperbolic accumulation of cacophonic means as experiential violence devices intended to incorporate the receptive mechanism of the male Israeli implied spectator in Marie's – and the entire repertoire of the female characters' – violation. The unbearable effect of these devices is also used as a punitive measure against this addressee, in a similar manner to that in which the Sturm und Drang dramatists used the disruption of the addressee's aesthetic norms of the "bürgerliches Drama" to cleanse him/her of his/her transgressions against his own ethos through a similar receptionist purgatory. These rhetorical and semiotic measures in Perlstein's performance included the bare stage, the closure of the repugnant wall of doors, the cold and infiltrating lighting, the harsh, offensive, orgiastic and extremely high-leveled music, the partial nudity, the obscene body language, as well as the underwear, nightwear and sexy outfit, that have almost no deictic or symbolic function as period or class signifiers and render the personae living impersonations of their vile drives (the officers, for instance, are dressed in civil jackets to blur the socio-historical distinctions even further). It also included the vociferous articulation inspired by the exaggerated distance between the actors, such as implemented in the originally intimate first scene in the play between the sisters Marie and Charlotte Wesener, which in the production emerges, as it were, from metonymic and thematic proximity to the offi-

---

22 *Die Soldaten*, 5. Akt, 5. Szene, S. 56.

cers' shaving scene. In the Tel-Aviv performance it presented Charlotte, depicted as lame and dressed in her scanty night gown, expressing her pent-up sexual craving in a wild, atavist and ludicrous dance to the sound of eerie music with a portable standing lamp – against which she is to later be caught masturbating by Marie – at one end of the stage. She is exchanging high-pitched shouts with her sister, at the other end, who is sitting like a completely unselfconscious Lolita in a baby doll and laboriously composing a letter to Stolzius' mother on an ancient 1960s typewriter, a typical semiotic signifier of an Israeli female military clerk, as if training for her forthcoming career as an abused plaything in the hands of the male officers (*Fig. 4*). "I expressly didn't mean the production to be nice and pleasing to the audience", maintains Perlstein in a genuine postmodern spirit. "I tried to unnerve the spectators, and some of them actually left, not always the ones I wanted to."[23]

One of Lenz's strategies taken ad-infinitum by the Tel-Aviv director to enhance the chaotic impression was the Shakespearean fragmentation and compression of the scenes. This particularly concerned scenes 4-8 in Act 4, from Marie's flight from the Countess to the scene in which Deportes' gamekeeper delights in the thought of the enchanting prey falling into his hands.[24] Lenz employs the dynamic train of catastrophes, projected against the backgrounded typical notions of the enlightened implied spectator, as an objective correlative to the inner turmoil of the characters and in order to lend the metaphor of the Weseners' ruin the apocalyptic dimensions of a total eclipse and collapse of the bourgeois world-order.[25] Yet Perlstein, in order to increase the punitive receptive plight of his local male addressee, escalates this frenzied dynamism by condensing the economic number of lines of the intertwined episodes in Lenz's text (where the longest – scene 7 – comprises some twelve lines, and the shortest – scene 5 – only four) even further to the extent of a single line in each episode. These are shouted by Marie's pursuers who mechanically and repetitively run in and out of the stage doors right while Marie herself runs frantically along and behind the doors to be finally caught by the gamekeeper at stage left. "I noticed" – comments Perlstein:

that the play gradually disintegrates – scenes become very short and highly charged. This became for me the most important thing, and not what happens in the scene. And then, when you suddenly get a longer scene, I attempted to break it up and incorporate it in another scene, to make it as compressed and crazy as possible [...] I

23 Gad Kaynar: An Interview with Moshe Perlstein, March 2002.
24 Die Soldaten, IV/4-8, S. 46-48.
25 Gad Kaynar (wie Anm. 7), S. 72.

believe that even in a postmodern approach there is a super-structure, otherwise everything become incomprehensibly arbitrary. I wanted to retain the dismantled, almost cinematic structure of the original, which enables me to pass from one location to the other without effort, but at the same time I wished to demonstrate how this escalating chaos finally leads to a kind of a glorious order – in the institutionalized brothel' scene – even though I wanted this order to be perceived in a totally ironic and cynical light.[26]

Perlstein moreover magnified the impact of this strategy by correlating the clipped style and syntax of Lenz's language – which, in this production, was devised to sound as natural, colloquial, harsh and blasphemous as possible, without deteriorating to pure slang – as well as the panicky mental state of the character, and the prevailing dynamic pace of the Hebrew language as spoken by the indigenous youngsters, with the production's comprehensive rhythm. This rhythm was speeded up both in the verbal delivery and in the actors' erratic body language, thus tightening even further the production's stylistic affinity with that of expressionist theatre and postmodern dance in the Pina Bauschian tradition. This is reified by the scene in which, after her first encounter with the half naked Depotertes – represented in this production in the most sexually outspoken manner – for which she is half-heartedly reproached by her father, Marie expresses the upsurge of her perplexed emotions by frantically running to and fro along the lighted doors, vainly seeking the door of her own room. She thus enunciates her existential disorientation, and – insofar as the Israeli spectator is concerned – what in post-colonialist terms would be defined as "dis-orient-ation", namely, losing her and the spectator's Orient. This reading acquires particular political meaning in Israel where Marie would be grasped as the incarnation of the occupied Palestinian (although the production provides no explicit signifier to this effect), and the officer and father alike as representatives of the hegemonic Israeli occupying force. It is also reflects the receptive disorientation of the addressee caused by the multicultural, eclectic patchwork sign language of the show, which in a way represents the Israeli society as a hybrid synthesis of multicultural emulations that lacks a pivotal identity core of its own. Marie's hysterical flight cuts into the equally frenzied pace of her half-crazed mother, as she single-handedly arranges the stage for the alienated dinner scene (originally situated in Wesener's home), as part of the overall decision to dispense with stage-hands in the production and thereby to emphasize the exploited and demeaning position of women in the textual and contextual societies. Similar run-and-chase tactics were employed to manifest the inner turmoil of the characters in

26 Gad Kaynar: An Interview with Moshe Perlstein, March 2002.

the scene in which Haudy pursues the suicidal Stolzius along the doors –
as in a French bedroom-farce or a Mack Sennet cops and robbers movie
– instead of walking with him along the Lys as in the original; or in the
scene where Deportes and Marie at the end of Act 2 teasingly chase each
other, thus leading up to their intercourse scene, performed behind the
doors, but in full view of the audience. This takes place while Wesener's
old mother sings her sad ditty about the prospective fall of "das Rösel
aus Hennegau",[27] leaving only the door that opens on the copulating pair
open, as if associating the song with Marie and, in a true pietistic and
pre-deterministic spirit, giving up her attempt to change the girl's lot.

The progressively increased tempo of the performance is epitomized
in the party pattern that persists relentlessly throughout the performance.
"A festive atmosphere prevails incessantly", maintains Moshe Perlstein.
"The framing milieu is that of a café or a club. Women are dancing non-
stop. I wanted to retain society in the background the spectator's consciousness of the sheer entertainment function that women have in our
society",[28] thus in a sense giving the lie to Wesener's self-righteous decla-
ration, „ich komme auf keinen [Karnaval], und meine Töchter noch
weniger".[29] In fact there is no end to the carnival, particularly in the
officers' scenes which spread all over the stage, thus synaesthetically
sweeping away, devouring and incorporating with their Saturnalian, illicit
spirit all civilian characters and locations. The party does not stop even
while Marie is being savagely raped by Deportes' gamekeeper in front of
the audience; in fact, the bestiality of the party incites the act.

In order to evoke the local field of reference, Perlstein and stage de-
signer Kinneret Kish resorted to the familiar conventions of Israeli military parties, and displayed the rear stage according to the cheap aesthetics that typify such events, thus accentuating the dreary, detestable and
grotesque nature of these lewd and meaningless occasions that mirror
social decadence. Perlstein and Kish all the more ironically pinpointed
the critical local reference by putting a sign-board on the back wall with
the affirmative Israeli idiom "Melach Ha'Aretz", "Salt of the Earth",
usually denoting proud "all-Israeli" patriotic and heroic officers, rooted
in their country and committed to its well-being and safety, the very
opposite of the depraved, haughty aristocratic officers on the stage.

These parties – in unison with the overpowering, mechanical, techno
music of the *Underworld* band (which composed the music for *Trainspot-
ting*) – in addition to the offensive tunes of the industrial rock band *Ein-*

27 Die Soldaten, II/3, S. 26.
28 Gad Kaynar: An Interview with Moshe Perlstein, March 2002.
29 Die Soldaten, I/3, S. 8.

stürzende Neubauten reminiscent of the dissonant score of Zimmermann's opera that hammers away all the time, the frantic sprints of the panicked characters and the other, already-mentioned, rhetorically hostile stimuli — invest the entire theatrical event with their irrational and depersonalizing impact, thus foreshadowing the final victory of libidean anarchy.

This strategy is the epitome of the inverted comedy structure that obliterates the binary opposition between aristocratic officers and subservient civilians or the traditional generic juxtaposition between the "old", conservative, and the "new", amorous and liberated societies (according to Northrop Frye's generic mythical classification),[30] and in fact makes the entire dramatic conflict obsolete. As such the performance accords with the distinctive trait of postmodern art, construed by Nick Kay as "a displacement and subversion of the very terms of which it would seem to consist",[31] "a disruption that purposefully upsets the terms by which the 'work of art' would constitute itself".[32] More than any other character the originally "beschämt" and pious secondary figure of "Jungfer" Zipfersaat en-acts the conversion of the conflicts in the performance into sham- and mock-conflicts, the immersion of the entire personae in the all-embracing orgiastic, sensuous and sense-less party launched by the male-chauvinist and socially-depraving society, and the mixed realistic-expressionist and choreographed acting styles. Zipfersaat's dancing, whorish, strip-show entrance, constituted upon the structure of an orgasmic process that leads up to her fucking Deportes, and mirrored by Marie, reifies through non-verbal performance art conventions the initiation rite of the protagonist into the debauched society, a protagonist for whom Zipfersaat functions as a personified alter ego. All the other allegedly pietistic and respectable characters, predominantly the women, follow suit, and indulge in their exclusive erotic fixation: Charlotte is a sex maniac throughout; Stolzius' pragmatic mother is first revealed posing as a cheap harlot waiting for customers (*Fig. 5*); the grotesquely and shrewishly depicted character of Mrs. Wesener is repeatedly portrayed as slumping in her chair, her legs spread wide open showing her knickers, and when Mary arrives to court her daughter, she imposes herself upon him. Countess de la Roche, the godly didactic role-figure of the play, who appears in the second part of the performance – in which the chaotic Bacchanalian trance and sexual fixation come to a head – is portrayed as the weird paradoxical and self-negating epitome of this

---

30 Northrop Frye: The Myth of Spring: Comedy. In: Anatomy of Criticism: Four Essays, Princeton, New Jersey 1957, S. 163–186.
31 Nick Kay: Postmodernism and Performance, London 1994, S. 17.
32 Ebenda., S. 32.

reading. With her authoritative and instructive walking, rigid posture and commanding airs she is the living model of Law and Order, discipline and manners. However, her transparent dress, her UFA-diva headdress, her enticing cat-walk across her regal rug, and her obvious Oedipal relations with her son (*Fig. 6*), the analogous counterpart to Wesener's attitude to his daughter, as well as her Lesbian infatuation with Marie, turn her into the prominent authority, that as it were extends its pontifical benediction to the prevailing amoral anarchy. Thus the Countess gives the final *coup de grace* to the play's underlying ethical tenets and intentions, and virtually encourages Marie to flee from her and pursue her sluttish course.

However, in spite of the recognition that the female characters in the production internalize the militaristic power-politics of the alluded to Israeli males, and that they do not emerge as any more sympathetic or empathy-arousing than the masculine culprits, the production makes a point of presenting them as tangible victims of the daily, and not necessarily sexual, violence exerted in Israel against women, children and ethnic minorities. The mute character of Mrs. Wesener, presented as a rather contemptible creature, nevertheless emerges as a beaten wife with sunglasses to hide her bruises and swollen eyes and a torn dress stained with blood, although we never see her rough husband touch her even once, for better or for worse (*Fig. 7*). We do, however, witness Wesener, whose gestures and physical treatment of his daughters betray hostility and aggression, substantiating the political undercurrent of the production. For instance – in order to demonstrate to Deportes the effect of the brooch that the latter wishes to buy for Marie, the father crassly throws his daughter against the wall with her hands up, a visual image that automatically triggers in the Israeli addressee's mind the image of the infuriating treatment of a Palestinian terror-suspect.

This brings us to the substructural political import of this performance, and to its surprisingly true anti-heroic, un-Promethean protagonist, Stolzius. Stolzius applies to this show Philip Auslander's contention that postmodern performance restores critical distance, which strategically allows us to reconsider the world we live in, thereby performing a resistant political function.[33] This political intent is manifestly underlined by giving the role of Stolzius to an Arab actor with a distinct ethnic accent – always a significant and politically-charged casting decision in Israel. It is done in this case, perhaps, not as sheer coincidence, barely a year before the present (2000) Arab uprising, the *Al-Akza Intifada*. With his bent

33 Philip Auslander: Presence and Resistance: Postmodern and Cultural Politics in Contemporary American Performance, Ann Arbor 1992, S. 4, 7.

carriage, bundled up appearance in longjohns, long coat and bandaged head, he cuts a sickly, defect, whining and somewhat ludicrous figure – just like Läufer in *Der Hofmeister* or, perhaps, Lenz himself. Yet he is, all the same, the only human and identifiable character in this production, the only one who sticks to his goal of getting Marie back and, as he perceives the futility of this attempt, of avenging himself on the officers who had turned her into a whore. The Jewish "colonialist" spectator cannot but admire him as he performs drill exercises in order to persuade Mary to hire him, since this manipulation clearly alludes to the shrewdness of the oppressed Palestinians; when Stolzius shaves his superior's head, and the unsuspecting Mary – played by an actor with distinctly Israeli attributes – confides to him his erotic attraction to Marie, he almost slits the officer's throat with his Woyzeckian barber's knife, thus implying the danger that lurks for the addressee outside of the theatre; and when Mary and Deportes, like two complacent military overlords, sprawl in their chairs, wolfishly devouring a chicken – again a typical Israeli dish – and slander Marie with vile intonations and vulgar gestures, the same addressee almost wishes that his extra-theatrical adversary, the Arab, would at that moment kill them, as he finally does (*Fig. 8*).

This most human and most reality-bound figure of this simultaneously pathetic, brave and impotent Arab *Kraft(los)kerl*, lends, *via negativa*, an updated and relevant touch to the much-contested final scene, in which Count von Spannheim suggests the foundation of a *Pflanzschule von Soldatenweibern*.[34] This occurs despite the fact that Perlstein once again prefers to estrange the evidence, and manifestly removes it as far as possible from the Israeli associative horizon, just as Lenz removes it from the German horizon. The scene, as presented, gives the extremely cynical final blow to the self-eliminating society portrayed and alluded to in the performance by showing debauchery and sexual depravity as self-perpetualizing, and in stating profanity as a new religion. Two "Playboy" bunnies stick church candles on the stage floor to the lofty notes of Bach's ecclesiastic choral music, in order to pave the way along which Marie, in a transparent bridal dress revealing her bra and panties, walks to the altar as a desecration of the holy matrimonial bond. At the same time the countess and the colonel, on each side of this lighted path, declame into loudspeaker microphones, thus ascribing the text the pompous, axiomatic and utterly grotesque significance of an "official charter". And while they speak, the lighting flickers on and off to expose a

34 Die Soldaten: V/5, S. 56.

series of *tableaux* of copulating whores and clients, as a kind of *Biblia Pauperum*, a mock theological iconography for the depraved new world, which perfectly accords with director's epilogue in the program notes:

> After the destruction shown in the play, an ideal solution is proposed. But instead of dealing with the roots of the problem, it suggests the convenient social instrument: the institutionalization of the problem. Is this society really so different from ours?[35]

List of Illustrations:

(*Fig. 1*): Deportes and Marie. The Soldiers, the University Theatre, Tel-Aviv University 1999. Director: M. Perlstein.

(*Fig. 2*): Chaplain Eisenhardt. The Soldiers, the University Theatre, Tel-Aviv University 1999. Director: M. Perlstein.

(*Fig. 3*): Wesener kissing Marie. The Soldiers, the University Theatre, Tel-Aviv University 1999. Director: M. Perlstein.

(*Fig. 4*): Marie and Charlotte Wesener. The Soldiers, the University Theatre, Tel-Aviv University 1999. Director: M. Perlstein.

(*Fig. 5*): Stolzius and his mother. The Soldiers, the University Theatre, Tel-Aviv University 1999. Director: M. Perlstein.

(*Fig. 6*): Countess de la Roche and her son. The Soldiers, the University Theatre, Tel-Aviv University 1999. Director: M. Perlstein.

(*Fig. 7*): Mrs Wesener. The Soldiers, the University Theatre, Tel-Aviv University 1999. Director: M. Perlstein.

(*Fig. 8*): Stolzius murdering Deportes. The Soldiers, the University Theatre, Tel-Aviv University 1999. Director: M. Perlstein.

---

35   Moshe Perlstein: Programme Notes to "The Soldiers", Tel-Aviv University 1999, S. 6.

(Fig. 1)

(Fig. 2)

(Fig. 3)

(Fig. 4)

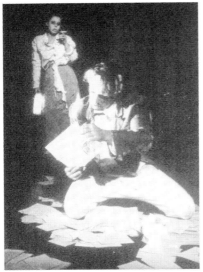

(Fig. 5)   (Fig. 6)

(Fig. 7)   (Fig. 8)

Verzeichnis der Lenziana in Kraków
Nachlaßteile von Jacob Michael Reinhold Lenz in der „Sammlung Lenziana", in der „Sammlung Autographa" und in der „Sammlung Varnhagen" – Bestand der ehemaligen Preußischen Staatsbibliothek zu Berlin, gegenwärtig in der Biblioteka Jagiellońska, Kraków

Der weit verstreute Nachlaß von J. M. R. Lenz ist bis heute nicht vollständig erfaßt. In der Forschung herrscht immer noch Irritation darüber, wieviel und was aus Lenz' Nachlaß tatsächlich noch vorhanden ist. Zahlreiche Handschriften, die als „im Zweiten Weltkrieg verschollen" gelten, sind erhalten und werden in Kraków aufbewahrt. Doch mit einer Anfrage an die Jagiellonen-Bibliothek konnte man bis vor kurzem nicht erfahren, welche Lenziana sich in Kraków befinden, weil dieser größte Nachlaßteil bisher nicht verzeichnet war. Seit 1999 habe ich im Laufe mehrwöchiger Aufenthalte in Kraków die Lenziana erstmalig detailliert erfaßt und dieses Verzeichnis der Bibliothek für die Bearbeitung von Anfragen und den Benutzern zur Verfügung gestellt. Das Verzeichnis ist eine erste Bestandsaufnahme, die der Überarbeitung und Ergänzung, möglicherweise auch im einzelnen der Korrektur bedarf. Die eigenhändigen Handschriften von Lenz werden im einzelnen aufgeführt, die Kontextmaterialien zusammenfassend beschrieben. Die Blätter des Nachlasses liegen in keiner festgelegten Reihenfolge und sind weder foliiert noch paginiert. Einige Texte – nicht aber Blätter – sind von alter Hand numeriert; doch die Numerierungen wurden mehrfach korrigiert, überschneiden sich und weisen Lücken auf. Bei aller Sorgfalt konnte nicht vermieden werden, daß sich in den letzten Jahren durch die Benutzer, die Bearbeitung von Anfragen und das Herausnehmen einzelner Blätter für Kopieraufträge die Anordnung der Blätter immer wieder verschoben hat. Sehr begrüßenswert ist daher das Vorhaben der Jagiellonen-Bibliothek, in naher Zukunft eine Foliierung der Lenziana vorzunehmen – wobei die Anordnung der Blätter selbstverständlich vorher geprüft und behutsam korrigiert sowie dem früheren Überlieferungszusammenhang angenährt werden muß.

Die sog. *Sammlung Lenziana* hat Jegór von Sivers (1823-1879) zusammengetragen und Karl Weinhold (1823-1901) vermacht. Als Vermächtnis Karl Weinholds kam sie 1901 in die Preußische Staatsbibliothek zu Berlin (acc. ms. 1901.214-239), wurde im Zweiten Weltkrieg ausgelagert nach Schloß Fürstenstein, kam dann in das Kloster Grüssau (Kraków) und befindet sich gegenwärtig in der Biblioteka Jagiellońska, Kraków. Die 26 Konvolute werden in IX Kapseln aufbewahrt (I: 1, 2. – II: 3, 9-13, 26. – III: 4. – IV: 5,6. – V: 7,8. – VI: 14,15. – VII: 16-19. – VIII: 20-24. – IX: 25). Sie enthalten sowohl Eigenhändiges als auch Abschriften und Auszüge, zudem einiges Gedrucktes. Eigenhändige Originale von J. M. R. Lenz befinden sich ausschließlich in den Konvoluten Lenziana 1-6. Im folgenden Verzeichnis wird bei den Bezeichnungen nicht unterschieden zwischen von Lenz gegebenen Titeln, von Lenz-Forschern aus dem 19. Jahrhundert beigegebenen Zuordnungen und von mir stammenden Beschreibungen und Zuordnungen. Titel, Beschreibungen und Numerierungen, die auf den Originalen stehen oder diesen beigegeben sind, werden getreu transkribiert, Widersprüche und Schreibversehen wurden nicht korrigiert. Verläßlich sind sämtliche von mir stammenden Zuordnungen der Briefe mit Verweis auf die Ausgabe: Briefe von und an J. M. R. Lenz. Gesammelt und herausgegeben von Karl Freye und Wolfgang Stammler, 2 Bde., Leipzig 1918 (auch als Nachdruck Bern 1969, mit Angabe der Briefnummer zitiert als „Freye/Stammler"). Original-Handschriften befinden sich in Kraków nicht nur in der *Sammlung Lenziana*, sondern auch in anderen *Berlinika*. Daß auch Nachlaßteile in der *Sammlung Autographa* und in der *Sammlung Varnhagen* erhalten sind, war in der Forschung bislang nicht bekannt. Im Interesse der Lenz-Forschungen teile ich die in Kraków liegenden Nachlaßteile mit und bitte um Nachricht über ggf. notwendige Korrekturen.

Sammlung Lenziana
Lenziana 1: eigenhändige Originale
I. Erste russische Zeit (Jugend)
    1. Abschrift: A Monsieur Lenz: „Freylich hatten unsere ersten Eltern ..." (Glückwunsch zur 2ten Heirath s. Vaters), 2 Bl (2. und 4. Seite leer: 2 S
    2. „Daß die Zufriedenheit nicht von deiner äußerlichen Veränderung des Glücks, der Zeit, und des Alters, sondern von der innern Beschaffenheit des Herzens herkommen würde in einer öffentlichen Rede d. 1sten Januar, 1765 bewiesen von Jacob Mi-

chael Reinhold Lenz. Dorpat, den 1sten Januar 1765." 12 Bl (6 Dpbl, 24 S)

   3. Lobgesang auf die Trägheit, 1 Bl (2 S)

II. Aus der letzten russischen Zeit (Deutsche Gedichte und Aufsätze, Französisches und Russisches.)

(I. In Moskau)

   1. Empfindungen eines jungen Russen der in der Fremde erzogen seine allerhöchste Landesherrschaft wiedererblickte, 4 Bl (2 Dpbl, 8 S)

   2. Auf den Tod S. Erl. des Oberkammerherrn Senateur und Grafen Boris Petrowitsch Scheremetjeff; Wie mit dem Krieg; Herrn Börner, 2 Bl (1 Dpbl, 4 S)

   3. Auf des Grafen Peter Borissowitsch Scheremetjeff vorgeschlagenes Monument, 2 Fass., 1 Bl (2 S)

   4. Es mag um diese Gruft die junge Freude klagen (Auf den Tod der Frau Hofräthin Stritter); Weh den Verblendeten, 2 Bl (1 Dpbl, 3. Seite leer: 3 S)

   5. Auf das kleine Kraut Reinefarth an die Rosengesellschaft: Kleines Kraut; Kleider Speisen und Getränke, Klaviatur, Brief an Firnhaber (Freye/Stammler # 353), 2 Bl (1 Dpbl, 4 S)

   6. Epitre de Sancho Pajay; russ. Prosa; Emphiteusen der Abtei, 4 Bl (2 Dpbl, 8. Seite leer: 7 S)

(II. Prosa)

   7. Der Stundenplan, eine Farce und Roman (3 Dialoge), 4 Bl (2 Dpbl, 8 S) Was ist Satyre? 2 Bl (1 Dpbl, 4 S)

   8. Historisches Theater (Boris), 1 Bl (1 S)

   9. Tabli auf dem Kirchhofe zu H. in der Fastnacht, 1 Bl (2 S)

  10. Abgezwungene Selbstvertheidigung gegen eine mir aufgeheftete Leidenschaft, 4 Bl (2 Dpbl, 8 S)

  11. Brief vom Erziehungswesen an einen Hofmeister! 2 Bl (1 Dpbl, 4 S)

  12. Fragment über die älteste Kunst „Es ist nicht allemal der Name den grosse Menschen", 2 Bl (1 Dpbl, 4 S)

  13. „Es ist wahr die Einflüsse des Klima auf ein ehemals bis weilen noch wildes Volk müßten bis weilen erschröcklich seyn ... Ueber einige Schönheiten der andern Gedichte des Verfassers der Russiade", 2 Bl (2 Ezbl)

14. Briefe an einen jüngeren Herrn über einige Gerecht<...> der Russen mit Erläuterungen aus der Geschichte dieses Reichs, 4 Bl (2 Dpbl, darunter 5 Seiten leer: 3 S)

15. Vergleichung der Gegend um das Landhaus des Grafen mit dem berühmten Steinthal eine Tagesreise von Strasburg im Elsaß unweit des berühmten Bades Moltsheim; dass. auf französisch: Essai de comparaison ..., 4 Bl (2 Dpbl, 4 + 2 S)

16. Rechenschaft von dem gegenwärtigen Zustande des Fortschritts in den Wissenschaften in der von dem kaiserlichen Fiendelhause zu Moskau veranstalteten adligen Pensionsinstitut, 6 Bl (3 Dpbl)

17. Aus einer Geschichte Rußlands, 14 Bl (7 Dpbl, 12 Seiten leer)

18. Aus dem ersten Teil der alten Diplomatischen Bibliothek des Herrn von Nowikoff; Auszüge aus dem 2ten Buch sechsten Teils der Russischen Handelsgeschichte Michael Ischulkoffs von Erzeugung und Umsatz eigner Russischer Produkte, als des Salzes, der Potasche, Wolle und Schaafzucht, Pferdezucht und Stuttereyen endlich der Branntweine und Liqueurs. „Kleinere Karackterzüge ...“ (aus Nowikoffs Handschriften), 19 Bl (9 Dpbl + 1 Ezbl, 2 Seiten leer)

19. Russische Abhandlung (5 S), eingelegt ein russ. Gedicht (2 S)----}

20. „Abhandlung“ über die älteste russische Dichtung   5 Bl, („Die Wanderung der Wisssenschaften ...“, 3 S)---------}(2 Dpbl + 1 Ezbl, 10 S)

21. Entwurf zu Verträgen über Tacktik an den General von Berg, 2 Bl (1 Dpbl)

III. Französische Schriften

[*Vormals hier, jetzt in Lenziana 3:*

(I. Zeit im Elsaß)

   1. Le couple innocent, une glace (Drama), 4 Bl
   2. L'homme de glace (Charakteristik), 9 Bl]

(II. Russische Zeit)

Verse:

   3. Le jour d'Helene ou de fondation d'un nouvel ordre, 4 Bl
   4. Sur une Tabatière, présentée à un vieux homme d'Etat----------}
   5. Sur l'Eglise des boulangers à Rome--------------------------------}
   6. à Mlle de Pl...ff. enfant de huit ans et sa soeur de six-------------}

Prosa:

   7. Belles lettres sans principe---} 4 Bl
   8. Comedie des bêtes, dediée aux deux demoiselles de Pl---ff ----}
      (2 Dpbl, 8 S)

9. Essai sur l'education presenté à Sg. Exc., 2 Bl (1 Dpbl, 4 S)

10. Logique des dames, 2 Bl (1 Dpbl, 4 S)

11. Propositions de paix. Ou project d'ouverture d'une Assemblée litteraire à Moscou, 2 Bl (1 Dpbl, 4 S)

12. Vue des operations de la grande cloche, mit Zeichnungen, 2 Bl (1 Dpbl, 4 S)

13. Lettre adresée à quelques officiers de la commission hydraulique de la communication d'eau, mit Zeichnungen, 4 Bl (2 Dpbl, 8 S)

14. Monseigneur ... ou sujet d'un théatré de chymie, mit Zeichnung, 4 Bl (2 Dpbl, 8 S)
    Russischer Prosatext mit Zeichnungen, 2 Bl (1 Dpbl, 4 S)
    Anlage: Abschrift: Czarlot qui pleure et Czarlot qui rit, petit Drame sur la guerre des Suedois (Freye/Stammler # 344), 2 Bl (1 Dpbl, 4 S)

Lenziana 2: eigenhändige Originale
(Lyrica, Notizblätter, Skizzen, Aufsätze, Übersetzungen)
Lyrica:
Wie freundlich trägst du mich auf deinem grünen Rücken; Mein Bruder Douglaß laß ihn stolzieren stolzieren [Yarrows Ufer. Schottische Ballade]; Liebe sollte deine Pein; Süße Schmerzen meiner Seele; 2 Bl (1 Dpbl, 4 S)
(Abschrift) Mr L à Mr G, Arbres muèts, 1 Bl (1 S)
„Ein Halbbogen ... an Madame de Oberkirch", franz. Entwürfe, 2 Bl (1 Dpbl, 4 S)
Seele der Welt unermüdete Sonne [An die Sonne]; Ich sehe an mir selber 1 Bl (2 S)
Abschrift: Es mag um diese Gruft die junge Freude klagen (Auf den Tod der Frau Hofräthin Stritter); Weh den Verblendeten, die so nach Rosen haschten, 4 Bl (2 Dpbl, 7 S)
Abschrift: Empfindungen eines jungen Russen, 4 Bl (2 Ezbl + 1 Dpbl, 4+3 S)
Abschrift: Auf des Grafen Peter B. Scheremetjeff vorgeschlagenes Monument, 2 Bl (4 S)
Abschrift: Auf den Tod S. Erl. des Oberkammerherrn Senateur und Grafen Boris Petrowitsch Scheremetjeff; Wie mit dem Krieg, 3 Bl (5 S)
„Blaetter der Erinnerung", 35 Stück (franz. und engl. Gedichte, Exzerpte, Vokabellisten, Notizen) 38 Bl (11 Ezbl + 1 Dpbl + 4 Ezbl + 1 Dpbl + 1 Ezbl + 1 Dpbl + 10+6 Ezbl)
Ueber Delikatesse der Empfindung, 40 Bl
Ueber die launigten Dichter, 2 Notizen, 2 Bl (4 S)

Ansätze zum Waldbruder, „Sterben - und in das unermeßlich Leere der Ewigkeit mit meinem Gedencken übergehen", 1 Bl (1 Dpbl, 4 S)

Anfang einer psychologischen Geschichte, Notizen, 1 Bl (2 S)

1a. Fripon oder der Pudel, 2 Bl (4 S)

1b. Dalaskus oder der Hund. Die Geschichte eines Gefangenen, 1 Bl (1 S)

Abschriften von 12 Zetteln aus dem brieflichen Nachlaß des Dichters, 6 Bl (3 Dpbl, 9 S)

Beschreibung von Zetteln, 3 Bl (6 S)

Notizen, 15 Bl

3. Urganda, 7 Bl (3 Dpbl + 1 Ezbl, 3x4 S + 1 S = 13 S)

Abschrift: Urganda, 18 Bl (9 Dpbl, 8x4 S + 1 S = 33 S)

4. Brief an einen jungen L- von Adel an seine Mutter in L-, 1 Bl (2 S)

5. Der Landprediger, Varianten zu der Erzählung im *Deutschen Museum*, 3 Bl (6 S)

II. Abhandlungen, gelesen in der Gesellschaft zu Straßburg; Übersetzungen

6. Zur Verfassung der litterarischen Gesellschaft zu Straßburg, 30/11/1775 gelesen, 2 Bl (4 S)

7. Ankündigung eines kritischen Journals, 1 Bl (2 S)

8. Ueber Götz von Berlichingen, 2 Bl (4 S)

9. Vertheidigung der Vertheidigung des Uebersetzers d. Lustspiele, 3 Bl (1 Dpbl + 1 Ezbl, 6 S)

10. Zu Hamlet; Empfindungen bei der Vorstellung des tugendhaften Verbrechers, 4 Bl (2 Dpbl, 7 S)

11. Zweyerlei ueber Virgils erste Ekloge/ d. 6ten 9mbr. 1773., 2 Bl (1 Dpbl)

12. Ovid. Einl. und Übersetzung von Metamorphosen II 708-832, 4 Bl (1 Dpbl + 2 Ezbl, 7 S)

13. Uebersetzung einer Stelle aus dem Gastmahl des Xenophons, 3 Bl (1 Dpbl + 1 Ezbl)

14. Epistel an Herrn B. über s. homerische Uebers., mit Übers. v. Ilias IX, 307-356, 4 Bl (6 S)

15. Johannes Ludowikus Vives vom Verderbniß der Künste. Erstes Buch. Von den Künsten überhaupt, 2 Bl (1 Dpbl)
   Ludovicus Vives dé cauffes corruptarum artium Lib Ilubi de poesi lat. Text), 2 Bl (1 Dpbl)

18. Popes Epilog zu den Satyren; Notiz zu „Die Freunde machen den Philosophen", 2 Bl (1 Dpbl, 4 S)
   Die Erschaffung der Welt, 5 Bl (1 Dpbl + 3 Ezbl, 10 S)
   Etwas über Philotas Karakter: Abschrift, Materialien, Briefe a. d. 19. Jh.

Lenziana 3: eigenhändige Originale
(Dramatische Fragmente und Entwürfe)

1. Henriette von Waldeck (oder: Die Laube), 10 Bl (2 Dpbl + 1 Ezbl + 2 Dpbl + 1 Ezbl, 20 S)

5. Die alte Jungfer (Entwürfe), 10 Bl (1 Dpbl + 1 Ezbl + 2 Dpbl + 1 Ezbl + 1 Dpbl)

6. Die Familie der Projectenmacher, 5 Bl (2 Dpbl + 1 Ezbl, 9 S)

8./9. Cato (Entwurf), 2 Bl (2 Dpbl, 8 S)

17. Sir John Oldcastle (V 9, Szene aus dem Plautus-Shakespeareschen Stück), 1 Bl (2 S)

Catharina von Siena (Fragmente; Akt I-II: 23 Bl, Notizen: 17 Bl, Bearbeitung: 5 Bl), 45 Bl

Der tugendhafte Taugenichts (2 Bearbeitungen zu je 7 Bl), 14 Bl (1 Ezbl + 3 Dpbl + 2Ezbl + 2 Dpbl + 1 Ezbl)

Die Kleinen. Comödie (Entwürfe), 15 Bl (2 Ezbl + 5 Dpbl, 27 S)

Zum Weinen od. Weil ihrs so haben wollt, ein Trauerspiel (Entwurf), 6 Bl (2 Dpbl + 2 Ezbl)

Graf Heinrich. Eine Haupt und Staatsacktion, 5 Bl (2 Dpbl + 1 Ezbl)

Magister. Lischen, 1 Bl (2 S)

Baccalaurei, 1 Bl (2 S)

Zu: Der Neue Menoza (Variante: Schluß des Stücks), 1 Bl (2 S)

Zu: Die Soldaten (Entwürfe für die letzte Szene), 1 Bl

Zu: Der Engländer / Zu: Die Freunde machen den Philosophen, 4 Bl (2 Dpbl)

Piramus und Tisbe (dram. Entwurf), 1 Bl (1 S)

Aussteuer, Lustspiel des seeligen Plautus (Notizen), 2 Bl (3 S)

Le couple innocent, une glace (vormals in Lenziana 1), 4 Bl (2 Dpbl)

L'homme de glace. Drama. Brouillon de roman, Notiz zum Neuen Menoza (vormals in Lenziana 1), 10 Bl (4 Dpbl + 2 Ezbl)

Lenziana 4: eigenhändige Originale
(Über die Soldatenehen, deutsch und französisch; zu Julius Caesar; über Bernhardt v. Weimar)

I.   Ueber die Soldatenehen, 38 Bl
      Abschrift: Ueber Soldatenehen, 30 Bl (55 S)
      Abschrift: Ueber Soldatenehen, 39 Bl

II.   Über die Umbildung der französischen Armee zu Legionen durch Soldatenehen (französisch), 32 Bl

III. Brief an den Minister Maurepas über die Möglichkeit Frankreich durch ackerbauende Militairkolonien zu heben (versch. Entwürfe, französisch), 36 Bl

IV.   Notizen zu dem Buche: Über die Verbesserung der französischen
        Armee („Sur le mariage des Soldats et sur l'education militaire en
        France / Dedicace a Monsieur le Comte de S. Germain"; meist
        französisch, tw. auf deutsch; darin 1 dram. Szene), 56 Bl + 1 Bl
        beiliegend

V.   Materialien zu einer Abhandlung über die französische Armee, 43
        Bl (Bl 2 + Bl 25 fehlen)

VI.   Lettre d'un Soldat Alsacien à S. Exc. Mr. le Comte de la St. Ger-
        main sur la retenue de la paye des Invalides, „Da meine Muse ein
        für allemal" (Freye/Stammler # 234), 22 Bl + 4 Bl

VII.   Auszüge für Landwirthschaft (und Finanzgeschäfte, besonders
        Frankreichs, französisch und deutsch), 44 Bl + 3 Bl

VIII.   Auszüge und Studien aus und zu Julius Caesar, 11 Bl

IX.   Auszüge zur Geschichte Bernhardt v. Weimar (französisch), 9 Bl

Lenziana 5: meist eigenhändige Originale
(Briefe seit 1772, meist Originale, namentlich an die Angehörigen;
2 Briefe von R. de Carbonnières; Abschriften namentlich der Briefe von
Boie, ein altes Briefregister. Soweit nicht anders vermerkt, handelt es sich
um eigenhändige Originale von Lenz.)

1.   Lenz an Gotter, Strasbg. den 10ten May 1775 („Es ist wohl wunder-
     bar daß ich einen Brief vom Jenner"), Freye/Stammler # 49, 1 Bl
     (2 S)

2.   Lenz an Gotter, Strasbg. d. 23ten 8br. 1775 („Ich danke Ihnen für
     Ihrer Freundschaft und Ihr Andenken"), Freye/Stammler # 78, 2 Bl
     (1 Dpbl, 2.+3. Seite leer: 2 S)

3.   Lenz an Gotter [Straßburg, Ende Nov 1775] („Sehen sie lieber Got-
     ter! hier ein Stück wo alle Charaktere gleichsam nur angedeutet
     sind"), Freye/Stammler # 85, 1 Bl (2 S)

4.   Lenz an Gotter [Straßburg, Dez 1775] („In der grösten Eilfertigkeit
     kann ich Ihnen nur bester Gotter sagen"), Freye/Stammler # 86, 2
     Bl (1 Dpbl, 2.+3. Seite leer: 2 S)

5.   Lenz an Gotter, d. 14ten Jenner [1776] („Ich danke Ihnen mit gan-
     zem Herzen, Bester! für die freundschaftliche"), Freye/Stammler #
     97, 2 Bl (1 Dpbl, 4 S)

6.   Lenz an Gotter, Weymar d. 20sten May 1776 („Wenn Sie lieber
     Freund! die Algierer noch nicht weggegeben"), Freye/Stammler #
     172, 2 Bl (1 Dpbl, 2.+3. Seite leer: 2 S)

7.   Lenz an Gotter [Weimar, Ende April 1776] („Sie sind über Ver-
     muthen geschwinde weggereist lieber Gotter"), Freye/Stammler #
     159, 2 Bl (1 Dpbl, 2.+3. Seite leer: 2 S)

8. Abschrift („Cop. v. Dumpf"): Lenz an seinen Vater, Fort Louis, d. 15 Junius n. St. [1772] („Mein theurester Vater! Abermal muß ich eine Gelegenheit kahl aus meinen Händen laßen"), Freye/Stammler # 11, 1 Bl (2 S)

9. Lenz an seinen Bruder [Johann Christian], Fort Louis, d. 15 [13]ten Jul. 1772 ("Liebster Bruder! Deine Vorwürfe würden mir so empfindlich nicht seyn"), Freye/Stammler # 13, 1 Bl (2 S)

10. Abschrift („Copia eines Briefes von Jacob Mich: Reinh: Lenz an seinen Vater den Probst Lenz"): Lenz an seinen Vater, Weissenburg im Elsaß d. 2ten Septbr: 1772 und Landau den 2ten October [1772] („Mein Vater! Ich schreibe Ihnen diesen Brief auf dem Marsch von Fort Louis nach Landau"), Freye/Stammler # 17, 2 Bl (1 Dpbl, 4 S)

11. Lenz an seinen Bruder [Johann Christian], Straßbg. d. 7 Novbr. 1774. („Konnt' ich mein edler Bruder! einen bessern Gebrauch"), Freye/Stammler # 39, 2 Bl (1 Dpbl, 4 S)

12. Abschrift (18. Jh.): Lenz an seinen Vater, d. 18ten November. [17]75 („Mein Vater! Unaussprechl: glücklich haben Sie mich"), Freye/Stammler # 81, 2 Bl (1 Dpbl, 4 S)

13. Abschrift (19. Jh.): Lenz an seinen Vater, d. 18ten November. [17]75 („Mein Vater! Unaussprechl: glücklich haben Sie mich"), Freye/Stammler # 81, 4 Bl (1 Dpbl + 2 Ezbl)

14. Abschrift: Lenz an seine Mutter, [Weimar] am Karfreytage 1776 („In diesem Augenblick meine theureste Mutter!"), Freye/Stammler # 148, 1 Bl (2 S)

15. Lenzens Bruder C[arl] H[einrich] G[ottlieb] Lenz an seinen Bruder [Johann Christian Lenz], d. 22ten May 1776 („Lieber Bruder, Gewiß nicht das erste Mahl, daß ich mich hingesetzt dir zu schreiben"), 2 Bl (1 Dpbl, 4 S)

16. Lenz an Jungfer Laudt [Weimar, Sommer 1776] („Wenn Sie beßte Jungfer Laudt mir in Strasb."), Freye/Stammler # 185, 1 Bl (2 S)

17. Lenz an Jungfer Laudt, Weymar d. 23ten Novbr. 1776 („Verzeyhen Sie meine wertheste Mademoiselle!"), Freye/Stammler # 244, 2 Bl (1 Dpbl, 4 S)

18. Lenz an [Luise König? Darmstadt, Ende März 1776] („Und Sie Freundin von Fräulein Waldner"), Freye/Stammler # 141, 1 Bl (2 S)

19. Lenz an [Luise König? Weimar, April 1776] („Wie steht es liebe Freundin? Wollen Sie mir denn kein einig Wort schreiben?"), Freye/Stammler # 151, 1 Bl (1 S)

20. Lenz an den Grafen [Friedrich Leopold Stolberg], We[imar, April 1776] („Ich freue mich bester Graf daß ich Ihnen aus We. schreiben kann"), Freye/Stammler # 158b, 1 Bl (1 S)

21. Lenz an [Wieland, Januar 1776] („Fast sollte selbst das Äusserliche dieses Briefes"), Freye/Stammler # 103, 1 Bl (2 S)
22. Lenz an [Henriette v. Oberkirch, geb. v. Waldner], le 15 de Juillet 1776 („Adieu belle Chanoinesse"), Freye/Stammler # 209, 1 Bl (2 S)
23. Lenz an [Henriette v. Oberkirch, geb. v. Waldner, nach dem 23. Mai 1776 / Berka, in den ersten Tagen des Juli 1776] („Oserois je vous prier Madame!"), Freye/Stammler # 194a, 2 Bl (1 Dpbl, 4 S)
24. Lenz an [Simon / Salis, Berka, Juli 1776] d. 26ten Julius [17]76 („Ihr Brief hat mir viel Freude gemacht"), Freye/Stammler # 211, 1 Bl (1 S)
25. Lenz an Weidmanns Erben und Reich, Vom Lande [Berka], d. 26ten Julius [17]76 („Ich muß bitten lieber Freund! zu verhüten daß die Soldaten"), Freye/Stammler # 213, 1 Bl (2 S)
26. Abschrift (?): Lenz an [die Herzogin Anna Amalia, Berka, Sommer 1776] („Ich muß Ew. Durchlaucht in tiefster Unterthänigkeit berichten"), Freye/Stammler # 199, 1 Bl (2 S)
27. Lenz an [Herder, Kochberg, 9. oder 10. Oktober 1776] („Es ist eines der merkwürdigsten Jahrhunderte in welchem wir leben."), Freye/Stammler # 229, 2 Bl (1 Dpbl, 3 S)
28. Lenz an [Charlotte von Stein, Berka, Anfang September 1776] („Vous parlez de m'arracher de ma solitude"), Freye/Stammler # 221, 2 Bl (1 Dpbl, 4 S)
29. Lenz an ? („Den Tempel hab ich ihr lang in meinem Herzen gebaut"), 1 Bl (2 S)
30. Lenz an [Charlotte von Stein, November 1776], („you will perhaps wonder dearest lady"), Freye/Stammler # 238a, 1 Bl (2 S)
31. Von fremder Hand: Übersetzung dess. (Freye/Stammler # 238a) ins Deutsche, 1 Bl
32. Wilkau an Lenz [1776] („Unter ausdrücklicher Bedingung daß Freund Lenz"), Freye/Stammler # 204, 1 Bl (2 S)
33. Lenz an [Marchand, Weimar, Sommer 1776] („Hier schick ich Ihnen mein schätzbarer Freund ein Exemplar von meinen Soldaten zur schuldigen Danksagung"), Freye/Stammler # 186, 1 Bl (2 S)
34. Abschrift: Lenz an seine [Stief-]Mutter [Sommer 1779] („Meine theureste und Verehrungswürdigste Frau Mutter! Mit frohem Herzen, und mit innigem Dank gegen Gott gebe ich Ihnen zum ersten mahl"), Freye/Stammler # 306, 2 Bl (1 Dpbl, 4 S)
35. Abschrift: Schlosser und Lenz an Lenzens Vater, Freyburg d. 9 Märtz 1778 („P. T. Ihnen unbekanndt war ich lange Ihr Freund, durch Ihren Herrn Sohn."), Freye/Stammler # 298, 2 Bl (1 Dpbl, 4 S)

36. Lenz an Goethe und Philipp Seidel [Weimar/Berka, um den 27. Juni 1776] („Sachen die hier bleiben"), Freye/Stammler # 190, 2 Bl (1 Dpbl, 4 S)
37. Lenz an Eina [d. i. Julie von Albedyll, 1780] (2 Entwürfe auf einer Seite: „Liebe Eina! mein Vater hätte keinen bessern Advokaten wählen können als Sie."), Freye/Stammler # 332a und 332b, 1 Bl (1 S)
38. Lenz an Peuker, St. Petersburg, d. 11 Febr [17]80. („Mein theurester Freund und Gönner Schon lange hätte Ihnen mit glühender"), Freye/Stammler # 311, 2 Bl (1 Dpbl, 4 S)
39. Lenz an seinen Vater, Petersbg d. 5ten Jul 1780 („Theurester Vater! O warum muß die Post so verrätherisch eilen"), Freye/Stammler # 324, 2 Bl (1 Dpbl, 4 S)
40. Lenz an seinen Vater, St Petersbg. d. 2ten Jun 1781 („Theurester Vater! Es ist hier eine Gesellschaft gelehrter Freunde und Kenner"), Freye/Stammler # 336, 2 Bl (1 Dpbl, 4 S)
41. Lenz an seinen Vater und an seine Schwester [Dorothea Charlotte, Moskau] („Lieber Papa! die unglückliche Leidenschaft welche sich meiner in Liefland bemächtiget"), Freye/Stammler # 354 (gekürzt), 1 Bl (2 S)
42. Lenz an Claudes [Moskau, nach 1787] („Lieber Freund Claudes! So eben komme von einer langen Konferenz"), Freye/Stammler # 348 (gekürzt), 2 Bl (1 Dpbl, 3.+4. Seite leer: 2 S)
43. Abschrift (?): Lenz an seinen Bruder [Johann Christian, Moskau] d. 11ten Jun 1791 („Mein zärtlichgeliebtester Bruder! Wahrscheinlich wirst du den Brief von deinem Freunde"), Freye/Stammler # 358 (gekürzt), 2 Bl (1 Dpbl)
44. Lenz an seinen Bruder Friedrich David [St. Petersburg, April 1780] („Hier ein paar Briefe lieber Bruder! die ich Dir offen zur schleunigsten Bestellung überschicke"), Freye/Stammler # 315, 1 Bl (2 S)
45. Lenz an ?, Moskwa [nach 1787] („Mein ädler alter bewährter anonymisch mir wie weit unschätzbarer Freund!"), Freye/Stammler # 349 (gekürzt), 2 Bl (1 Dpbl, 4 S)
46. Lenz an seine Brüder und Freunde [Moskau] („Projet à mon frère ou à un de mes amis de St. Petersbourg"), Freye/Stammler # 345, 2 Bl (1 Dpbl, 4 S)
47. Lenz an [Graf Anhalt, Moskau, nach 1785] („Erlauchter Graf Gnädiger Herr! Ew. Hochgräflichen Erlaucht werden den schwachen Versuch einer Uebersetzung"), Freye/Stammler # 346, 1 Bl (2 S)

Lenz und Boie (Die Originalbriefe von Lenz an Boie befinden sich in der
Slg. Autographa.)
1. „Lenz an Boie": Verzeichnis der 19 Briefe von Lenz an Boie und
    der 9 Briefe von Boie an Lenz, 1 Bl
2. „Buchstäblich   genaue   Abschrift   sämtlicher   Briefe   durch
    K. Weinhold. April 1868." Abschriften von Briefen von Lenz an
    Boie (18 S)
3. Abschrift: Buchhändler Helwing an Boie, Lemgo, d 24 April 1776,
    1 Bl
4. Abschrift: Lenz an Schlosser („Lies es durch bester Schlosser!"),
    Freye/Stammler # 73, 1 Bl
Zwei Briefe von Louis Francois Elisabeth Ramond de Carbonnières
(1755-1827) an Lenz
1. Ramond de Carbonnières an Lenz, Colmar le 25 may 1776 („Mon-
    sieur et Cher ami. J'avais appris avec trop de peine"),
    Freye/Stammler # 174, 2 Bl (1 Dpbl)
2. Ramond de Carbonnières an Lenz, Colmar le 5. avril 1777 („J'ay
    appris à Strasbourg, Monsieur et cher ami, votre séjour à colmar"),
    Freye/Stammler # 261, 2 Bl (1 Dpbl)
Lenzens Vater Christian David Lenz
1. Abschrift: Briefkonzept von Christian David Lenz an Herder
    (Abschr. v. Sivers Hand) (6 S)
2. Brief von Weinhold an Sivers, Breslau, den 25. Januar 1879
3. Briefkonzept von Christian David Lenz an Herder, 9 Bl (jeweils
    recto-Seite; auf den verso-Seiten Briefe und Notizen an Chr. David
    Lenz: Lebensdaten für Taufen, Bitten um Fürgebete, private Kurz-
    mitteilungen etc.)
4. Briefe von Christian David Lenz an verschiedene mit der Bitte um
    Stipendien für das Studium seines Sohnes Jacob in Königsberg
    (Freye/Stammler # 8) 4 Bl (2 Dpbl)
5. dass. als Abschrift von Jegór von Sivers (1823-1879), 6 Bl
Briefabschriften von Georg Friedrich Dumpf (1777-1849) und Karl
Freye (1882-1915)
1. Abschrift: Lenz an seinen Vater, Freye/Stammler # 28
2. Abschrift: Lenz an Zimmermann, Freye/Stammler # 178
3. Abschrift: Lenz an Haffner, Freye/Stammler # 255
4. Abschrift: Lenz an Machard, Freye/Stammler # 186
5. Abschrift: Lenz an Weidmanns Erben und Reich, Freye/Stammler
    # 242
6. Abschrift: Lenz an Weidmanns Erben und Reich, Freye/Stammler
    # 213
7. Abschrift: Lenz an Graf Fr. L. Stolberg, Freye/Stammler # 158b

8. Abschrift: Lenz an seinen Vater, Freye/Stammler 227
9. Abschrift: Lenz an Henriette von Waldner, Freye/Stammler # 194a
10. Abschrift: Lenz an Kayser, Freye/Stammler # 87
11. Abschrift: Lenz an Charlotte von Stein/ an Herders Gattin, Freye/Stammler # 282
12. Abschrift: Lenz an seinen Vater, Freye/Stammler # 324
13. Abschrift: Lenz an seinen Vater, Freye/Stammler # 336
14. Abschrift: Lenz an Eina (Julie von Albedyll), Freye/Stammler # 332a und 332b
15. Abschrift: Lenz an Claudes, Freye/Stammler # 348
16. Abschrift: Lenz an seinen Vater und seine Schwester, Freye/Stammler # 354
17. Abschrift: Lenz an seinen Bruder Friedrich David, Freye/Stammler # 315
18. Abschrift: Lenz an seinen Bruder Johann Christian, Freye/Stammler # 358
19. Verweis auf einen Brief aus Lenziana 1 („Papiere aus der letzten russ. Zeit")
20. Abschrift: Lenz an Kayser, Freye/Stammler # 181
21. Abschrift: (Klinger und) Lenz an Kayser (hier nur der Teil v. Lenz), Freye/Stammler # 187
22. Abschrift: Lenz an Weidmanns Erben, Freye/Stammler # 242
23. Abschrift: Lenz an Charlotte von Stein, Freye/Stammler # 282
24. Abschrift: Lenz an Maler Müller, Freye/Stammler # 154
25. Abschrift: Klinger an Reich, Dresden, den 6. März [17]77 (Klinger behauptet, er sei der Verfasser der Soldaten)
26. Abschrift: Carl Heinrich Gottlieb Lenz an Salzmann, Erfurt den 3. Julius 1779 (Lenzens Bruder berichtet vom Treffen mit J. M. R. Lenz in der Schweiz 1779 und der gemeinsamen Reise zurück ins Baltikum)
27. Abschrift: Lavater an Henriette von Oberkirch, geb. von Waldner (Bittet um Schattenriß von ihr)
28. Abschrift: Lavater an Lenz, Freye/Stammler # 340
Ein altes Briefverzeichnis

Lenziana 6: ein eigenhändiges Original (Pandaemonium Germanikum), sonst Abschriften
(Pandaemonium Germanikum: Handschrift, Abschrift, Druck, Materialien;
ferner Abschriften von Dramatischem wie Plautus' Miles glorios., Sic que noscent dacent [!], Le couple innocent, Czarlot, von Übersetzungen wie Oldcastle, Coriolan, Ossian u. a., Aufsätze und Fragmente)

Pandaemonium Germanikum, Erstdruck hg. von Dumpf (1819) mit
Korrekturen von Köpke, pag. S. 207-229; S. 230: Die Demuth (Druck)
Pandämonium Germanikum, Handschrift, 15 Bl (29 S)
Einleitung zum Erstdruck vom Pandaemonium Germanikum, von
Dumpfs Hand, 5 Bl
2 Umschläge, beschriftet „Pandaemonium Germanikum", 2 Bl
Abschrift: Pandaemonium Germanikum (nach dem „Original in Maltz-
ahns Besitz. Zweite Bearbeitung, von Dumpfs Text abweichend."), 16 Bl
Abschriften in Lenziana 6:
Der großpralerische Offizier / ein Lustspiel des Plautus. Abschrift, 28 Bl
(56 paginierte S)
Der Trukulentus / ein Lustspiel des Plautus verdeutscht. Abschrift, 18 Bl
(35 paginierte S)
„Der Dichter Lenz", Juli/Aug 1788 von/aus Gadebusch, 1 Bl
Sic quae noscent dorent oder Sic quae Dorent nocent. Abschrift, 2 Bl
(1 Dpbl)
Czarlot qui pleure et Czarlot qui rit. Freye/Stammler # 344, Abschrift,
2 Bl (1 Dpbl)
Zweyerley über Virgils erste Ekloge. Abschrift, 8 Bl
Ovid, Metamorphosen II, 708-832 mit Einleitung. Abschrift, 13 Bl
Epistel an Herrn B.[ürger] über seine homerische Übersetzung. Ab-
schrift, 5 Bl
Popes Epilog zu den Satyren. Abschrift, 7 Bl
Merkzettel, 19. Jh.: Magazin der dt. Critik, hrsg. von Schirach IV, I, 219,
1 Bl
Über Götz von Berlichingen. Abschrift, 6 Bl
Brief eines jungen L. von Adel an s. Mutter in L. Abschrift, 4 Bl
Fripon oder der Pudel, Dalaskus oder der Hund. Abschrift, 6 Bl
Vom Haupteffeckt. Abschrift, 1 Bl (1 S)
Ueber die launigten Dichter. Abschrift, 1 Bl (2 S)
„Wenn ich in Ruh komme ..." Abschrift, 1 Bl (1 S)
Zur Verfassung der gelehrten Gesellschaft in Straßburg, Abschrift, 7 Bl
Ankündigung eines kritischen Journals, Abschrift, 2 Bl
Über die Veränderung des Orts im Drama, Abschrift, 11 Bl
Brief über Wielanden und einige seiner Gedichte, Abschrift, 1 Bl (2 S)
„Religiöses", „Beobachtungen", „Grundsätze", „Vorsätze", 18 Exzerpte,
Abschriften, 4 Bl (4 S)
„Abschriften von Aphorismen und Fragmenten", Abschriften, 7 Bl
Rezension des Neuen Menoza von dem Verfasser selbst aufgesetzt.
Abschrift, 5 Bl
Eine Bemerkung aus Lavaters Physiognomischen Fragmenten, Bd. 4,
S. 272, Abschrift, 1 Bl

Abschriften aus: „Der patriotische Elsasser" (2 Dpbl)
Abschriften aus: „Der Bürgerfreund" (2 Dpbl)
Abschriften aus: „Für Leser und Leserinnen" (12 Dpbl)
Vermischtes, Aphorismen, Abschriften, 5 Bl
Brief vom Erziehungswesen an einen Hofmeister. Abschrift, 6 Bl
Abgezwungene Selbstvertheidigung. Abschrift, 16 Bl
Briefe an einen jungen Fürsten. Abschrift, 10 Bl
„Abhandlung." („Die Wanderung der Wissenschaften ...") Abschrift,
6 Bl
Vergleichung der Gegend um das Landhaus des Grafen. Abschrift, 4 Bl
Coriolan. Abschrift, 25 Bl (46 paginierte Seiten)
Vives vom Verderbnis der Künste. Abschrift, 7 Bl
Uebersetzung einer Stelle aus Xenophons Gastmahl (VI, 1). Abschrift,
6 Bl
Nur ein Wort über Herders Philosophie der Geschichte. Abschrift, 1 Bl
„Es ist eins der größten Vergnügen" (*vermeintlich* aus den *Werther-Briefen*),
Abschrift, 1 Bl
Entwurf einiger Grundsätze für die Erziehung. Abschrift, 3 Bl
Sangrado. Abschrift, 5 Bl
Aus den Frankfurter Gelehrten Anzeigen von Maltzahn Lenz zuge-
schrieben. Abschriften, 5 Bl
Zur Physignomik. Abschrift, 1 Bl
Uebersetzung einer Scene aus Oldcastle. Abschrift, 3 Bl
Ossian fürs Frauenzimmer. Abschrift, 38 Bl (66 S)
Zu: Ueber die launigten Dichter (Ausz. aus 2 Briefen und Erstdruck).
Abschriften, 2 Bl (1 Dpbl)
Ueber die launigten Dichter. „Ich sehe an mir selber die Wirkung..."
Abschriften, 1 Bl
Vom Haupteffeckt. Abschrift, 1 Bl

Lenziana 7:
Prosa (Erzählungen, Abhandlungen, Reden) in Abschriften und Erst-
drucken:
Abschriften von Wendelin von Maltzahn von Handschriften, die sich
z. Zt. in Kraków befinden, Abschriften von Erstdrucken;
Gedrucktes: Erstdrucke in Zeitschriften („Iris", „Die Horen") und aus
der Lenz-Ausgabe hg. von Tieck (3 Bde, 1828)
Umfang von Lenziana 7: Eine halbe Kapsel Blätter (18br x 26h x 5t)

Lenziana 8:
Briefe an Weinhold und an Maltzahn:

Briefe von Wendelin von Maltzahn an Karl Weinhold;
Briefe von Jegór von Sivers an Karl Weinhold;
Briefe an Wendelin von Maltzahn in Lenz-Angelegenheiten (Briefe von
Bibliotheken u. a. Antworten auf Anfragen, alphabetisch nach Absen-
dern geordnet)
Umfang von Lenziana 8: Eine halbe Kapsel Blätter (18br x 26h x 4t)

Lenziana 9:
Abschrift: Die sizilianische Vesper, ein historisches Gemählde von Lenz,
13 Bl + 2 Bl (28 S)

Lenziana 10:
Abschrift: J. M. R. Lenz: Meynungen eines Layen den Geistlichen zuge-
eignet. Stimmen des Layen auf dem letzten theologischen Reichstage im
Jahre 1773. Leipzig 1775. 49 Bl (97 S)

Lenziana 11:
Abschrift: J. M. R. Lenz: Der Hofmeister. Vergleichung der ältern handschriftlichen Gestalt mit dem ersten Druck (von K. Weinhold), 33 Bl
(65 S)

Lenziana 12:
Abschrift: Der grossprahlische Offizier und der Trucullentus von Plautus, übersetzt von J. M. R. Lenz. (Abschrift von K. Weinhold), 24 Bl +
16 Bl = 40 Bl (80 S)

Lenziana 13:
Abschrift: Coriolan, Trauerspiel von Shakespeare, teilweise übersetzt von
Lenz, 37 Bl/S

Lenziana 14:
Abschriften: Briefe 1771-1775 von, an und über Lenz (Abschriften von
Jegór von Sivers, Wendelin von Maltzahn, Karl Weinhold u. a.) 367 Bl +
3 Bl (Bl 1-367 foliiert, entspricht einer halben Kapsel)

Lenziana 15:
Abschriften: Briefe 1776 (chronologisch geordnet);
Abschriften: Briefe von und an Lavater aus aus verschiedenen Zeiten;
Abschriften: Briefe von Lenz an Lavater;
Umfang von Lenziana 15: Eine halbe Kapsel (18br x 26h x 5t), vgl. Len-
ziana 14

Lenziana 16:
Abschriften: Briefe 1777-1778
Umfang Lenziana 16: Ein Viertel der Kapsel (20br x 25h x 3,5t), vgl.
Lenziana 17

Lenziana 17:
Abschriften: Briefe 1779-1792;
jüngere Korrespondenzen über Lenz
227 Bl (entspricht einem Viertel der Kapsel)

Lenziana 18:
Exzerpte zu Lenzens Lebensgeschichte
(verschiedene Abschriften von verschiedenen Schreibern aus verschiedenen Zeiten)
Umfang Lenziana 18: Ein Viertel der Kapsel, vgl. Lenziana 17

Lenziana 19:
Studien zu einzelnen Werken Lenzens, auch Notizen von Köpke (alles geordnet nach Werken)
Umfang Lenziana 19: Ein Viertel der Kapsel, vgl. Lenziana 17

Lenziana 20:
Dumpf und Petersen über Lenzens Nachlaß (mit Abschriften aus anderen Korrespondenzen) 178 Bl

Lenziana 21:
3 fragmentarische Fassungen einer Biographie Lenzens von Dumpf.
Fragmentarische Biographie von R. Köpke.

Lenziana 22:
Nachweise und Urteile über Lenzens Schriften (Abschriften von Rezensionen; geordnet nach den Werken, auf die sich die Rezensionen beziehen) 227 Bl

Lenziana 23:
Rezensionen und Notizen über den Nachlaß Lenzens (Gedrucktes; auch einige Abschriften aus baltischen und russischen Zeitungen [erschienen in Dorpat, Reval, St. Petersburg])

Lenziana 24:
Zu Lenzens Lyrik, mit einem Aufsatze R. Reickes 1867

Lenziana 25:
Sprachliche Sammlung zu Lenzens Werken von K. Weinhold (1 Convo-
lut und 2 Pakete Zettel zum Sprachgebrauch in Lenzens Werken)

Lenziana 26:
Einige Nummern der Dorpatschen Wochenschrift „Das Inland" 1849
und einige andere Zeitungsblätter über Lenz

Nachlaßteile in der *Sammlung Autographa: Lenz,*
Bestand der ehemaligen Preußischen Staatsbibliothek zu Berlin, gegenwärtig in der
Biblioteka Jagiellońska, Kraków
Soweit nicht anders vermerkt, handelt es sich um eigenhändige Originale
von Lenz.

1. (aus: Boie) 19 Briefe von Lenz an Boie 1776-1777: 17 eigenhändige
   Originale; ohne Nr. 1; Nr. 14 als Abschrift (gesamt: 26 Bl)

Nr. 1:   Verweis von Weinholds Hand auf: Lenz an Boie, Kehl den 2ten
         8br 1775 („Ich schreibe dieß auf deutschem Grund und Bo-
         den."), Freye/Stammler # 74, 1 Bl

Nr. 2:   Lenz an Boie [Straßburg, Nov 1775] („Sehen Sie wie mein ar-
         mer Bube durch die Moralisten ist zugerichtet worden."),
         Freye/Stammler # 84, 1 Bl (1 S)

Nr. 3:   Lenz an Boie [Straßburg, Dez 1775] („Ich habe noch etwas für
         Sie Boje! daß ich aber unter zehn Dukaten baare Bezahlung
         nicht"), Freye/Stammler # 88, 1 Bl (1 S)

Nr. 4:   Lenz an Boie, „Empfangen den 2ten Jan. 1776." („Hier lieber
         Freund, Zerbin, den ich aber unverzüglich zurückhaben muß"),
         Freye/Stammler # 89, 1 Bl (1 S)

Nr. 5:   Lenz an Boie, „Empfangen. den 12 Febr. 1776." („Bester
         Freund! Eben jetzt erfahre ich von Me. la Roche, was ich noch
         nie gewußt"), Freye/Stammler # 105, 1 Bl (1 S)

Nr. 6:   Lenz an Boie, [empfangen:] „den 15ten Febr. 1776." („Eben
         jetzt mein lieber bester Freund, erfahre ich von verschiedenen
         hiesigen"), Freye/Stammler # 106, 2 Bl (1 Dpbl, 4 S)

Nr. 7:   Lenz an Boie, [empfangen:] „den 20. Febr. [17]76." („Ich muß
         Ihnen bekennen, daß ich sehr mit den Wolken gefehlt habe."),
         Freye/Stammler # 109, 2 Bl (1 Dpbl, 4 S)

Nr. 8:   Lenz an Boie, Strasbg d. 19ten Febr. 1776. („Hier haben Sie
         etwas lieber Freund das Sie unserm Hellwieg für die unterdrück-
         ten Wolken"), Freye/Stammler # 111, 1 Bl (1 S)

Nr. 9:   Lenz an Boie, [Kehl,] d. 11ten Merz [17]76, („Wie wär' es bester
         Freund! Wenn Sie die Freunde machen den Philosophen dem
         Herrn"), Freye/Stammler # 127, 2 Bl (1 Dpbl, 4 S)

Nr. 10: Lenz an Boie, „Empf. den 16ten März 1776." („Ich danke Ihnen lieber wahrer warmer Freund! für alle Ihre freundschaftlichen"), Freye/Stammler # 125, 1 Bl (1 S)

Nr. 11: Lenz an Boie, [empfangen:] „den 26. Apr. 76." („Vernichten Sie
die Wolken Boje und wenn Sie ein oder zwey Exemplare übrig
behalten"), Freye/Stammler # 156, 1 Bl (2 S)

Nr. 12: Lenz an Boie, Weymar d. 30sten Aprill. 76 („Haben Sie doch
die Güte bester Freund bey Hn. Hellwieg zu kontremandiren"),
Freye/Stammler # 163, 1 Bl (1 S)

Nr. 13: Lenz an Boie, Weymar d. 12ten May [1776] („Das letzte Wort
daß ich Ihnen sowohl als Ihrem Freund Hellwig dem ich dies"),
Freye/Stammler # 169, 1 Bl (1 S)

Nr. 14: Abschrift: Lenz an Boie [Weimar, Ende Mai 1776] („Ihre Emp-
findlichkeit über meinen letzten Brief ist mir ein schätzbares
Zeichen"), Freye/Stammler # 177, 1 Bl (2 S)

Nr. 15: Lenz an Boie, „Empf. d 13ten Aug. 1776.", („Lieber Freund
Boje! Die Soldaten sind nicht von mir, ich bleibe dabey"),
Freye/Stammler # 216, 2 Bl (1 Dpbl, 4 S)

Nr. 16: Lenz an Boie [nach dem 24. Januar 1777] („Ihr Stillschweigen
lieber Freund! zu einer Zeit da ich eben im Begrif stehe abzurei-
sen"), Freye/Stammler # 260, 1 Bl (1 S)

Nr. 17: Lenz an Boie, „Empfangen den 22sten Apr. 77." („Emmendingen. Es wundert mich ausserordentlich lieber Freund! daß ich
noch"), Freye/Stammler # 263, 2 Bl (1 Dpbl, 4 S)

Nr. 18: Lenz an Boie, d. 26ten Mäy 1777 („Darf ich Sie um Ihrent- und
meinetwillen bitten, das über die launigten Dichter noch nicht in
Ihr"), Freye/Stammler # 270, 2 Bl (1 Dpbl, 4 S)

Nr. 19: Lenz an Boie, Zürich d. 29sten 7br [1777] („Bester Freund! ich
erwarte mit nächster Post"), Freye/Stammler # 288; aufgeklebt:
„Lies es durch bester Schlosser!" Fr/St # 73, 2 Bl (2 S)

2. (aus: Herder) Brief von Lenz an Herder, Riga, d. 2ten 8br 1779,
Freye/Stammler # 307, 2 Bl (1 Dpbl, 4 S)

3. (aus: Köpke) recto: Briefentwurf Lenz an Herders Frau / an Charlotte von Stein, Freye/Stammler # 282; verso: dt. und franz.
Exzerpte, 1 Bl (2 S)

4. (aus: v. Radowitz 7368) Brief von Lenz an einen Freund / an Maler
Müller, d. 2ten Jenner 76. Strasbg. Freye/Stammler # 92, 1 Bl (1 S)

5. (aus: Köpke) Von Lenzens Hand: 3 Briefe von Herders Gattin an
ihre Freundin Luise König 1774, 4 Bl (2 Dpbl, 8 S)

6. (acc.ms. 1894.308) Rechnung des Hofschneiders J. H. L. Hauen-
schildt, Weimar d. 14 May 1776, mit Notizen von Lenz, 1 Bl (2 S)

7. (aus: Köpke) Schuldschein über 100 Rubel an Berens, Dörpat, den 18ten Jenner 1780, Freye/Stammler # 309, 2 Bl (1 Dpbl, 1 S)

8. Abschrift: Frühe Goethe'sche und Lenz'sche Gedichte mit abweichenden Fassungen in gleichzeitigen handschriftlichen Copien aus dem Besitz von Jacob Ludwig Passavant aus Frankfurt a. M. Goethes Jugendfreund. Ca. 1775. 27 S. [Gedruckt in: Siehe unten unter 10.] 14 Bl (7 Dpbl, 27 S)

9. (ex.act.bibl.) Postkarte von Dietrichs an den Oberbibliothekar Chr. Stern in der Kgl. Bibliothek in Berlin, Lindenruh bei Riga, 18. Sept. [18]98 (über Briefwechsel Herder/Lenz), 1 Bl (2 S)

10. Karl Freye: Zu Lenzens Gedichten. Sonder-Abdruck aus dem Goethe-Jahrbuch Bd. 34 (1913), S. 3-12

11. Ein gedrucktes Blatt aus dem Auktionskatalog G. - Max Ziegert, Frankfurt a./M., Bethmannstr. 56/I., S. 27, Nr. 494: Angebot: *Passavantheft* (siehe oben unter 8.), 1 Bl

Lenz betreffendes Material in der *Sammlung Autographa: Tieck*
Bestand der ehemaligen Preußischen Staatsbibliothek zu Berlin, gegenwärtig in der Biblioteka Jagiellońska, Kraków
(aus Ludwig Tieck, acc. ms. 1910.197:) Tieck an seinen Verleger, Baden-Baden 16. Juli 1828 und Nachtrag, Abschriften: Klage eines schiffbrüchigen Europäers, In einem Gärtchen, Die Liebe auf dem Lande, Das gefangne Vögelgen. 9 Bl (15 S)

Nachlaßteile in der *Sammlung Varnhagen* (Sammlung Varnhagen V 107)
Bestand der ehemaligen Preußischen Staatsbibliothek zu Berlin, gegenwärtig in der Biblioteka Jagiellońska, Kraków
6 Notizen von Varnhagen über Lenz (6 Bl);
Shakespears Geist ein Monologe (eigenhändiges Original, 1 Bl, 2 S);
kleines Fragment aus dem Drama *Der verwundete Bräutigam* (eigenhändiges Original, 1 Bl, 2 S);
Gedrucktes: August Stöbers Aufsatz „Der Dichter Lenz" und Druck der 12 Briefe von Lenz an Salzmann im *Morgenblatt für gebildete Stände* 1831 (15 Bl).
Gesamt: 27 Bl

CHRISTOPH WEISS

www.jacoblenz.de

Unter der Internetadresse „www.jacoblenz.de" wurde im Oktober 2002
von der „Arbeitsstelle J. M. R. Lenz" an der Universität Mannheim eine
Website eingerichtet. Die neuen Lenz-Seiten haben sämtlich Werkstatt-
charakter, d. h. sie befinden sich im Aufbau, werden fortlaufend ergänzt
und überarbeitet. Dies gilt insbesondere für die mitgeteilten Verzeichnisse, die zu gegebener Zeit und in dann veränderter Form auch gedruckt
erscheinen, bis dahin aber als provisorische Informationsquellen, wie wir
hoffen, willkommen sein werden. Die Website bietet zur Zeit die folgenden Rubriken:

Zeittafel: Kurze Chronik zu Leben und Werk
Verzeichnisse: Zu Lenz' Handschriften und Werken sowie zur Sekundärliteratur
Spielplan: Aktuelle Lenz-Inszenierungen
Aushang: Hinweise auf Tagungen etc.
Arbeitsstelle: Aufgabe, Förderung, Kontakt und Publikationen

Die bibliographische Abteilung „Verzeichnisse", die u. a. das mit
ca. 1700 Titeln bislang umfangreichste, chronologisch angelegte Repertorium der Sekundärliteratur zu Lenz enthält, ist wie folgt gegliedert:

1. Handschriften
2. Selbständige Drucke
   2.1 Selbständige Drucke zu Lebzeiten
   2.2 Postume Ausgaben
   2.3 Übersetzungen
3. Unselbständige Drucke
   3.1 Unselbständige Drucke zu Lebzeiten
   3.2 Postume Erstdrucke
4. Sekundärliteratur von 1792 bis zur Gegenwart

Ergänzungen oder Korrekturen sind willkommen; besonders Hinweise
auf neueste Publikationen, aktuelle Theateraufführungen und geplante
Tagungen werden dankbar aufgenommen.

MARTIN KAGEL

Internationale Lenz-Gesellschaft

Die Lenz/Storm and Stress Society, die im Jahre 1999 in Oklahoma ins Leben gerufen wurde, befindet sich zur Zeit im Umbruch. Ich habe im Mai 2002 auf der Lenz-Tagung in Berlin zunächst inoffiziell – d. h. per Akklamation der Anwesenden und auf Bitte von Helga Madland – die Präsidentschaft der Gesellschaft übernommen und bin im Moment dabei, der noch jungen Gesellschaft eine leicht veränderte Ausrichtung zu geben, damit sie auch in Zukunft erfolgreich ihrem Auftrag – der Förderung des Werkes und seiner Erforschung – nachkommen kann.

Wie sich die Gesellschaft weiterhin entwickeln wird, steht daher zwar gemeinsam mit einigen programmatischen Fragen noch offen, daß sie sich weiter entwickeln wird, hingegen nicht.

In diesem Sinne möchte ich alle diejenigen, die Interesse am Werk haben und dem Autor zugewandt sind, auffordern, der Gesellschaft beizutreten und so zu einer positiv gedachten Institutionalisierung des Autors beizutragen. Alle Mitglieder werden selbstverständlich rechtzeitig und umfassend über neue Entwicklungen informiert werden. Anfragen können jederzeit an mich unter der unten angegebenen e-mail-Adresse gerichtet werden. Vorschläge und Anregungen nehme ich auch gern entgegen.

Martin Kagel / University of Georgia
mkagel@arches.uga.edu

AUSWAHLBIBLIOGRAPIE

Ausgaben

BLEI, FRANZ (Hrsg.): Jakob Michael Reinhold Lenz. Gesammelte Schriften, 5 Bde., München, Leipzig 1903–1913.

DAMM, SIGRID (Hrsg.): Lenz. Werke und Briefe, 3 Bde., Leipzig 1987.

FALCK, PAUL THEODOR (Hrsg.): Der lyrische Lenz-Nachlaß Jerzembskys. Zugleich eine Zurückweisung des Prof. Edward Schröderschen Angriffs, Leipzig [1909].

FREYE, KARL (Hrsg.): Erstdruck in: Ungedrucktes zu Lenzens Gedichten. In: Goethe-Jahrbuch 34 (1913), S. 3–12.

FREYE, KARL; WOLFGANG, STAMMLER (Hrsg.): Briefe von und an J. M. R. Lenz, 2 Bde., Leipzig 1918.

KOHLENBACH, MICHAEL: Jakob Michael Reinhold Lenz: „Der Hofmeister". Synoptische Ausgabe von Handschrift und Erstdruck, Basel, Frankfurt a. M. 1986.

LUDWIG, KARL [Wilhelm Arent]: Lyrisches aus dem Nachlass, aufgefunden von Berlin 1884.

TIECK, LUDWIG: Gesammelte Schriften von J. M. R. Lenz, 3 Bde., Berlin 1828.

TITEL, BRITTA; HELLMUT HAUG (Hrsg.): Jakob Michael Reinhold Lenz. Werke und Schriften, 2 Bde., Stuttgart 1965/1966.

VOIT, FRIEDRICH (Hrsg.): Jakob Michael Reinhold Lenz. Werke, Stuttgart 1992.

WALDMANN, FRITZ: Lenz in Briefen, Zürich 1894.

WEINHOLD, KARL (Hrsg.): Gedichte von J. M. R. Lenz. Mit Benutzung des Nachlasses Wendelins von Maltzahn, Berlin 1891.

WEISS, CHRISTOPH (Hrsg.): Jakob Michael Reinhold Lenz: Philosophische Vorlesungen für empfindsame Seelen, Faksimiledruck der Ausgabe Frankfurt und Leipzig 1780, St. Ingbert 1994.

– (Hrsg.): J. M. R. Lenz: Werke, 12 Bde., Faksimiles der Erstausgaben seiner zu Lebzeiten selbständig erschienenen Texte, St. Ingbert 2001.

Sekundärliteratur

ADAM, WOLFGANG: Freundschaft und Geselligkeit im 18. Jahrhundert. In: H. Scholke (Bearb.): Der Freundschaftstempel im Gleimhaus zu Halberstadt. Porträts des 18. Jahrhunderts, Leipzig 2001.

AMBURGER, ERIK: Die Pastoren der evangelischen Kirchen Rußlands vom Ende des 16. Jahrhunderts bis 1937. Ein biographisches Lexikon, Lüneburg 1998.

ARTHUR, GILBERT, H. MC: The Novikov Circle in Moscow 1779–1792, Phil. Diss., Rochester University, New York 1968.

BENSELER, DAVID PRICE: J. M. R. Lenz. An indexed bibliography with an introduction on the history of the manuscripts and editions, Phil. Diss., University of Oregon 1971.

BERTRAM, MATHIAS: Lenz als Lyriker. Zum Weltverhältnis und zur Struktur seiner lyrischen Selbstreflexionen, St. Ingbert 1994.

BOSSE, HEINRICH: Der geschärfte Befehl zum Selbstdenken. Ein Erlaß des Ministers v. Fürst an die preußischen Universitäten im Mai 1770. In: F. A. Kittler u. a. (Hrsg.): Diskursanalysen 2. Institution Universität, Opladen 1990, S. 31–62.

– : Über den Nachlaß des Lenz-Forschers Paul Theodor Falck. In: Lenz-Jahrbuch 2 (1992), S. 112–117.

– : Studien- und Lebenshaltungskosten Hallischer Studenten. In: N. Hammerstein (Hrsg.): Universitäten und Aufklärung, Göttingen 1995, S. 137–158.

– : Die Hofmeister in Livland und Estland. Ein Berufsstand als Vermittler der Aufklärung. In: O.-H. Elias u. a. (Hrsg.): Aufklärung in den baltischen Provinzen Russlands. Ideologie und soziale Wirklichkeit, Köln u. a. 1996, S. 165–208.

– : Lenz' livländische Dramen. In: A. Maler (Hrsg.): Literatur und Regionalität, Frankfurt a. M. 1997, S. 75–100.

– : Die gelehrte Republik. In: H. W. Jäger (Hrsg.): „Öffentlichkeit" im 18. Jahrhundert, Göttingen 1997, S. 51–76.

– , JOHANNES F. LEHMANN: Sublimierung bei Jakob Michael Reinhold Lenz. In: Ch. Begemann, D. E. Wellbery (Hrsg.): Kunst – Zeugung – Geburt. Theorien und Metaphern ästhetischer Produktion in der Neuzeit, Freiburg i. Br. 2002, S. 177–201.

BURGER, HEINZ OTTO: J. M. R. Lenz: „Der Hofmeister". In: H. Steffen (Hrsg.): Das deutsche Lustspiel, 1. Teil, Göttingen 1968, S. 48–67.

DAEMMRICH, HORST S.: Lenz in themengeschichtlicher Sicht. In: I. Stephan, H.-G. Winter (Hrsg.): „Unaufhörlich Lenz gelesen…". Studien zu Leben und Werk von J. M. R. Lenz, Stuttgart 1994, S. 10–26.

DAMM, SIGRID: Jakob Michael Reinhold Lenz. Ein Essay. In: Jakob Michael Reinhold Lenz: Werke und Briefe, Bd. 3, Leipzig 1987, S. 687 ff.

– : Vögel, die verkünden Land. Das Leben des Jakob Michael Reinhold Lenz, Frankfurt a. M. 1989.

DAUNICHT, RICHARD: J. M. R. Lenz und Wieland, Phil. Diss., Berlin 1941, Dresden 1942.

DEDERT, HARTMUT: Die Erzählung im Sturm und Drang. Studien zur Prosa des 18. Jahrhunderts, Stuttgart 1990.

DEMUTH, VOLKER: Realität als Geschichte. Biographie, Historie und Dichtung bei J. M. R. Lenz, Würzburg 1994.

DORER-EGLOFF, EDWARD: J. M. R. Lenz und seine Schriften. Nachträge zu der Ausgabe von Ludwig Tieck und ihren Ergänzungen, Baden 1857.

FALCK, PAUL THEODOR (Hrsg.): Der Dichter J. M. R. Lenz in Livland. Eine Monographie nebst einer bibliographischen Parallele zu M. Bernays' jungem Goethe von 1766–1768 unbekannte Jugenddichtungen von Lenz aus derselben Zeit enthaltend, Winterthur 1878.

FISCHER-LICHTE, ERIKA: Kurze Geschichte des deutschen Theaters, Tübingen 1993.

FROITZHEIM, JOHANNES: Zu Straßburgs Sturm-und-Drangperiode 1770–1776, Straßburg 1888.

GIBBONS, JAMES: „Ist einer unter Ihnen, der seine ganze Bestimmung noch nicht fühlt…". J. M. R. Lenz – the Writer as Reformer 1774–76, Oxford 2000.

– : Laying the Moral Foundations: Writer, Religion and Late Eighteenth-Century Society – the Case of J. M. R. Lenz. In: German Life and Letters 54 (2001), S. 137–154.

– : Politics and the Playwright: J. M. R. Lenz and Die Soldaten. In: The Modern Language Review 96 (2001), S. 732–746.

GILLE, KLAUS F.: Zwischen Kulturrevolution und Nationalliteratur. Gesammelte Aufsätze zu Goethe und seiner Zeit, Berlin 1998.

GRAUBNER, HANS: Kinder im Drama. Theologische Impulse bei Hamann, Lindner und Lenz. In: Jahrbuch der Deutschen Schillergesellschaft 2002.

GÜNDEL, VERA: Jakob Michael Reinhold Lenz' Mitgliedschaft in der Moskauer Freimaurerloge „Zu den drei Fahnen". In: Lenz-Jahrbuch 6 (1996), S. 62–74.

GUTHRIE, JOHN: Lenz' Style of Comedy. In: A. C. Leidner, H. S. Madland (Hrsg.): Space to Act: The Theater of J. M. R. Lenz, Columbia 1993, S. 10–25.

HAAS, NORBERT: Spätaufklärung, Kronberg 1975.

HALBE, MAX: Der Dramatiker Reinhold Lenz. Zu seinem hundertjährigen Todestage. In: Die Gesellschaft 8 (1892) 1, S. 568–582.

HEIN, CHRISTOPH: Waldbruder Lenz. In: P. Müller (Hrsg.): Jakob Michael Reinhold Lenz im Urteil dreier Jahrhunderte, Bern 1995, Bd. 3, S. 131–142.

HEUSER, MAGADELENA: „Das beständige Angedencken vertritt die Stelle der Gegenwart". Frauen und Freundschaften in Briefen der Frühaufklärung und Empfindsamkeit. In: W. Mauser, B. Becker-Cantarino (Hrsg.): Frauenfreundschaft – Männerfreundschaft: Literarische Diskurse im 18. Jahrhundert, Tübingen 1991.

HILL, DAVID: Das Politische in „Die Soldaten". In: Orbis Litterarum 43 (1988), S. 299 bis 315.

– : Stolz und Demut, Illusion und Mitleid bei Lenz. In: K. A. Wurst (Hrsg.): J. R. M. Lenz als Alternative? Positionsanalysen zum 200. Todestag, Köln 1992, S. 64–91.

– (Hrsg.): Jakob Michael Reinhold Lenz. Studien zum Gesamtwerk, Opladen 1994.

– : Die Arbeiten von Lenz zu den Soldatenehen. Ein Bericht über die Krakauer Handschriften. In: I. Stephan, H.-G. Winter (Hrsg.): „Unaufhörlich Lenz gelesen...", Stuttgart, Weimar 1994, S. 118–137.

– : J. M. R. Lenz' „Avantpropos" zu den „Soldatenehen". In: Lenz-Jahrbuch 5 (1995), S. 7–21.

– : Lettre d'un soldat Alsacien a S Excellence Mr le Comte de St. Germain sur la retenue de la paye des Invalides. An unpublished manuscript by J. M. R. Lenz. In: A. Deighton (Hrsg.): Order from Confusion. Essays presented to Edward McInnes on the occasion of his sixtieth birthday, Hull 1995, S. 1–27.

HINDERER, WALTER: Gesellschaftskritik und Existenzerhellung: „Der Hofmeister" von Jakob Michael Reinhold Lenz. In: Ders.: Über deutsche Literatur und Rede. Historische Interpretationen, München 1981, S. 66–94.

HIROSE, SENICHI: Doitsu kindaigeki no hassei. Sturm und Drang no engeki, Tokio 1996.

HUYSEN, ANDREAS: Drama des Sturm und Drang, München 1980.

IMAMURA, TAKESHI: Jakob Michael Reinhold Lenz. Seine dramatische Technik und ihre Entwicklung, St. Ingbert 1996.

INBAR, EVA MARIA: Goethes Lenz-Porträt. In: Wirkendes Wort 28 (1978), S. 422–429.

– : Shakespeare in Deutschland: Der Fall Lenz, Tübingen 1982.

JÜRJO, INDREK; HEINRICH BOSSE: Neun Briefe von Christian David Lenz an Gotthilf August Francke. In: Lenz-Jahrbuch 8/9 (1998/1999).

ISCHREYT, HEINZ: Material zur Charakteristik des kulturellen Einzugsgebiets von Königsberg i. Pr. in der zweiten Hälfte des 18. Jahrhunderts. In: Ders.: Zentren der Aufklärung II. Königsberg und Riga, Tübingen 1995, S. 29–49.

IWABUCHI, TATSUJI: Han-genjitsu no engeki no ronri. Doitsu engeki no itan to seito, Tokio 1972.

IWAMURA, YUKIO: Lenz „Engeki Shoron" no ichikosatsu. In: Doitsu kindai bungei riron no seiritsu to tenkai. 1979 nendo kagaku kenkyuhi hojokin kenkyuseika hokokusyo, 1980, S. 13–32.

KAGEL, MARTIN: Strafgericht und Kriegstheater: Studien zur Ästhetik von Jakob Michael Reinhold Lenz, St. Ingbert 1997.

KAHNT, HELMUT; BERND KNORR: Alte Maße, Münzen und Gewichte, Leipzig 1986.

KAISER, ILSE: „Die Freunde machen den Philosophen", „Der Engländer", „Der Waldbruder" von Jakob Michael Reinhold Lenz, Erlangen 1917.

KÄSER, RUDOLF: Die Schwierigkeit, ich zu sagen. Rhetorik der Selbstdarstellung in Texten des „Sturm und Drang". Herder – Goethe – Lenz, Bern u. a. 1987, S. 308–329.

KAUFMANN, ULRICH; WOLFGANG ALBRECHT; HELMUT STADELER (Hrsg.): „Ich aber werde dunkel sein". Ein Buch zur Ausstellung J. M. R. Lenz, Jena 1996; vgl. auch: www.lenz-form.de.

KAYNAR, GAD: Lenz' „The Soldiers": Ambivalent Revolt and Subversive Rhetoric. In: Assaph: Studies in the Theatre 15 (1999).

KONEFFKE, MARIANNE: Der „natürliche Mensch" in der Komödie „Der neue Menoza" von Jakob Michael Reinhold Lenz, Frankfurt a. M. u. a. 1990.

– : Die weiblichen Figuren in den Dramen des J. M. R. Lenz: „Der Hofmeister", „Der neue Menoza", „Die Soldaten". In: Wirkendes Wort 3 (1992), S. 389–405.

KREBS, ROLAND: Lenz, lecteur de Goethe: Über Götz von Berlichingen. In: Etudes Germaniques 52 (1997), S. 65–78.

KÜNZEL, CHRISTINE: Tatorte – Zum Verhältnis von Raum, Geschlecht und Gewalt. In: Vergewaltigungsfälle. In: M. Hubrath (Hrsg.): Geschlechter-Räume, Köln u. a. 2001, S. 266–277.

– : Vergewaltigungslektüren: Zur Codierung sexueller Gewalt in Literatur und Recht, Frankfurt a. M., New York 2002.

LEHMANN, JOHANNES F.: Vom Fall des Menschen. Sexualität und Ästhetik bei J. M. R. Lenz und J. G. Herder. In: M. Bergengruen, R. Borgards, J. F. Lehmann (Hrsg.): Die Grenzen des Menschen. Anthropologie und Ästhetik um 1800, Würzburg 2001, S. 15–35.

LEIDNER, ALAN C.; KARIN A. WURST: Unpopular Virtues. The Critical Reception of J. M. R. Lenz, Drawer 1999.

LEISER, INGRID: Machtworte: Geschlechterverhältnisse in dramatischen Texten (Lenz, Hauptmann, Bernstein, Streeruwitz), Phil. Diss., University of Wisconsin-Madison 1998.

LENZ, WILHELM (Hrsg.): Deutsch-Baltisches Biographisches Lexikon 1710–1960, Köln, Wien 1970.

LIEWERSCHEIDT, DIETER: J. M. R. Lenz' „Der neue Menoza", eine apokalyptische Farce. In: Wirkendes Wort 3 (1983), S. 144–152.

LUSERKE, MATTHIAS, CHRISTOPH WEISS: Arbeit an den Vätern. Zur Plautus-Bearbeitung „Die Algierer" von J. M. R. Lenz. In: Lenz-Jahrbuch 1 (1991), S. 59–91.

– ; CHRISTOPH WEISS (Hrsg., Nachw.): Sergei Pleschtschejew. Übersicht des Russischen Reichs nach seiner gegenwärtigen neu eingerichteten Verfassung, aus d. Russ. übers. v. J. M. R. Lenz, Hildesheim u. a. 1992.

– : Jakob Michael Reinhold Lenz: „Der Hofmeister", „Der neue Menoza", „Die Solda-ten", München 1993.

– : Heinrich Leopold Wagner: „Die Kindermörderin". In: Dramen des Sturm und Drang. Interpretationen, Stuttgart 1997, S. 161–196.

– : Sturm und Drang, Stuttgart 1997.

– (Hrsg.): Goethe nach 1999. Positionen und Perspektiven, Göttingen 2001.

– : Lenz-Studien. Literaturgeschichte – Werke – Themen, St. Ingbert 2001.

LÜTZELER, PAUL MICHAEL: Jakob Michael Reinhold Lenz: „Die Soldaten". In: M. Luserke (Hrsg.): Dramen des Sturm und Drang. Interpretationen, Stuttgart 1987.

MADLAND, HELGA S.: Gesture as Evidence of Language Skepticism in Lenz' „Der Hof-meister" and „Die Soldaten". In: German Quarterly 57 (1984), S. 546–557.

– : Lenz: Aristophanes, Bachtin und „die verkehrte Welt". In: I. Stephan, H.-G. Winter (Hrsg.): „Unaufhörlich Lenz gelesen...". Studien zu Leben und Werk von J. M. R. Lenz, Stuttgart, Weimar 1994, S. 167–180.

MANDELKOW, KARL ROBERT (Hrsg.): Goethe im Urteil seiner Kritiker, Teil I, München 1975.

MARKERT, HEIDRUN: „Wenn zwei sich streiten…". Ein Brief zum Problem um den Lenz-Nachlaß: Lenz an Kraukling zur Mitteilung an Tieck. In: Z. f. Germ. (2000) 2, S. 369–378.

MARTIN, ARIANE; GIDEON STIENING: „Man denke an Lenz, an Hölderlin". Zum Rezeptionsmuster ‚Genie und Wahnsinn' am Beispiel zweier Autoren. In: Aurora 59 (1999), S. 45–70.

– ; EVA-MARIA VERING: Erinnerungen an das Steintal. Notizen von J. M. R. Lenz aus den letzten Lebensjahren. In: Georg Büchner Jahrbuch 9 (2000) (1995–1999), S. 617 bis 636.

– : Die kranke Jugend. J. M. R. Lenz und Goethes „Werther" in der Rezeption des Sturm und Drang bis zum Naturalismus, Würzburg 2002.

MATTENKLOTT, GERT: Melancholie in der Dramatik des Sturm und Drang, Stuttgart 1968.

MAURACH, MARTIN: J. M. R. Lenzens „Guter Wilder". Zur Verwandlung eines Topos und zur Kulturdiskussion in den Dialogen des „Neuen Menoza". In: Jahrbuch der deutschen Schillergesellschaft 40 (1996), S. 123–146.

MAURER, TH[EODOR]: Die Sesenheimer Lieder. Eine kritische Studie, Straßburg 1907.

MCINNES, EDWARD: Jakob Michael Reinhold Lenz. „Die Soldaten". Text, Materialien, Kommentar, München, Wien 1977.

– : Lenz, Shakespeare, Plautus and the „Unlaughing Picture". In: D. Hill (Hrsg.): Jakob Michael Reinhold Lenz. Studien zum Gesamtwerk, Opladen 1994, S. 27–35.

MEIER, ANDREAS (Hrsg.): Jakob Michael Reinhold Lenz. Vom Sturm und Drang zur Moderne, Heidelberg 2001.

MEINZER, ELKE (Hrsg.): J. M. R. Lenz: Über Delikatesse der Empfindung, St. Ingbert 1996.

MEUSER, ANNELIESE: J. M. R. Lenz: „Catharina von Siena". Eine Studie, Phil. Diss., University of Auckland (New Zealand) 1998.

MEYER-KRENTLER, ECKHARDT: Der Bürger als Freund. Ein sozialethisches Programm und seine Kritik in der neueren deutschen Erzählliteratur, München 1984.

MÜLLER, MARIA E.: Die Wunschwelt des Tantalus. Kritische Bemerkungen zu sozialutopischen Entwürfen im Werk von J. M. R. Lenz. In: Literatur für Leser 6 (1984) 3, S. 148–161.

MÜLLER, PETER (Hrsg.): Jakob Michael Reinhold Lenz im Urteil dreier Jahrhunderte. Texte der Rezeption von Werk und Persönlichkeit 18.–20. Jahrhundert, u. Mitarb. v. Jürgen Stötzer, 3 Bde., Bern u. a. 1995.

NIGGL, GÜNTER: Neue Szenenkunst in Lenzens Komödie „Die Soldaten". In: Etudes Germaniques 52 (1997) 1, S. 99–111.

– : Studien zur Literatur der Goethezeit, Berlin 2001, S. 47–62.

OSBORNE, JOHN: The Postponed Idyll. Two Moral Tales by J. M. R. Lenz. In: Neophilologus 59 (1975), S. 68–83.

PASTOORS-HAGELÜKEN, MARITA: Die „übereilte Comödie". Möglichkeiten und Problematik einer Dramengattung am Beispiel des „Neuen Menoza" von J. M. R. Lenz, Frankfurt a. M. u. a. 1990, S. 101–111.

PAUTLER, STEFAN: Jakob Michael Reinhold Lenz. Pietistische Weltdeutung und bürgerliche Sozialreform im Sturm und Drang, Gütersloh 1999.

PELZER, JÜRGEN: Das Modell der „alten" Komödie. Zu Lenz' „Lustspielen nach dem Plautus". In: Orbis Litterarum 42 (1987), S. 168–177.

PREUSS, WERNER H.: Selbstkastration oder Zeugung neuer Kreatur. Zum Problem der moralischen Freiheit im Leben und Werk von J. M. R. Lenz, Bonn 1983.

RECTOR, MARTIN: Götterblick und menschlicher Standpunkt. J. M. R. Lenz' Komödie „Der neue Menoza" als Inszenierung eines Wahrnehmungsproblems. In: Jahrbuch der deutschen Schillergesellschaft 33 (1989), S. 185–209.

– : Grabbe von Lenz her zu verstehen. In: D. Kopp, M. Vogt (Hrsg.): Grabbe und die Dramatiker seiner Zeit, Tübingen 1990.

– : Sieben Thesen zum Problem des Handelns bei Jakob Lenz. In: Z. f. Germ. (1992) 3, S. 628–639.

– : Zur moralischen Kritik des Autonomie-Ideals. „Zerbin oder die neuere Philosophie". In: I. Stephan, H.-G. Winter (Hrsg.): „Unaufhörlich Lenz gelesen…". Studien zu Leben und Werk von J. M. R. Lenz, Stuttgart, Weimar 1994, S. 294–307.

RUDOLF, OTTOMAR: Jacob Michael Reinhold Lenz, Moralist und Aufklärer, Bad Homburg u. a. 1979.

SATO, KEN-ICHI: Gekisakka J. M. R. Lenz no kenkyu, Tokio 2002.

SAUER, [AUGUST] (Hrsg.): Stürmer und Dränger, Zweiter Teil: Lenz und Wagner, Berlin, Stuttgart [1883].

SAUTERMEISTER, GERT: „Unsre Begier wie eine elastische Feder beständig gespannt". Der „Geschlechtertrieb" in Lenzens Theorie, Lyrik und Dramatik. In: Etudes Germanique (SH) 52 (1997) 1, S. 79–98.

SCHERPE, KLAUS R.: Dichterische Erkenntnis und „Projektemacherei". Widersprüche im Werk von J. M. R. Lenz. In: Goethe-Jahrbuch 94 (1977), S. 206–235.

SCHMITT, AXEL: Die „Ohn-Macht der Marionette". Rollenbedingtheit, Selbstentäußerung und Spiel-im-Spiel-Strukturen in Lenz' Komödien. In: D. Hill (Hrsg.): Jakob Michael Reinhold Lenz. Studien zum Gesamtwerk, Opladen 1994, S. 67–80.

SCHNURR, JOHANNES: Begehren und lyrische Potentialität. Eine Untersuchung des „Konkupiscenz"-Begriffs in J. M. R. Lenz' „Philosophischen Vorlesungen für empfindsame Seelen" in Hinsicht auf seine Lyrik. Exemplarisch vorgenommen an dem Gedicht „An den Geist", Würzburg 2001.

SCHOLZ, RÜDIGER: Eine längst fällige historisch-kritische Gesamtausgabe: Jakob Michael Reinhold Lenz. In: Jahrbuch der deutschen Schillergesellschaft 34 (1990), S. 195–229.

SCHRÖDER, EDWARD: Die Sesenheimer Gedichte von Goethe und Lenz mit einem Excurs über Lenzens lyrischen Nachlaß. In: Nachrichten von der Königl. Gesellschaft der Wissenschaften zu Göttingen. Philologisch-historische Klasse 1/1905, S. 51–115.

– : Sesenheimer Studien. In: Jahrbuch der Goethe-Gesellschaft 6 (1919), S. 82–107.

SCHULZ, GEORG-MICHAEL: „Läuffer läuft fort". Lenz und die Bühnenanweisung im Drama des 18. Jahrhunderts. In: D. Hill (Hrsg.): Jakob Michael Reinhold Lenz. Studien zum Gesamtwerk, Opladen 1994, S. 190–201.

– : Jacob Michael Reinhold Lenz, Stuttgart 2001.

SCHWARTZ, HANS-GÜNTHER (Hrsg.): J. M. R. Lenz: Anmerkungen übers Theater, Stuttgart 1976.

SIEGRIST, CHRISTOPH: Aufklärung und Sturm und Drang: Gegeneinander oder Nebeneinander? In: W. Hinck (Hrsg.): Sturm und Drang: Ein literaturwissenschaftliches Studienbuch, Kronberg/Ts. 1978.

SITTEL, ANGELA: Jakob Michael Reinhold Lenz' produktive Rezeption von Plautus' Komödien, Frankfurt a. M. u. a. 1999.

SIVERS, JEGÓR VON: Deutsche Dichter in Rußland. Studien zur Literaturgeschichte, Berlin 1855.

– : J. M. R: Lenz und sein neuester Monograph. In: Ders.: J. M. R. Lenz. Vier Beiträge zu seiner Biographie und zur Literaturgeschichte seiner Zeit, Riga 1879, S. 1–28.

SPEHR, ERIKA: Beiträge zu einer Monographie des Baltischen Schriftstellers Jegór von Sivers, Diss., Königsberg 1933.

STEPHAN, INGE; HANS-GERD WINTER (Hrsg.): „Ein vorübergehendes Meteor"? J. M. R. Lenz und seine Rezeption in Deutschland, Stuttgart 1984.

– : Geniekult und Männerbund. Zur Ausgrenzung des ‚Weiblichen' in der Sturm- und Drangbewegung. In: Text und Kritik, Bd. 146: J. M. R. Lenz, München 2000, S. 46 bis 54.

STÖTZER, JÜRGEN: Das vom Pathos der Zerrissenheit geprägte Subjekt. Eigenwert und Stellung der epischen Texte im Gesamtwerk von Jakob Michael Reinhold Lenz, Frankfurt a. M. u. a. 1992.

SUGINO, RIEKO: Kigeki ni okeru gekichugeki no kozo. 1: J. M. R. Lenz no baai. In: Shi·Gengo 21 (1983), S. 31–43.

THIERGEN, PETER: Studien zu M. Cheraskovs Versepos „Rossijade". Materialien und Beobachtungen, Bonn 1970.

TOMMEK, HERIBERT: J. M. R. Lenz. Versuch einer Sozialanalyse seiner literarischen Laufbahn, Heidelberg 2002.

– : Lenz und das Tatarische. Skizze einer großen Konstruktion aufgrund einiger bislang ungedruckter Briefstellen aus Moskau. In: Lessing-Yearbook XXXIII, vor. 2002.

VONHOFF, GERT: Subjektkonstitution in der Lyrik von J. M. R. Lenz. Mit einer Auswahl neu herausgegebener Gedichte, Frankfurt a. M. u. a. 1990.

– : Unnötiger Perfektionismus oder doch mehr? Gründe für historisch-kritische Ausgaben. In: Jahrbuch der deutschen Schillergesellschaft 34 (1990), S. 419–423.

– : Kontextualisierung als Notwendigkeit. Die Edition ‚ästhetischer Objekte‘ am Beispiel der Lyrik von Jacob Michael Reinhold Lenz. In: H. T. M. van Vliet (Hrsg.): Produktion und Kontext, Tübingen 1999, S. 145–154.

WEISS, CHRISTOPH (Hrsg.): Lenz-Jahrbuch. Sturm-und-Drang-Studien. In Verbindung mit Matthias Luserke, Gerhard Sauder, Reiner Wild, St. Ingbert 1991 ff.

– : „Abgezwungene Selbstvertheidigung". Ein bislang unveröffentlichter Text von J. M. R. Lenz aus seinem letzten Lebensjahr. In: Lenz-Jahrbuch 2 (1992), S. 7–41.

– : J. M. R. Lenz: Philosophische Vorlesungen für empfindsame Seelen, St. Ingbert 1994.

– : J. M. R. Lenz' „Catechismus". In: Lenz-Jahrbuch 4 (1994).

WILSON, DANIEL: Zwischen Kritik und Affirmation. Militärphantasien und Geschlechterdisziplinierung bei J. M. R. Lenz. In: I. Stephan, H.-G. Winter (Hrsg.): „Unaufhörlich Lenz gelesen...": Studien zu Leben und Werk von J. M. R. Lenz, Stuttgart, Weimar 1994, S. 52–85.

WINTER, HANS-GERD: Lenz: Grunderfahrungen und Lebenslinie. In: I. Stephan; ders. (Hrsg.): „Ein vorübergehendes Meteor?", Stuttgart 1984.

– : J. M. R. Lenz as Adherent and Critic of Enlightenment in „Zerbin" or Modern Philosophy" and „The Most Sentimental of All Novels". In: W. D. Wilson, R. C. Holub (Hrsg.): Impure Reason. Dialectic of Enlightenment in Germany, Detroit 1993, S. 443–464.

– : „Denken heißt nicht vertauben". Lenz als Kritiker der Aufklärung. In: D. Hill (Hrsg.): Jakob Michael Reinhold Lenz. Studien zum Gesamtwerk, Opladen 1994, S. 81–96.

– : „Pfui doch mit den großen Männern." Männliche Kommunikationsstrukturen in Dramen von J. M. R. Lenz. In: Text und Kritik, Bd. 146: J. M. R. Lenz, München 2000, S. 55–68.

– : Jakob Michael Reinhold Lenz, 2. überarb. u. aktual. Aufl., Stuttgart, Weimar 2000.

WURST, KARIN A.: „Von der Unmöglichkeit die Quadratur des Zirkels zu finden". Lenz' narrative Strategien in „Zerbin oder die neuere Philosophie". In: Lenz-Jahrbuch 3 (1993), S. 64–86.

– : Contradictory Concepts? The Artist as Reformer. J. M. R. Lenz's „Der Landprediger". In: A. Deihton (Hrsg.): Order from Confusion. Essays presented to Edward McInnes on the Occasion of his Sixtieth Birthday, Hull 1995, S. 28–53.

ZELLE, CARSTEN: Ist es eine Komödie? Ist es eine Tragödie? Drei Bemerkungen dazu, was bei Lenz gespielt wird. In: K. A. Wurst (Hrsg.): J. R. M. Lenz als Alternative? Positionsanalysen zum 200. Todestag, Köln u. a. 1992, S. 138–57.

ZIERATH, CHRISTOF: Moral und Sexualität bei Jakob Michael Reinhold Lenz, St. Ingbert 1995.

Gerhard Bauer

Geb.: 1935; seit 1970 Prof. für Neuere deutsche Literatur an der Freien Universität Berlin; Austauschaufenthalte und Vortragsreisen in Madison/Wisc., Kampala/Uganda, Beijing, Polen; Veröffentlichungen zu: Aufklärung und Klassische Moderne, Autobiographien, sozialistische Literatur, moderne Lyrik, Szymborska, Interkulturalität; zuletzt: *Möglichkeitssinn* (Hrsg., 2000), *Lichtstrahl aus Scherben. Cechov* (2000).

Claudia Benthien

Geb.: 1965; Wissenschaftliche Assistentin am Institut für deutsche Literatur der Humboldt-Universität zu Berlin; Arbeitsschwerpunkte: Literatur des 17. bis 21. Jahrhunderts, Kulturgeschichte der Sinne und des Körpers, Historische Anthropologie, Gender-Studies, Rhetorik und Performativiät, Medientheorie der Frühen Neuzeit; zuletzt: *Germanistik als Kulturwissenschaft* (hrsg. mit H. R. Velten).

Heinrich Bosse

Geb.: 1937; Akademischer Rat (pens.) am Deutschen Seminar der Universität Freiburg; Publikationen zur Geschichte der Autorschaft und zur Bildungs- und Sozialgeschichte des 18. Jahrhunderts; Mitglied der Baltischen Historischen Kommission.

James Gibbons

Geb.: 1970; ehemaliger Student und College Tutor am Worcester und Pembroke Colleges, Oxford; jetzt als Lehrer am Eton College tätig; Veröffentlichungen zur Literatur des 18. Jahrhunderts, vor allem zu J. M. R. Lenz.

Hans Graubner

Geb.: 1936; Dr., Akademischer Direktor a. D. am Seminar für Deutsche Philologie der Universität Göttingen; Arbeitsschwerpunkte: Aufklärung (Hamann Herder, Kant, Lenz, Kulturgeschichte der deutschen Ostseeprovinzen), Lyrik (Brockes, Eichendorff, Rilke, Celan).

BRITA HEMPEL

Geb.: 1972; Studium der neueren deutschen Literaturwissenschaft, neueren englischen Literaturwissenschaft und Amerikanistik in Tübingen und Galway, Zertifikatsstudiengang am Studio Literatur und Theater in Tübingen; Promotion über Jakob Michael Reinhold Lenz.

DAVID HILL

Geb.: 1943; Senior Lecturer an der University of Birmingham, UK; Veröffentlichungen zur Literatur des 18. Jahrhunderts, insbesondere zu Lenz, Lessing, Goethe und Klinger; Mitherausgeber der Zeitschrift *Debatte. Journal of ContemporaryGerman Affairs.*

MARTIN KAGEL

Geb.: 1961; Associate Prof. of German an der University of Georgia, USA; Veröffentlichungen zur deutschen Literatur des 18. und 20. Jahrhunderts; Arbeitsschwerpunkte: Poetologie und Ästhetik, deutschjüdische Beziehungen, Reiseliteratur.

GAD KAYNAR

Geb.: 1947; Prof. für Theaterwissenschaft an der Universität Tel-Aviv, Gastdoz. an der Hebrew University Jerusalem, Gastprof. an der LMU München; Dramaturg des israelischen Nationaltheaters „Habima", Redakteur der Zeitschrift *Teatron*; Veröffentlichungen zu: Rhetorik, Rezeptionsästhetik, Dramaturgie, israelisches Drama und Theater, deutsches Drama und Theater vom 18. bis 20. Jahrhundert; zuletzt: *Revolution and Institutionalization in the Theatre: ‹Sturm und Drang› vs. Classicism in Goethe's Times and Throughout the Ages* (Hrsg.).

JAN KNOPF

Geb. 1944; Prof. für Literaturwissenschaft und Leiter der *Arbeitsstelle Bertolt Brecht* (ABB) am Institut für Literaturwissenschaft der Universität Karlsruhe; über 25 Buchpublikationen zu Brecht, Dürrenmatt, Hebel, zu Kalender und Kalendergeschichte u.a.; Mitherausgeber von *Bertolt Brecht: Werke. Große kommentierte Berliner und Frankfurter Ausgabe in 30 Bänden*, Herausgeber des *Brecht-Handbuchs* in 5 Bänden.

ROLAND KREBS

Geb.: 1938; Prof. für Deutsche Literatur an der Sorbonne (Paris IV); Veröffentlichungen zur Literatur-und Theatergeschichte des 18. Jahrhunderts; Mitherausgeber der Zeitschrift *Etudes Germaniques.*

CHRISTINE KÜNZEL

Geb.: 1963; Dr. phil., Literatur- und Kulturwissenschaftlerin; Lehrbeauftragte am Institut für Germanistik II an der Universität Hamburg; Arbeitsschwerpunkte: Gender-Studies, Codierung von Gewalt im Geschlechterverhältnis, Recht und Literatur; wissenschaftliche Veröffentlichungen zur Repräsentation sexueller Gewalt in Literatur und Recht.

JOHANNES F. LEHMANN

Geb.: 1966; Wissenschaftlicher Mitarbeiter am Lehrstuhl für Literatur- und Kulturwissenschaft an der Universität Essen; Promotion 1999: *Der Blick durch die Wand. Zur Geschichte des Theaterzuschauers und des Visuellen bei Diderot und Lessing* (2000); Veröffentlichungen zu Anthropologie und Ästhetik; Forschungsschwerpunkt: Energie und Literatur 1750-1850.

HELGA MADLAND

Geb.: 1939; Prof. für Deutsche Literatur des 18. und 19. Jahrhunderts an der Universität Oklahoma, USA; Veröffentlichungen zu: J. M. R. Lenz und Marianne Ehrmann; zuletzt: *Marianne Ehrmann: Reason and Emotion in Her Life and Works* (1998).

HEIDRUN MARKERT

GEB.: 1954; wissenschaftliche Mitarbeiterin am Institut für deutsche Literatur an der Humboldt-Universität zu Berlin; Publikationen zur deutschen Literaturgeschichte des 18. bis 20. Jahrhunderts und zur Geschichte der Germanistik.

ARIANE MARTIN

Geb.: 1960; Prof. für Neuere deutsche Literaturgeschichte an der Johannes Gutenberg-Universität Mainz; neben Editionen diverse Veröffentlichungen zur Literatur vom 18. bis 20. Jahrhundert, vor allem zum Sturm und Drang (vor allem zu J. M. R. Lenz) und dessen Rezeptionsgeschichte sowie zur Literatur um 1900.

GÜNTER NIGGL

Geb.: 1934; Prof. für Deutsche Literaturwissenschaft an der Katholischen Universität Eichstätt-Ingolstadt; Veröffentlichungen zur deutschen Literatur vom 18. bis zum 20. Jahrhundert; Mitherausgeber der Reihe *Schriften zur Literaturwissenschaft*.

KEN-ICHI SATO

Geb.: 1951; Prof. für Kulturwissenschaft an der Tohoku Universitaet (Tohoku Daigaku), Sendai, Japan; Veröffentlichungen zur deutschen Literatur des 18. und 20. Jahrhunderts, vor allem zu J. M. R. Lenz.

GERT SAUTERMEISTER

Geb.: 1940; Prof. für Neuere deutsche Literatur an der Universität Bremen; zahlreiche wissenschaftliche Veröffentlichungen zur deutschen Literatur vom 18. bis zum 20. Jahrhundert; Mitherausgeber einiger wissenschaftlicher Reihen; Essays im Rundfunk und im überregionalen Feuilleton.

ANGELA SITTEL

Geb.: 1958; Dr. phil.; Lehrbeauftragte am Institut für griechische und lateinische Philologie der Universität Hamburg; zuletzt: *Jakob Michael Reinhold Lenz' produktive Rezeption von Plautus' Komödien* (1999).

INGE STEPHAN

Geb.: 1944, Prof. für Neuere deutsche Literatur, Geschlechterproblematik im literarischen Prozeß an der Humboldt-Universität zu Berlin; Veröffentlichungen zur deutschen Literatur vom 18. bis 20. Jahrhundert, zur Frauenforschung, feministischen Literaturwissenschaft und Geschlechterstudien; zuletzt: *Musen & Medusen. Mythos und Geschlecht in der Literatur des 20. Jahrhunderts* (1997), *Gender Studien. Eine Einführung* (2000).

HERIBERT TOMMEK

Geb.: 1971; Promotion am Institut für Allgemeine und Vergleichende Literaturwissenschaft der Freien Universität Berlin; Veröffentlichung zuletzt: *J. M. R. Lenz. Sozioanalyse einer literarischen Laufbahn* (2002); z. Z. Arbeit an einer wissenschaftlichen Gesamtedition der Moskauer Schriften von Lenz.

GERT VONHOFF

Geb.: 1961; Lecturer im Department of German (School of Modern Languages) der University of Exeter, England; Co-Director des Centre for European Nineteenth Century Studies in Exeter; Mitherausgeber der *Kommentierten digitalen Gesamtausgabe* von *Gutzkows Werken und Briefen* und des *Immermann-Jahrbuchs*. Veröffentlichungen zur Editionsphilologie, zu J. M. R. Lenz, Schiller, Weerth, Freiligrath, Gutzkow und Raabe.

HANS-ULRICH WAGNER
Geb.: 1962; Dr. phil.; wissenschaftlicher Mitarbeiter am Hans-Bredow-Institut für Medienforschung an der Universität Hamburg; Veröffentlichungen zur Literatur- und Mediengeschichte des 18. bis 20. Jahrhunderts, u.a.: *Günter Eich und der Rundfunk. Essay und Dokumentation*(1999).

GESA WEINERT
Geb.: 1964; wissenschaftliche Mitarbeiterin am Germanistischen Seminar der Universität Bonn. Forschungsschwerpunkte: Editionswissenschaften, Geschichte der Lyrik und metrischen Formen vom 17. bis zum 21. Jahrhundert; Mitherausgeberin von Goethes *Schriften zur Kunst und Literatur* (hrsg. v. H. Steinhagen, 1999), Aufsätze über Quellenforschungen zu J. M. R. Lenz.

CHRISTOPH WEISS
Geb.: 1959; Hochschuldozent am Seminar für deutsche Philologie der Universität Mannheim; Leitung der „Arbeitsstelle J. M. R. Lenz"; neuere Monographien und Editionen: *Auschwitz in der geteilten Welt* (2000); *Lenz: Werke in zwölf Bänden* (2001); *Ludwig Börnes Goethe-Kritik* (2002).

HANS-GERD WINTER
Geb.: 1939; Prof. für Neuere Deutsche Literaturgeschichte an der Universität Hamburg; Veröffentlichungen zur Literaturgeschichte des 18. bis 20. Jahrhunderts, zur Literaturgeschichte Hamburgs und zur Literatursoziologie; Mitherausgeber des *Jahresheftes der Internationalen Wolfgang Borchert Gesellschaft*.

Personenregister

In der Reihe *Publikationen zur Zeitschrift für Germanistik* sind bereits erschienen:

Band 1:
WALTER DELABAR, HORST DENKLER, ERHARD SCHÜTZ (Hrsg.):
Banalität mit Stil. Zur Widersprüchlichkeit der Literaturproduktion im Nationalsozialismus, Bern 1999, 289 S. ISBN 3-906762-18-1, br.

Band 2:
ALEXANDER HONOLD, KLAUS R. SCHERPE (Hrsg.):
Das Fremde. Reiseerfahrungen, Schreibformen und kulturelles Wissen, unter Mitarbeit von Stephan Besser, Markus Joch, Oliver Simons, Bern 1999, 341 S., zahlr. Abb. ISBN 3-906765-28-8, br., 2. Aufl. 2002.

Band 3:
WERNER RÖCKE (Hrsg.):
Thomas Mann. Doktor Faustus. 1947 – 1997, Bern 2001, 378 S., zahlr. Abb. ISBN 3-906766-29-2, br.

Band 4:
KAI KAUFFMANN (Hrsg.)
Dichterische Politik. Studien zu Rudolf Borchardt, Bern 2001, 214 S. ISBN 3-906768-85-6, br.

Band 5:
ERNST OSTERKAMP (Hrsg.)
Wechselwirkungen. Kunst und Wissenschaft in Berlin und Weimar im Zeichen Goethes, Bern 2002, 341 S., zahlr. Abb. ISBN 3-906770-13-3, br.

Band 6:
ERHARD SCHÜTZ, GREGOR STREIM (Hrsg.)
Reflexe und Reflexionen von Modernisierung. 1933–1945, Bern 2002, 364 S., zahl. Abb. ISBN 3-906770-14-1, br.